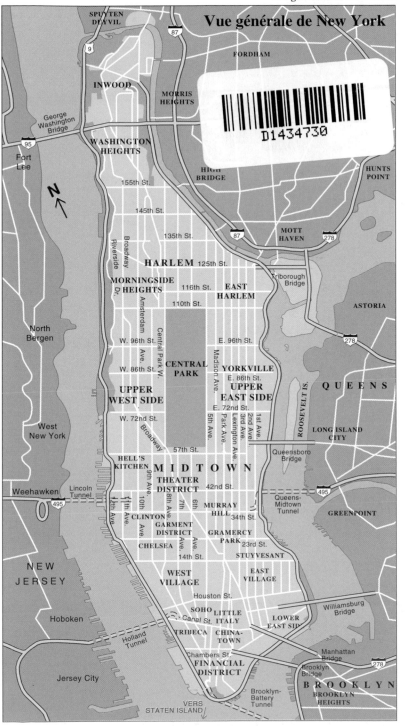

Vue générale de New York

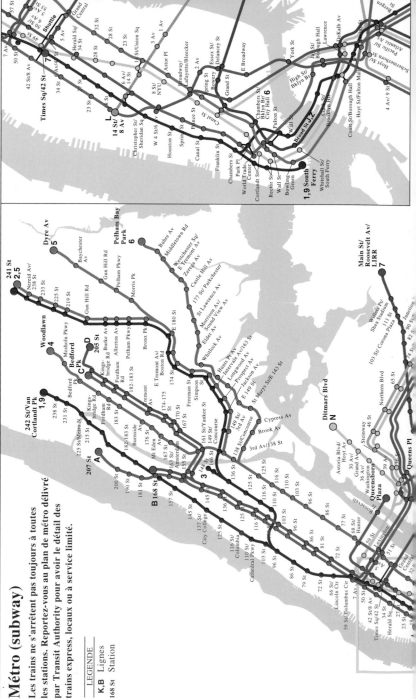

Le métro de New York

Métro (subway)

Les trains ne s'arrêtent pas toujours à toutes les stations. Reportez-vous au plan de métro délivré par Transit Authority pour avoir le détail des trains express, locaux ou à service limité.

LÉGENDE

K,B Lignes

168 St Station

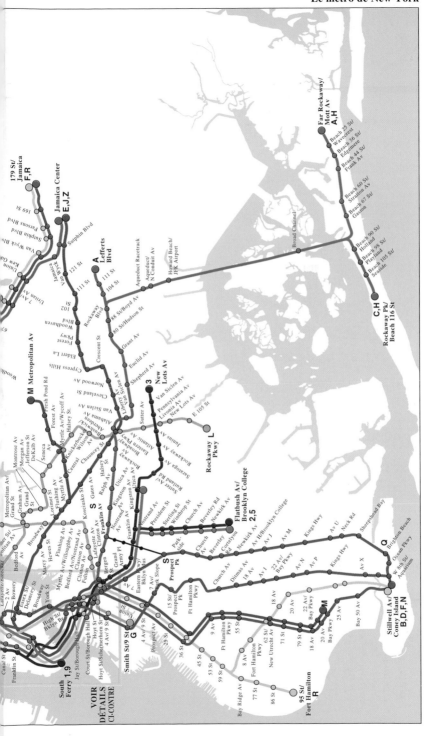

Manhattan downtown

FDR Drive

Lewis St.
Jackson St.
Water St.

Avenue D
Columbia St.

Avenue C
Pitt St.

Ridge St.
Clinton St.
Suffolk St.
Norfolk St.
Essex St.
Ludlow St.
Orchard St.
Hester St.

LOWER EAST SIDE

Avenue B

Rivington St.
Stanton St.
E. Houston St.

Avenue A

EAST VILLAGE

St. Marks Pl.
E. 13th St.
E. 12th St.
E. 11th St.
E. 10th St.
E. 9th St.
E. 8th St.
E. 7th St.
E. 6th St.
E. 5th St.
E. 4th St.
E. 3rd St.

First Avenue

NOHO

Allen St.
Eldridge St.
Forsyth St.

Delancey St.

Broome
Grand

B,D,Q

Second Avenue

E. 2nd St.
E. 1st St.

Chrystie St.

Elizabeth St.
Baxter St.
Canal St.

LITTLE ITALY

Third Avenue

40

Stuyvesant St.

39

COOPER SQUARE

Gt. Jones St.
Bond St.

The Bowery

Mott St.
Mulberry St.

Spring St.
Kenmare St.

F,J,M,Z

The Bowery

Broome St. J,M

30

Centre

33

F

38

Lafayette St.

Broadway

36

Shinbone Al.

Bleecker St.

Cleveland Pl.

32

Lafayette St.

Crosby St.

Howard

N,R

E. 14th St.
E. 15th St.

L

Fourth Ave.

Astor Pl.

Shinbone Al.

4,6

L,4,5,6

Lafayette St.

UNION SQUARE

N,R

42

41

University Pl.

E. 8th St.

Waverly Pl.

New York University

W. 3rd St.

6

B,D,F,Q

31

N,R

Mercer St.
Greene St.
Wooster St.

Grand St.

SOHO

Prince St.
Spring St.

29

A,C,E

Canal St.
Lispenard St.
Walker St.

43

Washington Mews

Washington Sq. N.

La Guardia Pl.

Thompson St.

F,L,Q

Fifth Avenue

47

44

Washington Place

37

Washington Square Park

Sullivan St.

Thompson St.

W. Houston St.

C,E

W. 14th St.
W. 13th St.
W. 12th St.
W. 11th St.
W. 10th St.
W. 9th St.
W. 8th St.

46

Waverly Pl.

Minetta La.

Bleecker St.

Macdougal St.

Ave. of the Americas (Sixth Ave.)

A,B,C,D, E,F,Q

Washington Pl.

45

Milligan Pl.
Patchin Pl.

Gay St.

Christopher St.

Jones St.
Cornelia St.

Bleecker St.
Bedford St.

Downing St.

Varick St.
Dominick St.

1,9

TRIBECA

Watts St.
Desbrosses St.
Vestry St.

Holland Tunnel

Spring St.

(6th Ave.)

W. 13th St.

1,2,3, 9,L

Seventh Ave.

Greenwich Ave.

SHERIDAN SQUARE

GREENWICH VILLAGE

Grove St.

34

Commerce St.

Carmine St.
St. Luke's Pl.

Leroy St.

Hudson St.

Clarkson St.

King St.
Charlton St.
Vandam St.

W. Houston St.

W. Washington St.

A,C,E,L

W. 4th St.

1,9

35

Christopher St.

ABINGDON SQUARE

Waverly Place

Grove St.

Greenwich St.

Barrow St.
Morton St.

8th Ave.

Eighth Ave.

Bank St.
W. 11th St.
Perry St.
Charles St.

Bethune St.

Bedford St.

West Side Hwy.

9th Ave.

W. 12th St.
Little W. 12th St.
Gansevoort St.
Horatio St.
Jane St.

West St.

10th Ave.

W. 14th St.

N ←

New Museum of Contemporary Art, 31
New School of Social Research, 46
New York Stock Exchange, 14
New York University, 37
Puck Building, 32
St. John's Episcopal Methodist Church, 19
St. Luke's Chapel, 35
St. Mark's in the Bowery Church, 40
St. Paul's Chapel, 20
South Street Seaport Museum, 18
Staten Island Ferry Terminal, 7
Statue de la Liberté et Ellis Island Ferry Terminal, 3
Strand Bookstore, 42
Tower Records, 36
Trinity Church, 12
Umberto's Clam House, 30
U.S. Customs House, 11
Woolworth Building, 23
World Financial Center, 22
World Trade Center, 21

Downtown

Alternative Museum, 28
Anthology Film Archives, 33
Buddhist Temple, 27
Castle Clinton, 1
Cherry Lane Theatre, 34
Chinatown Fair, 26
Church of the Ascension, 44
Church of Our Lady of the Rosary, 8
City Hall, 24
Clocktower Gallery, 25
Cooper Union, 39
Downtown Heliport, 9
East Coast Memorial, 2
Federal Hall, 15
Federal Reserve Bank, 16
Forbes Magazine Galleries, 47
Forbidden Planet, 43
Fraunces Tavern, 10
Fulton Fish Market, 17
Grace Church, 41
Jefferson Market Library, 45
Joseph Papp Public Theater, 38
Morgan Guaranty Trust Company, 13
Museum of Holography, 29

Manhattan midtown

Queensboro Bridge

East River

Queens-Midtown Tunnel

FDR Dr.

First Ave.

Second Ave.

Third Ave.

TURTLE BAY

Nations Unies

E. 56th St.
E. 55th St.
E. 54th St.
E. 53rd St.
E. 52nd St.
E. 51st St.
E. 50th St.
E. 49th St.
E. 48th St.
E. 47th St.
E. 46th St.
E. 45th St.
E. 44th St.
E. 43rd St.
E. 42nd St.
E. 41st St.
E. 40th St.
E. 39th St.
E. 38th St.
E. 37th St.
E. 36th St.
E. 35th St.
E. 34th St.
E. 33rd St.
E. 32nd St.

Second Ave.

Third Ave.

Lexington Ave.

Park Ave.

Madison Ave.

Fifth Ave.

Citicorp Center

Grand Central Terminal

New York Public Library

Bryant Park

MURRAY HILL

Empire State Building

Park Ave.

E. 60th St.
E. 59th St.
E. 58th St.
E. 57th St.

Grand Army Plaza

Park Ave. South

Central

Carnegie Hall

Museum of Modern Art

Rockefeller Center

Broadway

TIMES SQUARE

Seventh Ave.

Eighth Ave.

HERALD SQUARE

GARMENT DISTRICT

General Post Office

COLUMBUS CIRCLE

New York Convention & Visitors Bureau

Port Authority Bus Terminal

Ninth Ave.

Dyer Ave.

Tenth Ave.

Eleventh Ave.

Twelfth Ave.

HELL'S KITCHEN

Lincoln Tunnel

W. 60th St.
W. 59th St.
W. 58th St.
W. 57th St.
W. 56th St.
W. 55th St.
W. 54th St.
W. 53rd St.
W. 52nd St.
W. 51st St.
W. 50th St.
W. 49th St.
W. 48th St.
W. 47th St.
W. 46th St.
W. 45th St.
W. 44th St.
W. 43rd St.
W. 42nd St.
W. 41st St.
W. 40th St.
W. 39th St.
W. 38th St.
W. 37th St.
W. 36th St.
W. 35th St.
W. 34th St.
W. 33rd St.

N,R
B,Q
4,5,6
B,D,F
E,F
C,E
A,C,E
1,2,3,9
A,B,C,D 1,2,3,9
B,D,E
B,D,F,Q
N,R
1,2,3 N,R,9
7
B,D,F, Q,7
4,5, 6,S
6

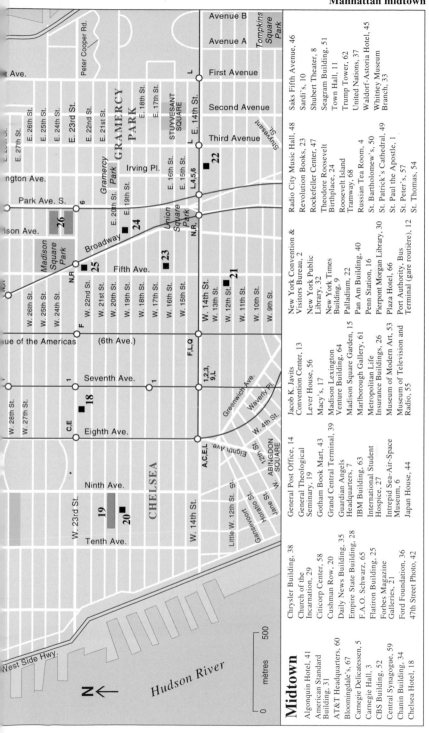

Uptown

American Museum of Natural History, 53
The Ansonia, 55
The Arsenal, 25
Asia Society, 14
Belvedere Castle, 36
Bethesda Fountain, 33
Blockhouse No. 1, 42
Bloomingdale's, 22
Bridle Path, 30
Cathedral of St. John the Divine, 47
Central Park Zoo, 24
Chess and Checkers House, 28
Children's Museum of Manhattan, 51
Children's Zoo, 26
China House, 19

Cleopatra's Needle, 38
Columbia University, 46
Conservatory Garden, 2
Cooper-Hewitt Museum, 7
The Dairy, 27
Dakota Apartments, 56
Delacorte Theater, 37
El Museo del Barrio, 1
Fordham University, 60
Frick Museum, 13
Gracie Mansion, 10
Grant's Tomb, 45
Great Lawn, 39
Guggenheim Museum, 9
Hayden Planetarium (dans le American Museum of Natural History), 53
Hector Memorial, 50
Hotel des Artistes, 57

Hunter College, 16
International Center of Photography, 5
Jewish Museum, 6
The Juilliard School (dans le Lincoln Center), 59
Lincoln Center, 59
Loeb Boathouse, 34
Masjid Malcolm Shabazz , 43
Metropolitan Museum of Art, 11
Mt. Sinai Hospital, 4
Museum of American Folk Art, 58
Museum of American Illustration, 21
Museum of the City of New York, 3
National Academy of Design, 8
New York Convention & Visitors Bureau, 61

New York Historical Society, 54
New York Hospital, 15
Plaza Hotel, 23
Police Station (Central Park), 40
Rockefeller University, 20
7th Regiment Armory, 17
Shakespeare Garden, 35
Soldiers and Sailors Monument, 49
Strawberry Fields, 32
Studio Museum in Harlem, 44
Symphony Space, 48
Tavern on the Green, 31
Temple Emanu-El, 18
Tennis Courts, 41
Whitney Museum of American Art, 12
Wollman Rink, 29
Zabar's, 52

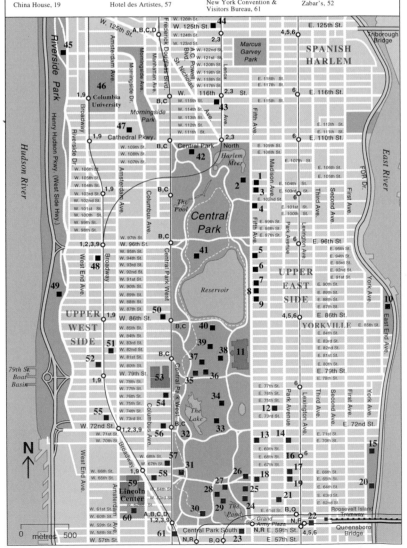

A propos des guides Let's Go

"Franchement, nous n'avions jamais vu une telle foison d'informations, d'adresses, de renseignements utiles réunis en un seul guide." - L'argus des voyages

"Les guides Let's Go comptent parmi les mieux documentés et les plus précis au monde." - Ouest France

"L'édition française d'un grand classique américain. Pour voyager branché et sans se ruiner." - Géo

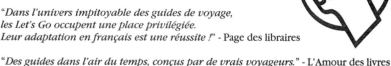

"Dans l'univers impitoyable des guides de voyage, les Let's Go occupent une place privilégiée. Leur adaptation en français est une réussite !" - Page des libraires

"Des guides dans l'air du temps, conçus par de vrais voyageurs." - L'Amour des livres

Let's Go New York

est le guide indispensable pour découvrir New York sans se ruiner.

▓ **Aucun guide ne donne autant d'adresses à prix réduits.**

Nous avons sélectionné plus de 2 500 adresses bon marché sur New York. Pour chaque quartier, ce guide recense avec précision les meilleures solutions pour vous déplacer, vous loger, vous nourrir et sortir au meilleur rapport qualité-prix. Vous trouverez des centaines de conseils pour économiser votre argent et ne manquer aucune des réductions accordées aux jeunes, aux étudiants, aux enfants, aux familles ou aux personnes âgées.

▓ **Les enquêteurs de Let's Go vous ont précédé.**

Les auteurs-enquêteurs de Let's Go sont systématiquement passés partout, se déplaçant avec des budgets réduits, dans les mêmes conditions que vous : pas de note de frais, pas de chambre d'hôtel gratuite, pas de traitement de faveur. Leur sélection se fonde sur une véritable enquête de terrain, en toute indépendance.

▓ **Let's Go est systématiquement et entièrement mis à jour.**

D'une édition à l'autre, nous ne nous contentons pas d'ajuster les prix, nous retournons sur place. Si un hôtel familial est devenu un piège à touriste hors de prix, nous le supprimons aussitôt de notre guide pour le remplacer par une meilleure adresse.

▓ **Let's Go est le seul guide à rassembler autant d'informations pratiques.**

Quartier par quartier, les sites incontournables et les endroits méconnus sont passés en revue. Pour chaque adresse, les prix, les coordonnées exactes, les horaires d'ouverture précis. Des centaines d'hôtels, de restaurants, de bars, de musées, de boîtes... Des cartes détaillées, des rubriques transports approfondies. Un chapitre introductif pour bien préparer votre voyage, trouver le meilleur billet d'avion, avec tout ce qu'il faut savoir sur la vie quotidienne et l'histoire de Big Apple.

La collection Let's Go

Egalement chez Dakota Editions

Guide pratique de voyage
New York

Kevin C. Murphy
Éditeur

Édition française :

Gilles Taillardas
Directeur de collection
Marc Lacouture, Jean-Damien Lepère, Marc Santenac
Éditeurs

DAKOTA EDITIONS

Vos tuyaux sont précieux

Faites-nous part de vos découvertes, vos coups de cœur, vos suggestions ou vos remarques. Nous lisons tout ce qui nous est adressé, les cartes postales, les courriers de 10 pages sur Internet comme les noix de coco. Toutes les suggestions sont transmises à nos enquêteurs.

En France :
Dakota Editions - Let's Go, 7 rue Georges Pitard, 75015 Paris. E-mail : **Dakota@easynet.fr**

Aux Etats-Unis :
Let's Go New York, Let's Go Inc., 67 Mt. Auburn Street, Cambridge, MA 02138, Etats-Unis. E-mail : **fanmail@letsgo.com Subject : "Let's Go: New York".** Retrouvez-nous sur le web : **http://www.letsgo.com**

Edition en français
publiée par Dakota Editions,
7 rue Georges Pitard, 75015 Paris
Tél. : 01 48 42 08 09
Fax : 01 48 42 09 20

ISBN 2-910932-10-9
Dépôt légal 2ᵉ trimestre 1997
Imprimé en France par Brodard et Taupin
Tous droits de reproduction réservés © Dakota Editions 1997

Cartes réalisées par David Linroth © 1997, 1996, 1995, 1994, 1993, 1992, 1991, 1990, 1989, 1988 par St Martin's Press, Inc.
Cartes revues p. 59, 172, 258, 283 par Let's Go, Inc.

Let's Go® et son logo sont des marques déposées de Let's Go Inc.

Les chapitres "L'essentiel", "Introduction à New York", ainsi que le lexique en fin d'ouvrage, ont été adaptés et complétés par Dakota Editions.

Publié aux Etats-Unis
par St. Martin's Press, Inc.
Copyright © 1997 par Let's Go Inc. Tous droits réservés.
Let's Go New York est écrit par Let's Go Publications, 67 Mt. Auburn Street, Cambridge, MA 02 138, Etats-Unis.

L'histoire de Let's Go

UNE EXPÉRIENCE DE PLUS DE 36 ANS

Harvard, 1960. Une association étudiante, Harvard Student Agencies, se lance avec succès dans la commercialisation de vols charters pour l'Europe. En prime, chaque acheteur de billet reçoit un petit fascicule de 20 pages ronéotypées, *1960 European Guide*, qui rassemble quelques conseils de voyage. L'année suivante paraît en format de poche la première édition du *Let's Go : Europe*, rédigée à partir des enquêtes de terrain d'étudiants. Impertinent et précis, le Let's Go regroupe conseils pratiques et adresses bon marché pour sortir des sentiers battus. Le premier "Budget Guide" est né.

Tout au long des années 60, le guide évolue avec son époque. En 1968, une section entière est intitulée "Comment voyager sans un sou en Europe en chantant dans la rue". L'édition 1969 du guide Amérique s'ouvre sur un chapitre consacré au quartier Haight-Ashbury de San Francisco, alors véritable cœur de la culture alternative. Dans les années 70, Let's Go se répand hors des campus et passe à la vitesse supérieure. La première édition du guide Etats-Unis est publié en 1980, bientôt suivie par d'autres guides. Aujourd'hui, avec 30 titres, 58 pays couverts, et de nouvelles publications chaque année, les Let's Go sont traduits et adaptés en sept langues. Reconnus sur les cinq continents comme la référence par tous ceux qui souhaitent voyager intelligemment et sans se ruiner, ils ne s'adressent plus uniquement au public des campus. Loin s'en faut. Chaque année, un million de Let's Go sont vendus à travers la planète.

UNE DÉMARCHE ORIGINALE

Chaque année, en février, au terme d'une sélection féroce, Let's Go recrute au sein du formidable vivier du campus d'Harvard, près de 200 auteurs, enquêteurs, éditeurs et correcteurs de toutes les nationalités. Après plusieurs mois de préparation, les enquêteurs partent deux mois sur le terrain pour vérifier l'ensemble des informations et découvrir de nouvelles adresses. Sac au dos, carnet à la main, voyageant avec un budget limité, ils ont pour mission de visiter systématiquement les adresses d'une région bien délimitée. Pour cette édition, ces troupes de choc cosmopolites et polyglottes (13 nationalités, 21 langues parlées) ont recensé plus de 80 000 adresses à travers le monde, voyagé au total plus de 4050 jours (l'équivalent de 12 ans) et reçu sept demandes en mariage en un seul été. En septembre, à leur retour, les informations amassées sont traitées, disséquées, vérifiées, compilées ; les textes lus, relus, corrigés, édités, mis en page par des équipes qui partagent le même enthousiasme et le même sérieux. Pour l'édition française, les textes sont non seulement traduits mais adaptés pour tenir compte des attentes spécifiques des lecteurs francophones. Un soin tout particulier est apporté aux chapitres introductifs, qui sont entièrement repensés et refondus.

UNE CERTAINE CONCEPTION DU VOYAGE

Pour les équipes de Let's Go, le voyage individuel ne constitue pas le dernier recours de ceux qui n'ont plus un sou en poche mais la seule véritable manière de découvrir un pays. Emprunter les transports locaux, voyager de façon simple et économique, éviter les pièges à touristes et les adresses surfaites est pour nous le meilleur moyen d'aller à la rencontre des habitants et de leur culture. Ce guide a pour ambition de vous donner les clés qui faciliteront votre voyage. A vous ensuite de le refermer et de découvrir par vous même ce qui n'est pas dans ses pages.

Sommaire

Index des cartes

Auteurs-collaborateurs

AUTEURS/ENQUÊTEURS

Jace Clayton (Manhattan, Brooklyn, Staten Island), **Vanessa Gil** (Manhattan, Queens, Long Island, Hoboken), **Maika Pollack** (Manhattan, le Bronx, Atlantic City).

Edition française

Editeurs : Marc Lacouture, Jean-Damien Lepère, Marc Santenac.
Directeur de collection : Gilles Taillardas.

TRADUCTION

Bruno Boudard, Frédérique Hélion-Guerrini, Delphine Nègre, Isabelle Pighetti.

ADAPTATION/COLLABORATION

Luc Charbin, Cécile Daurat, Marion Kindermans, Galith Touati, Olivier Nicoli, Séverine Le Berre, Frédéric Mot, Stéfano Bonora, Caroline Joubert, Isabelle de Fraiteur.

Comment utiliser ce guide ?

Ce guide Let's Go New York, aussi jaune qu'un taxi de Manhattan, a pour pari insensé de vous faire découvrir toutes les facettes de Big Apple. Tel un ami new-yorkais bien intentionné, il vous emmènera escalader les gratte-ciel vertigineux de Midtown, faire le malin dans les bars branchés d'East Village, admirer les toiles impressionnistes des musées de la 5th Avenue et vous présentera même au petit marchand du coin de la rue qui fait les meilleurs hot dogs de toute la ville. Ne vous inquiétez pas : si vous venez à New York pour la première fois, il ne manquera pas de vous indiquer les points de vue et les promenades incontournables (le Brooklyn Bridge, le ferry de Staten Island...), les bars immanquables et les boutiques de jeans et de CD à dévaliser. Si vous venez à New York pour la centième fois, eh bien, il parviendra quand même à vous étonner, à vous indiquer une nouvelle piste de roller sur l'East River, une galerie alternative au cœur de SoHo ou une petite *trattoria* italienne qu'on croirait sortie tout droit d'un film de Scorsese.

Plus concrètement, l'**Essentiel** vous dévoile comment traverser l'Atlantique à moindre coût et vous donne tous les conseils pour attaquer la jungle urbaine dans de bonnes conditions. L'**Introduction** croque la grosse Pomme sur le vif ; depuis le rachat de Manhattan aux Indiens Algonquins (24 $!) jusqu'à la victoire de l'équipe de base-ball des Yankees, il vous dévoile l'essentiel sur l'histoire et la vie politique, culturelle et médiatique de New York. La partie **Hébergement** vous livre son lot d'auberges et d'hôtels offrant d'excellents rapports qualité-prix-sécurité-confort (nous avons toutefois choisi de traiter le Plaza Hotel dans la partie Visites...). Notre sélection de **Restaurants** et de **Bars** vous permettra de goûter à des spécialités du monde entier (avez-vous déjà dîné afghan ?), et de prendre un dernier verre jusque tard dans la nuit.

Les **Visites**, bien sûr, se taillent la part du lion. Nous les avons regroupées par quartiers (*neighborhoods*), pour mieux faire ressortir les ambiances propres aux rues de New York. (Ne manquez pas à la fin **New York à l'œil**.) Il serait vraiment dommage de quitter la ville sans avoir visité au moins un des prestigieux **Musées** qui s'y trouvent. Et si vous vous sentez l'âme d'un Carnegie ou d'un Rockefeller, pourquoi ne pas faire un tour dans les **Galeries d'art** ? La partie **Sports** s'adresse avant tout aux connaisseurs, capables de distinguer un *touchdown* d'un *home run*, mais vous y apprendrez aussi où louer un VTT pour faire le tour de Central Park. Après une bonne journée d'exercice physique, préparez-vous à vivre une folle nuit grâce à nos **Sorties** et **Spectacles**. Enfin, pour dépenser vos derniers dollars, rien de mieux que la partie **Shopping**. Et si vous voulez respirer un peu, nos **Excursions d'une journée** vous mèneront loin du tumulte urbain, sur une plage de Long Island par exemple. Vous l'avez compris : We ❤ NY !

Note à nos lecteurs

L'information présentée dans cet ouvrage a été rassemblée par les enquêteurs de Let's Go au cours de la fin du printemps et de l'été. Chaque enquêteur a sélectionné, en toute honnêteté, ce qu'il pensait être les meilleures adresses : peut-être votre opinion sera-t-elle différente ? Si vous vous rendez à New York en dehors des mois d'été, vous risquez de constater des différences de prix ou de conditions d'accès. Ce guide a été réalisé avec toute la rigueur possible. Si malgré tout, vous rencontriez certaines erreurs ou inexactitudes, n'hésitez pas à nous en faire part : Lets'Go/Dakota Editions, 7 rue Georges Pitard, 75015 Paris.

Les favoris de Let's Go

Nous ne pouvions pas rédiger un livre sur New York sans y introduire une part de subjectivité. Voici donc une courte liste des endroits que nous avons particulièrement aimés et où nous retournerons volontiers sans calepin ni crayon si l'occasion se présente. Si au cours de votre séjour à Big Apple, vous faites des découvertes intéressantes, n'hésitez pas à nous envoyer une carte postale. Nous serons ravis d'inclure vos suggestions dans la prochaine édition de Let's Go New York.

Meilleurs endroits pour se cultiver l'esprit un jour de pluie : Metropolitan Museum of Art (p. 298) : d'une richesse inouïe, on pourrait y passer un mois entier et continuer à s'extasier. **Lincoln Center** (p. 339) : des concerts du New York Philharmonic aux spectacles de l'American Ballet Theater, il s'y passe toujours quelque chose. **Sony Plaza** (p. 225) : un moyen d'apprendre un tas de choses en s'amusant, qui plus est gratuitement. **Whitney Museum** (p. 307) : vous appelez ça de l'art ? Nous oui.

Meilleurs endroits où traîner jusqu'au petit matin : The Tunnel (p. 351) : le samedi soir, peu de DJ égalent Junior Vasquez lorsqu'il s'agit de techno. **Bleecker St.** (p.201) : des cafés ouverts non stop pour s'amuser à observer les gens, dans une ambiance très "Village". **Knitting Factory** (p. 348) : une salle à la programmation rock-jazz impeccable. Ambiance bruyante, concerts éclectiques, c'est toujours à la Factory que *ça* se passe. **Birdland** (p. 345) : un restaurant jazz branché, mais quelle musique ! **Brooklyn** (p. 256) : un quartier plein de ressources cachées.

Meilleurs endroits pour épuiser votre carte de crédit : The Strand (p.200) : avec ses 13 km de rayonnages, c'est la plus grande librairie d'occasion du monde. **The Counter Spy Shop** (p. 373) : tout pour jouer à l'apprenti espion. **Kim's Video and Audio** (p. 370) : grand choix de CD *indies* et de vidéos "barges" et super atmosphère. **SoHo** (p.193) : le quartier branché de New York reste ce qui se fait de mieux pour l'art et l'habillement.

Meilleurs endroits pour faire une pause et profiter de l'instant : Staten Island Ferry (p.169) : l'un des meilleurs plans de Manhattan. Pour presque rien, une vue magnifique sur le plus beau *skyline* du monde. **Empire State Building** (p. 219) : de là haut, la ville paraît presque organisée. **Castle Point** (p. 295) : en sécurité depuis Hoboken, jetez un œil au fourmillement de la métropole. **Isamu Noguchi Garden Museum/Socrates Sculpture Garden** (p. 276) : deux endroits du Queens qui sortent de l'ordinaire. Parfaits pour atteindre la sérénité zen.

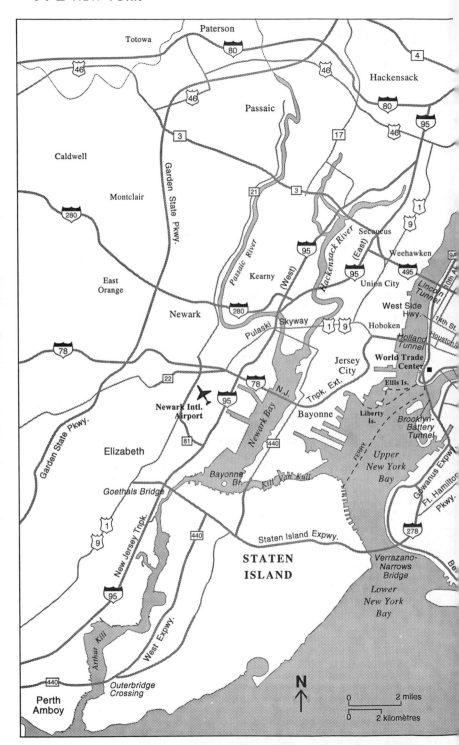

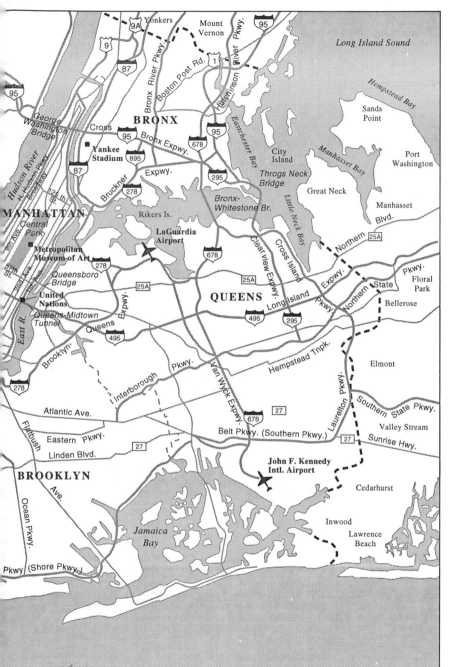

Vue générale de New York

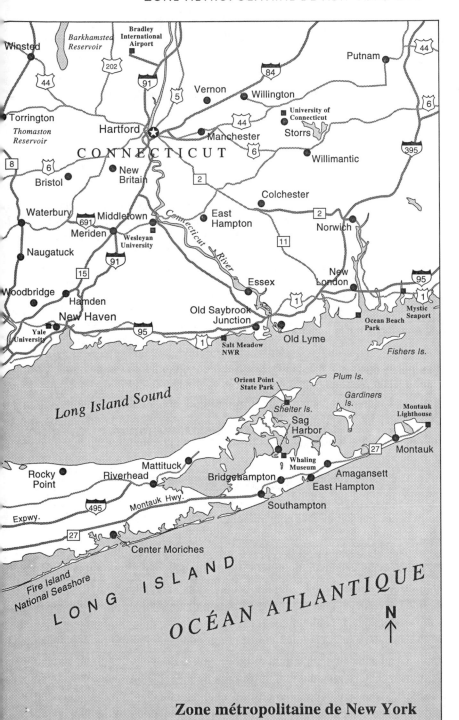

Zone métropolitaine de New York

L'essentiel

AVANT DE PARTIR

Des millions d'immigrants sans le sou ont débarqué à New York et ont vite appris à survivre. Ne vous en faites pas, vous y arriverez aussi. Vous trouverez dans ce chapitre des conseils pour vous faciliter la chose, vous faire économiser votre argent et peut être vous éviter bien des tracas. En un mot : l'essentiel.

Un carnet d'adresses peut compléter utilement votre guide de voyage. Loger chez des amis ou des relations diminue considérablement le coût d'un séjour à New York. Choisir la basse saison est également un moyen de faire des économies. En mai et en septembre le temps s'améliore, le flot de touristes régresse et les prix baissent. La plupart des infrastructures et des lieux de visite restent ouverts pendant la saison creuse car après tout, New York est la ville qui ne dort jamais.

■ Se renseigner

ADRESSES UTILES

En France

Office de tourisme des Etats-Unis

L'office de tourisme des Etats-Unis est dans l'air du temps, c'est-à-dire virtuel. Vous trouverez des informations sur un serveur vocal et sur Minitel.

Serveur vocal : 01 42 60 57 15. Propose des informations claires sur les visas, le logement, la vie pratique, les transports et les parcs nationaux.

Minitel : 3615 USA (2,23 F la minute) ou 3617 USA TOURISME (5,57 F la minute). Ces services reprennent les informations du serveur vocal, donnent la possibilité de commander quelques brochures gratuites et pour le 3617 de recevoir par fax des informations touristiques.

Ambassade des Etats-Unis en France : 2 avenue Gabriel-Péri, 75008 Paris, tél. 01 43 12 22 22. Consulats : Paris, 2 rue Saint-Florentin, 75008 Paris, tél. 01 42 96 14 88, ouvert de 8h30 à 11h30. Le serveur vocal du consulat américain au 08 36 70 14 88 est extrêmement cher (8,91 F puis 2,23 F la minute), et l'information peut se trouver souvent ailleurs (sur Minitel voir plus haut, auprès d'un organisme ou, bien sûr, dans votre Let's Go). Marseille, 12 boulevard Paul-Peytral, 13286 Marseille, tél. 04 91 54 92 01. Nice, 31 rue du Maréchal-Joffre, 06000 Nice, tél. 04 93 88 89 55, ne délivre pas de visas. Strasbourg, 15 avenue d'Alsace, 67000 Strasbourg, tél. 03 88 35 31 04 (standard) ou 03 88 35 30 51 (répondeur), ne délivre pas de visas.

Commission franco-américaine d'échanges universitaires et culturels, 9 rue Chardin, 75016 Paris, tél. 01 44 14 53 60, Minitel 3615 GO US, mot-clé CFA. Bien que spécialisée dans les échanges universitaires, la commission met à la disposition du public un centre de documentation et propose un ensemble de brochures payantes que vous pouvez acheter sur place ou par correspondance (téléphoner pour demander le catalogue). Ouvert de 9h30 à 16h30 tous les jours de la semaine sauf le mardi.

Il existe également plusieurs associations franco-américaines. La plupart sont centrées sur les échanges culturels mais nombre d'entre elles se feront un plaisir de vous accueillir et de vous renseigner dans leurs domaines.

France-Etats-Unis, 6 boulevard de Grenelle,75015 Paris, tél. 01 45 77 48 92. Cette association présente dans 30 villes de France organise, entre autres, des conférences, des concerts et des séjours linguistiques pour les jeunes, mais ne distribue pas de documentation touristique.

TELI, 1 place de Châtillon, BP 21, 74961 Cran-Gevrier Cedex, tél. 04 50 52 26 58. Située à Annecy, cette association dispose d'une base de données sur les Etats-Unis et a mis en place un club de correspondants. Elle édite également une *newsletter* bien faite et remplie de tuyaux pour les jeunes et les étudiants.

En Belgique

Office du tourisme américain, 350 avenue Louise, 1060 Bruxelles, tél. (02) 648 43 56, fax (02) 648 40 22. Ouvert du lundi au vendredi de 10h à 19h.

Ambassade des Etats-Unis en Belgique : 27 boulevard du Régent, 1000 Bruxelles. Adresse postale : PSC 82 Box 002, APO AE 09724, tél. (02) 508 2111, fax (02) 511 27 25. Consulat : Bruxelles, 25 boulevard du Régent, 1000 Bruxelles.

Suisse

Ambassade des Etats-Unis en Suisse : Jubilaeumstrasse 93, 3005 Bern, tél. (031) 357 7011, fax (031) 357 7344. Consulat : Genève, 11 route de Pregny, 1292 Chambesy Genève, tél. (022) 749 4111.

Canada

Ambassade des Etats-Unis au Canada : 100 Wellington Street, Ottawa, Ontario K1P 5TI, tél. (613) 238-5335. Consulats : Montréal, Place Félix Martin, 1155 rue Saint-Alexandre, Montréal H2Z 1Z2, tél. (514) 398-9695. Québec, 2 place Terrasse Dufferin, CP 939 G1R 4T9, tél. (418) 692-2095, fax (418) 692-4640, adresse postale : PO Box 1547, Champlain NY 12919.

LIBRAIRIES

Librairies spécialisées dans les voyages

Astrolabe, 46 rue de Provence, 75009 Paris, tél. 01 42 85 42 95. Ouvert du lundi au samedi de 9h30 à 19h.

Astrolabe rive gauche, 14 rue Serpente, 75006 Paris, tél. 01 46 33 80 06. Ouvert du lundi au samedi de 10h à 19h.

Itinéraires, 60 rue Saint-Honoré, 75001 Paris, tél. 01 42 36 12 63 ou 42 33 92 00, Minitel 3615 Itineraires. Ouvert du lundi au samedi de 10h à 19h.

Ulysse, 26 rue Saint-Louis-en-l'Ile, 75004 Paris, tél. 01 43 25 17 35. Ouvert du mardi au samedi de 14h à 20h. Minitel 3615 Voyageur.

Librairie du Vieux Campeur, 2 rue de Latran, 75005 Paris, tél. 01 43 29 12 32. Ouvert du mardi au samedi de 10h30 à 19h30, jusqu'à 21h le mercredi, et le lundi de 14h à 19h.

Magellan, 3 rue d'Italie, 06000 Nice, tél. 04 93 82 31 81. Ouvert le lundi de 14h à 19h, du mardi au samedi de 10h à 13h et 14h à 19h.

Librairies anglo-saxonnes

Brentano's, 37 avenue de l'Opéra, 75002 Paris, tél. 01 42 61 52 50. Ouvert du lundi au samedi de 10h à 19h et le jeudi jusqu'à 20h (grand choix de livres et revues anglo-saxonnes).

WH Smith, 248 rue de Rivoli, 75001 Paris, tél. 01 44 77 88 99. Ouvert du lundi au samedi de 9h30 à 19h et le dimanche de 13h à 18h (grand choix de livres et revues anglo-saxonnes).

Nouveau Quartier Latin, 78 bd Saint-Michel, 75006 Paris, tél. 01 43 26 42 70. Ouvert du lundi au samedi de 10h à 19h.

Shakespeare & Cie, 37 rue de la Bucherie, 75005 Paris, tél. 01 43 26 96 50.

Eton, 1 rue Plat, 69002 Lyon, tél. 04 78 92 92 36. Ouvert le lundi de 14h à 18h45 et du mardi au samedi de 10h à 12h30 et de 13h45 à 19h.

Librairie Anglaise et Italienne, 95 rue de Lodi, 13006 Marseille, tél. 04 91 42 63 44. Ouvert du lundi au vendredi de 8h30 à 12h15 et de 14h à 19h, le samedi de 9h à 12h et de 15h à 18h.

Un avion à prendre à Orly ou Charles de Gaulle ?

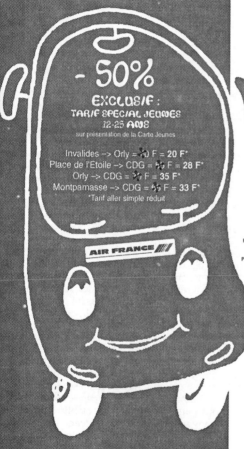
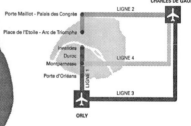

INTERNET

Le réseau des réseaux, accessible par ordinateur, représente une mine d'or pour bien préparer un voyage. Ceci est particulièrement vrai pour New York : version améliorée du Minitel, Internet tient ses promesses. Avec un niveau d'anglais élémentaire, naviguer sur le Net est à la portée de tous. Et l'accent ne compte pas ! Une fois que vous serez familiarisé avec le réseau, le seul véritable problème est de faire face à la masse d'informations disponibles et au sein de laquelle il est parfois difficile de repérer les renseignements vraiment utiles. Voici quelques tuyaux.

Voyager sur Internet

Moteurs de recherche : Essayez **Lycos** (http://lycos.cs.cmu.edu/) qui prétend référencer 98 % des sites Web. **Yahoo**, dorénavant accessible en français (http://www.yahoo.fr), est sans doute le plus célèbre, probablement grâce à son amusante touche "random" qui vous envoie au hasard dans le cyberespace. Pour notre part, nous conseillons **All-in-One Search Page** (http://www.media-prisme.ca/all/all1.www.html#Top) qui héberge tous les moteurs de recherche du Web. Les moteurs spécialisés dans les sites francophones sont **Yahoo** (si vous lui demandez), **Ecila** (http://ecila.ceic.com/) et **Lokace** (http://www.iplus.fr/lokace/lokace.htm).

Sites francophones : L'index de serveurs géographiques et touristiques (http//:www.univ-mulhouse.fr:80/w.tourisme.html) comprend des ressources utiles avant tout voyage, ainsi que des cartes géographiques. Le site d'**ABC Voyages** (http://www.jca.fr/octopus/ABCVOYAGE/ABCHome.html) recense toutes les promotions des voyagistes et les vols et hôtels à prix réduits. Devis et renseignements par courrier électronique. Vous pouvez consulter aussi le Web **Nouvelles Frontières** (http://www.webnf.fr:80/).

Sites anglo-saxons : Le **GNN Traveler's Center** (http://gnn.com/gnn/wic/trav.new.html) est un des sites les plus impressionnants. Il permet d'accéder à une myriade d'informations sur le voyage, classées soit par pays, soit par thème. On y trouve également des récits de voyage, des "notes pour la route" et des renvois à des sites de transports, météo, guides, etc. Il référence également les 10 sites sur le voyage les plus courus du Web. Bref, il y a tout. Détail intéressant : on peut s'abonner gratuitement à une revue par courrier électronique (trav-talk) qui informe de toutes les nouveautés. **City Net** (http://www.city.net) est le site de référence sur les villes du monde. A partir d'une classification de 1 615 villes et de 634 autres destinations, City Net vous permet de retrouver aisément toutes les ressources disponibles sur la ville qui vous intéresse. Le site **Virtual Tourist** (http://www.vtourist.com) permet par carte sensible de trouver les ressources touristiques du Web concernant la région de votre choix. L'adresse des auberges de jeunesse **Hostelling International** (http://www.taponline.com/tap/travel/hostels/pages/hosthp.htm) permet d'obtenir toutes les informations souhaitables sur 5 000 établissements dans 77 pays. **Adventure Tours** (http://www.csn.net/trips/) référence nombre d'informations et d'idées intéressantes pour les voyages d'aventure. On y trouve notamment, hormis les produits de la maison, de nombreuses idées et formules de voyages : pour fous de VTT, amoureux des aventures en mer, passionnés d'écologie… Autre source intéressante, **Rec Travel** (ftp.c.c.umanitoba.ca), qui donne accès à d'innombrables documents utiles aux voyageurs. On peut s'y connecter sur Internet via FTP (File Transfer Protocol). Enfin, le **W3 Server** (http://www.w3.org/hypertext/DataSources/www/Servers.html) n'est pas spécialisé dans le tourisme mais permet toutefois de descendre l'arborescence du World Wide Web par pays. Intéressant si vous cherchez des informations "par analogie" concernant la région où vous aurez peut-être à vous rendre (notamment des informations universitaires).

Sites sur New York : Si vous cherchez une information que vous ne trouvez pas dans Let's Go (mais est-ce possible ?), vous la trouverez sûrement sur le Web. Les sites d'informations générales vous diront tout sur les musées et leurs expositions,

les concerts, les manifestations, la vie des communautés... Par exemple vous pouvez visiter (virtuellement) le musée des Arts et Traditions populaires américaines (http://www.folkartmuse.org) ou acheter une cravate à motif dinosaure à la boutique du muséum d'Histoire naturelle américaine (http://www.amnh.org). Vous pouvez aussi tout savoir, en français, sur le **métro de New York** (http://metro.jussieu.fr), et en anglais cette fois, sur l'**Alliance française** à New York (http://www.fiaf.org/). Quoi que vous cherchiez votre meilleure option est sans aucun doute de vous laisser guider par **Yahoo !** qui a un serveur spécifique pour New York (http://ny.yahoo.com/). A partir de ce site, vous pouvez surfer tranquillement et vous y retrouver.

■ Formalités

PASSEPORT

En voyage, il est conseillé d'avoir sur vous au moins **deux** pièces d'identité dont une avec photo. De nombreux établissements (les banques en particulier) peuvent vous demander plusieurs pièces d'identité pour encaisser vos travelers chèques, et en cas de perte ou de vol vos démarches seront facilitées. Quelques photos d'identité pourront aussi vous simplifier la vie.

Précautions. Avant de partir, pensez à **photocopier** vos pièces d'identité (les quatre premières pages du passeport). Emportez une photocopie, et laissez-en une autre chez vous. Ne rangez jamais toutes vos pièces d'identité ensemble. Si vous perdez votre passeport, adressez-vous au poste de police le plus proche, qui vous délivrera une attestation de perte ou de vol. Puis rendez-vous à votre consulat muni de cette attestation, de vos photocopies et d'une éventuelle deuxième pièce d'identité. A défaut d'obtenir un nouveau passeport, il vous sera délivré un laissez-passer qui vous permettra de rentrer à bon port.

En France. A Paris, le passeport est délivré dans les mairies d'arrondissement. En région parisienne et en province, il faut s'adresser à la préfecture ou à la sous-préfecture. Munissez-vous d'un extrait d'acte de naissance, de deux photos, d'un justificatif de domicile et de 350 F (pour les timbres fiscaux). En principe, la délivrance du passeport est immédiate à Paris, mais il faut parfois compter un à deux jours. En dehors de Paris, ce délai peut être un peu plus long (au maximum deux à trois semaines), selon la période de l'année. La délivrance du passeport peut être accélérée si votre demande revêt un caractère professionnel (vous devez présenter une lettre de votre employeur).

Pour obtenir un passeport, les **citoyens canadiens** doivent d'abord remplir une demande dans un bureau des passeports, un bureau de poste ou dans la plupart des agences de voyage. Ils peuvent ensuite le retirer en personne dans l'un des 28 bureaux de passeports régionaux. A Montréal, Complexe Guy Favreau, 200 René Lévesque Ouest, Tour Ouest, Pièce 209, Montréal H2Z 1X4, tél. (514) 283 4955 / 4970 / 8718. Pour plus d'informations, téléphonez au 800 567 6868 (appel gratuit du Canada seulement, 24h/24).

VISAS

Les citoyens français, belges, suisses et luxembourgeois peuvent entrer aux Etats-Unis sans visa grâce au Programme d'exemption de visa (**Visa Waiver Pilot Program**). Peuvent en bénéficier tous ceux qui effectuent des voyages d'affaire ou de tourisme de moins de 90 jours et qui ont "l'intention de repartir". Un passeport valable au moins 6 mois après votre date d'arrivée et un billet de retour (ou un billet à destination d'un autre pays) sont les seuls documents nécessaires.

Dans l'avion, le personnel de cabine vous remettra le formulaire **I-94W**, que vous devrez remplir sans vous tromper de ligne, ce qui est une gageure. Si vous entrez par voie terrestre, vous devrez remplir le formulaire à la frontière. Voilà pour

l'épreuve écrite. A la sortie de l'avion, vous attendrez sagement **derrière** la ligne rouge pour pouvoir passer l'épreuve orale. Un agent de l'immigration vous posera des questions sur le but et la durée de votre séjour (son objectif premier est de vérifier que vous n'avez pas l'intention de rester aux Etats-Unis) avant de tamponner votre passeport. Ne perdez pas la partie du formulaire I-94W qu'il agrafera à votre passeport.

Si vous perdez ce précieux parchemin, vous pourrez en obtenir un autre auprès de l'office d'immigration le plus proche (**U.S. Immigration and Naturalization Service,** ou **INS**). Même s'il y a très peu de chances qu'il vous parvienne avant la fin de votre séjour, vous pourrez rester sans problème. Il est possible de faire prolonger son visa à l'INS, mais il faut justifier le prolongement et parfois faire appel à un avocat. Un bureau de l'INS existe dans chaque ville. Pour tout renseignement, contacter **INS Central Office**, 425 I St. NW #5044, Washington DC 20536 (202-514-4316). Si vous comptez rester plus de 3 mois, vous pouvez obtenir un visa touriste de six mois, le B2. Adressez-vous à un consulat américain. Le délai d'obtention est en général de un à deux jours.

Si vous désirez plus de renseignements concernant les visas, les services consulaires américains mettent à votre disposition un serveur vocal. Composez le 08 36 70 14 88 (attention, c'est cher).

DOUANE AMÉRICAINE

Passer la douane est une simple formalité, mais ne la prenez pas à la légère. On ne plaisante pas avec les fonctionnaires américains des douanes, pas plus qu'avec les agents de sécurité des aéroports.

Sachez qu'en principe, la loi américaine interdit de transporter tout ce qui est denrée périssable (fruits frais et fruits secs par exemple), ou risque de contenir des bactéries (fromages, etc.), les objets fabriqués à partir d'espèces végétales ou animales protégées (reptiles, félins), les couteaux à cran d'arrêt de même que les armes à feu et les munitions si elles ne sont pas destinées à la chasse ou à des sports autorisés.

La liste des produits interdits est longue et parfois surprenante, nous vous en donnons un petit aperçu : l'absinthe, les bonbons fourrés à la liqueur, les articles en provenance d'Iran, de Corée du Nord, du Viêt-nam, de Cuba et du Cambodge, les billets de loterie, les articles et publications pornographiques, la sculpture et la peinture monumentale ou architecturale de l'époque précolombienne, les publications séditieuses ou incitant à la trahison, les produits fabriqués à partir de faisans, les peaux de reptile, les fanons de baleine, l'ivoire, les plumes d'oiseaux sauvages, etc.

Duty Free. La loi américaine vous autorise à apporter des cadeaux d'une valeur totale de 200 $ ainsi que 200 cigarettes ou 50 cigares, et vos effets personnels (vêtements, bijoux...). Attention, il faut en principe avoir plus de 21 ans pour pouvoir entrer avec 1 litre d'alcool. Sachez également que dans certains Etats, le transport de l'alcool est très réglementé. Les autorités américaines prennent ces règles très au sérieux : si vous avez moins de 21 ans, la bouteille de champagne que vous apportez à vos amis américains peut être confisquée.

Argent. Pour vérifier que vous êtes en mesure de subvenir à vos besoins pendant la durée de votre séjour, les fonctionnaires des douanes peuvent demander à connaître le montant dont vous disposez (en liquide ou en travelers chèques, une carte bancaire internationale peut également être très convaincante) ainsi que la date de votre retour. Si vous pénétrez sur le territoire américain avec plus de 10 000 $, vous devez le déclarer à la douane.

Le service des douanes (**U.S. Customs Service**) édite des brochures qui vous diront absolument tout sur les règles douanières américaines. Vous pouvez vous les procurer auprès des consulats américains.

PERMIS DE CONDUIRE INTERNATIONAL

Aux Etats-Unis, le permis de conduire français est valable pour une période d'un an après l'entrée sur le territoire américain. Bien qu'il ne soit pas exigé, le permis de conduire international pourra vous rendre de précieux services. Sur la route, il peut faciliter vos éventuels contacts avec la police.

Pour obtenir un permis de conduire international en France, adressez-vous à la préfecture de votre domicile. En plus de votre permis national, présentez-vous avec deux photos, un justificatif de domicile, une carte d'identité ou un passeport ainsi que 17 F. Le délai d'obtention varie d'une préfecture à l'autre. A Paris, il est délivré immédiatement.

Attention, le permis international n'est valable qu'accompagné du permis national et sa validité est de trois ans.

En Belgique, vous pourrez faire établir un permis de conduire international au Royal Automobile Club de Belgique (RACB) ; en Suisse, auprès du Service des Automobiles de chaque canton. Le permis de conduire québécois suffit aux Etats-Unis.

Sachez enfin que si vous restez plus d'un an sur le territoire américain, vous devrez dans tous les cas passer le permis de conduire de l'Etat dans lequel vous résidez.

■ Argent

Un séjour en hôtel à New York coûte cher, même si Let's Go est là pour vous aider. Lorsque vous établissez votre budget, comptez au minimum entre 40 $ et 60 $ par jour pour vous nourrir et vous loger, suivant la nature de vos projets. Compte tenu des fluctuations des taux de change, ce budget peut varier dans des proportions relativement importantes. Sur la base d'un dollar à six francs, vous devez prévoir entre 250 F et 350 F français par jour.

LE BILLET VERT

La monnaie américaine est le dollar ($), divisé en 100 cents (¢). On trouve des billets de 1 $, 5 $, 10 $, 20 $, 50 $, et 100 $. Les billets, marqués de la devise "*In God we trust*", se présentent tous, quelle que soit leur valeur, sous un même format et une même couleur verte. Au début, la confusion est facile : attention à ne pas glisser un billet de 20 $ en guise de pourboire. Les pièces de monnaie sont le *penny* (1 ¢), le *nickel* (5 ¢), le *dime* (10 ¢) et le *quarter* (25 ¢). Ayez le réflexe de conserver vos précieux quarters, indispensables pour appeler d'une cabine téléphonique, prendre le bus, ou utiliser un distributeur de boissons ou de journaux.
A titre indicatif, début 1997, les taux de change pour un dollar américain étaient les suivants :
5,75 francs français
35 francs belges
1,47 franc suisse
1,20 dollar canadien

CHANGER DE L'ARGENT

Que vous optiez pour les travelers chèques, la carte bancaire ou les deux, prévoyez un minimum de liquide en dollars pour subvenir à vos besoins à l'arrivée.
En France, vous pouvez vous procurer des dollars dans la plupart des banques ainsi que dans les bureaux de change. Sachez que la Banque de France, 39 rue Croix-des-Petits-Champs, 75001 Paris, tél. 01 42 92 42 92, offre un service de change aux particuliers qui est intéressant pour les devises car elle ne prend pas de commission. Attention, seuls les espèces ou les chèques certifiés par une banque sont acceptés. Il existe environ 200 guichets Banque de France répartis dans toute la France. Renseignez-vous auprès de l'agence principale. Ouvert de 9h30 à12h30 et de 13h30 à 16h.

TRAVELERS CHÈQUES

Pour voyager avec d'importantes sommes d'argent en toute **sécurité**, rien ne vaut les travelers chèques. Les plus connus (American Express, Thomas Cook, Visa) peuvent être échangés contre des espèces dans toutes les banques, parfois sans commission. Ils sont très largement acceptés, y compris dans de nombreux magasins et restaurants (les Américains eux-mêmes les utilisent à l'intérieur des Etats-Unis), et sont remboursables en cas de perte ou de vol. Les petits montants (20 $), plus facilement acceptés dans les magasins, sont les plus pratiques. En cas de perte ou de vol de vos travelers chèques, le remboursement est immédiat dans 80 % des cas. Certains établissements émetteurs proposent en outre des services d'assistance pour vous aider dans vos démarches administratives (exemple d'American Express : opposition sur vos cartes de crédit si elles ont été volées, envoi d'un message personnel, aide dans vos changements de réservations d'hôtels et de billets, aide pour contacter votre consulat). American Express propose également des chèques "couple" qui peuvent être signés par deux personnes voyageant ensemble, mais avec une commission de 1,75 %.
Le prix d'un traveler dépend du taux de change de la devise le jour où vous le commandez et de la commission prise par l'établissement qui vous le délivre.
En France, trois sociétés proposent des travelers : **American Express** (service relations clientèle : 01 47 77 70 00), **Thomas Cook** (service relations clientèle : 01 47 55 52 25) et **Visa** (service relations clientèle : 01 47 55 86 86). Vous pouvez acheter ces travelers auprès de votre banque ou au guichet d'un bureau de change. L'avantage de ces derniers est que la délivrance est immédiate. Si vous optez pour

les bureaux de change Thomas Cook, vous ne paierez pas de commission, mais uniquement l'assurance perte et vol (1,5 %, avec un minimum de 27 F), (22 agences Thomas Cook en région parisienne, 11 en province). American Express ne dispose que d'un bureau de change, à Paris (11 rue Scribe, 75009).

Les taux de change et les commissions pratiqués par les banques et les bureaux de change varient d'un établissement à l'autre. Si vous achetez vos travelers chèques dans la banque dont vous êtes client, la commission sera moins élevée (1 à 2 %, correspondant à l'assurance perte et vol). Certains établissements pratiquent le même taux de change sur les billets et les travelers (Thomas Cook, BNP). D'autres proposent des taux de change plus intéressants sur les travelers chèques (Caisse d'Epargne, Banque de France, Crédit Agricole), mais prennent parfois une commission.

Les **Canadiens** ont le choix entre les travelers chèques d'**American Express**, de **MasterCard Thomas Cook**, de **Visa** et de **Citicorp**. Là encore, ces travelers s'obtiennent dans une banque ou un bureau de change.

En **cas de perte ou de vol**, les travelers chèques sont remplacés dans les plus brefs délais. Téléphonez (numéros gratuits 24h/24) à l'organisme qui a émis les chèques (le numéro figure sur l'avis de vente remis avec les chèques). Aux Etats-Unis : Visa 800-227-6811, Thomas Cook 800-223-9920, American Express 800-221-7282. L'opérateur vous indiquera la banque ou l'agence de voyages la plus proche où vous serez en mesure de retirer de nouveaux chèques. Vous serez remboursé plus vite en présentant le bordereau remis avec les chèques. Nous vous conseillons donc de le conserver soigneusement à l'écart des chèques eux-mêmes. Inscrivez quelque part les numéros des chèques que vous avez déjà encaissés, et conservez une liste complète de tous les numéros (encaissés ou non) avec la liste des centres de remboursement que l'on vous remet lorsque vous achetez vos chèques.

CARTES

Aux Etats-Unis, les cartes de paiement (appelées familièrement *plastic money*) sont très couramment utilisées, y compris pour des faibles montants et des commandes par téléphone. N'oubliez pas la vôtre, elle vous sera très utile, voire indispensable si vous louez une voiture.

Cartes bancaires

Les cartes bancaires internationales (**Eurocard MasterCard** et **Visa**) sont le moyen de paiement le plus pratique pour voyager aux Etats-Unis. Elles sont acceptées presque partout et on trouve des dizaines de milliers de guichets automatiques (appelés ATM, *automatic teller machine*), y compris dans les magasins et les stations-service. Certains distributeurs demandent un code (appelé PIN, *personnal identification number*) à six chiffres : n'en tenez pas compte et tapez votre code habituel. Les commerçants fonctionnent généralement avec le vieux système du "fer à repasser" et se contentent de votre signature. N'oubliez pas votre reçu. Dans un restaurant, au moment de signer la facturette, pensez à remplir la case prévue pour le pourboire (*tip*) et à calculer et inscrire le montant total.

Le **taux de change** sur les opérations effectuées avec votre carte bancaire est généralement avantageux, environ 5 % en dessous du taux de change des guichets et des travelers. Cependant, à chaque fois que vous retirez de l'argent dans un distributeur ou que vous payez un achat avec votre carte, votre banque vous facture des frais dont le montant est fixe (15 F au Crédit Agricole, 25 F à la BNP). Pensez à effectuer quelques retraits conséquents plutôt que de retirer souvent de petits montants, ou à régler seulement des achats importants. Attention, vous ne pouvez retirer dans les distributeurs qu'un montant hebdomadaire limité (généralement 2 000 F).

Avantage des cartes bancaires, elles offrent des services gratuits d'assurance médicale et d'assistance rapatriement (voir **Assurances**, p. 33). En cas de perte, votre carte ne sera pas remplacée immédiatement, mais vous pourrez éventuellement bénéficier d'une assistance financière. Le service d'assistance des cartes **Visa** (tél. 01 41 14 12 21 ou 01 42 77 11 90, en province 02 54 42 12 12) vous met en relation

avec votre banque qui décide ensuite de vous accorder ou non une avance de fonds. Le service d'assistance d'**Eurocard MasterCard** (tél. 01 45 16 65 65) peut vous avancer jusqu'à 5 000 F. Il suffit qu'un de vos proches dépose un chèque de caution (il sera conservé mais non encaissé).

Visa est la carte la plus répandue aux Etats-Unis. En France, Visa met à votre disposition un serveur Minitel (3616 CBVisa) et un numéro de téléphone (01 41 77 11 90) qui vous renseigneront sur toutes les possibilités de votre carte.

Si vous souhaitez plus de renseignements sur la carte **Eurocard MasterCard**, un serveur Minitel est à votre disposition au 3615 ou 3616 EM. Aux Etats-Unis elle fonctionne sur le réseau du même nom et sur celui nommé **Cirrus**.

En cas de perte ou de vol de votre carte, prévenez le plus vite possible le centre d'opposition en France (**Visa** : 33 1 42 77 11 90, **Eurocard MasterCard** : 33 1 45 67 84 84). Téléphonez en PCV ou demandez à être rappelé. A New York, vous pouvez également le cas échéant vous adresser directement à n'importe quelle banque ou regarder sur un distributeur pour connaître le numéro de téléphone du centre d'opposition local.

Le coût d'une carte bancaire internationale varie d'une banque à l'autre (150 F au Crédit Agricole, 160 F à la Caisse d'Epargne, 170 F à la BRED, 170 F à la Société Générale avec 50 % de réduction pour les jeunes de 18 à 25 ans), de même que le plafond de retrait hebdomadaire autorisé (2 000 F dans la plupart des banques, 4 000 F à la BRED). Pour en savoir plus, renseignez-vous auprès de votre banque.

Cartes de crédit

Les cartes **American Express** et **Diners Club** sont de véritables cartes de crédit qui offrent de nombreux services : assurance médicale, assistance rapatriement, numéros gratuits à l'étranger. Ces cartes permettent également de retirer de l'argent dans les distributeurs de billets. L'adhésion, relativement coûteuse, est soumise à des critères précis.

American Express, tél. 01 47 77 70 00. Conditions d'obtention : revenu annuel brut minimal de 120 000 F, 2 ans d'ancienneté dans votre banque sans interdit bancaire.
Diners Club, tél. 01 40 90 00 00. Conditions de revenu comparables, acceptation des dossiers au cas par cas.

VIREMENTS À L'ÉTRANGER

Pour effectuer un paiement depuis la France, envoyer des arrhes ou régler une dépense à l'avance, vous pouvez recourir à un **mandat-carte de la Poste**. Pour les Etats-Unis, il vous en coûtera de 50 F à 120 F (vous pouvez envoyer au maximum 20 500 F). Au terme d'un délai d'environ deux semaines, il est encaissable dans une banque américaine sur présentation de deux pièces d'identité (dont une avec photo). Conservez les reçus d'expédition car les mandats sont remboursables en cas de perte.

Si vous êtes à court d'argent, le mandat postal est un peu lent. Inutile de vous faire envoyer un chèque personnel. Sauf exception, vous ne pourrez pas l'encaisser et dans tous les cas, la commission sera très élevée. Deux compagnies ont développé des systèmes de transfert d'argent beaucoup plus rapides. **Thomas Cook** propose le service **Money Gram**. Un de vos proches en France se rend dans un guichet Thomas Cook (22 guichets en région parisienne, 11 en province) et effectue un versement. L'argent transféré depuis la France est mis à votre disposition une dizaine de minutes plus tard à New York, en travelers ou en espèces, auprès de l'agence Thomas Cook la plus proche. Pour un transfert d'un montant inférieur à 2 100 F, les frais s'élèvent à 106 F (rajouter 53 F par tranche de 1 060 F). Pour tout renseignement, téléphonez en France au 01 47 55 52 25.

Vous pouvez également avoir recours aux services de **Western Union**. Vous connaîtrez le guichet le plus proche de chez vous en tapant le 3615 Western Union, qui peut être la Poste (environ 30 guichets à Paris et sur la Côte d'Azur), le Crédit Agricole (en Savoie) ou la banque Rivaud. Un de vos proches en France effectue un versement en espèces dans l'un des points du réseau. Vous retirez l'argent quelques minutes plus tard, dans une agence Western Union à New York. La commission dépend du montant transféré. A titre d'exemple, elle est de 7 % pour une somme de 3 500 F (192 F pour 2 000 F). Il vous faudra ensuite débourser entre 7 et 15 $ pour pouvoir retirer l'argent sur place. Pour tout renseignement, téléphonez au 01 43 54 46 12 ou à la Poste au 01 44 88 50 00.

Vous pouvez également vous faire envoyer de l'argent depuis votre compte en France (ou depuis le compte d'une autre personne qui se chargera de l'opération) avec le réseau interbancaire **SWIFT**. Attention, toutes les banques ne proposent pas ce service. Une fois que vous avez trouvé une banque à New York ou un bureau de poste (c'est plus long) qui accepte d'effectuer cette opération, envoyez à votre agence en France une lettre ou un fax signés, précisant votre numéro de compte français, le nom et l'adresse de la banque d'arrivée ainsi que le numéro de votre passeport ou de votre pièce d'identité. En dernier recours, un consulat peut se charger d'organiser un envoi d'argent, si un proche se porte garant pour vous. Le coût de l'opération sera déduit du montant reçu.

■ Assurances

Si vous bénéficiez de l'assurance maladie en France, vous conservez vos droits aux Etats-Unis, à condition que la durée de votre séjour n'excède pas la durée des congés légaux en France (environ 5 semaines pour les salariés et 4 mois pour les étudiants). Attention, si vous suivez un traitement médical commencé en France, les frais engagés aux Etats-Unis ne vous seront pas remboursés.

Toutefois, il faut savoir que les soins médicaux coûtent très chers aux Etats-Unis. La Sécurité sociale et votre mutuelle ne vous rembourseront que sur la base des tarifs pratiqués en France. De plus, vous devrez avancer sur place le montant des soins avant de faire une demande de remboursement à votre retour. Nous vous recommandons donc vivement de souscrire une assurance maladie complémentaire.

Si vous êtes en possession d'une carte **Visa** ou **Eurocard MasterCard**, vous bénéficiez automatiquement d'une assurance médicale et d'une assistance rapatriement. Elles sont valables pour tous les déplacements à l'étranger ne dépassant pas 90 jours. L'assurance médicale ne vous prend en charge que si vous devez être hospitalisé. Le plafond des remboursements est de 60 000 F avec la carte Eurocard MasterCard et de 30 000 F avec Visa, ce qui est peu en cas d'hospitalisation aux Etats-Unis. Si vous ne pouvez avancer les frais d'hospitalisation, téléphonez au service d'assistance. Après vérification auprès de votre banque que vous serez en mesure de rembourser à votre retour, le montant des soins vous sera avancé. Si vous ne pouvez pas être soigné sur place, le service d'assistance organisera votre rapatriement après avoir vérifié son bien-fondé avec le médecin ou l'hôpital qui vous a examiné.

Eurocard MasterCard, tél. 01 45 16 65 65, fax 01 45 16 63 92.
Visa, tél. 01 41 14 12 21, fax 01 41 14 12 92.

Par ailleurs, si vous réglez au moins une partie de votre billet de transport avec votre carte, vous êtes couvert par une assurance décès-invalidité. La déclaration d'accident doit être faite dans les 20 jours.

Pour toute demande d'assistance, il vous faudra communiquer le numéro à 16 chiffres de votre carte bancaire.

Certaines cartes destinées aux jeunes s'accompagnent d'un contrat d'assistance. Pour la **Carte jeunes**, téléphonez au 01 41 85 85 85, la **Carte Campus** de la MNEF 01 30 75 08 20, la **Carte club** de la Smerep 01 41 85 86 59. La carte d'étudiant international **ISIC** permet de téléphoner en PCV (5 langues parlées) à une compagnie d'assistance (pour les Européens, numéro en Grande-Bretagne : (44 181) 666 9205, pour les Canadiens : (800) 626 2427).

Ces contrats d'assistance "automatiques" ne couvrent toutefois que **partiellement** les frais d'hospitalisation importants. Il est donc conseillé de souscrire un contrat supplémentaire auprès d'une compagnie d'assurance. Le contrat le plus utile aux Etats-Unis est le contrat dit d'"assurance des frais médicaux maladie-accident". Il vous garantit la prise en charge quasi intégrale de vos soins médicaux aux Etats-Unis et une prise en charge directe des frais d'hospitalisation. Des contrats plus complets comprennent d'autres garanties utiles aux voyageurs telles que l'assurance annulation voyage, l'assurance vol, l'assurance responsabilité civile.

Afin de comparer les différentes prestations des compagnies d'assurance, faites-vous bien préciser les plafonds de remboursement, les garanties couvertes et le montant des franchises (c'est-à-dire la part du dommage restant à votre charge).

Dans tous les cas, il est conseillé de choisir un contrat d'assurance maladie qui vous rembourse au moins jusqu'à concurrence de 100 000 F, ce qui correspond à une période relativement limitée d'hospitalisation. Pour un contrat d'assurance voyage incluant le remboursement des frais médicaux (plafond des remboursements de 40 000 F à 1 000 000 F, selon la compagnie), la prise en charge directe des frais d'hospitalisation, une assurance bagage et une assurance responsabilité civile, il faut compter entre 260 F et 400 F pour un mois (deux mois, de 450 F à 800 F). Nous vous donnons ci-dessous les coordonnées de quelques assureurs. A vous de faire votre choix.

AVA, 28 rue Aumade, 75009 Paris, tél. 01 48 78 11 88.

AVI International, 90 rue de la Victoire, 75009 Paris, tél. 01 44 63 51 01.

Elvia, 66 avenue des Champs-Elysées, 75381 Paris Cedex 08, tél. 01 42 99 02 99.

Europ Assistance, 23-25 rue Chaptal, 75445 Paris Cedex 09, tél. 01 41 85 85 85.

Mondial Assistance, 2 rue Fragonard, 75807 Paris Cedex 17, tél. 01 40 25 52 04.

Pour les étudiants :

SMEREP, 54 boulevard Saint-Michel, 75006 Paris, tél. 01 44 41 74 44.

MNEF, 137 boulevard Saint-Michel, 75258 Paris cedex 05, tél. 01 30 75 08 20.

ISIS (OTU), 8 rue Jean-Calvin, 75005 Paris, tél. 01 43 31 31 71.

■ Santé

Avant le départ

Une **trousse de premiers soins** sera bien suffisante pour les petits problèmes que vous pourrez rencontrer au cours de votre périple. Une trousse classique contient les éléments suivants : des pansements, de l'aspirine, un antiseptique, un thermomètre (dans un étui rigide), une pince à épiler, du coton, des pilules contre le mal des transports, la diarrhée, les maux d'estomac. En cas de nécessité, vous trouverez tous ces produits partout à New York. Les médicaments ordinaires (aspirine, antiseptique, etc.) sont en vente libre dans les rayons de tous les drugstores. Si vous n'arrivez pas à vous repérer parmi les marques américaines, demandez conseil au pharmacien, au comptoir "prescription".

Vérifiez que vos rappels de **vaccinations** sont à jour. Le tétanos peut s'attraper relativement facilement (objets rouillés...). Les hépatites connaissent un net développement, y compris dans les pays les plus développés.

Notez dans votre portefeuille les noms des **personnes à prévenir** en cas d'accident. Si vous êtes allergique à certains produits ou traitements, notez-le aussi (cela aidera les médecins). Si vous prenez régulièrement certains médicaments, apportez-en en quantité suffisante pour la durée de votre séjour et pensez à prendre avec vous **l'ordonnance** et un résumé de votre dossier médical (carnet de santé ou autre), surtout si vous apportez de l'insuline, des seringues, ou des narcotiques. Il est toujours utile de se faire examiner avant un voyage, surtout si vous prévoyez de rester à l'étranger plus d'un mois. Si vous portez des **lunettes** ou des lentilles de contact, prévoyez une paire de lunettes de secours ! Emportez éventuellement une

En France

FUAJ : 27 rue Pajol, 75018 Paris, tél. 01 44 89 87 27, Minitel 3615 FUAJ. La FUAJ est membre du réseau Hostelling International. On peut s'y procurer la carte internationale des auberges de jeunesse (moins de 26 ans 70 F, plus de 26 ans 100 F, famille 100 F, groupe de dix personnes 250 F), ainsi que le guide recensant les auberges de jeunesse dans le monde (45 F sur place et 61 F par correspondance). La carte HI est également en vente dans toutes les auberges de France.

En Belgique

Les Auberges de Jeunesse

52 rue Van Oost, 1030 Bruxelles, tél. (02) 2153 100.

En Suisse

Youth Hostelling International

La Chaux de Fonds, Centre de réservation IBN, Siège Romand, 65 avenue Léopold Robert, CH 2300 La Chaux-de-Fonds, tél. : (039) 237 851.

Au Québec

Regroupement Tourisme Jeunesse (HI)

4545 Pierre de Coubertin, CP 1000, succursale M, Montréal H1V 3R2, tél. : (514) 252-3117.

■YMCA et YWCA

Vénérables institutions américaines, les centres communautaires **YMCA** (Young Men's Christian Association) disposent de chambres, de dortoirs et d'une cafétéria. Les prix des YMCA (de 25 $ à 50 $) sont normalement moins élevés que ceux des hôtels, mais plus élevés que ceux des auberges de jeunesse. Lorsqu'ils existent, vous aurez normalement accès aux équipements (bibliothèque, salle de sport…). De nombreuses YMCA acceptent les femmes et les familles. Le règlement se fait d'avance et il n'est pas rare de devoir laisser une caution pour la clé. Pour tout renseignement sur les Y's, contacter **Y's Way to Travel**, 224 E. 47th St., New York, NY 10003 (212-308-2899, fax 212-308-3161).

Les **YWCA** (Young Women's Christian Association) fonctionnent de manière similaire mais ne logent que les femmes. Les non-adhérentes sont souvent incitées à devenir membres à leur arrivée. Pour tout renseignement, contacter YWCA-USA, 726 Broadway, New York, NY 10003 (212-614-2700).

Les YMCA et YWCA acceptent, malgré leur nom, toutes les religions.

En France

Rencontres et Voyage

5 place de Vénétie, 75013 Paris, tél. 01 45 83 62 63, publie un annuaire des YMCA dans le monde (62 F) et effectue des réservations dans les YMCA des Etats-Unis. Agences à Strasbourg et Toulouse.

Council Travel

22 rue des Pyramides, 75001 Paris, tél. 01 44 55 55 44, effectue également des réservations dans les YWCA des Etats-Unis.

Au Québec

YMCA de Montréal

1450 Stanley St., Montréal, PQ H3A 2W6 (514-849-8393, fax 514-849-8017). A Ottawa, la YMCA est au 180 Argyle Ave., Ottawa, Ont. K2P 1B7 (613-237-1320, fax 613-788-5095). Permet d'effectuer des réservations dans les YMCA américaines.

◼ Travailler et étudier

TRAVAILLER À NEW YORK

Pour les jeunes et les étudiants, les possibilités de jobs sont innombrables aux Etats-Unis. Deux secteurs sont particulièrement porteurs, la restauration et le tourisme. Mais choisissez bien votre date. L'été, New York est pris d'assaut par les chercheurs de jobs : votre recherche risque d'être plus longue. L'idéal est d'arriver dans le pays dès fin juin, avant que la concurrence estudiantine locale ne soit trop forte. Ne vous attendez pas à gagner des salaires mirobolants, les emplois peu qualifiés sont payés environ 5 $ de l'heure. A partir du moment où vous êtes en règle, une embauche peut se décider très rapidement, à l'américaine.

Attention, les services de l'immigration américains sont très stricts. Il faut partir avec un **visa de travail** en règle. Avec une lettre d'embauche en poche, vous pouvez, dans certains cas, obtenir par vous-même un visa de travail auprès des services consulaires américains. Le plus simple est de vous adresser à un organisme d'échange qui effectuera les démarches pour vous. Quelques organismes sont habilités à délivrer le formulaire d'"éligibilité" **IAP-66**, qui vous permettra d'obtenir un visa de travail **J-1**.

En France, les deux principaux organismes habilités à délivrer le formulaire **IAP-66** sont le **CIEE** et le **CEI/Club des 4 vents**. Leurs programmes sont tous payants, il faut compter entre 2 000 F et 3 000 F. Ces prix comprennent les frais d'obtention du visa (750 F) mais pas le billet d'avion pour les Etats-Unis.

Council on International Educational Exchange (CIEE), 1 place de l'Odéon, 75006 Paris, tél. 01 44 41 74 99. Le Council est le principal organisme d'échange d'étudiants pour les Etats-Unis. Chaque année, plus de 1 000 étudiants français partent aux Etats-Unis dans le cadre d'un des trois programmes existants. Les programmes Work and Travel, pour les jobs, et Internship USA, pour les stages, vous permettent d'obtenir le visa J-1 et vous aident à trouver un employeur. Le Council propose également un programme de stage "clés en main" avec un placement de trois mois en entreprise.

CEI/Club des 4 vents, 1 rue Gozlin, 75006 Paris, tél. 01 43 29 60 20. Cet organisme propose différentes formules destinées aux étudiants de plus de 18 ans. Le CEI vous permet d'obtenir le visa J-1 et de trouver un job ou un stage.

Pour en savoir plus, vous pouvez consulter les brochures éditées par la Commission franco-américaine d'échanges universitaires et culturels (voir p. 19).

Et pour tout savoir sur les stages et les jobs outre-Atlantique, reportez-vous au **Guide du Job-trotter Etats-Unis-Canada**, 74 F, publié aux Editions Dakota, qui rassemble de très nombreuses pistes et offres (informations au 01 48 42 08 09).

ÉTUDIER À NEW YORK

Si vous souhaitez étudier à New York, vous devez contacter vous-même les universités américaines qui vous intéressent. Commencez vos démarches suffisamment à l'avance (environ un an avant la rentrée universitaire) et préparez-vous à effectuer un véritable parcours du combattant. Les dossiers d'inscriptions (*application forms*) sont spécifiques à chaque université. Dans tous les cas, vous devrez avoir obtenu un nombre minimum de points au **TOEFL** (Test of English as a Foreign Language), en général de l'ordre de 550 à 600. Si vous souhaitez en savoir plus, vous pouvez contacter la **Commission franco-américaine d'échanges universitaires et culturels**, 9 rue Chardin, 75016 Paris, tél. 01 44 14 53 60.

Si vous souhaitez effectuer un séjour linguistique ou suivre des cours sur une période limitée au sein d'une université, plusieurs voies s'offrent à vous. Les organismes de séjours linguistiques sont nombreux. Le **Centre d'information et de documentation pour la jeunesse** (**CIDJ**), 101 quai Branly, 75740 Paris Cedex 15, édite une brochure détaillée qui recense les principaux organismes par catégorie. Il met également à votre disposition un numéro où vous pourrez poser toutes vos questions, le 01 47 87 05 05. Il existe un peu partout en France des Centres régionaux d'information pour la jeunesse, les **CRIJ**, dont les coordonnées sont sur le serveur Minitel 3615 CIDJ.

Vous pouvez en outre vous adresser à l'**UNOSEL**, 15/19 rue des Mathurins, 75009 Paris Cedex 15, tél. 01 49 24 03 61. Cette fédération regroupe un certain nombre d'organismes de séjours linguistiques.

Pour suivre des cours en université, ou participer à un programme d'échange, la Commission franco-américaine d'échanges universitaires et culturels édite des brochures qui peuvent vous aider dans vos démarches. Pour une session de 5 à 7 semaines, il faut compter environ entre 1 000 $ et 2 000 $ par cours (chaque cours comprend de 2 à 4 unités de valeur). A titre d'exemple, la session d'été à l'université du New Hampshire coûte de 640 $ à 720 $ pour un cours de 4 unités de valeur, sur une période de sept semaines. A l'université de Columbia, la session de cinq semaines coûte 570 $ par "point", chaque cours comprenant en général 3 "points" (1 707 $).

A noter enfin, le Council on International Educational Exchange et Le Club des 4 vents proposent tous deux des programmes de cours en université américaine.

CIEE, 1 place de l'Odéon, 75006 Paris, tél. 01 44 41 74 99. Minitel 3615 Council.

CEI/Club des 4 vents, 1 rue Gozlin, 75006 Paris, tél. 01 43 29 60 20.

■ Plus d'informations pour...

ÉTUDIANTS

Un peu partout aux Etats-Unis, les étudiants bénéficient de réductions. Pensez à vous procurer une Carte d'étudiant internationale (**ISIC**) avant de partir, elle sera plus facilement acceptée que la carte d'une université française. Un numéro d'assistance est accessible aux détenteurs de la carte ISIC. A cause de la prolifération des fausses cartes, certaines compagnies aériennes exigent une autre pièce d'identité attestant de votre statut d'étudiant. Apportez votre carte d'étudiant française le cas échéant.

Nous vous donnons la liste des principaux points de vente où vous pourrez la trouver. Outre votre carte d'étudiant, munissez-vous d'une photo et de 60 F. N'oubliez pas de demander un exemplaire gratuit de l'International Student Identity Card Handbook, qui présente la liste des réductions dans chaque pays.

En France

OTU Voyages
Service ISIC, 6 rue Jean-Calvin, 75005 Paris, tél. 01 43 31 31 71. 119 rue Saint-Martin, 75004 Paris, tél. 01 40 29 12 12. Gare du Nord, 4 rue de Dunkerque, 75009 Paris, tél. 01 42 85 86 19. Minitel 3615 Crous. 42 bureaux en province. Lyon : 04 78 72 55 59. Toulouse : 05 61 12 54 54.

USIT Voyages
6 rue de Vaugirard, 75006 Paris, tél. 01 42 34 56 90. Minitel 3615 USIT. Bordeaux : 05 56 33 89 90. Lyon : 04 78 24 15 70. Nice : 04 93 87 34 96. Toulouse : 05 61 11 52 42.

Council Travel Services
22 rue des Pyramides, 75001 Paris, tél. 01 44 55 55 65. Agences en province également.

FUAJ
27 rue Pajol, 75018 Paris, tél. 01 44 89 87 27. Bureaux en province également.

SEM Vacances
54 boulevard Saint-Michel, 75006 Paris, tél. 01 44 41 74 40.

En Belgique, en Suisse et au Canada, la carte ISIC est délivrée par les agences de voyages pour jeunes et étudiants (voir Organismes de voyages) et, de manière générale, par tout organisme affilié à l'International Student Travel Confederation (ISTC).

La **FIYTO** (Federation of International Youth Travel Organizations) émet une carte de réduction pour les moins de 26 ans qui ne sont pas étudiants. Connue sous le nom de carte **Go 25**, elle est valable un an et offre des avantages similaires à ceux de la carte ISIC. En France, on peut se la procurer auprès de l'OTU (voir l'adresse plus haut) et dans tous les **CROUS** (Centre régional des œuvres universitaires et sociales). Une brochure recense toutes les réductions auxquelles la carte donne droit. Pour obtenir la carte Go 25, vous devez produire une pièce attestant de votre date de naissance et une photo d'identité (avec votre nom inscrit au verso). Elle coûte 45 F.

PERSONNES ÂGÉES

Aux Etats-Unis, les personnes âgées, les *senior citizens*, bénéficient d'une large gamme de réductions sur les transports, les musées, le théâtre, les concerts, mais également dans les restaurants et les hôtels. Et ce parfois dès l'âge de 50 ans. Si le tarif senior n'est pas affiché, demandez-le, vous aurez souvent de bonnes surprises.

VOYAGER AVEC DES ENFANTS

Les vacances en famille à New York peuvent facilement tourner à la catastrophe sans une organisation rigoureuse. Vérifiez bien si votre hôtel ou Bed and Breakfast accueille les enfants et pour marcher, préférez un siège portable dans le dos à une poussette.

De nombreux restaurants ont des menus spéciaux et pratiquement tous les musées et sites ont un tarif enfant. Assurez-vous que vos enfants ont en permanence une pièce d'identité et prévoyez toujours un point de rendez-vous s'ils se perdent.

GAYS ET LESBIENNES

New York possède une vaste population gay et lesbienne active et militante. Les visiteurs concernés trouveront facilement en ville des bars, des clubs, des librairies et des manifestations spécifiques. Le défilé Gay Pride de New York qui se déroule chaque année à la fin du mois de juin est l'un des plus grands du monde. Si vous désirez des renseignements plus spécifiques, reportez-vous à la rubrique Clubs gay et lesbiens, p. 352. En France, quelques adresses utiles :

Centre gay et lesbien, 3 rue Keller, 75011 Paris, tél. 01 43 57 21 47.

Eurogays Travel, 23 rue du Bourg-Tibourg, 75004 Paris, tél. 01 48 87 37 77. Cette agence spécialisée dans les voyages gay et lesbiens propose des séjours à New York.

International Gay Travel Association, Box 4974, Key West, FL 33041, Etats-Unis (tél. (880) 448-8550, fax (305) 296-6633, E-mail : IGTA@aol.com, site Web : http://www.rainbow-mall.com/igta).

International Lesbian and Gay Association (ILGA), 81 rue Marché-au-Charbon, B-1000 Bruxelles, Belgique (tél. 25 02 24 71 ; e-mail : ilga@ilga.org). Pas une agence de voyage mais une association qui donne de l'information, par exemple sur les lois concernant les homosexuels dans différents pays.

Les Mots à la Bouche (librairie), 6 rue Sainte-Croix-de-la-Bretonnerie, 75004 Paris, tél. 01 42 78 88 30. Vous y trouverez entre autres les guides *Gaymen's Press* (en anglais).

Let's Go dresse pour New York la liste des nombreuses lignes téléphoniques, centres spécialisés, lieux de sortie et services destinés aux homosexuels. Consultez l'un des nombreux titres de la presse gay, dont la plupart sont en vente dans les kiosques au coin des rues (en particulier à Greenwich Village). *NY Native* est l'un des plus utiles. *Homo-Xtra*, qui se décrit lui-même comme un hebdomadaire "politiquement incorrect", dirige ses lecteurs vers toutes sortes de services coquins. Le magazine *Advocate*, diffusé dans tout le pays, possède une rubrique New York. Vous pouvez également ment feuilleter le *Village Voice* qui détaille les spectacles, les services et propose de temps à autre des articles spécifiques.

Rainbow Pride

New York est le centre de la vie homosexuelle américaine depuis le XIXe siècle, époque où un mode d'existence bohème, plus libéral et tolérant, se répandit de Greenwich Village à Harlem. Grâce à cette communauté ouverte qui sait faire entendre sa voix, la ville a été le théâtre de plusieurs événements-clés dans l'histoire de l'homosexualité aux Etats-Unis.

1966 : Création de la première organisation d'étudiants homosexuels à Columbia University, bientôt suivie en 1967 par celle de la NYU.

1969 : La Stonewall Rebellion marque le début du mouvement *gay pride* et établit la légitimité des homosexuels à New York. Ces émeutes sont commémorées tous les ans.

Années 80 : Confrontés à l'épidémie de Sida, les leaders du mouvement gay mettent sur pied la Gay Men's Health Crisis, première structure médicale destinée aux porteurs du virus (1981). Quelques années plus tard, les homosexuels en colère face à la pénurie de fonds et au manque d'attention accordés au problème du Sida fondent ACT-Up, premier groupe gay militant (1987).

1994 : Le défilé de la Gay Pride, avec le succès des jeux sportifs gay et à la célébration du 25e anniversaire des émeutes de Stonewall, transforme New York en scène de spectacle de la communauté homosexuelle. On estime entre 100 000 et 500 000 le nombre de participants au rassemblement final sur la grande pelouse de Central Park.

Le trimestriel *Metrosource* donne l'adresse des bars, des librairies et des divers lieux spécialisés. On peut se le procurer dans la plupart des librairies gay.

Le numéro du **Gay and Lesbian Switchboard à New York** est le 777-1800 (tous les jours de 10h à minuit, un standard numérique donne des informations sur les bars et la vie nocturne, et indique le jour où fréquenter les endroits à la mode). Vous pouvez joindre le **Lesbian Switchboard** au 741-2610. En arrivant en ville, arrêtez-vous au **Lesbian and Gay Community Service Center** (620-7310, de 9h à 23h) situé au 208 W. 13th St., entre la 7th et la 8th Avenue. Plus de 400 groupes de rencontre se réunissent dans cette ancienne école sur trois étages. Le centre abrite une clinique libre d'accès, organise des soirées dansantes et vous dirige vers divers groupes de soutien. Le **Gay and Lesbian Visitor Center** (463-9030), au 135 W. 20th St., entre la 6th et la 7th Avenue, publie un magazine bimensuel, *The List* (3 \$), avec des adresses d'hôtels, de restaurants et des événements culturels gay. La carte de membre coûte 35 \$ par an. Les membres reçoivent un abonnement d'un an à *The List*, des lettres d'information concernant la communauté homosexuelle, ainsi qu'un certain nombre de réductions utiles.

HANDICAPÉS

Plus que la France, les Etats-Unis ont fait un gros effort pour adapter leurs structures et faciliter la vie des personnes handicapées. Les hôtels et motels sont de plus en plus souvent accessibles aux handicapés, et la plupart des grands endroits touristiques ont prévu des visites spécialement étudiées. Dans presque tous les centres commerciaux, aéroports, immeubles de bureaux, on trouve des toilettes adaptées.

Les **agences de location de voiture** Hertz, Avis et National proposent parfois des véhicules contrôlables à la main. Les trains **Amtrak** et toutes les compagnies aériennes offrent un service spécialement adapté aux handicapés. Au moment de réserver ou d'acheter vos billets, indiquez au guichetier les services dont vous aurez besoin. **Greyhound** permet à une personne handicapée de voyager avec une autre pour le prix d'un seul billet, sur présentation d'un certificat médical certifiant que la personne handicapée doit être accompagnée. Les fauteuils roulants, chiens d'aveugle et bouteilles d'oxygène seront comptabilisés dans votre quota de bagages. A chaque fois qu'ils existent, ce guide précise les services destinés aux handicapés et les réductions offertes.

L'**agence de voyages XIII Voyages**, 5 rue Guillaume-Colletet, 94150 Rungis, tél. 01 46 86 44 45, organise aussi bien des séjours en France et à l'étranger pour des personnes handicapés que des séjours classiques pour les particuliers.

L'**Association des Paralysés de France (APF)**, 17 bd Blanqui, 75013 Paris, tél. 01 40 78 69 00, dispose d'un service d'agence de voyages qui organise des séjours à l'étranger pour les personnes handicapées. Il faut être membre de l'association pour participer à leurs séjours.

Adresses utiles aux Etats-Unis

American Foundation for the Blind, 11 Penn Plaza, New York, NY 10011 (212-502-7600). Informations et services pour les non-voyants. Pour un catalogue des services, contactez the Lighthouse Y, 10011 (800-829-0500), ouvert du lundi au vendredi de 8h30 à 16h30.

Facts on File, 11 Penn Plaza, 15th Floor, New York, NY 10011 (212-967-8800). Publie *Disability Resource*, un guide pour les handicapés (45$) que vous trouverez sur place en librairie et que vous pouvez commander en France chez Brentano's ou WH Smith (voir p. 20).

MossRehab Hospital Travel Information Service, 1200W Tabor Rd., Philadelphia, PA 19141, tél. (215) 456-9603. Un centre d'information téléphonique spécialisé qui recense les sites adaptés aux handicapés et donne des conseils sur les problèmes liés au voyage.

Twin Peaks Press, PO Box 129, Vancouver, WA 98666-0129, tél. (360) 694-2462, commandes par carte de crédit avec Mastercard ou Visa au (800) 637-2256, fax (360) 696-3210. Le guide *Travel for the Disabled* répertorie des lieux touristiques accessibles aux handicapés, avec des conseils de voyage (19,95 $). Chez Twin Peaks également, *Directory for Travel Agencies of the Disabled* (19,95 $), *Wheelchair Vagabond* (14,95 $), et *Directory of Accessible Van Rentals* (9,95 $). Les frais d'envoi sont de 3 $ pour un ouvrage, 1,50 $ par ouvrage supplémentaire.

VÉGÉTARIENS

Les végétariens seront heureux à NYC et pourront facilement manger bien et pas cher. La plupart des restaurants proposent sur leur carte des plats ou des menus végétariens, et certains le sont exclusivement. Un guide spécifique existe : *Vegetarian Dining in New York City* de Barbara Holmes (9 $). Ecrivez-lui P.O. Box 845, Midwood Station, Brooklyn, NY 11230 (718-434-3180).

ALLER À NEW YORK

■ Avion

Pour trouver le tarif le moins cher, n'hésitez pas à mener une enquête approfondie et à faire jouer la concurrence. Une première visite dans une agence de voyages vous permettra de défricher le terrain et d'avoir une idée des prix du moment, téléphonez ensuite aux voyagistes et aux compagnies aériennes pour trouver le meilleur tarif aux dates que vous souhaitez. Dans tous les cas, faites-vous bien préciser toutes les caractéristiques du billet : vol charter ou vol régulier, nom de la compagnie, vol direct ou vol avec correspondance, montant total des taxes, possibilité de modification des dates, période de validité, conditions d'annulation. N'oubliez pas de demander également les aéroports et les horaires de départ et d'arrivée.

Pour quelques centaines de francs, mieux vaut peut-être un vol direct Paris-New York sur une compagnie régulière avec des horaires pratiques, qu'un trajet Paris-New York avec une longue escale à Londres.

En **basse saison** vous aurez moins de difficultés à trouver un billet bon marché. Les tarifs haute saison s'appliquent entre mi-mai/début juin et mi-septembre ainsi que lors des jours fériés et des congés scolaires. Durant cette période, il est moins facile de trouver une place. Si vous souhaitez partir à une date précise à un bon prix, il est préférable de réserver votre billet plusieurs semaines, voire plusieurs mois, à l'avance.

Généralement, vous devez confirmer votre réservation par téléphone 72 heures avant votre départ. N'arrivez pas à la dernière minute à l'aéroport, car certaines compagnies pratiquent le *surbooking*, en vendant plus de sièges que l'avion n'en contient, pour avoir la certitude qu'il parte à plein. S'il arrivait que le vol soit complet lorsque vous arrivez, votre voyage ne serait pas remis en cause pour autant. Vous partirez sur le vol suivant, et en guise de compensation, si vous êtes sur un vol au départ d'Europe et si le retard excède un certain délai, la compagnie est obligée de vous verser une indemnité financière. Au départ des Etats-Unis, il n'y a pas de réglementation, mais la compagnie peut faire un geste en vous offrant un billet gratuit.

A titre indicatif, voici une fourchette des **tarifs pratiqués** sur les vols transatlantiques (tous les prix qui suivent sont aller-retour) : pour un Paris-New York, il faut généralement compter entre 1 900 F et 3 000 F pour un billet à dates fixes. A certaines périodes de l'année, on assiste à des soldes exceptionnelles : Paris-New York 1490 F ! Attention cependant, ces promotions sont difficiles à dénicher et le prix annoncé ne comprend généralement pas toutes les taxes. Le prix moyen d'un billet est à peu près de 2 100-2 300 F, tout compris.

Vols charters ou réguliers

Si vous vous adressez directement à une compagnie aérienne (Air France, US AIR, British Airways...), vous volerez sur **vols réguliers**. Ce sont des vols programmés à intervalles constants (quotidiens, tous les mardis, etc.) et dont les horaires sont publiés longtemps à l'avance. Les billets sur les vols réguliers sont plus chers mais les compagnies aériennes proposent souvent des promotions et des réductions, en particulier pour les jeunes.

Un **vol charter**, affrété par un voyagiste sur une destination et à une période touristiques, n'est pas programmé régulièrement. Dans certains cas, l'avion n'a pas d'horaire garanti au décollage, d'où des retards possibles sur l'heure prévue. Les billets charters sont normalement moins chers que les billets réguliers, mais les conditions sont plus contraignantes (modification, annulation, horaires...).

Dernier cas de figure, le billet à **tarif réduit sur un vol régulier**. En achetant votre billet auprès d'un voyagiste, vous pouvez également voyager sur vol régulier, et souvent à un meilleur tarif qu'en achetant directement votre billet auprès de la compagnie aérienne. Tout simplement parce que le voyagiste a négocié ses prix avec la compagnie et vous fait bénéficier des rabais obtenus. Cette dernière solution est sans doute la plus avantageuse, quoiqu'elle implique de chercher activement et bien avant votre date de départ.

Tarifs jeunes

Les compagnies aériennes proposent des réductions aux jeunes de moins de 26 ans et aux étudiants de moins de 27 ans (parfois plus, selon la compagnie). La tendance n'est pas forcément d'offrir le prix le plus bas, mais de proposer des conditions d'utilisation beaucoup plus souples : possibilité de changer les dates, voire d'annuler, d'opter pour un *open jaw* (arriver dans une ville et repartir d'une autre), etc.

APEX (Advance Purchase Excursion Fare)

Ce sont des billets à tarifs réduits sur des vols réguliers. Il faut réserver au moins 14 jours avant le départ, les réservations sont fermes et très souvent des restrictions s'appliquent sur la durée de votre séjour. Toutefois les billets APEX vous permettent souvent d'obtenir un billet dit *open jaw*. Appelez le plus tôt possible pour bénéficier d'un bon tarif.

Promotions et J-7

Vous pouvez bénéficier de réductions très importantes en achetant votre billet au dernier moment (entre 7 et 15 jours avant la date de départ). Mais en choisissant d'attendre la dernière minute, vous risquez bien entendu de ne plus trouver de places. A vous de juger si les quelques centaines de francs que vous allez économiser valent le risque de ne pas partir…

Certains voyagistes se sont spécialisés dans ce type de promotions, qui sont généralement proposées sur un serveur Minitel.

Dégrif'Tour (Minitel 3615 DT) propose des billets à tarifs réduits (20 à 50 % moins chers que les offres du moment) mais les dates d'aller et de retour sont toujours fixées d'avance.

Réductour (Minitel 3615 Réductour) regroupe les promotions des voyagistes mais pour des départs plus éloignés, jusqu'à 6 mois.

Airhitch, 5 rue de Crussol, 75011 Paris, tél. 01 47 00 16 30. La compagnie Airhitch est spécialisée dans la revente à prix réduits des billets d'avion invendus. Une formule intéressante, voire amusante, si vous êtes souple sur la date de départ comme sur la destination : vous devez choisir une fourchette de 5 jours et trois villes d'arrivée aux Etats-Unis. Ce n'est que quelques jours avant le départ que vous connaissez la date et la destination de votre vol. Comptez 169 $ (environ 850 F) pour un billet aller pour le Nord-Est (New York, Boston, etc.) et 269 $ (environ 1 350 F) pour la côte Ouest (Los Angeles, San Francisco). Pour le retour, la formule est la même.

Vous pouvez également contacter directement les voyagistes et les compagnies aériennes pour connaître leurs invendus et leurs promotions de dernière minute (sur Minitel, répondeur ou en agence).

Look Voyages : 3615 PROMOVOL ou SOS CHARTER, tél. 01 49 59 09 09 (répondeur).

Kiosque Air France : 3615 AF (également un kiosque spécial jeunes).

Bourse des voyages : 3615 BDV. Ce service propose de vous indiquer les meilleurs prix et les meilleures dates et une destination, puis de vous renvoyer sur la compagnie ou le voyagiste qui offre les meilleures conditions à la date de votre choix.

Abcd'Air : 3617 ABCDAIR (3,48 F la minute). Promotions et vols secs.

Anyway : 3615 ANYWAY. Vols charters et promotions des voyagistes.

Stop over

Lorsque vous voyagez sur une longue distance, vous avez la possibilité de faire une escale prolongée, appelée *stop over* (24 heures minimum). Une formule intéressante lorsque vous désirez visiter plusieurs villes desservies par une même compagnie, par exemple en faisant un arrêt à New York avant de poursuivre sur Los Angeles. La formule est relativement répandue sur les compagnies américaines, plus rare et souvent plus coûteuse sur les compagnies européennes. Renseignez-vous au moment de l'achat de votre billet, vous pourrez profiter de cette possibilité, parfois gratuitement, parfois en payant un petit supplément.

Open Jaw

Une formule qui permet d'arriver dans une ville et de repartir d'une autre. Vous pouvez par exemple arriver à New York et repartir de Los Angeles, en effectuant le trajet côte Est-côte Ouest comme vous le souhaitez. Tous les billets n'offrent pas cette possibilité. Renseignez-vous lors de l'achat.

Billets prepaid

Un Paris-New York ne coûte pas toujours le même prix selon que vous l'achetez en France ou aux Etats-Unis. Si vous connaissez quelqu'un sur place et si le billet est moins cher, vous pouvez utiliser la formule du *prepaid*. Cela consiste à acheter un billet et à le faire mettre à disposition dans un autre pays.

Pour en savoir plus, consultez le **Guide du jeune voyageur**, aux éditions Dakota, qui explique en détail tout ce qu'il faut savoir pour voyager intelligemment en avion. Vous pouvez également lire le **magazine Travels**, distribué gratuitement dans les établissements d'enseignement supérieur français (informations au 01 48 42 08 09).

■ Organismes de voyages

Nous vous donnons la liste des principales compagnies aériennes et des voyagistes auprès desquels vous pourrez mener votre enquête.

EN FRANCE

Compagnies aériennes

Air Canada
10 rue de la Paix, 75002 Paris, tél. 01 44 50 20 20.

Air France
119 av. des Champs-Elysées, 75008 Paris. Réservations : 01 44 08 22 22, Minitel 3615 ou 3616 AF ou Air France.

American Airlines
109 rue du Faubourg-Saint-Honoré, 75008 Paris, tél. 01 69 32 73 07.

British Airways
12 rue de Castiglione, 75001 Paris, tél. 0802 802 902. Minitel 3615 BA.

Canadian Airlines
109 rue du Faubourg-Saint-Honoré, 75001 Paris, tél. 01 69 32 73 00.

Continental Airlines
92 avenue des Champs-Elysées, 75008 Paris, tél. 01 42 99 09 09.

Delta Airlines
4 rue Scribe, 75009 Paris, tél. 01 47 68 92 92.

KLM
36 *bis* avenue de l'Opéra, 75002 Paris, tél. 01 44 56 18 18.

Lufthansa
21 rue Royale, 75008 Paris, tél. 01 42 65 37 35.

Northwest Airlines
16 rue Chauveau-Lagarde, 75008 Paris, tél. 01 42 66 90 00.

Pakistan Airlines
152 avenue des Champs-Elysées, 75008 Paris, tél. 01 45 62 92 41.

Sabena
19 rue de la Paix, 75002 Paris, tél. 08 36 67 88 00.

Swissair
4 rue Ferrus, 75014 Paris, tél. 01 40 78 11 13.

Tower Air
4 rue de la Michodière, 75002 Paris, tél. 01 44 51 56 56.

TWA
6 rue Christophe-Colomb, 75008 Paris, tél. 01 49 19 20 00.

United Airlines
34 avenue de l'Opéra, 75002 Paris, tél. 01 41 40 30 30.

USAIR
13/15 boulevard de la Madeleine, 75001 Paris, tél. 01 49 10 29 00. Depuis la province : 0801 63 22 22.

Voyagistes généralistes

Cash and Go
54 rue Taitbout, 75009 Paris, tél. 01 53 93 63 63. Minitel 3615 CASH GO.

Charterama
Informations et réservations dans les agences Supermarché Vacances, 13 rue Auber, 75009 Paris, tél. 01 47 42 31 19. 3 autres adresses à Paris.

Forum Voyages
11 rue Auber, 75009 Paris, tél. 01 42 66 43 43. Billetterie 01 42 18 04 05. Plusieurs agences à Paris et en province.

Havas
26 avenue de l'Opéra, 75001 Paris, tél. 01 53 29 40 00. Réservations et informations au 01 41 06 41 06, Minitel 3615 Havas Voyages. 450 points de vente en France.

Inter Chart'Air
Informations et réservations dans les agences Carlson Wagons Lits Travel, 264 boulevard Saint-Germain, 75007 Paris, tél. 01 47 05 28 10. Plus de 150 agences à Paris et en province.

Kuoni
95 rue d'Amsterdam, 75008 Paris, tél. 01 42 85 71 22, Minitel 3615 Kuoni. Plusieurs agences à Paris et en province.

La Compagnie des voyages
28 rue Pierre-Lescot, 75001 Paris, tél. 01 45 08 44 88.

Look Voyages
23 rue de la Paix, 75002 Paris, tél. 01 53 43 13 13. 57 points de vente dans toute la France. Minitel 3615 Look ou SOS Charters.

Nouveau Monde
8 rue Mabillon, 75006 Paris, tél. 01 43 29 40 40.
Bordeaux 05 56 92 98 98. Marseille 04 91 54 31 30. Nantes 02 40 89 63 64.

Nouvelles Frontières
87 bd de Grenelle, 75738 Paris Cedex 15.
Renseignements et réservations : 08 03 33 33 33. Minitel 3615 NF.
Bordeaux : 05 56 92 98 98. Marseille : 04 91 54 18 48. Lyon : 04 78 52 88 88.

Pacific Holidays
34 avenue du Général-Leclerc, 75014 Paris, tél. 01 45 41 52 58.

Républic Tours
1 avenue de la République, 75011, tél. 01 43 55 39 30.

Tourmonde
67 bd Haussman, 75008 Paris, tél. 01 44 56 30 30.
Minitel 3615 Tour Monde.

Voyagistes spécialistes des Etats-Unis

Access Voyages
6 rue Pierre-Lescot, 75001 Paris, tél. 01 44 76 84 50.
129 rue Servient, 69003 Lyon, tél. 04 78 63 67 77.
Minitel 3615 Access Voyages.

Américatours
40 avenue Bosquet, 75007 Paris, tél. 01 44 11 11 50.

Anyway
46 rue des Lombards, 75001 Paris, tél. 01 40 28 00 74. Minitel 3615 Anyway.

Back Roads
14 place Denfert-Rochereau, 75014 Paris, tél. 01 43 22 65 65.
Vols secs, séjours à thèmes…

Compagnie des Etats-Unis et du Canada
3 avenue de l'Opéra, 75001 Paris, tél. 01 55 35 33 55, fax 01 55 35 33 59. Ce voyagiste propose également des conférences sur des thèmes aussi divers que "Meltingpot et pluralisme culturel aux Etats-Unis" ou "Les grands musées de l'Est américain", ainsi que des projections de films.

Comptoir des Amériques
23 rue du Pont-Neuf, 75001 Paris, tél. 01 40 26 20 71.

Council Travel
Renseignements et réservations au 01 44 55 55 44. Depuis la province, numéro vert : 0800 148 148. Minitel 3615 Council.
Plusieurs agences à Paris et en province (Aix-en Provence, Lyon, Nice).

Jetset'Air
41/45 rue Galilée, 75016 Paris, tél. 01 53 67 13 00.

Maison des Amériques
4 rue Chapon, 75003 Paris, tél. 01 42 77 50 50.
59 rue Franklin, 69002 Lyon, tél. 04 78 42 53 58. Minitel 3615 MdA.

Océania
62 boulevard Malesherbes, 75008 Paris, tél. 01 53 04 16 40. Agences à Paris, Lyon et Marseille.

Vacances Air Transat
67 boulevard Richard-Lenoir, 75011 Paris, tél. 01 53 02 23 00.

Voyageurs en Amérique du Nord
Cité des voyages, 55 rue Sainte-Anne, 75002 Paris, tél. 01 42 86 17 30.
Vols secs et circuits.

Wingate Travel
19 *bis* rue du Mont-Thabor, 75001 Paris, tél. 01 44 77 30 30

Zénith
14 rue Thérèse, 75001 Paris, tél. 01 44 58 17 11. 3 agences à Paris et brochures en agences.

Pour les jeunes et les étudiants

Council Travel
Renseignements et réservations au 01 44 55 55 44. Depuis la province, numéro vert : 0800 148 148. Minitel 3615 Council.
Plusieurs agences à Paris et en province (Aix-en Provence, Lyon, Nice).

MGEL Voyages
Vente par téléphone : 03 88 60 80 60. Agences à Nancy, Metz, Strasbourg, Reims.

OTU Voyages
119 rue Saint-Martin, 75004 Paris, tél. 01 40 29 12 12.
39 avenue Georges-Bernanos, 75005 Paris, tél. 01 44 41 38 50.
2 rue Malus, 75005 Paris, tél. 01 43 36 80 27.
Lyon : 04 78 72 55 59. Toulouse : 05 61 12 54 54.
42 bureaux en province. Minitel 3615 CROUS.

Peter Stuyvesant Travel - City Vibes
8 rue Brey, 75017 Paris, tél. 01 44 09 07 06.

USIT Voyages
Renseignements et réservations 01 44 77 81 81.
6 rue de Vaugirard, 75006 Paris, tél. 01 42 34 56 90. Bordeaux : 05 56 33 89 90.
Lyon 04 78 24 15 70. Nice : 04 93 87 34 96. Toulouse : 05 61 11 52 42. Minitel 3615 USIT.

Wasteels-Jeunes sans Frontières
113 boulevard Saint-Michel, 75005 Paris, tél. 01 43 26 25 25, Minitel 3615 Wasteels.

EN BELGIQUE

Compagnie aérienne

Sabena
Hôtel Carrefour de l'Europe, Grasmarkt 110, 1000 Bruxelles, tél. (02) 723 89 40.

Voyagistes

Acotra World
Pour les jeunes, les étudiants, les enseignants et les personnes du troisième âge. 51 rue de la Madeleine, 1000 Bruxelles, tél. (02) 512 86 07 / 87 20.

Neckermann
17 place de Broukère, 1000 Bruxelles, tél. (02) 218 12 00.

Nouvelles Frontières
2 boulevard Lemonnier, 1000 Bruxelles, tél. (02) 547 44 44.

Sunjets
12 boulevard d'Anvers, 1000 Bruxelles, tél. (02) 218 10 10.
Transair Jet Tours
6 chemin de Boondael, 1050 Bruxelles, tél. (02) 627 88 11.

Pour les jeunes et les étudiants
Connections
19/21 rue du Midi, 1000 Bruxelles, tél. (02) 512 50 60, (02) 511 12 12.
Wasteels
1 rue Malibran, 1050 Bruxelles, tél. (02) 640 80 17.

EN SUISSE

Compagnie aérienne
Swissair
Siège social, CP 316, 1215 Genève, tél. (022) 799 59 99.

Voyagistes
American Express
7 rue du Mont-Blanc, BP 1032, Zip 01, 1211 Genève, tél. (022) 731 76 00.
Hôtel Plan
25 rue Chantepoulet, 1201 Genève, tél. (022)732 06 05.
Jugi Tours
Schaffhauserstrasse 14, Postfach, 8042 Zurich, tél (1) 360 14 00.
Nouvelles Frontières
10 rue des Chantepoulet, 1201 Genève, tél. (022) 732 04 03.
19 boulevard de Grancy, 1006 Lausanne, tél. (021) 616 88 91.
Imholz
50 rue du Rhône, 1204 Genève, tél. (022) 310 97 88.
Travac
4 rue Thalberg, 1201 Genève, tél. (022) 738 53 00.

Pour les jeunes et les étudiants
SSR (société coopérative)
3 rue Vignier, 1205 Genève, tél. (022) 329 97 34.

AU QUÉBEC

Compagnies aériennes
Air Canada
Manu Life Building 979-2, Maison-Neuve Ouest, MTL, Québec, H3A 1M4, tél. (514) 393-8048, fax (514) 393-6768.
Air Transat
300, Léo Parizeau, suite 400, CP 2100, place du Parc, MTL, Québec, H2W 2P6, tél. (514) 987-1616, fax (514) 987-1601.
Canadian Airlines
999, Maison Neuve Ouest, MTL, Québec, H3A 3L4, tél. (514) 847-2211 ou 800-665-1177.

Pour les jeunes et les étudiants
Campus Voyages est spécialisé dans les voyages pour étudiants, avec des bureaux dans tout le Québec, Montréal, 1613, rue Saint-Denis, Montréal, Québec H2X 3K, tél. (514) 843-8511, Québec, 2383, chemin Sainte-Foy, bureau 100, Sainte-Foy, Québec G1V 1T1, tél. (418) 654-0224 ou 654-3656.

Son homologue anglophone **Travel CUTS** (Canadian University Travel Services Ltd.) a des bureaux à travers tout le Canada : à Toronto, 187 College Street, Toronto, Ont. M5T 1P7, tél. (416) 798-2887, fax (416) 979-8167.

Vacances Tourbec
3419, rue Saint-Denis, Montréal, Québec X2X 3L2, tél. (514) 288-4455. 6 autres adresses à Montréal.

Train

Via Rail, Place Ville-Marie, Montréal, Québec H3B 2G6, tél. 800-561-3949, est la compagnie de chemin de fer pour le transport des passagers. On peut obtenir 40 % de réduction sur le plein tarif en achetant au moins 7 jours à l'avance, et le prix varie selon la saison. Réductions sur le plein tarif : étudiants, jeunes de moins de 24 ans et personnes âgées (-10 %), enfants de 2 à 11 ans accompagnés par un adulte (-50 %). Les enfants de moins de 2 ans voyagent gratuitement (sur les genoux d'un adulte). Pour la première classe ou les wagons-lits, la réservation est obligatoire. Téléphoner pour plus de renseignements sur les pass.

Bus

Voyageurs est le représentant au Canada de la compagnie américaine Greyhound. A Montréal, 501, Maison-Neuve, Montréal, Québec H1V 3R2, tél. (514) 842-2281.

Greyhound Line of Canada est une compagnie de bus canadienne sans aucun lien avec son homonyme américain, tél. 800-661-8747 au Canada, ou (403) 265-9111 aux Etats-Unis.

NEW YORK, MODE D'EMPLOI

■ Arrivée et départ de New York

DES AÉROPORTS

Les **transports en commun** sont la solution la plus économique (et de loin !) pour gagner le centre de Manhattan. Mais ils sont bien sûr peu pratiques si vous êtes lourdement chargé. Les **compagnies de bus privées** sont un peu plus chères, mais vous conduisent directement de l'aéroport à différents endroits de Manhattan : Grand Central Station (42nd St. et Park Avenue), Port Authority Terminal (41st St. et 8th Ave.) ou World Trade Center (W. 1st St.), ainsi qu'à plusieurs hôtels importants. Le service est fréquent et suit un horaire fixe. Certains services se raréfient ou s'arrêtent complètement entre minuit et 6h. Si vous ne voulez pas être tributaire d'une ligne et d'un horaire, et que vous êtes disposé à payer un peu plus, vous pouvez prendre l'un des **taxis jaunes** new-yorkais : une solution financièrement acceptable à plusieurs. Attention cependant si vous êtes coincé dans les embouteillages : circuler aux heures de pointe (de 7h30 à 10h et de 16h à 19h30) risque d'alourdir fortement le prix de la course. Le règlement des **péages d'accès aux ponts et aux tunnels** incombe au passager. Enfin, *last but not least*, les **limousines**. Pour seulement 5 $ à 10 $ de plus que le prix d'un taxi, vous pouvez jouer à l'émir en goguette. En plus du confort, la *limo* (généralement une grosse Cadillac, plus rarement une vraiment longue et luxueuse *streched limo*) offre la certitude de partir à l'heure et à un prix fixe. En effet les vols pour l'Europe partent le plus souvent le soir de New York, et vous risquez non seulement d'être coincé dans les embouteillages à regarder le compteur tourner, mais en plus d'avoir du mal à trouver un taxi libre. **Tel Aviv Car Limo** 139 First Ave., New York, NY 10003 (212-777-7777) est une bonne adresse, mais il en existe beaucoup d'autres ; demandez à votre hôtel ou regardez les pages jaunes.

Pour une information sur la desserte des aéroports, appelez **AirRide**, la ligne de renseignement de Port Authority, au 800-247-7433 (appel des Etats-Unis uniquement). Ce standard numérique fournit tous les détails sur les moyens de rejoindre les trois aéroports, en voiture, transports en commun ou bus privés. Vous pouvez également vous adresser au **MTA/New York City Transit Center** au 718-330-1234. Enfin, si vous avez réservé votre hébergement à l'avance, il est bon de savoir que certains hôtels disposent d'un service de navette qui vient vous chercher à l'aéroport ou vous y dépose moyennant une somme raisonnable.

De JFK Airport

Le **métro** est le moyen le plus économique pour se rendre en ville (un token, soit 1,50 $). Prenez la navette gratuite (bleue) sur le parking de l'un ou l'autre des aérogares de l'aéroport (toutes les 10 à 15 mn) jusqu'à la station de métro **Howard Beach-JFK Airport**. Vous pouvez ensuite emprunter la ligne **A** qui va en ville (1h) et marque plusieurs arrêts dans la partie basse de Manhattan puis à Washington Sq., 34th St.-Penn Station, 42nd St.-Port Authority, et 59th St.-Columbus Circle avant de remonter tout au nord. En sens inverse, de Manhattan à JFK, prenez la ligne A vers Far Rockaway.

Les **bus** Q10 et Q3 (1,50 $, ayez de la monnaie) vont de l'aéroport vers le Queens. Le bus Q10 dessert d'abord Lefferts Blvd., où se trouve la correspondance avec la ligne A, puis Kew Gardens, où passent les lignes E et F qui desservent Manhattan (1,50 $). Le bus Q3 relie JFK à la ligne F sur 179th St.-Jamaica et 159th St. Demandez au conducteur où descendre et vérifiez que vous savez bien quelle ligne de métro prendre. Si ces itinéraires s'avèrent plutôt sûrs dans la journée, renseignez-vous bien auprès du bureau d'information pour connaître le moyen le plus sûr si vous devez circuler la nuit.

Si vous êtes disposé à payer un peu plus, vous pouvez prendre le **Carey Airport Express** (718-632-0500 ou 0509), une ligne privée entre JFK (aussi LaGuardia, voir ci-après) et Grand Central Station et Port Authority Terminal. Les bus partent toutes les 30 mn pour Manhattan chaque jour de 5h à 1h du matin (durée 45-75 mn, 13 $). Si vous voulez économiser quelques dollars, Carey vous emmène à la gare de Jamaica dans le Queens (5 $). De là, vous pouvez utiliser les lignes E, J, ou Z pour gagner Manhattan (1,50 $). Au retour, pour vous rendre de Manhattan à JFK, montez à bord du bus Carey à l'un de ses six arrêts (dont 125 Park Avenue à Grand Central Station, toutes les 30 mn de 6h à minuit, durée 1h) ou Port Authority Terminal (1h30). Les **étudiants** ont droit à des billets demi-tarif qu'ils doivent acheter au bureau de la compagnie au 125 Park Avenue à Grand Central Station.

La navette **Gray Line Air Shuttle** (800-451-0455, des Etats-Unis seulement) vous dépose (mais ne vient pas vous chercher) dans n'importe quel hôtel de Manhattan entre 23rd St. et 63rd St. (16 $). Renseignez-vous au Ground Transportation Center de JFK. Enfin, un **taxi** de l'aéroport au centre-ville revient environ à 35 $.

De LaGuardia Airport

Le trajet jusqu'à LaGuardia prend environ moitié moins de temps que celui pour JFK. Si rien ne presse et que vos bagages sont légers, prenez le **bus** Q33 (1,25 $) jusqu'à la station de métro 74th St.-Broadway-Roosevelt Ave.-Jackson Hts. dans le Queens. De là, prenez la ligne 7, E, F, G, ou R vers Manhattan (1,50 $). Le bus Q33 part du niveau inférieur de l'aérogare. Comptez à peu près 1h30 de transport. Soyez vigilant si vous circulez la nuit.

Un bus **Carey Airport Express** dessert également LaGuardia toutes les 30 mn et s'arrête dans divers secteurs de Manhattan comme Grand Central Station et Port Authority (durée entre 30 mn et 1h, 9 $). Si vous ne pouvez pas vous permettre le taxi, la navette **Gray Line Air Shuttle** (800-451-0455, des Etats-Unis uniquement) vous conduit pour 13 $ dans n'importe quel hôtel situé entre 23rd St. et 63rd St. (entre 6h et 19h). Le trajet est long : le bus parcourt le circuit des grands hôtels du centre-ville avant de s'arrêter dans les plus petits. Un **taxi** pour Manhattan coûte aux environs de 25 $, une somme raisonnable si vous divisez la course à plusieurs. A LaGuardia, il est relativement facile de trouver quelqu'un avec qui partager un taxi.

De Newark Airport

Le trajet de Newark Airport vers Manhattan est à peu près aussi long que de JFK. **New Jersey Transit Authority** (NJTA) (201-762-5100 ou 212-629-8767) met à disposition un **bus** rapide et efficace (NJTA n° 300) entre l'aéroport et Port Authority. Il fonctionne toutes les 15 mn à 30 mn pendant la journée, moins fréquemment la nuit (24h/24, 7 $, durée entre 30 mn et 45 mn). Pour le même prix, **Olympia Trails Coach** (212-964-6233) circule entre l'aéroport et Grand Central, Penn Station ou le World Trade Center (tous les jours de 5h à 23h, toutes les 20 mn à 30 mn, durée de 25 mn à 1h, 7 $, vous pouvez acheter les tickets dans le bus). Le bus **NJTA n° 107** vous emmène dans le centre pour 3,25 $ (ayez la monnaie) mais évitez cette solution si vous êtes pressé ou si vous avez beaucoup de bagages. NJTA gère aussi le bus **Air Link n° 302** (4 $) qui relie l'aéroport à la Penn Station de Newark (et non celle de Manhattan). De là, Les trains **PATH** (1 $) desservent Manhattan, s'arrêtant au World Trade Center, Christopher St., Sixth Ave., 9th St., 14th St., 23rd St. et 33rd St. Comptez de 15 mn à 30 mn de trajet. Pour toute information sur le train PATH, appelez le 800-234-7284. Un **taxi** revient environ à 45 $, mais pensez à négocier le prix avec le chauffeur avant de partir.

PASS AÉRIENS

Des pass aériens sur les vols intérieurs, particulièrement attractifs, sont en vente depuis l'Europe. Ils fonctionnent avec des coupons (1 coupon = 1 vol) que vous devez utiliser dans un laps de temps, en général 60 jours, sur une compagnie aérienne donnée. Dans certains cas, les pass d'une compagnie aérienne ne sont vendus qu'avec un billet transatlantique de la même compagnie. Selon la saison et la compagnie aérienne, il faut compter entre 1 800 F et 2 500 F pour un forfait de 3 coupons et de 3 300 F à 4 000 F pour un forfait de 8 coupons. Votre trajet (dates et destinations) doit être fixé à l'avance. Toutefois, les dates peuvent être modifiées une fois que le voyage est commencé (le plus souvent, ces changements sont gratuits). En revanche, un changement de destination vous coûtera environ 300 F.

Au moment d'acheter votre pass, vérifiez bien que la compagnie aérienne dispose de vols sur les trajets que vous prévoyez.

Certaines compagnies américaines proposent des pass aériens en *stand by* (pas de réservation possible, vous embarquez s'il reste de la place). Quelques exemples, à titre indicatif : chez Delta Airlines, forfait nombre de vols illimité pendant 30 jours à 3 090 F, chez Northwest, 3 100 F pour 30 jours, et chez Tower Air, 1 650 F pour 30 jours, sur 8 villes avec vol transatlantique obligatoire sur Tower Air.

Tous ces pass sont vendus en agences et auprès des compagnies aériennes. Parmi les différents voyagistes qui délivrent des pass aériens, **Council Travel** (voir p. 46) propose une grande variété de forfaits.

EN BUS

Pour une petite excursion sur la côte Est (voir Excursions depuis New York, p. 380), le bus est le moyen de transport le plus économique. Il offre en outre l'avantage de pouvoir admirer le paysage. **Greyhound** (800-231-2222, des Etas-Unis uniquement) est la compagnie qui gère le plus grand nombres de lignes. Par exemple vers Boston (durée 4h30, 25 $ aller simple, 51 $ aller-retour), Philadelphie (durée 2h, du lundi au jeudi, 14 $ aller simple, 26 $ aller-retour), Washington D.C. (durée 4h30, 27 $ aller simple, 51 $ aller-retour) et Montréal (durée 8h, 65 $ aller simple, 79 $ aller-retour). Les tarifs indiqués ici ne nécessitent pas de réserver à l'avance. Vous pouvez obtenir des réductions significatives en achetant votre billet 3, 7 ou 14 jours à l'avance. Certains bus mettent davantage de temps (jusqu'à 2h de plus) à cause d'arrêts supplémentaires ou de changements d'horaire.

Plusieurs catégories de personnes bénéficient de **réductions** sur les billets Greyhound normaux : 10 % de moins pour les personnes âgées, demi-tarifs pour les enfants de moins de 11 ans, gratuité pour les enfants de moins de 2 ans voyageant sur les genoux d'un adulte.

Greyhound autorise deux bagages à main (jusqu'à 20 kg au total) et deux bagages enregistrés (jusqu'à 100 kg au total). Tout ce que vous déposez dans le compartiment à bagage du bus doit être clairement étiqueté. N'oubliez pas de prendre un reçu et assurez-vous que vos valises sont bien dans le même bus que vous. Comme toujours, gardez sur vous les documents essentiels et les objets de valeur. N'oubliez pas de conserver une veste car la trop grande efficacité de l'air conditionné refroidit considérablement l'atmosphère.

Si vous avez l'intention de beaucoup circuler en bus à l'intérieur des Etats-Unis, vous pouvez économiser de l'argent avec l'**Ameripass** qui permet de voyager de façon illimitée pendant 7 jours (159 $), 15 jours (219 $), 30 jours (299 $) ou 60 jours (499 $). Vous pouvez prolonger les forfaits 7 jours et 15 jours moyennant un supplément de 15 $ par jour. L'Ameripass prend effet le premier jour d'utilisation, par conséquent soyez sûr de votre parcours. Avant d'acheter un Ameripass, faites le calcul en fonction de votre circuit pour savoir si la formule est rentable. Vous pouvez acheter l'Ameripass en France auprès des organismes de voyages spécialisés sur les Etats-Unis ou pour les jeunes.

Vérifiez toujours vous-même les horaires et les itinéraires des bus et ne vous fiez pas aux vieux horaires imprimés car ils changent chaque saison. Vous pouvez obtenir les horaires Greyhound dans chaque station de la compagnie ou auprès du centre de réservation au 800-231-2222 (des Etats-Unis uniquement). Greyhound a mis en place un système de réservation comparable à celui des compagnies aériennes qui vous permet de réserver une place ou d'acheter un billet par courrier. Il suffit pour cela de réserver par téléphone au moins sept jours à l'avance et de posséder une carte de crédit. Le billet est ensuite envoyé par la poste. En suivant la démarche classique, vous devez effectuer votre réservation au minimum 24h avant le départ.

Le nœud du réseau de bus nord-est, **Port Authority Terminal** à New York, 41st St. et Eighth Avenue (435-7000, Métro A, C ou E, station 42nd St.-Port Authority), est une gare routière labyrinthique. Port Authority vous renseigne correctement et propose un service sûr, mais le quartier est plutôt désert la nuit (attention aux pickpockets et appelez un taxi si vous arrivez de nuit). **Evitez à tout prix les toilettes de la gare quelle que soit l'heure.**

Un nouveau service de bus, le **East Coast Explorer**, dessert Boston, New York et Washington D.C. Pour 3 $ à 7 $ de plus que Greyhound vous pouvez voyager en compagnie de 13 autres personnes sur des routes secondaires en faisant halte sur des sites historiques. Une bonne solution pour ceux qui veulent faire le tour de la côte Est sans trop dépenser. Le bus de New York à **Washington** part le jeudi matin et visite la campagne Amish de Lancaster, en Pennsylvanie. Le bus quitte Washington pour New York le vendredi matin, s'arrête à Newcastle et Philadelphie. De New York vers **Boston** le bus part lundi et s'arrête dans les villes au bord de la mer : Mystic dans le Connecticut et Newport dans le Rhode Island. De Boston le bus se rend à New York le mardi matin et traverse le Massachusetts et le Dinosaur State Park. Les bus à air conditionné ramassent et déposent les passagers dans la plupart des auberges de jeunesse et des hôtels bon marché. Appelez de un mois à un jour à l'avance pour réserver (718-694-9667 ou 800-610-2680, entre 8h et 23h). Le trajet entre New York et Washington coûte 32 $, de New York à Boston 29 $. Les prix incluent les péages et le guide (Larry Lustig, créateur et directeur de la compagnie). Deux bagages au maximum par passager.

EN TRAIN

Le train demeure un moyen économique et confortable de voyager à travers les Etats-Unis. **Amtrak**, 60 Massachusetts Ave. NE, Washington, D.C. 20002 (800-872-

7245, des Etats-Unis uniquement), propose une formule à prix réduit, **All-Aboard America**, qui divise les Etats-Unis en trois régions : Est, Centre et Ouest. Ce système vous permet de faire trois arrêts sur une période maximum de 45 jours. Pendant l'été, le prix est de 198 $ si vous voyagez dans une région, 278 $ dans deux régions et 338 $ dans trois régions (de fin août à mi-décembre et de début janvier à mi-juin, les tarifs sont respectivement de 178 $, 238 $ et 278 $). Un itinéraire précisant les villes d'étape et les dates doit être établi au moment de l'achat. Il n'est pas possible de changer de parcours après le début du voyage. En revanche, les horaires et les dates peuvent être modifiés sans frais supplémentaires. Les formules All-Aboard dépendent des places disponibles. Réservez de deux à trois mois à l'avance si vous voyagez l'été.

Un autre type de réduction, le **USA Rail Pass**, est proposé aux ressortissants d'autres pays que l'Amérique du Nord, et permet de voyager sans limitation de distance ni d'étapes pendant une période de 15 ou 30 jours. Comme pour la formule All-Aboard America, le coût de la formule dépend du nombre de régions que vous souhaitez visiter (prix pour un pass national : 30 jours 425 $ en haute saison, 339 $ en basse saison ; 15 jours 340 $ en haute saison, 229 $ en basse saison). Le système Air-Rail Travel Plan de Amtrak est jumelé avec United Airlines. Vous pouvez ainsi effectuer l'aller en train et revenir en avion, ou vice versa. La formule transcontinentale, qui vous permet par exemple d'aller à San Francisco en train et d'en revenir en avion, coûte 605 $ en haute saison et 516 $ en basse saison.

Le **prix des billets Amtrak normaux** sont fonction de l'horaire, de la date et de la destination. La plupart du temps, il n'est pas obligatoire de réserver. Néanmoins, le nombre de place à tarif réduit s'avère limité. Ces billets partent les premiers, c'est pourquoi il est recommandé de s'organiser à l'avance et de réserver suffisamment tôt. Appelez pour réserver dès que vous connaissez vos dates de voyage. Si la réservation intervient longtemps à l'avance, Amtrak propose souvent la possibilité de payer plusieurs semaines voire plusieurs mois plus tard. Amtrak accepte les réservations jusqu'à 11 mois à l'avance. Le prix de l'aller simple ne varie pas d'une saison à l'autre, mais l'aller-retour peut être notablement moins cher entre fin août et fin mai à l'exception de la période de Noël. **Par exemple**, "The Maple Leaf" relie New York à Toronto pour 62 $ l'aller simple et 86 $ l'aller-retour. Le "Crescent" assure la liaison entre New York et la Nouvelle-Orléans pour 160 $ l'aller simple et entre 168 $ et 258 $ l'aller-retour. Vers Washington, les billets de New York coûtent 128 $ l'aller simple et entre 128 $ et 256 $ l'aller-retour.

Certaines catégories de personnes bénéficient de réductions sur les billets normaux du réseau Amtrak : enfants de 2 à 15 ans accompagnés d'un parent (demi-tarif), enfants de moins de 2 ans (gratuit s'ils voyagent sur les genoux d'un adulte), personnes âgées (15 % de réduction du lundi au jeudi), voyageurs handicapés (25 % de réduction). Les circuits et les formules spéciales vacances peuvent vous permettre d'économiser de l'argent.

Gardez à l'esprit que les vols à prix réduit, particulièrement sur les longues distances, sont parfois meilleur marché que les trajets en train. Pour obtenir des informations à jour et réserver, contactez le bureau local de Amtrak ou appelez le 800-USA-RAIL/872-7245.

■ Urgences et adresses utiles

En cas d'accident ou d'urgence il suffit de composer le numéro magique 911 pour obtenir des secours (ambulance, police, pompiers). L'appel est gratuit et ils viennent réellement.

AMBASSADES ET CONSULATS

En cas d'incident grave en voyage, allez d'abord vous renseigner au consulat de votre pays. C'est au consulat que se trouvent les services d'accueil des ressortissants nationaux (et non à l'ambassade). En cas de perte ou de vol de pièces d'identité, rendez-vous au consulat le plus proche pour les faire remplacer. Le consulat peut vous fournir une liste de médecins et d'avocats dans le pays, prévenir votre famille en cas d'accident ou vous renseigner en matière juridique, mais ses attributions s'arrêtent là. Ne lui demandez pas de payer vos notes d'hôtel ou vos frais médicaux, de faire une enquête policière, ni de vous procurer un permis de travail ou une caution de mise en liberté provisoire, ni d'intervenir en votre faveur en cas de procès. Toutes les représentations diplomatiques sont fermées les jours fériés américains.

Ambassade de France, 4101 Reservoir Road NW, Washington DC 20007, tél. (202) 944 60 00, fax (202) 944 61 66 et 75.

Consulat de France à New York : 934 Fifth Avenue, NY 10021, tél. (212) 606 36 88 et 89, fax (212) 606 36 20.

Ambassade de Belgique, 3330 Garfield Street, NW, Washington DC 20008, tél. (202) 333 69 00.

Ambassade de Suisse, 2900 Cathedral Avenue, NW Washington DC 20008 3499, tél. (202) 745 7900, fax (202) 887 2664.

Consulat de Suisse à New York : Polex Building, 8th floor, 685 Fith Avenue, New York NY 10022, tél. (212) 768 2560, fax (212) 207 8024.

Ambassade du Canada, 501 Pennsylvania Ave. NW, Washington DC 20001, tél. (202) 682 1740, fax (202) 682 7726.

Consulat du Canada à New York : 1251 Avenue of the Americas, 16th floor, New York NY 10020 1175, tél. (212) 596 1790, fax (212) 596 1790.

Délégation générale du Québec, One Rockfeller Plaza, 26th floor, New York NY 10020, tél. (212) 397 0200, fax (212) 757 4753.

INFORMATION TOURISTIQUE

Office de tourisme : New York Convention and Visitors Bureau, 2 Columbus Circle (397-8222 ou 484-1200), à l'angle de 59th St. et Broadway. Métro : 1, 9, A, B, C ou D, station : 59th St.-Columbus Circle. Itinéraires de visites, listes des hôtels, programmes des manifestations. Personnel polyglotte. Mieux vaut se déplacer car les lignes téléphoniques sont très souvent occupées. Ouvert du lundi au vendredi de 9h à 18h, le samedi, le dimanche et les jours fériés de 10h à 15h.

New York State Department of Economic Development, 1515 Broadway entre la 44th et la 45th St. à Times Square, au 51st *floor*. Métro : 1, 2, 3, 7, 9 ou N, R, S jusqu'à 42nd St./Times Sq. La division tourisme de ce service de l'Etat de New York (803-2200) est ouverte du lundi au vendredi de 9h à 17h. De nombreuse brochures sont disponibles sur les événements et les sites touristiques autour de la ville. Vous pouvez aussi appeler leur numéro gratuit (800-CALL-NYS/225-5697) pour une information.

Traveler's Aid Society (Société d'aide aux voyageurs) : 1481 Seventh Ave. (944-0013), entre la 42nd et la 43rd St., et à l'aéroport de JFK (718-656-4870) dans le bâtiment des arrivées internationales. Le bureau de JFK offre une aide et des conseils aux voyageurs, ainsi qu'une assistance d'urgence (ouvert du lundi au jeudi de 10h à 19h, le vendredi de 10h à 18h, le samedi de 11h à 18h et le dimanche de midi à 18h). Le bureau de Times Sq. est spécialisé dans l'intervention de crise pour les voyageurs en rade et ceux victimes d'agressions (ouvert les lundi, mardi, jeudi et vendredi de 9h à 17h, le mercredi de 9h à midi). Pour ce dernier bureau, appelez de préférence avant de passer car ils ferment parfois inopinément. En cas de problème appelez la **Victims Service Agency** au 577-7777, une assistance qui fonctionne 24h/24. Métro : 1, 2, 3, 7, 9 ou N, R, S jusqu'à 42nd St.

HÔPITAUX ET SERVICES MÉDICAUX

Bellevue Hospital Center, 462 First Ave. au 27th. St., tél. 562-4141. Urgences tél. 562-3015 (adultes) ou 562-3025 (enfants).

Beth Israel Medical Center, First Ave. and E. 16th St., tél. 420-2000. Urgences tél. 420-2840.

Columbia-Presbyterian Medical Center, Fort Washington Ave. and W. 168th St., tél. 305-2500.

Mount Sinai Medical Center, Fifth Ave. and 100th St. Urgences tél. 241-7171. Affilié au CUNY Medical School.

New York Hospital-Cornell Medical Center, 520 E. 70th St., entre York Ave. et FDR Dr. Urgences tél. 726-5050.

New York Infirmary Beekman Downtown Hospital, 170 William St., tél. 312-5000.

New York University Medical Center, 550 First Ave., entre E. 32nd et E. 33rd St. Urgences tél. 263-5550.

Walk-in Clinic, 55 E. 34th St., tél 252-6000, entre Park et Madison Ave. Ouvert du lundi au vendredi de 8h à 17h, le samedi de 10h à 14h. Affilié au Beth Israel Hospital.

Kaufman's Pharmacy, 557 Lexington Ave. tél. 755-2266, à la 50th St. Cette pharmacie **ouverte 24h/24** livre gratuitement si vous êtes à moins de cinq blocks, sinon le prix de la livraison correspond au prix de la course en taxi aller-retour.

Eastern Women's Center, 44 E. 30th St. tél. 686-6066, entre Park Ave. et Madison Ave. Examens gynécologiques et analyses pour femmes, sur rendez-vous uniquement.

Women's Health Line, New York City Department of Health, tél. 230-1111. Informations et planning familial. Ouvert du lundi au vendredi de 8h à 18h.

Planned Parenthood (planning familial), Margaret Sanger Center au 380 Second Ave., tél. 677-6474.

AIDS Information (Informations sur le Sida), tél. 807-6655. Assistance téléphonique offerte par l'association Gay Men's Health Crisis. Du lundi au vendredi de 10h à 21h, samedi de 12h à 15h.

AIDS Hotline, direction de la santé de la ville de New York, tél. 447-8200. Ouvert tous les jours de 9h à 21h.

Venereal Disease Information (Infomation sur les maladies vénériennes), direction de la santé de la ville de New York, tél. 427-5120. Ouvert du lundi au vendredi de 8h30 à 16h30.

ASSISTANCE TÉLÉPHONIQUE

Crime Victims' Hotline (Assistance téléphonique pour les victimes de violences) tél. 577-7777, 24h/24.

Sex Crimes Report Line, Téléphone de la police de New York pour les victimes de crimes sexuels, tél. 267-7273, 24h/24. Informations et conseils pratiques.

Poison Control Center (Centre antipoison), tél. 764-7667.

Samaritans, tél. 673-3000, 24h/24. Aide pour les dépressifs et les suicidaires.

Runaway Hotline (Assistance téléphonique pour les sans-abri), tél. 619-6884, 24h/24. Aide et conseils pratiques pour trouver un abri.

Help Line, (Assistance téléphonique en cas de crise), tél. 532-2400. Aide et conseils pratiques. Tous les jours de 9h à 22h.

Crisis Counseling, Intervention, and Referral Service (Assistance téléphonique pour les jeunes en crise : Sida, avortement, suicide) tél. 516-679-1111. Comprend un service du Gay Peer Counseling Network. 24h/24.

New York Gay and Lesbian Anti-Violence Project (Projet gay et lesbien contre la violence), tél. 807-0197, 24h/24. Assistance téléphonique, aide, conseils pratiques, notamment vers des groupes de soutien et des assistances légales.

Gay and Lesbian Switchboard (Centre gay et lesbien), tél. 777-1800. Assistance et conseils pour voyageurs gay et lesbiens. Tous les jours de 10h à 24h.

Lesbian Switchboard (Centre lesbien), tél. 741-2610. Information sur les activités et les soutiens aux lesbiennes à New York. Ouvert du lundi au vendredi de 18h à 22h.

Alcohol and Substance Abuse Information Line (Assistance téléphonique pour les problèmes de drogue et d'alcool), tél. 800-274-2042, 24h/24. Informations et conseils pratiques.

Alcoholics Anonymous (Alcooliques anonymes), tél. 647-1680. Conseils et informations sur les réunions AA. Tous les jours de 9h à 22h.

New York City Department for the Aging (Service d'aide aux personnes âgées de la ville de New York), tél. 442-1000. Information et conseils. Ouvert du lundi au vendredi de 9h à 17h.

Consumer's Union (Union des consommateurs), tél. 914-378-2000. Informations sur la consommation. Ouvert du lundi au vendredi de 9h à 17h.

Department of Consumer Affairs (Service de la consommation), tél. 487-4444. Reçoit les plaintes des consommateurs. Ouvert du lundi au vendredi de 9h30 à 16h30.

VOYAGES À PRIX RÉDUITS

Une fois que vous serez aux Etats-Unis, de nombreux organismes vous permettront de bénéficier de tarifs intéressants. Les deux principaux sont :

Council Travel (800-2-COUNCIL/226-8624, des Etats-Unis uniquement). Maison mère des Council Travel européens, cette agence de voyages est spécialisée dans les produits pour jeunes et étudiants : billets d'avion à tarif réduit, pass pour voyager en train, hébergements bon marché, cartes d'étudiant ISIC, Go 25, ou d'enseignant ITIC. Council Travel possède des bureaux dans la plupart des grandes villes américaines. Le bureau principal est au 205 E. 42nd St., New York, NY 10017 tél. 212-661-1450.

STA Travel, 6560 North Scottsdale Rd. #F100, Scottsdale, AZ 85253, tél. 800-777-0112. A New York, 10 Downing St., New York, NY 10014 (212-477-7166). Cet organisme pour les jeunes et les étudiants possède des bureaux dans 14 villes des USA : billets d'avion à petit prix (pour les moins de 26 ans ou les étudiants à plein temps de moins de 32 ans), réductions sur les trains, hébergements, circuits, assurances, cartes d'étudiant.

■ S'orienter et se déplacer à New York

Pour naviguer dans New York il vous faudra, en plus d'une compréhension de la logique des rues et des avenues, une bonne carte des **transports en commun**. Procurez-vous un plan gratuit de métro ou de bus à un guichet ou au *visitors bureau* qui fournit aussi gracieusement un plan de la ville. Pour des renseignements plus détaillés sur les transports, consultez l'annuaire *Manhattan Yellow Pages* sur lequel figure des plans du bus, du métro et des lignes PATH. Les lignes de bus variant d'un *borough* à l'autre, vous pouvez avoir besoin de plans supplémentaires. Le NYC Transit Information Bureau (718-330-1234) vous informe sur le bus et le métro.

ORIENTATION

New York City est constituée de cinq *boroughs* (municipalités) : Brooklyn, le Bronx, le Queens, Staten Island et Manhattan. **Manhattan** est une île de 20 km de long (soit tout juste un demi-marathon) sur 4 km de large. Par sa population, elle ne vient qu'en troisième position parmi les boroughs, après Brooklyn et le Queens. Le **Queens**, le plus vaste *borough*, qui présente une diversité ethnique sans équivalent, est situé à l'est de Manhattan. **Brooklyn**, le plus peuplé, est, comme le Queens, séparé de Manhattan par l'East River. **Staten Island** est également un quartier d'habitation, situé sur une île à l'entrée de la baie de New York. Enfin, au nord de Manhattan, s'étend le **Bronx**, le seul *borough* "continental" où se côtoient de charmants quartiers comme Riverdale et des secteurs sinistrés, vers le sud, dont la sinistre réputation a fait le tour du monde. Aidez-vous des cartes couleur qui se trouvent au début de ce guide pour vous repérer à New York.

Les quartiers de Manhattan

Pour ceux qui ne connaissent New York que par le cinéma et la télévision, la ville s'apparente à une vaste jungle urbaine de béton et d'autoroute. De l'intérieur, elle se compose d'une mosaïque de quartiers à taille humaine, dont chacun a sa propre personnalité et sa propre histoire. De la pointe sud, face à la Statue de la Liberté, au nord de Central Park et d'Harlem, Manhattan est divisée en trois parties : Downtown, Midtown et Uptown.

La ville a pris naissance à la pointe sud de Manhattan, autour de **Battery Park**, où les premiers colons hollandais s'étaient installés. La proximité d'un site portuaire (aujourd'hui rénové et transformé en un pôle touristique avec **South Street Seaport**) et les échanges commerciaux qu'il permit furent à l'origine de sa croissance économique. C'est à **Downtown** que bat le cœur historique de la ville, autour de **Wall Street** et de **City Hall**, à l'ombre des sièges des compagnies financières ou des bâtiments administratifs.

Un peu plus au nord, s'étendent des quartiers dont la vitalité, depuis la fin du XIXe siècle, s'est nourrie de l'immigration : **Little Italy**, **Chinatown** et **Lower East Side** (où Delancey et Elisabeth Streets, longtemps refuges des immigrants juifs d'Europe centrale ou de Russie, sont maintenant bordées de restaurants bon marché et de friperies). A l'ouest, **TriBeCa** (*"Triangle Below Canal St."*) est devenu, depuis peu, un quartier chic. **SoHo** (*"South of Houston"*), à l'ouest de Little Italy, un ancien quartier d'entrepôts reconverti à la culture alternative avant de devenir plus chic, abrite aujourd'hui des galeries d'art, des boutiques à la mode et des restaurants.

Juste au nord de Houston Street, le quartier animé de **Greenwich Village** (prononcer Grine-Hitch) est le "Saint-Germain-des-Prés" new-yorkais. Avec ses boutiques et ses cafés, il est depuis des décennies, un des centres de la vie intellectuelle… et touristique. A quelques blocks de Greenwich Village, à l'ouest, entre les 14th et 23rd St., se trouve **Chelsea** où avaient élu domicile Dylan Thomas et Arthur Miller et, plus près de nous, Andy Warhol. A l'est de Chelsea, dominant l'East River, **Gramercy Park** est entouré d'élégantes façades de grès, immortalisées par la francophile Edith Wharton dans *le Temps de l'innocence*.

De la 34th à 59th St., les gratte-ciel de **Midtown Manhattan** abritent autour de la 5th Avenue plus d'un million de bureaux et les plus grands magasins de New York. Juste à côté, le **Theater District**, qui s'étend autour de Broadway, est le haut lieu du théâtre et de la comédie musicale.

Toujours plus au nord, **Central Park** sépare East Side et West Side. Sur **Upper West Side**, les musées et les demeures de Central Park West côtoient les boutiques et les cafés de Columbus Avenue. De l'autre côté du parc, **Upper East Side** est nettement plus chic, avec ses musées prestigieux comme le Guggenheim ou le Metropolitan (le "Met") et les somptueux immeubles de la Cinquième Avenue et de Park Avenue.

Au nord de la 97th St., l'opulence de l'Upper East Side s'achève brutalement, dans un bruit sourd, celui des trains de banlieue sortant du tunnel, qui marque le début du *barrio* (Spanish Harlem). Au-delà de la 110th St., dans Upper West Side, se dresse le quartier de **Columbia University**, fondée en 1754 sous le nom de King's College, auquel succèdent **Morningside Heights** et **Harlem**. Harlem, le quartier noir historique de New York est aujourd'hui plus réputé pour sa criminalité plus que pour ses gospels. Il faut éviter de s'y rendre après la tombée de la nuit. Tout au nord, **Washington Heights**, qui abrite Fort Tryon Park et le musée Medieval Cloisters, compte une importante population d'immigrants.

Organisation des rues de Manhattan

Il est très facile de s'orienter à Manhattan une fois que l'on a intégré quelques principes simples.

L'organisation des rues de Manhattan résulte principalement d'un plan d'urbanisme adopté en 1811. Depuis lors, la ville se développe suivant des lignes et des angles droits. Au-dessus de 14th St., les rues forment un quadrillage dans lequel un novice parvient facilement à se repérer. Cependant, dans les zones plus anciennes du bas de Manhattan, les rues portent plutôt des noms que des numéros. Là, l'échiquier bien ordonnée du nord de Manhattan cède la place à un charmant labyrinthe de rues étroites où l'on peut s'égarer. N'oubliez pas votre plan car même les riverains de longue date peuvent avoir du mal à vous indiquer le chemin.

Downtown débute à la pointe sud de Manhattan et s'étend jusqu'à la 34th St. **Midtown** s'étend de la 34th à la 59th St., où débute Central Park. **Uptown** va de la 59th St. à la pointe nord.

Au-dessus de Washington Square, les **avenues** (avenue, abrégé en Ave.) sont orientées nord-sud, les **rues** (street, abrégé en St.) est-ouest. Le **numéro** des avenues va croissant d'est en ouest (la First avenue est près de l'East River, la Eleventh ou 11th avenue est à l'ouest, vers le continent), ceux des rues augmentent au fur et à mesure que l'on se dirige vers le nord (la 14th St. sépare Downtown de Midtown, la 110th St. est au nord de Manhattan). Les **voitures** circulent en direction de l'est sur la plupart des rues désignées par des numéros pairs et en direction de l'ouest sur celles portant des numéros impairs. Le trafic s'effectue dans les deux sens sur les artères les plus larges telles que Canal, Houston, 14th St., 23rd St., 34th St., 42nd St., 57th St., 72nd St., 79th St., 86th St., 96th St., 110th St., 116th St., 125th St., 145th St. et 155th St. Quatre **transversales** coupent Central Park : 65th/66th St., 79th/81st St., 85th/86th St. et 96th/97th St. La majeure partie des avenues est à **sens unique**. 10th Ave., Amsterdam Ave., Hudson Ave., Eighth Ave., Madison Ave., Fourth Ave., Third Ave. et First Ave. se dirigent vers le nord. Ninth Ave., Columbus Ave., Broadway (en dessous de 59th St.), Seventh Ave., Fith Ave., Lexington Ave., et Second Ave. vont vers le sud. Il existe cependant certaines avenues à **double sens** : York Ave., Park Ave., Central Park West Ave., Broadway Ave. (au-dessus de 59th St.), Third Ave. (au-dessous de 24th St.), West End Ave., et Riverside Dr.

Au-dessus de la 59th St., la division est/ouest de New York se réfère à l'un ou l'autre des côtés de Central Park. **Fifth Avenue** (la fameuse Cinquième avenue) est le long de la lisière est de Central Park, et **Central Park West** le long de la lisière ouest de Central Park. La 59th St. est à la limite sud de Central Park. Sous la 59th St., c'est-à-dire sous Central Park, c'est la Fifth Avenue qui marque la frontière entre l'est et l'ouest.

Il est facile de trouver une adresse à Manhattan. Les **numéros des adresses** sur les **avenues** augmentent du sud vers le nord (ainsi le 257 Second Ave. est au sud du 594 Second Ave.). Elles sont en général complétées par l'indication du numéro de la rue perpendiculaire la plus proche. Par exemple, *144 Second Ave. at 9th St.* signifie 144 Second Avenue à hauteur de la 9e rue, c'est-à-dire au sud de Manhattan. Vous devez toujours demander le nom d'une rue perpendiculaire lorsqu'on vous donne une adresse sur une avenue.

Pour une **adresse** dans une **rue**, vous devrez vous repérer par rapport à l'est et à l'ouest, car la numérotation des rues part de la Fifth Avenue. Dans **East Side**, les numéros commencent à 1 sur Fifth Ave., 100 sur Park Ave., 200 sur Third Ave., 300 sur Second Ave., 400 sur First Ave., 500 sur New York Avenue (Uptown) ou Avenue A (dans le Village). Par exemple 250 E. 52nd St. signifie : au numéro 250 de la section Est de la 52e rue, entre Third et Second Ave. Dans la partie ouest, **West Side**, les numéros commencent à 1 sur Fifth Avenue, 100 sur l'Avenue of the Americas (Sixth Ave.), 200 sur Seventh Ave., 300 sur Eighth Ave., 400 sur Ninth Ave., 500 sur Tenth Ave. et 600 sur Eleventh Ave.

Voyons maintenant les **exceptions** au système. Sixth Ave. est parfois appelée par son nouveau nom, Avenue of the Americas. Utiliser cette appellation est le plus sûr moyen d'être identifié comme étranger à la ville. Lexington, Park, et Madison Ave. se tiennent entre Third Ave. et Fifth Ave., à l'endroit où devrait se trouver Fourth Ave. qui à ce niveau n'existe plus. Dans le Lower East Side, plusieurs avenues à l'est de la First Avenue portent des lettres au lieu de chiffres : Avenues A, B, C, et D. Au-dessus de la 59th St. ; dans le West Side, Heighth Ave. devient Central Park West, Ninth Ave. Columbus Ave., Tenth Ave. Amsterdam Ave. et Eleventh Ave. West End Avenue. Enfin Broadway, qui suit le tracé d'un antique sentier des Indiens

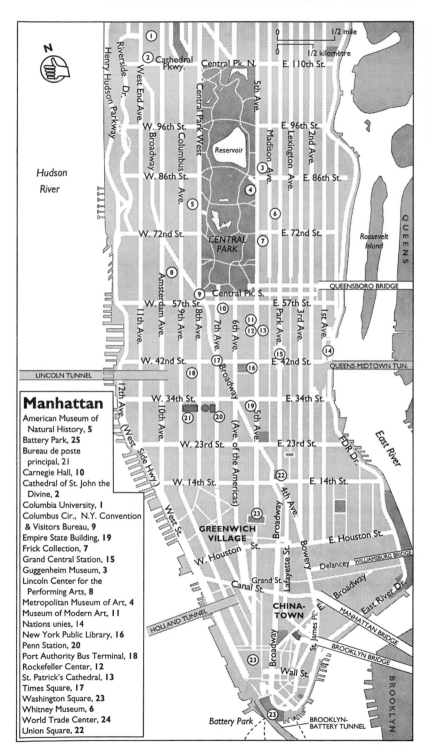

Manhattan

American Museum of
   Natural History, **5**
Battery Park, **25**
Bureau de poste
   principal, **21**
Carnegie Hall, **10**
Cathedral of St. John the
   Divine, **2**
Columbia University, **1**
Columbus Cir., N.Y. Convention
   & Visitors Bureau, **9**
Empire State Building, **19**
Frick Collection, **7**
Grand Central Station, **15**
Guggenheim Museum, **3**
Lincoln Center for the
   Performing Arts, **8**
Metropolitan Museum of Art, **4**
Museum of Modern Art, **11**
Nations unies, **14**
New York Public Library, **16**
Penn Station, **20**
Port Authority Bus Terminal, **18**
Rockefeller Center, **12**
St. Patrick's Cathedral, **13**
Times Square, **17**
Washington Square, **23**
Whitney Museum, **6**
World Trade Center, **24**
Union Square, **22**

algonkins, défie le schéma rectangulaire et traverse l'île en diagonale, tournant à l'ouest de Fifth Ave. au-dessus de 23rd St. et à l'est en dessous.

Trouver son chemin

Pour vous **orienter** vous devez savoir si vous êtes Uptown, Midtown ou Downtown et si vous êtes East Side ou West Side. Une fois qu'on a compris, il est **très facile** de repérer une adresse. Par exemple, toujours à Manhattan, le 217 W 106th St. est situé au numéro 217 de la 106th rue sur sa section ouest, entre Seventh et Eight Ave. La 106th rue se situe, très logiquement, entre la 105th et la 107th rue...

Vous aurez aussi remarqué que pour éviter les confusions, la plupart du temps le numéro des avenues est indiqué **en toutes lettres** (First, Fifth, Eleventh Ave.) et le numéro des rues en **chiffres** (14th, 54th, 57th St.).

Malgré les exceptions ce quadrillage facilite considérablement l'orientation et même le calcul des **distances** dans Manhattan. On raisonne en terme de blocks, c'est-à-dire de rues ou d'avenues transversales à franchir. Un block standard est un beau rectangle compris entre deux rues et deux avenues. Un block d'avenue (la distance qu'il faut pour passer d'une avenue à une autre) correspond à environ 2 mn de marche, un block de rue à environ 45 secondes. Lorsque vous demandez votre chemin, on vous indiquera à quel block (plutôt qu'à quelle rue) vous devez tourner. Ce système, néanmoins, ne fonctionne pas dans Greenwich Village, ni dans Lower Manhattan, où le plan de la ville est moins rectiligne.

A savoir, le rez-de-chaussée est le *first floor*, ou *ground floor*, ou *street level*. Le premier étage est le *second floor*. Lassés d'avoir du mal à les vendre, les promoteurs immobiliers ont supprimé depuis longtemps les 13e étages. On passe donc directement du 12e au 14e... Les *penthouses* sont les appartements situés au dernier étage, d'ordinaire plus luxueux que les autres. L'abréviation # signifie "numéro". Dans une adresse, elle représente le numéro de l'appartement ou du bureau.

Dans ce guide, nous avons choisi de conserver la **présentation américaine des adresses**, ce qui vous permet, une fois sur place, de limiter considérablement les risques d'erreur.

MÉTRO

Géré par le **New York City Transit** (718-330-1234, tous les jours de 6h à 21h), le métro new-yorkais fonctionne sur 140 km, 24h/24, 365 jours par an. Il transporte quotidiennement 3,5 millions de personnes, possède 469 stations et 25 correspondances. Le tarif des lignes du Metropolitan Transit Authority (MTA) est de 1,50 \$ et il n'y a pas de tarif dégressif, c'est pourquoi si vous êtes quatre, le taxi peut s'avérer moins cher et plus rapide sur les courtes distances. Pour les longues distances, il est plus rentable de circuler en métro, le trajet étant illimité tant que vous ne sortez pas.

Le métro est cependant beaucoup plus utile pour se déplacer du nord au sud que d'est en ouest, car seuls deux trains navettes traversent la ville dans ce sens (42nd St. et 14th St.). Dans le haut de Manhattan, le Queens, Brooklyn et le Bronx, certaine lignes de métro, les "El" trains (pour "elevated"), deviennent aériennes et circulent au-dessus des rues de la ville.

Les trains "express" roulent à toutes heures et s'arrêtent seulement aux principales stations. Les "locals" desservent tous les arrêts. Vérifiez bien sur chaque train la lettre ou le chiffre qui indique la destination car des rames se dirigeant dans des directions différentes utilisent souvent la même voie. En cas de doute, demandez à un passager sympathique ou au chef de train qui se trouve généralement au milieu de la rame. Une fois à bord, soyez attentif aux annonces confuses car il arrive qu'à mi-parcours, un "local" se transforme en "express" et vice versa, en particulier à l'entrée ou à la sortie de Manhattan.

Les efforts des autorités du métro n'ont en aucune façon supprimé les dangers de la criminalité, même si les chiffres font état d'une baisse sensible. Les pickpockets opèrent dans les stations bondées (en particulier autour de la 42nd St.). Les délits avec violence, bien que peu fréquents, ont tendance à se produire dans les stations désertes. Essayez de rester dans des endroits bien éclairés non loin d'un policier ou d'un employé du guichet. Certaines stations disposent d'aire d'attente d'heure creuse clairement indiquées ("Off-hour waiting areas"). Elle sont surveillées et par conséquent beaucoup plus sûres. Montez dans un wagon occupé par d'autres passagers, ou vers le milieu de la rame là où se trouve le chef de train.

Evitez si possible d'utiliser le métro entre 23h et 7h du matin, en particulier au-dessus de E. 96th St. et de W. 120th St. et en dehors de Manhattan. Evitez également la foule des heures de pointe, où l'air manque autant que les places assises. Le matin, il y a généralement plus de passagers sur les seules lignes E et F que sur l'ensemble du réseau métropolitain de Chicago (le 2ᵉ réseau du pays par la taille). Si vous devez circuler aux heures de pointe (de 7h30 à 9h30 et de 17h à 18h30 sur tout le réseau), le local est généralement moins plein que l'express. Achetez plusieurs *tokens* (l'équivalent du ticket ailleurs) à la fois au guichet, ou mieux aux nouveaux distributeurs automatiques. A l'entrée de la plupart des stations de métro se trouve un globe en verre. Vert, il indique que le personnel assure le service 24h/24, rouge que l'entrée est fermée ou que l'accès en est restreint d'une façon ou d'une autre. Dans ce cas, lisez le panneau au-dessus des escaliers.

Le réseau du métro new-yorkais englobe des lignes **IRT**, **IND** et **BMT**, qui maintenant sont toutes gérées par le NYC Transit. Leurs noms sont toujours utilisés, bien qu'il n'y ait plus de différence entre elles. Les systèmes IRT (n° 1 et 9) et IND (A, C, D, E, F, Z) sont deux groupes de lignes qui traversent Manhattan. Le système BMT (B, J, L, M, N, Q, R) circule principalement dans la partie basse de Manhattan vers le Queens et Brooklyn. Certaines lignes portent des appellations non officielles correspondant à leur destination, comme "7th Ave. Line" ou "Broadway Line" pour les lignes n° 1, 2, 3, ou 9, "8th Ave. Line" pour les lignes A et C, "Lexington Line" pour les lignes n° 4, 5, ou 6, et "Flushing Line" pour la n° 7.

BUS

Fréquemment bloqués dans les embouteillages, les bus peuvent mettre deux fois plus de temps que le métro, mais ils sont presque toujours plus sûrs, plus propres et plus tranquilles. Pour les longues distances, c'est-à-dire plus de 40 blocks nord-sud, les bus sont un cauchemar (sauf la nuit et le week-end quand la circulation est plus fluide). Cependant ils vous emmènent plus près de votre destination car ils s'arrêtent quasiment tous les deux blocks et traversent la ville d'est en ouest, et du nord au sud. Les conducteurs ne rendent ni la monnaie, ni les sourires. Le trajet coûte 1,50 $ aux heures de pointe : vous devez faire l'appoint en *quarters* (six pièces de 25 cents) ou payer avec un *token* de métro. En dehors des heures de pointe le trajet ne coûte qu'un dollar. Le système de correspondances permet aux passagers de passer gratuitement d'un bus nord-sud à un bus est-ouest moyennant un ticket de correspondance (*transfer*) qu'il suffit de demander au conducteur quand on achète son billet. Dans le bus, vous devez sonner pour obtenir l'arrêt. Ceux-ci sont indiqués par des rayures jaunes peintes sur la chaussée, le long du trottoir. Un panneau bleu mentionne le numéro de la ligne et, dans les abribus, sont affichés l'itinéraire et l'horaire des véhicules.

Le Queens est desservi par cinq lignes de bus : **MTA/Long Island Bus** (516-766-6722, couvre principalement Nassau Cty., Long Island) et par quatre compagnies privées : **Green Bus Lines** (718-995-4700, couvre principalement Jamaica et la partie centrale du Queens), **Jamaica Buses, Inc.** (718-526-0800, couvre principalement Jamaica et Rockaway dans le Queens), **Queens Surface Corp.** (718-445-3100), et **TriBoro Coach Corp.** (718-335-1000, couvre principalement Forest Hills, Ridgewood, et Jackson Hts.). Deux lignes desservent le Bronx : **Liberty Lines Express** (718-652-8400) et **New York Bus Service** (718-994-5500). Ces compagnies vous transportent pour 1,50 $ et acceptent les tickets MTA mais l'aller-retour pour Manhattan d'autres *boroughs* peut coûter jusqu'à 4 $. La plupart du temps ces lignes de bus n'apparaissent pas sur les horaires MTA.

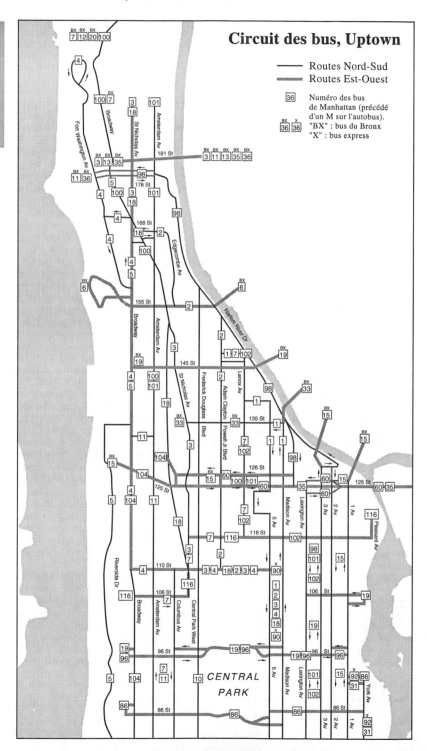

Circuit des bus, Uptown

— Routes Nord-Sud

Routes Est-Ouest

36 Numéro des bus de Manhattan (précédé d'un M sur l'autobus).

BX "BX" : bus du Bronx
X "X" : bus express

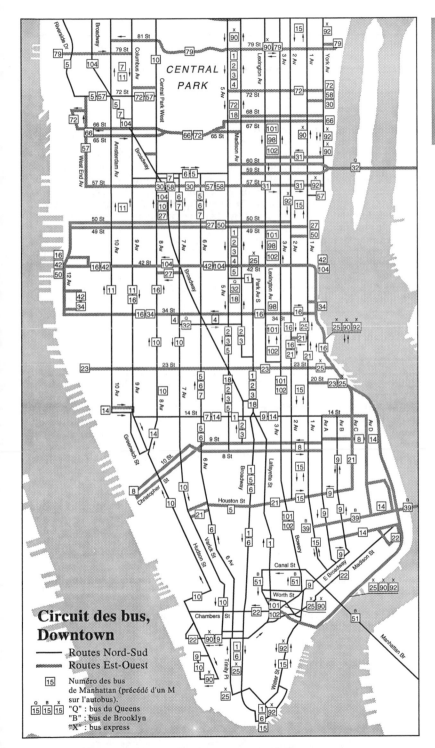

Circuit des bus, Downtown

—— Routes Nord-Sud

▧▧▧ Routes Est-Ouest

15 Numéro des bus
de Manhattan (précédé d'un M
sur l'autobus).

Q B X
15 15 15 "Q" : bus du Queens
"B" : bus de Brooklyn
"X" : bus express

TAXIS

Circuler en taxi peut donner des sueurs froides lorsque les chauffeurs roulent à tombeau ouvert sur les avenues désertes ou se faufilent dans les embouteillages. Il est néanmoins probable que vous soyez amené à prendre le taxi de temps à autre, d'autant qu'ils sont omniprésents dans les rues de New York. Les taxis new-yorkais ont trois lumières : il est libre si la lumière centrale est allumée, et a fini son service si les trois lumières sont allumées en même temps. Le **compteur** démarre à 2 $ et ajoute 30 ¢ tous les 300 m ou 30 ¢ toutes les 74 secondes en cas d'embouteillage et 50 ¢ de surcharge entre 20h et 6h du matin. Le règlement de tous les **péages** (pour entrer et sortir de Manhattan) incombe aux passagers. N'oubliez pas le pourboire de 15 %, espéré par le chauffeur. Il n'y a pas de supplément bagages. Avant de descendre du véhicule, demandez un reçu portant le numéro d'identification du taxi (numéro du compteur ou du médaillon). Ce numéro est nécessaire pour retrouver des articles perdus ou déposer une plainte auprès de la Taxi Commission (221-TAXI/8294, 221 W. 41st St., entre Times Sq. et Port Authority Bus Terminal, ouvert du lundi au vendredi de 9h à 17h). Certains chauffeurs peuvent tenter d'entraîner le visiteur naïf dans un "parcours touristique". Jetez un coup d'œil au plan des rues avant de monter à bord afin de pouvoir choisir votre itinéraire. Ne prenez que les taxis jaunes autorisés par l'Etat de New York. Les autres taxis sont illégaux dans la ville. Si vous ne trouvez pas de taxi dans la rue, appelez un radio-taxi (voir la rubrique "*Taxicabs*" des pages jaunes). Faite preuve de bon sens afin de réduire le coût de la course. Montez dans un taxi qui se dirige dans votre direction et descendez au coin de la rue proche de votre destination. Partager un taxi avec des amis est plus économique, plus sûr et plus pratique que de prendre le métro, en particulier tard le soir. Sachez cependant que vous ne pouvez pas monter à plus de quatre (sauf rares exceptions).

EN VOITURE

Mieux vaut éviter de conduire à New York. La plupart des New-Yorkais passent leur permis uniquement pour pouvoir s'échapper de la ville.

Au volant, vous devez combattre l'agressivité des taxis, les piétons imprudents et les coursiers à vélo affolés. Bloqué dans les embouteillage, vous êtes assailli par des laveurs de pare-brise ultrazélés qui s'attendent à être payés, qu'ils fassent leur travail ou non.

Un fois dans Manhattan, la circulation ne cesse de poser problème, particulièrement entre 57th St. et la 34th St. La pagaille pour se garer ajoute encore à la fatigue. Trois possibilités s'offrent aux automobilistes. Les **parkings** ("*parking lots*") constituent la solution la plus simple mais aussi la plus onéreuse. A Midtown où les parkings sont la seule option, comptez au moins 25 $ par jour et jusqu'à 15 $ pour deux heures. Les parkings les plus économiques se trouvent à downtown (essayez l'extrémité ouest de Houston St.) mais vérifiez que l'endroit est fréquenté, gardé et bien éclairé.

La deuxième possibilité consiste à se garer dans la rue devant un **parcmètre** ("*parking meters*"). Comptez 25 ¢ toutes les 15 mn avec une limite de une ou deux heures. Pour ceux qui choisissent la troisième et dernière solution, la compétition est rude : il est en effet possible de **stationner gratuitement** dans les rues des quartiers résidentiels à l'est et à l'ouest de la ville. Mais lisez attentivement les panneaux. Le stationnement n'est souvent autorisé légalement que certains jours de la semaine. La municipalité n'hésite pas à recourir à la fourrière. Récupérer votre voiture vous coûtera alors au minimum 100 $. Le vol de votre véhicule ou des objets qui s'y trouvent est une éventualité à envisager en particulier si vous avez une radio. C'est pourquoi vous verrez de nombreuses voitures portant sur la vitre la pancarte "*No radio in car*" (pas de radio dans la voiture). La sirène d'un système d'alarme, aussi familière pour les citadins que le chant du coq pour les ruraux, attire peu ou pas l'attention.

Location de voitures

Toutes les agences imposent un âge minimal, preuve à l'appui, ainsi que le dépôt d'une caution. Les agences dans le Queens et le Yonkers (au nord du Bronx) sont souvent meilleur marché que celles de Manhattan, en particulier pour les locations d'une journée. La plupart des assurances automobiles couvrent les voitures de location, et certaines cartes de crédit comme American Express et Visa prennent en charge le coût de l'assurance si vous réglez avec la carte (renseignez-vous auprès des compagnies elles-mêmes, car il y a toujours des exceptions).

Nationwide, 220 E. 9th St. (867-1234), entre 2nd et 3rd Ave., est une société fiable qui dispose d'un réseau national. Pour une voiture de taille moyenne, comptez 59 $ par jour avec 150 miles (240 km) gratuits. 289 $ par semaine avec 1 000 miles (1 600 km) gratuits. Ouvert du lundi au vendredi de 8h à 18h. Age minimal : 23 ans. Carte de crédit obligatoire.

Bayside Auto, 189-08 Northern Blvd. (718-886-0058), près de Utopia Pkwy. à Flushing, Queens. Prenez la ligne de métro n° 7 jusqu'à Main St., Flushing, puis le bus Q12 ou Q13 (direction Bayside) jusqu'à la 189th St. Du lundi au jeudi 39 $ par jour, du vendredi au dimanche 50 $ avec 100 miles gratuits, 17 ¢ par mile supplémentaire. 245 $ pour une semaine avec 1 000 miles gratuits, 17 ¢ par mile supplémentaire. Ces tarifs comprennent l'assurance. Ouvert du lundi au vendredi de 7h à 19h, samedi de 7h à 17h, dimanche de 8h à 16h. Age minimum 23 ans. Carte de crédit obligatoire.

ABC Car Rental, 200 9th St. (989-7260), entre Second Ave. et Third Ave. Berlines de catégorie moyenne disponibles. Du lundi au jeudi 50 $ par jour, 175 miles gratuits. Du vendredi au dimanche 170 $ pour le week-end, 600 miles gratuits. 289 $ par semaine avec 1 000 miles gratuits. Ouvert du lundi au vendredi de 8h à 18h30. Age minimum 23 ans. Carte de crédit obligatoire.

AAMCAR Rent-a-Car, 315 W. 96th St. (222-8500), entre West End Ave. et Riverside Dr. Petites voitures japonaises, 50 $ par jour, 200 miles gratuits, 25 ¢ par mile supplémentaire. 289 $ par semaine avec 1 000 miles gratuits. Pas de location à la journée de juin à août, le samedi et le dimanche. Ouvert du lundi au vendredi de 7h30 à 19h30, samedi de 9h à 19h30, dimanche de 9h à 17h. Age minimal 25 ans. Si vous n'avez pas de carte bancaire, vous devrez déposer une caution.

All-Star Rent-A-Car Inc., 325 W. 34th St. (714-0556), entre Eighth Ave. et Ninth Ave. Berlines Dodge de taille moyenne, 55 $ par jour du lundi au jeudi, 200 miles supplémentaires, 20 ¢ par mile supplémentaire. Tarif week-end du vendredi au lundi 189 $, 600 miles gratuits, 20 ¢ par mile supplémentaire. 269 $ par semaine avec 800 miles gratuits et 20 ¢ par mile supplémentaire. Ouvert du lundi au vendredi de 7h30 à 18h30. Age minimum 25 ans. Carte de crédit obligatoire.

Manhattan Ford, Eleventh Ave. et W. 57th St. (581-7800). Ford Taurus quatre portes. Du lundi au jeudi 50 $ par jour avec 150 miles gratuits et 30 ¢ par mile supplémentaire. Location week-end du vendredi au lundi 199 $ avec 450 miles gratuits et 30 ¢ par mile supplémentaire. Location à la semaine 399 $ avec 1 000 miles gratuits et 30 ¢ par mile supplémentaire. Ouvert du lundi au vendredi de 8h à 18h. Age minimum 21 ans. Carte de crédit obligatoire.

À VÉLO

Circuler à vélo en semaine au milieu de la circulation est une gageure qui peut s'avérer fatale, même pour les habitués. Par contre, le week-end, lorsque le trafic devient moins dense, les cyclistes prudents et équipés d'un casque peuvent faire le tour de Big Apple. De janvier à octobre Central Park (excepté la boucle du bas) est fermé à la circulation les jours de semaine de 10h à 15h et de 19h à 21h, et du vendredi 19h au lundi 6h. Le dimanche matin est le jour idéal. Pour un parcours stimulant et sans voitures, empruntez l'allée de Central Park qui s'étend sur 3,6 km. Si vous garez votre vélo, utilisez un antivol en "U". Les voleurs se moquent éperdument des chaînes avec cadenas qu'ils peuvent couper. Pour plus d'informations sur le cyclotourisme dans et autour de Manhattan, voir Sports, p. 362.

Location de vélos

Pedal Pushers, 1306 Second Ave. (288-5592), entre 68th St. et 69th St. loue des vélos 3 vitesses pour 4 $ de l'heure, 10 $ par jour, 12 $ pour 24h, des vélos 10 vitesses pour 5 $ de l'heure, 14 $ par jour, 19 $ pour 24h, des VTT pour 6 $ de l'heure, 17 $ par jour et 25 $ pour 24h. La location pour 24h exige une caution de 150 $ au moyen d'une carte de crédit. Les locations normales nécessitent seulement une pièce d'identité ou un permis de conduire. Ouvert dimanche, lundi, mercredi, vendredi, samedi de 10h à 18h, jeudi de 10h à 20h.
Bike and Fitness, 242 E. 79th St. (249-9344), près de Second Ave. Cette boutique de cycles à prix réduit loue des VTT et des *rollerblades* pour 6 $ de l'heure, 21 $ par jour. Caution de 40 $ exigée pour les VTT en plus du permis de conduire (vous avez bien lu) et d'une carte de crédit. Location pour 24h possible (8 $ plus caution en liquide de 250 $). 2h minimum. Ouvert du lundi au vendredi de 9h30 à 20h, samedi et dimanche de 7h30 à 19h.

MARCHER, COURIR ET PRATIQUER LE ROLLERBLADE

La marche est le mode de locomotion le plus économique, sans conteste le plus amusant et parfois même le plus rapide pour circuler en ville. Pendant les heures de pointe, les trottoirs se couvrent de *"commuters"* en costume et chaussures de sport. Vingt blocks (nord-sud) représentent 1,5 km. Un block d'une avenue à l'autre (dans le sens est-ouest) représente à peu près le triple de la longueur d'un block entre deux rues dans le sens nord-sud. A New York, les distances sont courtes : le trajet à pied entre l'extrémité sud de Central Park et le World Trade Center en traversant tout Midtown et Downtown Manhattan, prend par exemple moins de 1h30.

Si vous avez l'intention de faire du jogging le long des rues, attendez-vous à devoir slalomer entre les piétons et à être coupé dans votre élan aux intersections. Les meilleures alternatives aux trottoirs sont les allées le long des rivières ou dans Central Park. La plupart sont goudronnées, mais il existe une boucle cendrée de 2,5 km qui fait le tour du **Jacqueline Kennedy Onassis Reservoir** (entre 84th St. et 96th St.). Les adeptes du jogging envahissent cette allée entre 6h et 9h et de 17h à 19h pendant la semaine, et toute la journée pendant le week-end. Si vous le pouvez, courez entre 9h et 17h pour éviter les risques d'agression le soir et les collisions avec d'autres coureurs le jour. Pour toute information sur les clubs de course à pied, appelez le **New York Roadrunner's Club** (860-4455) qui organise des courses dans Central Park les week-ends d'été et le marathon de New York chaque automne.

Ceux qui aiment la vitesse mais ne veulent pas sentir le bitume sous leurs pieds, peuvent se procurer des **rollerblades** chez **Peck and Goodie Skates**, 917 Eighth Ave. (246-6123), entre 54th St. et 55th St. La boutique garde vos chaussures pendant que vous passez comme une flèche devant vos monuments préférés (samedi et dimanche 10 $ pour 2h, 20 $ pour 24h, du lundi au vendredi 10 $ par jour). Le prix de la location comprend un équipement de protection. Une caution de 200 $ ou une carte de crédit est nécessaire. Comme pour tout type de location, lisez bien tous les détails avant de signer. Vous pouvez être amené à payer des frais de réparation en venant récupérer vos chaussures et votre caution. Des leçons pour tous niveaux sont proposées le samedi et le dimanche à 11h dans Central Park moyennant 6 $ de l'heure (ouvert du lundi au mercredi et samedi et dimanche de 10h à 18h, jeudi et vendredi de 10h à 20h). **Wollman Skating Rink** (517-4800) loue des skateboards et des *rollerblades* pour 6,50 $ par jour. (Ouvert lundi de 10h à 17h, mardi de 10h à 21h30, mercredi de 10h à 18h et de 19h30 à 21h30, jeudi et vendredi de 10h à 23h, samedi de 11h à 23h30, dimanche de 10h à 21h30.) (Voir Sports, p. 363.)

■ Garder le contact

TÉLÉPHONE

Aux Etats-Unis, ayez le réflexe téléphone. Tout ou presque peut se faire à partir d'un combiné et les appels locaux sont **gratuits**. Contrairement à la France, il n'existe pas de compagnie de téléphone en situation de monopole. La concurrence est la règle, surtout en ce qui concerne les appels longue distance.

A New York les **téléphones** abondent dans les rues. La plupart du temps ils sont situés au coin des rues ou dans les espaces publics. Faites attention aux téléphones privés (dans les hôtels, les bars, les restaurants…) qui sont plus chers. Les tarifs pratiqués doivent être affichés. Introduisez vos pièces de monnaie (25 ¢ pour une communication locale) et attendez la tonalité avant de composer le numéro. Si votre correspondant ne répond pas ou si la ligne est occupée, vous pouvez récupérer vos pièces en raccrochant sauf si vous êtes en liaison avec un répondeur. En cas d'appel direct longue distance, un opérateur vous indique le prix des trois premières minutes. Vous n'avez qu'à déposer le montant dans l'appareil. Un opérateur ou une bande enregistrée vous indiquera quand introduire d'autres pièces. Dans certaines grandes gares ferroviaires, un genre moins répandu de téléphone public permet d'appeler pendant 1 mn pour 25 ¢ n'importe où aux Etats-Unis (sauf Hawaii).

Les numéros de téléphone américains sont précédés d'un indicatif régional (**area code**) à trois chiffres (toujours entre parenthèse) et comprennent sept chiffres. Par exemple : (212) 757-9340. L'indicatif régional peut correspondre à un Etat (Nevada 702, Mississippi 601), à une région à l'intérieur d'un Etat (nord du Texas 806), à une ville (San Francisco 415), ou à une partie d'une ville (Manhattan 212, Brooklyn 718). **Tous les numéros commençant par 800 sont gratuits**, mais non accessibles de l'étranger. Toutefois, si d'un autre pays vous remplacez le 800 par le 880 le numéro fonctionne parfois, mais il est facturé. Les deux indicatifs-clés à connaître sont le **"1"**, pour les appels longue distance, et le **"0"** pour l'opérateur.

On distingue les **appels locaux**, à l'intérieur d'une même zone téléphonique, qui sont gratuits depuis un poste privé, et les **appels longue distance**, qui sont un peu l'équivalent des "interurbains" en France

Appels locaux et longue distance

Pour les **appels locaux** composez les 7 derniers chiffres.

Pour les **appels longue distance** (Etats-Unis et Canada), composez le 1, suivi de l'indicatif régional à 3 chiffres et des 7 chiffres du numéro (il peut arriver qu'à l'intérieur d'une même zone téléphonique, un appel ne soit pas "local" : composer le 1 et les 7 chiffres restants).

Numéros gratuits

Pour les **numéros gratuits**, composez le 1, le 800, et les 7 chiffres restants.

Appels internationaux

Pour les **appels internationaux**, composez le code d'accès à l'international (**011**) suivi du code national (33 pour la France, 32 pour la Belgique, 41 pour la Suisse), du code régional et du numéro proprement dit. En cas d'échec, appelez l'opérateur.

En composant le **"0"**, vous entrez en contact avec un **opérateur**, une sorte de super-héros du téléphone capable de résoudre tous vos problèmes à condition de lui parler en anglais. Pour obtenir un numéro précis ou pour connaître un indicatif régional, appelez les **renseignements téléphoniques** (directory assistance) au 411 ou feuilletez les **pages blanches** (white pages) de l'annuaire local. Pour trouver un numéro situé dans une autre zone téléphonique, composez le 1 suivi de l'indicatif téléphonique de la zone concernée, puis le 555-1212. Les **pages jaunes** des annuaires vous permettent, comme en France, de trouver la plupart des numéros professionnels. Vous obtiendrez la liste des services publics et des administrations (y compris les consulats) dans les **pages bleues**. Si vous appelez d'un téléphone public, vous avez accès gratuitement aux renseignements téléphoniques et aux services de l'opérateur (pas la peine de mettre une pièce).

En **soirée**, les tarifs sont beaucoup moins élevés (du dimanche au vendredi de 17h à 23h). Les tarifs de **nuit** et du **week-end** (du lundi au vendredi de 23h à 8h, le samedi toute la journée, et le dimanche jusqu'à 17h en général) sont encore plus intéressants.

Si vous voulez appeler depuis un téléphone public mais que vous n'avez pas les rouleaux de pièces nécessaires, vous pouvez composer le "0" et demander à l'opérateur de facturer l'appel selon l'un de ces trois systèmes :

Collect call (appel à frais virés, ou PCV) : si la personne qui décroche accepte de payer la communication, c'est elle qui sera facturée. Pour accéder au service *collect call* de la compagnie AT&T, composez le 800-CALL-ATT. Encore moins cher (pour votre interlocuteur...), le service 800-COLLECT de la compagnie MCI (205-5328) offre des réductions allant de 20 à 44 % sur les tarifs habituels.

Person-to-person collect call (PCV personnalisé) : c'est un peu plus cher que le *collect call*, mais l'appel n'est facturé que si la personne qui décroche est exactement celle que vous voulez joindre (très utile si vous voulez parler à Géraldine, mais que vous n'avez rien à dire à sa mère).

Third-party billing (facturation à un tiers) : vous donnez à l'opérateur le numéro que vous souhaitez joindre, et celui de la personne à qui l'appel sera facturé. A condition de pouvoir disposer d'un compte de téléphone aux Etats-Unis.

France Télécom propose le service France Direct, utilisable depuis les Etats-Unis avec la carte d'appel France Télécom. C'est votre compte en France qui est débité, ce qui évite des manipulations de monnaie. La carte est payante : 80 F par an. Pour plus de renseignements, contactez votre agence commerciale au 14. Aux Etats-Unis, le numéro d'accès à France Direct est 800-5372-623 ou 9372-623.

Il peut également être intéressant de se procurer une **carte d'appel** (*calling card*), utilisable à partir de n'importe quel poste de téléphone. Les appels sont débités sur votre carte bancaire (Visa, American Express ou Mastercard). Plusieurs compagnies américaines en proposent, les principales étant AT&T, MCI et Sprint. A vous de comparer les tarifs.

Pour recevoir la carte gratuite **AT&T**, depuis la France, appelez en PCV le (00 1) 816-654-6004 ou le 00-00-11 (appel gratuit). Aux Etats-Unis, faites le 800-882-2273.

Pour la carte gratuite **MCI**, appelez le 00-00-19. Aux Etats-Unis, téléphonez au 800-888-8000.

Au **Canada**, contactez le service Canada Direct de Bell Canada (800-545-8868).

Si toutes ces cartes sont gratuites, les sociétés exigent souvent que vous les chargiez la première fois avec un montant conséquent (par exemple 50 $ pour MCI). Il est plus avantageux d'appeler des Etats-Unis vers la France (33 ¢ la minute) que de France vers les Etats-Unis (70 ¢ la minute).

POSTE

Les **bureaux de poste** (**US Postal Service**) sont en général ouverts du lundi au vendredi de 9h à 17h, et parfois le samedi jusqu'à midi. La poste centrale de New York est ouverte 24h/24 (voir plus loin). Tous les bureaux de poste sont fermés les jours fériés. Les boîtes à lettre américaines sont bleues et portent la mention *mail*. La plupart des hôtels peuvent se charger d'expédier votre courrier timbré sur simple demande.

Les tarifs postaux sont les suivants : **à l'intérieur des Etats-Unis :** 20 ¢ pour une carte postale, 32 ¢ pour une lettre de moins de 25 g, 23 ¢ pour chaque 25 g supplémentaires ; **outre-mer (Europe et reste du monde) :** 50 ¢ pour une carte postale,

60 ¢ pour 12 g, 1 $ pour 25 g, 40 ¢ par 25 g supplémentaire ; **Canada :** 40 ¢ pour une carte postale, 32 ¢ pour une lettre de 12 g, 52 ¢ pour une lettre de 25 g, 72 ¢ pour 50 g. Les **aérogrammes** (des feuilles qui deviennent des enveloppes une fois pliées, très pratiques, rapides et économiques) sont disponibles auprès des bureaux de poste pour 50 ¢.

A l'intérieur des Etats-Unis, une lettre met entre 2 et 7 jours pour parvenir à son destinataire. Pour l'Europe, comptez entre 2 et 14 jours, en moyenne 5 jours. Pour accélérer le mouvement, écrivez en gros "**Air Mail**" sur l'enveloppe.

Pour un service d'expédition de colis fiable, rapide et cher, vous pouvez essayer Federal Express (800-238-5355 aux Etats-Unis) ou DHL (800-225-5345 aux Etats-Unis).

Recevoir du courrier

Si votre famille et vos amis sont d'un naturel anxieux, arrangez-vous avec eux pour qu'ils puissent vous contacter. Le courrier peut être envoyé en **poste restante** (General Delivery) à la poste centrale de la ville. Lorsqu'une lettre arrive, elle est conservée pendant 30 jours. Elle peut être gardée plus longtemps à discrétion du receveur si la demande en est clairement indiquée sur le devant de l'enveloppe. Les lettres pour New York doivent être libellées de la façon suivante :

> Mr Paul <u>GENTILECTEUR</u> (soulignez et mettez en majuscule le nom de famille pour faciliter le classement)
> c/o General Delivery
> Main Post office
> James A. Farley Building
> 390 Ninth Ave.
> New York City, NY 10001
> USA

L'enveloppe doit toujours porter la mention "*Please hold until* (…)," le blanc portant la date jusqu'à laquelle le courrier doit être conservé. Vous devez présenter une pièce d'identité pour pouvoir récupérer votre courrier. Si la lettre n'est pas réclamée dans un délai de deux à quatre semaines, et en l'absence de date spécifique, elle est retournée à son expéditeur.

Les bureaux **American Express** à travers tous les Etats-Unis proposent un service de courrier poste restante aux usagers de la carte de crédit, si vous les contactez à l'avance. Ce "*Client Letter Service*" conserve le courrier pendant 30 jours, plus longtemps sur demande, et accepte les télégrammes. Le nom de famille du destinataire doit être écrit en majuscules et souligné. La mention "*Client Letter Service*" doit figurer sur le devant de l'enveloppe. Pour obtenir la liste complète des bureaux et connaître le fonctionnement du service, appelez le 800-528-4800 ou en France le 01 47 77 70 00.

La **poste centrale de New York**, au 421 Eighth Ave. (330-2908), occupe le block situé entre Eighth Ave. et Ninth Ave. et 33rd et 32nd St., et dispose d'un service de poste restante. Le courrier doit être envoyé et récupéré sur la Ninth Ave. La poste est ouverte 24h/24. Des mandats postaux sont également disponibles dans certains bureaux. Si vous avez des questions à poser concernant les services, l'adresse des bureaux, ou les horaires, téléphonez au Customer Service Assistance Center (967-8585, ouvert du lundi au vendredi de 8h30 à 17h). Pour une réponse plus rapide à n'importe quel moment, appelez le standard automatique Postal Answer Line (PAL) au 330-4000 qui fonctionne 24h/24. (Informations sur les horaires et adresses des bureaux : 127, courrier par voie de terre : 319, courrier en express : 318, envoi de colis : 317, douanes : 308, services spéciaux : 142. Composez le 328 pour avoir la liste de ces numéros d'accès.)

Si vous souhaitez rester en contact avec des amis et des collègues ou que vous êtes tout simplement accro de l'informatique, le système du courrier électronique ou **E-mail** est une possibilité séduisante. Avec un minimum de connaissances informatiques et un peu d'organisation, vous pouvez envoyer des messages n'importe où dans le monde sans avoir à payer plus qu'une communication téléphonique locale. Si vous n'êtes pas du genre resquilleur, recherchez des bureaux ou des cyber-cafés qui offrent un accès à une installation E-mail pour l'envoi de messages personnels. Consultez le serveur Internet http://www.easynet.co.uk/pages/cafe/ccafe.htm pour obtenir la liste des cyber-cafés dans le monde où vous pouvez boire un verre et utiliser le courrier électronique.

TÉLÉGRAMMES

Parfois, le télégramme est le seul moyen de joindre quelqu'un rapidement (sous 24h le plus souvent). La compagnie Western Union (800-325-6000) délivre des télégrammes à l'étranger et aux Etats-Unis. Les télégrammes vers l'étranger sont généralement plus chers et tarifés au mot. Le coût minimal d'un télégramme livré en main propre le jour même aux Etats-Unis est de 30,90 $ pour 15 mots. Les *mailgrams* (19 $ pour 50 mots) arrivent sous 24 heures, mais avec le courrier ordinaire.

■ Sécurité

Bien que la criminalité ait considérablement diminué, vous devez toujours veiller à votre sécurité lorsque vous visitez New York. En étant vigilant et en respectant certaines précautions, vous reviendrez de votre séjour indemne et plus sûr de vous face aux vicissitudes de la vie urbaine.

À PIED

Le fait d'adopter le comportement typique des New-Yorkais (c'est-à-dire ne pas regarder les gens dans les yeux et éviter d'être trop avenant) constitue la meilleure protection. Les petits délinquants s'en prennent souvent aux touristes car ces derniers semblent naïfs et perdus. Comme partout ailleurs les escrocs à la petite semaine arnaquent les imprudents, les crédules et les personnes qui se déplacent lentement. Faites toujours mine de savoir où vous allez. Sortez votre plan de la ville et votre appareil photo discrètement et ne demandez votre chemin qu'aux policiers et aux propriétaires de magasin. Si vous ne voulez pas passer pour un touriste, à New York ou ailleurs, vous pouvez envisager de recouvrir votre guide Let's Go d'un simple papier craft. Evitez si possible les toilettes publiques, souvent sales et peu sûres. Préférez celles des grands magasins, des hôtels et des restaurants sans tenir compte de l'inscription *"Restrooms for Patron Only"* (toilettes réservées aux consommateurs). Il vous suffit pour pouvoir les utiliser… d'avoir suffisamment l'air d'un client.

Si en dépit de votre attitude confiante, vous avez l'impression d'être suivi, précipitez-vous à l'intérieur de la boutique ou du restaurant le plus proche. Certains magasins de l'East Side, généralement à proximité des écoles, ont dans leur vitrine un panneau jaune et noir marqué *"safe haven"* (endroit sûr). Ce panneau indique que le patron autorise les personnes, en particulier les jeunes qui se sentent menacés, à rester à l'intérieur pendant un long moment ou à appeler la police.

Les artistes du vol s'attaquent autant aux riches qu'aux imprudents. En conséquence, dissimulez vos valeurs. Cachez vos montres, colliers et bracelets sous vos vêtements. Tenez fermement votre sac à main et portez la bandoulière en travers. Si vous ne prenez pas cette précaution, votre sac peut facilement être arraché. De même, un voleur astucieux et habile peu couper la lanière sans que vous vous en aperceviez. Statistiquement parlant, les hommes sont plus souvent agressés que les femmes. Si ce fait n'est rassurant pour personne, il rappelle aux hommes qu'ils sont tout aussi vulnérables.

Les touristes sont des proies particulièrement attirantes car ils ont tendance à transporter de grandes quantités d'argent : convertissez une partie de vos devises en travelers chèques. Ne comptez pas votre argent en public et évitez d'utiliser des

Tout fout le camp !

Les New-Yorkais furent étonnés d'apprendre que d'après les récentes statistiques, la criminalité avait baissé de manière significative pendant trois années successives. Selon les derniers chiffres, le nombre de meurtres a diminué de 45 %, les vols de 31 % et les agressions de 11 %. En ce qui concerne la criminalité dans le métro, on enregistre un chute de 64 % pour les agressions et de 73 % pour les vols ! (Hélas ! cette baisse stupéfiante s'est accompagnée d'une augmentation de 50 % des plaintes mettant en cause la brutalité policière...) Aux dires des policiers, cette baisse est liée à une surveillance accrue et au plus grand nombre d'arrestations. Le maire Rudy Giuliani prétend (tout comme le commissaire de police récemment démis de ses fonctions, William Bratton) qu'il faut voir dans ces résultats le fruit d'une attitude sans concession vis-à-vis de la criminalité. Les sociologues disent qu'il s'agit d'une accalmie au sein de la catégorie très touchée par la crise des 18-24 ans, dans tout le pays. Quelles que soient les raisons, ces résultats signifient qu'habiter ou visiter la ville est devenu plus sûr, bien qu'il faille toujours rester sur ses gardes.

grosses coupures. Beaucoup de New-Yorkais gardent dans une poche un portemonnaie rempli de quelques dollars, qu'ils cèdent en cas d'agression (ils appellent cela *"mugging money"*, argent à voler).

Les rues de New York grouillent d'arnaqueurs. Leurs trucs sont nombreux. Méfiez vous de ceux qui opèrent en groupe. Ayez bien à l'esprit que personne ne gagne jamais au bonneteau (*"three-cards monte"*, le jeu qui consiste à trouver la bonne carte parmi trois). Si quelqu'un renverse du ketchup sur vous, un complice peut en profiter pour dérober votre portefeuille. Ne vous laissez pas apitoyer par les histoires larmoyantes de ceux qui vous réclament de l'argent. Vous n'êtes pas obligé de vous laisser endurcir par la ville mais gardez à tout prix votre scepticisme et votre bon sens.

Soyez attentif au décor : un quartier peut changer radicalement de nature d'un block à l'autre. Le hautain Upper East Side, par exemple, cède la place à un secteur dangereux de Harlem à partir des numéros à trois chiffres, même si de nombreux quartiers peu recommandables possèdent des enclaves plus sûres.

La **nuit**, l'environnement a bien entendu encore plus d'importance. Evitez les zones déshéritées et infestées par la drogue comme le South Bronx, Washington Heights, Harlem, le nord-est de Brooklyn et Alphabet City. West Midtown et la partie basse de East Midtown, deux quartiers commerçants bien fréquentés pendant la journée, peuvent s'avérer déplaisants une fois la nuit tombée. Suivez les artères principales et empruntez les avenues de préférence aux rues. La 5e Avenue et Park Avenue sont les moins risquées du East Side, de même que Central Park Ouest et Broadway dans le West Side.

Central Park, terrain des joueurs de frisbee et des oisifs souriants dans la journée, devient très dangereux après le coucher du soleil. Même si cela représente un détour de plusieurs heures, ne traversez jamais Central Park la nuit et faites-en le tour par le sud (Central Park South) plutôt que par le nord. Si vous fréquentez les bars gay près des quais de West Side le long de l'Hudson, ne vous approchez pas des endroits à l'abandon au bord de l'eau. Bien que ces établissements soient à la mode, l'insécurité règne dans le voisinage. Les bars et les clubs du Village sont davantage conseillés. Les quartiers autour de Time Square et de Penn Station peuvent également être peu sûrs.

EN VOITURE, BUS, MÉTRO ET TAXI

Si vous circulez en voiture, ne laissez à l'intérieur aucun objet de valeur. Les radios sont particulièrement tentantes. En effet, beaucoup de petits truands new-yorkais vivent exclusivement de ce type de larcin. Si votre radio ou votre radiocassette est amovible, cachez-la dans le coffre ou emportez-la avec vous. Dans le cas contraire, dissimulez-la derrière un tas d'objets sans intérêt. De la même façon, cachez les bagages dans le coffre… bien que certains voleurs astucieux soient capables de voir si une voiture est lourdement chargée rien qu'en examinant la façon dont le châssis pèse sur les roues. Garez votre véhicule dans un garage ou dans un endroit bien fréquenté. Il est extrêmement dangereux de dormir dans une voiture ou dans un minibus stationnant en ville. Même les voyageurs les plus soucieux de faire des économies doivent écarter cette solution.

Tard le soir, prenez le bus plutôt que le métro. Ils sont plus sûrs car le chauffeur a une complète visibilité. Le week-end, il est moins risqué de prendre le métro car les lignes principales sont alors bondées. Si une station vous semble vide, restez près du guichet ou repérez un *Guardian Angel*, l'un de ces combattants du crime autoproclamés coiffés d'un béret rouge. Vous pouvez aussi choisir le taxi. Bien que plus cher, il s'agit probablement du moyen de transport le plus sûr pour circuler la nuit.

En taxi, le danger est surtout d'ordre pécuniaire. Ne laissez pas le chauffeur vous promener à travers la ville. Vous ne devez payer qu'à la fin de la course. Les taxis qui modulent le prix en fonction du nombre de passager ou de l'endroit sont en tort. Montez de préférence dans les taxis jaunes munis d'un compteur et d'un médaillon sur le capot plutôt que dans les taxis "gypsy" illégaux qui en général ne sont pas de couleur jaune et n'ont pas de compteur. Le nom du conducteur doit être signalé. En descendant du véhicule, vous pouvez demander un reçu avec le numéro à appeler en cas de plainte ou de perte d'un objet personnel. Indiquez fermement votre destination et suggérez la route la plus rapide si vous la connaissez. Si vous hésitez ou semblez incertain, le conducteur saura qu'il peut dévier sans que vous vous en rendiez compte.

En débarquant du train ou de l'avion, faites attention aux pourvoyeurs de taxis sans licence. A Grand Central ou à Penn Station, des individus peuvent se présenter comme des porteurs, transporter vos bagages, vous appeler un taxi et réclamer ensuite une commission ou une part de la course. Ne tombez pas dans ce piège, les porteurs officiels ne demandent pas d'argent.

VOYAGER SEULE(S)

Quelques conseils de base pour voyager en toute sérénité sans sombrer dans la psychose. N'oubliez pas que la société américaine est en moyenne plutôt plus avancée que la vieille Europe latine en ce qui concerne le statut de la femme. De manière générale, évitez d'avoir trop l'allure d'une touriste et ayez l'air de savoir où vous allez (même si vous n'en avez aucune idée). Pour demander votre chemin, adressez-vous plutôt à une femme ou à un couple. La meilleure façon d'échapper à un harcèlement verbal est souvent de ne pas réagir du tout. Une alliance bien en évidence peut être dissuasive. N'oubliez pas que les YWCA disposent de dortoirs réservés aux femmes. Aux Etats-Unis, l'auto-stop est fortement déconseillé. Enfin, vous trouverez des numéros de téléphones utiles dans Urgences et adresses utiles, p. 53.

DROGUES ILLÉGALES ET MÉDICAMENTS

La possession de marijuana, de cocaïne, d'héroïne, d'ecstasy ou d'opium (entre autres substances) est passible de fortes amendes et d'une peine d'emprisonnement. Ceci n'empêche cependant pas, à New York, le commerce florissant de la drogue. Celui-ci s'exerce au coin des rues, dans les toilettes des clubs et dans les parcs, partout dans la ville et plus particulièrement à Washington Square Park dans le Village et à Lower East Side.

Si vous êtes en possession de **médicaments**, veillez toujours à ce qu'ils soient accompagnés de leur ordonnance, particulièrement à la douane. Si vous êtes arrêté pour drogue sachez que le consulat ne pourra rien pour vous, et qu'il n'y a rien de tel pour vous gâcher vos vacances.

■ Boire et manger

SE NOURRIR

En matière culinaire, le *melting pot* n'est pas un vain mot. En dehors des quelques valeurs sûres, dont l'emblématique *hamburger*, les Américains ont une capacité parfois étonnante à juxtaposer et à digérer les cuisines des quatre coins du monde. Au fil des vagues successives d'immigrants, les différents restaurants "ethniques" se sont multipliés : japonais, juifs, indiens, chinois, grecs, vietnamiens, polonais, libanais, ukrainiens, indonésiens, pakistanais, portugais, italiens, espagnols, éthiopiens, mongols, marocains, mexicains, etc. Dans les quartiers d'immigrants, on trouve des plats authentiques à prix souvent réduits. Au gré des hasards, des voisinages ou des mariages, des associations parfois surprenantes peuvent naître. Un restaurant grec peut proposer ses spécialités de pizza, un autre vanter sa "cuisine sino-espagnole". Se répandant hors des communautés d'origine, les plats évoluent : pizza italo-américaine, *nachos* mexicano-texans, *California rolls* nippo-californiens… Les sushis, le basilic et l'huile d'olive voisinent désormais avec la cuisine américaine classique, plus variée et surtout meilleure qu'on ne le croit souvent.

Cette grande diversité va de pair avec la multiplicité des **formules** et des **prix**. Pour un breakfast, comptez en moyenne de 3 $ à 10 $ suivant la catégorie du restaurant, pour un déjeuner de 5 $ à 15 $ et pour un dîner de 10 $ à 25 $, plus si le cœur vous en dit.

La plupart des **fast-foods** et des restaurants bon marché proposent des formules **take away** ou **take out** (à emporter). Un *take away* à 5-7 $ dans un restaurant chinois ou indien de New York revient moins cher que de préparer soi-même son dîner. Les buffets des **salad bars** ou des **deli** et toutes les formules à volonté "**all you can eat**" sont également intéressants. Dans les restaurants, demandez le plat ou le menu du jour, le *daily special*. Pensez aux **happy hours**, où les boissons à moitié prix s'accompagnent parfois de snacks gratuits. Les *chicken wings* (ailes de poulet panées), *onions rings* (beignets d'oignons frits) et les *nachos* recouverts de salsas et de fromage fondu font partie des classiques. Attention également aux mentions **early birds**, qui indiquent des prix réduits avant les heures classiques de repas. Enfin, n'oubliez pas d'avoir l'œil sur les coupons promotionnels publiés dans les quotidiens locaux et les hebdomadaires gratuits sur les spectacles : un coupon *two for one* vous permet de dîner à deux pour le prix d'un seul repas.

Pour quelques dollars, un copieux **breakfast** américain comprend traditionnellement des œufs qui peuvent être *scrambled* (brouillés), ou *sunny side up* (au plat), éventuellement *over easy* (retourné et cuit légèrement), avec du bacon, du jambon (*ham*) ou des *sausages* (saucisses américaines), des *hash brown* (pommes de terre râpées frites) et des toasts. Fréquemment, vous pouvez choisir le type de pain : *white* (pain de mie ordinaire), *whole wheat* (blé complet), *French* (baguette), *rye* (pain de seigle) ou *multigrain* (plusieurs céréales). Le tout est accompagné de café, généralement servi à volonté. Vous pouvez aussi prendre des *pancakes* (crêpes), des *French toasts* (version américaine du pain perdu), des *English muffins*, ou des *bagels* (petits pains très denses en anneau). Les *bagels* se déclinent également à partir de variétés de pains différents : pain à l'ail, à l'oignon, de seigle… et il existe aussi des chaînes de *bagels*. La plus célèbre est Bruegers, qui appartient à l'ancien champion cycliste Greg Lemond. Grand classique également, les œufs *Benedict* (pochés avec une sauce hollandaise). Ceux qui tiennent à leur ligne (*health conscious*) optent pour les céréales et les fruits. Les plus pressés se contentent d'un café et d'un *muffin* (brioche bourrative avec des fruits confits), d'un *cinnamon roll* (pâtisserie à la cannelle et au sucre), d'un *danish* (viennoiserie avec de la confiture au centre et du nappage autour – et c'est bon !) ou d'un *croissant*, qui peut être *plain* (ordinaire) ou garnis de mille façons.

Le café "américain" que l'on sert dans les restaurants n'a pas grand-chose à voir avec le café français. Il est très léger et mérite parfois son appellation de "jus de chaussettes". Heureusement, depuis quelques années, des chaînes de cafés plus exotiques se sont développées dans les grandes villes. Les plus connus sont Starbucks, Caribou et Coffees of the World. Elles proposent un très large choix d'espresso, de cappuccino, de *lattè* ainsi que des viennoiseries.

Certains restaurants servent des *breakfasts* 24h/24. Le dimanche, et parfois le samedi, à partir de 10h et jusque vers 15h/16h, le **brunch** est un véritable repas, qui débute comme un petit déjeuner pour se terminer comme un déjeuner, avec toutes les variantes possibles.

Le **lunch** est souvent plus léger, tout en restant consistant. Plusieurs formules permettent de bien déjeuner à prix très raisonnable : le *lunch special* d'un restaurant (par exemple *soup & sandwich*), le buffet d'un *deli* (au poids ou à volonté), les stands de fast-food de cuisine américaine, chinoise ou italienne des *food courts* (ou *food fairs*) implantés dans les galeries commerciales, etc. La plupart des grandes villes proposent également l'été des foires de nourriture du monde entier (*international food fair*) où l'on peut goûter des cuisines ethniques aux stands des pays participants. A New York, elle a lieu en mai sur la Ninth Avenue entre la 37th et la 57th St (International Food Festival).

Le soir, si le **dinner** se prend traditionnellement tôt (à partir de 17h) dans les zones les plus rurales, il tend à glisser vers 20h dans les grandes villes comme New York.

Quelques grands classiques se retrouvent fréquemment sur les cartes des restaurants américains. Parmi les **appetizers** (entrées), le *clam chowder* (velouté de palourdes) et la *Caesar's salad* (salade garnie aux croûtons avec une sauce à l'ail) sont des incontournables.

Quelques **entrees** (plats principaux) parmi les plus courantes : les *BBQ ribs* (travers de porc au grill), le *sirloin steak* (faux-filet de bœuf) ou le *T-bone* (entrecôte complète), le *grilled salmon* (saumon grillé). Les pommes de terre, souvent servies en accompagnement, peuvent être *baked* (au four), *mashed* (en purée), *hash brown* (râpées et frites) ou *french fries* (frites).

Les **pâtes** américaines, souvent accompagnées de *garlic bread* (pain à l'ail), sont toujours abondamment garnies : *chicken breast* (blanc de poulet), basilic frais et *sundried tomato* (tomates séchées au soleil), *pesto*, *shrimps & scallops* (petites crevettes et coquilles Saint-Jacques).

Les **hamburgers** (délicieux au bacon, au fromage fondu et aux champignons) sont accompagnés de *French fries* (frites) ou d'une salade, parfois d'un petit pot de *coleslaw* (salade de choux et de carottes) et d'un gros cornichon. Parmi les sandwichs classiques, citons le *BLT* (*bacon, lettuce, tomato*), le *grilled ham & cheese* (le cousin du croque-monsieur), le *club* (superposition de tomates, salade, bacon, etc.) ou encore le *tuna salad* (thon à la mayonnaise).

Lorsque vous prenez une **salade**, vous devez choisir votre *dressing* (assaisonnement) : *blue cheese* (sauce au bleu), *Thousand Island* (sauce orange sucrée assez épaisse), *house* (maison), *French* (sorte de sauce épaisse de couleur orangée), *raspberry* (huile et vinaigre de framboise), *Italian* (vinaigrette un peu sucrée), etc.

Pour les **desserts**, on retrouve toujours quelques incontournables : *Strawberry cheesecake* (gâteau au fromage et aux fraises), *apple crumble* (dessert chaud aux pommes), *brownie* et autres gâteaux au chocolat au nom plus ou moins lyrique. Si vous avez encore faim, il vous reste encore à essayer les *ice creams* ou *sundaes* recouvert de *hot fudge*, les *frozen yogurts*, les *waffles* (gaufres) ou les *doughnuts* (beignets).

Les restaurants américains traditionnels, les **diners**, séduisent nombre d'Européens qui y retrouvent une Amérique de cinéma. Economiques, ils servent de très bons hamburgers. Mieux encore, essayez ceux de la chaîne Johnny Rockets (une douzaine dans tous les Etas-Unis). Dans un décor des années 60, ces restaurant servent les meilleurs burgers pour environ 5 $. Essayez l'Original ou le N° 12, à déguster avec un milkshake à la fraise. Vous ne le regretterez pas. Les **family restaurants**, dont le cadre et la carte varient peu d'un océan à l'autre, servent de la cuisine américaine classique à prix raisonnables. Les **bars** et les **pubs** proposent souvent de bons hamburgers et *fish & chips*. Des restaurants "**ethniques**" bon marché aux grandes tables gastronomiques, en passant par les *sushis bar*, les *mongol's grill* et les restaurants de pâtes, on trouve tous les types de restauration, pour tous les goûts et tous les budgets.

Les **fast-foods** des grandes chaînes sont moins chers qu'en France et ouverts tard, souvent 24h/24. Certains proposent le *drive-in*, à ceux qui ne veulent pas lâcher leur volant. *McDonald's, Burger King* et *Kentucky Fried Chicken* sont bien connus en dehors des Etats-Unis. *Harvey's* fait également dans le hamburger, tout comme *Hardee's* (ce dernier étant plutôt meilleur). *Wendy's* a trouvé le créneau du "fast-food artisanal". *Arby's* propose des formules plus originales et plus chères que les fast-foods ordinaires. *Roy Rogers* s'est imposé sur le concept de la pomme de terre (franchement pas terrible). *Taco Bell* fait dans les tacos mexicains, *Subway* et *Mr Sub*, dans le submarine, long sandwichs d'un pied et plus, *Dairy Queen, Haagen-Dazs* et *Baskin Robbins* dans les glaces, *Dunkin Doughnut* dans les beignets, etc.

Dans une gamme de prix supérieure, des chaînes de restaurants ont également trouvé de bons créneaux. *Pizza Hut* a déjà traversé l'Atlantique. *Red Lobster* a fait du homard sa spécialité. TGIF (Thank's God it's Friday, Dieu merci c'est vendredi), immortalisé dans le film *Cocktail*, propose lui aussi d'excellents hamburgers. *Denny's*, souvent ouvert 24/24h à la sortie des villes, reproduit le concept du *family restaurant* américain.

BARS, PUBS, CLUBS ET CAFÉS

A l'entrée de nombreux bars, pubs, clubs, et discothèques, on vous demandera votre **ID** (pièce d'identité) et une **cover charge** (participation ou prix d'entrée) de l'ordre de 3 $ à 15 $, surtout si un groupe se produit sur scène. Les **bars**, à la différence des **clubs** et des **discos**, n'ont pas de piste de danse. Les **pubs** fonctionnent comme les bars, mais on peut souvent y manger. Ambiance garantie les soirs de match, retransmis sur écrans géants. Les **cafés** ne servent pas d'alcool. Dans les grandes villes, certains cafés sont ouverts plus tard que les bars et les clubs, qui sont détenteurs d'une licence pour l'alcool et doivent respecter des règles strictes. Le *last call* (dernier appel), parfois annoncé par un tintement de cloche, souvent une demi-heure avant la fermeture, annonce qu'il est temps de commander la dernière bière. A New York, la vente d'alcool est interdite après 4h du matin. Certaines boîtes *after hours* sont ouvertes plus tard, sans vente d'alcool.

Si vous prenez un verre, préférez les **bières** *draught, draft* ou *on tap*, servies à la pression. La *lager* est une blonde légère, la *pale ale* est plus ambrée et la *bitter*, brune. Les bières américaines, *domestics* (Budweiser, Coors, etc.) cohabitent avec les *imported* (Heineken et Corona se taillent la part du lion). Servie au *picher* (pichet), la bière est moins chère. L'essor des **microbreweries** est devenu un véritable phénomène : ces "microbrasseries", jumelées parfois avec un bar, produisent de manière artisanale de bonnes bières locales. La réputation de certaines dépassent les frontières de leur Etat, d'autres se cantonnent à un quartier ou à un bar. N'hésitez pas à les goûter.

Les cocktails sont légion : chaque maison a sa spécialité. Les *margaritas* sont populaires un peu partout. A part dans les restaurants plus sophistiqués des grandes villes et en Californie, on boit peu de **vin** aux Etats-Unis, et essentiellement du vin blanc. *Red or white* est souvent le seul critère qui compte. Ceux de Californie peuvent être très bons et sont généralement moins chers que les vins importés.

CIGARETTES ET ALCOOL

Les Américains ont inventé la prohibition. Aujourd'hui encore, le rapport qu'ils entretiennent avec l'**alcool** est tout sauf simple. Le **drinking âge** est l'âge légal minimal pour avoir le droit de consommer de l'alcool, et par extension de pénétrer dans les bars et les discothèques qui en servent. Il est aujourd'hui de **21 ans** dans l'immense majorité des Etats et à New York. Mais certains endroits ne contrôlent pas votre âge, particulièrement dans des secteurs comme Morningside Heights (quartier de Columbia University) et Greenwich Village (quartier de NYU) qui tous les deux répondent à la demande d'une importante population d'étudiants de moins de 21 ans. Les débits de boisson les plus populaires et les boutiques de spiritueux les plus haut de gamme appliquent généralement la loi de façon systématique.

A l'entrée des bars, dès lors que vous paraissez jeune, vous devez produire une **ID** (pièce d'identité) avec photo et date de naissance. Une carte d'étudiant peut suffire, un permis de conduire ou un passeport est parfois exigé. Même dans un restaurant, ne soyez pas surpris si on vous demande votre *ID* lorsque vous commandez une bière.

Il est également interdit de boire de l'alcool dans des endroits publics. D'où cette pratique courante qui consiste à boire une canette de bière enfermée dans un sac en papier. Et surtout, jamais de bouteille d'alcool ouverte dans votre voiture lorsque vous roulez. Ces règles sont appliquées avec plus ou moins de rigueur. New York passe pour beaucoup plus libérale que certains coins plus ruraux.

Encore un paradoxe américain. Alors qu'il est beaucoup plus facile d'acheter des **cigarettes** qu'en France (on en trouve partout, 24h/24, y compris dans les drug-stores), et qu'elles sont moins chères, il est de plus en plus difficile de les fumer. Les lieux publics, les avions, les bureaux, certains hôtels même, sont entièrement non fumeurs. Los Angeles a supprimé les zones fumeurs des restaurants dès juin 93 et New York a suivi peu après, au terme d'un long débat passionné, en adoptant une loi stricte… comprenant de nombreuses dérogations. La chasse aux fumeurs, érigée en cause nationale par les lobbies antitabac (qui se proposaient, pour certains, d'instaurer une véritable prohibition), semble avoir atteint un palier, se heurtant au puissant lobby des compagnies de tabac et à celui des fumeurs eux-mêmes. Au pays des tabacs blonds de Virginie, les fumeurs peuvent toujours s'adonner à leur vice, même s'ils doivent parfois se restreindre. Mais avant d'allumer une cigarette, demandez toujours si cela n'importune pas vos voisins, ou a fortiori vos hôtes.

■ Vie pratique

À NOTER

Climat

Tous les climats sont présents sur cet immense pays qui s'étend sur 25 degrés de latitude. New York, selon ses détracteurs, a le pire de chaque saison : été brûlant et moite, hiver long et glacial. Lors du bref printemps et en automne (sans doute la saison la plus agréable), de soudaines pluies diluviennes, les fameuses "*showers*" (douches), font du parapluie une protection aussi ténue qu'indispensable. Ce climat est de type continental humide. A New York les vagues de froid de l'hiver et la chaleur moite de l'été atteignent parfois des extrêmes.

Températures moyennes à New-York (° C) :

	Max.	Min.
Janvier	3°	-3°
Février	4°	-2°
Mars	9°	1°
Avril	15°	7°
Mai	22°	12°
Juin	26°	17°
Juillet	34°	20°
Août	32°	19°
Septembre	25°	16°
Octobre	19°	10°
Novembre	12°	4°
Décembre	6°	-1°

Fuseau horaire, heure

Le **décalage horaire** entre New York (GMT-5) et Paris (GMT+1) est de **six** heures. Les Etats-Unis sont divisés en quatre fuseaux horaires d'est en ouest : **Eastern** (heure de l'Est, GMT-5), **Central** (heure des Prairies, GMT-6), **Mountain** (heure des Rocheuses, GMT-7), et **Pacific** (heure du Pacifique, GMT-8). L'Alaska, Hawaii et les Iles Aléoutiennes ont leur propre fuseau.

L'heure d'été (**daylight savings time**) a été adoptée presque partout aux Etats-Unis. Entre le dernier dimanche d'avril et le dernier dimanche d'octobre, les montres sont avancées d'une heure.

Aux Etats-Unis, le temps est découpé en tranches de 12 heures. Les heures qui précèdent midi sont appelées **am** (*ante meridiem*), les heures qui suivent midi, **pm** (*post meridiem*). 4 pm correspond à 16h, 2 am à 2h du matin.

Saison touristique

Sur la majeure partie du territoire américain, la saison touristique bat son plein de **Memorial Day** à **Labor Day**, c'est-à-dire du dernier lundi de mai au premier lundi de septembre. Le week-end du Labor Day, dernier long week-end de l'été, l'Amérique entière est sur les routes et les campings, motels ou hôtels affichent très souvent complet. N'oubliez pas les dates des jours fériés américains lorsque vous organisez votre voyage, afin de ne pas vous faire surprendre par des banques fermées ou des hôtels pleins à craquer. Parmi les différents congés scolaires, le Spring Break, au printemps, voit traditionnellement les étudiants envahir les stations touristiques.

Jours fériés américains

New Year's Day (jour de l'an), 1er Janvier ; **Martin Luther King Jr. Birthday** (anniversaire de Martin Luther King), troisième lundi de janvier ; **President's Day** (jour du Président), troisième lundi de février ; **Memorial Day** (jour du souvenir), dernier lundi de mai ; **Independance Day** (fête de l'Indépendance), 4 juillet ; **Labor Day** (fête du travail), premier lundi de septembre ; **Columbus Day** (fête de Christophe Colomb), deuxième lundi d'octobre ; **Thanksgiving** (action de grâce), dernier jeudi de novembre ; **Christmas Day** (Noël), 25 décembre.

Evénements

New Year's Day (1er janvier) : *Rose Bowl* (finale du championnat de football américain universitaire), Pasadena, Californie : à regarder dans un bar, surtout si une équipe de NYC joue.

Chinese New Year (février ou mars selon les années) : à Chinatown.

St Patrick's Day (17 mars) : Grande parade irlandaise sur la Fifth Avenue.

International Food Festival (mai) : Sur la Ninth Ave. entre la 37th et la 57th St.

Summer Stage (juin) : De nombreux concerts à Central Park.

Puerto Rican Day Parade (12 juin) : parade portoricaine sur Fifth Ave.

Gay Pride (28 juin) : Grande parade et festivités gays à New York et à San Francisco.

Independance Day (4 juillet) : Feux d'artifice partout aux Etats-Unis à l'occasion de la fête nationale, et à New York sur l'Hudson River.

U.S. Open (août) : au National Tennis Stadium de Flushing.

Labor Day (premier lundi de septembre) : Evitez les zones touristiques, souvent saturées ce week-end.

Halloween (31 octobre) : Grande parade costumée dans Greenwich Village, sur Sixth Ave. de Spring St. à 23rd St.

New York City Marathon (1er lundi de novembre) : Il débute sur le pont de Verrezano et s'achève à Central Park.

Thanksgiving (dernier jeudi de novembre) : Grande parade des magasins Macy's, New York. Repas de famille autour de la traditionnelle dinde dans tout le pays.

New Year's Eve (31 décembre) : Minuit à Times Square, New York.

Courant électrique

Les **prises électriques** américaines fournissent un courant de 117 volts. En outre, les **fiches électriques** sont plates. Les appareils conçus uniquement pour fonctionner en Europe sur 220 volts ne peuvent donc pas être utilisés à moins de leur adjoindre un **transformateur de courant** et un **adaptateur de prise**. Les transformateurs sont classés en fonction de leur puissance (par exemple, les transformateurs de 0 à 50 watts sont adaptés aux rasoirs électriques ou aux transistors).

Taxes

Les prix affichés sont presque toujours hors taxe, y compris sur les cartes des restaurants. La taxe de vente (*sales tax*) est l'équivalent de la TVA. Elle varie entre 4 et 10 % suivant les Etats et les produits. Dans la plupart des Etats, la taxe ne s'applique pas aux produits alimentaires. A **New York** la taxe locale est de 8,25 %. Elle est de 14,25 % sur le prix des chambres d'hôtel.

Pourboire

Dans les restaurants et les bars américains, le service n'est jamais compris. Il est de règle d'ajouter au moins 15 % du montant total hors taxes. Le pourboire (*tip*) est un rituel incontournable, emblématique de la valeur attachée par les Américains au travail, à l'argent, et au client. Pour un repas de 20 $, un pourboire normal représente au moins 3 $. Si vous payez avec votre Visa, n'oubliez pas de remplir la case *tip* sur la facturette.

POIDS, MESURES ET TAILLES

Bien que le système métrique commence à être bien implanté dans certains secteurs professionnels, le système impérial britannique est encore largement utilisé aux Etats-Unis. Voici la liste de quelques unités de mesures anglaises et de leurs équivalents métriques ainsi que les équivalences de taille pour vos achats.

Longueurs

1 inch (in.) = 25 millimètres
1 foot (ft.) = 0,30 mètre
1 yard (yd.) = 0,92 mètre
1 mile (mi.) = 1,61 kilomètre

Poids

1 once (oz., masse) = 25 grammes
1 pound (lb.) = 0,45 kilogramme

Volumes

1 once liquide (fl. oz. ; volume) = 29,6 millilitres
1 liquid quart (qt.) = 0,94 litre
1 U.S. gallon = 3,78 litres

Aux Etats-Unis, on utilise les degrés Fahrenheit pour mesurer la température au lieu des degrés Celsius. Pour convertir les Fahrenheit en Celsius, il faut soustraire 32, multiplier par 5 et diviser par 9. 100 degrés Fahrenheit correspondent à la température du corps humain (avec une très légère fièvre), zéro Fahrenheit à -18° C, et 80° F à la température très agréable de 26° C. Une autre méthode consiste à soustraire 32, diviser par 2 et ajouter 10 %. Cette dernière à le mérite d'être faisable de tête. Pour vous aidez, voici une table d'équivalence simplifiée.

° C	35	30	25	20	15	10	5	0	-5	-10
° F	95	86	75	68	59	50	41	32	23	14

Pour vous aider dans vos **achats** de jeans, de boots ou tout simplement pour trouver des habits à prix raisonnables, Let's Go vous donne quelques tables de conversion des **tailles américaines**.

Femmes
Jupes et robes

France	34	36	38	40	42	44	46
USA	4	8	10	12	14	16	18

Vestes

France	36	38	40	42	44	46	48	50
USA	6	10	12	14	16	18	20	22

Chaussures

France	$36^{1/2}$	37	$37^{1/2}$	$38^{1/2}$	39	$39^{1/2}$	$40^{1/2}$
USA	$5^{1/2}$	6	$6^{1/2}$	7	$7^{1/2}$	8	$8^{1/2}$

Tailles hommes
Vestes

France	44	46	48	50	52	54	56
USA	36	36/38	40	40	42	42/44	44

Pantalons

France	44	46	48	50	52	54	56
USA	34	36	38	40	40/42	42	44

Chaussures

France	40	41	42	43	44	45
USA	8	$8^{1/2}$	$9^{1/2}$	$10^{1/2}$	11	$11^{1/2}$

Introduction à New York

"J'te dis mon vieux, moi j'fous le camp à New York... Pas plus tôt à l'ancre, j'vais à terre. J'en ai plein le dos de cette chienne de vie !"
John Dos Passos, *Manhattan Transfer*

Attention, New York City ! Lisez bien ce qui va suivre avant de vous lancer ou de vous relancer à la conquête de la reine des mégalopoles. New York est une ville qui n'a pas peur des superlatifs et le premier qui vient à l'esprit en débarquant de l'un de ses trois aéroports renvoie à la folie : les hommes les plus géniaux, les plus délirants ou les plus extravagants ont habité ici. Résultat, New York cultive aujourd'hui les records qui en font une capitale à l'échelle planétaire à défaut d'être celle des Etats-Unis. Capitale financière et économique du monde occidental (elle détient dans ses coffres plus du quart des réserves d'or de la planète), New York a vu naître les plus hauts et quelques-uns des plus beaux gratte-ciel du monde et possède la palette la plus riche de styles architecturaux de l'histoire du Nouveau Monde. Au centre de la mégalopole de la côte nord-est, New York est la ville la plus densément peuplée des Etats-Unis. 18 millions de personnes vivent dans la région métropolitaine de New York, 7,4 millions dans ses cinq *boroughs* et 1,5 million à Manhattan sur 55 km^2 (soit la moitié de la surface de Paris intra-muros). Comment ne pas apprécier non plus cette formidable vitrine culturelle et cosmopolite que constitue New York pour les Etats-Unis. Manhattan est une référence incontestée pour le jazz et le music hall, pour ses musées et ses galeries, pour ses écoles de musique et de danse et plus généralement pour son incroyable créativité qui a mis tant de fois le monde artistique de la planète en ébullition.

Unique et ambitieuse, certes, mais New York est en même temps une des villes les plus abordables qui soit. Chassez toute appréhension et ne cherchez pas à vous préserver de la folie de New York, elle vous séduira irrésistiblement. Si vous voulez réussir votre séjour, il vous faut vivre New York de l'intérieur, avec et comme les New-Yorkais.

■ Histoire

A l'origine de New York, il y a d'abord un site unique à l'embouchure de la rivière Hudson : Upper New York Bay (la fameuse baie de New York). Avant de se jeter dans l'Atlantique, l'Hudson se divise en deux bras autour de Manhattan. A l'est, l'East River sépare l'île de Manhattan du continent avant de baigner les contours de la pointe nord-ouest de Long Island, à l'ouest le bras principal se jette directement dans la baie de New York. La baie est fermée par l'île de Staten Island et la partie occidentale de Long Island qui semble comme amarrée au continent américain au niveau de Manhattan. Les trois îles encerclent une rade considérée comme une des plus vastes et des plus sûres du monde et qui va rapidement devenir le principal port de la côte Est des Etats-Unis. Le deuxième atout du site est d'être au débouché de la vallée de l'Hudson. La rivière prend sa source à 500 km au nord, dans les monts Adirondacks, et offre une voie de pénétration vers l'intérieur des terres, qui fut très tôt utilisée et canalisée. La baie de New York devint ainsi naturellement le principal port de la riche région des Grands Lacs.

La question de savoir qui, le premier, a découvert le continent américain n'est pas encore totalement tranchée (les enjeux identitaires sont d'ailleurs beaucoup plus importants qu'il n'y paraît). Nous nous cantonnerons donc à la version officielle et communément admise. Les bateaux et l'expédition européenne qui pénètrent les premiers en 1524 dans la fameuse baie sont affrétés par le roi de France François Ier, et sont emmenés par le Florentin Giovanni da Verrazzano, qui, comme tous ses concurrents de la même époque, cherche la route des Indes. En bon marin,

Verrazzano reconnaît l'aspect exceptionnel du site, fait le tour de l'endroit puis rentre bien vite rendre compte de sa mission à son commanditaire : c'est un échec, on ne peut pas passer par là. Les Algonquins de Manhattan devront attendre près de 80 ans pour recevoir à nouveau la visite des visages pâles en la personne de Henry Hudson. Ce capitaine anglais navigue en fait pour le compte de la Compagnie néerlandaise des Indes orientales et c'est donc au nom des Provinces-Unies (l'ancêtre des Pays-Bas) qu'en 1609 il "découvre", prend possession et explore la vallée de la rivière qui porte aujourd'hui son nom. Le problème des commanditaires n'est plus alors de découvrir le passage du nord-ouest vers l'Inde, mais de s'assurer une suprématie économique (implantation de comptoirs de commerce et de relais) et politico-sociale ; il faut trouver des terres viables pour accueillir les différentes communautés religieuses protestantes qui cherchent une terre promise. Pour les autorités, ces nouvelles terres vont rapidement devenir un moyen de se débarrasser des trouble-fête religieux et culturels. Les nations européennes s'apprêtent par ailleurs à connaître, durant le siècle suivant, une explosion démographique.

La colonie prend le nom de Nouvelle Hollande et un comptoir est fondé en 1625 à la pointe sud de Manhattan : Nieuw Amsterdam, la Nouvelle Amsterdam (Boston est créée en 1630 et Montréal en 1642). L'année suivante, le premier gouverneur de la colonie, Peter Minuit, achète l'ensemble de Manhattan à un chef indien qui occupait l'île sans titre de propriété. Coût global de l'opération immobilière : 60 florins, soit l'équivalent de 24 $. A cette époque, le village ne compte pas plus de 200 âmes dont une forte proportion de familles protestantes d'origine française. La seconde génération d'immigrants est surtout allemande, britannique et nordique. La population dépasse le millier d'habitants au milieu du XVIIᵉ siècle. La compétition acharnée, maritime et commerciale, qui oppose alors l'Angleterre aux Provinces-Unies se répercute dans les colonies américaines et se transforme en guerre ouverte à partir de 1652. Par deux fois, en 1664 et en 1673, la petite colonie européenne change de mains et de nom sans grande résistance. Il faut dire que le dernier gouverneur de la Nouvelle Amsterdam, le calviniste Peter Stuyvesant, surnommé "Peter la jambe de bois", s'était rendu relativement impopulaire. Nommé en 1647 par la Compagnie néerlandaise des Indes orientales pour remettre un peu d'ordre dans la colonie, il instaure des lois rigides sur ce territoire jusqu'alors dépourvu de véritable organisation. Il fait tuer les porcs errants qui se prélassent sur les places, ferme les tavernes et punit les quakers à coups de fouet (même ceux qui n'allaient pas à la taverne le dimanche). Curieusement, ce personnage, si contesté de son vivant, est pratiquement devenu un héros du folklore new-yorkais. Plusieurs écoles et des commerces de New York portent aujourd'hui son nom.

Finalement, les Hollandais choisissent le Surinam et l'Insulinde (principalement constituée de l'Indonésie actuelle) et laissent la Nouvelle Amsterdam aux Anglais (traité de Breda en 1667 et traité de Westminster en 1674). Le roi Charles II cède le territoire tout juste acquis au duc d'York, qui le rebaptise en son nom, New York. Si le néerlandais perd son statut de langue officielle, il faudra attendre plusieurs dizaines d'années avant que l'anglais ne s'impose définitivement face aux autres langues en usage, grâce surtout à la forte immigration britannique dont bénéficie New York.

En quelques années, la nouvelle colonie anglaise de New York prend rapidement son essor et rattrape en importance ses rivales de Boston et de Philadelphie. La richesse et la fertilité de la terre rendent, dit-on, l'intervention des agriculteurs presque inutile. Un colon raconte : "Ici, les pigeons sauvages sont aussi gros que les éperviers en Hollande et les enfants, comme les cochons, prolifèrent rapidement." New York profite alors pleinement d'une relative autonomie en matière de commerce et d'organisation administrative interne. Le début du XVIIIᵉ siècle voit ses activités se diversifier et le port se spécialise dans l'exportation de farine. En 1754, la fondation du King's College (actuelle université de Columbia) accroît son indépendance en matière d'enseignement supérieur. Dans les années 1760, New York approche les 20 000 habitants et devient l'un des principaux ports de la côte américaine. Avant tout soucieux de prospérité économique, il semble que les New-Yorkais soient restés plutôt indifférents face aux premières bouffées révolutionnaires. Pourtant, en 1765, les marchands new-yorkais protestent violemment au moment de l'augmentation des différentes taxes et notamment lorsque les autorités britanniques instaurent un droit de timbre, le "Stamp Act". Ces nouveaux impôts doivent servir, entre autres, à réapprovisionner les caisses de la Couronne, vidées par la guerre très coûteuse qui vient d'opposer l'Angleterre et la France en Europe et en Amérique (à l'issue de laquelle Louis XV perdit le contrôle du Canada et de la rive orientale du Mississippi). Lorsque finalement le Premier ministre William Pitt abroge la nouvelle loi sur les taxes, les habitants de New York érigent une statue en son honneur, alors que Londres refuse toujours que les colonies du Nouveau Monde soient représentées au Parlement de Westminster.

Dès le début de la guerre d'Indépendance, en 1776, l'île de Manhattan est prise par les tuniques rouges (les Anglais) et la ville de New York devient le bastion des loyalistes à la Couronne jusqu'à la fin des hostilités en 1783 (traité de Paris par lequel l'Angleterre reconnaît l'indépendance des treize colonies américaines). New York souffre beaucoup de cette guerre. En 1776, un incendie ravage un quartier de la ville et on note une fâcheuse tendance des navires à quai à exploser sans raison apparente. George Washington investit New York en 1783 après la fin du conflit et en fait la capitale des Etats-Unis jusqu'en 1790. Mais la ville ne conserve pas longtemps ses différents rôles administratifs (Albany devient la capitale de l'Etat de New York en 1797), ce qui lui permet de se concentrer sur le développement de son économie et de son commerce, avec un succès fulgurant en l'espace d'un siècle.

En 1783, le départ des Britanniques défaits est perçu comme un soulagement par une majeure partie de la population ; 6 000 tories loyalistes (environ un tiers de la population) quittent New York pour suivre les soldats anglais jusqu'en Nouvelle-Ecosse. Réduite à l'état de décombres, New York se lance vaillamment dans l'effort de reconstruction. "Les progrès de la ville dépassent, comme à l'ordinaire, toutes les prévisions", écrit un citoyen ravi. New York se dote d'une banque et une Bourse des valeurs informelle se met en place autour de Wall Street (en 1792, les premiers brokers se réunissent autour d'un arbre pour négocier les bons du Trésor émis par l'Etat fédéral). En 1817 est fondée la New York Stock Exchange. Deux événements majeurs vont propulser New York au premier rang des ports américains. En 1818 est créée la première ligne régulière entre Liverpool et New York et, petit à petit, le port monopolise le transport des passagers entre l'Europe et l'Amérique. Il devient ainsi le point de passage obligé de l'immigration. Quelques années plus tard est inauguré le canal Erié qui relie la rivière Hudson à la région des Grands Lacs et aux riches plaines du Middlewest. Le port suit la croissance de la ville et s'étend rapidement sur tout le pourtour de la baie. Ce développement exceptionnel est couronné en 1853 par l'organisation, dans un Crystal Palace tout neuf, de la première Exposition universelle du Nouveau Monde.

Pour éviter une croissance urbaine anarchique, le Randel Plan de 1811 simplifie l'organisation des rues en imposant le système de quadrillage de Manhattan. Les nouveaux blocks sont progressivement occupés par la bourgeoisie et par les marchands, qui construisent des hôtels particuliers le long des nouvelles artères mais aussi des ensembles de logements pour accueillir le nombre croissant d'immigrants en provenance d'Europe centrale et du Nord. L'administration et les services demeurent néanmoins inadaptés à la croissance démographique. En l'espace de 50 ans, la population de New York passe de 100 000 habitants à 600 000 habitants (en 1850). Mais on y voit encore des cochons, des chiens et des poules déambuler sur la voie publique. Les incendies et les émeutes sont très fréquents et rendent la ville peu sûre. L'alimentation en eau potable est problématique et Manhattan connaît même une épidémie de choléra après la guerre de Sécession. Pour ne rien arranger, la ville est gangrenée par la corruption. Le meilleur exemple en est donné par le groupe politique de Tammany Hall. Cette organisation politique et sociale, qui avait longtemps aidé à l'intégration de la forte immigration irlandaise pendant les années 1840 et 1850, est transformée en une machinerie politique très efficace et ouvertement corrompue par William M. Tweed, dit "Boss Tweed", qui l'utilise pour mettre la main sur l'administration de la ville en toute impunité (il ne sera arrêté qu'en 1875). "Le New-Yorkais appartient à une communauté dirigée par une engeance plus vile et plus abjecte que n'importe quelle autre ville de la chrétienté occidentale", se lamente George Templeton Strong, éternel contestataire.

Cité affairée, dont la population en majorité immigrée est en constant renouvellement (certains quartiers de Manhattan sont alors comparés à des oignons dont les couches de populations d'origines différentes se superposent parfois en l'espace d'à peine une génération), New York semble bien éloignée des querelles entre le nord et le sud de la nation américaine (l'esclavage a été aboli dans l'Etat de New York en 1827). En 1860, le *New York Times* écrit qu'Abraham Lincoln est un "avocat un peu connu dans l'Illinois". Par ailleurs, New York la commerçante craint beaucoup les conséquences d'une guerre civile. Des révoltes contre la conscription (*Draft Riots*) éclatent même au début de la guerre de Sécession ; elles sont très violemment réprimées, faisant presque un millier de victimes. L'attaque de Fort Sumter en Caroline du Sud rallie finalement New York au camp nordiste.

A l'issue de la guerre, New York entre dans un demi-siècle de prospérité et de croissance. Les autorités tentent d'éviter un développement chaotique de la ville et la modernisation est à l'ordre du jour. En 1856, les instances municipales se laissent convaincre de la nécessité pour la ville de posséder un grand parc qui puisse rivaliser avec ceux de Londres ou de Paris. Il faudra près de vingt ans aux architectes paysagistes lauréats du concours lancé par la ville, Frederick Law Olmsted et Calvert Vaux, pour réaliser Central Park. En 1870 est fondé le Metropolitan Museum of Art et Bloomingdale's ouvre ses vénérables portes en 1872. Le premier gratte-ciel, le Flatiron Building, est terminé en 1902 : la ville n'en finit pas de s'étendre, aussi bien à l'horizontale qu'à la verticale. "Ce sera un superbe endroit s'ils réussissent un jour à le terminer", raille déjà le nouvelliste O. Henry au début du siècle.

L'histoire de New York dans la première moitié du XXe siècle est en effet celle d'une succession de projets et de chantiers. La plus grande ville du monde n'en finit pas d'enchaîner les problèmes sociaux et financiers dont elle semble à chaque fois se sortir miraculeusement.

Pendant plus de trente ans, New York est le théâtre d'une véritable guerre de constructions de gratte-ciel et de buildings de prestige. Depuis l'inauguration de la Statue de la Liberté en 1886, un moment le plus haut édifice de New York, et l'apparition chez les architectes du mouvement esthétique "City Beautiful", les initiatives tant privées que publiques se multiplient. C'est à qui offrira le plus beau cadeau architectural à la ville. Cette surenchère symbolise parfaitement la montée en puissance de l'Amérique face à la vieille Europe qui se suicide à petit feu dans la Première Guerre mondiale. L'achèvement en 1913 du Woolworth Building et du Municipal Building en 1914 marque l'aboutissement de cette première période de construction effrénée. L'urbanisme sauvage qui accompagne cette course au gigantisme rend d'ailleurs nécessaire l'imposition de certaines règles, qui vont par la suite considérablement influencer les choix esthétiques des nouveaux gratte-ciel. En 1916, les Zoning Laws obligent les architectes à respecter une proportion stricte entre la hauteur des bâtiments, leur volume et la surface au sol. Mais, dans l'euphorie et la prospérité des années 20, la compétition des grands noms de l'industrie américaine pour posséder le plus haut gratte-ciel du monde fait rage. Le Chrysler Building paraît gagner la partie en 1930, mais il est supplanté l'année suivante par l'Empire State Building, commandité par General Motors (Empire State est l'un des surnoms de l'Etat de New York), et qui restera le plus haut gratte-ciel du monde jusqu'à la construction des Twin Towers en 1973.

Si la fuite vers le haut semble marquer le pas dans les années 30, le chantier de New York ne s'arrête pas pour autant. Avec l'inauguration en 1940 des premiers bâtiments de l'immense Rockefeller Center, on entre dans une troisième période de l'urbanisme new-yorkais. Les projets architecturaux s'intègrent à la ville tant par les activités accueillies que par les choix esthétiques de leurs concepteurs. Le siège de l'ONU (1952), le Lincoln Center (1964) et, plus récemment, le World Trade Center (achevé en 1977) et le World Financial Center (1985) appartiennent à cette tendance.

Les bouquets de gratte-ciel et les superbes *skylines* de New York ne sont en fait que la partie émergée de l'iceberg. La rapidité avec laquelle est apparue cette formidable concentration urbaine (en 150 ans, la population de Big Apple est passée de 60 000 à pratiquement 8 000 000) a entraîné des problèmes d'infrastructures inconnus jusqu'alors. Les services publics doivent souvent être créés de toutes pièces. Le FDNY (les pompiers de New York) est fondé en 1865 pour remplacer des compagnies privées de volontaires dont la concurrence acharnée s'avérait finalement désastreuse. De même, la police de New York ne sera obligée de porter l'uniforme qu'à la fin du XIXe siècle. Cela étant, la jeunesse de la ville possède aussi des avantages, lorsqu'il faut par exemple installer les réseaux de téléphone (1878) ou d'électricité (la première centrale électrique alimente le sud de New York en 1881).

L'évolution la plus caractéristique concerne les transports. Très tôt, l'île de Manhattan est confrontée aux problèmes de l'engorgement de son centre et, avec l'extension de la ville vers le nord, les distances à parcourir sont de plus en plus longues. La situation de New York, sur une île toute en longueur et en bordure de mer, ne permet pas un développement urbain homogène autour du centre. Si le système des rues rectilignes facilite le transport des marchandises d'une rive à l'autre, la population, quant à elle, loge de plus en plus loin des centres d'activités de New York. La mise en place de transports en commun s'impose donc d'elle-même, ne serait-ce que pour traverser la rivière (des bacs et des ferries existent déjà depuis le XVIIIe siècle).

Dans les années 1830, ce sont des initiatives privées qui sont à l'origine des premières voitures omnibus (pour tous) à New York, qui seront plus tard remplacées par les *streetcars* (sorte de tramways tirés par des chevaux). Vu le rôle essentiel joué par l'épopée du chemin de fer aux Etats-Unis, il n'est guère étonnant de le voir apparaître à l'intérieur de la ville dès 1860, sous forme d'un train urbain circulant sur des rails surélevés au-dessus des principaux axes. Les New-Yorkais lui donnent aussitôt le surnom de "el" pour *elevated train*. Bruyant et polluant (surtout dans les quartiers chics autour de la 5th Ave. !), le "el" perturbe aussi considérablement le transport en surface. La première ligne de métro (underground) est donc inaugurée en 1904. En 1910 et en 1913 sont ouvertes les gares de Pennsylvania et de Grand Central Station qui vont jouer un rôle de plus en plus important au moment où la ville s'étend à l'extérieur de l'île de Manhattan. Depuis 1898 en effet, les *boroughs* de Brooklyn, de Staten Island, du Bronx et du Queens sont rattachés à New York qui devient ainsi la plus grande ville du monde avec 3,5 millions d'habitants. Le plus peuplé de ces nouveaux quartiers est Brooklyn, relié en 1883 à Manhattan par un superbe pont qui constitue aujourd'hui encore un des plus beaux monuments de la ville. L'apparition de l'automobile va entraîner la multiplication de ponts et de tunnels pour désengorger les transports entre les *boroughs* et le centre. Le dernier en date est le majestueux Verrazzano-Narrows Bridge, inauguré en 1964, qui relie Brooklyn et Staten Island (le plus long des Etats-Unis, 2 km).

L'histoire de New York au XXe siècle est aussi marquée par une succession de problèmes financiers et sociaux liés à la croissance exponentielle de la cité. A la fin du XIXe siècle, la publication du livre de Jacob A. Riis sur la misère de certains quartiers marque considérablement les esprits. A partir de 1877, cet immigrant danois consacre 22 années de sa vie à photographier sous tous les angles "le foyer immonde des taudis de New York", des lieux qui portent les noms de Bandit's Roost (repaire des voleurs) ou de Bottle Alley (allée de la bouteille). Il rassemble ses photos et ses reportages dans un ouvrage intitulé *How the Other Half Lives* (comment vit l'autre moitié), qui paraît en 1890. Suit en 1902 la *Bataille des taudis* qui rend compte des progrès accomplis en 12 ans. Au tournant du siècle, la ville prend en effet conscience du rôle social que lui imposent les arrivées massives d'immigrants. Les programmes de construction de logements, d'éducation, d'hygiène et de santé (et dans les années 30 de lutte contre le chômage) se succèdent mais alourdissent dans le même temps les finances de la cité. Le très charismatique Fiorello LaGuardia, maire de New York entre 1933 et 1945, consacre une grande partie de sa magistrature à trouver des solutions pour soulager la misère qui accompagne la grande dépression (notamment en incitant le gouvernement central à multiplier les aides financières). Les grands chantiers (construction de ponts ou du grand complexe du Rockefeller Center) et surtout la prospérité qui suit la Seconde Guerre mondiale vont considérablement aider la ville à entretenir ses ambitieux programmes sociaux. Alors même que le pays et le reste du monde célèbrent New York comme la capitale du XXᵉ siècle (en 1952, les Nations unies s'installent à Manhattan), des fissures commencent déjà à apparaître dans les fondations de la ville. Dans les années 60, la crise des transports publics, de l'éducation, et du logement exacerbe les tensions raciales et alimente la criminalité. Pendant dix ans, l'administration locale continue à augmenter les impôts pour financer davantage de services, mais cela a pour effet de chasser la classe moyenne et les entreprises hors de la ville. Tandis qu'une série de récessions et de crises budgétaires submergent le gouvernement, les critiques ne manquent pas de dénoncer "l'inactivité affairée" du maire Robert Wagner. Dans le même temps, les charges sociales créées par l'afflux massif d'une nouvelle immigration très pauvre, venue des Caraïbes et du sud des Etats-Unis, provoquent la plus grave crise financière de l'histoire de la ville. En 1975, la municipalité demande en vain au gouvernement fédéral de la sauver de la banqueroute. Le *Daily News* titre ainsi "Réponse de Ford à New York : Va te faire voir !"

Felix Rohatyn saura être le médecin à la hauteur de son malade et Big Apple est une nouvelle fois sauvée de la faillite. A la tête d'un consortium de banque, l'homme d'affaires réussit le tour de force de remettre de l'ordre dans le budget. Il impose à la ville une politique d'austérité qui limite de façon drastique les aides sociales, entraînant par là même une augmentation de la misère dans certains quartiers. Une campagne massive de publicité, "I love New York", va néanmoins redonner de l'enthousiasme à la population, au début des années 70. Les grandes industries, qui avaient quitté le centre pour s'implanter au sud et à l'ouest de l'agglomération, sont remplacées par l'argent neuf de la haute finance et de la technologie informatique, deux secteurs qui contribuent à la croissance sous l'ère Reagan. Dans les années 80, la ville semble recouvrer une part de sa vitalité perdue. Wall Street redevient même à la mode et génère des profits quasi indécents. La fin des années 80 voit aussi apparaître le phénomène du crack et l'augmentation de la violence qui l'accompagne, sur fond de scandale et de corruption de l'équipe du maire Ed Koch. En 1989, David Dinkins, le premier maire noir de New York, est élu.

Lorsque le faste des années 80 cède la place à la récession des années 90, les dysfonctionnements de la ville refont surface avec toute leur acuité. Et pourtant, New York semble une fois de plus aujourd'hui sur la voie de la guérison. Le maintien de l'ordre au sein des communautés et les mesures musclées du maire Rudy Giuliani (élu en 1993) ont provoqué une remarquable chute de la criminalité. Les zones autrefois mal famées comme Times Square, sans parler du métro, sont désormais fréquentables. Habituée aux retours en force, l'histoire de New York n'en est pas à un rebondissement près. Le discours inaugural de l'ancien maire Ed Koch rappelle aux New-Yorkais la chance extraordinaire qu'ils ont de pouvoir vivre encore aujourd'hui dans cette mégalopole unique : "New York n'est pas un problème, c'est un coup de génie."

■ New York ethnique

"Pour l'Europe elle représentait l'Amérique, pour l'Amérique elle était la porte d'accès à la terre entière. Mais raconter l'histoire de New York voudrait dire écrire l'histoire sociale du monde."

H.G. Wells

En 1643, le missionnaire jésuite Isaac Jogues faisait dans ses écrits une description animée de la vie qui régnait au fort de New Amsterdam. A cette date, le village comptoir rassemblait des artisans, des soldats, des trappeurs, des marins et, déjà, quelques esclaves noirs. Ce premier melting pot ne comptait que 500 individus mais près de dix-huit langues étaient parlées au sein de cette population disparate.

Les New-Yorkais ont toujours revendiqué la diversité de leurs origines. Les premières familles noires s'installèrent (ou furent installées) dans l'actuel SoHo en 1644. Le phénomène des communautés ethniques naît surtout avec le début des arrivées massives d'immigrants européens au XIXᵉ siècle. Les Nordiques, les Allemands, et surtout les Irlandais viennent grossir une population jusqu'alors composée essentiellement de Britanniques et de Hollandais. Entre 1840 et 1860, les nouveaux arrivants commencent à se regrouper dans certains quartiers de la ville. En 1855, les immigrés d'origine européenne constituent environ la moitié des habitants de la ville.

Après la guerre de Sécession, l'afflux massif des immigrants reprend dans une proportion sans cesse croissante pour culminer en 1907 avec l'arrivée à New York d'un million de personnes. Si les populations germaniques s'intègrent relativement rapidement, on assiste, avec l'arrivée des Irlandais qui fuient la grande famine des années 1850, à la création d'une véritable communauté homogène et solidaire. Les circonstances dramatiques et brutales de leur émigration d'Irlande, alliées à une forte identité culturelle et sociale marquée par le catholicisme, les incitent à entretenir des relations d'entraide très étroites et à s'intéresser très tôt aux affaires publiques de la cité. Ce phénomène ira en s'amplifiant avec l'arrivée à la fin du XIXᵉ siècle de populations d'origines culturelles de plus en plus éloignées du creuset WASP (blanc, anglo-saxon et protestant) d'origine : les Italiens, les Polonais, les Lituaniens, les Juifs d'Europe centrale ou les Grecs.

Chaque nouvelle vague d'immigrants ne fait qu'accroître la plupart du temps la misère de la population déjà en place. Souvent entassés dans d'immenses quartiers de taudis, les nouveaux venus travaillent de longues heures dans des conditions détestables et dangereuses pour des salaires dérisoires. Il faut attendre le Triangle Shirtwaist Fire de 1911, un incendie dans lequel périssent 146 ouvrières, pour que l'indignation populaire oblige les pouvoirs publics à réglementer de façon plus stricte les conditions de travail. Dans le même temps, des solidarités privées se mettent en place, pour le meilleur et pour le pire. Ainsi, les "ward bosses" de Tamany Hall se chargent des nouveaux venus désemparés, les aident à trouver du travail et des logements et prévoient même un fonds d'urgence en cas de maladie ou d'accident. Mais l'objectif de ces groupes est souvent politique ; ces faveurs sont monnayées contre des bulletins de vote lors des élections. Plus tard, dans les années 20, les Etats-Unis limitent l'immigration et impose un système de quotas en fonction du pays d'origine afin de mieux maîtriser la composition de la population. La politique des quotas doit néanmoins s'accommoder du flux des populations fuyant les dictatures nazies et la guerre dans les années 30 et 40.

Aujourd'hui, le résultat est un melting pot (creuset) de presque huit millions de personnes parlant 80 langues différentes. Les Italiens de New York dépassent en nombre la population de Rome, les Irlandais celle de Dublin et les Juifs celle de Jérusalem. Les Asiatiques et les Caribéens forment la majeure partie des nouveaux arrivants. Aujourd'hui, la communauté blanche non hispanique de New York est devenue minoritaire pour la première fois dans l'histoire de la ville. D'autre part, le vaste mélange des cultures n'a pas conduit à un ensemble homogène et harmonieux. Les particularismes ethniques sont responsables de querelles qui remontent parfois aux XVIIᵉ et XVIIIᵉ siècles. Petit à petit, les communautés se sont installées dans de vastes quartiers de New York (les Noirs s'installent massivement à Harlem à partir de 1910), tandis que les classes moyennes blanches désertent la ville pour gagner les banlieues. Les classes aisées, de leur côté, se déplacent vers le nord et l'est de Manhattan. Dans les années 60, les Noirs américains se sont révoltés contre les injustices dont ils étaient victimes. Ils provoquent des émeutes et des pillages dans le Bronx et dans Harlem (1964). Malcolm X est assassiné en plein cœur de Harlem en 1965. A la fin des années 80, la multiplication des crimes racistes dans les quartiers de Bensonhurst, de Howard Beach et des Crown Heights fait entrevoir le terrible danger potentiel que peuvent représenter des tensions exacerbées entre les minorités.

Pourtant, New York continue de symboliser la promesse d'un paradis sûr pour des milliers d'immigrants et la ville conserve encore aujourd'hui la réputation d'être celle où l'intégration des nouveaux arrivants se fait le plus rapidement. Mais, aujourd'hui, les spécialistes adoptent plus souvent le terme de multiculturalisme que celui de melting pot pour qualifier cette intégration.

■ New York dans la vie politique américaine

En dépit de son flirt avec le parti des loyalistes pendant la guerre d'Indépendance, New York joue un rôle prépondérant dans la vie politique américaine dès la fin du XVIIIe siècle. Les Etats-Unis doivent une grande partie de leur système fiscal centralisé (ou fédéral) aux idées novatrices d'un New-Yorkais, le premier secrétaire d'Etat aux Finances Alexander Hamilton. Malheureusement pour New York, le puissant gouvernement central décide de s'installer dans le sud, sur un territoire marécageux infesté par la malaria, qui prend le nom de Washington D.C.

Depuis lors, la participation de New York à l'histoire politique des Etats-Unis est beaucoup plus ambiguë et ses hommes politiques se sont souvent attirés les foudres du reste du pays. La corruption, incarnée dans la seconde moitié du XIXe siècle par "Boss" William Tweed et Tammany Hall, est pendant longtemps associée à l'idée qu'on se fait outre-Atlantique de la vie politique new-yorkaise. Boss Tweed avait pris la tête du groupe politique Tammany dans les années 1850, promettant de l'argent et du travail aux habitants, surtout aux immigrés récemment arrivés, en échange de leurs votes pour les candidats de son parti. Il réussit ainsi à placer ses alliés aux commandes de l'administration municipale et pratiqua ouvertement et impunément le détournement de fonds publics considérables pendant plusieurs années. Alors que les journalistes dénonçaient, article après article, cette scandaleuse situation, il aurait répondu à l'un d'entre eux : "Et alors, que comptez-vous faire ?" Finalement, il fut arrêté et emprisonné sur l'île de Blackwell (aujourd'hui Roosevelt Island) en 1875, mais les activités de Tammany continuèrent sans lui pendant plusieurs années avant de disparaître totalement.

Par la suite, les hommes politiques new-yorkais semblent s'être racheté une conduite. On raconte par exemple qu'en 1894, Theodor (dit "Teddy") Roosevelt, ayant été nommé à la tête de la police, sortait incognito la nuit pour surprendre les policiers endormis ou en train de "frayer" avec des pécheresses. De son côté, le très populaire Fiorello LaGuardia, maire entre 1933 et 1945, se montra un réformateur tout à fait efficace en matière de lutte contre la corruption. "Personne ne veut de moi à part le peuple", disait-il, alors que ses réformes dans l'administration municipale faisait grincer beaucoup de dents dans certains quartiers de la ville. Il réussit à redonner du dynamisme aux initiatives locales et à améliorer considérablement l'image de New York.

En 1965, la campagne pour les élections municipales de John V. Lindsay s'intitule "Un candidat neuf face à des concurrents fatigués". Malheureusement, sa fraîcheur ne tarde pas à se faner sous le poids de la criminalité, des problèmes raciaux et de l'agitation ouvrière. Après la banqueroute du milieu des années 70, la ville entame une longue convalescence. Dans les années 80, Ed Koch devient le maire le plus en vue des Etats-Unis, faisant même des apparitions dans la célèbre émission satirique *Saturday Night Live*. Avec la reprise de la croissance économique à la fin des années 80, le regain d'intérêt pour Wall Street rejaillit sur New York. En 1989, David Dinkins, le premier maire noir de la ville, est élu sur la base d'un programme de croissance, d'harmonie et de prospérité continues. Même les New-Yorkais les plus cyniques se montrent alors optimistes sur l'avenir.

Au cours du mandat de Dinkins, la Cour suprême abolit le système du Board of Estimate dans l'administration municipale. Le Board of Estimate permettait au président de chacun des cinq *boroughs* de détenir une voix d'égale importance alors que la population de ces "arrondissements" varie de 350 000 habitants pour Staten Island à 2,8 millions pour Brooklyn. L'ancien système est remplacé par un conseil municipal étendu (35 membres). Aujourd'hui, chaque *borough* peut initier des programmes de développement autonomes, proposer des mesures et traiter avec les entrepreneurs de façon indépendante.

Dinkins ne parvient pourtant pas à mettre en pratique sa vision de l'harmonie raciale. Les crises fiscales régulières et le taux de criminalité persistant aboutissent à la défaite de son équipe aux élections de 1993, au profit de celle de Rudy Giuliani. Cette dernière campagne électorale est l'occasion de vives polémiques sur les problèmes de cohabitation entre communautés ethniques. Beaucoup de blancs modérés qui avaient soutenu Dinkins en 1989 se rangent au côté du républicain Giuliani, qui fournit un discours rassurant, suggérant des solutions radicales à toutes sortes de craintes entremêlées (chômage, drogue, insécurité…). Une campagne qui aurait pu être résumée en deux mots : la sécurité d'abord.

Depuis son élection, R. Giuliani a fait des efforts couronnés de succès pour augmenter la présence policière en ville. On imagine la surprise des New-Yorkais en apprenant qu'en 1996 le taux de criminalité a baissé pour la troisième année consécutive. Le maire républicain prit également un grand risque en franchissant les frontières de son parti pour soutenir le gouverneur démocrate de l'Etat de New York, Mario Cuomo, dans sa course pour un troisième mandat. Cuomo fut battu par le très controversé George Pataki (candidat de la partie nord conservatrice de l'Etat de New York), qui ne manqua pas de snober le maire pendant plusieurs jours après les élections. De plus en plus contrarié, Giuliani s'écarta du camp républicain une seconde fois en 1996, pour critiquer le candidat républicain à la présidence Bob Dole à propos de sa politique d'immigration draconienne et refusa d'assister en août à la convention d'investiture du parti. Se targuant de ne jamais prendre de vacances et de ne se reposer que cinq heures par nuit, le tenace Rudy Giuliani a lentement mais sûrement gagné le cœur de toute une frange de la population new-yorkaise qui ne lui était pas favorable au début de son mandat. Son programme de lutte contre la criminalité, Quality of Life Initiative, soulève toutefois l'inquiétude des leaders des minorités.

■ Architecture

"Une centaine de fois j'ai pensé que New York était une catastrophe et cinquante fois je me suis dit : c'est une catastrophe magnifique."

Le Corbusier

L'INFLUENCE EUROPÉENNE

L'urbanisme et l'architecture de New York semblent être le résultat d'une perpétuelle insatisfaction que l'on peut mesurer au rythme des démolitions et des reconstructions comme à celui de l'enchevêtrement des styles qui caractérise les rues de New York. Jusqu'au milieu du XXe siècle, on reprochera souvent à la grande cité cette frénésie des styles qui pousse les bâtisseurs à toujours céder aux dernières tendances de l'architecture, se hâtant de démolir les vieux bâtiments pour les remplacer par d'autres, d'un style nouveau. Au XIXe siècle pourtant, le rythme effréné des destructions et des reconstructions incessantes semble attester de la vigueur et du dynamisme de la ville. Le poète Walt Whitman louait son esprit de renouveau tandis que la voix isolée du *Daily Mirror* dénonçait en 1831 l'absence de respect de la ville envers son passé.

Au XXe siècle, nombreux furent ceux qui s'alarmèrent du phénomène. L'histoire de New York était en train de disparaître rapidement sous le rouleau compresseur de la modernisation. L'inquiétude de l'opinion atteignit son comble lorsqu'en 1965 les promoteurs rasèrent la jolie Penn Station. En réponse, les autorités instituèrent la Landmarks Preservation Commission (commission pour la préservation du patrimoine). Depuis lors, la LPC désigne régulièrement et efficacement les bâtiments à protéger. Les promoteurs, dans le même temps, cherchent toujours les failles du système pour continuer de faire exploser les buildings, mais, sans ce conflit, New York serait-elle New York ?

Malgré les efforts de la LPC, il est aujourd'hui difficile de trouver trace du New York de l'époque dite "coloniale". L'implantation hollandaise d'origine se caractérisait surtout par des maisons traditionnelles à pignon et précédées de vérandas. On en trouve un exemple restauré datant de 1699, près de la 5th Ave. et de la 3rd St. à Brooklyn, la **Vechte-Cortelyou House**. De la période britannique subsistent les maisons et les églises georgiennes comme la **St. Paul's Chapel** dans le quartier du City Hall sur Broadway.

Même après le départ des Anglais, leurs goûts architecturaux continuèrent d'influencer les maisons citadines construites par la bourgeoisie aisée. Ces influences vont progressivement donner naissance à un nouveau style, inspiré par le retour au classicisme en Angleterre et qu'on appellera aux Etats-Unis le style fédéral. Ce style s'impose au début du XIXe siècle. Il se reconnaît dans ses lucarnes, ses pignons, ses portes d'entrée à colonnades et impostes et dans ses fenêtres à guillotine. On peut toujours voir des maisons de ce type alignées le long de Charlton St. et dans la partie nord de Vandam St. Le vieux **City Hall**, remodelé en 1802 par l'architecte français Pierre L'Enfant (qui a aussi dessiné les plans de Washington), montre l'application de ce style à un bâtiment public ; l'influence de la Rome antique y est tout à fait flagrante.

Le Greek Revival (ou néogrec) des années 1820-1830 orne les rues de New York de portiques, de colonnes d'ordre dorique ou corinthien et de couronnes de lauriers métalliques. Si vous apercevez une maison en briques irrégulières, elle est probablement antérieure à 1830, époque où les briques commencèrent à être fabriquées industriellement. Le Greek Revival prédomine sur **Washington Square North**, Lafayette St., et W. 20th St. Datant de 1838, **St. Peter's Church**, construite en granit gris, fut la première église catholique de ce style à New York.

Tout en s'inspirant de l'architecture traditionnelle et du style classique, les Américains réussirent toutefois à introduire quelques innovations. A partir des années 1850, des milliers de maisons en grès brun, appelées **brownstones** (une pierre bon marché extraite dans le New Jersey), s'élevèrent dans la ville. Autant que les gratte-ciel, elles constituent la couleur et la structure architecturale les plus typiques de New York. Ces maisons, aujourd'hui très prisées par les familles aisées, étaient à l'origine occupées par la classe moyenne. La haute société vivait alors dans des hôtels particuliers qui pouvaient s'étendre sur des blocks entiers le long de la 5th Ave. tandis que les appartements étaient destinés aux pauvres.

Au cours du XIXe siècle, plusieurs styles architecturaux vont tout à la fois se succéder et se superposer, créant ce formidable éclectisme que l'on peut observer aujourd'hui encore dans certains quartiers de la ville. Les années 1830-40 sont surtout caractérisées par le **Gothic Revival** ou néogothique, qui associe le romantisme et les réminiscences du Moyen Age européen. St. Patrick's Cathedral ou la Church of the Holy Communion sur la 6th Ave., au niveau de la 49th St., sont de très beaux exemples d'un style qui sera reproduit dans de nombreuses autres villes aux Etats-Unis. A partir des années 1850 et 1860 se superposent le **style italianisant** des bâtiments commerciaux en fonte aux corniches surchargées et de certains *brownstones* de Harlem et le **style second Empire**, version américaine, qui fait apparaître des toits mansardés et du classicisme haussmannien sur le Ladies Mile (5th Ave. au nord de la 15th St.). A la fin du XIXe siècle, les architectes américains se lancent dans le **style néoroman**, dont les multiples inspirations dans le passé (européen mais aussi asiatique et byzantin) offrent une source nouvelle pour les plus riches excentricités.

Avec le style **Beaux-Arts**, qui va marquer les constructions d'édifices publics au début du XXe siècle, on retrouve une certaine homogénéité dans l'inspiration. Celle-ci peut d'autant mieux s'expliquer que les architectes qui en sont à l'origine ont pour la plupart été formés à la même école, celle de Paris de la fin du XIXe siècle. Jusqu'à cette date, en effet, il n'existe pas d'école d'architecture à New York, ni aux Etats-Unis (la première date de 1867) et le style français est alors au goût du jour. Ce style mélange les éléments classiques et Renaissance avec une profusion de motifs décoratifs. Les exemples les plus aboutis de cette école sont la **New York Customs House**, conçue par Cass Gilbert, et la **New York Public Library** construite à l'origine pour abriter la gigantesque collection de livres de James Lenox. Celui-ci avait accumulé tant de volumes qu'il n'arrivait plus à mettre la main sur les ouvrages qu'il souhaitait ; bien souvent, il avait plus vite fait d'aller en acheter de nouveaux exemplaires. Il fit don de sa collection à la ville en 1895. On trouve aussi le style Beaux-Arts dans certaines maisons du quartier résidentiel d'East Side.

Jusqu'à la fin du XIXe siècle, la haute société new-yorkaise privilégiait l'habitat en résidence individuelle. Mais la hiérarchie sociale fut bouleversée en 1883 lorsque le luxueux immeuble **Dakota** (plus tard résidence de John Lennon) sortit de terre. Son nom vient de sa localisation à l'extrémité de Central Park. Il était si éloigné du centre de la ville, plaisantait-on, qu'il aurait pu tout aussi bien se trouver dans un des Etats du Dakota. Cependant, ses appartements relativement bon marché et somptueusement aménagés offraient une séduisante alternative à la montée en flèche de l'immobilier dans Midtown. Bientôt, des immeubles de ce type, comme l'**Ansonia**, furent construits à Harlem et dans Upper West Side.

Le nouveau phénomène de la vogue des constructions en hauteur associé au style Beaux-Arts sont les prémices de ce qui va devenir la révolution architecturale new-yorkaise : les gratte-ciel. Les architectes illustrèrent en effet abondamment le style Beaux-Arts à travers les premiers spécimens de *skyscrappers*, dont la construction est rendue possible grâce à la mise en pratique du système ingénieux de l'ascenseur (qu'Elisha G. Otis avait inventé en 1857). Les gratte-ciel ne tardèrent pas à devenir le symbole architectural de la ville.

LES GRATTE-CIEL : UNE ESTHÉTIQUE AMÉRICAINE

Au début du XXe siècle, de nouvelles règles de construction relativement laxistes permettent l'émergence des premiers gratte-ciel. Le **Flatiron Building** est édifié en 1902. De sa forme triangulaire (son angle le plus aigu mesure à peine 2 m), il héritera le surnom désormais officiel de bâtiment "fer à repasser". Son formidable succès lui vient aussi des courants d'air qui soulevaient les jupes des femmes et de la crainte qu'a longtemps inspiré aux passants son allure fragile. Pourtant, les bâtiments élevés s'avéraient une invention utile dans une ville toujours à court d'espace et d'autres "monolithes" rejoignent bientôt le Flatiron.

En 1913, Cass Gilbert décore le **Woolworth Building** (55 étages) avec des ornements gothiques et des salamandres en terre cuite autour de *w* stylisés. Construits en forme de fusées, l'**Empire State Building** et le **Chrysler Building**, en pierre et en acier, témoignent de l'histoire d'amour de l'Amérique avec la science, la voiture et l'espace. Au fil des ans, des dizaines et des dizaines de ces bâtiments vertigineux viennent s'ajouter à ce qui va devenir le plus célèbre *skyline* (l'horizon profilé des toits des gratte-ciel dans le ciel de New York) du monde.

Cependant, toutes les tours de New York ne se ressemblent pas et le paysage urbain regorge de réussites originales et singulières. Il faut apprendre à lire sur la ligne d'horizon pour être capable de distinguer et de dater chaque building. Une bonne méthode de lecture consiste, pour les spécialistes de l'histoire de l'architecture, à se référer aux Zoning Laws (quelque chose comme un plan d'occupation des sols et de l'espace) successives qui ont marqué les étapes de construction des gratte-ciel.

L'édifice est-il surmonté d'un ziggourat (comme les pyramides babyloniennes) ? Ressemble-t-il à un gâteau de mariage ? En 1916, puis de nouveau à la fin des années 40, les restrictions en matière d'architecture stipulaient que le sommet des buildings élevés devaient être situé en retrait par rapport au reste du bâtiment (imposant de subtils rapports entre la surface au sol et la hauteur). La première construction entièrement vitrée de New York fut, en 1950, l'**United Nations Secretariat Building** (le bâtiment du secrétariat des Nations unies), un cauchemar à air conditionné. Le bâtiment inspira bientôt la **Lever House**, un bloc de verre de 24 étages. Puis, en 1958, Ludwig Mies Van der Rohe et Philip Johnson créèrent le **Seagram**

Building, une tour de verre derrière une grande esplanade sur Park Avenue. Une foule de gens vint alors y prendre des bains de soleil et y pique-niquer, à la grande surprise des urbanistes et des constructeurs. Enchantée, la commission d'urbanisme commença à offrir des aides financières aux constructeurs qui compensaient la hauteur du bâtiment par un espace ouvert pour le public. Au cours des dix dernières années, de nombreux architectes conçurent des esplanades dégagées à côté des ensembles de tours de bureaux. Certaines d'entre elles furent d'ailleurs jugées un peu trop vides par l'exigeante commission, qui modifia ses réglementations en 1975, précisant que chaque esplanade devait être équipée d'endroits pour s'asseoir. A la fin des années 70, ces grands parvis furent remplacés par des espaces intérieurs et l'on vit alors fleurir des atriums high tech avec fontaines gargouillantes et cafés chics.

Les gratte-ciel aux formes les plus basiques, dans un style appelé "international", datent du début des années 80 lorsque des promoteurs judicieux s'aperçurent qu'ils pouvaient obtenir des espaces de bureaux en contournant la réglementation. Richement dotés en escaliers mécaniques et en ascenseurs, ces nouveaux venus squelettiques furent généralement mal accueillis. En 1983, las de vivre à l'ombre des murs verticaux, les New-Yorkais influents et écoutés firent évoluer la politique d'urbanisme de façon à encourager des espaces plus aérés où pénètre le soleil.

Les constructeurs ont fini par reconnaître le problème de la surpopulation d'East Midtown et ont d'une certaine façon élargi l'espace vital. De nouveaux complexes résidentiels ont fait leur apparition dans Upper East Side au-dessus de la 95th St. Dans un futur proche, des ensembles de bureaux viendront probablement agrémenter West Midtown. Certains promoteurs, comme ceux qui construisirent le **Citicorp Building** en 1989, se sont aventurés dans la zone sauvage du Queens. Avec la restructuration de l'administration municipale en 1989, les habitants de New York sont dorénavant plus à même de donner leurs points de vue sur les projets d'aménagement de la ville.

Lorsqu'elle prend des décisions, la commission qui veille sur la "catastrophe magnifique" tient maintenant compte des problèmes de surpopulation et de respect de l'environnement. En guise de garde-fou supplémentaire, la Landmarks Preservation Commission porte un œil de plus en plus attentif et vigilant sur les ambitions des bâtisseurs de Big Apple afin d'éviter que, dans sa course vers le futur, New York ne détruise totalement son passé.

■ New York en musique

A New York, la musique excelle dans pratiquement tous les genres. Les concerts de musique classique abondent dans le centre, en particulier dans les salles de spectacle du **Lincoln Center** (l'Avery Fisher Hall abrite le **New York Philharmonic Orchestra**). L'autre sanctuaire de la musique dite "classique" est la 92nd St. Chaque été, le **Next Wave Festival**, spectaculaire et excentrique, envahit la Brooklyn Academy of Music avec un mélange passionnant et délirant de musique classique, de théâtre et de prestations artistiques diverses. Vous pouvez toujours à l'occasion venir entendre l'artiste favori de Hoboken, **Frank Sinatra**, chanter la ville qui l'a rendu célèbre.

New York est aussi l'endroit indiqué pour découvrir la musique de demain. Presque tous les artistes en tournée aux Etats-Unis viennent s'y produire et des milliers de musiciens américains tentent de s'y faire un nom et un public. Les lieux de spectacle vont des stades aux salles de concerts en passant par les ruelles du Bronx qui résonnent du rap violent hurlé par les sound systems. La variété de la scène new-yorkaise devrait pouvoir satisfaire tous les goûts. (Voir Sorties et spectacles, p. 324.)

Depuis ses débuts, le **jazz** a été associé à Big Apple (le terme "Big Apple" aurait lui-même été emprunté à l'argot des musiciens de jazz dans les années 30). Le son du **Big Band** était florissant dans les années 20-30 et **Duke Ellington** jouait souvent dans les clubs de la ville. **Minton's Playhouse** à Harlem accueillait **Thelonious**

Monk et fut l'un des lieux de naissance du **be-bop**, une forme sophistiquée de jazz qui augmente la sensibilité artistique de chaque instrument. **Miles Davis, Charlie Parker, Dizzy Gillespie, Max Roach, Tommy Potter, Bud Powell**, pour ne citer que les plus connus, apportèrent leur contribution au jazz new-yorkais des années 50, à l'époque où les beatniks, la première génération des "branchés", et les âmes en peine se pressaient dans les clubs de la 52e rue. Le pionnier du free jazz, **Cecil Taylor**, et "l'extraterrestre" **Sun Ra** révolutionnèrent les harmonies ici au cours de la décennie 70. Aujourd'hui, les plus expérimentaux des musiciens, de **John Zorn** à **James Blood Ulmer**, continuent à chercher de nouvelles sonorités dans des lieux comme le **Knitting Factory**. Pendant ce temps, à Brooklyn, **M-Base**, un groupement disparate de musiciens, réconcilie avec bonheur le funk et le cool jazz.

Conforme aux vicissitudes de la vie urbaine, le rock new-yorkais a toujours été plus dur que celui de la côte ouest ou du sud des Etats-Unis. Le **Velvet Underground**, groupe de rock fétiche d'Andy Warhol qui fit école dans les années 60, chantait des textes acerbes parlant de sexe, de drogue et de violence sur fond de guitares discordantes. Cette formation influença grandement la génération suivante de musiciens. En 1976, des poètes d'avant-garde ambitieux accompagnés parfois de musiciens occupèrent la scène kitsch du rock glamour dans les pianos-bars du centre-ville comme le **CBGB's** et le **Max's Kansas City**. Des groupes et des interprètes de la trempe des **Ramones** ou des **Talking Heads** apportèrent du venin, de l'humour, une et une stupidité maîtrisée au mouvement punk naissant. Depuis lors, New York n'a cessé d'être secouée par les chocs musicaux. Dans les années 80, des jeunes hargneux importèrent le **hardcore** de Washington : quantité de groupes fast-rocking, qui ne buvaient pas et ne fumaient pas, remplissaient les spectacles dominicaux tout public du **CBGB's**. A partir de 1980 et jusqu'au début des années 90, la vague **"post punk"** se cristallisa autour de groupes tels que **Sonic Youth** et **Pavement**. New York est aussi le paradis pour acheter des vinyles méconnus ou épuisés chez les nombreux marchands de disques d'occasion. Les prix sont parfois exagérés mais la gamme de choix dépasse largement celle des autres villes d'Amérique du Nord (voir Shopping, Disques, p. 369).

Le **rap** et le **hip-hop** ont également vu le jour dans les rues de New York et la liste des artistes remplirait un annuaire sur l'histoire de la musique urbaine. Elle comprend les "masters of ceremony" poids lourds que sont les **KRS-1**, **Chuck D**, **LL Cool J**, **Run-DMC**, **EPMD**, et autres **Queen Latifah** (originaire du New Jersey). Fin 70, début 80, **Grandmaster Flash** et le DJ du Bronx **Afrika Bambaataa** furent les précurseurs du genre avec des enregistrements fortement marqués par l'utilisation du synthétiseur, de l'échantillonneur (*sampling*) et du *scratch*. En 1979, **Sugarhill Gang** enregistra *Rapper's Delight*, considéré par beaucoup comme le premier vrai disque de rap.

Au sommet de la hiérarchie hip-hop de la côte Est, on trouve les **Native Tongues**, un ensemble disparate de groupes new-yorkais comprenant **A Tribe Called Quest**, **De La Soul**, et **Black Sheep**. Une autre formation new-yorkaise a gagné l'attention du public : le **Wu-tang Clan**, dont les rythmes denses et répétitifs avec une utilisation radicale et intelligente de samples tirés de films de kung-fu ont permis à plusieurs de ses membres de se faire un nom comme **Method Man** et **GZA**. De jeunes funsters propres sur eux comme les **Beastie Boys** et **Luscious Jackson** ont su transcender le clivage racial pour élargir l'attrait du hip-hop, en introduisant dans leur répertoire stylé du jazz, du trash et des samples de funk. Parmi les autres groupes new-yorkais (ou des environs) qui grimpent au hit-parade, on peut noter **Nas**, les **Fugees**, et **Mobb Deep**. Pour avoir un aperçu plus parlant de la scène hip-hop new-yorkaise (et de l'ensemble des Etats-Unis), procurez-vous un exemplaire de *The source*, premier fanzine (de plus en plus épais et luxueux) consacré à ce genre musical.

Bien que l'underground de Big Apple se soit rapidement accroché au train, déjà en marche outre-Atlantique ou sur la côte Ouest, de la révolution **rave**, il semble que les clubs de la ville soient encore dans les derniers wagons. **DeeLite** et **Moby** ont été les premiers à s'infiltrer là où le **disco** avait cédé la place, avec un mélange de musique d'ambiance et de techno-funk au rythme martelant. Ils sont maintenant relayés par les DJ new-yorkais superstars **Junior Vasquez**, **Frankie Bones** et **James Christian** qui font danser les foules sur des sons nouveaux tels que la **house**, la **trance**, la **jungle**, le **breakbeat** et le **trip-hop**.

La nouvelle cuisine musicale de New York est l'**illbient**, un cocktail qui privilégie les expériences sonores à l'aspect purement dansant de la musique. Dans un concert d'illbient, on peut entendre un titre de hardcore couplé avec un solo de piano, interrompu par deux enregistrements identiques d'un dialogue de Sherlock Holmes sur fond de musique spirituelle marocaine. Les *sessions* d'illbient incluent souvent des *happenings*, des installations vidéo et de la danse. Le résultat de cette "alchimie culturelle" est aussi unique que surprenant. L'illbient est à l'image de la densité culturelle propre à New York. On peut écouter cette musique au SoundLab (726-1774), au Cell (477-5005), et à l'Analog (229-0786). Les artistes à entendre sont, entre autres, **Loop**, **Olive**, **Spooky**, **Singe**, et **Bedouin**.

■ New York et la littérature

La réputation de capitale littéraire dont jouit New York a des racines historiques profondes. **William Bradford**, anglais de naissance, fut sans doute le premier homme de lettres notoire de la ville. Il fut nommé imprimeur, le premier d'Amérique, en 1698, et fonda le premier journal du pays, le *New York Gazette* en 1725.

Avant même de devenir la capitale de l'édition (supplantant Boston au milieu du XIXe siècle), New York fut le lieu de résidence de nombreux pionniers de la littérature nationale. Ses écrivains, dont **Herman Melville**, étaient alors loin de se douter de leur célébrité future ni de celle de New York en général. Né en 1819, au 6 Pearl St., dans la partie basse de Manhattan, Melville fut tellement découragé par les critiques qui accueillirent *Moby Dick* qu'il accepta un emploi à quatre dollars par jour au bureau des douanes et mourut dans l'anonymat. Comme si cela ne suffisait pas, le *Times* le prénomma Henry dans sa rubrique nécrologique. **Washington Irving** (1783-1859) savait davantage comment s'y prendre pour faire parler de lui. L'auteur de *l'Histoire de New York par Knickerbocker*, qui vit le jour au 131 William St., se fit un nom en écrivant des essais satyriques sur la société new-yorkaise "de l'origine du monde à la fin de la dynastie hollandaise". Dans un moment d'inspiration classique, Irving baptisa New York d'un nom d'artiste qui devait lui rester : Gotham City. Parmi les autres écrivains de l'époque issus du même quartier de Manhattan, on peut distinguer le poète **William Cullen Bryant** (1794-1878), **James Fenimore Cooper** (1789-1851, l'auteur du *Dernier des Mohicans*) et **Walt Whitman**, qui collabora un temps au magazine *Aurora* et encensa dans son recueil de poèmes *Feuilles d'herbe* le Brooklyn Bridge et "Manahatta".

Les écrivains américains vécurent traditionnellement en marge de la société. Géographiquement, la plupart des auteurs new-yorkais habitaient en lisière de la ville, soit au-dessus (Harlem), soit en dessous (dans le Village ou dans Lower East Side) du centre de l'activité sociale et économique. Parfois, comme dans le triste cas d'**Edgar Allan Poe** (1809-1849), la pauvreté ne leur laissait guère d'autres choix. Poe, qui louait une maison dans la partie rurale du Bronx, gagnait si peu d'argent qu'il envoyait sa vieille belle-mère à la recherche de racines comestibles dans les champs environnants.

Au début du XXe siècle, les écrivains parasites et plumitifs suivirent la vague des immigrants italiens et des bohèmes aux alentours de Greenwich Village. Au milieu de cette population jeune et désargentée se trouvaient le journaliste **John Reed** (1887, Moscou 1920), la romancière **Willa Cather** (1873-1947), et **Theodore Dreiser** (1871-1945), mère et père du roman américain moderne. Pendant plus de cinquante ans, le Village fut l'un des hauts lieux de l'Amérique littéraire, abritant une population variée de poètes, d'essayistes et de romanciers, parmi lesquels **Marianne Moore** (1887-1972, qui traduisit en vers les *Fables de La Fontaine*), le poète **Hart Crane** (1899-1932), **Edward Estlin Cummings** (dit E. E., 1894-1962),

Edna St. Vincent Millay (tout à la fois romantique et féministe et qui mourut en 1950 dans une petite ville de l'Etat de New York, Austerlitz), **John Dos Passos** (1896-1970, l'auteur de *Manhattan Transfer*), et **Thomas Wolfe** (1900-1938).

Bien que trop onéreux pour la plupart des écrivains du Village, Washington Square, immortalisé par le livre de **Henry James** (1843-1916) et par *le Temps de l'innocence* d'**Edith Wharton** (1862-1937), était malgré tout l'épicentre de la scène littéraire. Au nord de Washington Square se trouvait le légendaire **Salamagundi Club** (47 5th Ave. au niveau de la 11th St.) ainsi que la **Cedar Tavern**, ancien lieu de rendez-vous de la beat generation d'**Allen Ginsberg** et de **Jack Kerouac**. Le **Washington Mews** en pierres rondes était le repaire du romancier **Sherwood Anderson** (1876-1941), au n° 54, de **"Jaundice" John Dos Passos** (dans le studio entre le n° 14 et le n° 15) et de beaucoup d'autres. Au sud se tenait la pension où vécurent le nouvelliste du début du siècle **O. Henry** et **Eugene O'Neill** (qui obtint le prix Nobel de littérature en 1936). En bas de Bleecker St. et de MacDougal St., vous pourrez voir certains des cafés rendus célèbres par la beat generation, de même que les anciennes résidences de James Fenimore Cooper (145 Bleecker St.), de Theodore Dreiser et de **James Agee** (172 Bleecker St.). A l'ouest de la place vivaient le romancier noir **Richard Wright**, **Edward Albee** (l'auteur de *Qui a peur de Virginia Woolf ?*) au 238 W. 4th St., **Sinclair Lewis** (69 Charles St.), Hart Crane (79 Charles St.), et Thomas Wolfe (263 W. 11th St.). L'écrivain britannique **Dylan Thomas** fut l'un des nombreux auteurs à venir trouver l'inspiration au **White Horse Tavern** (567 Hudson St.). Peu d'entre eux furent cependant aussi malchanceux que Thomas, qui, après avoir ingurgité 18 verres de scotch, tomba dans un coma fatal.

West Village ne détenait pas, bien entendu, l'exclusivité de la société littéraire new-yorkaise. De l'autre côté de Broadway, East Village, qui n'était pas encore à l'époque une zone huppée, servait de quartier général à **Jack Kerouac**, **Allen Ginsberg**, **Amiri Baraka (le Roi Jones)**, et **W. H.** Auden (qui vécut 20 ans au 77 St Mark's Place, entrée en sous-sol). De nombreux écrivains passèrent leurs derniers jours au **Chelsea Hotel** (sur la 23rd St., entre la 7th Ave. et la 8th Ave.) dans un relatif anonymat. Parmi les pensionnaires qui ont survécu à leur séjour dans l'établissement, on peut citer **Arthur Miller** et **Vladimir Nabokov**. A Midtown se dresse le mythique **Algonquin Hotel** (59 W. 44th St.). En 1919, les grands esprits de la Table ronde, comme **Robert Benchley**, **Dorothy Parker**, **Alexander Woollcott** et **Edna Ferber**, choisirent cet hôtel pour y tenir leur déjeuner hebdomadaire. L'endroit devint alors la source d'inspiration de nombreux magazines new-yorkais.

Le Gotham Book Mart (41 W. 47th St.), ouvert en 1920, a longtemps été l'un des plus importants lieux littéraires. La boutique est célèbre pour ses lectures publiques au 1er étage, qui réunissaient certains des plus grands écrivains de ce siècle et attiraient l'ensemble du New York littéraire. Pendant les années où *Ulysse* resta interdit aux Etats-Unis, les initiés venaient ici se procurer des exemplaires de l'œuvre maîtresse de Joyce, importés et vendus sous le comptoir. Ne manquez pas les objets souvenirs et les photographies anciennes qui illustrent l'histoire de la librairie. **Columbia University** a longtemps été le pôle d'attraction intellectuel d'Upper West Side. Les bohèmes de la beat generation hantaient le secteur à la fin des années 40 à l'époque où Ginsberg était étudiant. Ses amis le rejoignaient au vieux **West End Café** (2911 Broadway). A l'inverse du White Horse, ce bar-brasserie ne joue pas sur son glorieux passé.

Tandis que la majeure partie de la lost generation pleurait suite au désastre moral né de la Première Guerre mondiale, New York fut témoin de l'un des moments les plus vibrants et les plus importants de l'histoire de la littérature américaine, la Harlem Renaissance. Des romans tels que *Black No More* de **George Schuyler** et *Home to Harlem* de **Claude McKay** dressent un vigoureux compte-rendu du milieu palpitant des bars clandestins et des night-clubs. **Zora Neale Hurston**, une étudiante en anthropologie de Columbia University, fit le lien entre la sphère intellectuelle du *college* et le bouillonnement créatif de Harlem, tandis que **Langston Hughes** et son cercle s'occupaient de fonder des journaux radicaux. Une population de gauchistes, d'artistes et d'adeptes d'un mode de vie alternatif venus du centre contournèrent Midtown dans leur exploration sans concessions (mais avec une pointe inconsciente de condescendance) de la culture noire. Pour connaître l'impression de la génération suivante sur ce quartier stupéfiant, vous pouvez lire les écrits de **James Baldwin**, **Anne Petry**, et **Ralph Ellison**, ainsi que le *Harlem Renaissance* de **Nathan Huggins**.

PETITE BIBLIOGRAPHIE LITTÉRAIRE SUR NEW YORK

American Psycho, Brett Easton Ellis : Le récit froid, clinique et épouvantablement violent d'un *yuppie* serial-killer à New York. Une condamnation implacable du matérialisme des années 80, à ne pas mettre entre toutes les mains (le livre a fait scandale à sa sortie !).

L'Attrape-Cœur, Jerome David Salinger : Désormais un classique sur le malaise de la jeunesse. Renvoyé du lycée, Holden Caulfield traîne dans la ville et perd son innocence. Ecrit en 1951, ce livre reste l'un des plus grands succès de l'édition américaine

Le Bûcher des vanités, Tom Wolfe : Un financier de Wall Street au volant de sa Mercedes prend la mauvaise sortie sur le TriBoro Bridge, se retrouve au cœur du Bronx, percute un jeune Noir... et c'est le début de ses problèmes. A lire absolument avant tout séjour à New York, pour comprendre les tensions raciales, le monde de Wall Street, les médias... Aussi passionnant que le film est décevant.

Chroniques du 87e district, Ed McBain : La vie d'une brigade de police dans la ville d'Isola, transposition littéraire de Manhattan, avec Steve Carella, l'inspecteur humaniste plongé au cœur de la pègre et du crime. Ed McBain est l'un des plus grands auteurs du roman policier américain.

Les Corps conducteurs, Claude Simon : New York vue sous les prismes des associations et des sensations discontinues. A lire avant, pendant et après votre séjour à New York.

Eloise, Kay Thompson : Un classique pour enfants. La jeune Eloise habite le Plaza Hotel, dont elle dévaste les élégants parquets, et se peigne à l'occasion avec une fourchette.

Les Feux de la nuit (*Bright Light, Big City*), Jay MacInerney : Dans le New York des années 80, un chroniqueur du *New Yorker* partage son temps entre les clubs et la cocaïne. Michael J. Fox joue dans le film tiré de ce roman. Vous pouvez lire aussi *Story of my Life*, une autre fable illustrant l'auto-complaisance de Manhattan.

Gatsby le Magnifique, F. Scott Fitzgerald : Une critique acerbe du rêve américain à travers l'ascension et la chute de Jay Gatsby prêt à tout pour devenir un vrai New-Yorkais.

L'Homme invisible, Ralph Ellison : Un regard sur le Harlem des années 50 qui fait autorité et l'une des peintures les plus parlantes du racisme américain.

Last Exit to Brooklyn, Hubert Selby Jr : Le roman coup-de-poing du Céline américain. Noir, glauque, violent et génial. A lire aussi : *Retour à Brooklyn*.

Le Lys de Brooklyn, Betty Smith : La vie d'une femme irlandaise dans le Brooklyn du début du XXe siècle. Porté à l'écran en 1945 par Elia Kazan.

Manhattan Transfer, John Dos Passos : Le chef-d'œuvre de Dos Passos, qui, à travers les destins croisés de personnages variés, dévoile l'âme de New York au début du siècle.

Marilyn la Dingue, Jerome Charyn : Le premier volet d'une trilogie noire qui met en scène Isaac Sidel "superflic" de New York. Un polar picaresque, vivant et drôle qui ne pouvait se passer qu'à Big Apple. A lire aussi : *Zyeux-bleus* et *Kermesse à Manhattan*.

New York, Paul Morand : Le globe-trotter diplomate de la littérature nous livre ici ses sensations sur les rues et les bars de New York. Un très beau carnet de voyage.

Pâques à New York, Blaise Cendrars : Un poème sur le New York de 1910. Tout y est moderne, dans la forme comme dans le fond.

La Planète de M. Sammler, Saul Bellow : Bellow est issu d'une famille de juifs russes et est né à Lachine au Québec. Il a obtenu le prix Nobel de littérature en 1976. Dans cet ouvrage, il ne fait pas de quartiers dans sa critique de la culture des jeunes des années 70 et décrit les difficultés rencontrées par les intellectuels juifs devant les névroses du monde contemporain.

La Reine des pommes, Chester Himes : Le maître noir du polar livre ici les premières tribulations des flics Ed Cercueil et Fossoyeur Jones dans Harlem. Caustique.

Le Temps de l'innocence et **Chez les heureux du monde**, Edith Wharton : Deux contes sur une histoire d'amour et de larmes au début du siècle dans la gentry new-yorkaise.

La Trilogie new-yorkaise, Paul Auster : Trois nouvelles qui brouillent la frontière entre réalité et fiction, avec notamment pour toile de fond le Park Slope de Brooklyn.

Voyage au bout de la nuit, Louis Ferdinand Céline : Plusieurs passages d'anthologie entièrement consacrés à New York, "Figurez-vous qu'elle était debout leur ville…".

Washington Square, Henry James : L'esprit et le regard perspicaces typiques de James, portés sur la haute société new-yorkaise du XIXᵉ siècle. Et dire qu'il pensait que Daisy Miller avait des défauts.

■ Silence, on tourne !

Depuis les débuts du cinéma, Big Apple a servi de cadre à une quantité impressionnante de films : comédies musicales, comédies romantiques, polars, thrillers, séries B, séries Z, séries X, films fantastiques ou d'art et d'essai… L'utilisation du décor new-yorkais ne s'est pas limitée aux sites les plus célèbres de Manhattan, comme Central Park (*Marathon Man*) ou l'Empire State Building (*King Kong*). Les réalisateurs sont descendus dans le métro (*les Pirates du métro, The Money Train*) et ont tourné dans les zones périphériques de la ville (*Smoke, Do the Right Thing*). La liste qui suit ne prétend pas être subjective. Woody Allen, Martin Scorsese et Abel Ferrara sont peut-être les trois réalisateurs américains qui ont le plus tourné à New York.

Les Affranchis (1990) : Le regard de Scorsese sur la vie du gangster Henry Hill et le petit monde des mafiosi italiens. Très belles scènes au Bamboo Lounge à Canarsie et casting parfait ; Ray Liotta, Robert De Niro et un Joe Pesci vraiment affreux !

After Hours (1985) : La nuit cauchemardesque de Griffin Dunne dans les rues de Big Apple. Certains considèrent qu'il s'agit là du chef-d'œuvre de Scorsese.

L'Année du dragon (1985) : Mickey Rourke est un flic teigneux et raciste qui part en croisade contre le chef d'un puissant gang de Chinatown. Un polar nerveux et puissant signé Michael Cimino.

Annie Hall (1977) : Woody Allen et Diane Keaton jouent au tennis, flirtent, sortent ensemble et se quittent dans ce film drôle et romantique qui transcrit parfaitement l'amour de Woody Allen pour New York. L'intellectuel névrosé d'Upper West Side est ici au meilleur de sa forme (comme d'habitude d'ailleurs…).

Un crime dans la tête (1962) : Dans ce film à suspense, Frank Sinatra est un héros de la guerre de Corée à qui l'on fait subir un lavage de cerveau. La scène finale se déroule au vieux Madison Square Garden lors d'une convention présidentielle.

Crocodile Dundee (1986) : Un australien du Bush débarque à New York pour retrouver une journaliste et fait l'apprentissage de la grande ville. Le mythe du "bon sauvage" transplanté en plein New York, avec un Paul Hogan souriant et charmeur.

Diamants sur canapé (1961) : Audrey Hepburn folâtre dans la haute société de l'Upper East Side, sous la caméra complice de Blake Edwards.

Do the Right Thing (1989) : Le regard caustique de Spike Lee sur un jour très chaud à Bedford-Stuyvesant, un quartier de Brooklyn essentiellement noir. Le film se fait l'écho de la violence qui commençait à se manifester à cette période entre les différentes communautés. Ç'est drôle au début, grinçant au milieu et noir à la fin. L'un des tout meilleurs Spike Lee.

L'Echelle de Jacob (1991) : Vivre à Brooklyn peut être un enfer. Demandez à Tim Robbins, un vétéran du Vietnam victime d'hallucinations. Un film terrifiant réussi d'Adrian Lyne.

Eclair de lune (1987) : Cher tombe amoureuse de Nicolas Cage, le frère de son futur mari. Gênant ! Une comédie dramatique qui dépeint très bien le milieu des immigrés italiens. Ne manquez pas la scène au Lincoln Center.

En route vers Manhattan (1996) : Le premier film d'un jeune réalisateur américain, Greg Mottola, qui décrit les errances en voiture d'une famille "plouc" de Long Island dans les rues de New York. Drôle et bien vu.

La Fièvre du samedi soir (1977) : John Travolta mène la danse. D'autres depuis ont essayé de l'imiter (Patrick Swayze…), mais personne n'a réussi à le détrôner.

Les Frères Mac Mullen (1994) : Un premier film hilarant et d'une grande finesse qui relate les chassés-croisés amoureux de trois frères à New York. Qui a dit que le cinéma indépendant US était mort ?

Ghostbusters (1984) : Bill Murray et Dan Ackroyd tentent de débarrasser Big Apple (et Sigourney Weaver) des fantômes. *"Who you gonna call ?"*

Green Card (1991) : Immigration aux Etats-Unis, mode d'emploi. Une sympathique comédie de Peter Weir, avec notre Depardieu national et Andie Mc Dowell. Le film est tourné dans l'Upper West Side.

Hair (1979) : La comédie musicale des *flower children* portée à l'écran par Milos Forman. Les grands rassemblements hippies sur la pelouse de Sheep Meadow, à Central Park, les chansons… Tout y est.

Independence Day (1996) : Les extraterrestres n'aiment pas New York et cassent tout (surtout le box-office). King Kong était beaucoup plus sympathique…

Joe's Apartment (1996) : Un jeune New-Yorkais timide héberge dans son appartement des milliers de cafards apprivoisés (et qui n'arrêtent pas de parler !). Ces petites bêtes serviables font même le ménage. Hélas ! tout se complique le soir où il ramène sa nouvelle conquête chez lui. Un court métrage absurde et drôle, produit par MTV.

Un jour à New York (1949) : Vous pouvez répandre la nouvelle : Gene Kelly et Frank Sinatra sont des marins qui ont du temps et de l'argent à dépenser à New York. Un chef-d'œuvre de la comédie musicale signé Stanley Donen

Une journée en enfer (1995) : Bruce Willis doit résoudre des énigmes dans différents endroits de New York, sinon le méchant Jeremy Irons fait tout sauter, Boum ! Première demi-heure jubilatoire… et des scènes d'action explosives à Central Park et dans le métro.

Kids (1995) : Larry Clark se penche sur des *teenagers* de New York très, très, très méchants (ou très désespérés). Un film choc déconseillé aux petites natures.

Léon (1994) : Quand Jean Reno décide de s'en prendre à un gang de mafieux new-yorkais qui menacent une fillette, ça fait du grabuge. La première réalisation "américaine" de Luc Besson.

Little Odessa (1995) : Tim Roth est impeccable dans ce thriller sur la mafia américano-russe de Brighton Beach, à Brooklyn. Adapté du livre de Joseph Koenig.

Macadam Cowboy (1969) : L'un des premiers films à la gloire des antihéros et des loosers. Jon Voight, un gigolo raté, et Dustin Hoffman, un infirme, déambulent dans les rues glauques de New York. Le film restitue à merveille l'ambiance des années 70.

Manhattan (1979) : La déclaration d'amour drôle et hystérique de Woody Allen à New York, au son de *Rhapsody in Blue* de Gershwin.

Marathon Man (1976) : Dustin Hoffman, jeune étudiant new-yorkais, se retrouve pourchassé par des criminels nazis. Personne n'a oublié l'insoutenable séance de torture dans la station de pompage du Reservoir à Central Park. L'un des tout meilleurs thrillers du cinéma américain (réalisé par un Anglais).

Mean Streets (1973) : Harvey Keitel et Robert De Niro, immigrés italiens de la deuxième génération, sillonnent Little Italy en quête de mauvais coups et d'"emmerdes". Le film qui a fait connaître Scorsese.

New York 1997 (1981) : Kurt "Snake" Russell doit s'aventurer dans le Manhattan du futur, une colonie pénitentiaire sans foi ni loi, pour sauver le Président. Un classique du cinéma fantastique de John Carpenter. La Statue de la Liberté en est tombée de son piédestal.

New York Stories (1989) : Trois grands réalisateurs, Martin Scorsese, Francis Ford Coppola et Woody Allen, braquent leur caméra sur Big Apple, avec des succès divers. Pour l'ambiance…

Le Parrain I, II et III (1972-1990) : L'histoire d'une famille de mafiosi italiens et le prix du rêve américain. Marlon "Corleone" Brando inoubliable, Al Pacino qui crève l'écran, Robert De Niro qui reprend brillamment le flambeau ! La meilleure trilogie jamais tournée par Hollywood (avec la *Guerre des étoiles*). D'après l'œuvre de Mario Puzo.

Quand Harry rencontre Sally (1989) : Meg Ryan et Billy Crystal se posent la question existentielle : "Un garçon et une fille peuvent-ils être simplement amis ?" Le film incontournable sur la drague, l'amour et le sexe (qui a oublié l'"orgasme" de Meg Ryan au restaurant ?), avec de nombreuses vues de New York.

Recherche Susan désespérément (1985) : Une femme au foyer ne trouve rien de plus excitant pour tromper son ennui que de prendre l'identité de la plus branchée des branchés d'East Village, à savoir Madonna.

Smoke (1996) : L'esprit des livres de Paul Auster transposé à l'écran, dans une petite épicerie de Brooklyn. L'atmosphère de quartier, le jeu des acteurs (Harvey Keitel, William Hurt…), le ton "plus léger que la fumée"… tout est réussi. Immanquable !

Stranger than Paradise (1984) : Le premier film de Jim Jarmush, dont l'action débute à New York. Une superbe balade à trois, avec un John Lurie épatant.

Sur les quais (1954) : Le film classique d'Elia Kazan, avec Marlon Brando en lutte contre un syndicat escroc. Tourné sur les docks de Hoboken.

Taxi Driver (1976) : Robert De Niro est Travis Bickle, un chauffeur de taxi passablement perturbé par son séjour au Vietnam. Ne le regardez pas dans les yeux, donnez-lui un bon pourboire et évitez les rues mal famées de New York. Un autre film culte de Scorsese, à la fin hyperviolente.

Le Temps d'un week-end (1993) : Al Pacino, un aveugle grande gueule, riche et suicidaire, et Chris O'Donnell forment un couple attachant dans ce film de Martin Brest. Une belle visite guidée de New York.

Wall Street (1987) : Le regard acerbe d'Oliver Stone sur les *golden boys* de Wall Street. Charlie Sheen est un jeune *yuppie* aux dents longues qui apprend que l'argent ne fait pas le bonheur. Michael Douglas est plus vrai que nature. Un bon petit coup sur la tête du capitalisme sauvage.

West Side Story (1961) : Roméo et Juliette (Ah ! Natalie Wood) revisités, dans la plus célèbre comédie musicale de tous les temps. Ironie du sort, l'endroit où a été tourné le film (à Hell's Kitchen) est maintenant une zone immobilière des plus cotées.

■ La presse new-yorkaise

Les grandes chaînes nationales ABC, CBS et NBC, deux agences de presse et d'innombrables magazines de premier plan ont leur siège à New York. L'idylle de New York avec les médias commença il y a près de trois siècles avec la création de la *Gazette*, en 1725. Dix ans plus tard, John Peter Zenger, rédacteur en chef du *New York Weekly Journal*, fut condamné en diffamation pour avoir traité le juge de la ville de "gros épagneul… échappé du chenil, la bouche pleine de flatteries". Il fut jeté en prison et le gouverneur décida de brûler sur la place publique les exemplaires de son journal. Son acquittement créa un précédent qui devait instaurer la liberté de la presse aux Etats-Unis. La ville devint rapidement le centre de la presse écrite nationale. La *Tribune* de Horace Greeley, basée à New York, fut le premier journal américain distribué sur l'ensemble du pays. En dépit de son amour de New York, Greenley conseillait souvent aux jeunes gens d'aller tenter leur chance vers l'Ouest. Dans les années 1850, Nassau Street, au sud de manhattan, était surnommée "Newspaper Row" (la rue de la presse) ; les plus grands quotidiens, dont la *Tribune*, y avaient leur siège social.

Aujourd'hui, New York compte plus de cent journaux différents, reflétant la mosaïque culturelle de ses rues. Des titres "ethniques" s'adressent, entre autres, aux communautés noire américaine, hispanique, irlandaise, japonaise, chinoise, indienne, coréenne et grecque. Autant de médias très courtisés par les hommes politiques locaux à l'approche de chaque élection.

Le *New York Post* et le *Daily News* dominent le marché de la presse populaire. Ces tabloïds quotidiens brillent par leur absence totale de retenue. Les "une" valent le coup d'être lues (surtout celles du *Post*) ; plus c'est sanguinolent, mieux c'est ! Le *Daily News*, récemment sauvé par le défunt Robert Maxwell, est légèrement moins sensationnaliste. Ces journaux publient aussi des articles d'actualité générale, des bandes dessinées, des pages de conseils pratiques, des horoscopes et une rubrique Potins, vous vous en doutez, bien développée. Le *Post* possède également des pages sportives très étoffées.

Si les histoires de corps sans tête vous passionnent, ne lisez pas le *New York Times*. Le *Times* est l'un des doyens les plus respectables de New York. Ses articles sont sobres et fouillés (un peu à la manière du *Monde* en France), les pages éditoriales sont une tribune respectée pour les débats politiques et les candidats aux élections cherchent tous à s'attirer les faveurs de ses journalistes. Une bonne critique littéraire du *Times* peut propulser un auteur inconnu sur le devant de la scène. Directeurs de théâtre, politiciens anxieux et autres lecteurs inconditionnels se précipitent souvent chez les marchands de journaux dès le samedi minuit pour acheter la consistante édition dominicale (près de 1 kg !).

Chaque mercredi paraît *The Village Voice*, le plus grand hebdomadaire libéral des Etats-Unis. Imprimé sur le même papier que le *Daily Post* et le *Daily News*, il n'a rien de commun avec eux. Ne cherchez pas ici les conseils de votre diététicienne-psy préférée, les résultats de base-ball ou la pin-up du jour. Le *Voice* préfère publier des débats politiques animés et des réflexions originales sur la vie new-yorkaise. Il conduit également d'excellents reportages et sa rubrique de petites annonces est la plus complète (on y trouve de tout !). La revue est enrichie chaque semaine par la chronique musicale de Robert Christgau, vieux briscard du rock, tandis que les critiques cinématographiques comptent parmi les plus influentes des Etats-Unis.

The New York Press, hebdomadaire gratuit, fournit de bonnes adresses de clubs et de sorties nocturnes, en plus d'articles divertissants sur la politique et la culture.

Le *Wall Street Journal* et le *New York Observer* de l'Upper East Side complètent le tableau de la presse new-yorkaise. Les pimpantes pages roses de l'*Observer* sont consacrées aux articles sur la politique locale. En première page, le journal dresse un rapide résumé de l'actualité mondiale destiné aux agents de change qui le lisent au petit déjeuner. Avec ses dessins à la plume, son orientation conservatrice, ses analyses boursières et sa perpétuelle obsession du prix du lingot d'or, il permet à tout un chacun de pénétrer dans le monde de Wall Street.

En ce qui concerne la presse magazine, New York occupe sans aucun doute la première place des Etats-Unis. Des titres prestigieux comme *Time*, *Newsweek* et *Rolling Stone* ont leur bureau principal à New York, tandis que chaque semaine fleurissent sur les devantures des kiosques de nouveaux titres présentant la dernière tendance en matière de cuisine, de cinéma ou de mode. Le *New Yorker* est un magazine culturel haut de gamme sur New York. Il publie des fictions et des essais d'auteurs de renom. L'arrivée récente de l'ancienne directrice de *Vanity Fair*, Tina Brown, au poste de rédactrice en chef a donné au magazine un style plus moderne, agrémenté par les photos de Richard Avedon, les bandes dessinées d'Art Spiegelman et des papiers davantage d'actualité. Le magazine a toujours tendance à être un peu maniéré. Une couverture très connue de Saul Steinberg montrant New York écrasant le reste du monde reflète l'esprit du lecteur typique du *New Yorker*. Le magazine *New York* se concentre davantage sur les styles de vie et s'adresse à un lectorat aisé et actif. On y trouve des pages shopping, restaurants, *people* et cinéma (avec des critiques et les salles de projection), ainsi que des petites annonces. L'hebdomadaire *Time Out : New York* est le dernier-né de la presse à gros tirage new-yorkaise, axé sur les sorties culturelles et la vie nocturne. Son ton branché et jeune attire les 20-30 ans que la verbosité du *Village Voice* agace.

Hébergement

Si vous connaissez quelqu'un qui connaît quelqu'un qui habite New York, ne partez pas sans son numéro de téléphone ! En effet, se loger à New York coûte cher. N'espérez pas tomber sur la bonne affaire dans un hôtel : il y a de fortes chances pour que ce soit un piège. Dans un hôtel standard, la nuit coûte environ 125 $, sans compter les 14,25 % supplémentaires de taxe de séjour. Il faut aussi ajouter 2 $ de taxe d'occupation par nuit pour une chambre simple et 4 $ pour une suite. Vous pouvez cependant trouver un toit à moins de 60 $, mais il vous faut pour cela délimiter avec précision vos priorités et vos exigences. Si vous voyagez seul et désirez le rester, vous serez tenté de privilégier des hébergements plus onéreux, mais vous avez toujours la possibilité de vous joindre à des jeunes ou à des étudiants de passage à New York. Vous gagnez facilement en dollars ce que vous perdez en intimité.

Les auberges de jeunesse offrent moins de confort que les hôtels, mais l'atmosphère y est plus conviviale. Une autre alternative économique est de loger dans les établissements des YMCA (*Young Men's Christian Association*) ou des YWCA (*Young Women Christian Association*). Mais vous n'y bénéficiez pas de l'ambiance ni des activités des auberges de jeunesse. Pour tous ces lieux d'hébergement, il vaut mieux réserver à l'avance. Et même une fois arrivé à New York, téléphonez pour vous assurer qu'il y a encore de la place, avant de vous y rendre avec armes et bagages. Dans Midtown, aux environs de Penn Station et de Times Square, résistez aux sirènes de certains hôtels bon marché. Evitez ces établissements louches : ils louent souvent les chambres à l'heure... Vous trouverez aussi un bon nombre d'hôtels pas chers dans la partie sud-est de Midtown, au sud de l'Empire State Building. Ils sont généralement situés autour de Park Ave. South, entre la 20st St. et la 30st St., mais la qualité varie considérablement d'un hôtel à un autre.

Imaginer un quartier où règne une absolue sécurité est une utopie, ne laissez donc aucun objet de valeur dans votre chambre. La plupart des établissements ont des coffres ou des consignes, payants dans certains cas. Ne couchez pas dans votre voiture et surtout, quel que soit le quartier, ne vous avisez pas de dormir à la belle étoile à New York, même Paul Auster vous le déconseillerait. Les autorités de la ville ont déjà tellement de mal à protéger l'importante population des SDF que les touristes n'ont pas la moindre chance...

■ Auberges de jeunesse

Les auberges de jeunesse affichent des prix qui défient toute concurrence. De plus, vous avez de grandes chances d'y rencontrer des voyageurs du monde entier. Elles ont généralement de grands dortoirs non mixtes, avec des lits superposés. Comme le luxe ou l'intimité ne sont pas les priorités principales de la clientèle, les tarifs peuvent descendre jusqu'à 15 $ la nuit. On atteint alors le minimalisme le plus total et le moindre confort en plus suppose des frais supplémentaires. La plupart du temps, vous devez louer ou apporter vos propres draps ou votre "*sleep sack*" (deux draps cousus ensemble, communément appelé "sac à viande"). Les duvets sont généralement interdits. De nombreuses auberges de jeunesse mettent à votre disposition une cuisine équipée, certaines disposent même de consignes et de laveries. Quelques-uns de ces établissements sont situés dans d'anciens hôtels, d'autres prennent tout simplement le nom d'"hôtel" sans en être vraiment... Ils proposent alors des chambres simples et doubles privées, en plus des dortoirs. Dans la plupart des autres auberges de jeunesse, pour quelques dollars de plus, vous pouvez avoir une chambre avec moins d'occupants et plus de confort. La clientèle souvent très cosmopolite des auberges de jeunesse est surtout composée de jeunes et d'étudiants. Pour finir, n'oubliez pas que la salle commune constitue un atout majeur des auberges de jeunesse. C'est une véritable mine d'informations et vous y rencontrerez des Américains qui ne sont pas forcément new-yorkais.

Si vous prévoyez de voyager à travers les Etats-Unis ou le Canada, il est intéressant de devenir membre du **Hostelling International-American Youth Hostels (HI-AYH)**, le plus important réseau américain d'auberges de jeunesse. Plus de 300 établissements y sont affiliés sur tout le continent nord-américain, et ils sont généralement d'un niveau plus élevé que les établissements privés, quoique plus stricts et plus traditionels. A New York, HI-AYH gère une excellente auberge de jeunesse, spacieuse et bien équipée (voir ci-dessous). L'**adhésion annuelle à HI-AYH** coûte 25 $ par adulte, 15 $ pour les personnes âgées de plus de 54 ans, 10 $ pour les jeunes de moins de 18 ans et 35 $ pour les familles. Les **non-membres** qui souhaitent loger dans un établissement affilié à HI-AYH doivent payer un extra de 3 $, ces suppléments peuvent ensuite être déduits sur l'achat d'une carte de membre dans n'importe quelle autre auberge. (Pour plus d'informations, voir Auberges de jeunesse p. 36)

Même si vous n'êtes pas aussi enthousiaste que le groupe des Village People en ce qui concerne les **YMCA** ou les **YWCA**, les prix très intéressants qui y sont proposés devraient tout de même vous interpeller. Le fait d'être chrétien n'est pas une condition d'admission. La chambre simple coûte environ de 24 à 42 $ la nuit, et autour de 110 $ la semaine, avec accès libre à la bibliothèque, à la piscine et aux autres équipements. Il vous faudra peut être partager votre chambre et utiliser une douche ou une baignoire communes. Quelques YMCA à New York (voir ci-dessous) ne sont pas uniquement réservées aux hommes et acceptent les femmes et les familles. Réservez deux mois à l'avance. Une caution de 5 $ pour la clé est souvent exigée. (Pour plus d'informations, voir YMCA et YWCA, p. 37.)

Les meilleures auberges de jeunesse et les YMCA/YWCA sont sélectionnées par Let's Go en fonction des tarifs, de la sécurité et de l'emplacement.

New York International HI-AYH Hostel, 891 Amsterdam Ave. (932-2300, fax 932-2574), au niveau de la 103rd St. Métro : ligne 1, 9, B ou C, station 103rd St. Située dans un immeuble facilement repérable qui occupe un block entier, c'est la plus grande auberge de jeunesse des Etats-Unis, avec 90 chambres-dortoirs et 530 lits. Dans le même bâtiment, le **CIEE Student Center** (666-3619) regroupe un centre d'information destiné aux voyageurs, une agence du Council Travel et un magasin qui vend de tout, des porte-monnaie aux derniers *Let's Go* américains. Des visites et des excursions sont proposées. Tapis tout neufs, couchettes de bois blond et salles de bains immaculées. Cuisines, salles à manger, lave-linge (à pièces, 1 $), salles de télévision et jardin extérieur. Chambres individuelles avec fermeture par carte magnétique. Consigne surveillée et casiers individuels. En été, séjour maximum 7 jours et 29 jours le reste de l'année. Ouvert 24h/24. Arrivée à toute heure, départ avant 11h (au-delà, "amende" de 5 $). Pas de couvre-feu. Prix pour les membres HI (voir ci-dessus) 22 $, 25 $ pour les autres. Chambre pour famille 66 $. Dortoir privé possible pour les groupes de 4 à 12 personnes, garanti pour les groupes de plus de 10. Draps 3 $, serviette 2 $. Accès facile pour handicapés

International Student Center, 38 W. 88th St. (787-7706, fax 580-9283), entre Central Park West et Columbus Ave. Métro : ligne B ou C, station 86th St. Réservé aux étrangers (sauf les Canadiens) âgés de 20 à 30 ans. Passeport exigé. Un vieux bâtiment en brique qui fut probablement élégant jadis et qui reste aujourd'hui tout à fait accueillant. Il est situé dans une rue bordée d'arbres où défilent souvent des célébrités. Dortoirs très simples avec des lits superposés. Grande salle de télévision au sous-sol. Séjour : 5 jours maximum en haute saison, 7 jours le reste de l'année. Ouvert tous les jours de 8h à 23h. Pas de couvre-feu. Prix 12 $. Caution pour la clef 10 $. On ne réserve pas et c'est généralement complet en été. Toutefois, si vous téléphonez avant 22h, on vous gardera un lit pendant 2h. Dans tous les cas, téléphonez avant votre arrivée pour savoir s'il y a de la place. Pas d'accès pour handicapés et beaucoup d'escaliers.

Sugar Hill International House, 722 Saint Nicholas Ave. (926-7030, fax 283-0108), au niveau de la 146th St. Métro : ligne A, B, C ou D, station 145th St. Situé sur Sugar Hill, dans Harlem, en face de la station de métro. Un immeuble en brique rénové, avec un beau jardin à l'arrière, dans un quartier animé et rassurant. Le personnel, aimable et efficace, connaît bien New York et Harlem. Chambres spacieuses, confortables et bien éclairées, avec des lits superposés construits par les propriétaires. De 2 à 10 personnes par chambre. Cuisines, TV, hi-fi et bibliothèque. Certains dortoirs sont réservés aux femmes. Arrivée de 9h à 22h. Ouvert 24h/24. Prix unique de 14 $ par personne. Téléphonez avant votre arrivée.

Les propriétaires du Sugar Hill s'occupent aussi du **Blue Rabbit Hostel**, une auberge de 4 étages située au 730 Saint Nicholas Ave. (491 3892, 800 610 2030). Mêmes prestations qu'au Sugar mais avec plus de chambres doubles et une impression de plus grande intimité. Salon et cuisine. Les chambres sont véritablement spacieuses. Arrivée de 9h à 22h. Prix 14 $ par personne, 16 $ pour un lit dans une chambre double. Séjour maximum deux semaines. Téléphonez pour vous assurer qu'il reste de la place.

Banana Bungalow, 250 W. 77th St. (800-6-HOSTEL467 835 ou 769-2441, fax 877-5733), entre Broadway et la 11th Ave. Métro : ligne 1 ou 9, station 79th St. Depuis la station, marchez deux blocks et tournez à droite. Constamment agrandi et rénové, le Banana Bungalow dispose d'un solarium sur le toit. Salon-cuisine au décor "tropical". Chambres-dortoirs pour 4 à 7 personnes. Les plus chères ont leur propre salle de bains, les autres ont une salle de bains pour trois chambres. Lit 18 $, moins cher hors saison. Réservation recommandée quelques jours à l'avance. Accès handicapés.

De Hirsch Residence, 1395 Lexington Ave. (415-5650 ou 800-858-4692, fax 415-5578), au niveau de la 92nd St. Métro : ligne 6, station 96th St. Affilié à la YMHA/YWHA de la 92nd Street. Une des résidences les plus vastes, les plus propres, les plus commodes de New York. Ambiance universitaire. Utilisation possible de nombreux équipements et programmes de la YMHA de la 92nd St. Des activités sont proposées, comme des soirées vidéo dans les salles communes ou des visites guidées de New York. Accès gratuit au Nautilus (appareils de musculation), tarifs réduits pour les concerts. Douches communes, cuisines et lave-linge. Etages réservés aux hommes ou aux femmes (sans dérogation). Chambre simple 294 $ par semaine (42 $ par nuit), lit en chambre double 210 $ par semaine (30 $ par nuit). Climatisation 3 $ par jour et 45 $ par mois. Séjour minimum de 3 nuits. Réservé aux étudiants ou à ceux qui ont un emploi à New York (documents exigés) : possibilité de séjours longue durée de 2 mois à 1 an pour 625 $ par mois dans une chambre simple et de 420 à 500 $ par mois dans une chambre double. Faites la demande au moins un mois à l'avance. Accès pour handicapés.

International Student Hospice, 154 E. 33rd St. (228-7470), entre Lexington et la 3rd Ave. Métro : ligne 6, station 33rd St. Bien situé, dans Murray Hill. En haut du perron de ce bâtiment en brique, une plaque de cuivre mentionne discrètement "I.S.H.". L'ambiance est familiale, les propriétaires connaissent bien le quartier et sont sympathiques. Il est surtout fréquenté par des jeunes Européens. Vingt chambres minuscules, avec des lits superposés et des tables de nuit en chêne branlantes. Les plafonds tombent en poussière et les marches d'escalier s'inclinent bizarrement mais la rénovation se fait doucement. Chambres de 2 à 4 personnes. Douches communes. Grande salle commune, salon et suffisamment de livres poussiéreux pour rester tout un été. 25 $ par nuit, possibilité de réduction pour les séjours d'une semaine.

Big Apple Hostel, 119th W. 45th St. (302-2603, fax 302-2605), entre la 6th Ave et la 7th Ave. Métro : ligne 1, 2, 3, 9, N ou R, station 42nd St./Times Square ; ligne B, D ou E, station 7th Ave. En plein centre de Manhattan. Chambres propres et confortables. Plusieurs salles communes, cuisine équipée avec réfrigérateur commun, terrasse à l'arrière, barbecue, lave-linge, consignes. Réservé aux personnes extérieures à New York. Passeport exigé. Café et thé gratuits dans la cuisine. Ouvert 24h/24. Lits en dortoir avec salle de bains commune 22 $. Chambre simple 58 $. Certaines chambres sont munies de casiers mais mieux vaut apporter son cadenas. Attention aux bouchons et aux pelotes de laine qui traînent, le chat de la maison,

Caesar, est un joueur. Pas de réservation en août ni en septembre, mais on vous garde un lit si vous appelez après 11h le jour de votre arrivée. Réservation acceptée d'octobre à juillet. Il vaut mieux vous y prendre quelques semaines à l'avance pour juin et juillet.

Chelsea International Hostel, 251 W. 20th St. (647-0010), entre la 7th Ave et la 8th Ave. Métro : ligne 1, 9, C ou E, station 23rd St. Comme le quartier de Chelsea ne cesse de s'embourgeoiser, cette auberge de jeunesse est vraiment une bonne affaire. Disposant de 47 lits, elle est située au sud de Chelsea, sur le même block qu'un poste de police : sécurité garantie ! Le staff, chaleureux, offre de la bière et des pizzas le mercredi soir. Le dimanche, la bière est gratuite, mais pas la pizza. Toutes les chambres ont une fenêtre et tous les clients ont accès au jardin situé à l'arrière. Dortoirs de 4 lits, petits mais corrects. 20 $ par lit en chambre de 4, chambre particulière 45 $. Réservez bien à l'avance.

Gershwin Hotel, 7 E. 27th St. (545-8000, fax 684-5546), entre la 5th Ave. et Madison Ave. Métro : ligne N ou R, station 28th St. Situé dans un grand et bel immeuble, rempli de pop-art et d'objets des années 20. On a plus l'impression d'être dans un show de la chaîne musicale MTV que dans un hôtel. Vous pouvez profiter d'une galerie d'exposition (à côté), d'une soirée réservée aux groupes de musique amateurs (le samedi) et d'un bar branché, le tout animé de fréquentes fêtes (ils ont récemment organisé une soirée en hommage à Andy Warhol). En été, l'atmosphère est à *La Croisière s'amuse* dans le jardin sur le toit. Réservé aux touristes étrangers ou aux Américains ne résidant pas dans l'Etat de New York (documents exigés). Séjour maximum : 21 jours. Réception ouverte 24h/24. Départ avant 11h. Pas de couvre-feu. Dortoirs à 4 lits 20 $ par lit. Possibilité de chambres privées. Chambre double et triple de 75 à 105 $. Petit déjeuner continental 2,50 $.

Mid-City Hostel, 608 8th Ave. (704-0562), entre la 39th St. et la 40th St. Situé aux 3e et 4e étages de l'immeuble. Métro : ligne 1, 2, 3, 9 ou R, station 42nd St./Times Square ; ligne A, C ou E, station 42th St. Aucune enseigne n'indique que le 608 abrite une auberge de jeunesse : repérez le numéro inscrit sur la petite porte d'entrée (et le panneau annonçant la diseuse de bonne aventure qui travaille au pied des escaliers). Ne vous laissez pas impressionner par le voisinage animé et les rues en effervescence qui entourent cet hôtel confortable et accueillant. Murs de brique, lucarnes et poutres en bois au plafond. Réservé aux visiteurs étrangers (documents exigés). Petit déjeuner (léger) compris. Séjour de 7 jours maximum en été. Obligation de quitter les lieux entre midi et 18h. Extinction des feux à minuit du dimanche au jeudi, à 1h le vendredi et le samedi. Lits en dortoirs avec salle de bains commune 20 $, d'octobre à fin juin 18 $. Réservation indispensable, à faire longtemps à l'avance en été. Il est strictement interdit de fumer.

Chelsea Center Hostel, 313 W. 29th St. (643-0214), entre la 8th et la 9th Ave. Métro : ligne 1, 2, 3, 9, A, C ou E, station 34th St. Le personnel est polyglotte et connaît bien la ville. L'hôtel peut héberger 28 clients dont 16 dans un dortoir sans fenêtre, au sous-sol. Le joli jardin situé à l'arrière permet de se détendre les jambes, et c'est l'un des hôtels les plus accueillants du quartier. Arrivée à toute heure mais interdiction de rester sur place entre 11h et 17h. Lits 20 $ en été, 18 $ en hiver, petit déjeuner (léger) compris. Couvertures et draps fournis. Téléphonez longtemps à l'avance (généralement complet en été).

Uptown Hostel, 239 Lenox/Malcolm X Ave. (666-0559), au niveau de la 122nd St. Tenu par Gisèle, la très serviable patronne du *New York Bed and Breakfast* (p. 11), qui en plus connaît bien la ville. Des lits superposés dans des chambres propres et confortables. Grandes salles de bains communes. Depuis peu, il y a aussi une salle de détente très agréable avec un plancher reluisant. 12 $ la nuit. Réservez une ou deux semaines à l'avance en été et au moins deux jours à l'avance le reste de l'année.

YMCA-Vanderbilt, 224 E. 47th St. (756-9600, fax 752-0210), entre la 2nd et la 3rd Ave. Métro : ligne 6, station 51st St. ; ligne E ou F, station Lexington /3rd Ave. A cinq blocks de Grand Central Station. Une YMCA bien aménagée et bien tenue où la sécurité est assurée. Le hall, propre et lumineux, est un point de ralliement pour les voyageurs qui essayent de vendre des sacs à dos ou des guides d'occasion. Les chambres sont petites, et les salles de bains peu nombreuses. Par contre, les résidents bénéficient de nombreuses installations sportives (Stairmasters, cours d'aérobic, Nautilus, piscine, sauna), de coffres personnels et de visites guidées de la ville. Séjour maximum : 25 jours. N'accepte pas les résidents new-yorkais. Cinq navettes quotidiennes à destination de l'aéroport. Arrivée entre 13h et 18h. Après 18h, carte de crédit obligatoire. Les chambres doivent être libérées avant midi, mais on peut laisser ses bagages en dépôt jusqu'au départ définitif (moyennant 1 $ par bagage). Chambre individuelle 51 $, double 63 $. Caution 10 $ pour la clé. Réservez une ou deux semaines à l'avance (avec acompte). Accès pour handicapés.

YMCA-West Side, 5 W. 63rd St. (787-4400, fax 580-0441). Métro : ligne 1, 9, A, B, C ou D, station 59th St./Columbus Circle. Grande YMCA populaire, derrière une impressionnante façade d'inspiration orientale, avec de petites chambres bien tenues mais des couloirs un peu délabrés. Accès gratuit aux équipements sportifs (2 piscines, piste couverte, racquet-ball et Nautilus). Douches à chaque étage et salles de bains impeccables. Climatisation et télévision câblée dans chaque chambre. Départ avant midi. Pas de couvre-feu. Chambre simple 51 $, avec salle de bains 75 $. Chambre double 53 $, avec salle de bains 85 $. Réservation recommandée. Quelques escaliers à l'entrée, accès handicapés néanmoins correct.

YMCA-McBurney, 206 W. 24th St. (741-9226, fax 741-0012), entre la 7th et la 8th Ave. Métro : ligne 1, 9, C, ou E, station 23rd St. Une YMCA animée, avec de nombreuses activités au rez-de-chaussée. Dans les étages, les chambres simples sont tout à fait vivables quoique ne bénéficiant pas de la climatisation. Clientèle mélangée : personnes âgées en résidence, étudiants et autres voyageurs. Sécurité assurée. On retrouve partout l'habituelle odeur de Javel. Chambre simple 38 $, avec télévision 43 $. Chambre double 52 $. Chambre triple 68 $. Chambre pour quatre 86 $. Possibilité d'avoir la télévision. Accès gratuit au gymnase. Séjour maximum : 25 jours. Tarif étudiant 122 $ par semaine. Il y a généralement de la place, mais il vaut mieux réserver. Accès pour handicapés.

YMCA-Flushing, 138-46 Northern Blvd., Flushing, Queens (718-961-6880, fax 718-461-4691), entre Union St. et Browne St. Métro : ligne 7, station Main St. La YMCA est à environ 10 mn à pied. Remontez Main St. vers le nord (dans le sens décroissant des numéros) et tournez à droite dans Northern Blvd. **Réservé aux hommes**. Le secteur qui se trouve entre la YMCA et le quartier commerçant de Flushing est animé et vous pouvez vous y promener en toute sécurité, mais évitez de vous aventurer au nord de Northern Blvd. Chambres standards des YMCA : propres mais un peu vieillottes, salle de bains dans le couloir. Ménage tous les jours. Gymnase, Nautilus, squash et piscine. De 28 à 37 $ la nuit, de 130 à 180 $ la semaine. Séjour maximum : 28 jours. Caution pour la clé 10 $. Documents exigés.

YMCA-Central Queens, 89-25 Parsons Blvd., Jamaica, Queens (718-739-6600, fax 718-658-7233), au niveau de la 90th Ave. Métro : ligne E ou J, station Jamaica Center. Parsons Blvd. rejoint Archer Ave. à la station de métro. Remontez le boulevard vers le nord et traversez Jamaica Ave., puis continuez jusqu'à 90th Ave., une rue plus loin. **Réservé aux hommes**. Dans un quartier central du Queens animé et bruyant. Chambres petites et propres aux murs de béton. Gymnase, Nautilus, racquet-ball et piscine. 36 $ la nuit, 138,50 $ la semaine. Caution pour la clé 10 $. Documents exigés. Pas de réservation.

■ Résidences universitaires

Vous avez la nostalgie des internats ? Pourquoi ne pas revivre cette expérience à New-York ? Quelques écoles et universités ouvrent leurs locaux aux conférences et aux voyageurs, notamment en été. Vous n'aurez peut-être qu'une salle de bains de gymnase, mais les prix sont plus avantageux et les équipements sont généralement propres et bien entretenus. Si vous songez à séjourner dans une école, contactez leur bureau d'hébergement avant votre départ.

Columbia University, 1230 Amsterdam Ave. (678-3235 ; fax 678-3222), au niveau de la 120th St. Métro : ligne 1 ou 9, station 116th St. Toute l'année, quelques chambres du Whittier Hall sont réservées aux visiteurs. Elles sont petites mais propres. Sécurité assurée 24h/24. Ce n'est pas le quartier le plus sûr de la ville, mais les rues sont fréquentées jusque tard dans la nuit. Chambre simple 35 $. Chambre double avec climatisation et salle de bains (certaines ont une cuisine) 65 $. Réservez à l'avance.

New York University (NYU), 14a Washington Pl. (998-4621). Métro : ligne A, B, C, D, E, F ou Q, station W. 4th St./Washington Sq. ; ligne N ou R, station 8th St./NYU Le *Summer Housing Office* (bureau pour l'hébergement en été) de la NYU loue des chambres à la semaine (minimum 3 semaines, maximum 12 semaines) de mi-mai à mi-août. Vous pouvez choisir une chambre avec ou sans climatisation, salle de bains et kitchenette. Si vous prenez une chambre sans cuisine, vous devrez payer vos repas à l'Université (système du *meal plan,*), ce qui revient à 70 $ par personne et par semaine. Pas de condition d'admission. Chambre simple sans climatisation ni *meal plan* 105 $ par semaine, chambre double 70 $ par personne et par semaine. Chambre double avec cuisine et climatisation 130 $ par personne et par semaine. Les chambres sont situées dans diverses résidences du campus de la NYU, à Greenwich Village. Elles sont de dimensions variables mais sont toutes très correctes. Appelez après le 1er janvier pour des informations et les réservations. Réservez dès le 1er mai.

Fashion Institute of Technology (F.I.T.), 210 W. 27th St. (760-7885), entre la 7th et la 8th Ave. Métro : ligne 1 ou 9, station 28th St. Quartier correct, mais proche du secteur un peu mal famé de Penn Station (soyez prudent le soir). La plupart des résidents du F.I.T. sont des étudiants de l'université d'été mais, suivant les disponibilités, vous pouvez louer une chambre à la semaine ou au mois. Vous devez remplir un formulaire d'inscription (appelez ou passez pour en obtenir un) et il faut un délai de quelques jours pour que votre demande soit traitée. Le bureau est ouvert du lundi au vendredi de 8h à 19h. Chambres doubles spartiates, style dortoir, et salles de bains communes. 157 $ par personne et par semaine (séjour minimum 1 semaine). Appartement double avec cuisine et salle de bains, 790 $ par personne et par mois (séjour minimum 1 mois). Vous devez réserver et payer à l'avance. Hébergement proposé de la première semaine de juin jusqu'au 31 juillet. Certaines chambres sont accessibles aux handicapés. Si vous arrivez entre 2h et 9h, 5 $ de supplément.

■ Hôtels

Une chambre simple dans un hôtel raisonnable coûte entre 35 $ et 60 $. Dans la plupart des hôtels, vous pouvez (et vous devriez) réserver à l'avance. Demandez à voir la chambre avant de payer. Faites-vous préciser également si la salle de bains est commune ou privée. Au moment de remplir le registre, prévoyez la caution qui est demandée pour la clé. Les arrivées se font généralement entre 11h et 18h et les départs avant 11h. Après avoir libéré votre chambre et rendu la clé, vous pouvez parfois laisser vos bagages à la réception, mais la plupart des propriétaires déclinent toute responsabilité concernant la sécurité de vos affaires. Certains hôtels demandent à la réservation le versement d'arrhes qui ne sont pas remboursées si vous annulez. Par contre, si vous décidez de ne pas loger chez eux cette fois-ci, ils prendront en compte les arrhes versées lors de votre prochain passage dans leur établissement. Si vous êtes particulièrement tenté par les Hilton ou les Marriott mais que ce genre de luxe est au-dessus de vos moyens, pensez à **Discount Travel International**, 114 Forrest Ave. #203, Narberth, PA 19072 (215-668-7184, fax 215-668-9182). L'adhésion annuelle coûte 45 $ et vous offre, ainsi qu'à votre famille, tout un éventail de réductions sur les chambres non louées des hôtels, les billets d'avion, les croisières, les locations de voitures, etc.. Vous pouvez ainsi économiser jusqu'à 50%.

Let's Go a déniché les meilleurs hôtels bon marché et les a classés suivant un rapport qualité-prix qui tient compte des tarifs, du confort, de la sécurité et de l'emplacement.

Carlton Arms Hotel, 160 E. 25th St. (684-8337, 679-0680 pour les réservations), entre Lexington et la 3rd Ave. Métro : ligne 6, station 23rd St. Vous aurez l'occasion de séjourner dans un faux sous-marin dont les hublots donnent sur la cité perdue de l'Atlantide, de voyager dans la Venise de la Renaissance ou de suspendre vos vêtements dans des armoires adossées à des murs de gazon artificiel. Chaque chambre a été décorée spécialement par un artiste d'avant-garde différent. L'artiste qui a décoré la chambre 5B a écrit : "J'ai cherché à créer un rythme fort qui fasse écho d'un mur à l'autre, d'un lit sur l'autre, afin de fondre nos impressions personnelles en une seule existence." Si vous êtes insomniaque, changez de chambre ! Les œuvres de ces artistes ne parviennent pas à faire complètement oublier l'âge mûr de ces chambres bon marché, mais elles offrent au moins une pointe de distraction. D'autant plus que le logement n'est pas très cher. Chambre simple 49 $, avec salle de bains 57 $. Chambre double 62 $, avec salle de bains 69 $. Chambre triple 74 $, avec salle de bains 84 $. Réduction de 10% pour paiement anticipé de 7 jours ou plus. En été, réservez au moins deux mois à l'avance. Confirmez les réservations au moins 10 jours avant votre arrivée. Des réductions sont consenties aux étudiants et aux touristes étrangers : chambre simple 44 $, avec salle de bains 53 $, chambre double 57 $, avec salle de bains 65 $, chambre triple 68 $, avec salle de bains 78 $.

Roger Williams Hotel, 28 E. 31st St. (684-7500, réservations au 800-637-9773, fax 576-4343), au niveau de Madison Ave. Métro : ligne 6, station 33rd St. Situé dans le quartier agréable de Murray Hill. L'ascenseur est étroit mais les chambres, spacieuses et propres, donnent entière satisfaction (dans chaque chambre, toilettes, salle de bains, TV câblée, téléphone, miniréfrigérateur et kitchenette). Surveillance 24h/24. Chambre individuelle 79 $, double (ou avec lits jumeaux) 89 $, triple 99 $, pour quatre 109 $.

Portland Square Hotel, 132 W. 47th St. (382-0600 ou 800-388-8988, fax 382-0684), entre la 6th et la 7th Ave. Métro : ligne B, D, F ou Q, station 50th St.-6th Ave. Les chambres, avec moquette, sont propres et confortables. Climatisation, TV câblée, lavabo, et coffre-fort. Le véritable intérêt de cet hôtel tient à sa remarquable situation. Clientèle internationale. Chambre simple avec salle de bains commune 50 $ (s.d.b. privée 70 $), double 94 $, triple 99 $, pour quatre 104 $.

Herald Square Hotel, 19 W. 31st St. (279-4017 ou 800-727-1888, fax 643-9208), au niveau de la 5th Ave. Métro : ligne B, D, F, N ou R, station 34th St. Situé dans l'ancien immeuble "beaux arts" du magazine *Life*, bâti en 1893. Au-dessus de la porte d'entrée, vous remarquerez la sculpture d'un chérubin lisant, œuvre de Philip Martiny. Intitulée *Winged Life*, elle ornait fréquemment les pages des premiers numéros de *Life*. Des œuvres signées par quelques-uns des plus grands illustrateurs américains sont affichées dans le hall d'entrée, dans les couloirs et dans les chambres. Récemment rénovées, les chambres sont petites mais propres et équipées de télévision couleur, d'un miniréfrigérateur, d'un téléphone et de la climatisation. Chambre simple avec salle de bains commune 45 $, avec salle de bains privée 60 $. Chambre double 65 $, avec deux lits 99 $. Réduction de 10 % pour les étudiants étrangers. Réservation recommandée pour les chambres les moins chères (sinon, vous risquez d'être obligé de prendre une chambre plus onéreuse).

Pioneer Hotel, 341 Broome St. (226-1482), entre Elisabeth St. et Bowery. A la limite de Little Italy et de Lower East Side, proche des quartiers branchés de SoHo et d'East Village, cet hôtel occupe un immeuble centenaire mais fraîchement rénové. Les chambres sont souvent utilisées par les étudiants en cinéma de New York University (NYU) pour tourner des courts métrages. Téléphone public dans le hall d'entrée avec possibilité de laisser des messages à la réception. Télévision et lavabo dans toutes les chambres. Chambre simple 34 $, avec climatisation 40 $, double 48 $, avec climatisation 56 $ et avec salle de bains 60 $. Vous pouvez aussi louer une chambre simple pour 210 $ la semaine.

Pickwick Arms Hotel, 230 E. 51st St. (355-0300 ou 800-PICKWICK/742-5945, fax 755-5029), entre la 2nd Ave. et la 3rd Ave. Métro : ligne 6, station 51st St. ; ligne E ou F, station Lexington/3rd Aves. Bien situé, cet hôtel de taille moyenne attire surtout une clientèle d'affaires. Les marbres et les lustres du hall d'entrée contrastent avec les dimensions microscopiques des chambres et des salles de bains sur le palier. Vous pouvez profiter de la terrasse sur le toit. Transfert à l'aéroport sur demande. Arrivée à partir de 14h, libération des chambres avant 13h. Chambre simple 50 $, avec salle de bains commune 60 $. Chambre double avec un grand lit et salle de bains 99 $. Studio avec lits doubles 148 $. 12 $ par personne supplémentaire. Réservation recommandée.

Hotel Wolcott, 4 W. 31st St. (268-2900, fax 563-0096), entre la 5th Ave. et la 6th Ave. Métro : ligne B, D, F, N ou R, station 34th St. Le hall de cet hôtel récemment rénové est tout en marbre et tapissé de miroirs. Le mobilier et la moquette des chambres sont neufs. Télévision câblée et climatisation. Chambre simple 80 $, double 85 $, triple 95 $. Réduction de 10% pour les membres de l'*International Student Identity Card*. Laverie en self-service dans l'immeuble. Réservation recommandée au moins un mois à l'avance en été.

Washington Square Hotel, 103 Waverly Pl. (777-9515 ou 800-222-0418, fax 979-8373), au niveau de MacDougal St. Métro : ligne A, B, C, D, E, F, Q, ou W, station 4th St. Parfaitement situé, cet hôtel dispose d'un hall d'entrée fastueux, décoré de marbre et de cuivre, précédé d'un porche de style "médiéval". L'hôtel est propre et confortable, le personnel aimable et polyglotte. TV câblée, climatisation et fermeture par carte magnétique dans chaque chambre. Depuis peu, restaurant-bar, salon, salle de réunion et salle de gymnastique. Chambre simple 85 $, double 110 $ (avec deux lits jumeaux 117 $), pour quatre 138 $. Lit supplémentaire 12 $. Si vous êtes membre de l'ISIC, vous aurez 10% de réduction. Réservez impérativement 2 à 3 semaines à l'avance.

Hotel Iroquois, 49 W. 44th St. (840-3080 ou 800-332-7220, fax 398-1754), à côté de la 5th Ave. Métro : ligne B, D ou F, station 47th St./Rockfeller Ctr. Chambres roses et bleues, un peu défraîchies mais spacieuses, dans un vieil immeuble d'avant-guerre. James Dean y a séjourné. Aujourd'hui, ce sont les militants de Greenpeace qui y descendent quand ils sont à New York. Libération des chambres avant midi. Chambre simple et double de 75 à 100 $. Suite (jusqu'à 5 personnes) de 125 à 150 $. Réductions pour les étudiants. Les prix sont sujets à la baisse en hiver. Réservez de préférence 2 à 3 semaines à l'avance.

Hotel Grand Union, 34 E. 32nd St. (683-5890, fax 689-7397), entre Madison Ave. et Park Ave. Métro : ligne 6, station 33rd St. L'emplacement est central. Les chambres, récemment rénovées, sont vastes et confortables avec TV câblée, téléphone, climatisation, miniréfrigérateur et salle de bains. Surveillance 24h/24. Chambre simple et double de 79 à 95 $. Chambre triple de 90 à 104 $. Chambre pour quatre à partir de 105 $. Suite avec deux chambres à partir de 105 $.

Hotel Stanford, 43 W. 32nd St. (563-1480, fax 629-0043), entre la 5th Ave. et Broadway, dans le quartier coréen de New York. Métro : ligne B, D, F, N ou R, station 34th St. Un hôtel clinquant (dans le style de la décoration coréenne) dont le hall d'entrée et le sol de marbre poli brillent sous les lumières scintillantes du plafond. Le Stanford est à côté du restaurant **Gam Mee OK** où l'on sert des mets délicats tels que la soupe à l'os de bœuf (7 $), de la poitrine de porc ou encore des pieds de vache (15 $). Il y a aussi une cafétéria dans le hall de l'hôtel. Les chambres sont bien climatisées et impeccables, avec des matelas fermes et de la moquette moelleuse. Télévision, climatisation et petits réfrigérateurs dans chaque chambre. Départ avant 12h. Réservation fortement recommandée. Chambre simple 85 $. Chambre double 100 $. Chambre triple 130 $.

Senton Hotel, 39-41 W. 27th St. (684-5800), au niveau de Broadway. Métro : ligne N ou R, station 28th St. Lits confortables, TV et chambres spacieuses décorées de papier peint à gros motifs floraux. Possibilité d'avoir le câble (la chaîne HBO et du porno en clair). Un peu spartiate : équipement simple, mais la plupart des chambres ont récemment été rénovées (avec une peinture bleu vif quelque peu incongrue). Beaucoup d'Américains y logent. Surveillance 24h/24 et interdiction de recevoir des invités. Chambre simple avec salle de bains dans le couloir 40 $. Chambre double 50 $. Suite (deux lits doubles) 65 $.

Arlington Hotel, 18-20 W. 25th St. (645-3990 ou 800-488-0920, fax 633-8952), entre Broadway et la 6th Ave. Métro : ligne F, N ou R, station 23rd St. L'hospitalité et la courtoisie du service sont les deux piliers de la réputation de la maison. Elles attirent une clientèle internationale, plus particulièrement asiatique (les indications sont traduites en chinois, en coréen et en japonais). Les chambres ont été réaménagées et sont propres, avec la télévision et la climatisation. Chambre simple ou double (1 lit) 85 $. Chambre double (2 lits) 98 $. Réduction de 10% pour les membre de l'ISIC. Réservation garantie avec carte de crédit.

Malibu Studios Hotel, 2688 Broadway (222-2954, fax 678-6842), au niveau de la 103rd St. Métro : ligne 1 ou 9, station 103rd St. Le décorateur a choisi le thème des tropiques. L'hôtel est situé dans un coin *funky* et animé. Les chambres sont dans les tons bleu et elles bénéficient d'un très bon éclairage. Elles sont équipées d'un réfrigérateur et d'une plaque chauffante. Prix variables. chambre simple avec salle de bains commune 35 $, avec salle de bains privée 60 $. Chambre double 50 $, avec salle de bains privée 70 $. Chambre triple 60 $, avec salle de bains privée 80 $. Chambre pour quatre 80 $, avec salle de bains privée 90 $. Les chambres pour trois et pour quatre ont deux lits doubles. L'équipe qui s'occupe de l'hôtel vous met rapidement dans l'ambiance et distribue souvent des invitations pour des soirées, notamment au Tunnel ou au Webster Hall. Renseignez-vous sur les différents types de réductions (étudiants, hors saison, tarifs à la semaine ou au mois). Pas d'accès pour handicapés.

Madison Hotel, 21 E. 27th St. (532-7373 ou 595-9100, fax 686-0092), au niveau de Madison Ave. Métro : ligne 6, N ou R, station 28th St. Couloirs sombres et étroits avec des escaliers raides, mais les chambres sont grandes et équipées de télévisions couleur, de réfrigérateurs et de salles de bains récemment rénovées. Séjour maximum : 14 jours. 5 $ pour le câble. Chambre simple de 60 à 70 $. Chambre double 75 $.

Hotel Remington, 129 W. 46th St. (221-2600, fax 764-7481), entre Broadway et la 6th Ave. Métro : ligne B, D ou F, station 47th St./Rockefeller Ctr. ; ligne 1, 2, 3, 9, N ou R, station 42nd St./Times Sq. Situation centrale, proche des théâtres et des magasins de la 5th Ave. Les chambres sont de dimensions correctes avec de la moquette moelleuse, des dessus de lit et des rideaux orange assortis. Toutes les chambres sont équipées de la télévision câblée, de téléphones à ligne directe et de la climatisation. Il y a un coiffeur au rez-de-chaussée si un petit rafraîchissement vous est nécessaire avant de sortir le soir. Les prix vont d'environ 90 $, pour une chambre simple, à 120 $ pour une chambre pour quatre (avec deux lits doubles).

Riverview Hotel, 113 Jane St. (929-0060, fax 675-8581), non loin de West St. et de l'Hudson dans Greenwich Village, entre la W. 12th St. et la W. 14th St. Métro : ligne 1 ou 9, station Christopher St. Quartier plus ou moins sûr. Propre et relativement sympathique, mais "basique". Les chambres simples sont minuscules, mais les doubles sont correctes. Les portes n'ont pas de verrous de sûreté. Salles de bains communes dans le hall. Chambre simple avec TV 34 $, ou 155 $ par semaine, plus 5 $ de caution pour la clé. Chambre double 54 $, ou 275 $ par semaine, plus 5 $ de caution.

■ Bed & Breakfast

Les Bed & Breakfast (maisons privées dans lesquelles une ou plusieurs chambres sont à louer) offrent une alternative très intéressante aux chambres impersonnelles des hôtels ou des motels. Vous avez peu de chance de trouver à Manhattan le B&B mythique dans une vieille maison victorienne, sur la petite place d'un paisible village de la Nouvelle-Angleterre, mais le système du B&B est cependant suffisamment bien répandu à New-York pour vous permettre d'y trouver votre bonheur. Beaucoup d'entre eux ont des chambres sans téléphone, ni télévision, ni douche. Il vaut mieux réserver quelques semaines à l'avance en versant des arrhes. Un séjour de 2 nuits minimum est obligatoire dans la plupart des B&B. Ceux-ci sont classés en deux catégories : *hosted* (le B&B classique, où les propriétaires chez qui vous logez sont présents) et *unhosted* (les propriétaires de l'appartement que vous louez n'y habitent pas). La plupart des agences offrent un grand éventail de tarifs variant en fonction de la taille et de la qualité du logement, ainsi que de la sécurité du quartier. Les appartements les plus chers sont situés dans le West Village et l'Upper East Side. Les agences proposent généralement des B&B dans d'autres *boroughs* (quartiers) de New York où l'on trouve des tarifs plus économiques qu'à Manhattan.

New York Bed and Breakfast, 134 W. 119th St. (666-0559), entre Lenox Ave. et Adam Clayton Powell Ave., à Harlem. Métro : ligne 2 ou 3, station 116th St. ou 125th St. Sympathique et chaleureuse, la propriétaire de ce B&B, **Gisèle**, **parle français**. Elle n'aura de cesse de vous prouver qu'il n'y a pas à New-York de meilleur hébergement que le sien. Les chambres sont bien tenues et vous trouverez dans chacune : un lit double et un lit simple, des croissants et Alain, le chat noir peu sociable de la maison. (Alain n'a le droit d'aller que dans certaines chambres donc, si vous êtes allergique aux chats, ne vous faites pas de soucis.) Gisèle propose des visites guidées de Harlem, des virées dans des clubs de jazz ou pour écouter des gospels. Elle loue des vélos et peut même vous aider à trouver un appartement. Séjour minimum : 2 jours. Gisèle habite l'immeuble. Pas d'heures de fermeture. 35 $ par personne et par nuit. 20 $ par personne pour une chambre double. En été, téléphonez une ou deux semaines à l'avance.

Bed and Breakfast of New York (645-8134). 300 adresses à travers la ville. Lorsque vous réservez, il faut verser 25% d'arrhes, qui sont remboursables jusqu'à 10 jours avant votre arrivée (moins les 20 $ de frais de réservation). Paiement en espèces ou avec des travelers chèques. B&B *hosted* : chambre simple de 60 à 80 $ la nuit, chambre double de 90 à 100 $ la nuit. B&B *unhosted :* appartement avec une chambre de 90 $ à 200 $. Possibilité de tarifs à la semaine ou au mois.

New World Bed and Breakfast (675-5600 ou, appel gratuit depuis les USA ou le Canada au 800-443-3800, fax 675-6366). Environ 150 adresses, dans divers quartiers de Manhattan. Lorsque vous réservez, il faut verser 25% d'arrhes par carte de crédit qui sont remboursables jusqu'à 10 jours avant votre arrivée (mais il y a 25 $ de frais d'annulation). B&B *hosted*. Les prix des chambres simples commencent à 65 $, ceux des doubles à 80 $. Les prix des studios (avec une chambre) commencent à 100 $.

Urban Ventures (594-5650, fax 947-9320). L'organisme le plus ancien et le plus reconnu de la ville. 700 adresses dans pratiquement tous les quartiers de Manhattan, sans compter celles de Brooklyn et du Queens. Séjour minimum : 2 nuits dans un B&B *hosted* et 3 nuits dans un appartement *unhosted*. B&B *hosted* : chambre simple de 55 à 80 $, chambre double de 65 à 90 $, chambre triple à partir de 120 $. B&B *unhosted* : studio de 75 à 110 $, avec une chambre de 110 à 140 $, avec deux chambres de 165 à 230 $.

HÉBERGEMENT

Restaurants et bars

A New York, on ne plaisante pas avec la nourriture. Si votre expérience gastrono-mique aux Etats-Unis se résume aux chaînes de fast-foods qui pullulent dans les centres commerciaux, alors vous risquez d'être agréablement surpris. Big Apple abonde en trésors culinaires. Il y en a vraiment pour toutes les bourses et pour tous les goûts, du bistro d'immigrant au restaurant de luxe.

Les restaurants new-yorkais font plus pour promouvoir les échanges intercultu-rels que les Nations-Unies elles-mêmes... Toute les cuisines du monde y sont repré-sentées, des sages bars à *sushis* japonais aux combinaisons les plus improbables, comme des restaurants afghano-italiens ou libano-mexicains. Dans une ville où le fameux *melting-pot* ne se fait pas toujours sans heurts, c'est en toute quiétude que vous pouvez déguster une *chinese pizza* ou un *knish* ukrainien à la cajun. L'im-portant est d'avoir l'esprit ouvert : vous n'irez pas loin à New York si vous ne mangez que ce que vous êtes capable de prononcer...

Il y a des restaurants chinois dans chaque quartier, mais c'est à Chinatown qu'ils ont leur véritable raison d'être. Pour vous enivrer des parfums de l'Italie, allez donc flâner du côté de Mulberry St. à Little Italy. Si vous vous demandez à quoi peut bien ressembler la vraie cuisine russe post-postrévolutionnaire, poussez jusqu'au quartier de Brighton Beach, à Brooklyn, siège de la communauté russe. De nombreuses spécialités d'Europe de l'Est sont devenues des plats new-yorkais standard. Les beignets farcis (*knishes*) constituent un excellent déjeuner : ils se mangent accom-pagnés de pommes de terre, avec de la moutarde ou de la viande, avec du *yoich* (sauce épaisse au jus de viande). Les *piroshkis* sont des chaussons polonais (égale-ment ukrainiens ou russes) garnis de fruits, de pommes de terre ou de fromage et accompagnés d'oignons grillés et de crème aigre. Quelques *kielbasas* (saucisses fumées, parfumées à l'ail et épicées) font un très bon en-cas et les *blintzes*, de fines crêpes fourrées au fromage doux ou aux myrtilles et autres merveilles, sont un succulent dessert. Le *bialy*, un petit pain parfumé à l'oignon, est confectionné dans de nombreuses pâtisseries.

Deux spécialités américaines sont incontournables à New York : la pizza et le *bagel* (petit pain en couronne). Les New-Yorkais aiment leurs pizzas fines, chaudes et pas trop grasses. Depuis plusieurs années, les pizzérias se livrent une guerre sans merci non sur le goût ou sur le prix, mais sur le nom de leur établissement. Il y a actuellement 22 restaurants qui se battent pour porter le nom de *Original Ray's*. (Qui est ce Ray ? Personne ne sait...) De toute manière, les petites pizzérias de quar-tier proposent des *slices* (parts de pizza) aussi bonnes que celles vendues par les grandes enseignes. L'humble *bagel* représente le principal apport de Brooklyn à la civilisation occidentale. Les *bagels* ont une infinité de saveurs différentes (les plus courants étant nature, à l'œuf, à la graine de pavot et à l'oignon), mais adoptent une forme unique, en couronne, idéale pour étaler dessus une bonne couche de *cream cheese* (fromage blanc à la crème). Les New-Yorkais exilés estiment que la priva-tion de *bagels* est l'une des épreuves les plus inhumaines qui soit...

Si votre budget est serré, certains restaurants, inabordables en temps normal, proposent des menus spéciaux (*lunch specials*) au déjeuner (un peu les équiva-lents de notre plat du jour en France). Du coup, un déjeuner hongrois copieux peut ne coûter que 5 $. La plupart des *coffee shops* servent un petit déjeuner américain complet, avec œufs, bacon, toasts et café pour seulement 2 ou 3 $. On trouve peu de grands supermarchés à New York, mais les pâtisseries, les petites épiceries de quartier et les magasins de fruits et légumes sont présents à chaque coin de rue. Les cours intérieures, à l'ombre des gratte-ciel, et les parcs publics de la ville sont très pratiques pour un pique-nique urbain. Si vous préférez grignoter dans la rue, vous trouverez des bataillons de vendeurs ambulants (leur carriole est souvent surmontée d'un parasol rouge). Ils vendent des classiques (hot dogs...) et des moins classiques (*chiche-kebabs, falafels, knishes,* etc.). C'est bien sûr la solution la moins chère pour déjeuner.

Nous sommes partis du principe que vous n'êtes pas à New York pour manger de la cuisine française. Mais si l'envie vous gagne, sachez que les restaurants français sont légion, notamment dans l'Upper East Side (sur les 2nd Ave. et 3rd Ave., entre 45th St. et 80th St.) et dans Midtown. Ils s'adressent à une clientèle plutôt haut de gamme. Vous en trouverez une sélection dans l'hebdomadaire *France-Amérique*, en vente dans les kiosques.

A New York, on dîne plus tard que dans la plupart des villes américaines. Vous trouverez toujours un restaurant où il est possible de dîner jusqu'à minuit. Pour les meilleures tables, réservez ou arrivez avant 19 heures. Les menus spéciaux étant souvent affichés au mur, n'oubliez pas de les consulter avant de regarder la carte. Ne jugez jamais un restaurant d'après sa façade : les meilleures choses se cachent souvent sous un emballage banal.

NOTRE SÉLECTION

Avant de vous donner une description des restaurants par quartiers, nous avons classé ces mêmes restaurants par type de cuisine et par caractéristiques (livraisons, fermeture tardive, terrasse, etc.). Les établissements précédés d'une étoile sont ceux qui offrent le meilleur rapport qualité-prix : ils sont nos favoris. Dans les rubriques *Par Catégorie* et *Par Caractéristiques*, le nom de chaque restaurant est suivi d'une abréviation indiquant le quartier. Il vous suffit alors de vous reporter à la page indiquée pour prendre connaissance de notre commentaire. Voici la liste des abréviations utilisées :

EM	East Midtown	EV	East Village, Lower East
WM	West Midtown		Side, et Alphabet City
UG	Union Square,	CHT	Chinatown
	Gramercy Park	LI	Little Italy
CH	Chelsea	LM	Lower Manhattan
UES	Upper East Side	B	Brooklyn
UWS	Upper West Side	Q	Queens
H	Harlem	BX	Bronx
M	Morningside Heights	SI	Staten Island
GV	Greenwich Village	HO	Hoboken, NJ
ST	SoHo et TriBeCa	★	Les favoris de Let's Go

RESTAURANTS — PAR SPÉCIALITÉS

Américains (nouvelle cuisine)
★Barking Dog Luncheonette, UES, 123
Bubby's, ST, 134
Chat n' Chew, UG, 120
Eighteenth and Eighth, CH, 122
Elephant and Castle, GV, 131
Hourglass Tavern, WM, 118
Prince St. Bar and Restaurant, ST, 133
Quantum Leap, GV, 130
Short Ribs, B, 148
★Yaffa's Tea Room, ST, 134

Américains traditionnels
Diane's Uptown, UWS, 127
★EJ's Luncheonette, UES, 123
Empire's Roasters, Q, 151
First Edition, Q, 151
Hamburger Harry's, LM, 145
Happy Burger, UWS, 127
Jackson Hole Wyoming, UES, 124
Jimmy's Famous Heros, B, 149
Junior's, B, 146
Mama's Food Shop, EV, 136
Moon Dance Diner, ST, 133
Ottomanelli's Café, UES, 124

Japonais et coréens

Daikichi Sushi, UWS, 126
★Dosanko, EM, 116
Mill Korean Restaurant, MH, 128
Obento Delight, UWS, 126
★Sapporo, WM, 118
Woo Chon Restaurant, Q, 151

Kashers

Empire K.'s Roasters, Q, 151
Gertel's Bake Shop, EV, 138
Knish Knosh, Q, 152
Ratner's Restaurant, EV, 138
Time-Out Kosher Pizza and
  Israeli Food, H, 129

Latino-américains et espagnols

El Chivito D'Oro, Q, 152
El Gran Castillo de Jagua, B, 148
El Pollo, UES, 124
Emporium Brasil, WM, 119
★La Caridad, UWS, 125
La Casita Restaurant, H, 129
La Isla, HO, 155
La Rosita, MH, 128
Las Tres Palmas, B, 146
National Café, EV, 136
Piu Bello, Q, 152
Rice and Beans, WM , 119
Sam Chinita, CH, 122
Spain, GV, 131

Mexicains/Tex-Mex

Arriba! Arriba!, UES, 124
★Benny's Burritos, EV, 135
Bright Food Shop, CH, 122
Buddy's Burrito and Taco Bar, B, 146
Burritoville, UES, 123
Dallas BBQ, UWS, 126
El Teddy's, ST, 134
Fresco Tortilla Grill, UG, 120
★Kitchen, CH, 121
Lupe's East L.A. Kitchen, ST, 132
Manganaros, WM, 119
Mary Ann's, CH, 122

Pickles

Essex St. (Gus's) Pickle Corp., EV, 138

Pizzéria

Ray's Pizza, GV, 130
Time Out Kosher Pizza, H, 129
Tony's Pizza, BX, 153

Poissons et fruits de mer

Cucina di Pesce, EV, 138
★Coldwaters, EM, 116
Mary Ann's, CH, 122
Oyster's Bar and Restaurant, EM, 117
Ramdazzo's Clam Bar, B, 150
Vincent's Clam Bar, LI, 139
Waterfront Crabhouse, Q, 152

Tibétains

Tibetan Kitchen, UG, 120
Tibet Shambala, UWS, 126

Végétariens

★Dojo Restaurant, EV, 135
Eva's, GV, 131
House of Vegetarian, CHT, 142
Quantum Leap, GV, 130
★Zen Palate, UG, 120

PAR CARACTÉRISTIQUES

Livraison à domicile

★Ariana Afghan Kebab, WM, 118
Bali Nusa Indah, WM, 118
Brother's BBQ, ST, 133
Bubby's, ST, 134
Daikichi Sushi, UWS, 126
Fortune Garden, EM, 117
Hamburger Harry's, LM, 145
Maria Caffè, EM, 117
Minar, WM, 119
Obento Delight, UWS, 126
Tibetan Kitchen, UG, 120
★Zen Palate, UG, 120

Ouvert tard

Café Lalo, UWS, 126
Café Mozart, UWS, 126
Caffè Borgia, GV, 132
Caffè Reggio, GV, 131
Carnegie Delicatessen, WM, 119
Diane's Uptown, UWS, 127
Empire Szechuan Gourmet, UWS, 127
First Edition, Q, 151
★H&H Bagels, UWS, 125
Hong Fat, CHT, 143
Hot Bagels and Tasty Bakery, UWS, 126
HSF, CHT, 143
★The Hungarian Pastry Shop, MH, 128
Kiev, EV, 137
Moon Dance Diner, ST, 133

RESTAURANTS — PAR QUARTIERS

Nos restaurants sont classés par ordre décroissant d'appréciation. En tête de liste figurent les restaurants qui, à nos yeux, offrent le meilleur cocktail tarifs-qualité-ambiance. Mais un restaurant en fin de liste n'est pas pour autant mauvais : notre liste n'inclut que des établissements que nous avons appréciés. Les restaurants que nous estimons incontournables sont indiqués par une petite étoile. Il serait vraiment dommage de les rater lors de votre séjour.

■ East Midtown

Dans ce quartier, où les grands patrons régalent leurs clients au restaurant, les prix sont rapidement élevés. Mais ne désespérez pas, les subalternes sous-payés de ces magnats arrivent à déjeuner à petit prix dans ce même quartier. Entre midi et 14h, les cafés et les innombrables *delis* (pour *delicatessen*, initialement épiceries de spécialités juives, aujourd'hui des buffets chauds et froids de plats à emporter) d'East Midtown sont envahis par de jeunes cadres stressés, pressés d'avaler leur casse-croûte avant de retourner au bureau. C'est surtout sur la 2nd Ave., entre la 50th Street et la 52th Street, ainsi que dans les environs immédiats de Grand Central Avenue, que l'on trouve une nourriture bon marché et de qualité. On peut aussi acheter des plats à emporter dans les magasins d'alimentation générale. **Food**

> ### Manger pour une bouchée de pain
>
> La plupart des voyageurs qui viennent avec un budget limité ne mettent jamais
> les pieds dans les restaurants les plus en vue de New York. C'est normal : les
> meilleures tables de Big Apple pratiquent des additions particulièrement salées.
> Mais il existe un moyen de festoyer dans l'un de ces endroits raffinés, sans vider
> d'un coup son compte en banque. Chaque été, pendant une semaine, certains
> restaurants huppés participent à l'opération **NY Restaurant Week**, au cours de
> laquelle le prix du déjeuner correspond à l'année en cours (ainsi, en 1997, ce
> prix est de 19,97 $). Pour de grands restaurants tels que le Lutece, le Gramercy
> Tavern, l'Union Square Café, le Peter Luger ou Le Cirque, c'est vraiment une
> affaire. Cette "semaine du goût" à la sauce new-yorkaise prend de l'ampleur et
> commence à s'étendre sur toute la période estivale (hâtez-vous de réserver).
> Pour connaître la liste complète des restaurants participant à l'opération, envoyez
> une enveloppe timbrée avec votre adresse à :
> NYC Restaurants
> New York Convention and Visitors Bureau
> 2 Columbus Circle
> New York, NY 10019

Emporium et **D'Agostino** sont deux chaînes de supermarchés présentes un peu
partout à Manhattan. Quelques adresses dans East Midtown : **Food Emporium**,
969 2nd Ave. (593-2224), entre la 51st et la 52nd St. ; **D'Agostino**, 3rd Ave. (684-
3133), entre la 35th et la 36th St. ou encore **Associated Group Grocers**,
1396 2nd Ave., entre la E. 48th et la E. 46th. Ces supermarchés haut de gamme sont
bien approvisionnés en excellents *delis*, buffets de fruits et de salades, boissons
fraîches, glaces raffinées, petites choses à grignoter, le tout à des prix raisonnables.
Ce quartier de New York compte de nombreux lieux publics (esplanades piétonnes,
espaces couverts, parcs) où il est possible de pique-niquer. Pour en citer quelques-
uns : **Greenacre Park**, 51st St. entre la 2nd et la 3rd Ave., **Paley Park**, 53rd St.
entre la 5th Ave. et Madison Ave., **United Nations Plaza**, 48th St. à hauteur de la
5th Ave.

★**Dosanko**, 423 Madison Ave. (688-8575), au niveau de la E. 47th St. Fast-food japonais : très peu cher, très rapide et très bon. Ce restaurant aux odeurs aromatiques
constitue un havre de paix. La nourriture y est si que l'on a envie de déguster en
silence. L'un des plats favoris des clients est le succulent *gyoza* (4,50 $), ainsi que
les nombreuses variétés de *ramen* (de 5,30 à 7 $). Il y a un autre restaurant Dosanko,
avec plus de places assises, un peu plus loin, au 217 E. 59th St. (752-3936), entre la
2nd et la 3rd Ave. Ouvert du lundi au vendredi de 11h30 à 22h, et le week-end de
midi à 20h.

★**Coldwaters**, 988 2nd Ave. (888-2122), entre la E. 52nd St. et la E 53rd St. Fruits de mer
(de 6 à 11 $) servis dans un décor d'objets nautiques et de lampes en verre coloré.
Le déjeuner est une bonne affaire : deux boissons (alcoolisées ou non), un plat principal au choix, accompagné de salade et de frites, le tout pour 8 $ (servi tous les jours
de 11h30 à 16h). Le dîner est tout aussi intéressant : soupe, salade, plat principal et
dessert, pour 12 $ (servi du lundi au jeudi de 16h à 19h). Goûtez à la truite Rainbow
Idaho (9 $), au *catfish* (poisson-chat) cajun (9 $), ou au cabillaud de Boston (9 $).
Ouvert tous les jours de 11h à 3h.

Moonstruck, 449 3rd Ave. (213-1100), au niveau de la 31st St. Ce restaurant vous
offre quatre étages de plaisirs culinaires pour dîner. D'immenses baies vitrées font
baigner la salle du rez-de-chaussée dans la lumière de la lune (et des lampadaires de
la rue...). Impressionnant choix de sandwichs, comme le *Sliced Young Maryland
Turkey* (à la dinde, 8 $), et de plats, tels que les *Silver Dollar Griddlecakes* (sortes
de crêpes, 4,15 $). Les prix des plats principaux oscillent le plus souvent entre 9 et
12 $, mais les pâtes sont un peu moins chères (8 $). Ouvert tous les jours de 6h à 1h.

Taipei Noodle House, 986 2nd Ave. (759-7070/7553/7554), au niveau de la E. 53rd St. Les assortiments de légumes et de viandes peuvent aussi bien satisfaire les végétariens que les carnivores. Le prix des plats principaux varie entre 6,50 $ et 9 $. Le plus intéressant est le *lunch special* (servi du lundi au vendredi de 11h à 16h), avec plat principal, soupe, riz et rouleau impérial (de 4,75 à 6 $). Personnel avenant. Ouvert du lundi au samedi de 11h à minuit.

Maria Caffè, 973 2nd Ave. (832-9053, fax 750-7125), entre la E. 51st St. et la E. 52nd St. Pâtisseries et pizzas maison. Un incroyable *combo* pour 5,50 $, avec pâtes, salade, petit pain et boisson (servi tous les jours de 11h à 15h). Pizza pita (en chausson, dans du pain oriental) 1,50 $, sandwich à la mozzarella et aux tomates séchées 5 $. Les portions sont petites mais nourrissantes. Ouvert tous les jours de 8h à 21h.

Fortune Garden, 845 2nd Ave. (687-7471, fax 687-3838), entre la E. 45th St. et la E. 46th St. Comme le laisse supposer le panneau *"corporate accounts welcome"*, les prix de ce restaurant s'adressent plutôt aux hommes d'affaires. Mais si vous achetez les plats à emporter, cela vous coûtera beaucoup moins cher. En semaine, le déjeuner spécial comprend deux hors-d'œuvre et un plat principal (bœuf et brocolis, poulet *General Tso's* ou 16 autres plats au choix) pour 6 $. Les plats principaux du dîner coûtent entre 7 et 11 $. Les spécialités du chef (comme les crevettes roses *Crystal Prawns* ou le *Sea Dragon*) vont de 9 à 16 $. Ouvert du lundi au vendredi de 11h30 à 23h, le week-end de 12h30 à 23h.

Oysters Bar and Restaurant (490-6650), dans la gare de Grand Central Station. Excellents fruits de mer pour le voyageur fatigué. Ce restaurant fut ouvert peu de temps après la gare elle-même. Il a reçu de nombreuses célébrités, comme l'actrice Lillian Russell et l'homme au gros appétit Diamond Jim Brady. Les prix sont élevés, mais le *clam chowder* (velouté de palourdes) est une excellente affaire (3,25 $ pour un grand bol). Jetez un coup d'œil sur les choix de sandwichs et, bien sûr, sur les huîtres (de 1,50 à 2 $ la pièce). Ouvert du lundi au vendredi de 11h30 à 21h30.

Café Classico, 35 W. 57th St. (355-5411), entre la 5th Ave. et la 6th Ave. Ce petit restaurant situé à l'étage sert une cuisine casher délicieuse et légère. Vous y trouvez des sandwichs (de 5 à 9 $) et huit parfums de milk-shakes diététiques (2,50 $). Ouvert tous les jours de 11h30 à 22h.

■ West Midtown

Abritant à la fois des théâtres luxueux et de vieux immeubles délabrés, West Midtown offre toute une palette de parfums et de saveurs. C'est le long de la 8th Ave., entre la 34th St. et la 59th St., dans le secteur surnommé **Hell's Kitchen** (la cuisine de l'Enfer), que l'on recense quelques-unes des meilleures adresses du quartier. Si vos finances le permettent, allez manger sur **Restaurant Row** (la rue des restaurants), le long de la 46th St., entre la 8th Ave. et la 9th Ave. Cette rue possède de nombreux restaurants élégants, où viennent dîner les new-yorkais avant de se rendre au théâtre (il est plus facile de trouver une table après 20h). Les adresses les moins chères du quartier se trouvent sur le trottoir est de la 7th Ave., entre la 33rd et la 34th St., la version **fast-food** de Restaurant Row. En dehors de l'incontournable McDonald's, on y trouve des restaurants italiens, des épiceries chinoises où vous pouvez acheter des barquettes à la livre (seulement 3,69 $ au **Chinatown Express**), des comptoirs à kebabs et des cafétérias.

Les nombreux établissements chics du quartier sont aussi intéressants pour leur cuisine que pour leur décor. West Midtown abrite par ailleurs plusieurs restaurants franchisés clinquants, tels que **Planet Hollywood**, le **Hard Rock Café**, **All-Sports Diner** et le **Harley Davidson Café**. On peut avoir la tentation d'y acheter un T-shirt, mais pour le reste… ils ne méritent guère que l'on attende une heure avant d'avoir une table.

Les célébrités vont parfois chez **Sardi's**, au 234 W. 44th St., et s'installent sur de luxueux sièges de cuir rouge, entourées de leurs caricatures et de celles de leurs amis qui décorent les murs. Traditionnellement, lors de la première d'une pièce à Broadway, la vedette du spectacle y fait une entrée fracassante après la représentation (au milieu des vivats si elle a fait un triomphe ou accueillie par des applaudissements polis si c'est un "bide"). Un peu plus au nord, près du Carnegie Hall, se trouve une véritable institution new-yorkaise : le **Russian Tea Room**, au 150 W. 57th St. C'est le point de rendez-vous des danseurs, des musiciens et des hommes d'affaires, qui viennent y déguster du caviar et de la vodka.

★**Ariana Afghan Kebab**, 787 9th Ave. (262-2323), entre la 52nd et la 53rd St. Un minuscule restaurant familial qui sert une excellente nourriture afghane à des prix raisonnables. Essayez les *tikka kebabs* au bœuf (tranches de bœuf marinées et cuites au charbon de bois), servi avec du riz, du pain et de la salade, 7 \$, ou les *aushaks* (beignets de poireaux accompagnés de yaourt et d'une sauce à la viande épicée). Les prix des plats végétariens oscillent entre 5,50 et 7,25 \$. Ouvert du lundi au samedi de midi à 22h30, le dimanche de 15h à 22h.

★**Poseidon Bakery**, 629 9th Ave. (757-6173), près de la 44th St. Installée depuis 50 ans, cette boulangerie sert d'authentiques pâtisseries grecques. La croustillante pâte feuilletée des délicieux *baklavas* (gâteaux au miel), de la *kreatopita* (tourte à la viande), de la *tiropita* (tourte au fromage) et de la *spanakopita* (tourte aux épinards) est faite maison. Les prix sont autour de 2 \$. Ouvert en juillet-août, du mardi au samedi de 9h à 19h. Egalement ouvert de septembre à juin le dimanche de 10h à 16h.

Hourglass Tavern, 373 W. 46th St. (265-2060), entre la 8th Ave. et la 9th Ave. Petit restaurant sombre et triangulaire, souvent bondé et fréquenté par les gens qui se rendent au théâtre. Le menu est limité et change toutes les semaines. Lorsque vous vous installez, le serveur pose un sablier (*hourglass*) sur votre table et, en cas d'affluence, la règle des 59 minutes maximum est appliquée : vous devez alors libérer votre table dans ce délai. Le menu justifie cette politique particulière de la maison, comme "faisant partie des règles du jeu !". Le restaurant sert de lieu de rendez-vous dans l'une des scènes du film *La Firme*, avec Tom Cruise. Les plats principaux (à prix unique : 12,75 \$) sont accompagnés d'une soupe ou d'une salade, au choix. Au déjeuner, les plats principaux sont à la carte et sont moins chers (de 7,25 à 9,50 \$). Ouvert du mercredi au vendredi de midi à 14h, du lundi au samedi de 17h à 23h15, le dimanche de 17h à 22h30. N'accepte pas les cartes de crédit.

Monck's Corner, 644 9th Ave. (397-1117, fax 262-6517), au niveau de la 45th St. Délicieuse cuisine traditionnelle du Sud. Si vous n'êtes pas familier de ces spécialités, commencez par goûter les grands classiques : le *Southern fried chicken* (poulet frit du Sud, 7 \$) ou les *spare ribs* (échine de porc au barbecue, 8 \$), chacun accompagné de feuilles de chou et de salade de pommes de terre. Si vous êtes connaisseur de ce genre de cuisine, essayez donc le *oxtail stew* (ragoût de queue de bœuf, 7 \$) ou le plat végétarien (7 \$), qui comprend de la patate douce, des macaronis au gratin, des légumes variés et des haricots verts. La tourte à la patate douce constitue un délicieux dessert. Uniquement à emporter. Ouvert du lundi au samedi de 13h à 21h.

Sapporo, 152 W. 49th St. (869-8972), près de la 7th Ave. La version japonaise du *diner* à l'américaine, avec le grill bien en vue. Un des endroits favoris des acteurs de Broadway, mais aussi des hommes d'affaires, et de tous ceux qui peuvent discuter avec les serveurs dans leur langue maternelle. La liste des plats est affichée au mur et écrite en japonais (mais le menu en donne la description en anglais). Portions copieuses et parfums étonnants. Le *Sapporo ramen special* est un grand bol de nouilles avec un mélange de viandes et de légumes, le tout dans une soupe *miso* (de 6 à 6,75 \$). Ouvert du lundi au samedi de 11h à 1h, le dimanche de 11h à 23h.

Bali Nusa Indah, 651 9th Ave. (765-6500), entre la 45th et la 46th St. Les murs blancs, les nappes en batik et le doux son de la flûte birmane contribuent à l'atmosphère calme de ce restaurant. Très bonne cuisine, copieusement servie. Parmi les plats les plus appréciés : les nouilles à la farine de riz sautées aux crevettes et au poulet (7 \$) et le déjeuner spécial, accompagné de salade assaisonnée d'une sauce tiède et épicée aux cacahuètes (5 $, servi tous les jours de 11h30 à 16h). En dessert, essayez la glace à la mangue (2,50 $). Ouvert tous les jours de 11h30 à 22h30.

Manganaros, 488 9th Ave. (563-5331 ou 800-4SALAMI/472-5264), entre la 37th et la 38th St. Cette superbe épicerie italienne rend fidèlement l'atmosphère qui régnait dans le quartier de Hell's Kitchen avant qu'il ne s'embourgeoise : on y retrouve tous les bruits, toutes les odeurs et les saveurs de jadis. Le personnel confectionne à la demande le sandwich de vos rêves, mais vous pouvez aussi faire votre choix à partir de l'imposant menu. Les *eggplant parmigiana* (aubergines au parmesan, 5,25 $) font partie des mets favoris, ainsi que les pâtes du jour (7,50 $). De septembre à juin, ouvert du lundi au vendredi de 8h à 19h, le samedi de 8h à 21h. En juillet-août, ouvert du lundi au vendredi de 8h à 16h.

Minar, 9 W. 31st St. (684-2199), entre la 5th Ave. et Broadway. Ce restaurant indien est long, étroit, aussi coloré et gai qu'un quai de métro. Malgré tout, de nombreux immigrés du sous-continent indien viennent y déjeuner ou y dîner. Les currys de légumes épicés et savoureux (de 4 à 4,25 $) et les currys "non-végétariens" (de 4 à 5 $) sont servis avec une petite salade et un pain au choix (le *naan* est excellent). Ouvert tous les jours de 10h30 à 22h.

Uncle Vanya Café, 315 W. 54th St. (262-0542, fax 262-0554), entre la 8th et la 9th Ave. Un samovar et des marionnettes accrochées au plafond composent le décor de ce joyeux café, immortalisé dans le dener film de Louis Malle. Parmi les délices de l'ancienne Russie tsariste, on trouve le *bortscht* (une soupe chaude ou froide de betteraves, choux et tomates, servie avec de la crème aigre et de l'aneth, 3 $), le *teftley* (des boulettes de viande, nappées d'une sauce à la crème aigre, 5,50 $) ou encore le caviar (prix du marché). N'oubliez pas de demander le dessert du jour. Ce restaurant reste encore relativement peu connu, on s'y sent comme à la maison et on se régale. Ouvert du lundi au samedi de midi à 23h, le dimanche de 14h à 22h.

Rice & Beans, 744 9th Ave. (265-4444), entre la 50th et la 51st St. Ce petit restaurant brésilien propose une cuisine saine et copieuse sur un air de salsa. Les déjeuners spéciaux sont servis de 11h à 16h et, pour 6,50 $, vous avez un plat de résistance accompagné de riz jaune ou blanc et de bananes plantain sautées. Le milk-shake aux fruits de la passion (2,75 $) est le dessert maison. Ouvert du lundi au jeudi de 11h à 22h, le vendredi et le samedi de 11h à 23h, et le dimanche de 13h à 21h.

Emporium Brasil, 15 W. 46th St. (764-4646), entre Broadway et la 6th Ave. Au cœur du quartier Little Brazil, situé le long de la 46th St., ce petit café sert d'excellentes pâtisseries et sandwichs. Les boissons au café existent en verre normal (de 1 à 2,25 $) et double (de 1,25 à 3,50 $). L'Emporium Brasil fait également épicerie et vend des journaux brésiliens. Asseyez-vous tranquillement au fond, devant un double cappuccino, en regardant les informations brésiliennes sur l'écran de télévision géant. Ouvert du lundi au vendredi de 9h à 19h, le samedi de 9h à 17h.

Carnegie Delicatessen, 854 7th Ave. (757-2245), au niveau de la 55th St. L'un des grands *delis* de New York. Des ventilateurs ronronnent au-dessus de vos têtes et les photos de clients célèbres (et repus après leur dîner ici) illustrent les murs. Longues tables où l'on mange côte à côte. Pour patienter, la maison offre des pickles et quelques amuse-gueules. Le *Woody Allen*, incroyable sandwich au pastrami (viande de bœuf fumée) et au corned beef (13 $), suffit largement à satisfaire l'appétit de deux personnes (le partager à deux vous coûte 3 $ de plus). Ne manquez pas non plus le *cheesecake* (gâteau à base de fromage blanc) délicieusement riche en calories, avec son coulis de fraise, de myrtille ou de cerise (6 $). Ouvert tous les jours de 6h30 à 16h. N'accepte pas les cartes de crédit.

■ Union Square et Gramercy Park

Les restaurants de Lower Midtown se maintiennent à égale distance des chaînes de fast-foods et des établissements branchés "grande cuisine". Le quartier, qui s'est légèrement embourgeoisé, est peuplé d'habitants aux origines ethniques diverses. Sur Lexington Ave., au nord de la 20th St., restaurants indiens et pakistanais se dispu-

RESTAURANTS ET BARS

tent les clients. Les plats sont à manger sur place ou à emporter. De nombreuses épiceries coréennes proposent aussi des buffets en *take away*. Prenez une barquette et choisissez parmi les préparations de pâtes, salades ou plats chauds, que vous payez au poids. Le secteur d'Union Square offre le même éclectisme culinaire. On y trouve de nombreux petits restaurants branchés, avec une clientèle à l'avenant. A l'angle de la 18th St. et d'Irving Place, au cœur d'un pâté de maisons du XIXᵉ siècle, se tient la **Pete's Tavern**, l'un des légendaires bistrots de New York, fondé en 1864.

★**Jaiya**, 396 3rd Ave. (889-1330), entre la 28th St et la 29th St. Une très bonne cuisine de Thaïlande et d'autres pays asiatiques. Au choix, des plats peu épicés, moyennement épicés ou extrêmement épicés. Essayez le *Pad Thai* à 7,25 $. Les *lunch specials* sont servis du lundi au vendredi de 11h30 à 15h. La plupart des plats coûtent entre 5 et 6 $. Ouvert tous les jours du lundi au vendredi de 11h30 à minuit, le samedi de midi à minuit et le dimanche de 17h à minuit. Un autre restaurant de la même chaîne est situé au 81-11 Broadway dans Elmhurst, Queens.

★**Zen Palate**, 34 E. Union Sq. (614-9345), de l'autre côté du parc. Fantastique cuisine végétarienne d'inspiration asiatique, fondante, légère et dont les ingrédients sont très frais. Parmi les délices de la maison, citons le *shredded heaven* (lambeaux de paradis, assortiments de légumes et de rouleaux de printemps accompagnés de riz complet, 8 $), les *fettuccinis* à la farine de riz sautés avec des champignons (7 $), et autres mets à base de riz complet, d'algues, de chou frisé et de soja. Jus de fruits frais ou milk-shakes au soja 1,50 $. Desserts étonnants, comme la tourte au tofu et au miel. Décoration plutôt stylée par rapport aux autres restaurants d'Union Square. Ouvert du lundi au samedi de 11h à 23h, le dimanche de midi à 22h30. Deux autres adresses : au 663 9th Ave. (582-1669), au niveau de la 46th St., et au 2170 Broadway (501-7768), au niveau de la 76th St.

Chat'n'Chew, 10 E. 16th St. (243-1616), entre Union Square et la 5th Ave. Les patrons se vantent d'offrir de la "nourriture simple pour routiers". Copieuses assiettes de macaronis au gratin croustillants (7,25 $), fromage grillé aux tomates (6 $) et énormes parts de grains de riz soufflés avec des mini marshmallows (2 $). Cuisine américaine classique et sans manière. Ouvert du lundi au jeudi de 11h30 à 23h30, le vendredi de 11h30 à minuit, le samedi de 10h à minuit, le dimanche de 10h à 23h.

Fresco Tortilla Grill, 36 Lexington Ave. (475-7380), au niveau de la 24th St. Contrairement à la plupart des milliers de snacks anonymes de New York, le fresco Tortilla grill sert de la bonne cuisine mexicaine, très bon marché. *Tacos* (crêpes de maïs farcie) 1 $, énormes et délicieux *burritos* (crêpes garnies de viande, fromage, haricots rouges, etc.) de 4 à 5 $. Il n'y a pas de tables, seulement quelques tabourets (la plupart des clients achètent pour emporter). Si vous êtes nombreux, il vaut mieux prendre le menu spécial à 13 $: 12 tortillas, poivron et oignons grillés, haricots rouges, poulet et *salsa* (sauce épicée aux oignons, tomates et piments). Ouvert du lundi au vendredi de 11h à 22h, le week-end de midi à 19h.

Tibetan Kitchen, 444 3rd Ave. (679-6286), entre la 30th St. et la 31st St. Ce minuscule restaurant sert une excellente nourriture, avec plus de viande que dans la cuisine chinoise et une touche culinaire indienne. Les *momos* (des petites boulettes de viande), "le plat le plus populaire du Tibet", coûtent 7,25 $ et valent le détour. Le *bocha* est le thé tibétain salé et beurré (pour les estomacs bien accrochés). Plats végétariens entre 6,75 et 7,25 $. Le sourire serein du Dalaï-Lama illumine bien sûr les lieux. Ouvert du lundi au vendredi de midi à 15h et de 17h30 à 23h, le samedi de 17h30 à 23h.

Empire Szechuan Balcony, 381 3rd Ave. (685-6215, 685-6961, 685-6962 ou 685-6670), entre la 27th St. et la 28th St. Cet antre chinois installé sur plusieurs étages est décoré de miroirs aux murs, de moulures pourpres et de plantes vertes. Mets chinois savoureux et bien préparés, exempts de substances gluantes, d'huile et de glutamate de sodium. Noms poétiques, comme la galaxie de crevettes roses (10,45 $) ou *chow fun* (6 $). Plats principaux entre 6 et 10 $. Ouvert du lundi au vendredi de 10h30 à minuit, le week-end de 11h30 à minuit.

Madras Mahat, 104 Lexington Ave. (684-4010), entre la 27th St. et la 28th St. Ce restaurant végétarien indien est un hymne au "multiculturellement correct" : il est tenu par un catholique et a été reconnu comme strictement casher ! Buffet végétarien à volonté 7 \$ (du lundi au vendredi de 11h30 à 15h), crêpes de 5,50 à 8 \$, currys 9 \$. Pour 7 \$, le restaurant propose aussi plusieurs sortes de *specials*. Ouvert du lundi au vendredi de 11h30 à 15h et de 17h à 22h30, le week-end de midi à 22h30.

Sunburnt Espresso Bar, 206 3rd Ave. (674-1702), au niveau de la 18th St. Café chaleureux, dans les tons vermillon qui propose de bons en-cas : salade de maïs et poivrons rouges 3 \$, jambon cru servi avec des tomates séchées, du basilic et du brie 5 \$. De délicieux milk-shakes, des boissons frappées et autres douceurs (de 3,25 à 4,50 \$), ainsi que des *muffins* allégés (1,75 \$), complètent la carte des desserts. Ce qui ne gâche rien, les serveurs sont séduisants ! Ouvert du lundi au vendredi de 7h à 23h, le week-end de 8h à 23h.

■ Chelsea

Niché entre le quartier snob de West Village et le quartier en voie d'embourgeoisement de West Midtown, Chelsea est truffé de *diners* rétro dans le style années 50 (l'authentique *diner* a la forme d'un wagon-restaurant, avec un long comptoir et des boxes où s'assoient les clients). On y sert des hamburgers sans surprise à 6 \$ et des omelettes à 7 \$. Entre la 14th St. et la 22nd St. se déploie toute une palette de restaurants latino-américains et chinois, ainsi qu'un éventail de spécialités cajuns ou créoles. C'est sur la 8th Ave. que le choix est le plus vaste. Les amateurs de billard américain, qui sont prêts à payer leur repas un peu plus cher, ne peuvent manquer de se rendre au **Billiard Club**, au 220 W. 19th St. (206-7665) : pour 17 \$, vous avez droit à un repas pour deux et à une heure de billard (si vous ne voulez que la table de billard, il vous en coûte 5 \$ de l'heure).

★**Kitchen**, 218 8th Ave. (243-4433), à côté de la 21st St. Cuisine mexicaine à emporter (il n'y a pas de salle où s'asseoir). Des piments rouges sont suspendus au plafond de cette épicerie on ne peut plus authentique. *Burritos* fourrés aux haricots *pintos* (variété cultivée autour du Rio Grande), riz et salsa (5,70 \$). Fruits secs, noix et crevettes vendus à la livre (de 1 à 5 \$), ainsi que divers produits alimentaires mexicains. Grand choix de piments et de chips. Ouvert tous les jours de 11h30 à 22h30.

★**Big Cup**, 228 8th Ave. (206-0059), entre la 21st et la 22nd St. Les nombreuses banquettes colorées confortables et les chaises rembourrées en font un endroit très agréable où siroter une tasse de café (1 \$). Plongez-vous dans la lecture d'un bon livre ou cherchez du regard un joli garçon. Clientèle à prédominance gay. Si vous avez le palais aventureux, vous pouvez déguster des cafés aux parfums étranges (au caramel, par exemple) ou un sandwich à la fleur de cactus et au poivron rouge (5 \$). Le mardi soir à 20h, des voyants tirent les cartes du tarot. Ouvert du dimanche au jeudi de 7h à 2h, le vendredi et le samedi de 8h à 3h.

Negril, 362 W. 23rd St. (807-6411), entre la 8th Ave. et la 9th Ave. La cuisine jamaïcaine de ce restaurant est légère, mais très épicée. Le magazine *Bon Appétit* a même publié la recette de leur poulet au gingembre et au citron vert (8,50 \$). Les haricots rouges ou les lamelles de poulet séchées (7,50 \$) sont accompagnés de riz ou de bananes grillées et de légumes à la vapeur. Sandwichs de 6,50 à 7,50 \$, plats légers (salades, etc.) de 3,50 à 8,50 \$, plats principaux de 6,50 à 8,50 \$, menus le soir de 8 à 15 \$. Bière épicée au gingembre 2 \$. Le dimanche, à l'heure du *brunch* (de 11h à 16h), un groupe vient jouer de la musique. Accès facile pour handicapés. Ouvert du lundi au samedi de midi à 23h, le dimanche de 11h à 16h et de 17h à 22h.

Utopia-W-Restaurant, 338 8th Ave. (807-8052), au niveau de la 27th St. Situé dans les locaux du Fashion Institute of Technology, c'est la cantine à la mode fréquentée par les étudiants tout aussi branchés de l'université. Copieux hamburgers. Cheeseburger avec frites, *coleslaw* (petite salade de chou cru) et *pickles* (petits légumes macérés dans du vinaigre) : 5 $. Le dîner est souvent accompagné d'un verre de vin offert par la maison. Ouvert tous les jours de 6h à 21h30.

Sam Chinita Restaurant, 176 8th Ave., au niveau de la 19th St. Un décor de *diner* classique des années 50, avec des rideaux rouges, dans lequel on mange de la cuisine hispano-chinoise (peut-être un peu plus chinoise). Des dizaines de plats bon marché à moins de 6 $. Parmi les favoris, notez le poulet à la *Latino* accompagné de riz jaune (6 $) et le homard à la cantonaise servi avec du riz sauté et des rouleaux impériaux (9 $). Déjeuners spéciaux tous les jours entre 3 et 6 $ (servis de midi à 16h). Ouvert tous les jours de 11h45 à 23h.

Bright Food Shop, 216 8th Ave. (243-4433), au niveau de la 21st St. Ce petit restaurant à carreaux rouges et blancs, "où le Sud-Ouest américain rencontre l'Extrême-Orient", sert un délicieux mélange de cuisine mexicaine et asiatique. La salade aux légumes verts saupoudrée de graines de tournesol et nappée de vinaigrette au xérès et au cumin (5 $) est un régal, de même que la *quesadilla* garnie de crevettes, de cresson et de fromage de chèvre (12 $). Parmi les boissons, vous pouvez goûter des mélanges exotiques tels que la citronnade au miel (de 1 à 1,75 $) ou le soda aux plantes (2,25 $). Vous ne pouvez pas manquer l'enseigne en néon. Voilà un restaurant qui porte bien son nom. Ouvert du lundi au samedi de 10h45 à 15h30 et de 18h à 22h30, *brunch* le week-end de 11h à 16h.

Eighteenth and Eighth, 8th Ave. (242-5000), au niveau de la 18th St., comme son nom l'indique... Entre la clientèle d'"artistes" et les expositions qui s'y déroulent, ce petit restaurant ressemble à une véritable galerie d'art. Mais le chef-d'œuvre, ici, est le menu léger et plein d'arômes qui arrange à merveille les poulets, poissons, légumes et fruits tropicaux. Poulet au curry et à la mangue 10 $, autres plats de résistance de 7 à 15 $, desserts de 3 à 5 $. Ouvert du lundi au vendredi de 8h à minuit, le week-end de 9h à 00h30.

Eureka Joe, 168 5th Ave. (741-7500), au niveau de la 22nd St. L'un des seuls bars-cafés du quartier à avoir vraiment du style. On y mange de bons sandwichs (de 5 à 7 $) et des plats chauds (8 $) mais c'est les desserts (de 1 à 4 $) qui ont fait la réputation du lieu. Dans quel autre endroit en ville pouvez-vous trouver un *doughnut* (beignet en couronne) bio, glacé aux fruits ? Les matins, en semaine (de 7h à 10h), le café ne coûte que 50 ¢. Ouvert du lundi au vendredi de 7h à 22h, le samedi de 9h à 22h, le dimanche de 10h à 18h.

Mary Ann's, 116 8th Ave. (633-0877), au niveau de la 16th St. Des serveurs sympathiques apportent d'énormes assiettes dans ce lieu aux murs blancs et aux boiseries, décoré de *piñatas* (lanternes festives mexicaines en papier mâché). La salle est éclairée grâce à de petites lumières suspendues au plafond. Cuisine mexicaine originale et inventive qui propose d'étonnantes préparations à base de fruits de mer. Les gens du coin adorent l'*enchilada* garnie aux crevettes et au crabe, nappée de sauce *tomatilla* (9,25 $) et la *quesadilla* fourrée aux aubergines rôties, avec salade à l'avocat (8 $). La plupart des plats principaux sont entre 9 et 11 $. *Margarita* (cocktail de tequila, citron et triple sec, servi glacé) 4,50 $. C'est un endroit populaire et il y a souvent du monde. Ouvert le lundi et le mardi de 11h30 à 22h30, le mercredi et le jeudi de 11h30 à 22h45, le samedi de 11h30 à 23h15, le dimanche de midi à 22h.

Bendix Diner, 219 8th Ave. (366-0560), au niveau de la 21st St. Un nouveau genre culinaire hybride : l'américano-thaïlandais. Essayez les nouilles sautées aux légumes (7 $) ou, si vous voulez rester couleur locale, le hamburger (3,75 $). On y sert aussi des tartes et des sandwichs. Fricassée de légumes 6 $. Demi-poulet grillé accompagné de légumes et de pommes de terre 6,45 $. Ouvert du lundi au samedi de 7h à 1h, le dimanche de 7h à 23h.

B.M.W. Gallery and Coffee Magic Espresso Bar, 199 7th Ave. (229-1807), entre la 21st St. et la 22nd St. Tentures, canapés et tableaux accrochés aux murs donnent un côté chic et avant-gardiste à ce café-bar à vins. Bon choix de vins, de bières locales et de magazines à tendance gay. Prix intéressants : sandwichs aux légumes (3 $), grand café glacé *mochaccino* (2,60 $) et café (80 ¢). Ouvert du lundi au mercredi de 7h à 22h30, le jeudi et le vendredi de 7h à 1h, le samedi de 10h à 1h, le dimanche de 10h à 21h.

■ Upper East Side

Dans l'Upper East Side, les prix des restaurants diminuent à mesure qu'on s'éloigne de la 5th Ave. et de ses luxueux cafés, pour aller vers l'est en direction de Lexington, de la 2nd et de la 3rd Ave. Si vous voulez goûter aux classiques *bagels* new-yorkais (petits pains très denses en couronne, aux graines de sésame, de pavot ou à la cannelle et aux raisins), essayez **H & H East** (734-7441), 1551 2nd Ave., entre la 80th et la 81th St. Ouvert 24h/24, H & H utilise toujours une recette centenaire qui n'a pas son pareil pour vous envoyer au paradis. Ne vous limitez pas aux restaurants : le quartier regorge d'épiceries, de *delis* et de boulangeries, qui permettent de constituer un bon pique-nique en vue d'un après-midi à Central Park.

★**Barking Dog Luncheonette**, 1678 3rd Ave. (831-1800), au niveau de la 94th St. Comme vous y invite l'inscription sur les T-shirts du personnel, "SIT-STAY !" (restez assis !) et dévorez des plats assez copieux pour rassasier le dogue le plus affamé du quartier. Le petit déjeuner spécial (4,50 $) comprend deux œufs, des *hash browns* (pommes de terre sautées), du bacon ou des saucisses. Si vous êtes plutôt lève-tard, vous opterez peut-être pour le hamburger garni (6,50 $). Avec ses grandes baies vitrées qui donnent sur la 3rd Ave., et une décoration sur le thème du chien "fidèle ami de l'homme", ce petit restaurant à l'ambiance calme a tout d'un paradis canin. Ouvert tous les jours de 8h à 23h.

★**Brother Jimmy's BBQ**, 1461 1st Ave. (545-7427), au niveau de la 76th St. A l'entrée, un panneau vous annonce : "BBQ (barbecue) et alcool : les deux choses qui font tourner l'Amérique." Dans ce restaurant typique du vieux Sud, on vous sert généreusement des deux. La cuisine est authentique, grasse à souhait, et délicieuse. L'hospitalité sudiste se traduit par des menus gratuits pour les enfants de moins de 12 ans et par la *margarita* offerte gracieusement à tout le monde le lundi soir. *Ribs* (échine de porc grillée à la sauce barbecue) copieux pour 13 $, servis avec deux accompagnements et du corn bread (pain de maïs). Sandwichs de 6 à 7 $, pour les "petits" appétits. La cuisine est ouverte du dimanche au jeudi de 17h à minuit, le vendredi et le samedi de 11h à 1h. Le bar est en service "jusqu'à ce que vous ayez fini votre dernier verre", c'est à dire aux environs de 4h.

★**EJ's Luncheonette**, 1271 3rd Ave. (472-0600), au niveau de la 73rd St. Une élégance toute américaine et une nourriture de qualité et copieuse font de ce *diner* branché l'un des endroits favoris des habitants de l'Upper East Side. (*Pancakes* au beurre 5 $, hamburgers 5,75 $). Ouvert du lundi au jeudi de 8h à 23h, le vendredi et le samedi de 8h à minuit, le dimanche de 8h à 22h30.

Tang Tang Noodles and More, 1328 3rd Ave. (249-2102/3/4), au niveau de la 76th St. Des nouilles et des raviolis chinois, bon marché et délicieux. Pas de plat de nouilles à plus de 5,75 $ (prix moyen 5 $). Beaucoup de monde, mais le service est rapide comme l'éclair et la nourriture un régal. Ouvert du dimanche au jeudi de 11h à 23h, le vendredi et le samedi de 11h30 à 23h15.

Burritoville, 1489 1st Ave. (472-8800), entre la 77th St. et la 78th St. Autre établissement au 1606 3rd Ave. (410-2255), entre la 90th St. et la 91st St. Passez la porte étroite et aventurez-vous dans la ville mystique de Burritoville, "où les ombres revêtent les formes d'animaux anciens et où le ciel est une harmonie de flûtes et de sifflets d'argile". En fait, un bon restaurant tex-mex qui propose 15 sortes de *burritos* (tortillas garnies de viande, fromage, haricots rouges, etc.), dont le *Route 66 Burrito* (végétarien, 4,95 $) et le *Davy Crockett's Last Burrito* (à l'agneau grillé, 7,25 $). Six adresses dans New York. Ouvert tous les jours de midi à 23h.

Viand, 673 Madison Ave. (751-6622), entre la 61st St. et la 62nd St. Un excellent endroit pour se remettre des fatigues du shopping. Tous les plats y sont relativement chers à l'exception des succulents hamburgers. Cheeseburger 4,10 $, accompagné de frites, de *cole slaw* (petite salade de chou cru) et de garnitures 6 $. Atmosphère très agréable et personnel sympathique. Ouvert tous les jours de 6h à 22h.

RESTAURANTS ET BARS

El Pollo, 1746 1st Ave. (996-7810), entre la 90th St. et la 91st St. Ce petit restaurant péruvien est tout en longueur. Les gens du quartier sont fous des plats au poulet grillé. Les énormes poulets sont marinés, puis rôtis à la broche avant d'être servis avec un assortiment de sauces. De délicieuses spécialités exotiques péruviennes viennent compléter la carte et le vin est offert par la maison. Une belle aventure épicurienne qui en plus reste tout à fait abordable. Demi-poulet 5 $. Vous pouvez apporter votre bouteille. Autre adresse, au 482 Broome St. (431-5666), à SoHo. Ouvert tous les jours de 11h30 à 23h.

Sarabeth's Kitchen, 1295 Madison Ave. (410-7335), au niveau de la 92nd St. Des familles aisées vont souper dans ce restaurant stylé, installé sur deux étages dans une ancienne pâtisserie de quartier. Les prix des repas sont élevés le soir, mais vous pouvez vous joindre aux nombreux amateurs de *brunch*. Inscrivez-vous une heure avant et allez faire un tour dans le quartier avant de revenir déguster les œufs "vert et blanc" du Dr. Seussian : ce sont des œufs brouillés, avec du fromage frais à la crème et des poireaux (7,50 $). Les mordus de dessert n'ont que l'embarras du choix : pâtisseries, flans, tartes à la crème, crème anglaise, *muffins*. Installez-vous dans le petit café et savourez votre sucrerie en sirotant un cappuccino. Autre adresse au 423 Amsterdam Ave. (496-6280), au niveau de la 81st St. Ouvert du lundi au vendredi de 8h à 15h30 et de 18h à 22h30, le samedi de 9h à 16h et de 18h à 22h30, le dimanche de 9h à 16h et de 18h à 21h30.

Ottomanelli's Café, 1626 York Ave. (772-7722), entre la 85th St. et la 86th St. Un poste avancé de l'immense et puissant empire Ottomanelli, qui fournit New York en viande, pain et pâtisserie depuis 1900. Descendez les escaliers qui mènent à ce charmant café un peu sombre, et faites une pause pâtisserie après vos pérégrinations dans le quartier. Au menu, vous trouvez également des blancs de poulet grillés, des pizzas et la spécialité maison : le steakburger frais du jour. Parmi les nombreuses autres adresses d'Ottomanelli dans l'Upper East Side, citons : le 439 E. 82nd St., au niveau de York Ave. (737-1888), le 1518 1st Ave., au niveau de la 79th St. (734-5544), le 1370 York Ave., au niveau de la 73rd St. (794-9696), et le 1199 1st Ave., au niveau de la 65th St. (249-7878). Ouvert tous les jours de midi à 22h.

The Den, 1500 3rd Ave. (628-7165), entre la 84th St. et la 85th St. Malgré les sombres connotations de son nom (la tanière, mais aussi un lieu de débauche), The Den est spacieux, lumineux et gai, avec des fausses fenêtres peintes sur les murs roses s'ouvrant sur des scènes bucoliques. Les plats principaux sont plutôt chers (de 8 à 14 $), mais les gros hamburgers sont très abordables (de 3 à 6 $). Essayez de retrouver votre serveur parmi les caricatures dessinées sur le menu. Salon fumeur pour les amateurs. Ouvert tous les jours de 8h30 à 22h30.

Arriba ! Arriba !,1463 3rd Ave. (249-1423), entre la 82nd St. et la 83rd St. Des crânes de vache, un bar sombre et une tête de cerf portant un bandeau sur l'œil donnent une ambiance vaguement surréaliste à ce restaurant mexicain. La plupart des plats de résistance coûtent entre 7 et 10 $, mais certaines *fajitas* (fricassées de légumes, viande et épices) sont un peu plus chères (au bœuf 11,45 $, aux crevettes 14 $). Ouvert du lundi au vendredi de midi à minuit, le week-end de midi à 1h.

Jackson Hole Wyoming, 1270 Madison Ave. (427-2820), au niveau de la 91st St. D'immenses fenêtres donnant à la fois sur Madison Ave. et la 91st St. vous permettent de regarder les passants tout en savourant les hamburgers géants de la maison. Il y en a 30 variétés différentes, et chacun pèse environ 200 g (de 4 à 8 $, ou de 6,50 à 10 $ pour une assiette garnie). Deux autres adresses : sur la 64th St., entre la 2nd Ave. et la 3rd Ave., et sur Columbus Ave., entre la 83rd St. et la 84th St. Ouvert tous les jours de 7h à 23h.

ecco-la, 1660 3rd Ave. (860-5609), à l'angle de la 93rd St. Après avoir joué au critique d'art au Metropolitan Museum of Art ou au Whitney Museum, venez débattre de l'esthétique de ecco-la : tables peintes à la main et murs ornés d'horloges. Lieu artistique mais aussi hautement culinaire. Appréciez les raviolis géants de pâte fraîche, garnis de homard, de champignons, de poireaux et de persil, le tout nappé d'une sauce à la crème d'avocat (10 $). Si vous êtes d'humeur moins aventureuse, vous pouvez vous en tenir aux pizzas (9 $) et aux pâtes (10 $). Ouvert du dimanche au jeudi de midi à minuit, le vendredi et le samedi de midi à 00h30.

Rush'n Express, 306 E. 86th St. (517-4949), entre la 1st Ave. et la 2nd Ave. Ces délicieuses spécialités russes bon marché sont une alternative agréable aux chaînes de fast-foods. Les murs décorés de scènes folkloriques et la musique pop russe vous mettent dans l'ambiance pour déguster de succulents *piroshkis* (chaussons garnis de viande, de pommes de terre ou de fromage, 1,50 $), qui vous transportent du côté de l'Oural. Ouvert tous les jours de 11h à 22h.

Papaya King, 179 E. 86th St. (369-0648), au niveau de la 3rd Ave. Les New-Yorkais font la queue devant cet établissement, uniquement pour avoir le plaisir de goûter les hot dogs (2 pour 3,79 $), réputés être "meilleurs que du filet mignon" ! Les milk-shakes aux fruits (1,69 $) devraient vous donner une bonne dose d'énergie. Ouvert du dimanche au jeudi de 8h à 1h, le vendredi et le samedi de 9h à 3h.

■ Upper West Side

A la différence de nombreux quartiers de New York, l'Upper West Side ne se caractérise pas par un style particulier de restaurants. Les pizzérias bon marché y côtoient les établissements chic, et les marchands ambulants de hot dogs se postent à l'ombre des épiceries fines. Si les prix affichés par Betsey Johnson ou Charivari vous ont mis de mauvaise humeur, allez marchander au Street Fair, sur Columbus Ave. Vous pouvez aller vous perdre au milieu des interminables rayons de l'épicerie-*déli* **Zabar's**, 2245 Broadway (787-2002), au niveau de la 81st St. Le large éventail de restaurants présents dans le quartier permet de satisfaire aussi bien le promeneur solitaire que l'amateur de rencontres.

★**Cleopatra's Needle**, 2485 Broadway (769-6969), entre la 92nd St. et la 93rd St. Tous les soirs, ce restaurant offre de la cuisine du Moyen-Orient sur fond de jazz à une clientèle d'habitués. Si vous n'avez pas le temps de dîner, il y a un comptoir de vente à emporter : *baba ghanoush*, *burrito* à l'égyptienne pour moins de 4 $. On tente maladroitement de prononcer le nom des plats exotiques, tels que le *Kibbeh-sinaya* (8 $) ou l'*Imam Bayildi* (9 $). Vous pouvez aussi vous en tenir aux classiques, comme le poulet rôti (8,25 $). *Deli*-comptoir à emporter ouvert tous les jours de 8h à 23h. Pour dîner, ouvert du dimanche au jeudi de 17h à 23h, le vendredi et le samedi de 17h à minuit.

★**La Caridad**, 2199 Broadway (874-2780), au niveau de la 78th St. L'un des restaurants hybrides hispano-chinois qui connaît le plus de succès. Vous pouvez y venir plus de 100 fois et ne jamais manger le même plat. Les serveurs assez exubérants sont trilingues. La décoration est toute simple, mais la délicieuse cuisine maison vous rappellera votre *abuelita* (grand-mère). Les prix restent en dessous de la barre des 10 $. Ouvert du lundi au samedi de 11h30 à 1h, le dimanche de 11h30 à 22h30.

★**Soutine**, 104 W 70th St. (496-1450), au niveau de Amsterdam Ave. Depuis 1983, cette minuscule pâtisserie s'est imposée comme l'endroit incontournable du quartier. Ses délices, préparés avec amour, ont même été encensés par le critique gastronomique redouté Ed Levine. Essayez les *sacristans* (feuilletés) ou les tartes aux fruits (tous les deux à moins de 2 $). Sandwichs 3,50 $. Ouvert du lundi au vendredi de 8h à 19h, le samedi de 9h à 17h.

★**H&H Bagels**, 2239 Broadway (595-8000), au niveau de la 80th St. Avec ses *bagels* (petits pains en couronne) frais du jour et bon marché (70 ¢), H&H fournit les habitants de l'Upper West Side depuis des années. Ouvert 24h/24.

Ollie's, 2315 Broadway (362-3111 ou 362-3712), au niveau de la 84th St. L'incontournable poulet entier est exposé en vitrine, mais ce n'est pas à cela que vous reconnaîtrez la qualité de cet établissement. Non, le critère est tout autre : jetez un œil à l'intérieur et voyez l'air réjoui des clients en train de manger. Les soupes aux nouilles et les plats de riz sauté (la plupart aux environs de 5,25 $), sont bon marché. Des tables en bois verni donnent un côté plus raffiné à ce petit restaurant très fréquenté. Ouvert du lundi au samedi de 11h à minuit, le dimanche de 11h à 23h30. Autres adresses (menus et horaires semblables) : 2957 Broadway, au niveau de la 116th St., et 190 W 44th St., entre la 6th Ave. et la 7th Ave.

Carmine's, 2450 Broadway (362-2200), entre la 90th St. et la 91st St. Ce petit restaurant familial italien, bruyant et animé, sert des portions gargantuesques : un plat unique est suffisant pour trois personnes. Pour le dîner, les prix sont plutôt élevés, mais, au déjeuner, le comptoir de vente à emporter à côté propose des *hero combos* (grands sandwichs mixtes, 8 $). La carte des vins est correcte. Ouvert du lundi au jeudi de 17h à 23h, le vendredi et le samedi de 17h à minuit, le dimanche de 15h à 23h. Le bar est ouvert du lundi au samedi à partir de 16h30.

Café Lalo, 201 83rd St. (496-6031), au niveau d'Amsterdam Ave. Cet endroit très chic a des baies vitrées qui vont du sol au plafond. C'est ici qu'il vous faut venir après un bon film, si vous ne craignez pas les calories. Plus de 60 pâtisseries et gâteaux différents de 3 à 6 $ chacun. Ouvert du dimanche au jeudi de 9h à 2h, le vendredi et le samedi de 9h à 4h.

Tibet Shambala, 488 Amsterdam Ave. (721-1270), entre la 83rd St. et la 84th St. Savoureuse cuisine tibétaine, dont de nombreux plats végétariens et végétaliens. Les *specials* sont à 5,50 $ (servis du lundi au vendredi de midi à 16h). Les plats principaux coûtent le soir entre 7,25 et 9 $. Du bonus pour votre karma ! Ouvert du lundi au vendredi de 13h à 16h et de 18h à 23h, le week-end de midi à 23h.

Daikichi Suchi, 2345 Broadway (362-4283), entre la 85th St. et la 86th St. Cette boutique de *sushis* propose 30 combinaisons à bas prix (de 4 à 8 $). La rapidité du service montre à quel point ces gens prennent leur *nigiri* au sérieux. Uniquement à emporter (parfait pour un pique-nique à Central Park). Ouvert tous les jours de 11h à 22h.

Rain, 100 W. 82nd St. (501-0776), au niveau de Columbus Ave. Ce hall d'immeuble transformé en restaurant est un petit monde branché à lui tout seul. La sono diffuse de la musique à la mode pendant que la clientèle stylée déguste des nouilles thaïlandaises. C'est relativement cher (plats du déjeuner de 9 à 11 $, plats du dîner de 11 à 22 $), mais on y mange très bien et en bonne compagnie. Ouvert du lundi au vendredi de midi à 15h et de 18h à 23h, du vendredi au dimanche de midi à 16h et en plus le vendredi soir de 18h à minuit, le samedi soir de 17h à minuit et le dimanche soir de 17h à 22h.

Obento Delight, 210 W. 94th St. (222-2010), entre Amsterdam Ave. et Broadway. Cuisine japonaise fraîche et bon marché. Sa situation à l'écart des grandes avenues est trompeuse : Obento Delight est assez chic, avec ses jolies petites tables de bois blond et son personnel appliqué. *Tempura* (beignet très léger) de légumes 6,75 $, *shumai* de crevettes 5,50 $ les 10 pièces. Livraisons gratuites (pour une commande d'au moins 7 $). Ouvert tous les jours de 11h30 à 23h.

Hot Bagels & Tasty Bakery, 2079 Broadway (699-5611), entre la 71st St. et la 72nd St. Les New-Yorkais ne pourraient pas survivre sans ces petites pâtisseries de quartier qui proposent tout un assortiment de pains, de pâtisseries et de sandwichs (la plupart à moins de 5 $). Indispensable pour les petits creux qui surviennent à toute heure du jour ou de la nuit. Ouvert 24h/24.

Café Mozart, 154 70th St. (595-9797), entre Broadway et Columbus Ave. Un café agréable et sans prétention, à l'écart de l'agitation de Broadway. L'endroit parfait pour siroter un bon café, lire le journal (gratuit) et regarder passer les gens dans la rue. Le *special* (servi du lundi au vendredi de 11h à 14h) comprend un sandwich, une quiche ou une omelette, servis avec une boisson ou un café, et un dessert (6 $). Les salades (de 4 à 9 $) sont copieuses. Concerts de musique classique du lundi au samedi de 21h à minuit, le dimanche de 15h à 18h et de 19h à 22h. Ouvert du lundi au jeudi de 11h à 2h, le vendredi de 11h à 3h, le samedi de 10h à 3h, le dimanche de 10h à 2h.

Dallas BBQ, 27 W. 72nd St. (873-2004), entre Columbus Ave. et Central Park West. La marquise aux couleurs vives de ce restaurant est un peu déplacée dans ce quartier principalement résidentiel. A l'intérieur, vous trouvez des boxes séparés et une décoration tex-mex assez kitsch (avec crânes de vaches et tapis de rigueur). Si vous avez envie d'activités plus sociables, le bar situé sur la gauche est fait pour vous. Désolé, il n'y a pas d'appareil à rodéo électrique... Ouvert du dimanche au jeudi de midi à minuit, le vendredi et le samedi de midi à 1h.

Mingala West, 325 Amsterdam Ave. (873-0787), au niveau de la 75th St. La cuisine birmane est à base de nouilles à la farine de riz, de sauces aux cacahuètes, de noix de coco et de curry, mais ne ressemble pas du tout aux cuisines thaïlandaise ou indonésienne. Avec ses murs couleur lavande et ses éléphants en ébène, cet établissement est idéal pour découvrir une nouvelle cuisine. Les copieux *specials* sont à 5 $ (soupe ou salade, un plat au choix parmi les 20 spécialités toutes succulentes, accompagnement de riz ou de nouilles), servis du lundi au vendredi de midi à 16h. Assortiment "léger" de différents plats servi de 16h30 à 18h30 (de 6 à 9 $). *Glass noodles* (vermicelles) et plats à la viande de bœuf à la carte (de 7 à 13 $). Une photo de la birmane Aung San Soo Kyi, prix Nobel de la paix en 1991, est affichée aux murs. Ouvert du dimanche au jeudi de midi à 23h30, le vendredi et le samedi de midi à minuit.

Café La Fortuna, 69 W. 71st St. (724-5846), au niveau de Columbus Ave. Pâtisseries, cafés et sandwichs excellents, servis dans un véritable antre italien. Très apprécié des habitants du quartier : les lycéens en goguette s'y agglutinent, en attendant d'avoir le droit de fumer, les plus sérieux étalent livres et cahiers sur des coins de table et les parents s'installent avec leurs enfants, dans le patio du fond. Succulents cappuccinos glacés accompagnés de glaces italiennes au chocolat (3,50 $). Ouvert du dimanche au jeudi de midi à minuit, le vendredi et le samedi de midi à 1h30.

Diane's Uptown, 251 Columbus Ave. (799-6750), près de la 71st St. Ce café, orné d'une belle main courante en cuivre, accueille des étudiants branchés qui swinguent au son de la musique, tout en dévorant d'énormes hamburgers. Les vieilles dames du quartier viennent parfois y déjeuner aussi. Vous pouvez choisir avec votre hamburger de 200 g (4,50 $) du chili, du *chutney* (fruits et légumes pimentés et épicés, confits dans du vinaigre sucré) ou sept sortes de fromages (85 ¢ par garniture). Il y a souvent une réduction de 1 $ sur les hamburgers et les omelettes. Ouvert du dimanche au jeudi de 11h à minuit, le vendredi et le samedi de 11h à 1h.

Indian Café, 2791 Broadway (749-9200), au croisement de la 108th St. et de West End Ave. Cuisine indienne authentique. Les endroits les plus tranquilles sont la lumineuse véranda et le bar sombre. Des affiches d'éléphants et de la musique indienne vous transportent sur les bords du Gange. Les spécialités de la maison sont les plats cuisinés dans un four en terre (8 $), mais il y a un choix important d'autres plats, aux environs de 6 $. Ouvert tous les jours de 11h30 à minuit.

The Lemongrass Grill, 2534 Broadway (666-0888), au niveau de la 95 rd St. Une autre adresse incontournable de l'Upper West Side. Les gens du coin viennent se rassasier de nouilles thaïes succulentes (de 5 à 7 $), dans un décor de bambou. Ouvert du dimanche au jeudi de midi à 23h30, le vendredi et le samedi de midi à 0h30. Autre adresse à Park Slope, au 61 7th Ave (718-399-7100), à Brooklyn.

The Happy Burger, 2489 Broadway (799-7719), entre la 92nd St. et la 93rd St. Ce charmant petit restaurant propose 16 variétés de hamburgers (de 225 g chacun), toutes à moins de 5 $. Il y a également des spécialités grecques (comme la moussaka) pour moins de 7 $. Si vous êtes au régime, vous pouvez prendre un hamburger à la dinde (3,65 $) ou une salade (5,25). Ouvert tous les jours de 7h à 22h.

Empire Szechuan Gourmet, 2574 Broadway (663-6004/5/6), au niveau de la 97th St. De décoration moderne, ce restaurant spacieux est très apprécié par les gens de l'Upper West Side (d'où les trois numéros de téléphone). Le personnel efficace fait tourner cet établissement comme une horloge. Si vous surveillez votre ligne, vous avez le choix entre 15 plats principaux diététiques. En dehors des plats classiques au poulet ou au porc, on trouve du bœuf et de l'agneau (8,25 $). Signalons également les hors-d'œuvre (généralement à 1 $), les *dim sum* (sortes de raviolis chinois, de 1 à 6 $, servis du lundi au vendredi de 10h30 à 15h30, le weekend de 10h à 15h30), ainsi que des plats japonais et un bar à *sushis*. Des *specials* copieux à 5 $ sont servis du lundi au vendredi de 11h30 à 15h. A l'entrée du restaurant, vous pouvez obtenir des bons de réduction sur les plats à emporter le soir. Livraisons gratuites. Ouvert tous les jours de 10h30 à 2h.

■ Morningside Heights

Les cafés et les restaurants de Morningside Heights fonctionnent essentiellement avec la clientèle des enseignants, des étudiants et de leurs familles de Columbia University. Après la tournée des grandes églises du quartier, vous trouverez facilement un endroit où vous restaurer, mais la gastronomie ne justifie pas à elle seule de venir jusqu'ici.

★**Massawa**, 1239 Amsterdam Ave. (663-0505), au niveau de la 121st St. Vérifiez que vos mains sont im-pec-ca-ble-ment propres : ce restaurant cuisine des spécialités éthiopiennes et érythréennes que l'on mange traditionnellement avec les doigts. Les divers plats végétariens coûtent de 5 à 6 $ et sont servis avec du *ingera* (un pain spongieux) ou du riz. Entre 11h30 et 15h, les *specials* sont intéressants, notamment le ragoût d'agneau ou des viandes garnies accompagnées de feuilles de chou frisé et de pommes de terre (de 4 à 5,75 $). Ouvert tous les jours de midi à minuit.

★**Tom's Restaurant**, 2880 Broadway (864-6137), au niveau de la 112th St. C'est en pensant à cet endroit que Suzanne Vega a écrit son tube *Tom's Diner* en 1982, tiré de l'Album *Solitude Standing* ("*I'm sitting - in the morning - at the diner - on the corner...*"). Le restaurant apparaît aussi dans plusieurs épisodes de la série télé américaine *Seinfeld*, mais il est surtout connu pour ses formidables milk-shakes (2,45 $). Hamburgers bien gras de 3 à 5 $, dîner à moins de 6,50 $. Un des incontournables du quartier. Ouvert du lundi au mercredi de 6h à 1h30 et sans interruption du jeudi 6h au dimanche 1h30. "*Doo-doo-doo-doo...*"

★**The Hungarian Pastry Shop**, 1030 Amsterdam Ave. (866-4230), au niveau de la 111th St. Si vous ne connaissez pas la différence entre Fila et *phyllo*, chaussez les premières et foncez à l'adresse ci-dessus découvrir ce que sont les deuxièmes. Les éclairs, les parts de gâteau et autres délices sont aux alentours de 2 $. Bon café également (1,30 $). Il y a un petit jardin à l'extérieur, où il fait bon lire, écrire ou juste regarder les passants de Amsterdam Ave. L'un des secrets les plus mal gardés du West Side. Ouvert du lundi au samedi de 8h à 23h15, le dimanche de 8h à 22h.

Mill Korean Restaurant, 2895 Broadway (666-7653), au niveau de la 112th St. Bonne cuisine coréenne traditionnelle. *Specials* entre 5 et 7 $ du lundi au vendredi de 11h à 15h. Dîner complet avec garnitures de 7 à 10 $. Essayez les calamars sautés (8 $ au dîner et 5,50 $ au déjeuner). Ouvert tous les jours de 11h à 22h.

La Rosita Restaurant, 2809 Broadway (663-7804), entre la 108th St. et la 109th St. Ce restaurant n'est peut-être pas aussi romantique que son nom le laisse supposer, mais il sert une cuisine espagnole authentique qui compense largement. Le prix des *specials*, comme le rôti de porc accompagné de riz complet et de melon d'Espagne, oscille entre 5,25 et 6,25 $. Si vous voulez travailler vos langues étrangères, le menu est écrit à la fois en espagnol et en anglais. Excellent *café con leche* (espresso au lait 1 $). Ouvert tous les jours de 9h à 22h.

Amir's Falafel, 2911A Broadway (749-7500), entre la 113th St. et la 114th St. Cuisine du Moyen-Orient bon marché qui satisfera à la fois les végétariens et les amateurs de viande. Les sandwichs (3 $) et les salades (2 $) sont préparés avec attention. Plongez-vous dans la contemplation des miroirs et des peintures de danseuses du ventre. Ouvert tous les jours de 11h à 23h.

■ Harlem et Washington Heights

Il est facile de manger pour pas grand-chose à Harlem et à Washington Heights. La 181st St. et la 125th St. abondent en fast-foods. Le long de **Nagle Ave.**, le secteur où prédomine la population dominicaine de Washington Heights, de nombreux marchands de rue font des milk-shakes aux fruits frais à la demande. Une méthode efficace et économique pour combattre la chaleur de l'été.

La cuisine ethnique est omniprésente : juive à Washington Heights, latino-américaine dans les quartiers hispaniques. Tous les types de cuisines afro-américaines sont représentés (d'Afrique orientale et occidentale, des Caraïbes, créole, ainsi que la cuisine noire du Sud des Etats-Unis dans quelques-uns des meilleurs restaurants de *soul food*). A Harlem, tentez votre chance sur Lenox Ave., la 125th St. ou la 116th St., sinon, allez dans le quartier de Columbia ou dans celui de Yeshiva/Fort Washington. Attention, ce quartier n'est pas le mieux fréquenté de New York... En suivant les indications ci-dessous, vous resterez dans les rues les plus passantes. Nous vous donnons également les stations de métro les plus proches.

★**Copeland's**, 547 W. 145th St. (234-2357), entre Broadway et Amsterdam Ave. Métro : ligne 1 ou 9, station 145th St. Comme chez Sylvia's, mais sans les touristes. Excellente cuisine du Sud sans présentation. Poulet à l'étouffée 6,50 $, côte de porc grillée 7,20 $. Juste à côté, vous pouvez manger du *smorgasbord* (buffet scandinave, composé d'un assortiment de poissons, de viandes, de fromages, de salades, etc.) façon cafétéria, mais tout aussi bon. Les petits déjeuners cuisinés à la façon du Sud et le *brunch* du dimanche sont tout simplement renversants. Ouvert du mardi au jeudi de 16h30 à 23h, le vendredi et le samedi de 16h30 à minuit, le dimanche de 11h à 21h30.

Sylvia's, 328 Lenox/Malcolm X Ave. (996-0660), au niveau de la 126th St. Métro : ligne 2 ou 3, station 125th St. Le restaurant, un peu tape-à-l'œil et touristique, attire le tout New York depuis plus de 20 ans grâce à sa succulente cuisine du Sud. Sylvia relève ses *fameux ribs* au barbecue connus dans le monde entier" avec une "sauce crémeuse et épicée" (servi avec des feuilles de chou frisé et un gratin de macaronis au fromage, 10,50 $). Le *special* comprend une côte de porc accompagnée de feuilles de chou frisé et de patates douces confites (6 $). Le dimanche, de 13h à 19h, *brunch* spécial du Sud avec concert de gospel. Concerts de jazz et de rythm'n'blues du mercredi au vendredi de 19h à 21h (gratuit). Ouvert du lundi au samedi de 7h30 à 22h30, le dimanche de 13h à 19h.

Time-Out Kosher Pizza and Israeli Food, 1186 Amsterdam Ave. (923-1180), entre la 186th St. et la 187th St., sur le campus de la Yeshiva University. Métro : ligne 1 ou 9, station 181st St. Remontez la 181st St. en direction de l'est jusqu'à Amsterdam Ave., et vous trouvez cinq rues plus loin, au nord, le secteur de Yeshiva. Le nom de l'établissement résume tout. Parts de pizza casher 1,50 $. Assiette de *falafel* (croquettes de pois chiches et de légumes, épicées et frites) casher 4,75 $. *Bagel* et saumon fumé 2,25 $. Sept sortes de *knishes* (beignets farcis) et trois sortes de *burekas*, chacun à 1,50 $ seulement. Ouvert du dimanche au vendredi de 7h à 18h.

La Casita Restaurant, 2755 Broadway (663-2811), au niveau de la 106th St. Restaurant espagnol typique aux prix ridiculement bas : œufs avec riz et haricots rouges (3 $), fricassée croustillante de poulet (6,25 $), salade mixte à l'avocat (3,50 $) et milk-shakes aux fruits de la passion (2,50 $). Parmi les desserts, citons le flan (1,10 $) et le *sweet milk* (1,25 $). Ouvert tous les jours de 6h30 à 0h30.

▓ Greenwich Village

Les restaurants du Village proposent une cuisine inventive et bon marché. L'animation du quartier rend la recherche d'un restaurant aussi agréable que le repas lui-même. Les bistrots à l'européenne de Bleeker St. et de MacDougal St., au sud de Washington Square, sont toujours appréciés pour leur ambiance. Sur **Bleecker St.**, entre la 6th Ave. et la 7th Ave., vous tombez sur tout un éventail de restaurants, du plus raffiné au plus kitsch. Si vous aimez le fromage, vous pouvez choisir parmi 400 sortes différentes, y compris un camembert au romarin et à la sauge (4 $), chez **Murray Cheese Shop**, 257 Bleecker St., au niveau de Cornelia St. (243-3289, ouvert du lundi au samedi de 8h à 20h, le dimanche de 9h à 18h). Vous trouvez du pain, juste à côté, chez A. Zito Bread.

Une soirée au Village est l'un des plus grands plaisirs que puisse offrir New York : les rues s'animent à mesure que le soir tombe. Au hasard de vos pas, vous pouvez entrer dans un club de jazz, ou encore tomber sur un journaliste, attablé devant une bière et un hamburger, qui rédige la critique de la pièce qu'il vient de voir à Broadway... On peut même, selon son humeur, quitter ces lieux paradisiaques pour s'enfoncer dans la 8th St. jusqu'à la 6th Ave., où se trouvent certaines des meilleures pizzérias de New York.

★**Cucina Stagionale**, 275 Bleecker St. (924-2707), au niveau de Jones St. Un restaurant italien sans prétention dans un cadre soigné. Les habitués s'y pressent pendant le week-end et font la queue jusque dans la rue. On comprend pourquoi dès qu'on a goûté les *calimari* doux à la sauce piquante (6 $) ou les raviolis aux épinards et au fromage (7 $). Les assiettes de pâtes coûtent de 6 à 8 $, les plats au poulet, veau ou poisson de 8 à 10 $. Tant que vous êtes là, goûtez donc aussi au dessert, votre addition ne dépassera pas les 15 $. Le restaurant ne sert pas d'alcool ; vous pouvez apporter votre bouteille de vin Ouvert du dimanche au jeudi de midi à minuit, le vendredi et le samedi de midi à 1h.

★**Florent**, 69 Gansevoort St. (489-5779), entre Washington St. et Greenwich Ave. Au cœur de ce quartier branché où se concentraient jadis des abattoirs se trouve un petit restaurant français, ouvert 24h/24, à ne manquer sous aucun prétexte. La clientèle va du rasta au drag queen, la nourriture est fantastique et l'endroit est toujours plein, même à 4h du matin. Salade au fromage de chèvre, aux pommes et aux champignons 6 $. Pour les plats principaux, le choix est vaste : du hamburger aux mets plus délicats (de 9 à 20 $). Bonne carte des vins. Le meilleur endroit pour célébrer le 14 juillet, de ce côté-ci de l'Atlantique. Ouvert 24h/24.

Ray's Pizza, 465 6th Ave. (243-2253), au niveau de la 11th St. La moitié des pizzérias d'*uptown* prétendent être *"the Original Ray's"*, mais celle-ci surclasse tous ses homonymes. On y fait les meilleures pizzas de la ville : les gens viennent même d'Europe pour en rapporter quelques parts... N'hésitez pas vous aussi à faire la queue et à payer plus de 1,75 $ pour une part copieusement garnie de fromage. Peu de places assises, il vaut mieux acheter pour emporter. Ouvert du dimanche au jeudi de 11h à 2h, le vendredi et le samedi de 11h à 3h.

Quantum Leap, 88 W. 3rd St. (677-8050), entre Thompson St. et Sullivan St. Riz complet à la louche dans ce restaurant végétarien pur et dur. Si vous voulez sauver la planète en faisant dans l'exotisme, goûtez le *Teriyaki Tofu* au barbecue (8,50 $), le hamburger au soja (5 $), le fromage de soja épicé de Sichuan (8,95 $) et le déjeuner spécial (salade, spaghettis et boule de froment, 5 $). En dessert, essayez la tourte de *tofu* au cacao et à la cacahuète (3 $) ou un verre de jus de carotte (2 $). Le pire c'est que c'est bon ! Ouvert du lundi au jeudi de 11h30 à 23h, le vendredi de 11h30 à minuit, le samedi de 11h à minuit, le dimanche de 11h à 22h.

Olive Tree Café, 117 MacDougal St. (254-3480), au nord de Bleecker St. Une cuisine moyen-orientale dans un cadre amusant. De vieux films sont projetés sur grand écran et chacun peut gribouiller à la craie sur les tables. Du patio, on voit vivre Greenwich. Jeux d'échecs, backgammon, Scrabble (location 1 $). Falafel (sandwich libanais, 2,75 $), kebab de poulet, servi avec salade, riz pilaf et légumes 7,50 $. Délicieux *egg cream* (1,75 $ seulement). Ouvert du dimanche au jeudi de 11h à 3h, le vendredi et le samedi de 11h à 5h.

Mappamondo, 11 Abingdon St. (675-3100), au niveau de la W. 8th St. Ce petit restaurant confortable, décoré de globes terrestres, sert des pâtes (avec une variété incroyable de garnitures), ainsi que des *antipasti* et des plats avec de la viande. Plats de pâtes de 7 à 8 $, pizzas de 7 à 7,50 $. De l'autre côté de Abingdon Square se trouve **Mappamondo Due**, au 581 Hudson St. (675-7474), une version plus animée, avec un menu un peu plus varié. Ouvert du lundi au vendredi de midi à minuit, le week-end de 11h à 1h.

The Pink Teacup, 42 Grove St. (807-6755), entre Bleecker St. et Bedford St. Cuisine noire du Sud, servie un petit restaurant aux tons rosés. Sous l'œil des nombreuses effigies de Martin Luther King accrochées aux murs, asseyez-vous à la table de la fraternité et pâmez-vous devant le délicieux poulet frit. Les prix du dîner sont élevés, mais le *special* ne coûte que 6,25 $ et comprend poulet frit ou ragoût, soupe ou salade, deux légumes et un dessert (servi de 11h à 14h). Pour moins de 10 $, vous pouvez prendre du café, des œufs et des beignets, et il y en a largement assez pour deux personnes. Vous pouvez apporter votre bouteille. Ouvert du dimanche au jeudi de 8h à minuit, le vendredi et le samedi de 8h à 1h.

Tutta Pasta, 26 Carmine St. (463-9653), au sud de Bleecker St. Restaurant moderne dont les portes de verre coulissantes sont ouvertes en été. Les spécialités maison sont les pâtes fraîches : tortellinis, manicottis et linguines, entre autres (de 8 à 15 $). 10 % de réduction pour les étudiants et les personnes âgées. Ouvert tous les jours de midi à minuit. Autre adresse au 504 La Guardia Pl. (420-0652), entre Bleecker St. et Houston St.

Andalousia, 28 Cornelia St. (979-3693), entre Bleecker St. et la 4th St. Décoré de beaux tapis d'Orient et de cartes de l'Afrique, ce restaurant sert une cuisine marocaine authentique et copieuse. Prenez donc un ou deux *breewat* (feuilleté, 2,50 $) avant le couscous ou le tagine (de 10 à 15 $). Ouvert du dimanche au jeudi de midi à 15h et de 17h à minuit, le vendredi et le samedi de 17h à 1h.

Washington Square Restaurant, 150 W. 4th St. (533-9306), au niveau de la 6th Ave. Un *diner* typiquement américain. Ballades rock populaires à la radio et grands boxes, d'où vous pouvez écouter les conversations des gens du quartier en dégustant vos *pancakes* (crêpes épaisses, de 3 à 5 $) ou votre omelette (de 2,50 à 6 $). Sandwichs et hamburgers de 5 à 6 $. Ouvert 24h/24.

Spain, 113 W. 13th St. (929-9580), entre la 6th Ave. et la 7th Ave. Ce restaurant sert de la cuisine espagnole traditionnelle dans d'énormes soupières (de 11 à 16 $). Les plats principaux sont assez copieux pour nourrir 2, voire 3 personnes (supplément de 2 $ si vous partagez). Goûtez donc la paella ou n'importe quel plat contenant de l'ail. Il y a un choix étonnant de petits hors-d'œuvre gratuits, comme le chorizo. Ouvert tous les jours de midi à 1h.

Elephant and Castle, 68 Greenwich Ave. (243-1400), près de la 7th Ave. La devise en français de la maison est : "J'adore les omelettes.". Les omelettes sont effectivement formidables (5,50 à 7,50 $). A la pomme, au cheddar et à la noisette, ou encore au cheddar et aux épinards, ces créations culinaires sont légèrement déconcertantes mais méritent vraiment d'être goûtées. En dehors des omelettes, il y a d'autres plats délicieux de poulet ou de pâtes, aux garnitures étonnantes (de 9 à 10,50 $). Ouvert du lundi au jeudi de 8h30 à minuit, le vendredi de 8h30 à 1h, le samedi de 10h à 1h et le dimanche de 10h à minuit.

Tea and Sympathy, 108 Greenwich Ave. (807-8329), entre Jane et la W. 13th St. Un salon de thé à l'anglaise : tasses de thé kitsch, photos de famille jaunies, belle porcelaine de Chine ébréchée. D'excellents thés, de bonnes pâtisseries et une cuisine traditionnelle de la vieille Angleterre. Les serveuses parlent toutes un anglais académique. Allez-y dans l'après-midi, pour un copieux *high tea* vraiment complet avec thé, sandwichs, *scones* (petits pains) et *rarebits* (toasts au fromage), le tout pour 13 $. Plus léger, le *cream tea* (thé, *scones* et confiture) à 6 $ reste consistant. Parmi les autres spécialités de la maison, le *shepherd pie* (sorte de hachis parmentier en tourte) 6,75 $. Ouvert du lundi au vendredi de 11h30 à 22h, le samedi de 10h à 22h, le dimanche de 10h à 21h.

Eva's, 11 W. 8th St. (677-3496), entre MacDougal St. et la 5th Ave. Agréable fast-food diététique, avec un petit salon où l'on peut s'asseoir. Enorme assiette composée, sans viande, comprenant des *falafels* (croquettes de pois chiches et de légumes, épicées et frites), des feuilles de vignes farcies et des aubergines 5,35 $. Les menus placés à l'extérieur contiennent souvent des bons de réduction. Ouvert tous les jours de 11h à 23h.

CAFÉS

Caffè Reggio, 119 MacDougal St. (475-9557), au sud de la W. 3rd St. Célébrités, starlettes et étudiants se bousculent dans le plus ancien café de Greenwich, ouvert depuis 1927, décoré de statues de la Vierge. Cappuccino de premier choix (2,25 $) et large sélection de pâtisseries délicieuses (de 2,50 à 3,50 $). Ouvert du dimanche au jeudi de 10h à 2h, le vendredi et le samedi de 10h à 4h.

RESTAURANTS ET BARS

Caffè Borgia, 185 Bleecker St. (673-2290), au niveau de McDougal St. Café sombre et mélancolique qui rappelle l'atmosphère de l'Italie. Al Pacino et Robert De Niro font partie des habitués mythiques de cet établissement. Choix phénoménal de cafés (de 1,50 à 2,75 $) et nombreux desserts. Ouvert du dimanche au jeudi de 10h à 2h, le vendredi de 10h à 4h, le samedi de 10h à 5h.

Caffè Dante, 79 MacDougal St. (982-5275), au sud de Bleecker St. Une adresse incontournable de Greenwich Village, décorée de photos en noir et blanc de la Vieille Europe. *Frutta di Bosco* 4,50 $. Boissons au café de 2 à 6 $. Bonnes *gelati* et autres glaces italiennes (4,50 $). C'est l'endroit où il faut amener Béatrice, le grand amour de Dante. Ouvert du dimanche au jeudi de 10h à 2h, le vendredi et le samedi de 10h à 15h.

Caffè Mona Lisa, 282 Bleecker St. (929-1262), près de Jones St. La présence de *La Joconde* est forte, mais pas insupportable. En dehors des diverses boissons (de 1,50 à 2,75 $), et du traditionnel café, l'attrait du Mona Lisa tient à ses immenses miroirs accrochés au-dessus de chaises rembourrées et à d'autres meubles de caractère. Ouvert tous les jours de 11h à 2h.

■ SoHo

A SoHo, la nourriture, comme la vie, est une question d'image et de look. Ici, la friture ou le comptoir sont bannis. La plupart des restaurants s'efforcent d'offrir une cuisine sophistiquée et diététiquement correcte dans des cadres très pensés. L'esthétique a son prix : ne soyez donc pas surpris si vous avez du mal à trouver un menu bon marché. La meilleure option est souvent le *brunch*, à l'heure où le quartier se présente sous son meilleur jour. Vous pouvez vous régaler dans de nombreux établissements d'omelettes, de crêpes et de café.

Plus encore que les restaurants, les épiceries de SoHo mettent l'accent sur l'aspect diététique du bien-manger. Le magasin **Dean and Deluca**, au 560 Broadway (431-1691), au niveau de Prince St., est décoré d'œuvres d'art qui égalent presque celles d'une galerie. Vous pouvez y acheter des cafés fins, des pâtes, des produits alimentaires et des fruits de mer ou du poisson (ouvert du lundi au samedi de 10h à 20h, le dimanche de 10h à 19h). Moins chic, mais moins cher, le **Gourmet Garage**, au 453 Broome St. (941-5850), au niveau de Mercer St., est axé sur le bio, et vend des pâtes, des produits d'alimentation, des salades fraîches et des thés (ouvert tous les jours de 8h à 20h30).

★**Bell Caffè**, 310 Spring St. (334-BELL/2355), entre Hudson et Greenwich. Restaurant discrètement installé dans une ancienne fabrique de cloches (d'où son nom), un peu à l'écart, qui mérite que l'on marche quelques blocks supplémentaires. Une fois par mois, une soirée vernissage est organisée pour la mise en place des œuvres qui ornent les murs. Musique *live* tous les soirs. On peut manger dehors à la belle saison. Portions copieuses de cuisine "ethnique" diététiquement correcte. On trouve par exemple à la carte des *Spring Street Rolls* (littéralement, "des rouleaux de printemps de la rue") d'inspiration vietnamo-méditerranéene, à base de crevettes, de gingembre, de vinaigre de porto et de semoule. Toujours simple, léger et à moins de 10 $. Respirez l'air de l'Hudson, en vous installant dans le patio à l'arrière. Ouvert du dimanche au jeudi de midi à 2h, le vendredi et le samedi de midi à 4h.

★**Lucky's Juice Joint**, 75 W. Houston St. (388-0300), près de West Broadway. Petit restaurant spécialisé dans les cocktails de jus de fruits. Les *smoothies* (3,50 $) sont à la banane avec un ingrédient de votre choix (lait de soja, pêches…). Pour un dollar en plus, vous pouvez faire ajouter ce que vous voulez (du ginseng au pollen) dans votre *smoothie*. Mais Lucky's ne sert pas que des desserts. Vous pouvez aussi vous y restaurer après avoir arpenté les galeries d'art et faire votre choix parmi les délicieux plats proposés. Sandwich végétarien (de 4 à 5 $), "petit verre" de jus de blé glacé (1,50 $ pour 3 cl). Ouvert du lundi au samedi de 9h à 20h, le dimanche de 10h à 20h.

Lupe's East L.A. Kitchen, 110 6th Ave. (966-1326), au niveau de Watts St. Lupe's est un *diner* petit et populaire. Ce n'est peut-être pas un endroit élégant, mais c'est l'un des moins chers et des meilleurs du coin. Classiques *burritos* (tortillas garnies de viande, fromage, haricots rouges, etc.), *enchiladas* (tortillas garnies de viande et accompagnées d'une sauce chili), et bières. Le *Super Vegetarian Burrito* (7,25 $) et le *Taquito Platter* (7,25 $) sont délicieux. Excellents *huevos cubanos* (œufs accompagnés de pois noirs et de banane plantain, 5 $). Si vous avez le palais solide, goûtez les quatre types de sauces pimentées posées sur la table. *Brunch* (de 3,75 à 7,25 $) servi les week-ends de 11h30 à 16h. Ouvert du dimanche au mardi de 11h30 à 23h, du mercredi au samedi de 11h30 à minuit.

Abyssinia, 35 Grand St. (226-5959), au niveau de Thompson St. Un fantastique restaurant éthiopien. On s'assoit presque à hauteur du sol sur des tabourets de bois sculptés à la main, autour de tables en fibres tissées qui rappellent l'osier. On mange avec les doigts et, en guise de cuillers, on utilise du pain *injara*, à la fois dense et spongieux. Les plats végétariens coûtent de 6 à 8 $, ceux avec de la viande de 8,50 à 12 $. L'*azefa wotolentils* (oignons rouges, ail, gingembre et poivrons verts, servi froid) est un régal l'été tout comme la St. George, une bière éthiopienne. Ouvert le lundi de 18h à 22h, du mardi au jeudi de 18h à 23h, le vendredi de 18h à minuit, le samedi de 13h à minuit, le dimanche de 13h à 23h.

Moon Dance Diner, 80 6th Ave. (226-1191), au niveau de Grand St. Un *diner* dans les règles de l'art puisqu'il s'agit d'un authentique wagon-restaurant avec plafond convexe et service au comptoir. Excellents petits déjeuners rapides servis toute la journée, mais les petits déjeuners *specials* servis uniquement le matin sont particulièrement copieux. L'omelette au fromage, accompagnée de toasts et de frites maison (3,50 $) est sacrément bonne. Le mercredi soir, pâtes à volonté pour 8 $ (grand choix de pâtes et de sauces). Bières pression à 1 $. Sandwichs de 6,50 à 9 $. Petit déjeuner servi du lundi au vendredi de 8h30 à 11h. Ouvert du dimanche au mercredi de 8h à minuit, et 24h/24 du jeudi au samedi.

Space Untitled, 133 Greene St. (260-6677), près de Houston St. A la fois salle d'exposition et café, avec une ambiance cafétéria surprenante pour ce quartier chic de SoHo. Malgré tout, le café à 1 $ a un goût de *vrai* café. Sandwichs et salades de 4 à 7 $, desserts de 1,50 à 3,50 $. Vin et bière de 4,50 à 5,50 $. Ouvert le dimanche et le lundi de 7h à 22h, du mardi au jeudi de 7h à 23h, le vendredi et le samedi de 7h à minuit.

Brother's BBQ, 225 W. Houston St. (727-2775), au niveau de Varick St. Un restaurant barbecue traditionnel qui détonne un peu dans un quartier aussi "artiste" que SoHo, mais l'atmosphère rustique est une bouffée d'air frais. Personnel sympathique et délicieuses côtes au barbecue accompagnées de purée de pommes de terre. N'oubliez pas votre bavoir... Les plats principaux coûtent environ 8 $. Sandwichs de 4,75 à 6,50 $. Le lundi soir, barbecue à volonté pour 11 $. Pour le déjeuner (du lundi au vendredi de 11h30 à 16h), comptez 2 $ de moins que la normale pour tous les plats. Demi-poulet grillé au beurre 7 $. Ouvert du lundi au jeudi de 11h30 à 23h, le vendredi de 11h30 à 2h, le samedi de 11h à 2h, le dimanche de 11h à 23h. Le vendredi et le samedi, les cuisines ferment à minuit.

Prince St. Bar and Restaurant, 125 Prince St. (228-8130), au niveau de Wooster St. Style typique de SoHo : hauts plafonds, décor sobre et mur agrémenté d'immenses fenêtres ; rajoutez un plancher en chêne et quelques cactus pour compléter le tableau. Ce restaurant existe depuis 1975 (une éternité pour SoHo) et peut donc se vanter d'être l'un des plus anciens du quartier. Très bon choix de spécialités indonésiennes (de 6 à 11 $). La fricassée de nouilles aux légumes à la vapeur, accompagnée d'une sauce de votre choix (cacahuète, ail ou gingembre) constitue un savoureux dîner. Au petit déjeuner, le *challah French toast* (pain perdu au *challah*, pain juif) est un régal. Excellents hamburgers (de 6 à 8,50 $). Bar bien approvisionné en bières locales (de 3 à 4 $ la pinte). Ouvert le dimanche et le lundi de 11h30 à 23h, le mardi et le mercredi de 11h30 à minuit, le vendredi et le samedi de 11h30 à 1h.

Le Gamin Café, 50 MacDougal St. (254-4678), près de Houston St. Ce café très européen, très prisé par les gens du quartier, sert une cuisine simple et de qualité. De plus, vous y trouvez l'un des meilleurs choix de magazines de toute la ville. Assis devant votre café au lait (3 $), vous pourrez lire jusqu'à plus soif. Vous pouvez aussi vous contenter d'observer les gens (Le Gamin est réputé pour ses serveurs plutôt mignons). Ouvert tous les jours de 8h à minuit.

■ TriBeCa

Les restaurants de TriBeCa sont souvent plus originaux et – Dieu merci – nettement moins chers que ceux de SoHo. Décalés, populaires ou branchés, ils cultivent volontiers l'esthétique "Puces". Le quartier de TriBeCa étant beaucoup plus industriel que SoHo, c'est souvent caché parmi d'immenses entrepôts et des immeubles décrépits que vous découvrez le restaurant de vos rêves.

★**Yaffa's Tea Room**, 19 Harrison St. (274-9403), près de Greenwich St. Situé dans un secteur peu commerçant et calme de TriBeCa, Yaffa's est l'un des rares établissements de Manhattan qui serve le *high tea* à l'anglaise (et c'est sans conteste le meilleur). La décoration semble tout droit sortie d'un marché aux puces ou d'un magasin de meubles d'occasion (non, ce n'est pas laid, disons seulement original). Grand choix de délicieux sandwichs (7,50 $) et de plats principaux (de 7 à 15 $). Le *brunch* est servi tous les jours de 8h30 à 17h (omelettes et plats variés de 4,50 à 6,50 $, pâtisseries de 4 à 6 $). Le *high tea* (15 $, réservation obligatoire) est servi du lundi au vendredi de 14h à 18h et comprend un *savoury course* (plat salé : concombre, saumon ou petits sandwichs au cresson), des *scones* tout juste sortis du four, une sélection de desserts et une théière. Yaffa's propose aussi une "soirée couscous" tous les jeudis, de 18h30 à minuit. Le bar-restaurant attenant, à l'angle de Greenwich St., est un peu moins exubérant et propose un menu différent (avec des *tapas* : par exemple, des champignons marinés ou de la mozzarella avec des tomates séchées, de 2 à 3 $), servi sur de petites tables couvertes d'aluminium vert ondulé. Le bar est ouvert tous les jours de 8h30 à 4h, le restaurant est ouvert de 8h30 à minuit.

Biblio's, 317 Church St. (334-6990), entre Walker St. et Lipsenard St. Arrêtez-vous à ce café-librairie si vous voulez apprendre ce qui se passe à TriBeCa de la bouche des gens qui y habitent. Les photos des propriétaires et des fondateurs de l'établissement ornent les murs, et le personnel sympathique engage assez facilement la conversation. La librairie est spécialisée dans la presse alternative, la philosophie orientale, les livres sur le cinéma et les journaux introuvables. La plupart des salades de pâtes et les sandwichs sont à moins de 5 $. Bons desserts et boissons au café. Lectures de poésie et concerts de jazz plusieurs soirs par semaine (appelez à l'avance pour connaître le programme). Juste derrière la porte, un tableau d'affichage vous informe sur les divers événements qui ont lieu dans le quartier. Ouvert tous les jours de 7h30 à 20h.

Bubby's, 120 Hudson St. (219-0666), au niveau de N. Moore St. La décoration de ce café reste simple, mais fait preuve d'un certain style : murs de brique rouge, boiseries blanches, bancs de bois brut et deux murs de fenêtres. Les gens du quartier adorent cet endroit, à l'origine une usine confectionnant des tourtes, qui sert d'excellents *scones*, *muffins* (petits cakes) et tourtes. Mais l'on peut aussi y déjeuner ou y dîner. Parmi les plats favoris, la *quesadilla* (tortilla garnie et frite) aux épinards et aux pois noirs (7 $) et les lamelles de poulet séché, légèrement épicées et accompagnées de purée maison et de légumes (10 $). Ces deux plats sont servis avec d'exquis *muffins* au maïs. Soupes de 2,75 à 3,75 $, salades de 4 à 10 $ et sandwichs de 6,75 à 7,75 $. Choix de petits déjeuners complets. Pendant le week-end, vous risquez d'attendre le matin. Ouvert tous les jours de 7h à 23h.

El Teddy's, 219 West Broadway (941-7070), entre Franklin St. et White St. Impossible de le manquer, avec son énorme marquise en verre multicolore. Cuisine mexicaine de tout premier choix, avec une forte influence de diététique à la californienne. La *quesadilla* garnie aux petits artichauts et aux tomates séchées (7 $), ainsi que la *tostada* (tortilla frite très croustillante) accompagnée de crevettes, de *jalapeños* (piments mexicains), d'avocat et de purée de haricots rouges (9 $), sont un régal. Les habitants de TriBeCa sont fous des *margaritas* (cocktail de tequila, citron et triple sec, servi glacé) de El Teddy's (7,50 $ pour un shaker plein). Ouvert du lundi au vendredi de midi à 15h et de 18h à 23h30, le samedi de 18h à 23h30, le dimanche de 18h à 23h.

■ East Village et Lower East Side

Dans le Lower East Side, au sud de l'East Side, les cultures s'entrechoquent. Des punks hagards et des artistes crève-la-faim côtoient de vieux immigrés qui s'expriment encore en polonais, en hongrois ou en yiddish. C'est dans ce quartier que, génération après génération, les masses d'immigrants fraîchement débarqués se sont installés (les *huddled masses* dont parle le poème d'Emma Lazarus gravé sur le socle de la Statue de la Liberté). Chaque communauté a apporté avec elle sa culture gastronomique et a marqué le quartier de son empreinte. Le Lower East Side fourmille donc de restaurants peu onéreux. Le long d'East Broadway, on trouve toujours les meilleurs restaurants casher juifs. Un peu plus au nord, de nombreux restaurants bon marché révèlent leurs origines ukrainiennes et servent des portions généreuses de *bortscht* (une soupe chaude ou froide de betteraves servie avec de la crème aigre) ou de *piroshkis* (chaussons garnis de viande, fromage, purée, etc.). Le long de la 6th St., entre la 1st Ave. et la 2nd Ave., 26 restaurants indiens se succèdent. Ce secteur est truffé de restaurants qui proposent des *lunch specials* à 3 ou 4 $ l'après-midi.

Ces dernières années, la vague d'immigration la plus importante fut celle des jeunes artistes qui, eux aussi, ont monté leurs restaurants et leurs cafés. Même si la partie ouest de l'East Village commence doucement à s'embourgeoiser, les effets ne se font pas encore sentir. La **1st Ave.** et la **2nd Ave.** regroupent de nombreux restaurants, tandis que St. Mark's Place regorge d'endroits bon marché et populaires, véritables institutions de l'East Village. Le soir, l'avenue A vibre de l'animation des bars et des terrasses de cafés.

★**Dojo Restaurant**, 24 St Mark's Pl. (674-9821), entre la 2nd et la 3rd Ave. C'est à juste titre l'un des restaurants les plus courus d'East Village. On y trouve un nombre incroyable de plats japonais et végétariens délicieux, diététiques et, ce qui ne gâche rien, très bon marché. Excellents *soyburgers* (hamburgers végétariens au soja) accompagnés de riz complet et d'une salade pour 3 $. Sandwichs et *pita* (pain oriental) aux épinards accompagnés de légumes à 3 $. Les tables en terrasse permettent d'échanger quelques mots avec les passants malgré la cacophonie qui règne dans la rue. Dojo a ouvert une autre enseigne avec la même formule sur Washington Square South, 14 W. 4th St. (505-8934). Ouvert du dimanche au jeudi de 11h à 1h, le vendredi et le samedi de 11h à 2h.

★**Benny's Burritos**, 93 Ave. A (254-2054), au niveau de la 6th St. Ce restaurant mexico-californien typique et très animé pratique des prix ridiculement bas. Décoration branchée de bon goût, avec de nombreuses fenêtres qui constituent un poste d'observation idéal sur la rue et une nourriture savoureuse. Très bons et copieux *burritos* (tortillas garnies de viande, fromage, etc.), accompagnés de pois noirs ou de haricots rouges (de 5 à 6 $). Fabuleuses *frozen margaritas* (cocktail de tequila, citron et triple sec crémeux, mixé avec de la glace pilée), 5 $. Les gens du quartier ne jurent que par Benny's. Ouvert du dimanche au jeudi de 11h à minuit, le vendredi et le samedi de 11h à 1h. N'accepte pas les cartes de crédit. Pour les travelers chèques, vous devez présenter une pièce d'identité.

★**Damask Falafel**, 85 Ave. A (673-5016), entre la 5th St. et la 6th St. Ce comptoir lilliputien sert les meilleurs *falafels* du quartier (mélange de pois chiches et de légumes, également servi en sandwich dans du pain oriental) : 1,75 $ pour un sandwich, 3,50 $ pour une assiette accompagnée de taboulé, de pois chiches, de salade et de *pita* (pain oriental). 1,25 $ pour deux succulentes feuilles de vigne farcies. Milk-shakes à la banane 1,25 $. Ouvert du lundi au vendredi de 11h à 2h, le week-end de 11h à 4h.

★**Veselka**, 144 2nd Ave. (228-9682) au niveau de la 9th St. Un restaurant ukraino-polonais tout simple. Cuisine traditionnelle servie dans un cadre accueillant et original. Belles et immenses peintures qui recouvrent tous les murs. La carte n'en finit plus : 10 sortes de soupes, des salades, des *blintzes* (galettes fines fourrées au fromage blanc et servies avec une crème légèrement aigre, d'origine yiddish), des viandes et toutes sortes de spécialités d'Europe centrale. *Blintzes* 3,50 $. Soupes 1,95 $ le bol (celle au poulet et aux nouilles est un vrai régal). Menu-combinaison avec soupe, salade, choux farcis et quatre *piroshkis* fondant dans la bouche à 7,95 $. A signaler : les petits déjeuners *specials* avec *challah French toast* (pain perdu au *challah*, pain juif), jus d'orange et café 3,75 $. Ouvert 24h/24.

Mama's Food Shop, 200 E. 3rd St. (777-4425), entre Ave. A et Ave. B. En entrant dans cette petite échoppe, vous tombez sur un mur recouvert de photos de femmes, véritables archétypes des Mamas. Pas de doute : ici on fait de la bonne cuisine "comme à la maison". Les gens branchés du Village ou d'*uptown* viennent y dévorer de copieux plats de poulet frit (5 $) ou de saumon (7 $), avec des accompagnements qui vont des patates douces glacées au miel, aux brocolis, en passant par le couscous, chacun à 1 $ seulement. Nettoyez vos assiettes et déposez-les à la fin du repas, comme chez Maman... Si vous avez encore faim pour le dessert, goûtez le *Bread pudding* (gâteau à la mie de pain) et prenez un *cobbler* (verre d'environ 25 cl d'une sorte de punch) pour 3 $. Ouvert du lundi au samedi de 11h à 23h.

Siné, 122 St Mark's Pl. (475-3991 ou, pour le programme des concerts, 982-0370), entre la 1st Ave. et Ave. A. Métro : 6, station Astor Pl. En gaélique, *siné* signifie "et voilà". Un public simple, amateur de folk, vient s'y détendre après une rude journée de travail... Concerts tous les soirs à 20h, avec trois ou quatre groupes de folk, de blues ou de rock. Vous pouvez aussi vous nourrir : le ragoût végétarien au gingembre, accompagné de riz complet, de salade et de pain coûte seulement 5 $. Petit déjeuner irlandais traditionnel servi tous les jours de 10h à 16h. Les pains et les desserts sont faits maison et confectionnés le jour même. Les concerts sont gratuits. Ouvert tous les jours de 10h à 1h.

First Street Café, 72 E. 1st St. (420-0701), à côté de la 1st Ave. Si vous aimez observer les scènes de rue, ce petit café branché, qui offre du jazz *live* gratuit tous les soirs à 21h, est une bonne adresse. C'est aussi la meilleure affaire du quartier pour le petit déjeuner : *bagels* (petits pains en couronne), œufs et café pour 2,50 $. Les tasses de cappuccino sont si grandes qu'on pourrait s'y noyer (3 $). Ouvert du dimanche au jeudi de 8h à minuit, le vendredi et le samedi de 8h à 2h ou 3h.

National Café, 210 1st. Ave. (473-9354), au niveau de la 13th St. Difficile de trouver un *lunch special* cubain aussi bon que celui-là à New York. De 10h30 à 15h, le National vous sert un plat du jour, riz et haricots rouges ou salade et banane plantain, un bol de soupe et du pain, le tout pour 4 $ seulement. Et même en dehors des *specials*, tous les plats du menu sont bien en dessous de 10 $. Ouvert du lundi au samedi de 10h30 à 22h.

Second Ave. Delicatessen, 156 2nd Ave. (677-0606), au niveau de la 10th St. Fondé en 1954, c'est le *deli* new-yorkais par excellence. On vient de loin pour avoir l'honneur de s'y faire rabrouer par les serveurs. Rigoureusement et fièrement casher. Vous pouvez goûter gratuitement un peu de foie de volaille haché, sur du pain de seigle. Vous n'aimez pas le foie ? Vous allez adorer le leur. Son pastrami (viande de bœuf fumée) est réputé pour être le meilleur de toute la ville. Essayez également la langue de bœuf sur pain de seigle (7,50 $), les fabuleux hamburgers *deluxe* (pour 7 $, avec rondelle de tomate et d'oignon, cornichon géant, frites, *coleslaw* = le rêve) ou la soupe au poulet (3 $). Les repas sont accompagnés d'un assortiment de pickles (aneth casher, concombre et tomate acide). Sur le trottoir extérieur, des plaques très hollywoodiennes rappellent que c'est dans ce quartier que battait le cœur du théâtre yiddish (on songera à la pièce d'Israël Zangwill, *The Melting Pot*, 1909, d'où est venue la fameuse expression). Ouvert du dimanche au jeudi de 8h à minuit, le vendredi et le samedi de 8h à 2h.

Yaffa Café, 97 St Mark's Pl. (647-9302), entre la 1st Ave. et Ave. A. Le meilleur équilibre entre les prix et le décor de tout le Village. Plongez-vous dans la lecture du menu de cinq pages, qui propose toutes sortes de salades (de 5 à 6 $), de sandwichs (de 3,50 à 6 $) et de bières (3,50 $), puis contemplez la décoration pour le moins psychédélique. Le jardin à l'arrière est ouvert tout l'été. Il est parsemé de baignoires abandonnées, d'une fontaine (en état de marche) et de fragments de phrases, taggés sur les murs, dans l'esprit dadaïste de Marcel Duchamp. Ouvert 24h/24.

K.K. Restaurant, 194 1st Ave. (777-4430), entre la 11th St. et la 12th St. Dans ce restaurant chaleureux et rustique, lambrissé de bois clair, on sert des spécialités polonaises. Au déjeuner, le *special* à 5,75 $ comprend une soupe ou une salade, un plat principal, un légume au choix et du café ou une boisson. Essayez donc la *kielbasa* (saucisse fumée, parfumée à l'ail) ou la bière polonaise. Si vous souhaitez manger dehors, le patio est très agréable. Livraisons gratuites. Ouvert tous les jours de 7h à 23h.

Rose of India, 308 E. 6th St. (533-5011, 473-9758), entre la 1st Ave. et la 2nd Ave. Un décor foisonnant d'arbre de Noël qui aurait dispersé ses boules aux quatre coins... Dans cette rue, qui compte 26 restaurants indiens, le Rose of India se distingue par son atmosphère vivante et par la qualité de sa cuisine. Les currys (de 5 à 7 $) sont accompagnés de riz, de légumes secs bouillis et de *chutney* (fruits ou légumes pimentés et épicés, confits dans du vinaigre sucré). Neufs types de pains différents de 1,75 à 3 $. *Samosas* (petits chaussons garnis d'un mélange épicé de viande ou de légumes) 2 $. Si c'est votre anniversaire, signalez-le, ils vous feront une petite fête, avec gâteau et éclairage adéquat. Vous pouvez apporter votre bouteille. Réservez, le week-end, si vous ne voulez pas attendre. Ouvert tous les jours de 11h à 1h.

Mee Noodle Shop and Grill, 219 1st Ave. (995-0333), au niveau de la 13th St. Cuisine chinoise simple et délicieuse, faite avec des produits frais. Les soupes aux nouilles sont succulentes (de 2,75 à 5 $), de même que les nouilles *dan-dan* (4,25 $). Les autres plats principaux coûtent de 4 à 8,50 $. Ouvert tous les jours de 11h à 23h. Deux autres adresses : au 795 9th Ave., à l'angle de la 53rd St. (995-0396), et au 922 2nd Ave., au niveau de la 49th St. (995-0563).

Pink Pony Café, 176 Ludlow St., entre E. Houston et Stanton St. Branché et fier de l'être, ce café-glacier-librairie, situé dans un quartier calme, est le repaire des artistes du Lower East Side. Idéal pour travailler, lire ou écrire, devant un espresso (1,50 $). Essayez leur boisson glacée au citron et au gingembre (1,50 $). Vous préférez peut-être un *smoothie* pour 3,50 $? Vous avez raison, ce sont les meilleurs de la ville. Plusieurs rayons de livres d'occasion à acheter ou à feuilleter, plutôt bien fournis en romans policiers de gare. Dans la salle du fond, installez-vous dans des fauteuils et des canapés confortables. Ouvert du dimanche au jeudi de 10h30 à minuit, le vendredi et le samedi de 10h30 à 4h.

The Kiev, 117 2nd Ave. (674-4040), au niveau de la 7th St. Une fantaisie d'Europe de l'Est pour un petit déjeuner original ou un petit creux à 4h du matin. Une pile de divines *pancakes* (crêpes épaisses) fraîches au babeurre, accompagnées de pêches, ne coûte que 3 $ (elles peuvent aussi vous être servies avec des bananes, des myrtilles, du fromage et des cerises). La tasse de soupe maison (1,75 $) est apportée avec une épaisse tranche de pain *challah* (pain juif). Le menu varié comprend aussi des sandwichs de toutes sortes, ainsi que de nombreuses autres spécialités pour le petit déjeuner. Ouvert 24h/24.

Khyber Pass Restaurant, 34 St Mark's Pl. (473-0989), entre la 2nd Ave. et la 3rd Ave. A l'écart de l'agitation de St Mark's Place, un endroit paisible où vous pouvez vous détendre sur des coussins moelleux et des tapis afghans. Au cœur de l'East Village, le Khyber Pass est un endroit raffiné qui propose des spécialités afghanes. On y sert plusieurs plats végétariens hors du commun, comme les *dumplings* au potiron (3 pour 4 $). Assis sur des coussins à même le sol, vous pouvez mangez sur une table basse traditionnelle et vous régaler de *bouranee baunjaun*, de l'aubergine servie avec du yaourt à la menthe et à la coriandre fraîche (7,50 $), ou de *phirnee*, un délicat gâteau de riz accompagné de pistaches et d'eau de rose (2,25 $). Livraisons gratuites. Ouvert tous les jours de midi à minuit.

Cucina di Pesce, 87 E. 4th St. (260-6800), entre la 2nd Ave. et la 3rd Ave. Classique petit restaurant italien : nappes à carreaux, serveurs séduisants et tables sur le trottoir (ainsi qu'à l'arrière). Prenez une table dans la cour arrière, et vous aurez l'impression d'être à Florence. Les plats sont aussi peu chers qu'excellents, et les portions généreuses. Pennes aux épinards (pâtes aux épinards, servies avec des asperges, des tomates séchées et du fromage de brebis *fontina*) 7 $. Saumon aux champignons sautés, accompagné de pâtes, 10 $. Les menus spéciaux sont servis en semaine de 16h30 à 18h30, le week-end de 16h à 18h. Dîner complet avec pain, soupe, plat principal et vin 10 $. Ouvert du dimanche au jeudi de 16h à minuit, le vendredi et le samedi de 16h à 1h.

Si vous cherchez plutôt de la nourriture traditionnelle juive, foncez dans le Lower East Side, au sud de Houston St. **Kossar's Hot Bialys**, 367 Grand St. (473-4810), au niveau d'Essex St., prépare des *bialys* (petits pains ronds à l'oignon d'origine polonaise) qui évoquent à eux-seuls toute l'épopée du Lower East Side (ouvert 24h/24). Voici quelques-uns des établissements les plus renommés.

Katz's Delicatessen, 205 E. Houston St. (254-2246), près d'Orchard St. Fondé en 1888, Katz's est l'archétype du *deli* new-yorkais. Il a profité du succès du film *Quand Harry rencontre Sally*, car c'est ici que fut tournée la célèbre et irrésistible scène où Meg Ryan simule un orgasme. Il vaut mieux choisir rapidement ses plats car le personnel n'a pas de temps à perdre. La nourriture est bonne et les portions sont généreuses, mais vous payez surtout pour l'ambiance... Les *heroes* (grands sandwichs mixtes) coûtent 5,10 $ et les autres sandwichs sont aux environs de 8 $. Katz's exporte à l'étranger son *pastrami* (viande de bœuf fumée) par bateaux, une coutume qui remonte à l'époque de la guerre, quand les soldats américains qui combattaient en Europe étaient avides de viande du pays. Ouvert du dimanche au mardi de 8h à 22h, le mercredi et le jeudi de 8h à 23h, le vendredi et le samedi de 8h à minuit.

Ratner's Restaurant, 138 Delancey St. (677-5588), juste à l'ouest de Manhattan Bridge. Le plus célèbre des restaurants casher, en partie grâce à sa gamme de produits surgelés. L'endroit, spacieux, lumineux et animé, contraste avec les environs vraiment sales. On y applique avec rigueur les règles alimentaires juives et tous les ingrédients sont frais. Le *matzah brei* est délicieux (bortsch accompagné de pain azyme, 8,95 $). Très appréciés aussi, les *blintzes* (crêpes fines) aux fruits et à la crème (9 $) et les soupes de légumes bien chaudes (4 $). Ouvert du dimanche au jeudi de 6h à minuit, le vendredi de 6h à 15h, le samedi du coucher du soleil jusqu'à 2h.

Yonah Schimmel Knishery, 137 E. Houston St. (477-2858). L'établissement de rabbi Schimmel, qui existe depuis la grande époque du quartier juif de Lower East Side (aux environs de 1910), a élevé le *knish* (beignet farci) au rang d'œuvre d'art. Une douzaine de variétés pour 1,50 $ pièce. Goûtez au yaourt, dont la recette est inchangée depuis 87 ans (1,25 $). Ouvert tous les jours de 8h30 à 17h30.

Gertel's Bake Shoppe & Luncheonnette, 53 Hester St. (982-3250), près d'Essex St. Gertel's sert au comptoir des sandwichs casher et des pâtisseries : la nourriture est succulente (sandwichs de 3 à 4 $). Pas de places assises. Ouvert du dimanche au jeudi de 6h30 à 17h, le vendredi de 6h30 à 15h.

Essex St. (Gus's) Pickle Corp., 35 Essex St. (254-4477). *Pickles* (petits légumes macérés dans du vinaigre) à gogo. Important choix de cornichons, des plus doux aux plus acides, vendus à l'unité (de 50 ¢ à 2 $) et au poids. Vous trouvez également du *coleslaw* (salade de chou cru), des tomates et des carottes marinées. Ouvert du dimanche au jeudi de 9h à 18h, le vendredi de 9h à 16h.

■ Little Italy

Mulberry Street fut immortalisée par le chanteur Billy Joel, qui avait l'habitude de dîner dans les *ristoranti* du quartier. C'est la rue principale de Little Italy, et c'est là que se trouve le plus grand nombre de restaurants. Sous les petits drapeaux italiens accrochés au-dessus de la rue, les trottoirs sont entièrement occupés par les terrasses des *trattorie* et des *caffè*. En semaine, et pendant la journée, Little Italy est l'un des quartiers les plus calmes de New York. Mais quand arrivent le soir et le week-end, les touristes et les gens du quartier viennent en masse s'y promener et se détendre aux tables des cafés. Pour avoir une bonne table, il vaut mieux arriver avant 19h (ou carrément plus tard). Pour varier les plaisirs, comme par souci d'économie, vous pouvez dîner dans un *ristorante* et prendre le dessert dans un *caffè*. La **Fête de San Gennaro** commence le deuxième jeudi de septembre et dure 10 jours. C'est une célébration en l'honneur du saint patron de Naples, au cours de laquelle Mulberry St. et Little Italy connaissent une animation exceptionnelle. Pour vous rendre à Little Italy en métro, prenez les lignes 4, 5 ou 6, N ou R, ou encore J, M et Z, jusqu'à la station Canal St. Vous pouvez aussi emprunter les lignes B, D, F ou Q jusqu'à la station Broadway-Lafayette.

Ballato, 55 E. Houston St. (274-8881), au niveau de Mott St. Des verres de vin à pieds fins et des cerises brillantes nappées de chocolat vous accueillent. Ballato a beau être clairement influencé par le style de SoHo, sa cuisine de l'Italie du Sud reste remarquable. Clientèle d'amoureux, de touristes et d'étudiants. Pâtes de 7,50 à 11,50 $, truite à l'huile d'olive 12,50 $. *Antipasti* (hors-d'œuvre variés) de 5,50 à 8 $. Le menu du déjeuner comporte deux plats (servi du lundi au vendredi de midi à 16h, 7,50 $), un plat de résistance au choix et un hors-d'œuvre ou un dessert. Le menu du soir, qui comprend trois plats pour 14,50 $, est servi du dimanche au vendredi de 16h à 18h30, le samedi de 17h à 18h30. Ouvert du lundi au vendredi de midi à 23h, le samedi de 16h à minuit, le dimanche de 16h à 23h.

Puglia Restaurant, 189 Hester St. (966-6006), au niveau de Mulberry St. De longues tables garantissent une certaine ambiance et permettent de sympathiser facilement avec vos voisins. Le restaurant se divise en quatre salles, qui vont du style *diner* au style néogothique (murs en pierre et atmosphère de caverne). C'est l'un des restaurants favoris des New-Yorkais et des touristes aventureux. Pâtes de 7 à 10 $, plats principaux de 8,75 à 10,75 $. Enorme assiette de moules 9,25 $. Goûtez aux "célèbres" pâtes *rigatoni alla vodka* (9,75 $). Musique traditionnelle italienne *live* tous les soirs, à partir de 17h. Il y a parfois des soirées "théâtrales interactives" (comédie ou policier) qui transforment tout le restaurant en un gigantesque spectacle collectif (téléphonez pour plus de renseignements ou pour réserver). Ouvert du dimanche au jeudi de 11h30 à minuit, le vendredi et le samedi de 11h30 à 1h.

Vincent's Clam Bar, 119 Mott St. (226-8133), au niveau de Hester St. Une véritable institution new-yorkaise, aux murs couverts de vieilles photos. Ce restaurant fut fondé en 1904 par Giuseppe et Carmela Siono, et baptisé du même nom que leur fils. Les raviolis nappés de la fameuse sauce aux palourdes de chez Vincent's coûtent 8 $, pâtes à partir de 6,50 $. Les plats principaux sont surtout à base de fruits de mer et de poissons (de 6,50 à 17 $). Les *Vincent's Shrimp Balls* (boulettes aux crevettes) sont à 8,50 $. Ouvert du dimanche au jeudi de 11h30 à 1h30, le vendredi et le samedi de 11h30 à 3h30.

Pietro & Vanessa, 23 Cleveland Pl. (941-0286), entre Spring St. et Lafayette St. Un peu à l'écart de l'agitation frénétique des terrasses de Mulberry St. Cette *trattoria* possède un très agréable patio à l'arrière et sert de bons plats classiques. Hors-d'œuvre de palourdes au four 5,25 $. Parmi les pâtes (de 8 à 9 $), citons les *fusilli primavera* (accompagnées de légumes frais). Plats avec poulet de 9 à 11 $, plats avec poisson ou veau 10 $. Ouvert du lundi au vendredi de midi à 23h, le samedi de 16h à 23h, le dimanche de 16h à 22h.

La Mela, 167 Mulberry St. (431-9493), entre Broome St. et Grand St. Les murs sont recouverts de photos et de cartes postales très kitsch, les tables et les chaises sont constamment déplacées afin de pouvoir accueillir les groupes ou les familles, et le personnel n'arrête pas de rire. Dans l'arrière-cour, l'ambiance est tout aussi animée, avec le barde guitariste de rigueur. Vaste choix de pâtes et de *gnocchi* (de 6,50 à 10 $), ainsi que de plats avec viande ou poisson (de 12 à 15 $). Il y a toujours des plats du jour. Les serveurs prennent un malin plaisir à crier pour annoncer votre commande. Ouvert tous les jours de midi à 23h.

Benito One, 174 Mulberry St. (226-9171). Autre adresse au 163 Mulberry St. (226-9012), entre Grand St. et Broome St. Petite *trattoria* très accueillante qui propose une excellente cuisine italienne. L'un des plats favoris est le *pollo scarpariello*, du poulet désossé préparé à l'ail, à l'huile d'olive et au basilic (11 $). Pâtes de 7 à 11 $, veau 13 $, volailles de 11 à 13 $, poissons et fruits de mer de 12,50 à 20 $. Ouvert du dimanche au jeudi de midi à 23h, le vendredi et le samedi de midi à minuit.

Paninoteca, 250 Mulberry St. (219-1351), au niveau de Prince St. Contrairement à la plupart de ses confrères de Little Italy, ce restaurant n'a pas peur de la lumière du jour qui entre par les nombreuses fenêtres pour se refléter ensuite sur le bois blond. La décoration simple et épurée est à l'image de la nourriture, saine et légère. Salades de 4 à 7 $, pâtes de 6 à 8 $, plats principaux de 11 à 13 $. Les *carbonara alla panna* (9 $), des tortellinis farcis au fromage et accompagnés de bacon, de jambon, de petits pois et d'oignons, vous feront sourire de béatitude. Le *brunch* est servi tous les jours jusqu'à 16h. Ouvert du lundi au jeudi de 11h à minuit, le vendredi de 11h à 1h, le samedi de 9h à 1h, le dimanche de 9h à minuit.

Rocky's Italian Restaurant, 45 Spring St. (274-9756), au niveau de Mulberry St. Cet établissement porte le nom du boxeur interprété par Sylvester Stallone. On y sert une cuisine de premier choix, à quelques rues du cœur de Little Italy. L'acteur Billy Crystal de *Quand Harry rencontre Sally* et son oncle font partie des habitués de ce restaurant familial qui sert de bons plats italiens depuis plus de 20 ans. Au déjeuner, essayez un *pizza hero* (grand sandwich à la pizza, 4 $) ou un sandwich (de 4 à 7 $), servis jusqu'à 17h. Pâtes de 6,50 à 11 $, plats de résistance de 11 à 17 $. Vous pouvez aussi faire vos suggestions, le cuisinier n'a pas peur des commandes spéciales. Le poulet à la sauce au vin, accompagné de champignons (11 $), est la spécialité de la maison, et c'est exquis. Ouvert tous les jours de 11h à 23h. En juillet-août, fermé les dimanches.

The D.G. Bakery, 45 Spring St. (226-6688), au niveau de Mulberry St. Un des piliers du quartier. Cette boulangerie, fondée en 1963, prépare un pain italien divin à croûte épaisse, probablement le meilleur de la ville. Le pain est ensuite distribué dans tout New York, mais il vaut mieux l'acheter là, il sera plus frais. Les week-ends, après 11h, il y a nettement moins de choix. Ouvert tous les jours de 8h à 14h, ou jusqu'à épuisement de la marchandise.

Il Fornaio, 132A Mulberry St. (226-8306), entre Broome St. et Grand St. Un intérieur propre et simple à carrelage blanc, avec une exposition parfaitement symétrique de jarres et de bouteilles d'huile d'olive. Côté rue, plusieurs tables vertes, ainsi que des chaises en bois, sont disposées sur le trottoir. Menu alléchant à des prix raisonnables. La spécialité est la pizza à pâte fine (de 4 à 10 $). Sandwichs chauds à partir de 4,50 $, dîners de pâtes à 6 $. *Antipasti* de 5 à 6 $. Ouvert du dimanche au jeudi de 11h30 à 23h30, le vendredi et le samedi de 11h30 à minuit.

Ristorante Taormina, 147 Mulberry St. (219-1007/8/9), entre Grand St. et Hester St. Restaurant chic en plein cœur de Mulberry St. Grandes fenêtres, belles plantes vertes, murs de brique et mobilier en bois blond. Une clientèle élégante mais décontractée vient y déguster une cuisine de qualité accompagnée de bonnes bouteilles de vin. Pour compléter le tableau, le maître d'hôtel est en smoking. Les pâtes *penne arrabiate* sont à 13 $, le *saltinbocca alla romana* (veau et jambon cru, avec une sauce au vin blanc et à la sauge) coûte 13 $. Pâtes de 10 à 16 $, plats principaux de 12 à 18 $. Ouvert du lundi au jeudi de midi à 23h30, le vendredi de midi à 00h30, le samedi de midi à 1h, le dimanche de midi à 22h30.

Caffè

Caffè Roma, 385 Broome St. (226-8413), au niveau de Mulberry St. Un bon café qui s'améliore avec le temps. Véritable saloon à son ouverture en 1890, il en a conservé le décor : murs vert sombre aux ornements de cuivre patiné, chaises en fer travaillées, tables de marbre, chandeliers et meubles de bois foncé où trônaient les bouteilles d'alcool. Les pâtisseries et le café, la "raison d'être" de cet établissement, sont à la hauteur du cadre. *Cannoli* napolitains (sortes d'éclairs) et babas au rhum (à emporter 1,50 $, sur place 2,25 $). Espresso fort à 1,75 $. Le cappuccino et sa crème fouettée sont incontournables (2,50 $). Ouvert du dimanche au jeudi de 8h à minuit, le vendredi et le samedi de 9h à 1h.

La Bella Ferrara, 110 Mulberry St. (966-7867). Ce café porte le nom de la ville qui offrit au monde la puissance du turbo... La Bella Ferrara en a conservé les exigences de force et d'élégance. Ce café est composé de deux pièces, au carrelage à damier et aux vitres étincelantes, idéales pour une conversation intime et pour dévorer des desserts. Pâtisseries de 1,50 à 2 $, desserts de 3 à 4,50 $, cappuccino 2,50 $, biscuits 4,75 $ la livre. Le petit déjeuner spécial (2,75 $, servi du lundi au vendredi de 9h à midi) comprend un cappuccino ou un espresso, un bagel (petit pain en couronne) ou *muffin* (petit cake). Le *special lunch* (soupe et sandwich), servi jusqu'à 17h, coûte 5,50 $. Très agréable le soir quand il fait beau, car c'est l'un des rares endroits de Mulberry St. qui offre une terrasse à l'écart des passants. Ouvert du dimanche au jeudi de 9h à 1h, le vendredi et le samedi de 9h à 2h.

Ferrara, 195-201 Grand St. (226-6150). Pour votre gourmandise, Ferrara déroule le tapis rouge. Ce n'est plus un café, c'est une institution. Fondé en 1892, il fut le premier bar à espresso des Etats-Unis, et est devenu l'un des endroits les plus populaires de la ville auprès des caféinomanes. Lorsqu'il fait beau, le bar s'étend sur deux étages et sur le trottoir, où est installé un comptoir qui vend d'authentiques *gelati* (glaces) italiennes (4,75 $). *Cannoli* (sortes d'éclairs à la ricotta ou au chocolat, aux fruits, etc.) 2,85 $, *tiramisu* (entremet à base de mascarpone, de biscuit, parfumé au café et à la liqueur) 4,50 $, tarte sablée aux fraises 4,25 $, autres pâtisseries 2 $. Excellents sandwichs, dont le *focaccia imbottita*, avec brocoli, artichaut, *provolone* (fromage italien proche du gruyère), poivrons rôtis et *pesto* (sauce au basilic et à l'ail, avec de l'huile d'olive) pour 4,50 $. Ouvert du dimanche au vendredi de 7h30 à minuit, le samedi de 7h30 à 1h.

Café Gitane, 242 Mott St. (334-9552), au niveau de Prince St. Ce café branché, mais décontracté, aurait plus sa place à SoHo. On y trouve une clientèle jeune et un peu bohème. L'intérieur est petit et rétro, dans le style d'un *diner* classique : chaises en vinyl aux couleurs audacieuses, tables recouvertes de linoléum et service au comptoir. Très agréable pour lire ou discuter. Un présentoir rempli de magazines vous invite à rester. Salades fraîches et originales de 4,25 à 6,75 $. Sandwichs de 6 à 7,50 $. Espresso 1,75 $, café au lait 2,75 $, *cheesecake* (gâteau à base de fromage blanc) 3,75 $, gâteau au chocolat 4 $. Choix de thés de 1,75 à 2 $. Ouvert du dimanche au jeudi de 9h à 23h30, le vendredi et le samedi de 9h à minuit.

Lo Spuntino, 117 Mulberry St. (226-9280), entre Hester St. et Canal St. Petit et tout simple, mais les superbes desserts compensent largement la banalité du décor. Interminable liste de mousses avec, notamment, une mousse au potiron (en saison). Mousse aux poires avec purée de framboises 5 $, mousse au chocolat 4,50 $, espresso 2 $. Cappuccino glacé servi avec une glace 5 $. *Cannoli* (sortes d'éclairs à la ricotta ou au chocolat, aux fruits, etc.) 2,25 $. Ouvert du lundi au vendredi de 17h à 1h, le week-end de 11h30 à 1h.

■ Chinatown

Si vous voulez goûter à une authentique cuisine asiatique (de surcroît bon marché), rejoignez le flot de piétons qui se presse dans les rues étroites et chaotiques du plus vieux Chinatown des Etats-Unis. Une virée dans ce quartier qui ne cesse de s'étendre vous garantit un vrai choc culturel : il n'y a pratiquement que des Chinois et des Asiatiques dans les rues, et les commerces ou les entreprises qui y sont implantés n'ont que peu de rapport avec la culture américaine. Dans les nombreuses petites boutiques du quartier, vous pouvez trouver des articles ménagers chinois, des poissons entiers hermétiquement scellés, des racines, des produits pharmaceutiques traditionnels et toutes sortes d'épices. Si vous aimez cuisiner, allez à la **Kam Kuo Food Corp.**, au 7 Mott St. (349-3097), un peu au nord de Chatham Square, ou au

Hong Kong Supermarket, à la jonction d'East Broadway et de Pike St. : ces super-marchés locaux abritent une pléthore de produits alimentaires plus étonnants les uns que les autres. Au rayon des viandes surgelées, le steak traditionnel est supplanté par les pieds de porc, les pattes de poulet et les ailes de canard. Au rayon des fruits et légumes, vous trouvez des brocolis et des aubergines version chinoise. Laissez-vous donc tenter par de la seiche sucrée et séchée (de 80 ¢ à 2 $). A l'étage, vous pouvez acheter de la vaisselle en porcelaine et des ustensiles de cuisine (ouvert tous les jours de 9h à 20h30).

Plus de 200 restaurants chinois, thaïs et vietnamiens sont concentrés dans les quelques rues qui composent Chinatown. Ils proposent la meilleure cuisine asia-tique de New York. Qui plus est, ces établissements sont remarquablement bon marché, surtout en comparaison de leurs confrères italiens et français des environs. Ceci au prix d'une compétition féroce. Le superbe restaurant vietnamien où vous aviez mangé l'an dernier a peut-être changé de nom et sert maintenant de la cuisine malaise... Une telle concurrence est une aubaine pour les papilles gustatives : alors qu'autrefois, la cuisine cantonaise dominait largement le quartier, vous pouvez goûter aujourd'hui à des saveurs provenant de toutes les provinces de l'empire du Milieu : spécialités épicées du Hunan ou du Sichuan, poissons et fruits de mer sucrés et légèrement épicés de Su-Zhu, cuisine consistante et robuste de Pékin. Mais les *dim sum* cantonais (raviolis, brioches ou légumes cuits à la vapeur dans des casiers de jonc tressé) sont toujours aussi populaires et restent la gourmandise traditionnelle du dimanche après-midi. Dans nombre de restaurants, les serveurs poussent à travers la salle leurs chariots remplis d'une multitude de petits plats. Il vous suffit alors de montrer du doigt ce que vous désirez (attention, le *Chinese Bubblegum* désigne les tripes) et, à la fin du repas, vous payez le nombre de plats consommés.

Vous pouvez prendre votre dessert (surtout en été) à la **Chinatown Ice Cream Factory**, au 65 Bayard St. (608-4170), au niveau de Mott St. Certes, la plupart des parfums sont également en vente chez Baskin-Robbins, mais les glaces au litchi, à la mangue, au gingembre, au haricot rouge ou au thé vert sont exceptionnelles et ne se trouvent nulle part ailleurs. (1 boule 1,90 $, 2 boules 3,40 $, 3 boules 4,50 $. Ouvert du lundi au jeudi de 11h30 à 23h, le vendredi et le dimanche de 11h30 à 23h30, le samedi de 11h30 à minuit.) La **May May Gourmet Bakery**, au 35 Pell St. (267-0733), entre Mott St. et le Bowery, propose une multitude de pâtisseries appé-tissantes (toutes à moins de 75 ¢). Goûtez les spécialités exotiques, telles que les pâtisseries à la pâte de haricot noir ou aux graines de lotus (50 ¢ chaque), ou encore les tartes à la noix de coco (60 ¢, ouvert tous les jours de 9h à 20h30). Pour vous rendre à Chinatown en métro, prenez les lignes 6, J, M, N, R ou Z jusqu'à la station Canal St., puis remontez Canal Street vers l'est jusqu'à Mott St. Tournez à droite dans Mott Street et marchez jusqu'au Bowery, Confucius Plaza et East Broadway.

Excellent Dumpling House, 111 Lafayette St. (219-0212 ou 219-0213), un peu au sud de Canal St. Comme son nom l'indique, on trouve dans ce restaurant de fantas-tiques *dumplings* (raviolis chinois) de viande ou de légumes, qui sont, selon les cas, frits, à la vapeur ou bouillis (4 $ les 8). Egalement succulentes : les nouilles sautées (5 à 6,50 $) et les soupes aux nouilles (grands bols 3,50 à 4 $). Le *lunch special* à 5,50 $ (servi du lundi au vendredi de 11h à 15h) comprend des plats comme des lamelles de porc à l'ail ou du poulet sauce haricot noir, accompagné de riz sauté et de *wonton* (gros ravioli à la viande ou aux crevettes, souvent servi dans une soupe). Petit, sans prétention et rempli de touristes, mais excellente cuisine et service rapide. Ouvert tous les jours de 11h à 21h.

House of Vegetarian, 68 Mott St. (226-6572), entre Canal et Bayart St. A la carte, un vaste choix de produits végétariens à base de soja et de dérivés de blé : faux poulet, faux bœuf, faux agneau, faux poisson. Goûtez au *Lo Mein* (avec trois sortes de champignons, 6,75 $) ou au gluten à la sauce au haricot noir (7 $). La plupart des plats coûtent entre 6 et 10 $. En plein été, on apprécie particulièrement les germes de lotus glacés ou les sirops de litchis (2 $). Ouvert tous les jours de 11h à 23h.

HSF (Hee Sheung Fung), 46 Bowery (374-1319), juste au sud de Canal St. Un restaurant spacieux et bondé, tapissé de décorations chinoises lumineuses et dont la vitrine exhibe des volailles embrochées. Célèbre pour ses admirables *dim sum* (servis tous les jours de 7h30 à 17h) et pour son *Hot Pot* buffet. Le *Hot Pot* est une sorte de fondue asiatique : on plonge une cinquantaine d'ingrédients différents (servis à volonté, 18 $ par personne) dans un bouillon installé au milieu de la table. Parmi les ingrédients : des coquilles Saint-Jacques fraîches, des calmars, des crevettes, des palourdes, des moules, des bigorneaux, mais aussi des épinards, du cresson et du chou chinois. Egalement un large choix d'autres plats (de 7,50 à 17 $), dont certains sont plus élaborés comme les crevettes à l'ail (13 $). Ouvert tous les jours de 7h30 à 5h du matin.

Peking Duck House, 22 Mott St. (227-1810), au niveau de Park St. Cet établissement a obtenu sept étoiles dans la rubrique gastronomique du *Daily News*. Il était qualifié par l'ancien maire de la ville, Ed Koch, comme "le meilleur restaurant chinois au monde". Certes, il convient de se méfier des effets de mode, mais le Peking Duck House propose une nourriture très bonne à prix équilibré. Si ce n'est pas vous qui réglez l'addition, commandez le *Peking Duck Extravaganza* (29 $). Sinon, peut-être est-il plus raisonnable de s'en tenir aux plats principaux classiques (de 5,50 à 13 $), tels que la carpe poêlée aux échalotes, accompagnée de carottes, de gingembre et d'une sauce aigre-douce (12,25 $). *Dim sum* (de 2,40 à 7 $ l'assiette) servis le week-end de 11h30 à 15h. Ouvert du dimanche au jeudi de 11h30 à 22h30, le vendredi et le samedi de 11h30 à 23h30.

Road to Mandalay, 380 Broome St. (226-4218), au niveau de Mulberry St. Une perle birmane échouée sur les rivages italiens de Mulberry St. Cuisine raffinée (les spécialités birmanes sont un mélange de nourriture indienne et thaïlandaise) servie dans un cadre intime, rehaussé par des corbeilles remplies de fruits. Vous pouvez commencer par une soupe aux nouilles et à la noix de coco (3,25 $) et un pain birman exquis (une crêpe à plusieurs couches, 2,50 $). Les plats de viande et de poisson coûtent entre 8 $ (curry birman) et 10,50 $ (mélange de divers poissons et fruits de mer). Parmi les plats plus légers, citons la fricassée de nouilles du marché au canard et à l'ail (de 5,50 à 7 $). Ouvert du lundi au vendredi de 16h à 23h, le week-end de midi à 23h.

Pongrisi Thai Restaurant, 106 Bayard St. (349-3132 ou 766-0939). Un havre de paix, exotique et climatisé, au cœur de l'agitation de Chinatown. Irrésistible *Pad Thai* à 5,50 $. Nouilles translucides accompagnées de bœuf, de calmars et de légumes, dans une soupe aux haricots noirs, 6 $. Canard rôti au curry et au lait de coco, aux pousses de bambou, aux oignons et aux poivrons rouges, 9,50 $. Le Pongrisi est réputé pour ses desserts maison, comme le riz au flan à l'œuf et au lait de coco (1,50 $). Ouvert tous les jours de 11h30 à 23h30.

Hong Fat, 63 Mott St. (349-4735 ou 349-4860), près de Bayard St. Repas simples, dans un petit paradis de formica rouge et jaune qui sert des spécialités épicées du Sichuan. Le *kung po* de bœuf à la mode de Sichuan (7,50 $) et le *chow fon* (nouilles grasses, 5,50 $) font partie des favoris de la clientèle. Autres plats de nouilles de 3 à 5 $. Plats principaux de 6 à 11,25 $. Spécialités maison de 7 à 11,25 $. Avec la forte climatisation du restaurant, vous êtes au frais toute la nuit. Personnel aux petits soins. Ouvert tous les jours de 10h à 5h.

Mueng Thai Restaurant, 23 Pell St. (406-4259), entre Mott St. et Broadway. Le curry existe de 4 couleurs différentes (bon courage si vous choisissez le piment vert...). Essayez le curry *Matsuman* (9 $) ou la soupe de poulet au lait de coco (3 $). Plats de nouilles 8 $. Grand choix de plats de viande, de poisson et de fruits de mer (la plupart entre 8 et 11 $). Le *lunch special* comprend du riz et un curry au choix (5 $, servi du mardi au vendredi de 11h30 à 15h). Ouvert le dimanche et du mardi au jeudi de 11h30 à 22h, le vendredi et le samedi de 11h30 à 23h.

New Lung Fong Bakery, 41 Mott St. (233-7447), au niveau de Bayard St. Contrairement à la plupart des pâtisseries du quartier, celle-ci est spacieuse, propre et claire. Le terme *New* fait référence à la partie restaurant récemment construite à l'arrière. C'est un café chinois classique, où les gens du quartier viennent siroter du café au lait concentré sucré (60 ¢). Choix de pâtisseries étonnamment bon marché (entre 40 et 75 ¢ pièce). Gâteaux aux amandes 50 ¢, pudding à l'ananas 50 ¢, rouleaux au poulet 60 ¢, brioche au jambon et au fromage ou aux saucisses 50 ¢. Ouvert tous les jours de 7h à 21h.

New Oriental Pearl Restaurant, 103-105 Mott St. (219-8388), entre Hester St. et Canal St. Ce restaurant, d'un rouge clinquant, est immense, rempli de familles et ses murs brillants sont décorés d'énormes dragons et de calligraphie chinoise dorée. Vous pouvez choisir directement votre repas dans les aquariums situés à l'avant du restaurant, dans lesquels les poissons, les anguilles et les raies tentent discrètement de se cacher parmi leurs compagnons d'infortune afin de ne pas être sélectionnés les premiers. Goûtez au bœuf à l'orange à la mode de Hunan (9 $) ou au riz sauté aux crevettes (6 $). La plupart des plats principaux coûtent entre 9 et 12 $. Les plats de riz sauté et de nouilles coûtent entre 5 et 9 $. Ouvert tous les jours de midi à 23h.

20 Mott St. Restaurant, 20 Mott St. (964-0380), près de Pell St. Les plats principaux de ce restaurant sur deux étages sont tellement bons que vous n'avez pas forcément envie de prendre les incontournables *dim sum*. Le thé au jasmin est également excellent. Plats principaux entre 7 et 13 $, sauf les plats à l'ormeau (mollusque marin, 40 $), la soupe aux nids d'hirondelles (65 $) et les ailerons de requin (65,25 $). Ouvert du dimanche au jeudi de 8h à minuit, le vendredi et le samedi de 8h à 2h.

Yeun Yeun Restaurant, 61A Bayard St. (406-2100). Cuisine chinoise dans une ambiance de *diner* américain : rectangulaire, rempli de boxes et vraiment bon marché. Le petit menu semble tout droit sorti des années 50. Si vous parvenez à dépasser la barrière du langage, commandez un *chicken chop suey* (poulet en sauce aux légumes, accompagné de riz, 6,50 $) ou un *shrimp chow mein* (crevettes aux légumes en sauce au soja, accompagnées de nouilles, 4,25 $). Plats principaux entre 3,50 et 7 $. En dessert, essayez une glace au litchi (milk-shake au sirop, avec des litchis frais, 1,50 $). Ouvert tous les jours de 16h à 23h.

■ Lower Manhattan

Les restaurants de Lower Manhattan s'adressent à une clientèle de courtiers et de banquiers de Wall Street qui y affluent au moment de leur pause déjeuner. Ils servent une nourriture banale à la vitesse de l'éclair, à des prix imbattables et facile à emporter (les livraisons sont parfois gratuites). Les cafétérias, situées au pied des immeubles, ne dégagent aucune atmosphère mais proposent à peu près de tout et à bon marché, du *gaspacho* andalou aux saucisses italiennes. A quelques pas seulement du parvis du World Trade Center où les prix atteignent des niveaux exorbitants, les fast-foods économiques pullulent sur Broadway, vers Dey St. et John St. En été, les roulottes des marchands ambulants forment un ensemble compact le long de Broadway, entre Cedar St. et Liberty St. En plus des sandwichs classiques, vous pouvez acheter des *falafels* (croquettes de pois chiches et de légumes, épicées et frites, aussi servies en sandwich) et des aubergines (2,75 $) et des *burritos* (tortillas garnies de viande, fromage, haricots rouges, etc., 4,50 $) et du *gaspacho* (soupe froide andalouse à la tomate et aux épices) avec un petit pain aux oignons (3,75 $). Allez les déguster sur Liberty Park, de l'autre côté de la rue.

Sur la place piétonne de Coenties Slip, entre Pearl St. et South William St., sont installés de nombreux restaurants bon marché. Vous avez le choix entre le buffet abondant du **Golden Chopsticks** (825-0314), dont la barquette est à 4 $ la livre, les restaurants indiens ou les fish and chips voisins, ou encore la cuisine consistante du quartier de Chinatown situé à deux pas. Sur **St Andrews Plaza**, au nord du City Hall (Hôtel de ville), les marchands de *snacks* permettent à la foule des employés de bureau de déjeuner rapidement et pour pas cher.

Si vous êtes tenté par le choix alimentaire varié mais dénué de charme qu'offrent les centres commerciaux à l'américaine, allez faire un tour au South Street Seaport. **The Promenade**, au 3e étage du Pier 17, à South Street Seaport (732-7678), réunit dans un même bâtiment le **Wok'n'Roll** (porc à la sauce aigre-douce, rouleau impérial et riz sauté, 5,99 $), l'**Athenian Express** (kebab ou *souvlaki*, 4,70 $), **The Salad Bowl** (sandwich au pain *pita* oriental, garni au thon, au poulet ou à l'houmous, 4,50 $), ou encore le **Raj'n Cajun** (écrevisses 5,49 $). The Promenade est ouvert du dimanche au jeudi de 10h à 22h, le vendredi et le samedi de 10h à 1h, les autres bars et restaurants sont ouverts plus tard.

Zigolini's, 66 Pearl St. (425-7171), au niveau de Coenties Alley. Un des rares endroits climatisé du quartier où l'on trouve des places assises. Cet authentique restaurant italien sert des sandwichs énormes (de 5 à 7 $), ainsi que de bonnes spécialités de pâtes. Essayez les pâtes en spirale aux tomates séchées avec artichauts, poivrons grillés et persil (6,50 $). Toute suggestion de nouveau plat est la bienvenue : elle pourra se retrouver inscrite sur le menu (c'est déjà arrivé !). Ouvert du lundi au vendredi de 7h à 19h.

Frank's Papaya, 192 Broadway (693-2763), au niveau de John St. Excellent rapport qualité-prix, service rapide. Tout près du World Trade Center. Enorme hamburger à la dinde 1,60 $, hot dog 70 ¢. Petit déjeuner (œuf, jambon, fromage, café) 1,50 $. Vous mangez debout à l'un des comptoirs. Ouvert du lundi au samedi de 5h30 à 22h, le dimanche de 5h30 à 17h30.

Hamburger Harry's, 157 Chambers St. (267-4446), entre West et Greenwich St. Les connaisseurs de hamburgers ne seront pas déçus : les steaks hachés (200 g) sont grillés au feu de bois de pommier (!), puis surmontés de garnitures exotiques (avocat, germes de luzerne, chili, salsa... et sauce béarnaise) pour 6 $. Avec le *red slaw* (salade de choux rouges), des frites ou une salade de pommes de terre, c'est 8 $. Hamburger normal 4 $, *nachos* au fromage avec frites 3 $. Ouvert du lundi au samedi de 11h30 à 22h, le dimanche de 11h30 à 21h.

McDonald's, 160 Broadway (385-2063), au niveau de Liberty St. C'est l'un des plus beaux exemples de kitsch postmoderne de tout New York. Ce palais du McDo à deux étages, avec des tables de marbre, a coûté 3 millions de dollars, et peut accueillir 320 personnes. Vous êtes reçu par un portier en smoking, vous êtes bercé par la mélodie d'un piano à queue et vous pouvez même suivre les cours de la bourse qui défilent sur un écran : ça se passe comme ça, au McDonald's de Wall Street... Vous pouvez aussi acheter des articles de plus ou moins bon goût (plutôt moins) à la McBoutique. En plus de la Mccuisine traditionnelle, il y a des tartes aux fruits (2,50 $) et des espressos (2 $). Si vous avez une grosse McSoif, prenez un nectar de fruits (1,50 $) ou une tisane (1 $). Les prix sont environs 25 % plus élevés que dans les autres McDonald's. Ouvert du lundi au vendredi de 6h à 23h, le week-end de 7h30 à 21h.

■ Brooklyn

Les restaurants, *delis* et cafés de Brooklyn proposent la même palette de saveurs et le même éclectisme gastronomique que Manhattan, et souvent à des prix inférieurs. Vous trouvez de la nouvelle cuisine à Brooklyn Heights et à Park Slope, même si ces quartiers sont plutôt spécialisés dans la *pita* (pain oriental) et le *baba ghanoush* (purée d'aubergines assaisonnée à l'ail, au jus de citron, avec une pâte aux grains de sésame). Williamsburg abrite de nombreux restaurants bon marché à l'atmosphère populaire et sympathique. Quant aux amateurs de *bortsch* (une soupe russe chaude ou froide de betteraves servie avec de la crème aigre), ils doivent se rendre à Greenpoint, et ceux qui préfèrent les cuisine jamaïcaines et antillaises iront plutôt à Flatbush. Et, si vous n'avez pas l'impression d'avoir fait le tour du monde à Manhattan, Brooklyn a aussi son Chinatown (à Sunset Park) et son Little Italy (à Carroll Gardens).

DOWNTOWN

★**Moroccan Star**, 205 Atlantic Ave. (718-643-0800), dans Brooklyn Heights. Métro : ligne 2, 3, 4, 5, M ou R, station Borough Hall. Descendez Court St. jusqu'à la quatrième rue Une adresse clé pour la communauté marocaine de Brooklyn, ce restaurant sert une cuisine délicieuse et bon marché. Pour changer du couscous, goûtez à la pastilla (sublime spécialité marocaine de pâte feuilletée fourrée à la pâte d'amande, au poulet et aux légumes, 8,75 $, au déjeuner 6 $). Ouvert le dimanche de midi à 22h, du mardi au jeudi de 10h à 23h, le vendredi et le samedi de 11h à 23h.

★**Teresa's**, 80 Montague St. (718-797-3996), à Brooklyn Heights. Métro : ligne 2, 3, 4, 5, M ou R, station Borough Hall. Montague St. est juste à la sortie du métro, et Teresa's se trouve au bout de la Promenade. Bonne cuisine polonaise bon marché, servie dans une agréable salle de boiseries couleur blanc cassé. Poivron farci (6,75 $). Les *piroshkis,* des chaussons fourrés de fromage, de pommes de terre, de viande ou de choucroute, sont copieux (3,50 $). En semaine, le déjeuner spécial (servi du lundi au vendredi de 11h à 16h) comprend un plat principal, une soupe et une boisson (6 $). Ouvert tous les jours de 9h à 23h.

Red Rose Restaurant, 315 Smith St. (718-625-0963), à Carroll Gardens. Métro : ligne F ou G, station Bergen St. Restaurant italien assez chic qui ne lésine pas sur l'ail et qui ménage votre porte-monnaie. Le menu offre un grand choix de pâtes de 5,25 à 8 $, mais aussi pas moins de 27 spécialités maison différentes, aux environs de 8 $. Pain à l'ail, au goût puissant (2 $). Ouvert tous les jours de 11h à 23h.

Damascus Bakery, 195 Atlantic Ave. (718-855-1456), à Brooklyn Heights. Métro : ligne 2, 3, 4, 5, M, ou R, station Borough Hall, puis descendez Court St. jusqu'à la quatrième rue. Sympathique pâtisserie qui vend des spécialités du Moyen-Orient et d'ailleurs. Paquet de *pita* frais 55 ¢. Les *baklavas* (gâteaux au miel) sont succulents (1,50 $), de même que les tourtes aux épinards et à la feta (1,20 $). Autres tourtes de 1 à 2 $. Ouvert tous les jours de 7h30 à 19h.

Las Tres Palmas, 124 Court St. (718-596-2740 ou 718-624-9565), près de Atlantic Ave. Métro : ligne 2, 3, 4, 5, M ou R, station Borough Hall. Las Tres Palmas se trouve environ trois rues plus loin. Ce petit restaurant bien tenu s'autoproclame "meilleur restaurant espagnol de *downtown* Brooklyn", et compense son manque de raffinement par une cuisine excellente et abordable. Les gens du coin viennent y déguster de copieux bols de soupe (2,35 à 3 $) et des plats de viande, tels que la fricassée de poulet (6,40 $) ou le steak *Palomilla* aux oignons (7,60 $). Ces plats sont accompagnés de riz, de haricots rouges ou de bananes plantain, et de salade. Ouvert tous les jours de 10h à 23h.

Buddy's Burritos and Taco Bar, 260 Court St. (718-488-8695), entre Kane St. et Douglass St., à Carroll Gardens. Métro : ligne F ou G, station Bergen St. Marchez en direction de l'ouest jusqu'à Court St., tournez à gauche et descendez-la jusqu'à la quatrième rue. Le quartier est spécialisé dans la cuisine italienne, mais si vous avez envie d'un bon *burrito* (tortilla garnie de viande, de fromage, de haricots rouges, etc.), copieux et fait avec des produits frais (de 3,25 à 6 $), c'est ici qu'il vous faut venir. Ouvert du lundi au samedi de 11h30 à 23h, le dimanche de 11h30 à 22h.

Junior's, 986 Flatbush Ave. Extension (718-852-5257), de l'autre côté de Manhattan Bridge, au niveau de De Kalb St. Métro : ligne 2, 3, 4, 5, B, D, M, N, Q ou R, station Atlantic Ave. Crème, sucre et cholestérol assurés ; il vous en coûtera des heures de marche pour éliminer tout ça. Un restaurant qui brille comme un juke-box. Ses spécialités, *roast-beef* et *brisket* (poitrine de bœuf), ont leurs nombreux fidèles. Steakburgers de 300 g à partir de 5,50 $, les plats du *special* sont aux environs de 8 $ Un excellent endroit pour satisfaire une envie de *cheesecake* (3,75 $). Ouvert du dimanche au jeudi de 6h30 à 00h30, le vendredi et le samedi de 6h30 à 2h.

Bagel Point Café, 231 Court St. (718-522-2220), à Carroll Gardens. Métro : ligne F ou G, station Bergen St., puis prenez en direction de l'est jusqu'à Court St. Les gens les plus chic et branchés de Carroll Gardens viennent y déguster de délicates pâtisseries et desserts européens (de 1 à 4 $). Superbes *bagels* (petits pains en couronne), 50 ¢ seulement. Vous pouvez profiter du jardin pour manger votre sandwich à la mozzarella et aux tomates séchées (3,75 $). Ouvert du lundi au jeudi de 7h à 13h, le vendredi et le samedi de 8h à 1h, le dimanche de 8h à minuit.

Fountain Café, 183 Atlantic Ave. (718-624-6764), à Brooklyn Heights. Métro : ligne 2, 3, 4, 5, M ou R, station Borough Hall, puis descendez Court St. jusqu'à la quatrième rue. Cet établissement tire son nom de la petite fontaine qui gargouille au centre de la salle. On y sert une cuisine du Moyen-Orient copieuse et bon marché à une clientèle principalement arabe. *Shawarma* 4 $, chiche-kebab 4 $, sandwich *falafel* 2,85 $, tourte syrienne aux épinards 1,50 $. Ouvert du dimanche au jeudi de 10h30 à 22h30, le vendredi et le samedi de 10h30 à 23h30.

Kokobar, 59 Lafayette St. (718-243-9040). Métro : ligne G, station Fulton, juste à l'angle en face de Spike's Joint. Ce cybercafé-librairie fut fondé par la fille d'Alice Walker (l'auteur de la *Couleur pourpre*, prix Pulitzer). L'esprit qui y règne est typique du quartier de Fort Green : pluriculturalisme intellectuel et activisme social, dans une société composée d'artistes et d'éditeurs aisés provenant de minorités ethniques. Dégustez un excellent *orzata* (1,75 $) en feuilletant la collection de livres qui va des écrivains américains contemporains aux classiques de la littérature noire, en passant par les textes Zen. A l'image de la décoration minimaliste, les boissons maison sont un mélange de saveurs asiatiques et africaines (90 ¢). Le Kokobar accueille souvent de jeunes auteurs, porte-parole des minorités, qui viennent faire des lectures de leurs œuvres. On y trouve aussi des prospectus sur la vie nocturne de la communauté noire gay de Brooklyn. Vous pouvez déguster des sandwichs (de 4 à 7 $) et consulter votre courrier électronique. Ouvert du lundi au vendredi de 7h à 23h, le samedi de 10h à minuit, le dimanche de 10h à 22h.

NORTH BROOKLYN

★**Oznaut's Dish**, 79 Berry St. (718-599-6596). Métro : ligne L, station Bedford Ave. Depuis la station, marchez vers l'ouest en direction de Berry St., puis remontez au nord. Un endroit tout simplement magnifique. Plantons le décor : imaginez que l'architecte catalan Antonio Gaudí croise des ex-artistes de Manhattan et qu'ils décident ensemble d'ériger un restaurant marocain sous l'influence du haschisch... La nourriture est à la hauteur du décor : délicieuse. Hamburger d'agneau au pain de campagne 6,50 $. Muesli, yaourt et fruits 4 $. Vous avez le choix entre 40 sortes de thés (et de nombreux vins) aux noms poétiques, tels que *Iron Goddess of Mercy* (la déesse de fer de la miséricorde) ou *Lapsang Crocodile*. La cuisine proposée est un mélange d'Afrique du Nord et de diverses spécialités américaines, saupoudrée de variantes exotiques, comme le curry indien à la noix de coco (8 $). Ouvert du mardi au dimanche de 6h à minuit.

★**PlanEat Thailand**, 184 Bedford Ave. (718-599-5758). Métro : ligne L, station Bedford Ave. Cet endroit ne pouvait exister qu'à Brooklyn : la meilleure cuisine thaï bon marché de la ville, servie dans un petit restaurant décoré de superbes graffitis. Tous les plats au bœuf sont à moins de 6 $, tous ceux au poulet sont en dessous de 7 $, et l'excellent *pad thai* ne coûte que 5,25 $. Si vous demandez une sauce épicée, on vous sert ce que la maison appelle ici "médium"et qui devrait suffire à vous déboucher les sinus (contrairement à la plupart des autres restaurants, "épicé" ici signifie *vraiment* épicé !). Ouvert du lundi au samedi de 11h30 à 23h30, le dimanche de 13h à 23h.

Stylowa Restaurant, 694 Manhattan Ave. (718-383-8993), entre Norman Ave. et Nassau Ave., à Greenpoint. Métro : ligne G, station Nassau Ave. Le meilleur de la cuisine polonaise aux prix les plus bas. Asseyez-vous parmi la clientèle polonaise et goûtez une *kielbasa* (saucisse) accompagnée d'oignons grillés, de choucroute et de pain (4 $), ou encore essayez le *roast-beef* nappé de sauce maison au jus de viande et servi avec des pommes de terre (4 $). Excellents *pancakes* aux pommes de terre 3 $. Tous les autres plats principaux (de 2,75 à 7,25 $) sont servis avec un verre de *compote* (boisson rose parfumée à la pomme). Ouvert du lundi au jeudi de midi à 21h, le vendredi de midi à 22h, le samedi de 11h à 22h, le dimanche de 11h à 21h.

L Café, 189 Bedford Ave. (718-388-6792). Métro : ligne L, station Bedford Ave. Des œuvres d'artistes locaux sont exposées sur les murs de ce café décontracté de Williamsburg. Peu de plats, mais ils sont originaux, comme le *Leonard Cohen* (3,75 $), mélange de brie, d'échalotes et de vinaigre balsamique, tartiné sur du pain. Profitez de cette enclave artistique en sirotant un bon café. Ouvert du lundi au vendredi de 8h15 à minuit, le week-end de 10h à minuit.

CENTRAL BROOKLYN

A Central Brooklyn, les restaurants exotiques abondent. Le secteur de Park Slope commence à devenir sérieusement à la mode et attire de nombreux yuppies. On y trouve fort logiquement de plus en plus de cafés "artiste" et de restaurants raffinés. Dans les autres quartiers de Central Brooklyn, c'est surtout la cuisine internationale qui prédomine. A Sunset Park, 8th Avenue est le cœur du Chinatown de Brooklyn. Et sur Church Avenue, à Flatbush, les amateurs de spécialités jamaïcaine et antillaise peuvent satisfaire leurs palais.

★**Tom's Restaurant**, 782 Washington Ave. (718-636-9738) au niveau de Sterling Pl. Métro : ligne 2 ou 3, station Brooklyn Museum. Marchez vers l'est sur un demi-block jusqu'à Washington St., puis deux blocks vers le nord. Le café où prendre un bon petit déjeuner dans le vrai Brooklyn. L'archétype du bistro new-yorkais dans le style des années 50 avec une fontaine à soda et un service très chaleureux. C'est là que vous rencontrerez les personnages des films *Smoke* et *Brooklyn Boogie*. Le petit déjeuner est servi toute la journée : deux œufs, des frites ou du *grits* (bouillie de maïs), des toasts, du café ou du thé, le tout pour 2 $. Les excellents *challah* (pain juif levé) *French toasts* à 3 $ sont célèbres. Ouvert du lundi au samedi de 6h30 à 16h.

Ray's Jerk Chicken, 3125 Church Ave. (718-826-0987), entre la 31st St. et la 32nd St., à Flatbush. Métro : ligne 2 ou 5, station Church Ave. Marchez vers l'est jusqu'à la deuxième rue. Le *jerked chicken* est une délicieuse spécialité jamaïcaine : des lamelles de poulet rôti croustillantes, servies chaudes ou froides, avec une marinade douce mais très poivrée. Mais vous pouvez aussi choisir l'un des nombreux autres plats appétissants du menu (de 6 à 7 $). Ouvert du lundi au jeudi de 9h à 3h, du vendredi au dimanche ouvert 24h/24.

Oriental Palace, 5609 8th Ave. (718-633-6688), près de la 56th St., à Sunset Park. Métro : ligne N, station 8th Ave. Cuisine authentique et bon marché. L'assiette de *dim sum* coûte de 1 à 1,50 $ (y compris ceux aux pattes de poulet ou aux nids d'hirondelle). Les *dim sum* sont servis tous les jours de 7h30 à 16h. Le prix des déjeuners est d'environ 5 $. Petit pain au rôti de porc 50 ¢. Les viandes rôties juteuses, accompagnées de riz, coûtent entre 6,75 et 8,75 $. Ouvert du dimanche au jeudi de 7h30 à minuit, le vendredi et le samedi de 7h30 à 1h.

El Gran Castillo de Jagua, 345 Flatbush Ave. (718-622-8700), au niveau de Carlton St., en face de la station de métro. Métro : ligne D ou Q, station 7th Ave. On y déguste une authentique cuisine latino-américaine bon marché. Au dîner, les plats de viande accompagnés de riz et de haricots rouges, ou de bananes plantain et de salade, coûtent entre 5 et 12 $. Le *mofungo* (banane verte écrasée et rôti de porc, nappé de sauce au jus de viande, 3,50 $) est absolument exquis. Ouvert tous les jours de 7h à minuit.

Short Ribs, 9101 3rd Ave. (718-745-0614), à Bay Ridge. Métro : ligne R, station 86th St. Marchez vers l'ouest jusqu'à la 3rd Ave., et descendez-la sur quelques pâtés de maisons. Le meilleur barbecue du quartier. La soupe à l'oignon à la française (mais oui !) est servie dans une miche de pain à la semoule (4,50 $). Un repas copieux, accompagné de rondelles d'oignons frites, coûte environ 15 $. Ce restaurant est très populaire et donc souvent bondé au moment des repas. Ouvert du lundi au jeudi de midi à 23h, le vendredi et le samedi de midi à 1h, le dimanche de midi à 22h.

Nam, 222 7th Ave. (718-788-5036), à Park Slope. Métro : ligne D ou Q, station 7th Ave. Remontez la 7th Ave. sur plusieurs pâtés de maisons. Ce restaurant doit son succès à la clientèle de Park Slope, très soucieuse de diététique. Le Nam sert une cuisine vietnamienne raffinée à prix abordable, même pour les yuppies sans le sou... Les plats de petits pains aux nouilles à la farine de riz (7 $) sont de bons classiques, mais la carte comporte de nombreux plats plus originaux. Beaucoup de choix pour les végétariens, comme le *ca tim nuong xao dam ot*, des aubergines cuites au feu de bois puis écrasées et nappées d'une sauce aigre-douce épicée (6,50 $). Ouvert du lundi au vendredi de 10h à 22h30, le week-end de 11h à 23h30.

Hammond's Finger Lickin' Bakery, 5014 Church Ave. (718-342-5770), au niveau de Utica Ave., à Flatbush. Métro : ligne 2 ou 3, station Utica Ave. Prenez la direction est jusqu'à la deuxième rue. Pâtisseries jamaïcaines et antillaises de 1 à 2 $. Les chaussons aux fruits sont vraiment exquis (1,60 $). Ouvert tous les jours de 8h30 à 19h.

Gia Lam, 5402 8th Ave. (718-854-8818), au niveau de la 54th St., à Sunset Park. Métro : ligne N, station 8th Ave. Ce restaurant vietnamien populaire sert des assiettes copieuses à bas prix. Au déjeuner, les calmars accompagnés de *lemon-grass* (plante aromatique) et de riz (3,50 $) sont excellents. Plats du déjeuner entre 3 et 5 $, plats du dîner entre 6 et 9 $. Ouvert du lundi au jeudi de 11h à 22h15, le vendredi de 11h à 22h30, le week-end de 10h30 à 22h30.

Sundaes & Cones, 5622 8th Ave. (718-439-9398), entre la 56th St. et la 57th St., à Sunset Park. Métro : ligne N, station 8th Ave. 36 parfums de glace, dont thé vert, haricot rouge, mangue et litchi. Cornets à partir de 1,40 $, puis le prix est en fonction des ingrédients que vous voulez ajouter. Vous pouvez aussi y acheter des yaourts glacés et des glaces à boire. Devant le magasin, il y a des chevaux mécaniques à pièce, profitez-en pour retomber en enfance. Ouvert tous les jours de 10h à minuit.

SOUTH BROOKLYN

Les rives de South Brooklyn vous plongent dans l'embarras, tant les variétés gastronomiques sont nombreuses. Goûtez aux authentiques *knishes* russes (beignets de pâte feuilletée avec garniture au choix) sur **Brighton Beach Avenue**, aux *calamari* italiens (calmars frits), à la sauce marinara épicée, le long de Emmons Avenue, à Sheepshead Bay, ou encore aux bonbons tricolores à Coney Island.

★**Primorski Restaurant**, 282 Brighton Beach Ave. (718-891-3111), entre Brighton Beach 2nd St. et Brighton Beach 3rd St. Métro : ligne D ou Q, station Brighton Beach. Prenez vers l'est Brighton Beach Ave. jusqu'à la quatrième rue. Fréquenté par des habitants de Brooklyn russophones, ce restaurant sert des *bortsch* ukrainiens (2,25 $) dans une atmosphère slave un brin nostalgique. La plupart des serveurs parlent un anglais approximatif mais, mais qu'importe s'ils se trompent de plat, c'est de toutes façons toujours excellent. Menu au déjeuner très abordable (servi du lundi au vendredi de 11h à 17h, le samedi et le dimanche de 11h à 16h, 4 $) : 3 soupes au choix, 15 plats principaux, pain, salade et café ou thé. Le soir, les prix augmentent quand les danseurs commencent à tournoyer au rythme de la musique. Spectacles en soirée (y compris de la musique disco *live*). Ouvert tous les jours de 11h à 2h.

★**Philip's Confections**, 1237 Surf Ave. (718-372-8783), à la sortie du métro. Métro : ligne B, D, F, ou N, station Coney Island. Faites plaisir à l'enfant qui sommeille en vous. Excellents bonbons au caramel salé (95 ¢ les 250 g). Pommes d'amour au sucre candi ou au caramel 1 $. Barbes à papa 1 $. En été, le *lime rickey* (eau gazeuse sucrée au citron vert, 60 ¢) est l'un des meilleurs (et des moins onéreux) rafraîchissements de Coney Island. Ouvert du dimanche au jeudi de 11h à 3h, le vendredi et le samedi de 11h à 4h.

Nathan's, à l'angle de Surf Ave. et de Stillwell Ave. (718-946-2206), à Coney Island. Métro : ligne B, D, F ou N, station Coney Island. En face de la station de métro. Il y a 74 ans de cela, Nathan Handwerker a acquis la réputation d'être le vendeur le moins cher de toute la promenade le long de la plage de Coney Island : il vendait ses hot dogs 5 ¢, alors que ses concurrents vendaient les leurs 10 ¢. Depuis, ses hot dogs croustillants sont connus dans tout le pays, et sont désormais vendus dans des restaurants franchisés ou des supermarchés. Si vous passez par ce restaurant bondé, goûtez au véritable hot dog à la saucisse de Francfort : *"the original Nathan's"* (1,85 $). Ouvert du dimanche au jeudi de 8h à 4h, le vendredi et le samedi de 8h à 5h.

Jimmy's Famous Heros, 1786 Sheepshead Bay Rd. (718-648-8001), près de Emmons Ave. Métro : ligne D ou Q, station Sheepshead Bay. Prenez Sheepshead Bay Rd. direction sud-est. Le *hero*, un grand sandwich mixte, est l'équivalent new-yorkais de ce que l'on appelle *sub* ou *grinder* dans le reste du pays (son nom vient de *gyros*, qui désigne les sandwichs grecs). Chez Jimmy's, le *hero* coûte 4,50 $ et est assez gros pour nourrir deux personnes. Quoi que vous commandiez, demandez toujours *the works* ("la totale") en assaisonnement, vous nous en serez reconnaissant. Vente à emporter principalement (vous pouvez aller manger au bord de la baie). Ouvert du lundi au samedi de 9h à 18h, le dimanche de 9h à 17h.

Ramdazzo' Clam Bar, 2017 Emmons Ave. (718-615-0010), à Sheepshead Bay. Métro : ligne D ou Q, station Sheepshead Bay. Descendez Sheepshead Bay Rd. vers le sud jusqu'à Emmons Ave. La situation en front de mer et les menus de poissons et de fruits de mer expliquent la clientèle nombreuse et les prix légèrement plus élevés. Malgré tout, il y a de nombreux plats à prix raisonnable, comme les pâtes *linguini* à la sauce rouge ou blanche aux palourdes (8 $), ou le sandwich aux coquilles Saint-Jacques frites (5,50 $). Ouvert du dimanche au jeudi de 11h30 à 00h30, le vendredi et le samedi de 11h30 à 2h30.

Sea Lane Bakery, 615 Brighton Beach Ave. (718-934-8877). Métro : ligne D ou Q, station Brighton Beach. La meilleure pâtisserie juive de Brighton Beach. Le mieux est de goûter à plusieurs échantillons (9 pâtisseries différentes, 90 ¢ pièce). Sinon, vous êtes sûr de ne pas vous tromper si vous prenez un gâteau au miel, garni d'amandes et de cerises (4 $). Ouvert tous les jours de 6h à 21h.

Taste of Russia, 219 Brighton Beach Ave. (718-934-6167). Métro : ligne D ou Q, station Brighton Beach. Ce *deli* russe vend de tout, des pâtisseries fraîches du jour aux jus de fruits à la mangue. Parmi les plats favoris, il y a le *chicken Kiev* (escalopes de poulet garnies de beurre aux fines herbes, panées et frites, 4 $ la livre), le chou farci (3,50 $ la livre) ou les *blintzes* (fines crêpes fourrées au fromage blanc, aux fruits, etc., 3,50 $ la livre). Ouvert tous les jours de 8h à 22h.

■ Queens

Presque toutes les communautés ethniques sont représentées dans ce quartier moins touristique de New York. Vous pouvez y déguster une cuisine internationale de qualité loin de l'agitation et de la foule de Manhattan. **Astoria** est le quartier des soldes et des restaurants à bas prix. Pour vous y rendre en métro, prenez les lignes G ou R et descendez à la station Steinway St., puis promenez-vous dans les environs, vous tomberez partout sur de bonnes adresses. Les restaurants grecs et italiens abondent à mesure que vous vous approchez de la station de métro aérienne, à l'angle de Broadway et de la 31st St. De là, si vous reprenez le métro (ligne N) direction nord jusqu'à la station Ditmars Blvd., vous trouverez d'autres restaurants dans le style de ceux d'Astoria. A **Flushing**, c'est un bouquet de spécialités chinoises, japonaises et coréennes. Ces restaurants n'hésitent pas à utiliser des ingrédients exotiques traditionnels, tels que la raie, les calmars ou les tripes, que leurs confrères plus américanisés évitent. Plus à l'est, à la limite entre New York et le comté de Nassau, se trouve le quartier de Bayside, traversé par **Bell Boulevard**, le cœur de la vie nocturne du Queens (plutôt fréquenté par les jeunes des classes moyennes). La plupart des week-ends, les gens du coin viennent y faire la tournée des bars.

Au sud-est se trouvent **Jamaica** et les autres quartiers noirs et antillais qui vendent des *snacks* tels que les *beef patties* (petits pâtés de viande de bœuf hachée et frite) jamaïcaines ou le *rito* antillais (tortilla à la farine garnie de pommes de terre, de viande et d'épices). Jamaica Avenue, au centre de Jamaica, et Linden Boulevard, dans le quartier voisin de St. Albans, sont truffés de restaurants cuisinant ce genre de plats. A noter : le **marché** couvert de Jamaica, au 159-15 Jamaica Ave. (718-291-0282, ouvert du lundi au samedi de 7h à 19h), où quelques paysans viennent vendre leurs produits. Juste à côté du marché, un bâtiment abrite plusieurs restaurants de spécialités des Caraïbes et du Sud des Etats-Unis. Pour vous rendre à Jamaica en métro, prenez les lignes E ou J jusqu'à la station Jamaica Center. De là, prenez le bus Q4 si vous voulez aller à Linden Blvd., à St. Albans. Tout ce secteur n'étant pas très sûr, soyez particulièrement vigilant.

★**Pastrami King**, 124-24 Queens Blvd. (718-263-1717), près de la 82nd Ave., à Kew Gardens. Métro : ligne E ou F, station Union Turnpike/Kew Gardens. En sortant de la station, suivez le panneau indiquant "Courthouse" et "Q10 bus", puis tournez à gauche jusqu'au nord de Queens Blvd. Le restaurant se situe deux blocks plus loin, sur l'autre trottoir. Tout ce que vous mangez, de la viande au *cole slaw* (salade de chou cru), en passant par les *pickles* (petits légumes macérés dans du vinaigre), est fait sur place. Si vous aimez la viande, vous serez rassasié par le sandwich au salami grillé en canapé (7,25 $). Au régime ? vous pouvez déguster les salades (de 5,75 à 9 $) et les omelettes (de 4 à 9 $). Ouvert du mardi au dimanche de 9h30 à 23h.

★**Uncle George's**, 33-19 Broadway, Astoria (718-626-0593), au niveau de la 33rd St. Métro : ligne N ou A, station Broadway, puis deux blocks vers l'est ou lignes G ou R, station Steinway St., puis quatre blocks vers l'ouest. Un restaurant grec très populaire que les gens du quartier appellent *Barba Yiogis O'Ksenihtis*. Pas cher, bon et copieux. Pratiquement tous les plats sont en dessous de 10 $. L'agneau rôti aux pommes de terre (8 $), le poulpe sauté au vinaigre (7 $), les soupes au fromage de chèvre (6 $) et aux pois chiches (3 $) font partie des plats plus légers. Excellente salade grecque à la feta (fromage de brebis) pour 6 $. Ouvert 24h/24.

Anand Bhavan, 35-66 73rd St., à Jackson Heights (718-507-1600). Métro : ligne F, G, H, R ou 7, station 74th St./Broadway. Descendez la 73rd St. sur deux blocks. Bonnes spécialités végétariennes d'Inde du Sud : vous ne savez plus si vous êtes dans le Queens ou à Madras. Pour le déjeuner, les *Picants* valent le détour (de 6 à 8 $, servis de midi à 16h). Le *Madras special* est un copieux repas qui comprend quatre plats, dont le *sambar* (soupe de lentilles épicée) et une *iddly* (crêpe à la farine de riz garnie de poivrons et d'oignons) ou du *vada* (pâte de lentilles farcie) au choix. Lorsqu'ils vous annoncent "épicé", ils ne se moquent pas de vous… Ouvert tous les jours de 11h à 21h30.

First Edition, Bell Blvd., au niveau de la 41st Ave., à Bayside (718-428-8522). Métro : ligne 7, station Main St.-Flushing. Puis prenez le bus Q12 (en face du Stern's Department Store, à côté de la station de métro), qui suit Northern Ave., jusqu'à Bell Blvd. et marchez jusqu'à la troisième rue. Ce bar-restaurant est très attrayant avec ses repas copieux et bon marché mais les boissons sont hors de prix. Si vous contrôlez votre soif, vous pouvez manger à peu de frais. Plats spéciaux différents chaque jour : le lundi, ailes de poulet 25 ¢, le mardi, pâtes et pizzas à moitié prix, le mercredi, *nachos* au chili (toasts de tortilla au chili) à moitié prix, le jeudi, *fajitas* (fricassées de légumes, viande et épices) et *quesadillas* (tortillas garnies et frite) à moitié prix, le dimanche, lamelles de poulet à moitié prix. Ces plats sont servis toute la journée. Le soir, l'endroit est bondé et animé, et c'est le royaume de la drague. Ouvert tous les jours de 11h à 4h.

Galaxy Pastry Shop, 37-11 30th Ave., à Astoria (718-545-3181). Métro : ligne N, station 30th Ave. (Grand Ave.). Prenez la 30th Ave. sur votre droite et marchez vers l'est jusqu'à la 37th St. Un des endroits favoris de la jeunesse dans le vent du quartier. Le Galaxy vend de délicieuses pâtisseries qui vous feront regretter votre régime… Tout est bon, et pas seulement les *baklavas* (gâteaux au miel, 1 $). Ouvert tous les jours de 6h30 à 3h.

Woo Chon Restaurant, 41-19 Kissena Blvd., à Flushing (718-463-0803). Métro : ligne 7, station Main St. Descendez deux rues vers le sud, jusqu'à l'endroit où Kissena Blvd. part sur la gauche, le Woo Chon est un petit peu plus loin, à gauche. Derrière la chute d'eau se cache l'un des meilleurs restaurants coréens de Flushing. Les prix des barbecues coréens sont un peu élevés, mais les plats de nouilles asiatiques sont presque tous à moins de 9 $. Ce petit restaurant est surtout fréquenté par une clientèle asiatique, ce qui est toujours bon signe. Ouvert 24h/24.

Empire K.'s Roasters, 100-19 Queens Blvd. (718-997-7315), à Forest Hills. Métro : ligne G ou R, station 67th Ave. En sortant de la station, prenez à droite et suivez le panneau "67th Ave.-North Side Queens Blvd." Ici, le poulet est bon marché et préparé selon la loi hébraïque par l'un des principaux producteurs de viande casher. Vous pouvez, bien sûr, goûter à la myriade de variations sur le poulet mais les poissons (thon, saumon, truite, hareng et boulettes de poisson) ne sont pas mal non plus, et tous à moins de 10 $. Ouvert du dimanche au jeudi de 11h à 21h30, le vendredi de 11h à 2h30.

Waterfront Crabhouse, 2-03 Borden Ave., à Long Island City (718-729-4862). Métro : ligne 7, station Vernon Blvd./Jackson Ave. Prenez Vernon Blvd. direction sud, puis tournez à droite dans Borden Ave. et allez jusqu'au fleuve. Au lieu de s'appeler *au bord du fleuve*, ce restaurant aurait dû se nommer *De-l'autre-côté-de-la-rue-qui-suit-le-fleuve*, ce qui aurait été plus juste... L'immeuble du Crabhouse abritait au début du siècle le Miller's Hotel où descendaient les gens riches et célèbres, avant de prendre le ferry pour Long Island. Les présidents américains Theodore Roosevelt et Grover Cleveland ont dîné dans cet établissement, dont le troisième étage fut détruit par un incendie en 1975. Aujourd'hui, les boxes en bois du Crabhouse sont décorés d'antiquités, avec quelques touches de verre coloré. Vous pouvez faire un repas romantique en tête-à-tête devant un *Loveboat*, homard farci servi sur un océan de crevettes grillées (19 $). Steaks de bœuf de 8 à 15 $. Spectacles tous les jours. Réservations recommandées. Ouvert le lundi et le mardi de midi à 22h, le mercredi et le jeudi de midi à 23h, le vendredi et le samedi de midi à minuit, le dimanche de 13h à 22h.

Più Bello, 70-09 Austin St., à Forest Hills (718-268-4400). Métro : ligne E ou F, station 71st.-Continental Ave. Prenez le Queens Blvd. en direction de l'ouest jusqu'à la 70th Ave. (après la 70th Rd.), puis tournez à gauche et allez jusqu'à Austin St., une rue plus loin. Agréable restaurant argentin familial, où se rendent les jeunes branchés du quartier. Les glaces onctueuses et la plupart des gâteaux (succulents) sont faits sur place. Une petite chute d'eau donne une touche kitsch au décor. Sandwichs à la mozzarella et à la tomate ou au jambon cru de 5 à 7 $. Il y a plus de 20 desserts glacés au choix, dont la *coppa lamponi* (glace à la framboise) et la *coppa fragola* (glace à la fraise), 5 $ chacune. Ouvert du lundi au jeudi de 10h à minuit, le vendredi et le dimanche de 10h à 1h, le samedi de 10h à 2h.

Knish Knosh, 101-02 Queen Blvd., à Rego Park (718-897-5554). Métro : ligne G ou R, station 67th Ave. Cette petite *knishery* offre peu de places assises mais la marche permet de brûler les calories prises en dégustant les délices qui sortent de son four. Succulents *knishes* (beignets de pâte feuilletée avec garniture au choix, 1,50 $) copieusement garnis de pommes de terres, de *kasha* (bouillie de sarrasin et de blé), de brocolis ou d'oignons. Le *special lunch* (2,50 $) comprend un gros *knish* ou un hot dog casher, servi avec une boisson ou du café. Ouvert le lundi de 9h à 19h, du mardi au vendredi de 9h à 19h30, le week-end de 9h à 18h.

Szechuan Cottage, 102-09 Queens Blvd., à Rego Park (718-997-6227), au niveau de la 67th Dr. Métro : ligne G ou R, station 67th Ave. Ce restaurant a fait ses preuves en réussissant à satisfaire la difficile clientèle locale pendant des années. Le classique poulet *General Tso* (8,50 $) fait partie des spécialités du chef. L'aspect diététique n'a pas été oublié, il suffit de prendre les plats d'asperges ou de basilic pour s'en convaincre. Ouvert tous les jours de 11h30 à 23h.

Eddie's Sweet Shop, 105-29 Metropolitan Ave., à Forest Hills (718-520-8514), au niveau de la 72nd Rd. Métro : ligne E ou F, station 71st-Continental Ave. Puis prenez le bus Q23 jusqu'à Metropolitan Ave. Tournez à gauche dans l'avenue et descendez jusqu'à l'angle de la 72nd Rd., deux blocks plus loin. Ce magasin de douceurs sert depuis 30 ans ses glaces maison et ses délicieux cappuccinos à une clientèle reconnaissante. Le cornet de glace 1 $. Le sol de marbre à l'ancienne et les tabourets en bois rappellent les petits salons des bars des années 50. Ouvert du mardi au vendredi de 13h à 23h30, le week-end de midi à 23h30.

El Chivito D'Oro, 40-08 Junction Blvd. (718-335-4827). Métro : ligne 7, station Junction Blvd. Les gourmets uruguayens et argentins du quartier viennent déguster, dans cet établissement rénové, des plats qui leur rappellent le pays. Les viandes sont la spécialité de la maison. Goûtez par exemple à la *parrillada*, un assortiment de viandes grillées : ris de veau, tripes, saucisses, flanchet et autres produits du *gaucho* (21 $). Ouvert tous les jours de midi à 2h.

■ Bronx

Lorsque les immigrants italiens s'installèrent dans le Bronx, ils apportèrent leurs recettes et l'idée qu'un repas se doit d'être convivial et généreux. Même si le Bronx est, pour l'essentiel, un désert culinaire, les gens qui connaissent vraiment New York ont découvert les rares oasis d'Arthur Avenue et du quartier de Westchester où la nourriture est aussi copieuse et les clients aussi exubérants qu'à Naples. Le secteur de **Belmont**, situé tout autour du carrefour d'Arthur Ave. et de la 187th St., voit se multiplier les pâtisseries, les *caffè*, pizzérias, restaurants et bazars familiaux qui vendent aussi bien des vieux 45 tours de Madonna que des machines à espresso importées. Contrairement à leurs confrères de Little Italy, tous ces établissements ne cherchent pas à flatter le touriste. Si vous avez envie d'un bon petit plat, exotique et bon marché, achetez à un marchand ambulant une tasse en carton remplie de **riz italien** (50 ¢) aux parfums variés : noix de coco, citron vert, mangue, etc. Pour vous rendre à Arthur Ave. en métro, prenez la ligne 2 jusqu'à la station Pelham Pkwy., puis le bus Bx12, direction ouest, et descendez deux arrêts plus loin. Sinon, prenez les lignes C ou D jusqu'à la station Fordham Rd. et marchez vers l'est jusqu'à la cinquième rue.

Mario's, 2342 Arthur Ave. (718-584-1188), près de la 186th St. Depuis cinq générations, la famille Migliucci travaille derrière les fourneaux de cette célèbre *trattoria*, spécialisée dans la cuisine d'Italie méridionale. Le clan original a quitté Naples au début du siècle pour ouvrir le premier restaurant italien d'Egypte, puis est venu aux Etats-Unis où il s'est imposé comme une institution locale, grâce à la qualité de sa cuisine. Evidemment, Mario's apparaît dans les pages du *Parrain*, de Mario Puzo. De nombreuses célébrités viennent y manger, notamment les joueurs de baseball des *Yankees*, et leurs collègues footballeurs (américains) des *Giants*. Dans un décor rose irréel, les clients se serrent sur une banquette qui fait toute la longueur de la pièce. Goûtez les escargots (5,50 $) ou le *spiedini alla romana*, sorte de beignet à la sauce d'anchois et à la mozzarella (8 $). Pâtes traditionnelles entre 9,50 et 11,50 $, aubergines farcies à la ricotta 6,25 $. Ouvert du mardi au jeudi de midi à 23h, le vendredi et le samedi de midi à minuit, le dimanche de midi à 22h.

Tony's Pizza, 34 E. Bedford Park Blvd. (718-367-2854). Métro : ligne 4, station Bedford Park Blvd. Pizzéria classique et bon enfant. Les pizzas sont si bonnes que les élèves de la Bronx High School of Science voisine feraient l'école buissonnière pour en manger. Pâte croustillante généreusement recouverte de fromage. 1,50 $ la part, 75 ¢ par ingrédient supplémentaire. Ouvert du lundi au vendredi de 11h à 20h.

Ann & Tony's, 2407 Arthur Ave. (718-933-1469) au niveau de la 187th St. Un restaurant très représentatif d'Arthur Ave, avec son cadre sans grand intérêt mais confortable. Celui-ci se distingue des autres par ses *special dinners* à partir de 6 $, salade incluse. Le midi, sandwichs à partir de 5 $. Ouvert du lundi au jeudi de 11h à 22h, le vendredi de 11h à 23h, le samedi de 13h à minuit, le dimanche de 13h à 21h.

Taormina Ristorante, 1805 Edison Ave. (718-823-1646). Métro : ligne 6, station Buhre Ave. Nourriture italienne copieuse, à l'ombre du métro aérien. Vous pouvez choisir toutes les sauces qui vous passent par la tête sur n'importe quel type de pâtes. Pâtes de 9,50 à 10 $, sandwichs de 5 à 8 $. Plats de poulet à partir de 10 $, de veau à partir de 12 $. Ouvert du lundi au vendredi de 11h à 22h, le samedi de midi à 23h, le dimanche de midi à 22h.

De Lillo Pastry Shop, 606 E. 187th St. (718-367-8198), près d'Arthur Ave. Bien que cette petite boutique soit souvent bondée, ça vaut le coup d'attendre et de s'asseoir pour y déguster une pâtisserie (de 1 à 2 $) avec un cappuccino (1,75 $) ou un espresso (1,25 $). Ouvert du lundi au vendredi de 8h à 19h, le week-end de 8h à 20h.

Egidio Pastry Shop, 622 E. 187th St. (718-295-6077). Depuis 1912, Egidio a fait des tonnes de pâtisseries et de gâteaux italiens. Sur les étagères colorées, vous verrez plus de 100 sortes de pâtisseries (fraîches du jour) différentes ! Parmi les favoris de la clientèle, il y a les incontournables *cannoli* (sortes d'éclairs à la ricotta ou au chocolat, aux fruits, etc., 1,20 $) et la *linzer torte* (tourte garnie à la confiture de framboises et dont le dessus est fait avec une pâte à base d'amandes pilées, 1,20 $), qui se dégustent avec un cappuccino fumant (2 $) et un sachet de mini-cookies (vendus au poids). La plupart des desserts coûtent entre 1,20 et 2 $. Une institution dans le quartier. Ouvert tous les jours de 7h à 20h.

Pasquale's Rigoletto, 2311 Arthur Ave. (718-365-6644). Pasquale's est plutôt un nouveau venu dans le monde des restaurants italiens d'Arthur Ave., mais il fait déjà partie des meilleurs. Comme le nom de l'établissement le laisse deviner, vous entendez de puissants airs d'opéra, et vous pouvez leur demander de passer votre morceau favori. La porte d'entrée est couverte de photos de l'acteur Joe Pesci, un habitué de l'endroit. Vous pouvez apporter votre vin, moyennant 5 $ de frais pour déboucher la bouteille, ou choisir parmi les boissons du bar bien approvisionné. Pâtes 12,50 $, plats de viande 15 $, volailles 14,50 $, poissons et fruits de mer 16 $. Ouvert du dimanche au jeudi de midi à 22h, le vendredi et le samedi de midi à 22h30.

Dominick's, 2335 Arthur Ave. (718-733-2807), près de la 186th St. Petit restaurant italien authentique. Les serveurs vous installent, vous et votre chérie, à une grande table, à côté d'italiens bourrus mais sympathiques, avec lesquels vous pouvez discuter du menu ou du quartier. Par contre, on ne vous amène ni la carte ni l'addition. Les serveurs récitent la liste des plats du jour et, à la fin du repas, vous annoncent ce que vous devez d'une voix tonitruante. Parmi les favoris, citons les pâtes *linguine* aux moules, nappées de sauce *marinara* (7 $) et le veau à la française (12 $). Si vous n'arrivez pas avant 18h ou après 21h, préparez-vous à 20 mn d'attente au minimum. Ouvert le lundi, le mercredi, le jeudi et le samedi de midi à 22h, le vendredi de midi à 23h, le dimanche de 13h à 21h.

■ Hoboken (New Jersey)

A vrai dire, peu de restaurants valent le déplacement à Hoboken. Mais on ne vient pas à Hoboken pour manger mais pour boire (p. 163), et comme quelques-uns des bars les plus sympathiques font également restaurant, profitez-en pour grignoter un morceau. Pour vous rendre à Hoboken, prenez le métro, lignes B, D, F, N, Q ou R, jusqu'à la station 34th St. Là, prenez la correspondance pour le métro PATH (1 $) et descendez au premier arrêt d'Hoboken. (Vous pouvez aussi prendre le PATH aux stations 23rd St. et 14th St. de la ligne F du métro. Le PATH a également ses propres stations à 9th St./6th Ave. et à Christopher St./Greenwich St.) Pour aller à Washington St. (l'artère principale d'Hoboken), suivez Hudson Pl., en sortant de la station du PATH, jusqu'à Hudson St. Puis remontez jusqu'à la rue suivante, Newark St., tournez à gauche et continuez jusqu'à la deuxième rue, Washington St., avant de prendre à droite.

Johnny Rocket's, 134 Washington St. (659-2620), au niveau de la 2nd St. Avant que Quentin Tarantino ne remette le rétro à la mode grâce à la scène de twist de *Pulp Fiction*, Johnny Rocket's transportait déjà ses clients dans les années 50, avec son ambiance de *diner* à l'ancienne et ses hamburgers moelleux et bon marché (3,45 $). La plupart des boxes rouges sont équipés d'un juke-box (il fonctionne avec des pièces de 5 ¢) qui diffuse au choix Nat King Cole, la chanteuse de country Patsy Cline et autres tubes vieillots. A la fontaine de soda, coulent du Dr Pepper et du Coca-Cola parfumé. Un sol étincelant et un personnel avenant viennent parfaire ce voyage dans le temps. Ouvert du dimanche au jeudi de 10h à 23h, le vendredi et le samedi de 10h à 3h.

Imposto's Restaurant and Deli, 102 Washington St. (963-9077). Une pause pizza simple et sympathique. Après une longue nuit passée à écumer les nombreux bars d'Hoboken, arrêtez-vous là pour manger une part de pizza (1,50 $), avant de reprendre le PATH pour Manhattan. C'est la petite pizzéria typique que l'on trouve sur presque tous les campus américains. Le *special* est très intéressant : deux parts de pizza et une boisson pour 3 $. Vous pouvez aussi goûter le *Hoboken's favorite*, du poulet sauté aux brocolis (2,50 $). Ouvert du lundi au mercredi de 11h à 23h, le jeudi de 11h à 3h, le vendredi et le samedi de 11h à 4h, le dimanche de midi à minuit.

Bel Gusto Bagel Smashery and Café, 718 Washington St. (201-217-9119), entre la 7th St. et la 8th St. Ici tout est sous forme de purée et donne l'impression que les plats ont été passés sous le rouleau compresseur : *Potato smash* et fromage 2,75 $, *Pizza bagel smash* 3,50 $. Le Bel Gusto propose aussi des mélanges d'une extrême délicatesse tels que le *bagel* au chocolat grillé et au beurre de cacahuètes (2,70 $), ou les aubergines grillées accompagnées d'un *bagel* au fromage (4 $). Ouvert du lundi au vendredi de 7h15 à 18h15, le week-end de 8h à 15h.

La Isla, 104 Washington St. (201-659-8197). Si vous êtes cubain et que vous avez le mal du pays ou, tout simplement, si vous aimez la cuisine cubaine, cette petite cafétéria-restaurant-de-famille est pour vous. Il y a des plats différents chaque jour, les assiettes sont copieuses et tout est à 7 $ au maximum. Les végétariens audacieux peuvent essayer le *yuca*, un légume des Caraïbes qui ressemble un peu à la pomme de terre (d'après le menu, c'est également l'acronyme de *Young Upscale Cuban American*, soit Jeune Americano-Cubain Classieux). Ouvert tous les jours de 6h à 22h.

Ray's Soul Kitchen, 1039 Washington St. (201-798-4064), au niveau de la 11th St., à l'intérieur du club de rock Maxwell's. Cuisine noire du Sud à déguster tout en écoutant les concerts donnés au Maxwell's, dans l'arrière salle (p. 348). Grande assiette mixte 11 $. Pour compléter son joyeux répertoire, Maxwell's est sur le point de monter une microbrasserie. Ouvert du vendredi au dimanche de 16h à 1h.

MAGASINS D'ALIMENTATION

Balducci's, 424 6th Ave. (673-2600), entre la 9th St. et la 10th St. Métro : ligne 1 ou 9, station Christopher St.-Sheridan Sq. Attendez-vous à faire la queue à n'importe quelle heure de la journée, dans ce temple du fin gourmet. Très grand choix de plats préparés, de fromages, de pains et de desserts. Ouvert tous les jours de 7h à 20h30.

East Village Cheese, 40 3rd Ave. (477-2601), entre la 9th St. et la 10th St. Métro : ligne 6, station Astor Pl. Le nom de ce magasin annonce la couleur. Mais il ne dit pas tout car, en plus de toutes les variétés de fromages, on y vend aussi des biscuits salés et des *snacks*. Jetez un coup d'œil à la *bargain bin* (boîte aux affaires) et au rayon des amuse-gueules. Ouvert du lundi au vendredi de 8h30 à 18h30, le week-end de 8h30 à 18h.

Ecce Panis, 1120 3rd Ave. (535-2099), entre la 65th St. et la 66th St. Métro : ligne 6, station 68th St.-Hunter College. *Ecce Panis* signifie "Voici le pain" en latin, une formule qui décrit bien ce magasin où l'on fabrique toutes sortes de pain. Goûtez une *focaccia*, un pain aux tomates séchées et aux oignons, ou l'une des quatre variétés de *biscotti*. Pendant que vous faites votre choix, grignotez discrètement les échantillons gratuits disposés sur le comptoir. Ouvert du lundi au vendredi de 8h à 20h, le week-end de 8h à 18h.

Economy Candy, 108 Rivington St. (254-1531), dans le Lower East Side. Métro : ligne F, J, M ou Z, station Delancey St.-Essex St. Vous trouverez dans cette boutique le sucre sous ses formes les plus gourmandes. Chocolats, confitures, huiles et épices importés, innombrables bacs de sucreries, le tout à des prix imbattables. Achetez un grand sachet de nounours en gélatine (1 $) ou une livre de grains de café recouverts de chocolat (5 $). Ouvert du dimanche au vendredi de 8h30 à 17h30, le samedi de 10h à 17h.

The Erotic Baker, 582 Amsterdam Ave. (721-3217), entre la 88th St. et la 89th St. Métro : ligne 1 ou 9, station 86th St. Pâtisseries aux formes évocatrices reproduisant plus ou moins fidèlement les attributs de la nature... Quelques gâteaux sont interdits aux moins de 12 ans. Possibilité de confectionner des modèles sur commande (généralement aux environs de 20 $). Passez votre commande 24h à l'avance et uniquement par téléphone. Ouvert du mardi au vendredi de 10h à 18h.

La Piccola Cucina, 2770 Broadway (222-2381), entre la 106th St. et la 107th St. Cette petite boutique alléchante est idéale pour faire vos provisions avant d'aller pique-niquer à Central Park. Achetez une salade de poulet au curry (2 $) ou un sandwich à la mozzarella fraîche, à l'*arugula* (sorte de chou) et aux tomates (5,50 $). Cruel dilemme : que choisir entre les *biscotti* à la sicilienne ou à la toscane ? Si vous n'arrivez pas à vous décider, prenez des *cannoli* (1,25 $). Ouvert du lundi au vendredi de 10h à 21h, le samedi de 10h à 22h, le dimanche de 11h à 20h.

Sahadi Importing Company, 187 Atlantic Ave. (718-624-4550), entre Court St. et Clinton St., à Brooklyn. Métro : ligne 2, 3, 4 ou 5, station Borough Hall. Ce bazar oriental attire des clients de tout New York, avec ses épices, ses condiments, ses fruits séchés, ses 20 sortes d'olives différentes et son grand choix de pâtes à tartiner, comme l'houmous ou le *baba ghanoush* (purée d'aubergines assaisonnée à l'ail, au jus de citron, avec une pâte aux grains de sésame). Les gens du quartier aiment particulièrement le *lebany*, un mélange de yaourt et d'épices. Ouvert du lundi au vendredi de 9h à 19h, le samedi de 8h30 à 19h.

Teuscher Chocolatier, 620 5th Ave. (246-4416), au niveau de Rockefeller Center. Métro : ligne 6, station 51st St. Ou encore : ligne E jusqu'à la station 5th Ave.-53rd St. Sur le chemin du Rockefeller Center, précipitez-vous dans cette petite boutique aux parfums appétissants. Marrons glacés ou truffes aromatisées au Dom Perignon, Teuscher est ce qui se fait de mieux en matière de chocolats frais (ils arrivent directement de Zurich toutes les semaines). Très, très cher mais vous pouvez en acheter à l'unité (environ 2 $ pièce). Ouvert du lundi au samedi de 10h à 18h.

Zabar's, 2245 Broadway (787-2000), entre la 80th St. et la 81st St. Métro : ligne 1 ou 9, station 79th St. Une véritable institution new-yorkaise. Des miches de pain (et des clients) à perte de vue. Il y a aussi des rayons de plats préparés, de cafés et de thés, des ustensiles de cuisine, etc. Dans le café voisin, on sert des pâtisseries et un excellent café. Ouvert du lundi au vendredi de 8h à 19h30, le samedi de 8h à minuit, le dimanche de 8h30 à 19h.

BARS

New York est une ville de bars. Chaque rue principale a son établissement où viennent se réfugier les gens du quartier les soirs de la semaine. En général, les prix y sont aussi bas que la musique est forte. Pour saisir l'essence de chaque quartier de New York, plongez-vous dans la carte labyrinthique des bars de la ville. Vous pouvez aussi aller boire un verre dans l'une des nombreuses boîtes de nuit (voir Sorties et Spectacles, p.350). Les adresses ci-dessous concernent des établissements où l'on peut discuter sans négliger pour autant le contenu de son verre...

■ Greenwich Village

Polly Esther's, 21 E. 8th St. (979-1970), près de University Pl. Métro : ligne 4, 5, 6, L ou R, station Union Sq. Voici l'histoire d'un pub qui s'appelait Polly et qui voulait faire revivre les années 70. Il arborait des photos des *Dents de la mer*, de *Drôles de dames*, et d'autres séries cultes. Puis, un beau jour, les jeunes branchés du Village entendirent les sons entraînants du disco, et ils surent qu'ils avaient enfin trouvé la terre promise. Ils investirent l'endroit et y dansèrent toutes les nuits en se saoulant au *Brady punch* (4,75 $) ou à la bière (3 $). Deux verres pour le prix d'un pendant l'*happy hour* (de 13h à 21h en semaine, de 13h à 19h les week-ends). Ouvert du lundi au vendredi de 11h à 2h, le week-end de 11h à 4h. Autre adresse au 249 W. 26th St. (929-4782).

The Slaughtered Lamb Pub, 182 W. 4th St. (800-627-5262), au niveau de Jones St. Métro : ligne A, B, C, D, E, F ou Q, station W. 4th St. Un pub anglais, à l'ambiance un peu inquiétante, dédié au culte du loup-garou à travers les années : de l'acteur Lon Chaney Jr. au Jack Nicholson de *Wolf* sans oublier le Michael Jackson de *Thriller*, tout le folklore y est. Plus de 150 sortes de bières (de 5 à 20 $ la bouteille) et de nombreuses *ales* (bières anglaises). Dans la salle du sous-sol, appelé le "cachot", vous pouvez jouer aux fléchettes et au billard. Ne manquez pas le squelette à la porte d'entrée et venez une nuit de pleine lune... Ouvert du dimanche au mercredi de midi à 3h, du jeudi au samedi de midi à 4h.

Barrow Street Ale House, 15 Barrow St. (206-7302), près de la 7th Ave. et de la W. 4th St. Métro : ligne A, B, C, D, E, F ou Q, station W. 4th St. Ne prêtez pas attention aux vilaines peintures murales et profitez de l'ambiance de ce grand bar de quartier. Ne laissez pas passer les bonnes ristournes : bières pression à 1 $ toute la journée le dimanche et le lundi et entre 17h30 et 21h30 le mardi et le mercredi. Billards américains et flippers en sous-sol. Les *black and tans* (bière + Guinness en couches successives) sont révolutionnaires. Ouvert du lundi au mercredi de 16h à 3h, le jeudi de 16h à 4h, le vendredi et le samedi de 15h à 4h, le dimanche de 15h à 4h.

Automatic Slim's, 733 Washington St. (645-8660), au niveau de Bank St. Métro : ligne A, C ou E, station 14th St. Bar à l'ancienne du West Village, avec un bon choix de blues et de soul, et des photos du Velvet Underground, le groupe mythique de Lou Reed dans les années 60, accrochées aux murs. Clientèle jeune. De vieux 45 tours de rock sont exposés sous la plaque de verre des tables. Le week-end, l'endroit est bondé et la clientèle plus variée. Vous pouvez manger des plats américains entre 18h et minuit. Plats principaux entre 7 et 15 $. Ouvert le dimanche et le lundi de 17h30 à 2h30, du mardi au samedi de 17h30 à 4h.

The Whitehorse Tavern, 567 Hudson St. (243-9260), au niveau de la W. 11th St. Métro : ligne 1 ou 9, station Christopher St. Le poète gallois Dylan Thomas a bu jusqu'à plus soif ici, arrosant de 19 whiskies son pauvre foie déjà en piteux état. Cette énième crise éthylique lui fut fatale. Des étudiants et (serveurs) éméchés lui rendent chaque soir un curieux et bruyant hommage. Bières de 3 à 5 $. Patio à l'extérieur, pour les chaudes nuits d'été. Ouvert du dimanche au jeudi de 11h à 2h, le vendredi et le samedi de 11h à 4h.

Julius, 159 W. 10th St. (929-9672), au niveau de Waverly Pl., entre la 6th Ave. et la 7th Ave. Métro : ligne A, C ou E, station 14th St. Ce bar est une référence pour la communauté gay (masculine) depuis 1966, époque à laquelle s'élevèrent des protestations contre les lois interdisant aux bars de servir les homosexuels. Aujourd'hui, des plaques relatent ces événements, pendant qu'une clientèle d'hommes plus vieux et plus conservateurs peut boire, en toute légalité, au milieu des drapeaux arc-en-ciel, étendards de la communauté gay. Boissons à moitié prix pendant l'*happy hour*, du lundi au samedi de 16h à 21h.

Peculier Pub, 145 Bleecker St. (353-1327). Métro : ligne 6, station Bleecker St. Plus de 400 sortes de bières, venant de 43 pays différents. Si des gens du New Jersey vous demandent où se trouve Bleecker St., c'est qu'ils cherchent le Peculier Pub. Clientèle du quartier en semaine, mais bondé de touristes et de banlieusards le weekend. Bières américaines de 3 à 4 $, bières étrangères de 5 à 6 $. Ouvert du lundi au jeudi de 17h à 2h, le vendredi de 16h à 4h, le samedi de 14h à 4h, le dimanche de 16h à 1h.

■ East Village et Lower East Side

Beauty Bar, 231 E. 14th St. (539-1389), entre la 2nd Ave. et la 3rd Ave. Si vous avez vu le film *Grease*, vous vous souvenez peut-être de la scène vaporeuse relatant le rêve de Frenchie, dans laquelle Frankie Avalon chante *Beauty School Dropout* au milieu de tout un attirail de coiffeur des années 50. Eh bien, il vous est possible de transformer ce rêve en réalité, dans cet ancien salon de coiffure devenu le lieu branché du moment. Dorénavant, c'est le gosier, et non plus la barbe, que les clients viennent se rafraîchir dans ce décor excentrique. Bières de 3,50 à 4,50 $... Les soirs de la semaine, l'endroit est rempli d'autochtones de l'East Village. Ouvert tous les jours de 17h à 4h.

The International Bar, 120 1/2 1st Ave. (777-9244), entre la 7th St. et St Mark's Pl. Typique de l'East Village, ce n'est pas un endroit tiré à quatre épingles... Il n'y a que deux tables au fond de ce bar tout en longueur mais vous pouvez vous asseoir au grand et accueillant comptoir. Des lumignons de Noël et des murs peints à l'éponge donnent à ce bar un côté luisant. Avec ses bières américaines à 2,50 $, c'est "le bar qui pratique les prix les plus raisonnables de l'avenue". Animé le soir, avec sa clientèle d'immigrants, de jeunes paumés et d'étudiants, dont la plupart sont des habitués. Ouvert du lundi au vendredi de 11h à 4h, le week-end de midi à 4h.

Nation, 50 Ave. A, entre la 4th St. et la 3rd St. En verre sombre et élégant, cet endroit est un hybride parfait de club et de café. Une bonne adresse pour boire un verre sur la toujours populaire Avenue A. DJ tous les soirs, avec une musique qui va de la jungle à la house et du trip-hop au rap *old school*. Mais si vous ne voulez pas danser, le volume de la musique ne vous empêche pas de discuter autour d'un verre. Entrée gratuite. Le *coffee shop* est ouvert tous les jours de 8h à 18h. Le bar est ouvert tous les jours de 8h30 à 4h30.

Tenth Street Lounge, 212 E. 10th St. (473-5252), entre la 1st Ave. et la 2nd Ave. Un bar plutôt chic, dans le style de SoHo, sauf qu'il se situe à l'est de la 5th Ave. Ses lambris d'acajou et ses jus de fruits frais expliquent en partie le prix des bières (de 4 à 5 $). C'est un endroit vraiment très agréable pour prendre un verre en début de soirée (le bar situé à l'avant est ouvert sur la rue jusqu'à 21h). Les jeudis et samedis soir, il y a parfois un droit d'entrée de 10 $. Ouvert du lundi au samedi de 17h à 3h, le dimanche de 16h à 2h.

Sophie's, 507 E. 5th St. (228-5680), entre l'Ave. A et l'Ave. B. Métro : ligne F, station 2nd Ave. Ou encore : ligne 6 jusqu'à la station Astor Pl. Les week-ends, rempli de blousons de cuir et de casquettes de base-ball. Très, très, très bon marché. Grande chope de bière pression 1 $ (bières étrangères à la pression 2 $). Cocktails à partir de 2,50 $. Billard américain et juke-box de bon goût. Ouvert tous les jours de midi à 4h.

Max Fish, 178 Ludlow St. (529-3959), au niveau de Houston St., dans le Lower East Side. Métro : ligne F, station Delancey St. ou 2nd Ave. Ou encore : ligne J, M ou Z jusqu'à la station Essex St. Ce bar, vraiment en vogue, attire tout ce qui se fait de plus branché les jeudi, vendredi et samedi. C'est un peu moins le cas les autres jours. La décoration est définitivement d'avant-garde : objets hétéroclites, dessins originaux et ainsi de suite. Le juke-box est sans conteste le meilleur de la ville, et on y trouve de tout, des Fugees aux Stooges, en passant par Folk Implosion. Bière 2,50 $. Ouvert tous les jours de 17h30 à 4h.

McSorley's Old Ale House, 15 E. 7th St. (473-9148), au niveau de la 3rd Ave. Métro : ligne 6, station Astor Pl. Leur devise est : "Nous étions là avant même que vous ne soyez nés" et, à moins que vous n'ayez 143 ans, ils ont raison. Fondé en 1854, c'est l'un des plus vieux bars de New York. Ses murs ont vu défiler des célébrités telles que Abraham Lincoln, les deux présidents Theodore et Franklin Roosevelt et John Kennedy (jusqu'en 1970, les femmes n'étaient pas admises). La clientèle d'aujourd'hui est légèrement plus débraillée, notamment les vendredi et samedi soirs, mais le poids de l'histoire y est toujours présent. Il n'y a que deux sortes de bières : légère ou brune. Si vous aimez avoir un verre dans chaque main, vous serez servi car les chopes vont par deux (3 $ les 2). Ouvert du lundi au samedi de 11h à 1h, le dimanche de 13h à 1h.

d.b.a., 41 1st Ave. (475-5097), entre la 2nd St. et la 3rd St. Personne ne sait vraiment ce que signifient ces initiales (peut-être *don't bother asking*, soit "te prends pas la tête"). La devise de cet établissement est "chez nous, chaque boisson est un repas". Avec ses 19 bières de premier choix à la pression, ses 100 bières étrangères, ses bières locales en bouteille et ses 24 sortes de tequilas, ce bar est à la hauteur de ses prétentions... Il n'hésite pas à vendre de nouvelles bières et organise des dégustations tous les mois (téléphonez pour plus de renseignements). Ouvert tous les jours de 13h à 4h.

Joe's Bar, 520 E. 6th St. (473-9093, téléphone public), entre l'Ave. A et l'Ave. B. Clientèle éclectique de jeunes du quartier. Très décontracté et sans prétention. Excellent juke-box. Pilsner, Bass et Forster's à la pression. Bières de 2 à 3 $ la chope. Billard américain le lundi soir, mais il vaut mieux être d'un bon niveau. Ouvert tous les jours de midi à 4h.

■ SoHo et TriBeCa

The Ear Inn, 326 Spring St. (226-9060), près de l'Hudson. Ce bar, fondé en 1817, était un repaire d'activistes plus ou moins marginaux. Aujourd'hui, il s'adresse à la clientèle plus paisible de TriBeCa : boiseries sombres, plafond rénové et vieilles bouteilles poussiéreuses derrière le bar. Jazz et blues feutrés en musique d'ambiance et à bas volume, pour ne pas gêner le flot des conversations. Très confortable. Vous pouvez exercer vos talents de dessinateur avec les crayons de couleurs déposés sur les tables recouvertes de papier. Bonne cuisine américaine servie tous les jours de midi à 16h30 et du lundi au jeudi de 18h à 2h, le vendredi et le samedi de 18h à 3h, le dimanche de 18h à 1h. Hors-d'œuvre et salades de 2 à 6 $, dîner de 6 à 8 $, plats principaux et spéciaux de 5 à 9 $. Pintes de bière américaine 3,50 $. Le bar est ouvert jusqu'à 4h.

Spy, 101 Greene St. (343-9000), près de Spring St. Pour ceux qui rêvent d'observer la faune mode/musique/cinéma de SoHo, il faut venir dans ce bar hyper glamour. L'endroit mélange les styles salon du XVIIIe siècle et clip vidéo de MTV, et le décor, tout en lustres et en dorures, rivalise avec le menu en matière de tape-à-l'œil : asperges froides 8 $, caviar beluga 50 $, cigares entre 10 et 15 $. Heureusement, les bières sont relativement abordables (de 4 à 5 $), et le spectacle de la société de SoHo toujours au rendez-vous. Arrivez tôt et attendez le début du défilé. Musique d'ambiance (ou *easy listening*), DJ le lundi et du mercredi au samedi, le soir. Ouvert tous les jours de 17h à 4h.

Naked Lunch Bar and Lounge, 17 Thompson St. (343-0828). Décoré sur le thème du cafard et de la machine à écrire décrits dans le livre et le film du même nom, le *Naked Lunch* (*Le Festin nu*) est un bar inoubliable. Si vous vous ennuyez, essayez la machine à écrire Royal qui se trouve sur le bar du fond. Bon choix de bières locales. 25 sortes de Martini différents. D'après les barmen : "tout ce qui est servi dans un verre de Martini est un Martini." Voilà qui ne plairait pas à James Bond... Toutes les bières sont à 5 $. DJ du mercredi au samedi mais entrée gratuite. Ouvert le dimanche et le lundi de 17h à 2h, du mardi au samedi de 17h à 4h.

Lucky Strike, 59 Grand St. (941-0479), au niveau de West Broadway. Terrain de chasse favori des "jeunes propres sur eux" et des *Beautiful People*. Le Lucky Strike est plus un endroit à voir qu'un endroit où boire... Le bar et le restaurant sont presque toujours bondés. Attendez-vous à être dévisagé quand vous entrez. Si cela ne vous gêne pas d'être observé de haut en bas, vous passerez un bon moment. Ouvert tous les jours de midi à 4h.

Buddha Bar, 150 Varick St. (929-4254), au niveau de Vandam St. Avec sa kyrielle de bouddhas dorés au-dessus du bar et ses grands boxes de vinyl rouge, décorés de dragons également dorés, ce bar ressemble à un restaurant chinois gonflé aux anabolisants. A la fois assez grand pour que l'on puisse y trouver des recoins intimes et assez populaire pour que l'animation soit au rendez-vous. Droit d'entrée de 5 à 7 $ certains soirs. Ouvert du lundi au jeudi de 10h30 à 3h, le vendredi et le samedi de 10h30 à 4h, le dimanche de 9h30 à 3h30.

Fanelli's, 94 Prince St. (226-9412), au niveau de Mercer St. Fondé en 1872 et situé dans un superbe immeuble de fonte noire. Bar de quartier à l'ambiance feutrée qui donne toujours l'impression qu'on est à une heure avancée de la nuit. Menu de bar classique, bière bon marché (bières américaines à la pression 3 $, bières étrangères ou locales 3,50 $), bien situé (au cœur du coin le plus animé de SoHo), cet endroit a tout pour lui. Ouvert du lundi au jeudi de 10h à 2h, le vendredi et le samedi de 10h à 3h.

■ Upper West Side et Morningside Heights

★The Westend Gate, 2911 Broadway (662-8830), entre la 113th St. et la 114th St. Métro : ligne 1 ou 9, station 116th St. A une époque, Jack Kerouac faisait partie des piliers de ce bar qui est aujourd'hui fréquenté par une clientèle d'étudiants de la Columbia University. Le Westend Gate s'étend sur presque tout un pâté de maisons, ce qui lui permet de disposer de nombreuses tables, tant à l'intérieur qu'à l'extérieur. Suivant la période de l'année, vous pouvez y voir des concerts ou du théâtre (téléphonez pour plus de renseignements). Grand choix de pichets de bière, souvent bon marché. Vous pouvez y manger jusqu'à 23h. Ouvert tous les jours de 11h à 2h.

The Bear Bar, 2156 Broadway (362-2145), au niveau de la 76th St. Un peu à l'écart d'Amsterdam Avenue et de ses bars remplis de yuppies, donc moins cher et plus intéressant. Ce bar joue la carte de l'attendrissement en exposant des ours en peluche ou en bois. Grand choix de bières avec, notamment, plus de 75 marques de bières locales. De nombreuses réductions très intéressantes comme le système *"drink early"* (buvez tôt) : le prix des bières est de 50 ¢ à 17h et monte de 25 ¢ par heure. Il y a aussi les soirées *"Ladies Drink Lite"* (les filles boivent léger) (du lundi au mercredi de 20h à la fermeture), où toutes les bières légères sont gratuites pour les filles. Ouvert du lundi au vendredi de 17h à 4h, le samedi de 16h à 4h, le dimanche de 13h à 4h.

Hi-Life Bar and Grill, 477 Amsterdam Ave. (787-7199), au niveau de la 83rd St. Retournez dans les années 50 grâce à cet élégant bar rétro. Un peu petit, mais le personnel est souriant et les repas servis jusque tard le soir. Concerts les mercredis, DJ du jeudi au samedi. Ouvert du lundi au vendredi de 16h jusque tard dans la nuit, le week-end de 10h30 à 16h pour le déjeuner, et de 16h30 jusque tard dans la nuit.

Tap-A-Keg Bar, 2731 Broadway (749-1734), entre la 104th St. et la 105th St. Dans ce petit bar sans prétention : des tables peintes à la main, un barman sympathique, des flippers et du jazz en musique d'ambiance. Ouvert tous les jours de 14h à 4h.

Amsterdam Café, 1207 Amsterdam Ave. (662-6330), entre la 119th St. et la 120th St. Pendant la journée, la clientèle de ce café est constituée d'employés qui travaillent dans le quartier de Morningside Heights. Ils viennent manger des sandwichs, des salades et des plats de pâtes pour moins de 10 $. Mais le soir, cet établissement sombre et lambrissé s'emplit d'une foule de jeunes qui vient vider des pichets de bière pression (en promotion l'été à 4,50 $) et d'autres breuvages désaltérants. Ouvert tous les jours de 6h30 à 1h.

Abbey Pub, 237 W. 105th St. (222-8713), au niveau d'Amsterdam Ave. L'un des bars les plus simples du quartier. Après une épuisante journée à arpenter les grandes églises de Morningside Heights, c'est un excellent endroit où venir boire quelques bières. Ouvert tous les jours de 16h à 4h (la cuisine ouvre à 17h).

Night Café, 938 Amsterdam Ave. (864-8889), au niveau de la 106th St. Avec son tournoi hebdomadaire de billard américain, son excellent juke-box et son téléviseur grand écran câblé (sur *Sports Channel*), ce bar attire à la fois les gens du quartier et de jeunes étudiants. Les tournois de billard ont lieu les mardis soirs. Pendant l'*happy hour* (de 16h à 19h), 1 $ de moins sur toutes les boissons. Ouvert tous les jours de midi à 4h.

The Shark Bar, 307 Amsterdam Ave. (874-8500), entre la 74th St. et la 75th St. Bar-restaurant raffiné et agréable servant aussi des spécialités du Sud. C'est probablement le seul établissement interracial de l'Upper West Side au sud de la 110th St. Concert de jazz le mardi 5 $, *brunch* avec concert de gospel (gratuit) le samedi entre midi et demi et 14h. Les prix des boissons sont raisonnables (3 $ la bouteille de bière). Plats principaux à partir de 11 $. Ouvert le lundi et le mardi de 17h30 à 23h30, le mercredi de 17h30 à minuit, le jeudi de 17h30 à 00h30, le vendredi et le samedi de 17h30 à 1h, le dimanche de 17h30 à 23h.

■ Upper East Side

★**Crossroads**, 300 E. 77th St. (988-9737), au niveau de la 2nd Ave. Ce bar reçoit sans conteste la clientèle la plus sympathique et les meilleurs concerts de tout l'Upper East Side. Aux murs sont accrochés des dessins de Jimi Hendrix, Jerry Lee Lewis et autres dieux du rock, qui vous regardent pendant que vous sirotez votre bière (5 $ le pichet les dimanche et lundi soirs, 2 $ la pinte les mardi soirs). En semaine, ouvert de 18h à 2h, le vendredi et le samedi de 18h à 4h.

★**The Deadline**, 1649 3rd Ave. (289-9982), entre la 92nd St. et la 93rd St. Si vous êtes amateur des quatre grands sports américains que sont le base-ball, le basket, le football américain et le hockey, ce pub est pour vous : 3 antennes paraboliques, 5 téléviseurs et un immense écran de cinéma. Les sportifs en herbe peuvent participer au tournoi de billard américain qui se déroule le dimanche soir (à 19h) et au jeu de lancer de basket à 25 ¢. Les philosophes en herbe, eux, peuvent méditer sur les nappes vichy en plastique et les divers objets accrochés au plafond (luge, trompette, camion de pompiers, etc.). Les week-ends de 13h à 18h, il y a un spécial "boisson à volonté". Ouvert tous les jours de 11h à 4h.

Manny's Car Wash, 1558 3rd Ave. (369-2583), entre la 87th St. et la 88th St. Cet endroit est conçu comme une laverie automatique de voitures qui serait située sur le boulevard *Muddy Waters*. Vous y entendez du bon blues. Venez entre 17h et 21h et vous pourrez boire tout ce que vous voulez pour 6 $ seulement. Boissons gratuites pour les filles le lundi soir *Happy hour* du mercredi au samedi de 17h à 20h. Ouvert tous les jours de 17h à 3h30.

Kinsale Tavern, 1672 3rd Ave. (348-4370), entre la 94th St. et la 95th St. Un bar irlandais traditionnel, avec ses murs verts, son comptoir en bois massif et ses 101 sortes de bières. Pinte de 60 cl de Guinness 4 $ et, si vous osez prendre une bière américaine, Budweiser 3 $. En général, après 18h, il y a une soirée spéciale pour la "bière du jour". Relaxez-vous et profitez de l'hospitalité irlandaise. Ouvert du lundi au samedi de 8h à 4h, le dimanche de midi à 4h.

Australia, 1733 1st Ave. (876-0203), au niveau de la 90th St. Le pays situé à l'autre extrémité du monde sur la mappemonde est transporté en plein cœur de l'Upper East Side. Ici, vous êtes vraiment en Australie : les barmen sont australiens et il y a des boomerangs aux murs. Personnel très cool et clientèle d'employés qui viennent prendre un verre après le travail. Boissons gratuites pour les filles le mercredi et le jeudi. Bières pression 3 $. Ouvert du lundi au vendredi de 17h à 4h, le week-end de midi à 4h.

American Trash, 1471 1st Ave. (988-9008), entre la 76th St. et la 77th St. Venez célébrer la sous-culture à l'américaine dans ce bar décoré d'objets hétéroclites, de l'univers des courses de voitures aux affiches gothiques du groupe Molly Hatchet. Les prix spéciaux sur les boissons changent tous les soirs, téléphonez pour plus de renseignements. *Happy hour* tous les jours de 16h à 19h. Pintes 2 $. Le mardi de 16h à minuit, les boissons sont au même prix qu'en *happy hour* pour les filles. Ouvert tous les jours de midi à 4h.

■ Midtown et Chelsea

Coffee Shop Bar, 29 Union Sq. West (243-7969), en face de Union Sq. Park. Métro : ligne 4, 5, 6, L, N ou R, station Union Sq. Un *diner* chic pour les "victimes de la mode", tenu par trois top models. Cet endroit a beau être un bar, on a l'impression d'être au spectacle. Idéal pour dîner tard le soir, ou mieux encore, pour regarder les autres dîner. Bières de 3,75 à 4,50 $. Ouvert tous les jours de 6h à 5h.

Old Town Bar and Grill, 45 E. 18th St. (473-8874), entre Park Ave. et Broadway. Métro : ligne 4, 5, 6, L, N ou R, station Union Sq. Fondé il y a plus de 100 ans, cet établissement, décoré de bois et de cuivre, est discret et tranquille et sa clientèle est à l'avenant. Ce bar apparaissait dans l'ancienne séquence d'ouverture de l'émission

Late Night . Bière pression 4 $, Heineken 3,75 $, bières américaines 3 $. Ouvert du lundi au samedi de 11h30 à 1h, le dimanche de 15h à minuit.

Live Bait, 14 E. 23rd St. (353-2492), entre Madison Ave. et Broadway. Métro : ligne 6, N ou R, station 23rd St. Tenu par les mêmes propriétaires que le Coffee Shop Bar, la clientèle est ici aussi mignonne quoique plus bruyante. Fréquenté par beaucoup d'hommes et de femmes d'affaires la journée, et par des touristes le soir. Menu cajun assez bon, avec des crevettes cuites à la vapeur de bière (8 $) et des calmars frits façon cajun et nappés de sauce *marinara* (7 $). Ces plats sont aussi servis pour le dîner et également tard le soir. Ouvert du lundi au jeudi de 11h30 à 1h30, le vendredi de 11h30 à 2h30, le samedi de 11h30 à 3h, le dimanche de midi à minuit.

O'Flaherty's, 334 W. 46th St. (246-8928), entre la 8th Ave. et la 9th Ave. Métro : ligne A, C ou E, station 50th St. Bien qu'il se trouve sur l'élégante allée des restaurants, ce petit bar réussit à conserver une atmosphère de pub de quartier. Très bon choix de bières à la pression, dont la Murphy's (4 $ la pinte). Concerts du mardi au samedi à partir de 22h (rock'n'roll, blues acoustique, bluegrass). Téléphonez pour avoir le programme.

Peter McManus, 152 7th Ave. (929-9691 ou 463-7620), au niveau de la 19th St. Rendu célèbre par un article du *New York Times* qui faisait l'éloge des bars ordinaires. Il est vrai que le Peter McManus en est la représentation parfaite. Boissons ordinaires, clientèle ordinaire, prix ordinaires et toilettes ordinaires. Le bar sculpté en acajou et les fenêtres à petits carreaux ajoutent encore à son charme qui lui est *extra*ordinaire. Bières pression 2 $. Ouvert tous les jours de 11h à 4h.

■ Dans les autres boroughs

Adobe Blues, 63 Lafayette Ave. (718-720-2583), au niveau de Fillmore St., à Staten Island. Prenez le ferry pour Staten Island, puis le bus S40 jusqu'à Lafayette Ave. Un bar animé, dans le style des saloons de western, avec une clientèle d'amateurs de bière et de chili. C'est ici que vous trouvez le deuxième plus grand choix de bières de New York : il y en a plus de 230 sortes. Les bières sont livrées directement de République tchèque, de Corée, de Colombie, de France et des quatre coins du monde. Pour ne rien gâcher, les prix sont intéressants, par exemple, une pinte de 60 cl de Newcastle Brown coûte 4 $ (mais le choix des pressions change souvent). Goûtez aussi une (ou deux, ou trois…) de leur 35 sortes de tequilas. Demandez donc au barman de vous montrer Jake, la couleuvre borgne, qui a perdu son œil accidentellement au cours d'une mue. Au déjeuner, plats principaux de 5 à 7 $, au dîner de 8 à 13 $. Concerts de jazz les mercredi, vendredi et samedi soirs, entrée gratuite. Le déjeuner est servi du lundi au samedi de 11h30 à 17h, le dîner est servi tous les soirs de 17h à 23h mais il est quand même possible de manger après. Le bar est ouvert du dimanche au jeudi de 11h30 à minuit, le vendredi et le samedi de 11h30 à 2h.

Teddy's, à l'angle de N. 8th St. et de Berry St. (718-384-9787), dans le quartier de Greenpoint, à Brooklyn. Métro : ligne L, station Bedford Ave. A la sortie du métro, marchez vers l'ouest jusqu'à la prochaine rue. La clientèle artiste et branchée commence à boire ici (à vous de découvrir où ils terminent la soirée). Boissons bon marché (de 1 à 3 $). De temps en temps, des soirées assez kitsch sont organisées, avec musique d'ascenseur (ou *easy listening*) des années 70. De novembre à mars, jazz le jeudi soir. Ouvert tous les jours de 11h à 1h.

Mugs Ale House, 125 Bedford Ave. (pas de téléphone), dans le quartier de Greenpoint, à Brooklyn. Métro : ligne L, station Bedford Ave. Ce paisible pub de quartier sert des bières, des *ales* et des *lagers* (de 2 à 5 $) aux artistes locaux et aux jeunes travailleurs qui habitent dans le secteur. Ouvert tous les jours de 15h à 3h.

Montague Street Saloon, 122 Montague St. (718-522-6770), près de Court St. Métro : ligne 2 ou 3, station Clark St. Prenez Henry St. jusqu'à Montague St. Coin à la mode de Brooklyn Heights où de jeunes yuppies pleins d'avenir se réunissent pour manger, boire et se divertir. Ouvert tous les jours de 11h30 à 4h.

Johnny Macks, 1114 8th Ave. (718-832-7961), dans le quartier de Park Slope, à Brooklyn. Métro : ligne F, station 7th Ave.-Park Slope. Marchez vers l'est jusqu'à la 8th Ave. que vous descendez sur 3 blocks. Ce bar aux boiseries sombres est fréquenté par des étudiants. Bon choix de bières locales (3 $ à la pression). En été, il y a des prix spéciaux sur les boissons. Ouvert du lundi au vendredi de 16h à 4h, le week-end de midi à 4h.

■ Hoboken (New Jersey)

Hoboken nage dans l'alcool... Il y en a pour tous les goûts : bouges néo-antillais, bars de soul music ou saloons façon conquête de l'Ouest. Les meilleures adresses se trouvent sur Washington St. (de la 1st St. à la 14th St.), dans la zone qui s'étend de Newark St. à la 4th St. (au sud de la ville), et dans les environs de la station du PATH. Comme le métro PATH fonctionne 24h/24, même les habitants de Manhattan peuvent venir boire jusqu'à plus soif à Hoboken. Pensez à apporter votre pièce d'identité pour prouver que vous êtes en âge de consommer de l'alcool. En juin 1994, préoccupé par la montée de l'alcoolisme et craignant une possible débauche éthylique à l'occasion de la Coupe du monde de football, le conseil municipal décida que tous les bars d'Hoboken devraient fermer à 1h. Puis la loi fut plus conciliante ; les bars purent fermer à 3h, mais il était interdit de laisser entrer de nouveaux clients après 1h (même des consommateurs qui, sortis pour un moment, auraient voulu revenir dans le bar). Aujourd'hui, la loi n'a pas changé en théorie mais les choses tendent à s'assouplir d'elles-mêmes.

Pour vous rendre à Hoboken, prenez le métro, lignes B, D, F, N, Q ou R, jusqu'à la station 34th St. Là, prenez la correspondance avec le métro PATH (1 $) et descendez au premier arrêt d'Hoboken. (Vous pouvez aussi prendre le PATH aux stations 23rd St. et 14th St. de la ligne F du métro. Le PATH a également ses propres stations à 9th St./6th Ave. et à Christopher St./Greenwich St.)

Scotland Yard, 72 Hudson St. (201-222-9273). En sortant de la station du PATH, suivez Hudson Pl. jusqu'à Hudson St. et remontez cette dernière sur deux blocks. Un grand bar en bois est l'élément central de ce pub anglais. Les murs sont couverts de souvenirs de Grande-Bretagne. C'est le havre idéal pour tous les anglophiles (ou pour les Britanniques expatriés). Bières de 2,50 à 3 $. Ouvert tous les jours de 11h30 à 1h.

Miss Kitty's Saloon and Dance Hall Floozies, 94-98 Bloomfield St. (201-792-0041), au niveau de la 1st St. En sortant de la station du PATH, suivez Hudson Pl. jusqu'à Hudson St. et remontez-la sur trois blocks jusqu'à la 1st St., puis tournez à gauche et vous tombez sur le bar quatre rues plus loin. Ce grand saloon de l'Amérique des pionniers possède une salle de restaurant spacieuse et une clientèle composée en majorité de yuppies. Bières de 3 à 3,50 $. Ouvert du lundi au mercredi de 16h30 à 2h, le jeudi de midi à 2h, le vendredi de midi à 3h, le samedi de 11h30 à 3h, le dimanche de 11h30 à 2h.

Cryan's Exchange, 110 1st St. (201-798-6700), au niveau de Bloomfield St. En sortant de la station du PATH, suivez Hudson Pl. jusqu'à Hudson St. et remontez-la sur trois blocks jusqu'à la 1st St., puis tournez à gauche et continuez quatre rues plus loin. Des barmen irlandais travaillent dans ce bar animé aux couleurs vives. Il y a aussi un téléscripteur de la Bourse de New York, pour les fans de Soros... *Happy hour* (du lundi au mercredi) et *Super Happy Hour* (le jeudi et le vendredi) de 16h à 19h. Ouvert tous les jours de 11h à 2h.

Bahama Mama's, 215 Washington St. (201-217-1642). En sortant de la station du PATH, suivez Hudson Pl. jusqu'à Hudson St. Puis remontez jusqu'à Newark St., la rue suivante, tournez à gauche et continuez jusqu'à Washington St., deux rues plus loin. Un paradis pour les groupes d'étudiants. Des palmiers et une grande peinture murale représentant un surfeur vous indiquent que ceci est *le* club de danse antillais d'Hoboken. Petits verres d'alcool 2,50 $, bières pression 3 $, boissons alcoolisées 4 $, cocktails 5 $. Rock le samedi soir, dance music le vendredi et musique des années 80 le jeudi. Ouvert tous les jours de 20h à 3h.

Traps Back Door, 333 Washington St. (795-1665). Un des endroits chauds d'Hoboken la nuit. Petits verres d'alcool 1 $, bières pression 3 $, bières en bouteille 3,50 $, boissons alcoolisées 4 $. Les gens du coin aiment particulièrement les soirées de football américain le lundi soir (ambiance garantie !). A l'arrière, il y a une autre salle où se défoule le DJ. Entrée gratuite. Ouvert tous les jours de 11h à 2h.

Visites

"… il pouvait voir l'île de Manhattan sur sa gauche… Elle était là, la Rome, le Paris, le Londres du XXᵉ siècle, la ville de l'ambition, le grand roc magnétique, l'irrésistible destination de tous ceux qui veulent être là où ça se passe !"

Tom Wolfe, *le Bûcher des vanités*

Où est l'Empire State Building ? Voilà l'inévitable question que vous ne manquerez pas de vous poser en arrivant à New York. Les plus hauts bâtiments de la plupart des grandes villes du monde ont été édifiés pour être vus de loin comme de près par le visiteur (et l'habitant de la cité). A New York, vous ne pouvez jamais vous repérer sur les plus hauts édifices car ils disparaissent à mesure que vous vous en approchez. C'est bien là le moindre de ses paradoxes mais qui fait l'extraordinaire richesse de ses charmes. New York vue du ciel ou du large semble être un vaste monument à elle toute seule, d'une incroyable simplicité. Une statue de la Liberté et, sur une île amarrée au continent par quelques pont surélevés, deux gros bouquets de gratte-ciel aux silhouettes vaguement familières, le tout placé sur un damier urbain à faire rêver un joueur de Simcity.

Une fois au sein de la cité, le monolithe disparaît et la "capitale du monde" laisse apparaître une succession de quartiers tous plus différents les uns que les autres avec, pour chacun, une mise en perspective singulière de la ville, véritable patchwork de communautés, d'ambiances et d'architectures. De même la "ville debout", comme la nommait Céline, doit se voir de ses multiples sommets ou de l'extérieur pour admirer les inépuisables et célèbres *skylines*. A New York, tout semble en effet procéder de l'illusion d'optique. Lorsque vous vous trouvez au beau milieu des édifices, les plus hauts gratte-ciel semblent faire naturellement partie du paysage. Dans cette ville à forte densité, même les sites les plus extraordinaires sont noyés dans la toile de fond de la vie quotidienne. Des trésors se cachent parfois derrière une modeste porte et il faut souvent passer de longues minutes dans un ascenseur pour contempler les plus beaux chefs-d'œuvre. Si vous visitez New York pour la première fois, vous lui trouverez des attraits encore plus subtils : les quartiers, le mélange de populations, la cohue frénétique des heures de pointe, le murmure de l'immense cité au crépuscule. Si vous venez pour la centième fois, il restera toujours des parties de la ville que vous ne soupçonniez pas, des bizarreries architecturales que vous n'aviez jamais remarquées et des panoramas urbains qui vous révéleront toute leur originalité.

▓ Circuits touristiques

New York est une des rares villes américaines où il n'est pas indispensable de posséder une voiture. Elle serait même fortement à déconseiller à ceux qui n'ont pas l'habitude de la ville et de la conduite new-yorkaise. Quel que soit votre goût pour la belle américaine, sachez que le système des transports publics est, à New York, le plus pratique et le plus étendu de tous les Etats-Unis. N'hésitez pas à en abuser. Mais le moyen le plus agréable et le plus passionnant de découvrir New York reste la balade à pied dans les moindres recoins de ses quartiers et de ses villages. Etudiez une carte, imprégnez-vous du plan de la ville, de son système croisé de rues et d'avenues, puis repérez la disposition des différents *neighborhoods* de Manhattan : ces districts informels, dont les noms peuvent aussi bien faire référence à une population, Chinatown, à une situation géographique dans la ville, Upper East Side, qu'à une unité dans son activité économique, Financial District. Muni de votre carte, vous pouvez alors vous lancer à la conquête des quartiers de la Grosse Pomme. Un grand nombre d'organismes proposent des **circuits pédestres** qui permettent d'aller au cœur des quartiers et de voir des sites qui autrement vous échapperaient.

Beaucoup de ces circuits sont thématiques ou très spécialisés. Appelez un peu partout pour avoir une idée des tours proposés, car les thèmes et les dates sont souvent fonction du nombre de visiteurs (consultez notre rubrique Circuits pédestres ci-après).

Les circuits en **bus**, très confortables, suivent des itinéraires standard qui vous entraînent à vive allure à travers Manhattan. Les arrêts sont nombreux et incluent l'inévitable détour par les rangées de boutiques de souvenirs. Ces circuits ont l'avantage d'offrir une vue d'ensemble de la ville, mais ne conviennent guère à ceux qui souhaitent vivre New York au rythme du métro et de la promenade à pied. Les tours thématiques en bus sont souvent plus intéressants. S'ils vous permettent de bénéficier de vues splendides sur le *skyline* de New York, les **circuits en bateau** ne vous apprendront que peu de choses sur la ville.

Un grand nombre de lieux célèbres new-yorkais sont ouverts au public pour des visites guidées. Le **Lincoln Center**, par exemple, organise des visites guidées de ses théâtres : le Metropolitan Opera House, le New York State Theater, et l'Avery Fisher Hall, quatre à huit fois par jour, en fonction des horaires des répétitions. Les visites ont lieu entre 10h et 17h et durent environ 1h (7,75 $, étudiants et personnes âgées 6,75 $, enfants 4,50 $). Pour plus de renseignements ou pour réserver, appelez le 875-5351. Les réservations sont recommandées, mais pas obligatoires. De plus, chaque mercredi à 14h, une visite gratuite initie les curieux à l'art de trouver leur bonheur dans l'immense collection de musiques de films de la bibliothèque. Vous passez également par les trois galeries d'art du centre. Il n'est pas nécessaire de réserver, présentez-vous simplement au bureau d'information situé à l'entrée de la plaza. Pour toute information, composez le 870-1670.

Le site historique de **Carnegie Hall**, à l'angle de la 7th Ave. et de la 57th St., ouvre ses portes aux touristes les lundi, mardi, jeudi et vendredi à 11h30, à 14h et à 15h. La visite, qui dure environ 1h, passe par le grand hall et par les principales salles de spectacle. Elle comprend un exposé sur l'histoire et l'architecture du bâtiment. Prix de la visite : 6 $, personnes âgées et étudiants 5 $, enfants en dessous de 10 ans 3 $. Pour toute information, appelez le 903-9790.

Haut lieu d'une époque révolue, le **Radio City Music Hall**, 1260 6th Ave. (632-4041), entre la 50th St. et la 51st St., propose de visiter les "coulisses" et les merveilles de ses salles Arts-Déco, tous les jours entre 10h et 17h (départ toutes les 30 mn ou 45 mn). Annoncée comme étant "la visite de 1h dont vous vous rappellerez toute votre vie", elle permet de voir le Great Stage (un auditorium de près de 6 000 places) et l'imposant Wurlitzer. La visite comprend un exposé détaillé de toute l'histoire de ce lieu magique, qui faillit être démoli dans les années 1970. Peut-être aurez-vous la chance d'y rencontrer l'une des fameuses danseuses de la troupe des Rockettes. Entrée 9 $ pour les adultes et 4,50 $ pour les enfants de moins de 7 ans. (Voir aussi p. 220.)

Vous pouvez également voir le **NBC Studio** et le Studio 8H, où est enregistrée la célèbre émission *Saturday Night Live*. Il est aussi possible d'assister à des journaux télévisés en direct. Des visites ont lieu tous les jours entre 9h30 et 16h30, à 15mn d'intervalle. Les horaires de visite sont prolongés pendant les mois d'été et les vacances. Chaque groupe est limité à 17 personnes et les tickets sont vendus aux premiers arrivants. Les enfants de moins de 6 ans ne sont pas acceptés. Entrée 8,25 $. (Voir p. 225.)

Le **Madison Square Garden** (465-5800), sur la 7th Ave., entre la 31st St. et la 33rd St., ouvre aussi ses portes aux visiteurs. Le circuit comprend l'arène de 20 000 places et le Paramount (la scène de concert du Garden) ainsi qu'un détour par les vestiaires et les loges luxueuses des deux célèbres équipes new-yorkaises de hockey et de basket : les Rangers et les Knicks. (Les visites partent toutes les heures du lundi au vendredi de 10h à 15h, le samedi de 10h à 14h et les dimanches et jours fériés de 11h à 14h. Entrée 7,50 $.)

Votre séjour dans la capitale financière du monde ne serait pas complet sans une visite du **New York Stock Exchange**, 20 Broad St. (656-5168). Vous pouvez y déambuler gratuitement et voir la grande salle des marchés, aux allures de zoo. L'entrée est gratuite mais vous devez cependant vous munir d'un billet à l'entrée. (Ouvert du lundi au vendredi de 9h15 à 16h. Vous ne serez pas admis après 14h. Les billets sont distribués aux premiers arrivants.)

Il est aussi possible de visiter certaines parties du bâtiment de la **Federal Reserve Bank**, 33 Liberty St. (720-6130), qui abrite pas moins du quart de toutes les réserves d'or mondiales dans son sous-sol, à plus de 20 m sous le trottoir de l'entrée (approximativement !). Les visites sont gratuites et ont lieu du lundi au vendredi à 10h30, à 11h30, à 13h30, et à 14h30. Il faut cependant prévenir l'institution au moins sept jours ouvrables à l'avance. L'âge minimal requis est de 16 ans et les groupes sont composés d'un maximum de 30 personnes.

Enfin, des circuits montrant les coulisses du **Fulton Fish Market** (le marché aux poissons) sont organisés tous les premier et troisième jeudis du mois, de juin à septembre. Ils commencent à 6h et durent 1h (prix 10 $). Il est nécessaire de réserver au moins une semaine à l'avance en appelant le 669-9416 ou, pour les groupes, le 748-8590.

CIRCUITS PÉDESTRES

92nd Street Y, 1395 Lexington Ave. (996-1100). L'agence Y propose une très riche variété d'excursions pédestres qui couvrent tous les quartiers ainsi que de nombreux aspects de la vie new-yorkaise. Depuis le circuit des immeubles "Beaux-Arts" de la Fifth Ave. jusqu'aux parcours littéraires en passant par des visites commentées des musées, des jardins botaniques ou des chantiers navals de Brooklyn. Vous avez même droit à quelques sites où se sont produits des faits divers célèbres. Les circuits sont organisés le dimanche, durent environ 3h et coûtent entre 15 et 25 $. Appelez pour connaître les tout derniers itinéraires.

City Walks (989-2456). L'agence est dirigée par John Wilson, dont la passion pour sa ville n'a d'égal que son insondable culture sur New York, dont il arpente les rues et les musées depuis plus de 35 ans. Les circuits pédestres dans Manhattan valent 12 $ et durent habituellement 2h. J. Wilson organise aussi des circuits personnalisés. Ses excursions se concentrent sur l'histoire et l'architecture et couvrent toute la ville, de Battery Park City à Upper West Side en passant par Greenwich Village. Téléphonez pour connaître les horaires et réserver. Les lieux de rendez-vous varient suivant le quartier choisi.

Adventure on a Shoestring, 300 W. 53rd St. (265-2663). Les circuits pédestres proposés parcourent Manhattan de long en large, ainsi que tous les *boroughs* avoisinants, et même les parties les plus intéressantes du nord du New Jersey (comme Hoboken). Au cours des excursions, qui durent 1h15, vous pouvez discuter avec des membres des différentes communautés de la ville. A Manhattan, les circuits de Gramercy Park et de Greenwich Village sont particulièrement intéressants. Le prix de tous les circuits est de 5 $. En 32 ans d'existence, l'agence n'a jamais augmenté ses prix. Certaines visites sont réservées aux membres : par exemple les coulisses du Met ou la rencontre de personnes ayant fait l'expérience de sortir de leur corps (3 $ par événement, cotisation annuelle 40 $).

Sidewalks of New York (517-0201 pour la messagerie vocale, 662-5300 pour joindre les bureaux). Les circuits pédestres sont anecdotiques, amusants et originaux, avec des noms tels que "Les 101 ans de bébé Broadway", ou "Tous en famille" pour la revue des repaires favoris de la mafia dans le quartier de Little Italy (Petite Italie). Toutes les excursions coûtent 10 $ et durent 2h. Il n'est pas nécessaire de réserver. Téléphonez pour connaître les itinéraires proposés.

Museum of the City of New York, Fifth Ave. et 103rd St. (534-1672). Au printemps et au début de l'automne, le musée sponsorise des circuits pédestres très prisés (15 $). Ils ont lieu un dimanche sur deux, partent à 13h et durent entre 1h et 2h. Ils parcourent notamment Chelsea, le Lower East Side et Greenwich Village, et traitent surtout l'histoire et l'architecture des quartiers visités. Appelez quelques jours à l'avance pour vous inscrire.

VISITES

Joyce Gold's Tours, 141 W. 17th St. (242-5762). La très dévouée Miss Gold a lu plus de 900 livres sur Manhattan et donne un cours sur la ville à l'université de New York (NYU) et à la New School for Social Research. 40 dimanches par an, elle part avec un groupe d'intrépides aventuriers pour des excursions consacrées essentiellement à l'architecture, à l'histoire et aux déplacements des groupes ethniques à l'intérieur de la ville. Comptez à peu près 3h, variable selon le domaine abordé, et un prix de 15 $.

Radical Walking Tours (718-492-0069). Bruce Kayton organise des circuits qui abordent le New York alternatif et certains aspects de son histoire dont on ne vous parlera pas ailleurs. Par exemple, les visites de Greenwich Village mettent en vedette des révolutionnaires ou des anarchistes comme John Reed, qui prit part à la fondation du parti communiste américain (il mourra en exil à Moscou en 1920), ou Emma Goldman, qui lutta pour les droits de la femme (fondatrice du journal *Mother Earth*) avant d'être expulsée des Etats-Unis en 1919. D'autres circuits sont plus spécialisés dans l'art et les mouvements théâtraux. Des excursions à Chelsea, à Wall Street et dans Lower East Side sont aussi organisées. Chaque circuit coûte 6 $ et durent entre 2h et 3h. Il n'est pas nécessaire de réserver. Téléphonez pour avoir les horaires et les lieux de rendez-vous.

Lower East Side Tenement Museum Walking Tours, 90 Orchard St. (431-0233). De juin à septembre, vous pouvez prendre part, le samedi à 13h30 et à 14h30, au circuit de 1h intitulé *Les rues où nous avons vécu : un héritage multiethnique*. (12 $, étudiants et personnes âgées 10 $. Ce tarif inclut l'entrée du Tenement Museum, dont la visite coûte seulement 7 $, et 6 $ pour les étudiants et les personnes âgées.)

Municipal Art Society, situé dans l'Urban Center, 457 Madison Ave. (935-3960), près de la 50th St. Cet organisme met sur pied des circuits dont les destinations changent avec les saisons, mais qui englobent la plupart des principaux quartiers de Manhattan, notamment Soho, Greenwich Village et Times Square (tous les jours de 12h30 à 14h, 10 $ pendant la semaine, 15 $ le week-end). Le point de rendez-vous pour la visite gratuite de Grand Central Station (la gare centrale) se trouve en face de la Chemical Commuter Bank (tous les mercredis à 12h30). Téléphonez à l'avance en ayant une idée des endroits que vous souhaitez visiter ou demandez-leur s'ils ont un programme des circuits à venir.

Times Square Exposé, 7th Ave., à l'angle de la 42nd St. (768-1560), dans le Times Square Visitors Center. Ce circuit pédestre de 2h dévoile l'histoire du théâtre à Times Square, avec ses scandales célèbres et ses "miracles" électroniques. Les circuits partent tous les vendredis à 12h.

Heritage Trails New York. Les excursions partent du Federal Hall, entre Wall St. et Broad St. En subventionnant l'organisation de ces quatre itinéraires sur l'histoire et la culture de Lower Manhattan, le maire de New York, Rudy Giuliani, espère retrouver l'esprit et le succès des circuits similaires de Boston, de Philadelphie et de Washington, D.C. Vous trouverez des cartes détaillées et des informations sur ces randonnées (rouge, bleue, verte et orange) dans le *Heritage Trails Guidebook* (5 $), disponible au Federal Hall et dans certaines librairies.

CIRCUITS EN BATEAU

The Petrel (825-1976) est un yacht en acajou de 21 m de long qui part de Battery Park et emmène 40 passagers faire le tour du port de New York. La visite comprend Governor's Island, Ellis Island, le pont de Brooklyn ou celui de Verrazano-Narrows, en fonction des caprices de la météo. En semaine, les départs ont lieu à 12h, à 13h et à 17h30 pour les promenades de 45 mn (9 $) et à 17h30 pour celles de 1h30 (20 $). Le week-end, des circuits de 2h partent normalement à 15h, à 17h30 et à 20h (28 $). Le dimanche, les embarquements se font à 13h et à 15h pour les trajets de 1h30 (17 $, 12 $ pour les enfants et les personnes âgées) et à 19h30 pour ceux de 2h. Réservez à l'avance.

Circle Line Tours, Pier 83, W. 42nd St. (563-3200). De mi-juin à début septembre, les bateaux de Circle Line font le tour de l'île de Manhattan. (Durée 3h. Les départs ont lieu toutes les heures de 9h30 à 17h30. Appelez pour connaître les horaires de basse saison. 18 $, personnes âgées 16 $ et enfants de moins de 12 ans 9 $.) Des croisières romantiques de 2h, intitulées *Harbor Lights* (les lumières du port), sont également organisées. On vous présente Manhattan aux lueurs du soleil couchant. Départs à 19h de début mai à début octobre, le week-end seulement pendant la basse saison. Le prix est le même que celui des croisières diurnes. Une restauration légère et des cocktails sont servis à bord. Tous les bateaux naviguent de fin mars jusqu'au 24 décembre. Il n'est pas nécessaire de réserver mais soyez là entre 30 et 45 mn à l'avance.

Pioneer, Pier 16, South Street, Seaport Museum (669-9417). Cette goélette vieille de 110 ans fut construite, à l'origine, pour transporter des marchandises. Aujourd'hui, elle promène des passagers à travers le port au sud de Manhattan (superbes vues sur les silhouettes des gratte-ciel, le fameux *skyline* de New York, et sur la Statue de la Liberté). Vous pouvez aider l'équipage à hisser la grand-voile ou à tenir le gouvernail. Les croisières durent 2h et partent tous les jours à 15h30 et à 19h. Le vendredi et le samedi, une excursion supplémentaire a lieu à 21h30 (16 $, personnes âgées et étudiants 13 $, enfants de moins de 13 ans 6 $). Du lundi au vendredi, des promenades de 1h30 sont organisées à l'heure du déjeuner (départ à 12h30). Il est recommandé de réserver, surtout les week-ends. Vous pouvez le faire jusqu'à trois semaines à l'avance.

Staten Island Ferry, South St. (718-390-5253), près de Battery Park. Le ferry pour Staten Island offre en fait le meilleur rapport qualité-prix de tous les circuits en bateau de Manhattan : les départs ont lieu toutes les 30 mn, 24h/24, 7 jours sur 7, pour seulement 50 ¢. La traversée offre de belles vues sur Lower Manhattan, Ellis Island, Governor's Island et sur la Statue de la Liberté. Dernier avantage du "circuit" : si vous avez raté la photo à l'aller, vous bénéficiez d'une seconde chance au retour. Ne manquez pas de faire le trajet de nuit, mais restez vigilant autour du terminal de Staten Island. Il n'est pas nécessaire de réserver.

CIRCUITS EN BUS

Lou Singer Tours (718-875-9084) propose des circuits englobant Brooklyn et Manhattan. Ces excursions sont animées depuis un quart de siècle par le très original M. Singer, qui régale son auditoire de perles savoureuses tout au long du périple à travers la ville. Le Manhattan Noshing Tour (la tournée des popotes de Manhattan) offre une extravagante dégustation de plats multiethniques en 12 étapes, le tout pimenté par les commentaires passionnants de Lou sur l'histoire et l'architecture de Lower East Side (25 $, comptez en plus 18 $ pour la nourriture). Vous pouvez également aller voir les bâtiments en grès brun (les *brownstones*) de Brooklyn (25 $ plus 2 $ de frais d'entrée). Ce circuit comprend une balade dans une maison historique et la visite d'une église aux vitraux *Tiffany style*. Il est nécessaire de réserver longtemps à l'avance (au moins 2 semaines pendant l'été). Les bus partent du 325 E. 41st St., entre la 1st Ave. et la 2nd Ave.

Rock and Roll Tour NY (941-9464) a été créé par Danny Fields, actuel *manager* des Ramones et d'Iggy Pop et qui a longtemps baroudé dans les milieux de la production musicale. Il propose un circuit de 2h qui vous montre plus de 50 adresses célèbres de l'histoire du rock, depuis le milieu des années 50 jusqu'à aujourd'hui. Vous découvrirez ainsi l'immeuble où Bob Dylan et Franck Zappa habitaient, l'endroit où John Lennon fut assassiné et l'hôtel où Sid Vicious (des Sex Pistols) et son amie Nancy écrivirent le scénario de leur mort. Téléphonez pour les horaires et le point de rendez-vous. Billets 25 $, remise possible pour les étudiants. Il est nécessaire de réserver.

Gray Line Sightseeing, 900 Eighth Ave. (397-2600), entre la 53rd St. et la 54th St. ou 166 W. 46th St. (397-2620), près de la 7th Ave. Cette énorme agence propose plus de 20 circuits différents, dont une virée jusqu'aux casinos d'Atlantic City, le tout en anglais, en français, en allemand, en portugais et en créole. Le circuit de Lower Manhattan (29 $) dure environ 3h30 et comprend une promenade à pied dans

Financial District. Parmi les autres excursions intéressantes, on peut citer la visite de Harlem (4h30, 29 $) et le circuit *immersion* qui sillonne New York pendant 6h (40 $). Si vous avez besoin de blanchir discrètement vos économies, sachez que le voyage pour Atlantic City n'est pas accompagné et qu'il coûte 26 $. L'agence organise également des périples d'une journée à destination de Washington, de Philadelphie et des chutes du Niagara. Il n'est pas nécessaire de réserver pour les tours en ville, mais présentez-vous au terminus 30 mn à l'avance.

Harlem Spirituals, 1697 Broadway (757-0425), à l'angle de la 53rd. St. Cette agence propose des excursions dans Upper Manhattan (dans plusieurs langues dont le français). Le Spirituals and Gospel Tour comprend la visite de maisons historiques et la possibilité d'assister à une messe baptiste (32 $ pour une durée de 4h, départ le dimanche à 8h45). Le Soul Food and Jazz Tour (69 $, tous les jeudi et samedi de 19h à 24h) prévoit une petite balade dans Harlem, un dîner copieux dans un restaurant du quartier (généralement le Sylvia's) et une soirée dans un club de jazz. Achetez vos billets à l'avance et téléphonez pour avoir plus d'informations.

Harlem Renaissance Tours (722-9534). Le circuit Sunday Gospel Tour, d'une durée de 4h, se concentre sur l'histoire de Harlem. Il inclut à son programme une messe avec des *gospels* (1h) puis un déjeuner ou un *brunch* dans un restaurant du coin (35 $). Téléphonez à l'avance pour connaître les horaires et réserver car ces circuits ne sont proposés qu'aux groupes et n'acceptent pas les particuliers.

TOURS EN HÉLICOPTÈRE

Un survol de New York en hélicoptère est une expérience, certes un peu chère, mais vraiment inoubliable. Prenez de préférence un vol en fin de journée pour voir les gratte-ciel de Manhattan s'illuminer. Plusieurs compagnies proposent de vous emmener au septième ciel :

Island Helicopter (683-4575) propose 4 survols de Big Apple (par exemple : 59 $ le vol de 10 mn, 129 $ le vol de 25 mn), au départ de l'héliport situé sur la 34th Street et East River. Billets en vente dans la plupart des hôtels (comptoirs touristiques) ou sur place à l'héliport (5 $ de supplément), ouvert de 9h à 21h.

Liberty Helicopter Tours (967-6464, fax 487-4781) propose 4 circuits aériens à 44 $, à 64 $, à 79 $ ou à 150 $ par personne, au départ de l'un de leurs deux héliports (12th Ave. au niveau de la 30th St., sur l'Hudson River, ou sur les quais *downtown* au Wall Street Heliport, Pier 6). Billets en vente à votre hôtel (comptoirs touristiques) ou à l'héliport (5 $ de supplément), ouvert de 9h à 21h.

■ Lower Manhattan (le bas de Manhattan)

L'image du bouquet scintillant des gratte-ciel de la pointe sud de l'île de Manhattan (Lower Manhattan) est sans aucun doute la carte postale la plus connue de New York. La première ville de la première puissance économique mondiale a dépensé des milliards de dollars pour nous offrir cette éclatante façade. Prenez le ferry qui traverse l'Upper Bay pour l'apprécier dans toute son ampleur car, au pied de ces tours, l'impression est beaucoup moins lyrique mais ô combien passionnante ! Lower Manhattan révèle en effet un assortiment riche et hétéroclite de toute l'histoire architecturale de New York, des pavés ancestraux (à l'échelle de l'histoire des Etats-Unis) de Battery Park jusqu'aux lignes pures des édifices en verre de Financial District. Le quartier de Wall Street est aussi le plus dense de tout New York, bien que la rue du même nom ne soit pas très longue (toujours selon l'échelle américaine) : elle mesure à peine 800 m. Abritant le frénétique New York Stock Exchange (la Bourse de New York), cette artère est considérée comme la pierre angulaire du quartier financier, une zone où des millions de dollars en capital et en affaires changent de main tous les jours. Au-dessus de vos têtes, imaginez qu'une poignée de têtes pensantes tire les ficelles de l'économie planétaire, du sommet de ces tours qui constituent une des plus fortes concentrations de gratte-ciel du monde. Cette architecture récente repose néanmoins sur un des plus anciens sites habités de New York : Lower Manhattan fut la première partie de l'île à être colonisée par les Européens et il en reste quelques traces cachées au milieu des montagnes de verre et d'acier. Lower Manhattan est d'ailleurs le seul quartier de New York où les rues, relativement étroites, semblent se couper en dépit du bon sens, une cicatrice de sa jeunesse chaotique dont New York est aujourd'hui très fière. Un peu partout, des plaques commémoratives des circuits historiques du **Heritage Trails** indiquent les endroits les plus intéressants et fournissent des informations et des anecdotes. Pour un circuit pédestre détaillé de Lower Manhattan, appelez l'agence Heritage Trails au 767-0637.

La visite de cette partie de Manhattan n'est guère onéreuse. L'entrée est gratuite dans les parcs, dans les églises et dans les temples du business comme le New York Stock Exchange (la Bourse de New York). Pour avoir un aperçu de la vie du quartier, allez-y en semaine, lorsque les autochtones à bretelles ou à talons aiguilles se ruent de trottoirs en ascenseurs en brandissant leur *Wall Street Journal* et leur portable. *After hours* (après le travail), ces rois du négoce desserrent le nœud de leur cravate, chaussent des Reeboks et vont aspirer goulûment l'air du large (et accessoirement quelques *drinks*) au **South Street Seaport**.

■ Financial District

Le nom de **Battery Park** est resté de la présence d'une batterie de canons placée devant le fort Clinton jusqu'à la guerre de 1812. Ces canons ne servirent d'ailleurs qu'à accompagner les célébrations de la victoire contre les Anglais. C'est aujourd'hui un gros carré de verdure, rempli de monuments, qui forme l'extrémité sud de l'île de Manhattan. South Ferry, à l'angle sud-est du parc, est le terminus des lignes de métro 1 et 9. Les lignes 4 et 5 s'arrêtent à Bowling Green. L'endroit est parfait pour savourer une tasse de café matinale. Vous pouvez passer les premières heures de la journée à admirer la sculpture abstraite en métal de Tony Smith, à lire les plaques historiques ou simplement à respirer l'air marin en laissant filer votre imagination auprès de la statue de Giovanni Da Verrazano (Florentin au service de François Ier, il fut le premier Européen à pénétrer en 1524 dans la baie de New York). Attention, choisissez bien vos horaires de méditation : le parc est souvent pris d'assaut le week-end par ceux qui embarquent sur les ferries à destination d'Ellis Island et de Miss Liberty (le départ se trouve au niveau de l'East Coast Memorial).

En partant de l'entrée nord du parc, vous passez près du **Netherlands Memorial Flagpole** (mât portant le drapeau-souvenir des Pays-Bas). Vous pouvez ensuite rejoindre Castle Clinton (à 100 m) en vous dirigeant vers la mer. Prenez le temps cependant de vous arrêter en chemin dans le **Hope Garden**, un jardin créé en 1992 en mémoire des victimes du sida et où 100 000 fleurs s'épanouissent et fanent chaque année. Le parc abrite également une collection de monuments commémorant les victoires ou les victimes des guerres correspondantes ou encore érigés par certaines communautés d'immigrants en souvenir de ceux des leurs qui ont risqué leur vie pour se rendre aux Etats-Unis.

Castle Clinton est le principal centre d'attraction du parc. Il comprend un centre d'information et un pavillon circulaire où vous pouvez acheter des billets pour les ferries qui se rendent à Ellis Island et à la Statue de la Liberté (voir Liberty Island et Ellis Island, p. 185 et 188). Ce bâtiment fut achevé juste avant la guerre de 1812, sous le nom de West Battery, tandis que la tension entre l'Angleterre et les Etats-Unis nouvellement indépendants allait rapidement se transformer en guerre ouverte. Il baignait alors dans 10 m d'eau et était relié à la berge par un pont-levis. Pas un seul coup de feu ne fut jamais tiré du fort et, en 1824, la ville se sentit suffisamment à l'abri d'une invasion anglaise pour en faire un lieu de divertissement public où se déroulaient les feux d'artifice, des décollages de ballons dirigeables et autres commémorations pour la science et la nation. Plus tard, dans les années 1840, le fort fut

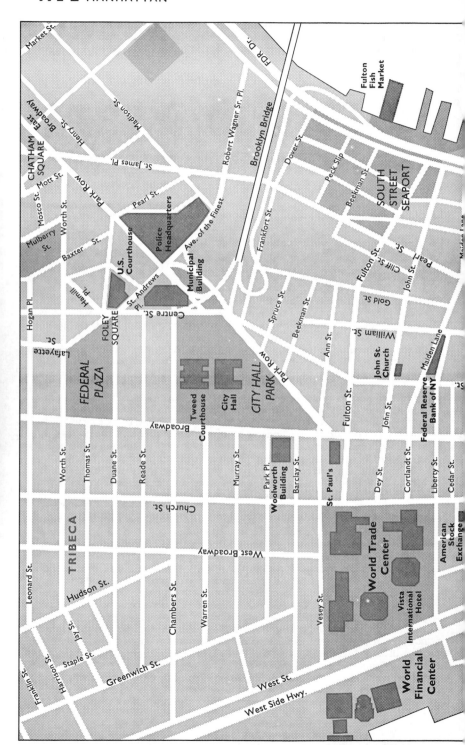

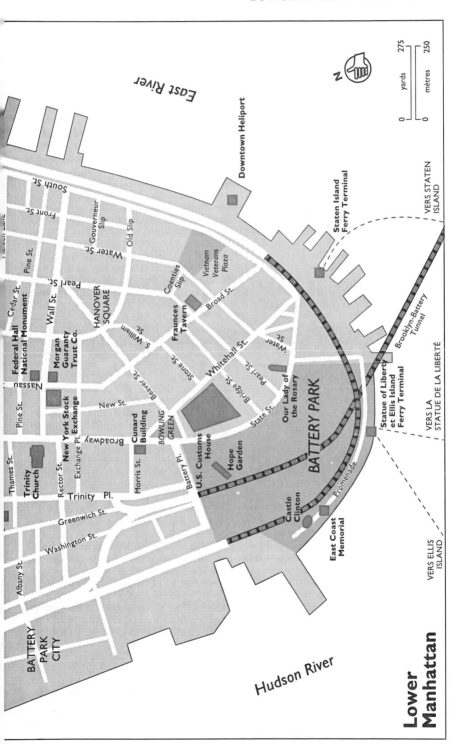

Lower
Manhattan

recouvert d'un toit et transformé en salle de concerts. En 1855, suffisamment de terre provenant des chantiers de Manhattan avaient été accumulée pour combler les 80 m qui séparaient Castle Clinton du reste de l'île. Il devint alors le lieu de débarquement des immigrants. Entre 1855 et 1889, plus de huit millions d'entre eux transitèrent par ses murs. Lorsqu'Ellis Island prit le relais, Castle Clinton abrita un aquarium alors chéri par tous les New-Yorkais. Celui-ci fut finalement transféré à Coney Island et le bâtiment resta vide. Lorsqu'en 1950 le fort devint monument historique, le premier étage, le toit et d'autres extensions avaient déjà été démolis, laissant le bâtiment dans ses dimensions actuelles (les mêmes que celles de 1811). Le nom de Clinton lui avait été donné en l'honneur du maire de New York, De Witt Clinton (1803-1815). Le fort est aujourd'hui géré par le National Park Service et entretenu par les park rangers. Ces derniers organisent des visites du château qui durent de 15 à 20 mn (tous les jours de 10h05 à 16h05). Les visites sont gratuites et partent du hall d'entrée (Castle Clinton est ouvert tous les jours de 8h30 à 17h).

De Castle Clinton, vous avez une vue dégagée sur le prospère New Jersey (à droite), Ellis Island (dominée par un grand bâtiment en brique), la Statue de la Liberté (elle vous fait signe), Staten Island (vers laquelle se dirigent les gros ferries orange) et Governor's Island, un centre de commande des gardes-côtes américains (sur votre gauche). Près du fort se dresse l'ensemble commémoratif d'**East Coast Memorial**, un monument dédié à ceux qui ont péri dans la partie occidentale de l'Atlantique pendant la Seconde Guerre mondiale. La sculpture d'un aigle fondant sur sa proie s'élève devant deux rangées de colonnes en granit où sont gravés les noms des victimes. S'il fait beau profitez des croisières de 1h30 organisées par **NY Waterways** autour du Lower Manhattan et des îles pour admirer le panorama vu du large. (14 $. De mi-mars à novembre départs à 10h15, à 12h15 et à 14h15 du lundi au vendredi. Téléphonez au 800-533-2779 pour connaître les lieux d'embarquement et avoir des informations sur les circuits proposés en langue étrangère.)

Le parc est délimité au nord par State St. Avant que cette partie ne soit comblée avec de la terre, State St. constituait le front de mer du village de New York. Dans les années 1790, elle était devenue la zone résidentielle la plus en vue de Manhattan. L'éclat de la rue a aujourd'hui disparu, mais on peut toujours tenter d'imaginer son élégance passée en allant rendre hommage au seul vestige en bois et en brique de cette époque révolue : la **Church of our Lady of the Rosary** (église de Notre-Dame-du-Rosaire), dans laquelle se trouve le sanctuaire de **Shrine of St. Elizabeth Ann Seton**, au 7-8, State St. (269-6865). Le bâtiment fut construit, de 1792 à 1805, sous le nom de James Watson House, dans le style georgien et fédéral. Il a gardé de son époque profane la façade dont les colonnes auraient été taillées dans des mâts de navires. Sainte Elizabeth Ann Seton, qui fonda l'ordre des sœurs de la Charité, a été canonisée en 1975, ce fut la première sainte née sur le continent américain. Elle vécut avec sa famille dans cette maison de 1801 à 1803. L'église, sur la gauche, date de 1883, époque à laquelle elle servit de refuge pour les immigrantes irlandaises.

Au nord de State St., à l'arrière d'une cour contiguë à l'église, se trouve un musée original : **New York Unearthed** (748-8628). Financé par le South St. Seaport Museum, il met en scène des objets très divers découverts lors des excavations effectuées au moment de la construction de nouveaux édifices dans le quartier. La collection présente aussi bien des pipes en argile datant de 1250 que de petites reconstitutions décrivant la vie dans une taverne de 1700, ou un déjeuner au comptoir en 1950. Au sous-sol, vous pouvez observer des archéologues travaillant dans un laboratoire vitré ou pénétrant dans le "Systems Elevator", un ascenseur simulant de façon prévirtuelle la visite de fouilles (musée gratuit ouvert du lundi au samedi de 12h à 18h, fermé le samedi de décembre à mars). Juste à côté du musée, au **17 State St.**, se dressent les lignes pures et élégantes d'un bâtiment à moitié vide. Construit en 1989, ce grand vaisseau blanc s'élève à la place de la maison où naquit Herman Melville en 1819. Attiré par le large, Melville en partit assez tôt pour s'enrôler sur un navire. Cet océan tant désiré lui offrira par la suite le cadre de son fameux *Moby Dick ou la Baleine blanche*. Le souvenir de sa ville natale ne le quittera pas pour autant et quelques-unes de ses œuvres les plus tourmentées ont pour cadre New York et Financial District. Le conte *Bartleby* décrit ainsi la cruauté du quartier financier au milieu du XIXᵉ siècle.

En longeant Battery Park, on arrive à la **U.S. Custom House** (bureau des douanes), à l'angle nord-est du parc. Cet étonnant palais à la gloire du commerce fut achevé en 1907 alors que la majorité des revenus américains provenait encore des taxes douanières et que celles-ci étaient essentiellement perçues à New York. En 1626, Fort Amsterdam se dressait là, face au port, et défendait la colonie hollandaise. En 1790, une demeure georgienne fut construite à cet endroit pour servir de résidence présidentielle, mais George Washington n'eut jamais l'occasion d'y habiter car, cette même année, Philadelphie fut désignée capitale des Etats-Unis (ce ne fut le tour de Washington qu'en 1803). Le bâtiment abrite aujourd'hui le **National Museum of the American Indian** (voir Musées, p. 318).

Le bureau des douanes, de style Beaux-Arts, qui se dresse aujourd'hui devant les visiteurs, est une magnifique combinaison d'inspiration baroque et Renaissance dont la décoration est agressive à souhait. Les sculptures ornant l'édifice rappellent les fonctions premières de l'édifice. douze statues en haut de la façade symbolisent les 12 plus grandes places commerciales dans l'histoire. Devant la façade trônent quatre grandes sculptures allégoriques de quatre continents. Ces œuvres du sculpteur Daniel Chester French (le même qui fit le Lincoln Memorial à Washington) reflètent assez bien certaines conceptions (de l'époque ?) sur la hiérarchie des races : l'Afrique dort, les bras reposant sur un lion et un sphinx à moitié effondré, l'Asie semble se reposer sur un tas de crânes au milieu d'êtres soumis, tandis que la gironde Europe campe d'un air digne et suffisant. L'Amérique, quant à elle, porte la torche de la Liberté et semble prête à bondir pour une nouvelle conquête.

En face de la Custom House s'étend le **Bowling Green**, le plus ancien parc de la ville. En 1733, il était loué pour servir de terrain de bowling, au prix d'un grain de poivre par an. C'est dans ce parc en forme d'œuf qu'eut lieu le premier scandale de la spéculation immobilière new-yorkaise, lorsque le propriétaire hollandais Peter Minuit acheta l'île de Manhattan aux Indiens pour la somme de 24 $. Autour de cette place, les colons se révoltèrent contre les taxes imposées par le roi George III (le *Stamp Act*, loi sur le timbre) en 1760. Lorsque celui-ci révoqua l'édit en 1770, les New-Yorkais érigèrent une statue équestre à son effigie en guise de réconciliation. Mais après la lecture de la déclaration d'Indépendance devant le City Hall, le 9 juillet 1776, la statue fut démontée puis fondue pour fabriquer des balles.

Prêt à s'élancer tête baissée de la pointe du Bowling Green jusqu'à Broadway, le **Bull** (taureau) est le symbole des spéculations boursières. Il a été offert à la ville il y a quelques années par un artiste italien, Arturo DiModica, qui, par une nuit d'hiver, planta malicieusement les 3 500 kg de cette sculpture en bronze, face à la Bourse new-yorkaise. Les agents de change ne goûtèrent pas la plaisanterie et firent retirer l'animal. Ce dernier paît désormais ici, à l'entrée du quartier financier.

Tout prêt, au 26 Broadway Ave., dans l'ancien immeuble de la compagnie pétrolière Standard Oil (le s et le o marquent toujours les heures et les minutes de l'horloge), se trouve le **Museum of Financial History** (908-4110). Notez la position de la tour triangulaire, décalée par rapport au corps du bâtiment de manière à rentrer dans l'axe du quadrillage de Manhattan. Les objets qui sont exposés dans le musée permettent d'appréhender l'histoire du quartier (ouvert du lundi au vendredi de 11h30 à 14h30, entrée gratuite).

A l'angle de Whitehall St. et de Pearl St., à l'est du Bowling Green, se dresse le **Broad Financial Center**, dont le hall d'entrée est l'un des plus fantaisistes de New York : des pylônes fuselés, surmontés de globes métalliques tournants, tiennent en équilibre sur des sphères de marbre surréalistes, tandis qu'une horloge de la taille d'un mur se reflète dans un bassin incliné. La sortie donne sur Pearl St. Une rue plus loin, en direction du nord-est, se trouve Broad St., où les colons hollandais essayèrent de recréer leurs villes natales en creusant un canal. Malheureusement, l'eau devint rapidement putride. Déçus, ils comblèrent la voie.

Au 54 Pearl St., le quartier pseudo-historique de **Fraunces Tavern** est un îlot de constructions traditionnelles au beau milieu d'un océan de création architecturale moderne. On y trouve des bâtiments érigés entre 1719 et 1883 et modifiés au cours du XXe siècle par de nombreuses reconstructions et restaurations. Le Fraunces Tavern Museum (425-1778) est la reconstitution d'une des auberges new-yorkaises du XVIIIe siècle. Elle fut successivement la propriété du huguenot Etienne de Lancey (qui la fit construire en 1719) puis de l'Antillais Samuel Fraunces, futur intendant de George Washington. En 1783, le premier Président des Etats-Unis organisa une fête au premier étage de la taverne de Fraunces en l'honneur de ses officiers de la glorieuse Révolution (voir Musées, page 314).

En remontant Broad St. vers le nord, au croisement de Stone St. et de South William St., un pâté de maisons désormais anonyme fut le théâtre du grand incendie de 1835, au cours duquel le premier quartier hollandais de Manhattan fut détruit dans sa totalité. Un commerçant nostalgique a néanmoins refait en style hollandais deux des façades de son magasin donnant sur South William St. En continuant South William St., on aboutit à Hanover Square, petite place pavée. Quelques bancs accueillent les promeneurs fatigués, à l'ombre d'une statue de l'orfèvre hollandais Abraham de Peyster, qui fut déplacée de Bowling Green à cet endroit dans les années 1970. Autrefois la limite nord de la colonie de la Nouvelle Amsterdam, **Wall Street** doit son nom au mur qui y fut construit en 1653 pour protéger la colonie hollandaise d'une éventuelle invasion anglaise par le Nord. Au début du XIXe siècle, la rue était déjà la capitale financière des Etats-Unis. Très tôt, son nom fut utilisé (au début avec beaucoup de dénigrement) pour désigner le quartier financier dans son ensemble. Le mythe est toujours d'actualité : Wall Street évoque les transactions à grande échelle, les profits substantiels et occasionnellement les pertes colossales.

Bien qu'aujourd'hui il soit confiné derrière des portails fermés, il convient néanmoins de s'arrêter devant le bâtiment du **55, Wall Street**. Il abritait autrefois la Second Merchant's Exchange, la Bourse du commerce (1836-1854). Les 16 colonnes ioniques du fronton, pesant 41 tonnes chacune et taillées dans un seul bloc de pierre, furent tirées jusque-là par des attelages de bœufs. De l'autre côté de la rue, au n° 60, se trouve le siège de la **Morgan Bank**. Un gratte-ciel des années 80, haut de 52 étages, dont le style néoclassique bizarre retient l'attention. Vous pouvez vous promener librement dans la grande cour intérieure en marbre gris et blanc ; son plafond-miroir garni d'un treillis blanc vaut le coup d'œil (ouvert tous le jours de 7h à 22h).

En descendant Wall St., au croisement avec Broad St. se trouvent le **Federal Hall**, 26 Wall St. (825-6888), et la statue de George Washington, plus grand que nature, en pantalon étonnamment moulant (plusieurs historiens se sont penchés sur le réalisme morphologique de la statue). Ce bâtiment de style classique (la référence aux temples grecs est tout à fait visible) est un des hauts lieux de l'histoire de New York et des Etats-Unis. En 1703, c'est ici qu'est installé le City Hall (hôtel de ville). En 1735, on y assiste au célèbre procès de John Peter Zenger, dont le verdict contribua à instaurer la liberté de la presse en Amérique. C'est également ici que Washington prêta le premier serment présidentiel de l'histoire des Etats-Unis en 1789. L'édifice venait alors d'être reconstruit par l'ingénieur français Pierre L'Enfant (le même qui créa les plans de la ville de Washington). Le Federal Hall fut aussi le premier siège du gouvernement constitutionnel et du Congrès, d'où son nom qui lui est resté par la suite. Le bâtiment fut en partie détruit et vendu en 1812. L'actuel édifice date de 1842. Après avoir abrité plusieurs services administratifs, il devint un musée national en 1955. On peut notamment y voir la Bible illustrée utilisée par George Washington lors de son investiture, un film de 10 mn intitulé *Visite du Federal Hall*, et des maquettes des précédents édifices. La visite et la projection du film se font sur demande (ouvert du lundi au vendredi de 9h à 17h, entrée pour les personnes handicapées au 15 Pine St.).

En descendant Broad St. vers le sud, vous ne pouvez manquer l'incontournable Bourse des valeurs de New York, le **New York Stock Exchange** (656-5168), entre Wall St. et Exchange Pl., reconnaissable à sa façade à colonnes antiques. L'édifice date de 1903. Avant tout commentaire, prenez le temps d'observer la sculpture en relief sur le fronton au-dessus des colonnes. Cette allégorie du business s'intitule *Integrity Protecting the Works of Man* (l'intégrité protégeant le travail de l'homme).

Elle a été réalisée par John Quincy Adams Ward, le sculpteur de la statue de George Washington devant le Federal Hall. Le principe de la Bourse date de 1792 lorsque quelques *brokers* (les premiers agents de change) décidèrent de s'entendre pour négocier les 80 millions de dollars d'obligations émis en 1789 et en 1790 pour payer les dettes de la guerre d'Indépendance. L'arbre planté devant l'entrée a remplacé le platane qui servait à l'origine de point de ralliement aux ancêtres de Michael Douglas (celui de *"greed is good"*, dans *Wall Street*). Au cours du XIXe siècle, les échanges devinrent de plus en plus institutionnels, des chartes et des constitutions furent établies. En 1867, l'invention du téléscripteur révolutionna le marché en permettant d'enregistrer chaque transaction et d'en tenir le public immédiatement informé (le téléscripteur permit aussi à la Bourse de participer activement aux commémorations nationales en fournissant les fameux serpentins des parades). La Bourse, effervescente jusque dans les années 20, s'effondra brutalement le jeudi du 24 octobre 1929 (le fameux krach de Wall Street appelé aussi "Jeudi noir"). Au début des années 80 eut lieu une autre période de hausse vertigineuse des cours due en partie à la multiplication des instruments financiers générés par les progrès de l'informatique et dont profitèrent à outrance ceux qu'on a appelé les *"golden boys"*. Mais, le 19 octobre 1987, le marché plongea de nouveau, donnant une désagréable leçon d'histoire aux boursicoteurs ruinés. Récemment, une importante spéculation sur les nouvelles technologies de l'information a porté le marché à des sommets inégalés, fournissant aux Cassandre de Wall Street matière aux plus sombres scénarios : aujourd'hui, au moins un membre de chaque famille américaine est actionnaire.

L'entrée principale des visiteurs du Stock Exchange se situe au n°20 de Broad St. Les entrées sont gratuites mais vous devez vous munir d'un ticket horodaté. Le nombre de billets disponibles pour chaque séance est limité : plus vous arrivez tard, plus vous risquez de n'avoir de place que pour des visites tardives. Les billets sont parfois tous distribués dès 13h. Il est donc recommandé d'arriver aux alentours de 9h pour multiplier vos chances de visiter la Bourse à l'heure qui vous convient (ouvert au public du lundi au vendredi de 9h à 16h, la dernière séance commence à 14h45).

À l'étage, le fonctionnement et l'historique de la Bourse vous sont racontés en détail et une vidéo de 11 mn sur grand écran retrace l'histoire des échanges commerciaux (narrée par Leonard Nimoy, la voix originale de monsieur Spock dans *Star Trek*). Mais la véritable attraction est la galerie d'observation qui surplombe la principale salle des marchés. De ce promontoire vitré, vous pouvez contempler la frénésie permanente qui s'empare de cette salle de 10 000 m^2 (et d'une hauteur de 15 m sous plafond). Un commentaire enregistré est disponible en plusieurs langues. Des parois en verre séparent la galerie de visite de la salle des *brokers* depuis que, dans les années 60, des "agitateurs gauchistes" ont tenté de perturber la concentration des *traders* en leur jetant des billets de banque.

Il est fascinant d'observer le bourdonnement de cette ruche jonchée de papiers et les visages inquiets qui s'agglutinent autour des rangées d'écrans vidéo verts. Le nombre de ces moniteurs assemblés en grappes et surnommés les *trading posts* dépasse pratiquement celui des agents de change. Plus de 2 000 sociétés américaines et étrangères sont cotées au New York Stock Exchange, la plus grande place boursière du monde avec 79 milliards de titres cotés évalués à 3 billions de dollars. Remarquez les vestes de couleur des intervenants de la salle des marchés : les agents de change sont en jaune, les rapporteurs en bleu et les clercs en bleu ciel. A gauche, sur la tribune, une cloche sonne l'ouverture (à 9h30) et la fermeture (à 16h) de la Bourse.

Au bout de la perspective de Wall St. se dresse la **Trinity Church**, dont la flèche élancée surveille dignement la jonction de Wall Street et de Broadway. Lorsque l'église actuelle fut érigée en 1846 (la première avait été détruite en 1776 par un incendie et le toit de la seconde démoli en 1839), sa flèche néogothique de 85 m était la plus haute construction de la ville. La paroisse de Trinity Church existe depuis 1696 (elle appartenait alors à l'Eglise anglicane et ne devint membre de l'Eglise protestante épiscopale qu'après l'indépendance). Toutes les heures, le carillon de ses cloches (dont certaines datent du XVIIIe siècle) apporte un étrange sentiment de réconfort au milieu de ces mastodontes de verre et d'acier. Il fut un temps jadis où Wall Street n'était que le quartier d'un village où le clocher de Trinity Church servait de repère aux pêcheurs et aux marins qui naviguaient dans Upper Bay... De façon plus prosaïque et pour calmer un éventuel spleen européen, sachez que la congrégation de Trinity Church est propriétaire d'une bonne partie des terrains sur lesquels sont bâtis les gigantesques buildings voisins : à vos calculettes et retour au Wall Street du XXIᵉ siècle. Auparavant, vous pouvez vous attarder dans le petit musée qui se trouve derrière l'autel (602-0872, ouvert du lundi au vendredi de 9h à 11h45 et de 13h à 15h45, le samedi de 10h à 15h45 et le dimanche de 13h à 15h45, visites guidées à 14h). Un cimetière dont les plus anciennes tombes datent de 1681 entoure l'église. Il abrite les sépultures d'un certain nombre de personnages de l'histoire des Etats-Unis, dont Robert Fulton (qui participa à l'invention du bateau à vapeur), le journaliste et éditeur William Bradford ou encore Alexander Hamilton, le premier secrétaire du Trésor.

A l'heure du déjeuner, de septembre à juin, Trinity Church et St. Paul's Chapel accueillent les **Noonday concerts** (voir Sorties et spectacles, Musique classique, p. 339). En plus des concerts, Trinity Church organise, dans ses cours nord et sud, des expositions temporaires de sculpture contemporaine, un bel exemple d'intégration multiculturelle (dans le temps). Les cours sont ouvertes du lundi au vendredi de 7h à 16h, le samedi de 8h à 15h et le dimanche de 7h à 15h.

■ World Trade Center et Battery Park City

En remontant Broadway vers Liberty Park, on aperçoit au loin les tours jumelles du **World Trade Center**. La place principale, au croisement de Church St. et de Dey St., compte deux sculptures, une grande fontaine, de nombreux espaces pour s'asseoir (très convoités à l'heure du déjeuner), et offre une contre-plongée vertigineuse sur les deux tours, hautes de 411 m, les deuxièmes plus hauts gratte-ciel des Etats-Unis après la Sears Tower de Chicago. Les **Twin Towers** (les tours jumelles), de 110 étages chacune, toisent de leur silhouette élancée tous les autres gratte-ciel de la ville. Les autorités portuaires de New York et du New Jersey, propriétaires des lieux, disposent dans tout l'ensemble de 3 millions de m² de bureaux. L'attentat à la bombe qui a eu lieu en 1993, dans l'immense galerie commerciale située au sous-sol, n'a laissé aucune trace visible, en dehors des panneaux omniprésents indiquant "*All visitors must carry ID*" (tous les visiteurs doivent être en possession d'une pièce d'identité).

Au sommet de la tour 2 se trouve une **plate-forme d'observation** ouverte au public (323-2340). Si vous jetez un regard vers la tour 1, où se trouve le restaurant Windows on the World, ayez une pensée pour le funambule Philippe Petit, qui, en 1974, fit la traversée sur un câble. Dans le hall d'entrée, en venant de Liberty St., un escalator mène aux guichets situés sur la mezzanine. (La plate-forme est ouverte tous les jours de juin à septembre de 9h30 à 23h30, d'octobre à mai de 9h30 à 21h30. Entrée 8 $, personnes âgées et enfants entre 6 et 12 ans, 3 $.) Un office de tourisme se trouve également sur la mezzanine, proposant cartes, brochures et horaires (ouvert du lundi au vendredi de 9h à 17h, également le samedi en été). Au même endroit, des billets à prix réduits pour des spectacles le jour même, à Broadway ou ailleurs, sont en vente au **kiosque TKTS**, ouvert du mardi au vendredi (voir Sorties et spectacles, Théâtre, p. 324).

Après avoir fait la queue pour acheter le ticket donnant accès à la plate-forme d'observation, et après la fouille des sacs, prenez l'ascenseur jusqu'au 107ᵉ étage, où vous attend une exposition sur l'histoire du commerce et sur l'économie bien souvent ignorée par la plupart des visiteurs, qui préfèrent se ruer vers les vitres. Hélas ! la vue peut paraître quelque peu décevante car les câbles d'acier qui ornent les murs du gratte-ciel empêchent de profiter pleinement du panorama. Les architectes ont en effet placé la majeure partie des structures de l'immeuble à l'extérieur, afin de laisser le maximum d'espace ouvert à l'intérieur. Des télescopes à pièces et des schémas avec repères distribués dans l'observatoire tentent de remédier à cet inconvénient. Le spectacle reste néanmoins superbe et il est possible de s'orienter et de contempler la quasi-totalité des sommets de New York et d'embrasser le plus beau *skyline* du monde ainsi que l'île de Manhattan dans son ensemble et, au-delà, les cinq *boroughs* (districts administratifs) de la ville.

Les jours de beau temps, l'**observatoire situé sur le toit** est ouvert. A moins d'être sujet au vertige, augmentez les sensations et empruntez l'escalier mécanique ; le panorama s'avère à coup sûr encore plus extraordinaire. Le sommet de la tour voisine semble tout près (bien qu'en réalité la distance qui sépare les deux buildings soit plus grande au sommet qu'au sol puisque la terre est ronde). Il est difficile d'aller plus haut sans sauter dans un jet ou escalader l'Himalaya, car cette plate-forme extérieure est la plus élevée du monde. Au prix de 25 cents (un *quarter*), des télescopes permettent d'observer la ville.

A l'ouest, au bord de l'Hudson, s'élèvent les quatre élégantes tours du World Financial Center, surmontées chacune d'une forme géométrique différente en cuivre. American Express, Dow Jones-Oppenheimer et Merril Lynch en sont les prestigieux propriétaires. De l'autre côté de la rivière, la plaine du New Jersey s'étend à perte de vue. Au sud se dessinent (de droite à gauche) Ellis Island, Liberty Island, Governor's Island et, au-delà, les immenses banlieues de Staten Island. On peut aussi apercevoir l'entrée du tunnel qui relie Battery Park à Brooklyn : de la zone rouge juste au nord de Battery Park, le flot des voitures disparaît sous le parc pour émerger, de l'autre côté de l'embouchure d'East River, sur la pointe de Long Island dans le *borough* de Brooklyn. A l'est, les ponts majestueux de Brooklyn et de Manhattan sont les seules autres voies de communication pour les automobiles entre ces deux quartiers.

A l'heure du déjeuner, en semaine, des concerts gratuits, appelés **Centerstage**, sont donnés au World Trade Center en juillet et en août. Ils se déroulent sur la place située au niveau de la mezzanine de la tour 1 (appelez le 435-4170 ou reportez-vous au chapitre Sorties et spectacles, Musique, p. 344).

La galerie commerciale au premier sous-sol, dans le Trade Center, est la plus grande de New York. Son autre particularité est de ressembler à n'importe quelle galerie commerciale souterraine, en plus banale, aux dires des spécialistes du genre. A moins d'être pris d'une envie frénétique de lèche-vitrine, vous pouvez donc sans regret vous concentrer sur les panneaux indiquant la direction à suivre pour rejoindre le **World Financial Center** et **Battery Park City**. Le complexe s'étendant à l'ouest de West St. depuis Battery park jusqu'au World financial Center constitue depuis trente ans le plus important projet immobilier et urbain de New York. Dans les années 1960, les autorités de la ville décidèrent de relancer le dynamisme de Lower Manhattan, alors que les activités portuaires traditionnelles se déplaçaient vers le New Jersey. L'évolution chaotique du projet résume à elle seule toute l'histoire de l'urbanisme à New York, avec ses rêves (celui du gouverneur Rockefeller d'établir ici un deuxième Central Park), ses scandales et ses erreurs financières (le chantier sera interrompu pendant presque dix ans dans les années 1970). Aujourd'hui, la ville s'est agrandie de 50 nouveaux hectares, en partie grâce à l'accumulation de terre issue des fondations du World Trade Center. Le chantier continue vers le sud où commence à s'étendre la nouvelle cité de Battery Park City, accessible par une passerelle et à quelques minutes à pied de Wall Street.

Les lignes géométriques du **World Financial Center** de Cesar Pelli apportent un pendant harmonieux à la rigueur efficaces du World Trade Center. Chacune des tours de 30 à 50 étages de cet ensemble est plus spacieuse que l'Empire State Building avec ses 102 étages. On pourrait néanmoins reprocher aux architectes d'avoir négligé la lumière du jour mais c'est oublier que les ordinateurs n'ont pas besoin d'une vue plongeante pour être efficaces et pour s'épanouir dans leur travail. Le principal espace public du World Financial Center est le **Winter Garden** (jardin d'hiver). C'est une étendue voûtée et vitrée, arborée de 16 palmiers de 14 m de haut et agrémentée de plusieurs cafés et de magasins de luxe. De nombreux concerts gratuits, des spectacles de danse, des lectures de poèmes, des expositions d'art ethnique et quantité d'autres événements artistiques et culturels y sont régulière-ment organisés (renseignements au 945-0505, voir également Sorties et spectacles, Musique, p. 344). Le jardin donne sur une esplanade prolongée par la Marina North Cove. En semaine, un **ferry** relie Hoboken en 8 mn (2 $, pour plus d'informations, appelez le 908-463-3379).

La **promenade** de Battery Park City traverse un hameau de résidences post-modernes. L'esplanade est jalonnée de sculptures de Fisher, d'Artschwager, de Ned Smyth, de Scott Burton et de Mary Miss. On peut aussi lire sur la terrasse les pensées lyriques ou perspicaces de deux poètes new-yorkais, Frank O'Hara et Walt Whitman.

La meilleure façon de rejoindre West St. est de revenir sur vos pas et de retra-verser le Winter Garden vers la plaza.

■ Le City Hall et le Civic Center

L'aura du New York du XIXe siècle, partout ailleurs détruit à coups de bulldozer, domine toujours ce quartier. Le City Hall est entouré de nombreux bâtiments admi-nistratifs et municipaux datant de la même époque et précédés de ces immenses escaliers de pierre où l'on peut déguster un hot dog tranquillement, à quelques pas du tumulte des *highways* du pont de Brooklyn.

Au 111 Centre St., entre Leonard St. et White St., se trouve le **Civil Court Buil-ding**. De l'autre côté de la rue, au 100 Centre St., s'élève l'imposant **Criminal Courts Building**. Sur la façade de ce dernier ont été gravés les mots de Thomas Jefferson : "*Equal justice for all men of whatever state or persuasion*" ("Justice égale pour tous les hommes, quelle que soit leur condition ou leur religion"). Vous avez la possibilité d'assister ici à l'une des grand-messes de la principale religion des Etats-Unis : la loi. Renseignez-vous auprès du bureau du greffier, pièce 150, pour savoir ce qui est inscrit au registre, le public est autorisé à assister aux procès (tél. 374-6261).

En descendant Centre St. vers le sud, à l'endroit où elle rejoint Lafayette St., vous pénétrez dans le monde anonyme et dévoué de l'administration et de la bureau-cratie new-yorkaise et fédérale. Sur Foley Square se dresse la tour néoclassique en forme de colonne, surmontée d'une pyramide dorée, de la cour de justice fédérale, **United States Courthouse**, située au 40 Court St. Derrière la US Courthouse, se cachent la place et l'église St. Andrew's, à l'ombre (le soir) du très massif Municipal Building. Si vous entrez vous reposer un instant du tumulte de la ville dans la **St. Andrew's Church** (962-3972), vous remarquerez un très beau crucifix en bois sombre sur fond écarlate, encadré par des piliers. Cette église très paisible fut construite en 1938 (ouvert tous les jours de 7h à 17h30).

A l'angle de Duane St. et d'Elk St., des fouilles récentes ont mis au jour les vestiges de plusieurs milliers de tombes. Celles-ci font probablement partie de l'**African-American Burial Ground**, un cimetière afro-américain datant de l'époque (jusqu'à la fin du XVIIIe siècle) où les esclaves et les affranchis devaient être enterrés à l'ex-térieur de la ville. Le terrain est en effet situé bien au-delà de Wall Street (limite nord de la ville à l'époque). Alors qu'un nouveau tribunal fédéral devait être construit sur une partie du cimetière (les autres parties sont déjà recouvertes), des protesta-tions se sont élevées et un acte du Congrès a placé le site parmi les monuments nationaux, l'un des principaux de l'époque coloniale à New York.

Dominant tout le quartier de son imposante silhouette, vous ne pouvez manquer l'un des bâtiments les moins complexés de New York : le **Municipal Building**, 1 Centre St. Sa construction dura 7 ans et s'acheva en 1914. L'énorme façade d'ins-piration purement classique peut se décomposer, comme les colonnes grecques, en une base, un fût et un chapiteau. La base se distingue par une gigantesque colonnade sur pied qui enjambe Chambers St. Le sommet est surmonté de la plus haute statue de New York, *Civic Fame*.

Un passage piétonnier mène à Police Plaza et à St. Andrew's Plaza. De l'autre côté de Centre St., le long du trottoir nord de Chambers St., le Hall of Records (le bureau des archives et des enregistrements) abrite aujourd'hui la **Surrogate's Court**. Deux ensembles de sculptures, *New York in its Infancy* (L'enfance de New York) et *New York in Revolutionary Times* (New York à l'époque révolutionnaire), ornent la façade de style Beaux-Arts du début du siècle. Les statues de vingt-quatre personnalités new-yorkaises décorent également l'édifice. Du hall d'entrée en marbre, vous pouvez accéder au balcon pour admirer de plus près la superbe voûte. La décoration du lobby est plus profane, il est recouvert de mosaïques égyptiennes représentant les 12 signes du zodiaque.

De l'autre côté de la rue, dans le City Hall Park, la tristement célèbre **Tweed Courthouse** reste le témoin d'un des plus gros scandales financiers de l'histoire de la municipalité. La mise au grand jour des retards et des malversations évidentes liés à sa construction (entre 1858 et 1878) permirent le démantèlement d'un réseau de corruption et de détournement de fonds municipaux organisé autour du groupe politique Tammany. Le maire de New York, William M. Tweed, qui n'en était pas à son coup d'essai, fut accusé par la presse d'avoir détourné 10 des 14 millions de $ engagés par la municipalité. Le scandale politique qui s'ensuivit marqua le déclin de cette formation politique. W. M. Tweed fut arrêté et mourut en prison en 1878. On termina tant bien que mal ce bâtiment de style victorien mais personne n'a encore retrouvé le marbre qui devait le recouvrir. La rotonde classique de style victorien est en revanche tout à fait remarquable.

Derrière la Tweed Courthouse, de l'autre côté du parc, se trouve le **City Hall**, l'hôtel de ville, qui abrite encore aujourd'hui les bureaux du maire et qui accueille les délégations officielles. C'est d'ailleurs le point final de la plupart des grandes parades de la ville, qui défilent sous une pluie de confettis le long de Broadway. Le style "château colonial" de cet édifice, achevé en 1812 par les architectes J. F. Mangin et J. McComb Jr., contraste agréablement avec les gigantesques gratte-ciel et les bâtiments massifs qui l'entourent. Depuis sa restauration en 1956, une solide façade en calcaire remplace le marbre d'origine et le côté nord a été achevé et embelli (la façade arrière avait été laissée à l'état brut, le temps que la ville s'étende plus au nord). En 1865, des milliers de New-Yorkais vinrent y rendre un dernier hommage à Abraham Lincoln. Les escaliers à rotonde mènent à la **Governor's Room** (chambre du gouverneur), initialement réservée au gouverneur lors de ses séjours en ville. Aujourd'hui, la chambre sert de salle des portraits. Quelques figures importantes de l'histoire des Etats-Unis y sont présentées : Jefferson, Monroe, Jackson, Hamilton, Jay et Washington, sans oublier Monsieur Morse et La Fayette. La Governor's Room se trouve entre la **City Council Chamber** et, de l'autre côté, au bout du petit passage situé sur la droite, les **Mayor's Offices** (bureaux du maire), fermés au public. Le bâtiment est officiellement ouvert aux touristes en semaine de 10h à 16h, mais les séances publiques se terminent souvent plus tard (elles durent parfois toute la nuit).

Le **City Hall Park** est un petit parc considéré comme espace public depuis 1686. Mais il n'a pas toujours été occupé par des arbres et des bancs. A l'origine s'y trouvaient un hospice, une prison, un terrain pour les exécutions publiques et des baraquements de l'armée (anglaise !). Le 9 juillet 1776, George Washington et ses troupes campèrent ici pour écouter la déclaration d'Indépendance. Aujourd'hui, c'est un accueillant havre de verdure, niché au milieu de la pierre et de l'acier. Les mardi et vendredi de 8h à 18h (uniquement le vendredi de janvier à mars) s'y tient un petit marché à ne pas manquer, le **Farmer's Market**.

L'imposante silhouette gothique du **Woolworth Building**, situé au 233 Broadway, se dessine à l'extrémité sud du parc. Le bâtiment fut commandé par F. W. Woolworth pour y abriter le siège de la chaîne de grands magasins qui fit sa fortune sous le slogan "Tout à cinq ou dix cents". Construit sous la direction de Cass Gilbert à un rythme de un étage et demi par semaine, l'immeuble fut inauguré en 1913 et surnommé "la cathédrale du commerce". Avant que Chrysler Building ne le détrône en 1930, c'était le plus haut building du monde (240 m). Le hall d'entrée est constitué d'arches et d'ornements gothiques. Aux quatre coins des étincelants plafonds en mosaïque, des caricatures sculptées représentent M. Woolworth lui-même en train de compter des pièces de 5 ¢ et de 10 ¢, et l'architecte accroché à la maquette du gratte-ciel.

Un block et demi plus loin en descendant Broadway, près de Fulton St., **St. Paul's Chapel** est inspirée de St. Martin-in-the-Fields à Londres. Cette chapelle a été construite en 1766, la flèche et le clocher ont été ajoutés en 1794. Ne manquez pas la perspective et le contraste avec les tours du World Trade Center. St. Paul's est le bâtiment public le plus ancien de Manhattan dont l'activité n'a jamais cessé. Prenez le temps de déambuler dans le cimetière verdoyant et d'admirer les teintes surprenantes qui ornent l'intérieur de la chapelle : bleu layette, rose tendre et crème, le tout rehaussé de dorures. Vous pouvez aussi voir le prie-Dieu où George Washington était agenouillé le jour de son investiture présidentielle, le 30 avril 1789. Au-dessus est accrochée une peinture à l'huile représentant le Grand Sceau de la nation. C'est la première représentation des symboles de la nouvelle nation, adoptés en 1782. Sous la fenêtre orientale, à l'extérieur de l'église, se trouve un monument en hommage au général Richard Montgomery, tué lors de l'offensive de 1775 sur Québec, au cours de la guerre d'Indépendance. Parmi les tombes se trouve celle d'un autre officier de l'armée des insurgés, le Français Béchet de Rochefontaine. Des concerts de musique classique ont lieu dans la chapelle de septembre à juin (voir Sorties et spectacles, Musique classique, p. 339). Pour plus d'informations sur St. Paul's (ouvert du lundi au vendredi de 9h à 15h et le dimanche de 7h à 15h), téléphonez aux bureaux du Trinity Museum (602-0773).

En traversant Broadway vers l'est, empruntez Anne St. qui débouche sur le **Nassau Street Pedestrian Mall**, un petit quartier commerçant peu connu, caractérisé par une très belle architecture du XIXe siècle et d'affreux magasins de vêtements. Même s'il est très souvent bondé pendant la journée, il conserve son originalité au sein de Manhattan, surtout depuis qu'un des bâtiments a récemment été restauré en rose et vert pastel. Comme beaucoup d'autres secteurs de New York, mieux vaut éviter de s'y promener seul la nuit.

En descendant Nassau St. vers le sud, à l'angle avec Maiden Lane, vous ne pouvez manquer la **Federal Reserve Bank of New York** (720-6130), qui occupe tout un pâté de maisons. Construit en 1924, ce bâtiment néo-Renaissance fut inspiré par le Palazzo Strozzi, demeure d'une famille de banquiers florentins du XVe siècle. Plus de 200 tonnes de fer ont été incorporées à la décoration. Beaucoup de pays entreposent ici leurs réserves d'or, dans un coffre enfoui 5 niveaux au-dessous du sol, les enquêteurs de Let's Go ne sont pas en mesure de vous en dire plus actuellement. L'intérieur du coffre est un ensemble de cellules de 121 compartiments chacune fermés à triple tour. Chacune d'entre elles forme un entrepôt séparé, contenant pour la plupart l'or d'une seule nation. Lorsque la balance des paiements change entre les Etats, l'or est physiquement déplacé d'un compartiment à un autre. Les visites gratuites de la Fed et de ses fameux coffres durent 1h, mais il est nécessaire de réserver au moins sept jours ouvrables à l'avance (les visites ont lieu à 10h30, à 11h30, à 13h30 et à 14h30 du lundi au vendredi).

En remontant Nassau St. d'un block, puis en prenant John St. à droite, on arrive à la **John Street United Methodist Church** (269-0014). Fondée en 1766, l'église abrite la plus ancienne communauté méthodiste du pays, ainsi qu'un musée collectionnant les souvenirs de l'époque coloniale et du XIXe siècle (le sanctuaire et le musée sont tous deux ouverts les lundi, mercredi et vendredi de 12h à 16h).

■ South Street Seaport

En descendant Fulton St. vers l'est en direction de l'East River, vous passez devant une rangée de restaurants relativement bon marché avant d'arriver à **South Street Seaport**. L'industrie navale s'y est développée pendant une grande partie du XIXe siècle, lorsque New York était le premier port des Etats-Unis et la navigation une de ses principales activités commerciales. Comme sur tout le pourtour de Manhattan, la formation de remblais et l'assèchement des marais ont permis de gagner du terrain. Au début du XVIIIe siècle, le front de mer et la rive marécageuse se situaient au niveau de Water Street. En accumulant ici ce qui gênait le développement de la ville (terre issue des nivellements et des fondations des immeubles et autres déchets improductifs), les New-Yorkais ont repoussé les limites de l'île jusqu'à Front Street, puis jusqu'à South Street qui longe aujourd'hui la rivière.

Au lendemain de la Seconde Guerre mondiale, l'activité portuaire de ce quartier déclina au profit des ports en eau profonde du New Jersey. Dans les années 1960, South Street Seaport est pratiquement laissé à l'abandon et il faut attendre 1980 pour que les autorités de la ville décident de lui rendre une partie de son lustre d'antan, en le transformant en une vaste zone historico-commerçante. Des bâtiments ont été restaurés, les rues repavées ont été remplies de boutiques hors de prix et de vieux gréements ont été amarrés aux anciens quais presque trop neufs.

En tout cas, l'activité économique a repris, la réhabilitation du quartier historique est donc un succès. Pourtant, même les parfums du marché aux poissons semblent avoir été adaptés à une clientèle de jeunes cadres dynamiques. En plus des poissonneries, le complexe de South Street Seaport compte également des boutiques du XVIIIe siècle, d'élégantes galeries et de ravissantes goélettes. Après 17h, une foule de cadres en costume, ayant chaussé baskets et dénoué cravate, converge ici pour y savourer quelques cocktails bien mérités. Les touristes, aussi bien que les New-Yorkais s'entremêlent parmi les boutiques de luxe et les odeurs de friture.

Le quartier commence officiellement à l'intersection de Fulton St., de Pearl St. et de Water St., à l'endroit où le trafic automobile fait place aux artistes de rue. Non loin, vous apercevez le **Titanic Memorial Lighthouse**, un petit phare. A gauche, sur Water St., la plupart des bâtiments datent du XIXe siècle. Ils ont été restaurés et transformés en magasins. Les fans de Gutenberg peuvent aller chez Bowne & Co., 211 Water St. Cet atelier d'imprimerie du XIXe siècle a été entièrement restauré et de vrais imprimeurs font des démonstrations sur une presse (748-8660, ouvert du lundi au samedi de 10h à 17h). Juste à côté se trouve la **Whitman Gallery**, où sont exposées d'anciennes maquettes de bateaux et des gravures historiques. (Ouvert en été du lundi au mercredi et du vendredi au dimanche de 10h à 18h, le jeudi de 10h à 20h. Après le Labor Day, ouvert les lundi, mercredi, vendredi et dimanche de 10h à 17h, le jeudi de 10h à 20h.) Sur le même block, du côté de Fulton St., vous pouvez vous échapper pour déjeuner tranquillement dans **Cannon's Walk**, une allée étincelante de propreté située derrière les magasins.

Sur la droite dans Fulton St., en descendant vers la rivière, vous remarquez une rangée de bâtiments de style fédéral, la célèbre **Schermerhorn Row**, la plus vieille de Manhattan dans ce style. Ces immeubles ont été construits pour la plupart entre 1811 et 1812. Lorsque Peter Schermerhorn acheta ce terrain dans les années 1790, c'était encore une parcelle d'eau que la ville lui autorisa à combler. Le lot "prêt-à-remblayer" de Schermerhorn se révéla être une acquisition tout à fait rentable, puisque l'endroit devint rapidement le point de convergence d'une grande partie du commerce maritime new-yorkais. Des billets donnant accès à de nombreuses attractions de Seaport sont en vente au **Seaport Museum Visitor's Center** (748-8659). (D'avril à septembre, ouvert du lundi au mercredi et du vendredi au dimanche de 10h à 18h, le jeudi de 10h à 20h, d'octobre à mars le lundi et le mercredi au dimanche de 10h à 18h, le mardi de 10h à 17h.) Les billets peuvent aussi être obtenus à la boutique du musée ou sur le Pier (jetée) 16 (voir plus loin).

En venant de Schermerhorn Row, toujours sur Fulton St. mais sur le trottoir d'en face, le **Fulton Market Building** est un des principaux centres d'intérêt du port. Actuellement en cours de rénovation, on y trouve encore un restaurant et quelques magasins au rez-de-chaussée mais l'essentiel des activités s'est déplacé vers le Pier 17. Au bout de Fulton St., vous vous retrouvez soudain face à la rivière, et si vous ne la voyez pas, les odeurs de poisson qui envahissent vos narines sont là pour vous prévenir. Ces parfums viennent du **Fulton Fish Market**, le plus grand marché de poissons frais du pays, sous le pont, à gauche dans South St. La ville a longtemps essayé de le déloger mais, en dépit de tous ses efforts, le marché tient bon depuis 160 ans et ouvre toujours ses portes au public à 4h du matin. Les magasins et les restaurants de New York s'approvisionnent ici en poissons depuis la période coloniale hollandaise. Un récent incendie a causé des milliers de dollars de dégâts. Le maire de New York, Ruddy Giuliani, a essayé d'en profiter pour éliminer l'influence des gangs qui, paraît-il, contrôlent les activités du marché. Celui-ci fonctionne pratiquement 24h/24. Ceux que la vue de ces écailles frétillantes n'écœure point seront peut-être intéressés par la visite des coulisses du Fulton Fish Market, organisée de temps à autre le jeudi matin entre juin et octobre (voir Circuits touristiques, p. 165). Prenez garde de ne pas offenser les mafiosi locaux, si vous ne voulez pas terminer votre nuit au milieu des sardines.

Le **Pier 17 Pavilion** se trouve sur la gauche en sortant de Fulton St., en face du Fulton Market Building, de l'autre côté de l'autopont. Il est précédé du **Pier 16 Ticketbooth** (guichet de vente des billets pour le Pier 16) juste en face. A droite, vous apercevez les vieux gréements. Le pavillon du *Pier 17* s'avance dans l'East River sur 3 niveaux de verre et d'acier, remplis de boutiques, de restaurants et de bars. Laissez gambader votre imagination en vous promenant sur le pont ou, allongé sur un transat, profitez des vues magnifiques sur le pont de Brooklyn et sur la baie de New York. Au dernier étage, un ensemble de fast-foods propose une cuisine "multiethnique". (Bureau d'information de l'ensemble 732-7678.)

Le kiosque du Pier 16 est le guichet principal pour acheter les billets pour le port (ouvert de 10h à 19h, jusqu'à 20h les week-ends, en été). Vous pouvez aussi y acheter des tickets pour les croisières et les visites en bateau dans la baie et autour de Manhattan. La compagnie Seaport Line propose des promenades en bateau de 1h dans la journée, et de 2h le soir avec des musiciens à bord. Les prix oscillent entre 12 $ et 22 $ (voir Circuits touristiques, p. 165).

Un ticket d'entrée pour la journée, vendu aussi bien par les guichets du Pier 16 que par l'office de tourisme du musée, sert de laissez-passer pour un grand nombre de petites galeries, de visites de bateaux et de circuits organisés. Il donne accès à la **Melville Gallery** (213 Water St.), qui accueille des expositions temporaires, à la **Whitman Gallery** (209 Water St.), où l'on peut voir des maquettes de paquebots, au **Children's Center** (165 John St.), avec des ateliers d'artisanat pour les enfants, et aux **Norway Galleries** (171 John St.), où l'histoire des marins new-yorkais vous est racontée. Enfin, le même ticket permet de visiter les vieux navires qui sont amarrés aux Piers 16 et 15 : l'*Ambrose*, le *Wavertree* et le *Peking* (voir plus loin). Le circuit Hard Tack and Hard Times Ship Tour retrace les hauts faits de l'*Ambrose* et du *Peking* (départ tous les jours à 14h). Si vous vous intéressez à la restauration navale, embarquez-vous pour le Ships Restoration Tour (départ tous les jours à 13h). Une messagerie vocale vous donne toutes les informations sur les musées au 748-8600. (Entrée 6 $, étudiants 4 $, personnes âgées 5 $, enfants de 4 à 12 ans 3 $). Enfin, il est possible de prendre un ticket combiné qui donne accès à la fois à une croisière et aux musées.

Amarré au Pier 16, le **Peking** est le deuxième plus grand voilier jamais construit. Réalisé en 1911 par une compagnie basée à Hambourg en Allemagne, ce navire parcourait la "route du nitrate". Cette route, entre le Chili et les Etats-Unis, franchit le cap Horn, une des passes les plus difficiles du monde. Des bateaux comme le *Peking* représentent l'aboutissement de 2 000 ans de navigation à voile. Pour en savoir un peu plus sur ce riche passé, consacrez 15 mn au film, réalisé en 1929, qui montre le navire en train de franchir le cap Horn (il est projeté tous les jours entre 10h et 18h). A bord, les quartiers et les cabines ont été restaurés et une exposition de photos fait le récit de la vie des marins. Si votre humeur est au travail manuel, vous pouvez aider l'équipage à hisser l'une des 32 voiles du vaisseau (à 15h30 du mercredi au dimanche), après la visite de 30 mn qui débute à 14h. N'oubliez pas de prendre un programme à l'office de tourisme. L'entrée est accessible avec un ticket du musée ou en faisant un don (suggéré) de 3 $ de 10h à 18h.

Plusieurs autres bateaux sont constamment amarrés le long des quais. Le *Wavertree* est un trois-mâts avec une coque en acier, construit en Angleterre en 1885. Le bateau rouge vif s'appelle l'*Ambrose*, c'était le premier phare flottant qui aidait les grands paquebots du début du siècle à se diriger dans le canal Ambrose. Des croisières de 2h ou de 3h sont organisées sur le voilier *Pioneer*, au cours desquelles vous suivez les manœuvres de l'équipage (voir Circuits touristiques, p. 165).

Pendant l'été, de nombreux concerts et spectacles en plein air sont programmés dans le port, sur la scène de l'Ambrose Stage. La Twilight Dance Series accueille de célèbres compagnies de danseurs telles que Paul Taylor II et le Dance Theater of Harlem School Ensemble. Récemment, on a pu aussi y assister à des matchs de Street Hockey (hockey de rue) et à une "nuit du gospel". Un marché artisanal est régulièrement présent (renseignements au 732-7678).

■ Liberty Island : la Statue de la Liberté

Envoyez-moi vos pauvres et vos êtres fatigués,
Multitude blottie en quête de liberté,
Les malheureux rebuts de vos terres surpeuplées
Sans abri, ballottés par toutes les tempêtes
Et je dresserai ma lampe au-dessus de leurs têtes !

Emma Lazarus (poème inscrit sur la Statue de la Liberté)

Même si vous êtes allergique aux endroits hypertouristiques, même si les grandes heures de l'amitié franco-américaine ne font pas vibrer votre corde patriotique, même si vous êtes claustrophobe ou libertophobe, offrez-vous à New York le luxe d'un compromis. Et si la visite de la Statue de la Liberté ne bouleverse pas vos convictions, au moins partirez-vous en connaissance de cause. D'ailleurs, si vous n'allez pas à elle, Miss Liberty saura venir à vous car vous la chercherez des yeux, au détour d'un block, au bout de la perspective d'une avenue ou du sommet d'un gratte-ciel. Elle paraît alors si seule, si fragile, presque attendrissante sur son îlot en plein milieu de la baie de New York. Du hublot de l'avion, vous avez sûrement sondé la baie à la recherche de Liberty Island, comme des millions d'immigrants avant vous scrutaient la côte pendant des heures avant d'être salués par le flambeau de la Liberté, au moment précis où le paquebot pénétrait dans la rade de New York. Chef-d'œuvre prémonitoire et merveilleux de la mise en scène ou symbole annonciateur d'une société de l'image, toujours est-il que la Statue de la Liberté est aujourd'hui indissociable de New York. Comme Londres a son pont, Paris sa tour Eiffel ou Moscou sa place Rouge, la Liberté est, avec l'Empire State Building (et plus récemment les Twin Towers), la référence incontournable liée à New York. Symbole du rêve originel et fédérateur, Lady Liberty est profondément enracinée au cœur de l'identité et de la conscience des Américains et, pour beaucoup d'entre eux, visiter New York est l'occasion d'un pèlerinage identitaire (avec la visite d'Ellis Island) où l'on confronte l'imaginaire avec la réalité d'un lieu mythique. La statue a d'ailleurs très souvent joué un rôle dans d'innombrables émissions télévisées, romans et films (*New York 1997, Working Girl, Splash, la Planète des singes* ou *Remo Williams* pour n'en citer que quelques-uns). Voir de près cet étonnant colosse des temps modernes donne de toute façon l'occasion de méditer sur cette pierre angulaire du mythe américain.

La Statue de la Liberté est en fait un produit *made in France*. Elle est née en 1865 de l'idée d'un homme politique français, Edouard de Laboulaye, amoureux de la conception libérale et américaine de la démocratie, bien différente de celle de Napoléon III qui gouvernait alors la France. Il proposa à un sculpteur de ses amis, Frédéric Auguste Bartholdi, de concevoir un monument qui serait offert aux Etats-Unis, commémorant l'amitié des deux peuples français et américain. Le sculpteur, qui n'avait pu faire aboutir un précédent projet de phare monumental à l'embouchure du futur canal de Suez, accepta avec enthousiasme. Les aléas de l'histoire de France ralentirent la mise en place du projet, mais Bartholdi s'embarqua finalement pour New York en 1871, où il dira avoir été immédiatement inspiré. Le monument aurait pour thème la liberté (comme le rappellent les chaînes brisées aux pieds de la statue) et serait placé dans cette baie pour accueillir et éclairer tous ceux qui franchiraient cette porte du Nouveau Monde. *Liberty enlightening the world* (La Liberté éclairant le monde) allait naître de cette inspiration.

Bartholdi avait compris l'importance des dimensions aux Etats-Unis. Il écrivit à sa mère que tout y était plus grand, "même les petits pois". Par ailleurs, tout en conservant une approche classique et philosophique de la statue qu'il voulait représenter, Bartholdi souhaitait y reprendre la symbolique féminine de la Liberté, celle qui avait soutenu les débuts de la Révolution française et les insurrections de 1848 (comme la représente Delacroix dans *la Liberté guidant le peuple*).

L'œuvre qui résulta de ce projet fut une femme de 45 m de haut (90 m avec le piédestal) vêtue d'une toge et brandissant un flambeau (Bartholdi prit le visage de sa mère pour modèle). Le sculpteur voulait que les symboles de la statue représentent les idéaux d'un républicanisme rationnel : les sept pointes de la couronne correspondent aux sept mers et aux sept continents, la toge évoque l'antique république de Rome, la tablette qu'elle tient dans la main gauche est la clé de voûte de la liberté et porte l'inscription "4 juillet 1776". De façon plus obscure, chaque ouverture de la visière se réfère aux "minéraux naturels" de la terre. Enfin, la torche brûle, symbolisant l'idéal maçonnique : la Lumière.

De retour en France, Bartholdi se mit immédiatement au travail. Un comité privé franco-américain fut chargé de réunir les fonds nécessaires. Mais cela s'avéra beaucoup plus difficile que prévu, à la fois en France, où le comité était pris en charge par le prestigieux Ferdinand de Lesseps (celui du canal de Suez), et aux Etats-Unis, où l'architecte Richard Morris Hunt dut attendre le printemps 1886 pour entamer la construction de son piédestal monumental. C'est au journaliste d'origine hongroise Joseph Pulitzer, qui avait réalisé le rêve américain en bâtissant un empire dans le monde de l'édition, que l'on doit la collecte de l'argent nécessaire à la réalisation du piédestal. Il avait fait appel à la générosité des New-Yorkais en lançant une magistrale campagne de presse pour sensibiliser une opinion publique très éloignée de ses préoccupations de visionnaire. Opération couronnée de succès puisqu'il réussissait à combler le déficit en quelques mois. Des gens de tous âges et de toutes les conditions lui avaient répondu en accompagnant parfois leurs dons de quelques mots émouvants : "Nous vous envoyons 1 $: cette somme représente tout ce que nous avions économisé pour aller au cirque." Une fois le piédestal construit, la touche finale fut apportée par la poétesse Emma Lazarus, dont les mots de bienvenue, désormais célèbres, furent inscrits en 1883. Le destin de l'Amérique était désormais gravé dans la pierre : une terre d'accueil pour les déshérités et une nation de pionniers.

Au même moment à Paris, Bartholdi terminait son œuvre monumentale qui dominera pendant quelque temps les toits de la capitale avant d'être démontée pièce par pièce puis embarquée sur la frégate *Isère* aux frais de l'Etat français. Ce déménagement se fit au grand désespoir des Parisiens qui devront se contenter d'une réplique de la statue, rachetée et offerte par la communauté américaine vivant à Paris, à l'occasion de l'Exposition universelle de 1889. La Statue de la Liberté fut officiellement inaugurée en 1886. Les femmes furent tenues à l'écart des cérémonies, mais un groupe de suffragettes déterminées affréta un bateau jusqu'à la statue, interrompant les orateurs en soulignant l'ironie d'une incarnation féminine de la Liberté dans un pays où les femmes n'avaient pas le droit de vote. En 1965, un événement plus violent menaça Liberty Island : quatre terroristes tentèrent de faire sauter la tête et le flambeau du monument.

Le placage en cuivre de Lady Liberty (épais de 2,5 mm) a pris une patine verdâtre au fil du temps, comme une sorte de protection contre les éléments et la pollution. A l'approche de son premier siècle, le plus célèbre des monuments de l'iconographie américaine nécessita un petit lifting. Le ravalement, dirigé par Lee Iacocca, président de Chrysler, commença en 1984. Des équipes françaises et canadiennes participèrent aux travaux : on fit appel à des artisans champenois pour la restauration de l'enveloppe formée de plaques de cuivre et des ingénieurs canadiens et français travaillèrent sur les armatures du bras et de la tête. La structure intérieure de la statue (conçue et réalisée par Gustave Eiffel) fut considérablement améliorée. Le filet métallique qui bordait les escaliers fut notamment supprimé, permettant ainsi aux visiteurs de contempler la perspective centrale pendant leur ascension. Le seul changement extérieur visible consista à dorer la flamme, auparavant en verre et en cuivre, tel que l'avait souhaité Bartholdi initialement. Enveloppée d'échafaudages pendant deux ans, la nouvelle Lady Liberty fut enfin dévoilée le 4 juillet 1986, à l'occasion de son centenaire. L'événement donna lieu à de gigantesques festivités, culminant avec des imitations d'Elvis, la présence de 25 000 bateaux dans le port, d'une foule estimée à 1 520 000 personnes massée à la pointe de Manhattan pour apercevoir la jeune centenaire et le tir de 40 000 feux d'artifice.

La statue attire des foules considérables, particulièrement en été. L'attente dans la queue, à cette période de l'année, peut durer 3h. L'hiver est la meilleure saison pour visiter le monument, car, au printemps et à l'automne, le site est pris d'assaut par des hordes hurlantes d'écoliers. Si vous visitez le monument en été, il est préférable de prendre le premier ou le deuxième ferry. Plus il fait beau, plus la file s'allonge (et plus les insolations sont nombreuses). Partez donc accompagné, de préférence avec quelqu'un dont vous appréciez la conversation. L'ascension de l'interminable escalier en colimaçon peut être fatigante. Enfin, la nourriture vendue sur l'île est mise à prix selon le dogme de l'offre et de la demande. Application : la demande surpasse une offre réduite et quasi monopolistique, donc... il est recommandé d'avoir mangé avant.

L'excursion estivale idéale commence avec le ferry qui dessert Liberty Island à 9h et se poursuit quelques heures plus tard dans le confort climatisé d'Ellis Island vers 12h. Les ferries font la boucle Battery Park-Liberty-Ellis. Le billet coûte le même prix, que vous visitiez une île ou les deux. La promenade en mer est un long travelling photographique ; elle offre des vues magnifiques de Lower Manhattan, du Brooklyn Bridge, et de Miss Liberty dont le bateau fait pratiquement le tour. Le ferry, ne transportant exclusivement que des touristes, penche spectaculairement vers l'île pour que les photographes puissent obtenir un cliché sur lequel n'apparaît aucun élément du bateau.

Une fois sur l'île, c'est à qui se dirigera le plus rapidement vers l'entrée, située derrière la statue. (Sans provoquer une émeute pour autant, gardez à l'esprit que chaque personne doublée représente autant de temps gagné dans la queue.) Une fois passé Fort Wood, qui faisait partie du système de défense du port new-yorkais pendant la guerre de 1812, prenez la file de gauche si vous désirez vous rendre au sommet de la statue (dans la couronne). Toute l'ascension se fait à pied (l'équivalent de 21 étages). Il n'y a, à vrai dire, que deux bonnes raisons de vouloir atteindre la couronne : (1) comme pour l'Everest, simplement parce qu'elle existe, (2) pour entrevoir le système de soutènement élaboré par Gustave Eiffel (avant sa tour) et qui s'apparente à un filet. Mais vous êtes prévenu, le panorama est extrêmement décevant. Les petites fenêtres ressemblent à des hublots et ne donnent pas sur Manhattan mais sur les chantiers navals de Brooklyn.

De retour au niveau de la mer, vous pouvez entamer la seconde file d'attente sur la droite, habituellement plus rapide, qui donne accès à l'ascenseur conduisant aux plates-formes d'observation situées au-dessus du piédestal. D'ici, la vue sur New York, Ellis Island et l'imposante statue est beaucoup plus facile à apprécier. Une exposition sur l'histoire de Lady Liberty (de sa création à sa restauration) est aménagée au 1er étage, au-dessus des portes d'entrée. Elle comprend un moulage du visage de la statue, de la dimension de la sculpture actuelle, ainsi que des représentations et des variations exécutées par plusieurs artistes. Au deuxième étage se trouve une petite rétrospective sur l'immigration, un avant-goût d'Ellis Island.

Les rangers sont là pour répondre à toutes les questions, aussi longtemps qu'il ne s'agit pas d'une ruse pour doubler quelques compagnons d'infortune dans la file d'attente. Les visites guidées extérieures effectuées par les rangers débutent à "moins le quart" toutes les heures, tous les jours de 10h45 à 15h45.

VISITES

S'il vous reste un peu de temps avant le départ du prochain ferry, le parc est à votre disposition pour une promenade méditative. Les petites sculptures représentent les personnages importants de l'histoire de Liberty. Si vous préférez le "shopping", vous trouverez dans les boutiques de souvenirs un choix impressionnant d'objets indispensables, comme des couronnes de la Liberté en mousse (2 $), des montres avec l'hologramme de la statue (70 $) ou encore des gommes à l'effigie de la Lady (50 ¢). Il y a aussi une cafétéria où les noms de plats, déclinés en langue étrangère, s'efforcent d'être appétissants (poisson pané/frites 4 $).

Les billets pour le ferry qui dessert Liberty Island et Ellis Island sont en vente à Castle Clinton, à l'angle sud-ouest de Battery Park, juste à la sortie de la station de métro Bowling Green (lignes n° 4 et 5) ou bien au South Ferry terminal, de l'autre côté du parc (accès en métro par les lignes n° 1 et 9, voir Lower Manhattan, p. 171). Deux ferries desservent Ellis Island et Liberty Island. L'un relie Battery Park à Liberty Island puis Ellis Island, l'autre embarque ses passagers à Liberty State Park puis dessert Jersey City (New Jersey) et enfin Ellis et Liberty Islands. Les départs ont lieu toutes les 30 mn de 9h15 à 15h30 en semaine, jusqu'à 16h30 les week-ends et les jours fériés. (Pour plus d'informations, composez le 269-5755. Billet 7 $, personnes âgées 5 $, enfants de 2 à 17 ans 3 $, gratuit pour les enfants en dessous de 2 ans.)

■ Ellis Island

Alors que la Statue de la Liberté incarne le rêve américain, Ellis Island, à quelques encablures, est là pour rappeler la dure réalité vécue par les immigrants à leur arrivée sur la terre promise. L'île a rouvert ses portes aux visiteurs en 1990, au terme de travaux de plusieurs centaines de millions de dollars. Pendant les trois décennies où elle fut la plus active (1890-1920), Ellis Island vit transiter environ 15 millions d'immigrants. En plus d'une nouvelle patrie, beaucoup d'entre eux y gagnèrent aussi un nouveau patronyme.

Durant la Seconde Guerre mondiale, Ellis Island servit de centre de détention pour les ennemis des Etats-Unis. Puis au début des années 50, sous l'impulsion du sénateur Joseph McCarthy, elle fut utilisée pour passer au crible les convictions politiques des touristes étrangers (c'est l'époque de la guerre froide et l'Amérique vit alors une véritable paranoïa anticommuniste). En 1965, Ellis Island devint un monument national et, cinq ans après, un groupe d'activistes amérindiens tenta d'occuper l'île pour rappeler au public que les immigrants européens avaient décimé la population autochtone du pays.

L'ancien bureau fédéral de l'Immigration est aujourd'hui le musée de l'immigration en Amérique. On y découvre l'histoire d'Ellis et aussi celle du peuplement des Etats-Unis depuis ses débuts. Le rez-de-chaussée servait d'entrepôt à bagages à l'époque où Ellis Island accueillait les immigrants. Aujourd'hui, il a fait place à des études statistiques, aux panneaux très colorés, sur la remarquable diversité ethnique américaine, qui n'a d'équivalent que celle des visiteurs d'Ellis Island. Si certains membres de votre famille sont passés par là, vous pouvez consulter les registres des services de l'immigration à l'aide des ordinateurs.

La partie la plus intéressante du musée se trouve au premier étage (*second floor*). L'exposition qui met en scène l'histoire d'Ellis Island en dit long sur les moyens mis en œuvre par la bureaucratie moderne pour contrôler les frontières. La rétrospective intitulée *Through America's Gate* (franchir les portes de l'Amérique) décrit en détail les batteries de tests physiques et psychologiques, les examens de santé, les vérifications financières et judiciaires, et les éventuelles auditions et détentions subies par les nouveaux arrivants. Chaque étape est illustrée par des documents photographiques et par une bande sonore constituée d'enregistrements de témoignages vécus. Au même étage avait lieu la sélection des immigrants (les officiers d'immigration accordaient ou refusaient les visas d'entrée en Amérique), dans l'imposante Registry Room (bureau des registres), connue aussi sous le nom de "Great Hall" (grand hall). De grandes baies vitrées inondent la pièce de lumière et rendent l'endroit idéal pour une pause et pour la suite de votre méditation entamée sur l'île de la Liberté.

De l'autre côté du grand hall, l'exposition *Peak Immigration Years* (l'apogée de l'immigration) raconte les histoires qui ont fait cette Histoire : la vie dans différents quartiers aux Etats-Unis au moment des afflux massifs d'immigrants, avec son lot de pauvreté, de racisme, mais aussi le sens de la communauté et de la famille. Un mur entier est recouvert de dessins politiques sur l'immigration (dont la plupart sont politiquement très incorrects) et un ordinateur vous permet de savoir si vous pourriez être un bon citoyen américain.

Au deuxième étage (*third floor*) plusieurs expositions méritent votre attention : *Treasures from Home*, une collection d'objets et de vêtements, et *Becoming American Women*, qui évoque les ajustements culturels vécus par les immigrantes pour devenir américaines. Dans les couloirs, vous remarquez sur les sculptures et les grandes photos en noir et blanc la mine sinistre des nouveaux arrivants. Le dernier étage est réservé aux bureaux et à une vaste bibliothèque accessible aux chercheurs (à condition de déposer une demande préalable).

Le film *Island of Hope, Island of Tears* (l'île de l'espoir et des larmes) est très pratique pour ceux qui ne tiennent pas à lire chaque document dans le moindre détail ni à s'arrêter à chaque écouteur pour entendre chaque récit émouvant. Il est diffusé dans deux salles de projection. (Les horaires sont décalés : dans la première salle, il est projeté à 10h35, puis toutes les 45 mn jusqu'à 15h50, dans la seconde, il est précédé d'une introduction de 15 mn environ faite par un guide. Première projection à 11h10, puis toutes les heures jusqu'à 16h10.) La séance est gratuite, les billets sont distribués avant la projection au bureau d'information situé près de l'entrée. Le premier arrivé est le premier servi. Vous pouvez également choisir la visite guidée enregistrée sur cassette audio (hélas ! un peu bâclée). Les écouteurs sont en location à l'entrée (3,50 $, personnes âgées et étudiants 3 $, enfants de moins de 17 ans 2,50 $). Les panneaux explicatifs restent finalement les meilleurs guides pour apprécier la visite d'Ellis Island. Le restaurant est meilleur que celui de Liberty Island, mais les prix sont identiques (poisson pané/frites 4 $). Des visites guidées de l'île ont lieu quotidiennement à 11h et à 14h.

Pour savoir comment aller à Ellis Island, reportez-vous à la fin du paragraphe sur Liberty Island, page ci-contre.

■ Lower East Side

A la fois branché et décrépit, le quartier de Lower East Side s'étend en deçà de Houston Street, entre la Bowery et l'East River. Les anciens New-Yorkais se souviennent de l'époque où l'El (le métro aérien) de la 2nd Ave. commençait à la centrale électrique, au niveau de l'intersection entre Allen St. et Pike St. Les immigrants y côtoyaient les dealers d'héroïne. Un afflux important de Juifs a accru la population du Lower East Side entre 1850 et 1950. Deux millions d'entre eux, fuyant les pogroms sanglants du tsar, sont arrivés en Amérique durant les deux décennies qui ont précédé la Première Guerre mondiale. Le Lower East Side est toujours habité par des immigrants, aujourd'hui majoritairement asiatiques ou sud-américains. Chinatown s'est ainsi agrandie au-delà de Bowery et le long d'East Broadway, une des artères principales du quartier. Plus récemment, de nombreux artistes et musiciens se sont installés dans Lower East Side, notamment dans East Village (principalement autour de Houston St.). A l'époque de l'héroïne "chic", Lower East Side conserve le triste privilège d'être la capitale de l'*Angel Dust* à New York City.

Les multiples changements de population (on a souvent utilisé la comparaison avec l'oignon et ses multiples enveloppes) ont laissé de nombreuses traces, notamment celles du ghetto juif qui a inspiré l'œuvre de Jacob Riis, *How the Other Half Lives* (comment vit l'autre moitié de la population). La plus ancienne synagogue de New York, la **congrégation Anshe Chesed**, est un bâtiment de couleur rouge situé au 172-176 Norfolk St. (529-7194), au débouché de Stanton St. L'édifice, de style "Gothic Revival", fut construit en 1849 et pouvait accueillir 1 500 fidèles. Il abrite aujourd'hui une petite galerie d'art. Plus bas, au 60 Norfolk St., entre Grand

St. et Broome St., la **Beth Hamedrash Hagadol Synagogue** (674-3330) est le lieu de culte le mieux conservé de Lower East Side. La communauté juive ashkénaze orthodoxe a acheté cette ancienne église baptiste en 1885 et en est toujours propriétaire aujourd'hui. Cette communauté orthodoxe est la plus ancienne de New York à avoir toujours prié au même endroit. De Grand St., en descendant Essex St., on aboutit, trois blocks plus loin, à **East Broadway**. Cette rue reflète à quel point le Lower East Side est le résultat d'un important brassage culturel. Des centres de prières bouddhistes côtoient des magasins d'articles religieux juifs (le plus souvent fermés), et le siège de plusieurs associations juives. En traversant la rue à la hauteur de Seward Park, vous vous retrouvez face au **Forward Building**, 175 East Broadway, qui trône parmi une série d'immeubles autrefois connue sous le nom de *Publishers Row* (l'allée des éditeurs). Aujourd'hui occupé par une église chinoise, cet endroit a longtemps été le siège du quotidien juif auquel il doit son nom (en yiddish, *Foreverts*). Il fut, au début du siècle, le bastion intellectuel de la culture yiddish. La parution du *Foreverts* est désormais hebdomadaire et les bureaux du journal ont été déplacés vers le centre de la ville. Près d'East Broadway, au 15 Pike St., la **congrégation Sons of Israel Kalvarie** est une ancienne synagogue de quartier. Des graffitis recouvrent aujourd'hui ce lieu qui fut autrefois un grand temple et dont la congrégation n'existe plus. Au 12 Eldridge St., près de Canal St., l'**Eldridge St. Synagogue** (219-0903) fait l'objet de très gros travaux. Une fois restaurée, la synagogue servira à la fois de lieu de culte et de musée. Il est possible de la visiter en prévenant à l'avance (ouvert le dimanche et du mardi au jeudi de 12h à 16h, entrée 4 $, enfants, étudiants et personnes âgées 2 $).

Autour d'Orchard St. et de Delancey St., les rues commerçantes offrent la possibilité de faire quelques très bonnes affaires. Le dimanche, vous pouvez profiter de la chaude ambiance d'Orchard St., qui se remplit de vendeurs interpellant avec conviction les clients potentiels. La visite de la **Schapiro's House of Kosher Wines**, au 126 Rivington St. (674-4404), peut se faire dans la foulée ; il s'agit du dernier établissement vinicole encore en activité de New York. Il acquit sa réputation en donnant à chaque famille d'immigrants une bouteille de vin avec le slogan *"A bottle of the wine you can cut with a knife"*, donc plus besoin de tire-bouchon. (Visites guidées le dimanche de 11h à 16h. Ouvert tous les jours pour des pauses-dégustations.) Au 97 Orchard St., entre Broome St. et Delancey St., attardez-vous près du **Lower East Side Tenement Museum** (431-0233), un "authentique taudis" restauré, du type de ceux dont le quartier débordait au début du siècle. Les billets qui donnent accès au diaporama, à la présentation vidéo et à la visite guidée sont en vente au 90 Orchard St., à l'angle de Broome St. (Entrée 7 $, étudiants et personnes âgées 6 $. Début de la visite guidée à 13h, à 14h et à 15h du mardi au vendredi et toutes les 45 mn le week-end entre 11h et 16h45.) Le petit musée situé au 90 Orchard St. expose des objets et des photographies qui décrivent la vie des Juifs dans Lower East Side (ouvert du mardi au dimanche de 11h à 17h, entrée gratuite). Des visites historiques permettent de découvrir le quartier à pied. Le départ a lieu devant le 90 Orchard St. à 13h30 le samedi et le dimanche. (7 $, étudiants et personnes âgées 6 $. Tickets combinés pour le circuit et le musée 12 $, étudiants et personnes âgées 10 $.)

■ Little Italy et Chinatown

Quel que soit votre goût pour les charmes des villes italiennes, vous ne pouvez manquer de sentir comme un parfum méditerranéen du côté de Canal St. **Little Italy** (la Petite Italie) apporte aux New-Yorkais toutes les saveurs du Vieux Monde et aux cinéphiles quelques chefs-d'œuvre du 7e art. En 1973, Robert de Niro règne déjà sur les *Mean Streets*, les rues chaudes (Martin Scorsese lui confie alors son premier grand rôle). Il y revient un an plus tard aux côtés d'Al Pacino dans *le Parrain II* de Francis Ford Coppola (il reste encore quelques pans du décor). Malheureusement, depuis quelques années, les limites du quartier de Little Italy se sont de plus

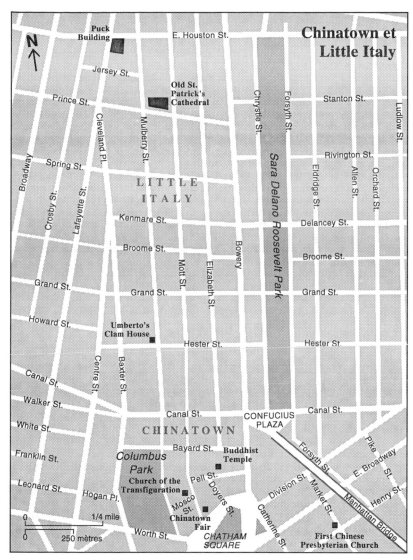

Chinatown et Little Italy

en plus resserrées, disparaissant presque devant l'expansion agressive de Chinatown. Mulberry Street est le principal noyau de résistance. Mais vous n'avez pas à aller bien loin pour voir réapparaître les enseignes des magasins asiatiques. De nos jours, beaucoup de jeunes Italiens ont préféré s'en aller et des quartiers italiens plus authentiques (parce que moins touristiques) fleurissent désormais à Bensonhurt (à Brooklyn) ou à Belmont (dans le Bronx). L'ancienne Little Italy a malgré tout conservé son ambiance d'antan entre Broome St. et Canal St., sur Mulberry St.

Pour le reste, reconnaissons que le charme de Little Italy tient moins à ses monuments qu'à ses saveurs. La plupart des restaurants du secteur affichent des prix raisonnables, mais certains sont affreusement chers : un repas complet peut facilement coûter jusqu'à 60 ou 70 $ avec le vin. On arrive à des prix raisonnables en choisissant de copieuses entrées (*antipasti* sur les menus authentiques) ou en fabriquant soi-même son casse-croûte dans l'une des nombreuses épiceries du coin (voir Restaurants et bars, Little Italy, p. 138).

Bien que son nom n'évoque guère l'Italie, **Mulberry Street** reste le cœur du quartier. Le célèbre Crazy Joey Gallo fut assassiné dans le restaurant **Umberto's Clam House**, situé au 129 Mulberry St., à l'angle de Hester St., alors qu'il célébrait son anniversaire. Il aurait offensé une "famille" rivale. Par ailleurs, il ne peut y avoir de faubourg italien sans une imposante église catholique : **St. Patrick's Old Cathedral**, achevée en 1815, se dresse au 264 Mulberry St., à la hauteur de Prince St. Ce quartier, plus connu sous le nom d'East SoHo, a vu récemment fleurir des cafés, des galeries et des bars branchés. La cathédrale fut l'une des premières paroisses américaines de style "Gothic Revival", mais sa façade fut endommagée par un incendie en 1866. Des mariages et des baptêmes y sont encore célébrés (visites sur rendez-vous seulement, 226-8075).

L'ancienne caserne des pompiers **Engine Co. 55** a récemment été rénovée. Elle date de 1898 et se situe au 363 Broome St., entre Mott St. et Elizabeth St. A noter aussi, pour les *aficionados* des bâtiments historiques affectés à la protection civile, le **Former Police Headquarters** (l'ancien quartier général de la police municipale), qui se dresse, massif et élégant, à l'angle de Broome St. et de Centre St. Malheureusement, vous ne pouvez visiter cet énorme édifice néoclassique coiffé d'un dôme car c'est une résidence privée depuis 1909. Vous pouvez cependant aller jeter un coup d'œil dans le hall d'entrée.

Au nord de Little Italy, à l'angle de Lafayette St. et d'E. Houston St., le **Puck Building** (immeuble du lutin) a longtemps abrité les locaux de l'hebdomadaire humoristique *Spy*. C'est un très bel édifice en brique rouge qui date de 1899. Il abritait à l'origine le magazine *Puck*, prédécesseur de *Spy*. Un joli lutin doré plein de malice est gravé en souvenir au-dessus de la porte d'entrée située dans Lafayette St.

Canal St. est une rue très commerçante qui délimite la frontière sud de Little Italy et qui marque l'entrée du quartier chinois. Il suffit de traverser Canal St. pour que les *caffè* et les *gelaterie* laissent place à des cabines téléphoniques en forme de pagode, à des boutiques de thé et à la grande diversité de la cuisine asiatique.

Le **Chinatown** new-yorkais compte sept journaux chinois, plus de 300 fabriques de vêtements et d'innombrables épiceries. Après San Francisco, la plus grande communauté asiatique des Etats-Unis (environ 300 000 résidents) habite à New York. Vaguement délimité par Worth St. au sud, Canal St. au nord, Broadway à l'ouest et Bowery à l'est, Chinatown s'étend chaque année un peu plus loin dans les rues avoisinantes, surtout en direction de Little Italy.

Mott St. et Pell St., centres officiels de Chinatown, sont en perpétuelle effervescence et vous êtes ici au cœur des activités commerciales du quartier. Ces rues sont ponctuées d'échoppes et de restaurants aux couleurs vives, avec des étagères de ginseng séché ou des seaux remplis de bébés tortues aux carapaces étincelantes comme du jade. Dans les nombreux magasins *discount*, les imitations et les sous-marques abondent. Le fait qu'un Walkman porte la marque Sony ne veut pas dire pour autant qu'il ait été fabriqué au Japon. Des rangées de boutiques de souvenirs bordent également les trottoirs, proposant bouddhas miniatures, épées exotiques, boules de massage pour soulager le stress et sabots en forme de dragon. Au moment du nouvel an chinois (fin janvier ou début février), la frénésie du quartier atteint son paroxysme. Prudence autour du 4 juillet (fête de l'Indépendance) : la plupart des feux d'artifice qui sont vendus sont illégaux et les audacieuses techniques de vente de leurs colporteurs peuvent s'avérer convaincantes.

La **Ling Liang Church**, 173-175 East Broadway, possède une histoire tout à fait caractéristique de l'évolution et du mélange des populations de ce quartier. On

---

Jeu de basse-cour ?

Lorsque nous affirmons que le poulet de la Chinatown Fair est difficile à battre, nous ne plaisantons pas. Un mauvais perdant, sur le point de succomber au puissant volatile, fit cette remarque : "D'habitude, je ne suis pas si mauvais au morpion, c'est le poulet qui me trouble." Hum ! Faites preuve de moins de suffisance, ou vous pourriez vous aussi tomber de haut.

peut voir sur la façade un Christ postmoderne entouré de bénédictions bibliques sur un lit de caractères chinois rouges. En descendant East Broadway vers le sud-ouest, empruntez Market St. à gauche (vers le sud). La rue débouche, un block plus loin, sur la **First Chinese Presbyterian Church**, 61 Henry St. La première église presbytérienne de la communauté chinoise est un grand bâtiment de pierre sombre construit en 1817. Notez que l'église ne possède pas de flèche. De retour sur East Broadway, continuez vers le sud-ouest, jusqu'à Chatham Square et le **Kimlau War Memorial**. Cette arche en pierre de style chinois a été érigée en souvenir des Sino-Américains morts sous le drapeau de l'armée américaine pour la "liberté et la démocratie", selon les termes gravés sur la sculpture. Juste au nord, à l'angle de Bowery St. et de Division St. sur la Confucius Plaza, une immense statue de Confucius, les mains jointes, ressasse silencieusement quelques aphorismes au milieu des passants et des pigeons. Au sud de Chatham Square, sur St. James Pl., entre James St. et Oliver St., ne manquez pas le **First Shearith Israel Graveyard**. Ce minuscule cimetière appartenait à la première congrégation juive de New York, celle de la synagogue hispano-portugaise Shearith Israel. Certaines tombes datent de 1683.

En retraversant Chatham Square en direction du nord-ouest, rejoignez Chinatown à l'ouest du Bowery. Les érudits trouveront leur bonheur au premier étage de l'**Oriental Enterprises Company** (13 Elizabeth St.), une librairie spécialisée en littérature chinoise qui propose une vaste collection de livres, de cassettes, de CD et de journaux, ainsi qu'un indispensable matériel de calligraphie pour les longues soirées d'hiver (ouvert tous les jours de 10h à 19h). Si vous vous sentez moins inspiré, réfugiez-vous dans les plaisirs spirituels offerts par les décors rouge et or du **Buddhist Temple**, 16 Pell St., au niveau de Mott St. Les plus croyants peuvent s'agenouiller devant une statue de porcelaine et faire des offrandes. Si vous l'êtes moins, tirez une carte chance et allez faire du lèche-vitrine dans la boutique attenante, spécialisée dans les cadeaux utiles et les dons pour entretenir la clientèle. Ensuite, vous pouvez vous laisser tenter sans honte par les glaces aux mille parfums de la **Chinatown Ice Cream Factory** : celles au gingembre, au lychee, et à la papaye sont les meilleures (voir Restaurants et bars, p. 142).

La **Chinatown Fair** (le bazar de Chinatown), 8 Mott St., est une galerie de jeux vidéo et propose essentiellement deux types d'attractions : des jeux d'arcade de la vieille école et un poulet surdoué. Si, à toutes les parties de Kombat, vous vous faites tuer par les rats ou que Galaga et M. Pacman ne vous donnent plus autant d'émotions fortes, allez affronter le génial volatile. Pour 50 ¢, il fera une partie de morpion avec vous. Ne soyez pas trop sûr de vous : rappelez-vous qu'il s'agit de son gagne-pain.

Les ornithologues en herbe (ou les amateurs de curiosités) peuvent pratiquer leur jogging matinal dans le **Sara Delano Roosevelt Park**, à l'ouest de Bowery et à l'angle de Chrystie St. et de Delancey St. Entre 7h et 9h, des vieux Chinois se rassemblent tous les jours à l'aube, du printemps jusqu'à l'automne, pour exposer leurs oiseaux chanteurs aux premiers rayons du soleil. Cette ancienne tradition avait pour but de détourner du vice ceux qui la pratiquaient. Les hommes arrivent en portant les oiseaux dans des cages recouvertes d'un tissu de façon à ce que leurs occupants ne se réveillent pas trop tôt. Après avoir posé les cages sur une petite pelouse au nord du parc, ils les découvrent avec précaution et saluent leurs volatiles. Puis ils font quelques exercices d'assouplissement et bavardent en attendant que les oiseaux se réchauffent au soleil et commencent à chanter. Une fois suffisamment baignés de chaleur et de lumière, ceux-ci s'éveillent en entamant des chants et des mélodies pleins d'allégresse. Même si vous êtes en voiture, vous ne manquerez pas de les entendre, tant le vacarme peut devenir assourdissant.

■ SoHo

Le sentiment de l'artiste Barbara Kruger, "Vous êtes là où vous êtes vu", est largement partagé à SoHo, le quartier situé au sud de Houston St. (prononcez "HOW-stone" et non pas "YOU-stone"), en anglais "**S**outh of **Ho**uston St.". Le quartier est délimité

VISITES

par Canal St. au sud, Broadway à l'est et Sullivan St. à l'ouest. Au fil des ans, SoHo est devenu un style de vie autant qu'un lieu d'habitation. Les artistes qui y résident puisent une partie de leur inspiration et de leur énergie dans l'atmosphère de ses bars, de ses galeries de peinture, de ses boutiques et de ses restaurants. N'oubliez pas de mettre un flash sur votre appareil photo et d'apporter votre carnet d'autographes. C'est l'endroit idéal pour apercevoir des stars.

L'architecture de SoHo, de style "American Industrial" (1860-1890), est caractérisée par ses façades en brique et en fonte (*cast-iron*). Les architectes ont peint le fer de manière à imiter la pierre à chaux et les structures métalliques ont rendu inutiles les murs épais et facilité l'installation de très grandes fenêtres. Au 85 Leonard St., on peut notamment admirer un édifice réalisé en 1861 par James Bogardus, l'inventeur de ce type d'immeubles. D'autres bâtiments très caractéristiques se trouvent sur **Greene St.** Vers 1850, SoHo était le cœur commerçant de New York. Par la suite, les ateliers clandestins et les usines ont été interdits et les bâtiments furent laissés à l'abandon pendant des décennies. En 1962, le conseil municipal traitait SoHo de "dépotoir de New York". Robert Moses, en charge de la politique urbaine de New York, y vit un emplacement intéressant pour la construction d'une voie rapide, la Lower Manhattan Expressway. Les résidents s'opposèrent à ce projet et proposèrent à la place un programme de réhabilitation et de développement du quartier. En 1973, la ville déclara SoHo quartier historique.

La communauté artistique de New York fut alors attirée par les immenses espaces ouverts des immeubles. Les *lofts*, ces vastes appartements constitués d'une seule pièce, firent fureur auprès des artistes. En trois décennies, SoHo se transforma en Mecque des galeries de luxe. Ici, l'art n'est rien s'il n'est pas à vendre. Chaque block a ses propres galeries (elles se comptent par dizaines dans les rues entre Broadway et West Broadway). Pour les visiter, il suffit d'affecter un air légèrement détaché et de croiser ses mains derrière le dos. Les créations intéressantes sont celles qui sont placées dans l'arrière-boutique et, avec un peu de chance, le galeriste vous fera visiter sa réserve. Les galeries organisent régulièrement des vernissages amusants (bien que prétentieux), où il est parfois possible de s'incruster. La plupart d'entre elles sont fermées pendant les chaleurs de juillet-août, et le dimanche et le lundi de septembre à juin (voir Galeries d'art, p. 320).

Quelques vrais musées se nichent au milieu du commerce. L'**Alternative Museum** (966-4444) est perché au 4ᵉ étage de l'immeuble situé au 594 Broadway, un immeuble qui abrite également neuf galeries d'art. De l'autre côté de la rue se trouve le **Museum for African Art**, 593 Broadway (966-1313). Une étonnante variété d'œuvres d'art africain et afro-américain y est exposée. Au 583 Broadway, juste au nord de Prince St., le **New Museum of Contemporary Art** se fait l'écho des tendances artistiques du moment. Au 575 Broadway, le **Guggenheim Museum SoHo** (423-3500), succursale du musée Guggenheim, occupe deux spacieux étages d'un bâtiment du XIXᵉ siècle. On peut y admirer une sélection d'œuvres modernes et contemporaines provenant de la collection permanente du musée principal (voir Musées, p. 311 à 319).

Si vous êtes d'humeur à faire des emplettes, SoHo fera votre bonheur. Les magasins sont innombrables (vêtements, décoration, papeteries artisanales...). On y trouve notamment une multitude de boutiques de stylistes (très) branchées. L'absence d'étiquette sur les vêtements est hélas ! un signe qui ne trompe pas. C'est cher. Il y a néanmoins de bonnes affaires à dégoter dans les friperies et les stands de rues (une foire se tient quotidiennement à l'angle de Wooster St. et de Spring St.). Les offres intéressantes se prolongent sur Broadway avec une grande sélection de vêtements d'occasion. Les adeptes des marchés aux puces iront chiner du côté de l'**Antique Fair and Collectibles Market** (682-2000), à l'angle de Broadway et de Grand St. Ce marché accueille entre 50 et 100 marchands (selon la saison) et se tient toute l'année, les samedi et dimanche, de 9h à 17h.

VISITES

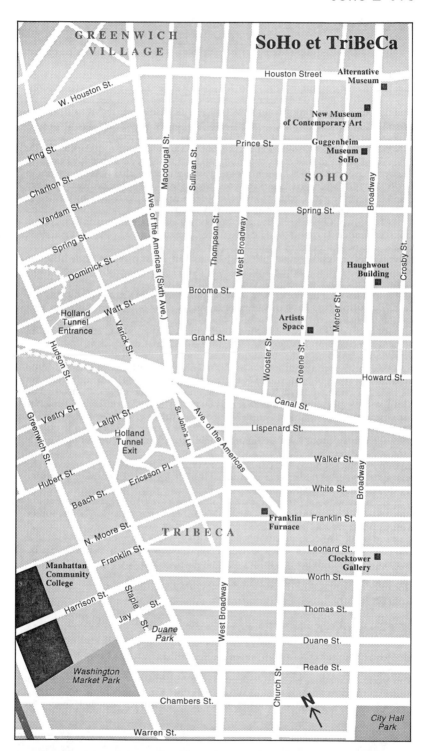

GREENWICH
VILLAGE

SoHo et TriBeCa

Houston Street

Alternative
Museum

New Museum
of Contemporary Art

Prince St.

Guggenheim
Museum
SoHo

S O H O

Spring St.

Haughwout
Building

Broome St.

Artists
Space

Grand St.

Howard St.

Canal St.

Lispenard St.

Walker St.

White St.

Franklin
Furnace

Franklin St.

Leonard St.
Clocktower
Gallery

Worth St.

Thomas St.

Duane St.

Reade St.

Chambers St.

City Hall
Park

Warren St.

W. Houston St.
King St.
Charlton St.
Vandam St.
Spring St.
Dominick St.
Holland
Tunnel
Entrance
Watt St.
Vestry St.
Laight St.
Holland
Tunnel
Exit
Hubert St.
Beach St.
N. Moore St.
Franklin St.
Manhattan
Community
College
Harrison St.
Staple St.
Jay St.
Duane
Park
Washington
Market Park
Greenwich St.
Hudson St.
Varick St.
Macdougal St.
Sullivan St.
Ave. of the Americas (Sixth Ave.)
Thompson St.
West Broadway
Wooster St.
Greene St.
Mercer St.
Broadway
Crosby St.
St. John's La.
Ericsson Pl.
Ave. of the Americas
West Broadway
Church St.
T R I B E C A

N

VISITES

■ TriBeCa

Si vous recherchez d'authentiques artistes fauchés, vous pouvez encore en croiser quelques-uns à TriBeCa ("**TRI**angle **BE**low **CA**nal St.", soit le triangle au-dessous de Canal Street), quartier délimité par Chambers St., Broadway, Canal St. et le West Side Highway. Contrairement à SoHo, les graffitis de TriBeCa sont de vrais graffitis et non l'œuvre subtile d'un artiste qui, au travers d'une création aux apparences de graffiti, cherche à vous confronter à vos préjugés inconscients... TriBeCa ne possède peut-être pas le lustre de SoHo, mais la cohabitation haute couture/squatters y est plus excitante et l'atmosphère des rues est moins prétentieuse.

Nombreux sont les artistes non encore établis à avoir émigré au sud de SoHo. De nouvelles galeries exposent leurs travaux avant-gardistes. A la **Franklin Furnace**, 112 Franklin St. (925-4671), les amateurs d'art peuvent admirer, à leurs risques et périls, les plus alternatives des œuvres alternatives. La **Clocktower Gallery** (233-1096), gérée par l'Institute for Contemporary Art (institut d'art contemporain), se trouve au 108 Leonard St., entre Broadway et Lafayette St., là où TriBeCa se fond dans Chinatown. Cet espace avant-gardiste occupe les anciens locaux d'une compagnie d'assurance (la New York Life Insurance Company), au 13ᵉ étage. La galerie et la salle d'exposition étaient fermées au public jusqu'à récemment mais devraient rouvrir leurs portes. Le jeudi après-midi, après 14h, il est possible de se hisser au sommet de la "tour de l'horloge" (clocktower), où l'on peut admirer le mécanisme étonnant d'un jaquemart et jouir d'une belle vue sur le Lower Manhattan.

Même si les rues de TriBeCa ne semblent pas aussi jolies et aussi animées que celles de SoHo, leurs habitants en sont très fiers. Les équipements publics sont constamment rénovés et améliorés. Et quand vous voyez un immeuble apparemment délabré, dites-vous qu'il cache probablement plusieurs lofts et studios superbement aménagés. Au 2 White St., à l'angle de West Broadway, s'élève un bâtiment de style fédéral plutôt anachronique. L'intérieur de ce petit édifice en brique construit en 1809, à la peinture écaillée, a été complètement rénové et abrite désormais un bar stylé et confortable (qui ne porte pas de nom). Au sud-ouest, sur Harrison St., entre Greenwich St. et West St., se dresse une rangée de maisons du XVIIIᵉ siècle superbement restaurées. Un peu plus au sud, dans un triangle délimité par Greenwich St., Chambers St. et West St., se trouve le **Washington Market Park**, avec sa vaste étendue de pelouse, son aire de jeux et son bac à sable qui attirent les enfants de tous âges. De fin juin à début août, des concerts ont lieu dans le parc tous les jeudis soir. Toutes sortes de musiques y sont jouées, du jazz au rhythm 'n' blues, en passant par la country (appelez le 408-0100 pour avoir des renseignements, ou passez voir le panneau d'affichage situé à l'entrée principale : le programme y est toujours indiqué).

TriBeCa possède son propre journal, intitulé *TriBeCa Trib*. Il est distribué gratuitement dans de nombreux établissements du quartier, et constitue une bonne source d'information sur les festivals et les spectacles locaux.

Le sud-est de TriBeCa, aux abords de Broadway et de Chambers St., est le coin le plus commerçant. Toutes sortes de magasins et de restaurants bon marché se succèdent dans ces rues. En raison de la proximité du City Hall et du quartier financier, l'affluence y est importante pendant la journée. On trouve également tout un tas de brocantes et de magasins d'occasion dans les rues plus calmes, comme Hudson St. et W. Broadway.

■ Greenwich Village

Situé entre Chelsea et SoHo, au sud-ouest de Manhattan, Greenwich Village (ou, tout simplement "le Village") et ses habitants défient les conventions depuis près d'un siècle. Le quartier est ainsi devenu le point de ralliement de la bohème new-yorkaise et la capitale de la contre-culture de la côte Est. Contrairement aux larges avenues à angle droit plantées de gratte-ciel de Midtown, les rues du Village, plus

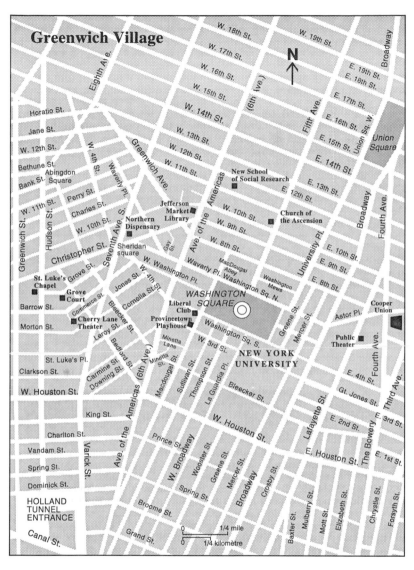

Greenwich Village

W. 18th St.

W. 19th St.

Broadway

W. 17th St.

N

E. 19th St.

E. 18th St.

W. 16th St.

W. 15th St.

E. 17th St.

(6th Ave.)

Fifth Ave.

E. 16th St.

Union Sq. W.

W. 14th St.

E. 15th St.

Union Square

Horatio St.

W. 13th St.

E. 14th St.

Jane St.

W. 12th St.

W. 12th St.

W. 11th St.

New School of Social Research

E. 13th St.

Broadway

Bethune St.

Bank St.

Abingdon Square

E. 12th St.

Fourth Ave.

Perry St.

Jefferson Market Library

W. 10th St.

Church of the Ascension

W. 11th St.

Charles St.

Northern Dispensary

W. 9th St.

University Pl.

Greenwich St.

Hudson St.

W. 10th St.

Sheridan square

W. 8th St.

E. 10th St.

Christopher St.

Seventh Ave. S.

W. Washington Pl.

Waverly Pl.

MacDougal Alley

Washington Sq. N.

E. 9th St.

E. 8th St.

St. Luke's Chapel

Grove St.

Commerce St.

Jones St.

Cornelia St.

W. 4th St.

Liberal Club

WASHINGTON SQUARE

Washington Mews

Greene St.

Mercer St.

Cooper Union

Barrow St.

Grove Court

Bleecker St.

Provincetown Playhouse

Washington Sq. S.

Astor Pl.

Morton St.

Cherry Lane Theater

Leroy St.

Minetta Lane

W. 3rd St.

NEW YORK UNIVERSITY

Public Theater

Fourth Ave.

St. Luke's Pl.

Bedford St.

(6th Ave.)

Minetta St.

MacDougal St.

Sullivan St.

Thompson St.

La Guardia Pl.

E. 4th St.

Clarkson St.

Carmine St.

Downing St.

Bleecker St.

Lafayette St.

Gt. Jones St.

Third Ave.

W. Houston St.

King St.

W. Houston St.

E. 2nd St.

E. 3rd St.

Charlton St.

Prince St.

W. Broadway

Wooster St.

Greene St.

Mercer St.

Crosby St.

E. Houston St.

The Bowery

E. 1st St.

Vandam St.

Varick St.

Spring St.

Dominick St.

Spring St.

Broadway

Baxter St.

Mulberry St.

Mott St.

Elizabeth St.

Chrystie St.

Forsyth St.

HOLLAND TUNNEL ENTRANCE

Broome St.

Canal St.

Grand St.

0   1/4 mile

0   1/4 kilomètre

Eighth Ave.

W. 4th St.

Waverly Pl.

Greenwich Ave.

Ave. of the Americas

étroites, ont un petit parfum d'Europe. Ici, les grands immeubles cèdent la place à des *brownstones* de quelques étages, de tous âges et de tous styles. Bien que la hausse des loyers ait réduit la diversité de ses habitants, le Village reste un refuge pour les artistes, les activistes, les musiciens, les écrivains et les fêtards qui viennent y chercher une autre manière de vivre.

L'histoire de Greenwich l'Insoumis commença lorsque le turbulent Thomas Paine décida d'y finir sa vie en 1808, sur Bleecker St. De nombreux écrivains suivirent son exemple. Herman Melville et Fenimore Cooper y écrivirent quelques-uns de leurs chefs-d'œuvre. Mark Twain et Willa Cather, qui ont si bien décrit les régions du cœur de l'Amérique, habitaient près de Washington Square. Henry James y est né. Le journaliste John Reed, l'écrivain John Dos Passos et le poète E. E. Cummings quittèrent Harvard pour venir s'y installer, de même que l'écrivain James Agee, quelques années plus tard. A cette époque, les loyers étaient abordables et de nombreux écrivains commencèrent leur carrière pauvres et anonymes. Eugene O'Neill créa le théâtre Provincetown Playhouse, dans le West Village, où ses pièces obtinrent leur premier succès. Theodore Dreiser, Edna St. Vincent Millay et Thomas Wolfe y ont tous écrit certaines de leurs œuvres. Tennessee Williams, James Baldwin et William Styron ont occupé de petits appartements du quartier, et Richard Wright a vécu, à 35 ans d'intervalle, dans le même immeuble que Willa Cather.

Autrefois, le nom de "Greenwich Village" faisait référence à tout le secteur compris entre Houston St. et la 14th St. Aujourd'hui, il désigne surtout la partie ouest du Village (de Broadway jusqu'à l'Hudson), alors que la zone située à l'est de Broadway est appelée "East Village". Si quelqu'un vous parle du Village, c'est probablement de la partie ouest dont il s'agit.

De l'avis général, il semble toutefois que le Village soit en train de perdre l'esprit rebelle qui l'animait. Les jeunes artistes ont tendance à émigrer dans l'East Village et le quartier est envahi, block après block, par les *yuppies*. Malgré tout, ce coin reste l'un des plus animés de Manhattan. Une foule de curieux et de résidents déambule dans les rues jusque tard dans la nuit, à divers stades de sobriété… Un des moments forts de la vie du Village est la **Village Halloween Parade** (parade d'Halloween, le 31 octobre), complètement débridée ! C'est le moment où s'expriment tous les fantasmes ; vous pourrez enfin courtiser une cuvette de WC géante ou raconter votre vie à une carotte ou à un préservatif géant. Avec un peu de chance, vous recevrez même la bénédiction personnelle de Rollerina, le travesti/bonne fée qui défile en roller dans la ville et distribue des bonbons gratuits aux enfants.

Quelle que soit l'heure, il se passe toujours quelque chose à Greenwich Village. Si vous n'avez rien de spécial à faire, c'est l'un des meilleurs endroits de la ville pour observer les gens. Des adeptes du *piercing* partagent le trottoir avec des étudiants en finances de la New York University. Sans compter l'étonnante panoplie de chiens accompagnés de leurs maîtres et les quelques riches citadins qui tentent de se faire passer pour des artistes fauchés. Asseyez-vous à une terrasse de café et regardez passer le monde.

■ Le quartier de Washington Square Park

Washington Square Park a toujours été considéré comme le cœur du Village, y compris à l'époque où celui-ci n'était qu'un obscur faubourg de la ville. A l'origine, c'était une zone marécageuse habitée par les Indiens. Puis, au milieu du XVIIᵉ siècle, les esclaves noirs affranchis par les Hollandais s'y installèrent. Dans la seconde moitié du XVIIIᵉ siècle, la zone fut transformée en fosse commune où étaient inhumés les pauvres et les inconnus (environ 15 000 corps y furent ensevelis). Pendant la guerre d'Indépendance, elle servit de lieu de potence : les condamnés étaient pendus aux branches des arbres (qui ont survécu au cours des âges). En 1820, le secteur fut aménagé en parc et en terrain de parade. Rapidement, des demeures sophistiquées poussèrent autour et Washington Square devint, pour un temps, le quartier chic de New York.

La bonne société a, depuis longtemps, émigré vers le nord de la ville et les étudiants de la **New York University (NYU)** ont pris la relève. La NYU est la plus importante université privée des Etats-Unis. Célèbre pour sa politique de rachat d'immeubles historiques, elle est aussi l'un des principaux propriétaires fonciers de la ville (avec la municipalité, l'Eglise catholique et la Columbia University). L'université est réputée pour sa population d'étudiants branchés et pour l'excellence de ses départements Communication et Cinéma. Elle abrite également l'un des exemples d'architecture les moins réussis du Village.

Au nord du parc et à l'extrémité sud de la 5th Ave. se dresse la majestueuse **Washington Memorial Arch**, construite en 1889 pour commémorer le centenaire de l'investiture de George Washington. Les deux statues situées de chaque côté de l'arche représentent Washington dans des attitudes contradictoires de guerre et de paix (il est réputé pour avoir été très versatile). L'intérieur de l'arche est creux. Chaque année, l'orchestre de la NYU franchit la porte située à la base et grimpe les 110 marches pour marquer, depuis le sommet de l'arche, le début de l'année universitaire.

A la fin des années 1970, Washington Square était devenu un repaire de petits dealers et de marginaux. Au milieu des années 1980, une campagne d'"assainissement" a rendu le parc plus sûr et il est de nouveau fréquenté par une population plus variée, même si les trafics de drogue n'ont pas complètement disparu. Aujourd'hui, on y croise des musiciens, des adolescents rebelles, des dealers marmonnant un langage codé, des sans-abri essayant de dormir, des pigeons se pavanant sur les pelouses et des enfants qui gambadent dans l'aire de jeux. Dans le coin sud-ouest du parc, une douzaine d'échiquiers sont perpétuellement occupés par des amateurs, tandis que des jeunes jouent au *hacky-sacking* (sorte de football-jonglage qui se pratique avec une petite balle en tissu lestée). La fontaine qui se dresse au milieu du square offre une scène aux musiciens et aux comiques, aux talents très inégaux (imaginez ce que peut donner la *Sonate au clair de lune* de Beethoven interprétée par des percussionnistes de *steel-drums*). Comme de nombreux autres espaces publics de la ville, le parc est beaucoup moins sûr la nuit, quand les dealers ouvrent boutique.

Le parc est bordé au nord par **"The Row"**, l'un des ensembles architecturaux les plus élégants de la ville. Construite principalement dans les années 1830, cette succession de maisons en brique de style néogrec était habitée par les professions libérales, les dandys et les romanciers du XIXe siècle. Au n° 18, aujourd'hui démoli, habitait la grand-mère de Henry James et c'est ici que se déroule l'action de son roman *Washington Square*. Un peu plus à l'ouest, au n° 29 Washington Square West, se trouve la demeure où a résidé Eleanor Roosevelt, dans les années qui ont suivi le décès de son mari, le Président Franklin Delano Roosevelt. Aujourd'hui, le Row est surtout occupé par l'administration de la NYU. Le bureau des inscriptions de la NYU, situé au n° 22, organise des visites guidées du campus (du lundi au vendredi à 11h et à 14h30 et souvent aussi à 14h et à 15h30, appelez à l'avance au 998-4500).

En remontant un peu la 5th Ave. vers le nord, vous croisez sur votre droite **Washington Mews**, une charmante ruelle pavée située juste à l'arrière du Row. Les petites maisons carrées en brique étaient, à l'origine, des étables. Ce sont maintenant des logements pour étudiants de la NYU.

Non loin de là, la **8th Street** est bordée de boutiques "alternatives", comme **Wild Generation** (génération sauvage) ou **Psychedelic Solutions**. Cette rue est une sorte d'anticentre commercial pour jeunes en révolte. Dans ces magasins branchés, les anarchistes peuvent trouver des T-shirts *antiestablishment* et de nombreux vêtements à l'effigie de Kurt Cobain, le chanteur décédé de Nirvana, et les plus audacieux peuvent acquérir toute une panoplie SM "bondage" ou cuir. Il y a aussi un grand choix d'accessoires originaux pour les fumeurs de tabac. Jimi Hendrix fit partie des habitants célèbres de la rue ; son studio d'enregistrement, Electric Lady-Land, se trouvait au **52 W. 8th St.**

En revenant sur la 5th Ave., à l'angle de la 10th St., la **Church of the Ascension**, est une église de style gothique, datant de 1841, dont l'autel et les vitraux sont magnifiques. C'est ici que le Président américain John Tyler (1841-1845) épousa en secret sa deuxième femme, en 1844 (ouvert tous les jours de 12h à 14h et de 17h à 19h). **The Pen and Brush Club**, au 16 E. 10th St., fut conçu pour favoriser la création littéraire de l'intelligentsia féminine. Parmi ses membres : la romancière Pearl Buck, Eleanor Roosevelt, la poétesse Marianne Moore et la journaliste Ida Tarbell.

La **11th St.** offre de très nombreux exemples d'architecture du début du siècle. A l'exception, bien sûr, du 18 W. 11th St. Cette anomalie moderne a été construite en 1970, suite à l'explosion accidentelle d'une bombe que les Weathermen, un groupuscule radical, confectionnaient au sous-sol de la maison d'origine. A l'angle de la 5th Ave. et de la 11th St. se trouve le **Salmagundi Club**, le plus ancien cercle d'artistes de New York. Construit en 1870, l'hôtel particulier qui abrite le club est aujourd'hui le dernier témoin de la grande époque du quartier (ouvert tous les jours de 13h à 17h, appelez le 255-7740 pour plus de renseignements sur les expositions).

Les excentriques **Forbes Magazine Galleries** (206-5548) sont situées au coin de la 5th Ave. et de la 12th St. L'immense collection d'objets hétéroclites amassés par le milliardaire Malcolm Forbes y est exposée (voir Musées, p. 314). Une rue plus haut en remontant la 5th Ave., au 2 W. 13th St., se trouve la prestigieuse **Parsons School of Design**. Cette école d'architecture et de design possède ses propres salles d'exposition. Ses élèves sont reconnaissables à leurs vêtements noirs et à leur cigarette aux lèvres.

University Place est l'avenue parallèle à la 5th Ave., à l'est. La **New School for Social Research**, célèbre institut de formation supérieure et de recherche, est située à l'angle de la 12th St. et d'University Pl. Parmi les professeurs qui firent le renom de l'école, il faut citer le philosophe John Dewey et W. E. B. Du Bois, sociologue et homme politique américain qui prit la défense des Noirs et qui fut l'un des fondateurs du panafricanisme. Dans les années 30 et 40, la New School s'est rendue célèbre en offrant des postes aux intellectuels allemands qui fuyaient le nazisme.

A l'intersection de la 12th St. et de Broadway se trouve **Forbidden Planet** (qui doit son nom au film *Planète interdite*). Ce magasin se présente comme le plus grand temple du monde consacré à la science-fiction. Si vous aimez fouiner, nul doute que vous trouverez votre bonheur parmi les articles de cinéma, le très grand choix de *comics*, les centaines de livres de poche et une impressionnante série d'accessoires de jeux de rôles. De l'autre côté de la rue se trouve l'une des plus fameuses librairies de New York. **The Strand** s'autoproclame "le plus grand magasin de livres d'occasion au monde". Il vaut mieux avoir du temps devant soi si l'on compte explorer les 13 km de rayonnages, sur lesquels sont disposés plus de deux millions de livres. (Voir Magasins, Librairies, p. 376.)

La **Grace Church**, une imposante église de style gothique construite en 1845, est située au 800 Broadway, entre la 10th St. et la 11th St. Malgré son intérieur médiéval sombre et son aspect extérieur un peu inquiétant, cette église reste un *must* pour les mariages (ouvert du lundi au jeudi de 10h à 17h, le vendredi de 10h à 16h, le samedi de 12h à 16h, le dimanche uniquement pour les messes).

En descendant Broadway vers le sud, la rue est bordée d'un étrange mélange de magasins de futons bon marché, de boutiques de vêtements *"antique"* et *"vintage"* (c'est-à-dire d'occasion mais cher...), de bars et d'épiceries bio, de magasins d'électronique et de fast-foods. Ici, le style vestimentaire se veut d'avant-garde mais ne l'est pas vraiment, et les prix sont supérieurs à ceux des friperies. A l'angle de Broadway et de la 4th St. se trouve l'un des monuments spirituels du Village : le magasin de disques **Tower Records**, qui, avec ses trois étages et ses centaines de bacs remplis de musique (mais il n'y a pas de disques en vinyle, seulement des CD et des cassettes), est incontournable. Si une star fait une séance de dédicaces au Village, c'est inévitablement ici. (Voir, Magasins de disques, p. 369).

Au 721 Broadway, à l'angle de Washington Pl., se trouve la **Tisch School of the Arts**, qui dépend de la NYU. Cette école porte le nom de Larry Tisch, président de CBS et bienfaiteur de la NYU. Des réalisateurs aussi talentueux que Spike Lee et Martin Scorsese y ont étudié.

Au coin de Greene St. et de Waverly Place, à une rue de Washington Pl., le tristement célèbre **Brown Building** de la NYU vécut en 1911 un terrible incendie. 145 des 500 ouvrières qui travaillaient dans l'usine de confection de la Triangle Shirtwaist périrent dans les flammes (les portes étaient fermées par des chaînes pour éviter que les employées ne fassent trop de pauses...). L'émotion et le scandale qui s'ensuivirent entraînèrent l'adoption de nouvelles lois sur la sécurité dans les lieux de travail. Mais les patrons de la Triangle Shirtwaist Company échappèrent à l'inculpation pour homicide et furent même dédommagés par les assurances à hauteur de 6 445 $ par victime !

Un block vers l'ouest, Washington Sq. East est bordé par les salles de cours et les bureaux administratifs de la NYU. Le **Main Building** (bâtiment principal) de l'université est situé sur Waverly Pl. La **Grey Art Gallery**, au 100 Washington Sq. East (998-6780), a rouvert ses portes après un an de travaux. La galerie expose les œuvres d'étudiants et d'artistes locaux, ainsi que des travaux sur le Village. (De septembre à mai, ouvert du lundi au vendredi de 11h à 18h. De juin à fin juillet, ouvert le mardi, le jeudi et le vendredi de 11h à 18h30, le mercredi de 11h à 20h30, le samedi de 11h à 17h. Fermé en août.) Le bureau **NYU Information** est à l'angle sud-est du square, au 70 Washington Sq. South. On peut s'y procurer des plans gratuits et poser toutes les questions que l'on souhaite sur la NYU.

En poursuivant son chemin d'un block vers l'est, on tombe, au coin de E. 4th St. et de Greene St., sur un monolithe de grès rouge, appartenant à la NYU : le **Tisch Hall** (toujours en hommage à Larry Tisch), qui accueille la Stern Business School. La grande esplanade située devant le bâtiment et l'espèce de parpaing marron qui abrite le **Courant Institute of Mathematical Science** sont connues sous le nom de **Gould Plaza**. Sur l'esplanade, une statue dadaïste en aluminium brillant du sculpteur français Jean Arp présente une ressemblance troublante avec un lapin ou une feuille d'érable déformée. Elle inspire souvent des commentaires désobligeants… Deux blocks à l'ouest, à l'angle de Washington Sq. South et de LaGuardia Pl., apparaît un autre bâtiment massif de couleur rouille : la bibliothèque **Elmer Holmes Bobst Library**. L'idée des architectes Philip C. Johnson et Richard Foster était de donner une unité au campus, grâce à des façades de grès rouge. Mais seuls la Bobst Library, le Tisch Hall et le Meyers Physics Building ont été construits, faute de fonds suffisants. La NYU décida alors de repenser sa stratégie et préféra opter pour des drapeaux de couleur pourpre bon marché… De l'autre côté de la rue, le **Loeb Student Center** est orné de bouts de ferraille censés représenter des oiseaux en vol.

En continuant vers l'ouest, au 55 Washington Sq. South, la **Judson Memorial Baptist Church** est à l'angle de Thompson St. Cette église fut bâtie en 1892, dans un style grandiose, avec des vitraux, des moulures chargées et un clocher impressionnant. Connue pour ses positions libérales, la congrégation de Judson a accueilli les activités de nombreux artistes d'avant-garde dans les années 50 et 60, et se flatte d'être aujourd'hui un bastion de tolérance dans le Village. Encore plus à l'ouest sur Washington Sq. South, en face du square, se dressent les arches en brique de la **Vanderbilt Law School**, une autre annexe de la NYU. Une fois passées les arches de la faculté de droit, on découvre un agréable atrium entouré d'un jardin, où se réunissent des étudiants en droit, reconnaissables à leur air plutôt angoissé.

La zone qui s'étend de W. 4th St. à Houston St., au sud de Washington Square Park, est probablement la plus touristique du Village. C'est là que se trouvent la plupart des cafés, des clubs et des bars les plus célèbres. On passerait bien des jours entiers, voire des semaines, sur MacDougal St., Sullivan St., Thompson St. et Bleecker St., à siroter des cappuccinos, à fouiller dans les bacs de disques, à sortir dans les clubs, bref à mener la vie de bohème. Au sud de Washington Square Park, au 133 MacDougal St., se trouve le théâtre **Provincetown Playhouse**. Originellement basé à Cape Cod, dans le Massachusetts, la troupe des Provincetown Players fut rejointe en 1916 par le jeune Eugene O'Neill. La même année, elle s'installa à New York pour y jouer sa pièce, *En route vers Cardiff*, qui connut un grand succès. Le théâtre accueillit ensuite de nombreuses premières des pièces d'O'Neill et d'autres auteurs du Village comme Edna St. Vincent Millay. En descendant **MacDougal St.** vers le sud, on ne peut manquer les plus agréables (et les plus touristiques) cafés du Village. Au croisement avec **Bleecker Street**, les amateurs de café ont le choix entre le **MacDougal**, **Le Figaro** et le **Café Borgia**. A une époque, les écrivains de la *beat generation* Jack Kerouac et Allen Ginsberg faisaient des lectures de poésie sur fond de free jazz au Figaro et au Café Borgia. La terrasse de ces bistrots offre un point de vue idéal pour observer la faune qui arpente le Village, tout en sirotant l'un des meilleurs cafés de la ville (voir Restaurants et bars, p. 132).

Sullivan Street est parallèle à MacDougal St. C'est là que se trouve le **Sullivan Street Playhouse**, dont le spectacle *Fantasticks* détient le record de longévité dans l'histoire du théâtre américain (voir Sorties et spectacles, Théâtre, p. 334). Sur **Bleecker Street**, rendue célèbre par Simon & Garfunkel, il y a de nombreux bars et clubs de jazz. A l'angle de Bleecker St. et de LaGuardia Pl., une sculpture de Picasso a été désignée par le *New York Times* comme l'œuvre d'art publique la plus laide de la ville. En descendant LaGuardia Pl., on découvre une statue de l'ancien (et fringant) maire de New York, **Fiorello LaGuardia**, bouche bée, faisant signe aux passants. Enfin, au coin de LaGuardia et de Houston St. se trouve le **Time Landscape**, une "sculpture environnementaliste" censée représenter le paysage de Greenwich Village il y a 30 000 ans. Toutefois, l'impact de l'œuvre est nettement affaibli par la barrière qui l'entoure et les voitures qui filent dans la rue...

■ À l'ouest de la 6th Ave.

La partie la moins connue du Village est située à l'ouest de la 6th Ave. Malgré l'escalade des prix de l'immobilier, les rues du West Village sont remplies d'une foule assez éclectique en été et la vie nocturne y est très animée. L'agencement des rues y est étonnant pour New York : W. 4th St. coupe W. 10th St. et W. 11th St.

A l'angle nord-est de l'intersection entre la 6th Ave. et W. 8th St., au n° 422 exactement, se trouve la légendaire épicerie italienne **Balducci's**. Ce qui n'était qu'un petit étal de trottoir s'est transformé, au fil des ans, en un paradis pour les gourmets (voir p. 155). Balducci's offre une variété inégalée de fromages, de pains et de légumes frais. Si vous n'êtes pas intéressé par la nourriture, vous pouvez toujours défier du regard les homards aux yeux protubérants (ils gagnent toujours...).

De l'autre côté de la rue, au 425 6th Ave., l'extraordinaire **Jefferson Market Library** (243-4334) se distingue par son briquetage minutieux, ses vitraux et son clocher à tourelles. Ce bâtiment néogothique fut construit en 1874 sur le modèle du château de Neuschwanstein en Bavière (qui servit également de modèle à Walt Disney pour son château de *la Belle au bois dormant*). Il occupe le triangle formé par l'intersection entre W. 10th St., la 6th Ave. et Greenwich Ave. Elu parmi les dix plus beaux bâtiments du pays, il faillit pourtant être démoli au début des années 60. Soigneusement restauré en 1967, il rouvrit ses portes sous la forme d'une bibliothèque publique. A l'intérieur, un vitrail préraphaélite original embellit l'escalier en colimaçon. Une brochure racontant l'histoire de ce lieu et de sa restauration est disponible au bureau situé à l'entrée (ouvert le lundi et le jeudi de 12h à 18h, le mardi de 10h à 18h, le mercredi de 12h à 20h, le samedi de 10h à 17h).

A gauche en sortant de la bibliothèque, prenez la 10th St. Sur le trottoir d'en face, un portail de fer clôt une impasse au sol pavé et une plaque indique **Patchin Place**. C'est dans ces immeubles du siècle dernier qu'habitèrent Theodore Dreiser et Djuna Barnes.

La 7th Ave. a aussi son histoire, notamment au carrefour embouteillé de **Sheridan Square**, à l'intersection de la 7th Ave., de Christopher St., de W. 4th St. et de Grove St. En 1863, les émeutiers qui refusaient la conscription au sein des rangs nordistes pendant la guerre de Sécession se rassemblèrent ici. Certains des manifestants s'en sont pris brutalement à des esclaves libérés. Après ce sombre épisode, le quartier est devenu beaucoup plus tolérant, comme le démontre la présence d'une importante communauté homosexuelle à **Christopher Street**. Ce secteur est notamment le territoire des *guppies* (*gay urban professional*, l'équivalent gay des *yuppies*). Gays et lesbiennes de tous les horizons sociaux et culturels font leurs courses, sortent et se promènent main dans la main (voir également Sorties et spectacles, Clubs gay et lesbiens, p. 352). La partie de Christopher St. proche de Sheridan Sq. a été rebaptisée Stonewall Place, en référence au club **Stonewall Inn**. En 1969, une descente de police dans ce club gay fut le détonateur du mouvement pour la libération des homosexuels (*Gay Rights Movement*). L'emplacement du club est signalé par une plaque au 53 Christopher St. mais le bar qui s'y trouve n'est pas le même. Dans Sheridan Square, une sculpture de deux couples homosexuels enlacés rend hommage à l'active communauté gay. Un peu en retrait, une statue du général nordiste Sheridan observe la scène.

Christopher St. croise **Bedford Street**, une ruelle très étroite qui paraît bien vieillotte de ce côté-ci de l'Atlantique. Elle fut tracée en 1799 et doit son nom à une rue de Londres. Au n° 86, entre Grove St. et Barrow St., se trouve le bar-restaurant **Chumley's**, qui était un *speakeasy* (bar à alcool clandestin) à l'époque de la prohibition, et dont la clientèle littéraire comprenait, entre autres, John Dos Passos, John Steinbeck, Ernest Hemingway et Thornton Wilder. Conformément à son passé clandestin, cet établissement un peu décrépit ne porte aucune enseigne. Au n° 751/2, près de l'intersection avec Commerce St., se tient la maison la plus étroite du Village (2,90 m de large). Edna St. Vincent Millay vécut ici jusqu'en 1950. En 1924, elle fonda le **Cherry Lane Theater** au 38 Commerce St. (989-2020), qui, depuis cette époque, accueille des pièces de théâtre *off-Broadway* (dont l'avant-première d'*En attendant Godot*).

En face, au 39-41 Commerce St. (au coin de Bedford St.), se trouvent deux maisons identiques, séparées par un jardin, que l'on appelle les **Twin Sisters** (les jumelles). La légende veut qu'elles aient été bâties par un capitaine de marine pour ses filles célibataires qui ne s'adressaient plus la parole. Une rue plus loin, au 102 Bedford St., les jumeaux frappent encore (à l'angle de Grove St.). Un édifice est en effet connu sous le nom de **Twin Peaks**. Ne vous inquiétez pas, il n'est pas question de nains dansants comme dans la série télévisée, mais seulement d'un bâtiment à deux toits similaires.

L'église **Church of St. Luke's-in-the-Fields**, 179-485 Hudson St., est située à l'extrémité ouest de Grove St. C'est la troisième plus vieille église de Manhattan (1821). Elle doit son nom à son emplacement "perdu" pour l'époque ("*in-the-fields*" signifie littéralement "dans les champs"). En remontant Hudson St. jusqu'aux abords de la 12th St. et de Gansevoort St., on aboutit au **quartier des abattoirs**.

De Hudson St., il suffit de poursuivre vers l'ouest sur encore quelques blocks pour arriver aux quais. Bordés par West St., les docks ont vu transiter une bonne partie du fret de New York. Des paquebots y ont aussi parfois amarré. Récemment, les quais sont devenus un point de rendez-vous pour les jeunes gays. Le maire républicain Rudolph Giuliani, toujours prompt à empêcher les gens de passer du bon temps, a tenté de les déloger en faisant passer des lois sur la "qualité de la vie". Donc, si vous vous trouvez dans ce secteur la nuit, ne buvez pas dans la rue et ne chantez pas à tue-tête. De là, la vue sur Hoboken de l'autre côté du fleuve et sur le World Trade Center, au sud de Manhattan, est superbe.

■ East Village

East Village se subdivise en trois quartiers aux personnalités différentes : la partie située au sud de Houston St. et à l'est du Bowery (Lower East Side), celle qui se trouve à l'est de Broadway et au nord de Houston St. (connue sous le nom d'East Village), et la partie d'East Village située à l'est de la 1st Avenue (que l'on nomme "Alphabet City").

East Village, en tant que quartier, est relativement récent. Il s'est développé avec l'arrivée progressive des habitants du West Village, chassés par l'augmentation des loyers. Les chantres de la *beat generation*, Allen Ginsberg, Jack Kerouac et William Burroughs, ont été parmi les premiers artistes à fuir le nouvel *establishment* du Village et à s'installer à l'est de Washington Square Park. Côté musique, Billie Holiday y a chanté et, plus récemment, c'est dans East Village qu'ont commencé à se produire des artistes aussi différents que Buster Pointdexter, Sonic Youth ou les Talking Heads. Cette migration artistique fait que l'on retrouve dans East Village l'audace et l'insolence qui avaient fait l'âge d'or de Greenwich Village. De plus, la population ici est moins homogène. On y croise de vieux immigrés d'Europe de l'Est, des Latino-Américains, des Asiatiques fraîchement arrivés, sans oublier toutes les tribus de la nation alternative : punks, hippies, ravers, rastas, goths et autres beatniks. Tous se croisent et se recroisent autour de la myriade de cafés, de clubs, de bars, de boutiques et de théâtres que compte East Village. Ce compromis multiculturel ne s'est pas fait sans heurts. Les habitants les plus pauvres du quartier ont eu l'impression d'être mis à la porte par les nouveaux arrivants. Et les premières arrivées de *yuppies* (avec la hausse des loyers qui les accompagne généralement) ne manquent pas d'inquiéter les résidents de longue date.

La limite entre East Village et Greenwich Village se situe le long d'une partie très commerçante de Broadway, toujours bondée (voir Greenwich Village, p. 196, pour plus d'informations sur Broadway). Lafayette St. est parallèle à Broadway à l'est. A l'angle de Lafayette St. et de la 4th St., en face du Public Theater, se trouve **Colonnade Row**, un groupe de quatre magnifiques maisons à colonnes, bâties en 1833. C'est ici qu'habitaient les plus célèbres millionnaires new-yorkais du XIXe siècle : John Jacob Astor, qui amassa une fortune considérable dans le commerce de peaux de castor, Cornelius "Commodore" Vanderbilt, qui possédait toutes les compagnies ferroviaires de la ville, ou encore Warren Delano (le grand-père de Franklin Delano Roosevelt et descendant de Delanoë, l'un des "pèlerins" français embarqués à bord du *Mayflower*). Autrefois, il y avait neuf maisons semblables à celles-ci.

Le **Joseph Papp Public Theater**, un grandiose *brownstone* situé de l'autre côté de la rue, au 425 Lafayette St. (598-7150), a été érigé en 1853 par John Jacob Astor pour abriter la première bibliothèque gratuite de la ville. Lorsque celle-ci fut déplacée au nord de la ville, le bâtiment devint le quartier général de la Hebrew Immigrant Aid Society, une organisation qui aidait les immigrants juifs en difficulté au début du siècle. En 1967, Joseph Papp, l'organisateur du **New York Shakespeare Festival**, transforma l'édifice en théâtre. C'est ici que l'on se procure les billets gratuits pour le festival Shakespeare in the Park, qui a lieu à Central Park de fin juin jusqu'en août. Des queues immenses, qui font le tour du pâté de maisons, se forment alors dès le petit matin devant le bâtiment (voir Sorties et attractions, Théâtre, p. 325).

En remontant Lafayette St. vers le nord, vous arrivez à **Astor Place**, une petite rue à l'activité incessante. Les panneaux de la rue ont récemment été recouverts d'autocollants portant la mention "Peltier Place", en l'honneur de Leonard Peltier, un Amérindien qui purge actuellement une peine de prison pour avoir abattu, paraît-il, deux agents du FBI en 1985. Ce changement de nom est aussi une forme de protestation contre John Jacob Astor, dont le commerce prolifique de fourrures symbolise pour certains l'exploitation du peuple indien. La station de métro Astor Pl. est d'ailleurs décorée d'une peinture murale, **Beaver Murals**, qui représente des castors.

Au 2 Astor Pl., à l'angle de Broadway, vous pouvez compléter votre *"look Village"* en vous aventurant dans le plus grand salon de coiffure du monde : l'**Astor Place Hair Stylists** (475-9854), connu pour son approche "industrielle" et bon marché de la coiffure. Ici, on considère que les ciseaux sont démodés et toutes les coupes sont faites avec une tondeuse mécanique. John Fitzgerald Kennedy Junior et les acteurs Matt Dillon et Susan Sarandon font partie des clients célèbres de l'établissement. Ne venez pas ici si vous êtes très "classique", le salon s'adresse à ceux qui aiment vivre dangereusement... 110 personnes, dont un DJ, travaillent dans ce complexe sur trois niveaux (ouvert du lundi au samedi de 8h à 20h, le dimanche de 9h à 18h, coupes sur cheveux courts 10 $, coupes sur cheveux longs 12 $, dimanche et jours fériés 2 $ supplémentaires).

Pour ne pas être en reste

L'industriel Peter Cooper a grandement aidé au développement de Big Apple, lorsqu'il fonda son université gratuite et ouverte à tous, en 1859. Pourtant, c'est peut-être son épouse qui a le plus contribué au bien-être de la société américaine. Pour ne pas être en reste avec son philanthrope de mari, madame Cooper sublima ses talents de cuisinière et inventa la recette de l'un des plats les plus populaires du pays : le Jell-O. Vous savez, ce dessert gélatineux à la confiture, translucide et tremblotant...

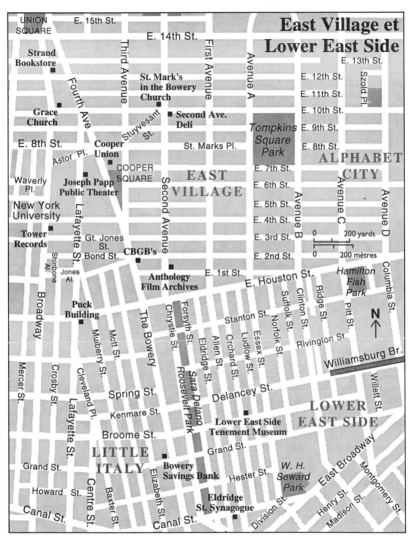

East Village et Lower East Side

A l'intersection de Lafayette St., de la 4th Ave. et d'E. 8th St. se tient un grand **cube** noir en équilibre sur l'un de ses angles. En le poussant assez fort, le cube tourne sur sa base. Mais assurez-vous, avant de le faire tourner, que personne ne dort en dessous. Le "Cube" sert souvent de point de départ pour des manifestations ou des performances artistiques. C'est aussi le rendez-vous de hordes de gamins qui y font du skateboard le soir. Remarquez également la superbe bouche de métro en fonte de style Beaux-Arts, qui date de 1904.

Le **Cooper Union Foundation Building**, situé au 7 E. 7th St. (353-4199), sur Cooper Square, est le bâtiment phare d'Astor Place. Il fut édifié en 1859 grâce à Peter Cooper, un industriel autodidacte, qui voulait y créer une école supérieure et gratuite d'arts et métiers (la Cooper Union for the Advancement of Science and Art). Contrairement aux autres universités de l'époque qui reproduisaient le modèle éducatif britannique, la Cooper Union appliqua des principes très novateurs : elle fut la première université destinée aux classes défavorisées, la première université mixte et interraciale et le premier centre gratuit de formation continue pour adultes. Depuis le milieu du XIXe siècle, rares sont les Américains de renom qui n'y ont pas donné bénévolement des conférences. C'est ici que furent fondées l'American Red Cross (la Croix-Rouge américaine) et la NAACP (National Association for the Advancement of Colored People, Association de défense des droits civiques des Noirs). Le bâtiment fut construit avec des vieux rails de chemin de fer (Peter Cooper avait bâti sa fortune en construisant les premières locomotives et les premiers rails en acier des Etats-Unis). Au deuxième étage, la Houghton Gallery accueille des expositions sur le design et l'histoire américaine. Vous pouvez aussi y voir les travaux des étudiants de l'école (mais rarement en été). (Ouvert du lundi au vendredi de 12h à 19h, le samedi de 12h à 17h.)

Stuyvesant Street commence au nord-est d'Astor Place, coupe la 9th St. et se termine à l'angle de la 2nd Ave. et de la 10th St., juste devant l'église très élégante de **St. Mark's-in-the-Bowery**, 131 E. 10th St. (674-6377). Cette église fut bâtie en 1799, à l'emplacement d'une ancienne chapelle située dans la propriété de Peter Stuyvesant, le dernier gouverneur de la colonie hollandaise de New Amsterdam. Celui-ci est enterré dans le petit cimetière pavé dépendant de l'église. Restaurée au milieu des années 70, l'église faillit être complètement détruite par un incendie en 1978. Les travaux de restauration n'ont été achevés que récemment. L'église accueille de nombreuses compagnies théâtrales et artistiques du quartier, dont le fameux **Ontological Theater** (533-4650), qui présente quelques-unes des meilleures pièces *Off-Broadway*, ou encore la compagnie de danse **Danspace Project** (674-8194) et le collectif de poésie **Poetry Project.** (Composez le 674-0910 pour avoir des renseignements sur les spectacles programmés. Vous devez réserver votre billet pour le théâtre et arriver 15 mn avant le début de la pièce, sinon votre place sera donnée à quelqu'un qui figure sur la liste d'attente.)

En face de l'église située au 156 2nd Ave. se trouve l'un des lieux emblématiques de la culture juive new-yorkaise, le **Second Ave. Deli** (677-0606). Ce restaurant est l'unique survivant de ce morceau de la 2nd Ave., entre Houston St. et la 14th St., que l'on appelait le "Yiddish Rialto" et où s'étendait, au début du siècle, le quartier des théâtres yiddish. Sur les étoiles de David encastrées dans le trottoir, en face du restaurant, vous pouvez lire les noms de quelques-uns des grands acteurs qui faisaient oublier aux immigrants juifs la misère de leur vie quotidienne. Dans le restaurant, ne manquez pas de déguster une superbe soupe de poulet ou de dévorer du *pastrami* (viande de bœuf fumée), tout en consultant les programmes de Broadway sur un écran électronique.

St. Mark's Place va de la 3rd Ave. à Tompkins Square (en fait, elle prolonge à cet endroit la 8th St.). C'est le centre géographique et spirituel d'East Village. Dans les années 60, cette rue était l'équivalent, sur la côte Est, du quartier Haight-Ashbury de San Francisco. Joint de marijuana aux lèvres, les hippies s'y regroupaient en attendant le prochain concert à l'Electric Circus. Dans les années 70, St. Mark devint le King's Road de Manhattan. Comme dans cette rue de Chelsea à Londres où est né le mouvement punk, de jeunes Iroquois alpaguaient les passants depuis les marches d'Astor Pl. Aujourd'hui, St. Mark's Place est un peu la version new-yorkaise de la rue principale d'une petite ville américaine : les gens se connaissent tous et il arrive même qu'ils se parlent... De petits restaurants et des cafés côtoient les boutiques de cuir et les marchands de babioles. Même si les habitués d'East Village fuient désormais les parties trop commerçantes de la rue, St. Mark's Place reste néanmoins un lieu où il fait bon flâner et sert de très bon point de départ pour explorer le quartier.

En allant vers l'est, on traverse la 1st Ave. et la 2nd Ave., deux avenues bordées de restaurants ethniques et de cafés. On y trouve quelques vestiges du vieux New York, comme les **New York Marble Cemeteries**, qui furent les deux premiers cimetières non confessionnels de la ville. L'un se trouve sur la 2nd Ave., entre la 2nd St. et la 3rd St., et l'autre est situé dans la 2nd St., entre la 2nd Ave. et la 1st Ave. Vous pouvez observer les pierres tombales délabrées à travers les grilles. De nombreux New-Yorkais célèbres y sont enterrés, dont un certain *Preserved Fish*, un riche marchand local (sa tombe se trouve dans le cimetière de la 2nd St.).

■ Alphabet City

A l'est de la 1st Ave., les avenues délimitées au nord par la 14th St. et au sud par Houston St. ne sont plus désignées par des numéros mais par des lettres. Pour le meilleur ou pour le pire, les *yuppies* n'ont pas encore jeté leur dévolu sur cette partie d'East Village tandis qu'ils ont déjà conquis la quasi-totalité de St. Mark's Place. A la grande époque du quartier, dans les années 60, Jimi Hendrix et les Fugs, un groupe subversif et satirique, y donnaient des concerts en plein air devant un public de hippies au regard planant. Les loyers y sont encore relativement raisonnables et le quartier abrite les "hôtels particuliers" des *beatniks* indécrottables et des anarchistes purs et durs d'East Village. Y vivent aussi de nombreux artistes, des étudiants et, à l'occasion, des Américains moyens. Cette population alternative a favorisé la création de bars branchés et de soirées poésie improvisées, sans compter la kyrielle de groupes alternatifs qui répètent sur les trottoirs. Alphabet City ne recèle aucune attraction pour touristes. Le quartier permet simplement d'observer le quotidien des gens d'East Village.

Prudence toutefois : les années 80 ont été marquées par une hausse considérable de la criminalité liée à la drogue, malgré les efforts des habitants pour que les rues restent vivables. Dans la journée, le quartier est généralement sûr et, le soir, l'animation nocturne de l'Avenue A en fait un endroit sans grand risque. En revanche, il vaut mieux éviter de s'aventurer à l'est de l'Avenue B la nuit. A New York circule ainsi l'avertissement suivant, en forme de jeu de mots : "*A : allright, B : be careful, C : crime, D : death.*" Au cours de l'été 1995, de violents affrontements ont eux lieu entre la police de New York et des squatters. Ces derniers refusaient de quitter des immeubles abandonnés que la municipalité comptait récupérer. Le NYPD (New York Police Department) est intervenu dans le cadre d'une campagne visant à faire respecter la loi aux habitants les plus en marge d'East Village.

Ces dernières années, l'activisme politique des extrémistes d'Alphabet City (ainsi que l'attitude parfois brutale du NYPD) a rendu le quartier ingouvernable. Il y a quelques années, à **Tompkins Square Park** (un square bordé par la E. 10th St., la E. 7th St., l'Ave. A et l'Ave. B), la police a provoqué une émeute en tentant d'évacuer de force des sans-abri. Ce jour-là, un vidéo-amateur a filmé des scènes de brutalités policières, ce qui a déclenché un tollé général et une nouvelle vague de violences à l'encontre de la police. Après deux ans de fermeture, le parc a été rouvert, et les autorités misent beaucoup sur le développement du secteur. En attendant, Tompkins est toujours l'épicentre géographique de désaxés parfois agressifs. L'une des nombreuses émeutes qui ont éclaté à New York à la suite du verdict de l'affaire Rodney King en 1992 a été menée par les "anarchistes d'East Side", qui dévastèrent St. Mark's Place avant d'atteindre Tompkins Square. Dans la partie nord-ouest du square, il y a des terrains de basket et une aire de jeux (très populaires auprès des plus jeunes, encore peu sensibles à la politique). Des concerts gratuits, en plein air, ont lieu dans le parc en été.

A l'est du parc, de nombreuses peintures murales ont pour thème les dégâts occasionnés par la drogue. Sur l'Ave. C, entre la 8th St. et la 9th St., une peinture murale sur les murs d'une ancienne fumerie de crack incendiée plaide pour la prévention, plutôt que la répression, dans la lutte antidrogue. D'autres peintures murales colorées évoquent différents aspects de la vie du quartier (la plupart d'entre elles sont signées par un artiste quelque peu mythique nommé Chico). Des jardins communautaires fleurissent entre les peintures murales et les immeubles délabrés, notamment sur la 9th St., entre l'Ave. B et l'Ave. C. Au coin de l'Ave. B et de la 2nd St., le "Space 2B", entouré d'une clôture faite de tuyaux et de pièces automobiles, est à la fois une galerie d'expositions en plein air et un espace réservé à des spectacles. Pour vous tenir au courant de ce qui se passe dans le quartier, lisez les journaux gratuits que vous trouvez à la librairie St. Mark's Bookshop et dans d'autres commerces du quartier. L'affichage sauvage sur les murs et les graffitis sont aussi de bonnes sources d'information. Vous pouvez aussi vous asseoir à l'une des terrasses de café de l'Ave. A, entre la 6th St. et la 10th St., et simplement regarder vivre l'East Village.

Contre-culture FM

Lancée en 1995, le jour de Thanksgiving (4ᵉ jeudi de novembre), Steal this Radio ("dérobe cette radio, approprie-toi les ondes") est une station de radio pirate dont l'émetteur est de faible puissance. On peut la capter de l'ouest du quartier de Williamsburg, à Brooklyn, jusqu'au Bowery. Elle a environ la même portée du nord au sud, en prenant le Lower East Side comme centre. Fondée par "les squatters, les locataires à faibles revenus, les activistes et les non-activistes" du Lower East Side, STR a pour vocation d'être "un tam-tam géant pour la communauté". Elle diffuse de la musique anarcho-populaire, des journaux d'information, des émissions politiques et des pièces adaptées pour la radio, ainsi que de nombreux programmes en espagnol. La diversité des sujets des émissions, qui vont de la musique autoproduite à la question des Amérindiens, atteste du pluralisme culturel et de l'engagement communautaire du Lower East Side. STR est assez difficile à capter et elle est parfois un peu déconcertante mais, comme dans le cas du journal anarchiste de New York *The Shadow*, vous êtes certain d'y entendre un point de vue unique sur les événements. La vérité est sur les ondes... (Messagerie vocale au 539-3884.)

■ Lower Midtown : Madison Square, Union Square et Gramercy Park

Ni trop mercantile ni trop branché, le Lower Midtown a l'air juste comme il faut... Une architecture néoclassique et de larges avenues lui donnent un côté chic. A l'intersection de la 23rd St. et de Madison Square, quatre des plus anciens gratte-ciel forment ainsi une ligne d'horizon superbe. Cette vue est l'un des trésors cachés de la ville. Le quartier, qui était autrefois uniquement résidentiel, est progressivement devenu un centre du graphisme et de l'édition et, au cours des dix dernières années, nombreux sont les cafés, les restaurants et les clubs qui y ont poussé, dont beaucoup visent une clientèle *yuppie*.

Sur la 29th St., entre la 5th Ave. et Madison Ave., se trouve la **Church of the Transfiguration**. Plus connue sous le nom de *"The little church around the corner"* (la petite église au coin de la rue), cette église est la paroisse du milieu théâtral new-yorkais, depuis qu'un pasteur tolérant a accepté d'y enterrer l'acteur shakespearien George Holland en 1870, alors que toutes les autres églises s'y refusaient. Ce petit édifice victorien en brique a des toits verts assez particuliers, des gargouilles qui ressemblent à des chérubins et un jardin quelque peu enchevêtré à l'avant. Au premier abord, les vitraux semblent dépeindre une scène de la Bible. C'est en fait un épisode d'*Hamlet* qui est décrit (ouvert tous les jours de 8h à 18h).

Madison Ave. commence, comme il se doit, à **Madison Square Park**. Ce parc a été inauguré en 1847 à l'emplacement d'un ancien cimetière. Les statues représentent les généraux les plus populaires de la guerre de Sécession. Bien que les promoteurs immobiliers commencent à planter leurs grues dans le quartier, un certain nombre d'immeubles historiques sont encore debout, qui forment comme un *skyline* miniature.

Le premier de cette série d'immeubles, vieux mais hauts, est le **New York Life Insurance Building**, situé au nord-est du square, à l'angle de la 26th St. et de Madison Ave. Bâti en 1928 par l'architecte Cass Gilbert (connu pour le Woolworth Building), il est reconnaissable de loin grâce à son style néogothique spectaculaire, ses gargouilles et son superbe sommet pyramidal doré. L'immeuble est construit à l'emplacement où se trouvait le premier Madison Square Garden de New York, œuvre de l'architecte Stanford White (en 1879). Ce Madison Square Garden première version devint rapidement la plus importante salle de spectacle et de sports de New York. En 1906, il s'y déroula un événement dramatique : Stanford White fut abattu sur le toit par le mari jaloux d'Evelyn Nesbitt, sa maîtresse (cette

Lower Midtown

FDR Dr.

First Ave.

Second Ave.

Third Ave.

Lexington Ave.

Park Ave. S.

Madison Ave.

Fifth Ave.

Broadway

Avenue of the Americas (Sixth Ave.)

Seventh Ave.

Eighth Ave.

Ninth Ave.

Tenth Ave.

Eleventh Ave.

Twelfth Ave.

Eleventh Ave.

West Side Hwy.

GRAMERCY PARK

E. 24th St.
E. 25th St.
E. 23rd St.

E. 34th St.
E. 33rd St.
E. 32nd St.

E. 37th St.
E. 36th St.
E. 35th St.

Gramercy Park

E. 19th St.
E. 18th St.
E. 17th St.

E. 16th St.
E. 15th St.

E. 14th St.

Stuyvesant Square

Irving Pl.

Palladium

New York life Insurance Building
Metropolitan Life Insurance Tower

Pierpont Morgan Library

Empire State Building

HERALD SQUARE

Macy's

Penn Station

Madison Square Garden

General Post Office

E. 31st St.
E. 30th St.
E. 29th St.
E. 28th St.
E. 27th St.
E. 26th St.

Madison Square

Flatiron Building

Theodore Roosevelt Birthplace

Revolution Books

Union Square

E. 22nd St.
E. 21st St.
E. 20th St.

E. 13th St.

Forbes Magazine Galleries

W. 30th St.
W. 29th St.
W. 28th St.
W. 27th St.
W. 26th St.
W. 25th St.
W. 24th St.

W. 22nd St.
W. 21st St.
W. 20th St.
W. 19th St.
W. 18th St.
W. 17th St.
W. 16th St.
W. 15th St.

W. 13th St.

W. 14th St.

W. 23rd St.

Chelsea Hotel

General Theological Seminary

CHELSEA

Chelsea Park

Cushman Row

W. 37th St.
W. 36th St.
W. 35th St.

W. 34th St.

W. 33rd St.
W. 32nd St.
W. 31st St.

Jacob K. Javits Convention Center

yards 0 550
mètres 0 500

N

VISITES

histoire fut portée à l'écran par Milos Forman dans *Ragtime*). Le Madison Square Garden nouvelle version se trouve plus à l'ouest, à côté de la gare de Penn Station. Une rue au sud, à l'angle de Madison Ave. et de la 25th St., se tient l'**Appellate Division of the Supreme Court** (cour d'appel de la Cour suprême). Remarquez les statues allégoriques qui ornent l'extérieur du bâtiment, notamment celles qui représentent la Sagesse et la Force, dans une interprétation très adoucie. Le tribunal traite les affaires civiles ou criminelles de tous les comtés de l'Etat de New York, et accueille aussi une petite exposition sur des personnalités liées à la Cour. L'entrée est libre mais l'huissier et le panneau "Be prepared te be frisked at any time" (vous pouvez être fouillé à tout instant) ne donnent pas envie de s'y attarder. Juste à côté, au coin de Madison Ave. et de la 23rd St., s'élève la **Metropolitan Life Insurance Tower**, une tour de 213 m de haut. Chacune des quatre faces comporte une horloge. La tour fut ajoutée en 1909 à un immeuble datant de 1893, a fait partie du club new-yorkais des buildings-qui-furent-à-un-moment-donné-les-plus-hauts-du-monde. L'annexe de la Metropolitan Life Insurance, située sur la 24th St., est reliée au bâtiment principal par une passerelle aérienne, qui exhibe une superbe façade néogothique.

Un peu à l'ouest, faisant face au coin sud-ouest du square, se trouve un autre membre éminent du club des buildings-qui-furent... : le très photogénique **Flatiron Building**. Il est généralement considéré comme le premier (et le plus beau ?) gratte-ciel du monde. Il s'appelait originellement "Fuller Building" mais sa forme triangulaire si particulière, imposée par son emplacement à l'intersection de Broadway, de la 5th Ave. et de la 23rd St., lui valut rapidement son surnom actuel de Flatiron (fer à repasser).

Jusqu'à l'âge de 15 ans, le président Theodore Roosevelt (à ne pas confondre avec Franklin D. Roosevelt) vécut dans le *brownstone* situé au 28 E. 20th St., entre Broadway et Park Ave. South. Le **Theodore Roosevelt Birthplace** (260-1616) est ouvert aux visiteurs. Il est constitué de cinq pièces élégantes qui ne sont pas les pièces originales mais qui ont été restaurées dans le même style (ouvert du mercredi au dimanche de 9h à 17h, visites guidées de 9h à 16h, entrée 2 $).

En continuant la 20th St. vers l'est, vous arrivez à **Gramercy Park**, un très beau parc entouré de grilles. Situé au commencement de Lexington Ave., entre la 20th St. et la 21st St., c'est le seul parc privé de Manhattan. Ce square fut construit en 1831 par Samuel B. Ruggles, un promoteur immobilier amateur d'espaces verts. Ruggles fit assécher un ancien marais et construisit un lotissement de 66 immeubles tout autour de la partie centrale. Les résidents prennent en charge les frais d'entretien du square et reçoivent en échange une clé leur permettant d'y accéder (pendant de nombreuses années, les clés étaient en or massif). Samuel B. Ruggles était persuadé que non seulement le parc améliorerait la qualité de la vie des habitants du quartier, mais aussi qu'avec les années il augmenterait la valeur immobilière du secteur. Près de 150 ans plus tard, le parc, avec ses larges allées de gravier, n'a pratiquement pas changé. Etant le dernier parc privé de New York, il est remarquablement entretenu par ses propriétaires. Le quartier qui l'entoure est l'un des plus chics de la ville. Les trottoirs bordés d'arbres et de porches à escaliers offrent une bouffée d'air frais, à l'écart du bruit des voitures plus à l'est et à l'ouest. Non loin de là, la 19th St., avec sa verdure luxuriante, est appelée "Block Beautiful" par les gens du coin. C'est là que se trouvent la plupart des hôtels particuliers du quartier.

En face du parc, au n° 28 Gramercy Park South, siège la **Brotherhood Synagogue**. C'était, à l'origine, un temple de la Société des amis, dont la construction fut commandée en 1859 par des quakers. Ils demandèrent au cabinet d'architectes King et Kellum de concevoir "un édifice de bon goût, tout simple, sobre et épuré, en évitant toute ornementation superflue". Avec ses corniches, ses frontons et ses fenêtres cintrées sans fioritures, ce bâtiment de style anglo-italien respecte à la lettre le cahier des charges.

A peine plus à l'est, entre la 2nd Ave. et la 3rd Ave., se trouve le **Police Academy Museum**, dans les locaux de l'Académie de police de New York, au 235 E. 20th St. (477-9753, voir Musées, p. 318). En remontant Lexington Ave., se dresse, à l'angle de la 26th St., le bâtiment du **69th Regiment Armory** (arsenal du 69e régiment). C'est ici que se tint la fameuse exposition de 1913 qui fit découvrir à l'Amérique Picasso, Matisse et Duchamp. Des artistes que Theodore Roosevelt qualifia de "bande d'allumés"...

En descendant vers le sud, on aboutit rapidement à **Union Square**, délimité par Broadway, Park Ave. South, la 17th St. et la 14th St. Avant la guerre de Sécession, ce quartier était fréquenté par la haute société new-yorkaise. Au début du siècle, le nom prit tout son sens (*"union"* signifiant également "syndicat") lorsqu'il devint le point de ralliement du mouvement syndical socialiste de New York, qui y organisa de grandes manifestations. Plus tard, les travailleurs (et à peu près tout le monde) abandonnèrent le square aux dealers et aux ivrognes. En 1989, la municipalité décida de reprendre les choses en main. Aujourd'hui, le parc n'est peut-être pas un éden immaculé, mais il est agréable et généralement assez sûr. Comme la plupart des lieux publics de Manhattan, il héberge une population variée, allant des sans-abri aux amateurs de bains de soleil, en passant par les pigeons. La statue de George Washington serait la plus belle sculpture équestre du pays. Tous les mercredis, vendredis et samedis, une odeur de fines herbes et de pain frais envahit le parc ; des agriculteurs et des boulangers de toute la région se rassemblent au **Union Square Greenmarket**, pour vendre légumes, confitures, pâtisseries et autres produits du terroir venant des quatre coins du très grand New York.

Sur le côté est du parc s'élève le bâtiment néoclassique de l'**American Savings Bank**. Bien qu'il ait été conçu par Henry Bacon, l'architecte du Lincoln Memorial de Washington, cet édifice n'a jamais été classé monument historique. La banque fut placée sous administration judiciaire en 1992 et le bâtiment fut vendu 2 millions de dollars un an plus tard pour être transformé en bar-restaurant de 300 couverts, la **House of Blues**.

Surplombant le chantier, un groupe d'immeubles modernes porte des chapeaux pointus éclairés la nuit. Ce sont les **Zeckendorf Towers**, au 1 Irving Pl., entre la 14th St. et la 15th St. Leurs sommets triangulaires à quatre faces, dotées chacune d'une horloge, sont un clin d'œil à l'architecte Cass Gilbert, qui avait l'habitude de coiffer ses constructions d'un toit pyramidal (le New York Life Insurance Building de Madison Square par exemple).

En tournant à gauche dans la 14th St., on arrive au **Palladium**, 126 E. 14th St., entre la 3rd Ave. et Irving Pl. Cette ancienne salle de cinéma a été transformée en discothèque par le designer japonais Arata Isozaki en 1985. Elle est connue pour sa peinture murale signée Keith Haring et son escalier décoré de 2 400 petites lumières. Madonna et ses amis avaient coutume d'y faire la fête, pendant que ses fans faisaient la queue des heures durant pour y entrer. Aujourd'hui, l'ex-"Material Girl" devenue maman est partie sous d'autres cieux, laissant la place à une clientèle de banliusards du New Jersey. Malgré tout, le club, qui se vante d'avoir la plus grande piste de danse du monde, accueille toujours d'énormes fêtes. (Voir Boîtes de nuit, p. 351.)

■ Chelsea

L'écrivain Clement Clark Moore n'était pas seulement un artiste prolixe, il possédait également un bonne partie du quartier de Chelsea, qu'il avait hérité de son grand-père. C'est lui qui fut à l'initiative de son développement au milieu du XIXe siècle. Il en résulta une cohérence architecturale, dans les styles néo-italien et Renaissance grecque, qui différencie ce quartier résidentiel des autres, où tous les genres sont mélangés. A l'origine, Chelsea (qui doit son nom au Chelsea Hospital de Londres) s'étendait à l'ouest de la 8th Ave. jusqu'à l'Hudson et de la 14th St. à la 23rd St. Aujourd'hui, le quartier s'étale un peu plus vers le nord et vers l'ouest. Depuis peu, Chelsea connaît une véritable renaissance. Quelques-uns des bars et des clubs les plus en vogue de la ville s'y sont installés. Une importante communauté gay et lesbienne mélangée à une population *yuppie* prétendument artiste donne aux rues un parfum "Greenwich Village". De nombreux bars, restaurants et magasins du quartier arborent le drapeau arc-en-ciel et soutiennent les diverses actions de la communauté homosexuelle (journées de la Gay Pride, manifestations, etc.). Contrairement à d'autres secteurs de la ville, Chelsea bénéficie vraiment d'une ambiance de quartier. On y voit souvent ses habitants prendre le soleil, lire ou discuter, assis sur les marches des perrons (il arrive même que l'on vous dise bonjour).

St. Peter's Church s'élève majestueusement au 356 E. 20th St., entre la 8th Ave. et la 9th Ave. C'est la plus vieille église néogothique des Etats-Unis. Les maisons qui composent **Cushman Row**, du 406 au 418 W. 20th St., offrent un bon exemple de l'architecture développée par Clement Moore : des *brownstones* dans le style Renaissance grecque avec des balustrades en fer forgé. Ces maisons cossues sont situées en face de St. Peter's Church et du séminaire de New York, le **General Theological Seminary**, qui abrite une oasis de verdure où fleurissent de magnifiques parterres de roses (243-5150, l'entrée se trouve au 125 9th Ave., entre la 20th St. et la 21st St.). Avec un peu de chance, vous verrez peut-être de jeunes moines jouer au tennis. (Le domaine du séminaire est ouvert du lundi au vendredi de 12h à 15h, le samedi de 11h à 15h.) Il faut admirer aussi l'originale copropriété abritant les **London Terrace Apartments**, qui couvrent tout un pâté de maisons, ainsi que l'élégante demeure de style Renaissance grecque située au 414-416 W. 22nd St., également entre la 9th Ave. et la 10th Ave.

Le Chelsea actuel porte encore les traces de son passé industriel, notamment dans l'ouest du quartier, le long de la 10th Ave. et de la 11th Ave. Cependant, comme la plupart des zones d'entrepôts de Manhattan, West Chelsea s'embourgeoise petit à petit, et des îlots branchés, avec des bars, des restaurants et des théâtres, éclosent dans ces vastes espaces où les loyers sont encore modérés. Les larges rues ainsi que la taille gigantesque des bâtiments, des fenêtres et des entrées pour véhicules donnent au quartier un aspect démesuré assez cocasse. Le summum, dans le genre, est le **Chelsea Piers**, un immense complexe de loisirs et de sport qui était autrefois un port où accostaient les transatlantiques. Dans cet important repaire *yuppie*, les New-Yorkais jouent au golf (en salle !) et boivent, le soir venu, des hectolitres de bière. Les entrepôts de la **Terminal Warehouse Company** s'imposent par leur forme massive le long de la 11th Ave. et de la 12th Ave., entre la 27th St. et la 28th St. Le toujours séduisant, quoique moins majestueux, **Starett-Lehigh Building** est situé à l'angle de la 11th Ave. et de la 26th St. Le soir, soyez prudent car le quartier est un peu désert.

Peu d'endroits au monde peuvent se vanter d'avoir accueilli autant de personnalités du monde des arts que le mythique **Hotel Chelsea**, 222 W. 23rd St. (243-3700). Quelque 150 livres ont été écrits dans ce complexe caverneux de 400 chambres. Parmi les écrivains clients de l'hôtel, citons Arthur C. Clarke, Arthur Miller, William Burroughs, Mark Twain, Eugene O'Neill, Vladimir Nabokov et Dylan Thomas. Des musiciens comme Joni Mitchell et John Lennon, des peintres (Jasper Johns) y ont eu une chambre attitrée à un moment donné. C'est également ici que Sid Vicious, le bassiste des Sex Pistols, a tué sa petite amie Nancy, que *9 semaines 1/2* fut filmé et que le photographe Robert Mapplethorpe ou la chanteuse Patti Smith descendent. Curieusement, en dépit de la renommée que lui ont faite toutes ces célébrités, l'hôtel est remarquablement discret. Selon la rumeur, l'acteur Ethan Hawke (révélé dans *le Cercle des poètes disparus*) y habiterait, mais ne comptez pas sur le personnel de l'hôtel pour vous le confirmer. Chaque chambre est unique (chambre simple à partir de 110 $, chambre double à partir de 135 $).

Le petit matin est le moment le plus agréable pour se promener au **Flower District** (quartier aux fleurs) de la 28th St., entre la 6th Ave. et la 7th Ave. Plus tard dans la journée, si vous êtes dans les environs de la 27th St. et de Broadway, arrêtez-vous chez les grossistes. On y trouve un bric-à-brac invraisemblable d'articles d'importation : des vidéos X aux fausses poupées Barbie, en passant par les perruques "100 % cheveux naturels". Durant les week-ends, quand il fait beau, les parkings de Chelsea accueillent des expositions d'antiquaires et des marchés aux puces, notamment à hauteur de la 25th St., de la 26th St. et de la 27th St., sur la 6th Ave. Des articles plutôt chers côtoient tout un tas d'objets bon marché, inutiles et irrésistibles...

■ West Midtown

Si vous voulez fuir East Midtown, ses boutiques de luxe et ses immeubles de bureaux prétentieux, venez donc faire un tour à West Midtown. Ce quartier, situé à l'ouest de la 6th Ave., entre la 31st St. et la 59th St., est plutôt doré au néon qu'à l'or fin. C'est le royaume des théâtres de Broadway, des restaurants bon marché et des *peep shows* aux devantures glauques. C'est le New York du film *Macadam Cowboy*, où de vieux entrepôts et des rues enfumées se révèlent sous les lumières blafardes de Broadway. C'est aussi un quartier en pleine restructuration qui tente de gommer les aspects les moins respectables de ses rues.

■ Garment District et Herald Square

La **Pennsylvania Station** (Penn Station), à l'angle de la 33rd St. et de la 7th Ave., est l'un des exemples architecturaux les moins intéressants de West Midtown. Gare ferroviaire et station de métro importante, elle a au moins le mérite d'être fonctionnelle. Le bâtiment initial, construit en marbre sur le modèle des thermes romains de l'empereur Caracalla, fut démoli dans les années 60, sans raison valable. La nouvelle gare est souterraine et les voies ferrées sont cachées sous le **Madison Square Garden (MSG)**, la plus importante salle de spectacle de New York. Le MSG accueille aussi bien des artistes renommés que les matchs de l'équipe de basket des Knicks et de l'équipe de hockey des Rangers, championne des Etats-Unis en 1994. Des visites guidées sont organisées tous les jours, qui vous emmènent jusque dans les vestiaires des joueurs et dans les loges les plus luxueuses (voir Circuits touristiques, p. 166). En face, au 421 8th Ave., l'immense bureau de la poste centrale de New York occupe le **James A. Farley Building**. Achevé en 1913, cet imposant bâtiment est d'une facture néoclassique superbe. L'immense fronton porte la célèbre devise de l'U.S. Postal Service : "Ni la neige, ni la pluie, ni la canicule, ni l'obscurité de la nuit ne nous détourneront de notre mission : distribuer le courrier en temps et en heure." Pendant les heures d'ouverture, ne manquez pas de jeter un coup d'œil aux affiches portant les photos et les empreintes digitales des criminels les plus recherchés des Etats-Unis. Une pièce fait office de **Post Office Museum** (musée de la poste), où sont fièrement exposés les chapeaux des uniformes d'antan, des balances ou encore des cravates d'employés.

Plus à l'est sur la 34th St., entre la 7th Ave. et Broadway, se dresse, sur tout un pâté de maisons, l'immeuble monolithique du grand magasin **Macy's** (voir Shopping, Grands magasins, p. 365). Ce géant, qui vient récemment d'être dépassé de $1/10^e$ de m^2 par un magasin allemand, a dû troquer son slogan de "Plus grand magasin du monde" pour celui de "Premier magasin du monde". En 1857, le chiffre d'affaires de sa première journée s'élevait à 11,06 $. Aujourd'hui, le magasin occupe 9 étages (sans compter le sous-sol) sur 185 000 m^2. Mais un récent dépôt de bilan lui a cruellement rappelé la modestie de ses origines et son avenir demeure incertain. Pour Thanksgiving (4e jeudi de novembre), Macy's sponsorise la désormais traditionnelle **Macy's Thanksgiving Day Parade**, un immense défilé de ballons de baudruche géants, parfois hauts de 10 étages, à l'effigie des héros de la culture américaine populaire, comme Snoopy ou Donald. Le tout est accompagné de fanfares, de chars et d'un tohu-bohu réjouissant. La parade est généralement fermée par le Père Noël, qui annonce ainsi l'arrivée prochaine des cadeaux pour les enfants. Si vous êtes à New York en août, allez voir la "Tapamania" organisée par Macy's : des centaines de danseurs font des claquettes sur les trottoirs de la 34th St.

En continuant sur la 34th St. vers l'est, vous trouvez des dizaines de solderies dans lesquelles il y a vraiment de tout, des rebuts d'usine jusqu'aux gadgets les plus kitsch. Vous pouvez y fouiner pendant des heures mais ces magasins sont toujours bondés et les queues aux caisses peuvent être très longues.

Plus au nord s'étend le **Garment District** (quartier de la confection), le long de la 7th Ave. (appelée sur cette portion Fashion Avenue, l'avenue de la mode), entre

Upper
Midtown

Lincoln
Center

W. 62nd St.

W. 61st St.

CENTRAL
PARK

W. 60th St.

St. Paul
the Apostle

W. 59th St.

Maine
Monument

Central Park South

W. 58th St.

COLUMBUS
CIRCLE

W. 57th St.

New York
Convention &
Visitors Bureau

Russian
Tea
Room

W. 56th St.

Carnegie
Hall

W. 55th St.

Eleventh Ave.

Tenth Ave.

W. 54th St.

Ninth Ave.

Eighth Ave.

Seventh Ave.

W. 53rd St.

W. 52nd St.

W. 51st St.

W. 50th St.

W. 49th St.

W. 48th St.

W. 47th St.

Guardian Angels
Headquarters

THEATER
DISTRICT

W. 46th St.

W. 45th St.

Shubert
Theater

W. 44th St.

DUFFY
SQUARE

W. 43rd St.

Sardi's

W. 42nd St.

Central
Synagogue

TIMES
SQUARE

Port Authority
Bus Terminal

W. 41st St.

W. 40th St.

Broadway

Lincoln Tunnel

Dyer Ave.

W. 39th St.

W. 38th St.

Eighth Ave.

Seventh Ave.

W. 37th St.

Jacob K. Javits
Convention
Center

W. 36th St.

W. 35th St.

Macy's

W. 34th St.

Eleventh Ave.

Tenth Ave.

W. 33rd St.

Ninth Ave.

General
Post Office

Madison Square
Garden

W. 32nd St.

Penn
Station

W. 31st St.

W. 30th St.

GARMENT DISTRICT

la 34th St. et la 42nd St. Ce quartier abritait autrefois la majeure partie des ateliers de confection de la ville, dont les conditions de travail étaient souvent inhumaines. Près du coin de la 39th St., "The Garment Worker" (l'ouvrier en confection) représente un vieil homme courbé sur une machine à coudre qui est censé commémorer cette époque. Dans tout le quartier, il reste de nombreux magasins de gros ou de détail, qui vendent du tissu, des bijoux, des vêtements ou encore du cuir.

Au croisement de la 34th St., de Broadway et de la 6th Ave., le **Herald Square** est une petite place au milieu d'un carrefour à l'activité toujours trépidante. Au centre d'un triangle d'asphalte, une statue de Minerve surplombant des carillonneurs vous invite à vous asseoir pour vous reposer quelques instants.

■ Times Square et Theater District

Juste au nord du Garment District se trouve **Times Square**, le carrefour le plus célèbre de Manhattan, avec ses néons géants, ses théâtres, son animation permanente et ses scènes de rue typiques de New York. Broadway y croise la 7th Ave., à la hauteur de la 42nd St. Mais, pour la plupart des New-Yorkais, Times Square a aussi été pendant longtemps le cœur "pourri" de la Grosse Pomme : délabré, mal famé, avec ses pickpockets et ses sex-shops. Le quartier a fait de gros efforts pour améliorer son image. Le principal acteur de cette rénovation fut le Times Square Business Improvement District (BID), un groupement d'habitants et d'hommes d'affaires du quartier. Le BID débuta sa campagne d'assainissement en 1992. Il entreprit d'employer quotidiennement 45 employés de nettoyage (vêtus de combinaisons rouges) accompagnés de 40 agents de sécurité. Le résultat ne se fit pas attendre. Les ordures furent évacuées des trottoirs, les vols avec violence ont diminué de 40 %, les vols à la tire de 43 % et le nombre de sex-shops, qui avait culminé à 140 à la fin des années 70, est descendu en dessous de 40. En fait, le crime et la misère n'ont pas vraiment disparu mais se sont tout simplement déplacés vers l'ouest. La société Disney joue également un rôle important dans ce grand nettoyage. A la place des sex-shops de la 42nd St. (entre la 7th Ave. et la 8th Ave.), elle prévoit la construction d'un complexe de spectacles et de loisirs ainsi que d'un hôtel de 47 étages. Elle a également presque achevé la remise en état du vieux New Amsterdam Theater, où pendant plus de 20 ans la troupe des Ziegfield Follies a présenté sa revue de danse. De l'autre côté de la rue, Madame Tussaud, le célèbre musée londonien, projette de transformer les anciens théâtres Liberty, Empire et Harris en un musée de cire et un complexe cinématographique de 29 salles. Enfin, dernier acte de cette "aseptisation" du quartier, le Victory Theater, où se sont produits les comiques Abbot et Costello et où le magicien Houdini fit disparaître un éléphant, est en pleine rénovation et deviendra bientôt un théâtre pour enfants.

Malgré tout, Times Square reste toujours Times Square, avec ses néons clignotants, ses écrans muraux géants et ses immenses panneaux publicitaires (les *billboards*). Cette profusion de lumières et de spots est savamment orchestrée par la municipalité, puisqu'un décret oblige tous les bureaux alentour à couvrir leurs façades de néons. C'est ce qui explique par exemple l'énorme panneau lumineux situé au sommet de l'immeuble Morgan Stanley, qui affiche les cours de la Bourse. C'est surtout à la nuit tombée que Times Square prend toute sa dimension. Le 31 décembre à minuit, des millions de New-Yorkais se retrouvent à minuit pile sur la place, une bière à la main, pour regarder une immense pomme tomber du sommet de la Times Tower, annonçant ainsi la nouvelle année. Le reste du temps, on croise sur la place des adolescents en quête de fausses pièces d'identité (pour entrer dans les bars avant 21 ans), des arnaqueurs qui cherchent à profiter de la naïveté des passants et une foule impressionnante de badauds. Un million et demi de personnes traversent Times Square chaque jour et toute cette animation se prolonge jusque tard dans la nuit. L'ambiance de carnaval, d'agitation et de chaos qui règne ici est unique (et peut-être hélas ! en voie de disparition…). N'oubliez pas de vous arrêter au **Visitors Center**, 229 W. 42nd St., au coin nord-ouest de la

42nd St. et de la 7th Ave. On vous y donne toutes les informations et tous les conseils que vous désirez (ouvert tous les jours de 9h à 18h). Le *visitors center* propose aussi une visite guidée à pied du secteur, d'une durée de 2h, tous les vendredis à 12h.

A l'ouest de Times Square sont installés les bureaux du **New York Times** (556-1600), au 229 W. 43rd St. Le célèbre quotidien, dont la qualité des articles est citée en modèle dans les écoles de journalisme du monde entier, fut fondé en 1851. Il donna son nom à Times Square en 1904 lorsqu'il s'installa au 1, Times Square, le grand building triangulaire situé au sud du square.

En empruntant la 42nd St. vers l'ouest, vous pouvez observer les travaux en cours qui visent à remplacer les cinémas porno et les sex-shops par des établissements touristiques plus respectables (adieu *Taxi Driver !*). Un peu plus loin se trouve **Port Authority Bus Terminal**, la gare routière centrale d'où partent un nombre invraisemblable de bus à destination des quatre coins de l'Amérique. Malgré la présence de nombreux policiers, cette zone est mal fréquentée et peut être dangereuse, surtout la nuit. Restez dans les rues principales, évitez de dormir dans la gare routière et essayez de passer inaperçu.

Plus à l'ouest sur la 42nd St., entre la 9th et la 10th Ave., s'étend le **Theater Row** (la rue des théâtres). Le block entier est ponctué de théâtres rénovés. A deux pas, le **Theater District** (le quartier des théâtres) s'étire de la 41st St. à la 57th St., le long de Broadway et de la 8th Ave. Les coûts de production exorbitants des grandes comédies musicales ont provoqué la transformation de certains théâtres en salles de cinéma. D'autres sont laissés à l'abandon. Aujourd'hui, 37 théâtres sont encore en activité, pour l'essentiel aux environs de la 45th St. et 22 d'entre eux ont été classés monuments historiques (voir, Théâtre, p. 324). Un peu à l'ouest de Broadway, entre la 44th St. et la 45th St. et juste en face du Shubert Theater, se trouve la **Shubert Alley**, une rue piétonne privée. C'était à l'origine une sortie de secours en cas d'incendie, située entre le Booth Theater et le Shubert Theater. Après les représentations, les fans viennent traîner devant l'entrée des artistes pour faire signer leurs programmes.

Dans l'ombre de chaque spectacle travaillent des auteurs, des compositeurs et des paroliers. Leurs intérêts sont protégés par une association, la **Dramatists Guild**. Elle est installée au 234 W. 44th St. (398-9366), dans les appartements de grand standing de J. J. Shubert, le nabab de Broadway qui popularisa le théâtre dans les années 20 et 30. Parmi les membres célèbres de l'association, on peut citer Stephen Sondheim, Peter Stone et Mary Rodgers. D'après la charte, "les producteurs, les metteurs en scène, les agents, les étudiants, les académiciens et les protecteurs des arts" peuvent tous adhérer à la Dramatists Guild, moyennant une cotisation annuelle de 50 $. Des fans chasseurs d'autographes sont toujours postés à l'extérieur de l'immeuble.

Un peu plus au nord-ouest se trouve le **Meat-Packing District** (le quartier des abattoirs), un mélange d'entrepôts, de quais de chargement et de lofts. Ce quartier de Manhattan essaie de faire oublier sa réputation de coupe-gorge et commence timidement à s'embourgeoiser. La 46th St. est un bon exemple de la diversité qui le caractérise : au bout de **Restaurant Row** (une rue bordée de restaurants chics et chers, qui s'adressent aux spectateurs des théâtres), les **Guardian Angels** (397-7822) occupent un petit local près du coin de la 8th Ave. et de la W. 46th St. Coiffés de bérets rouges qui leur tiennent lieu d'auréoles, ces anges gardiens constituent une sorte de milice dont la vocation est de combattre le crime. Ils ne sont pas armés mais experts en arts martiaux et n'hésitent pas à effectuer des arrestations. Les Guardian Angels sont réputés pour leur résistance physique : Curtis Sliwa, leur fondateur controversé, a réussi une fois à mettre en déroute ses agresseurs, alors qu'il venait de se faire tirer dessus deux fois et jeter hors d'un taxi. Les Angels ont peint à la bombe un très beau tag sur leur porte d'entrée, évitant ainsi que d'autres le fassent à leur place (en moins bien).

Une dizaine de rues plus au nord, au 130 W. 55th St., se trouve le **City Center Theater**, une ancienne mosquée transformée en théâtre en 1943. Les portes sont toujours ornées d'étoiles et de croissants. Aux étages supérieurs, quatre minuscules fenêtres sont orientées vers la Mecque et le toit est coiffé de dômes mauresques. Dans le hall, des mosaïques complexes entourent les ascenseurs.

A la question "Comment fait-on pour jouer au **Carnegie Hall** ?", la réponse rituelle est : "Du travail, du travail, du travail." Cette illustrissime salle de concerts, construite en 1891 à l'angle de la 57th St. et de la 7th Ave., est toujours la plus importante scène musicale de New York. Au fil du temps, son nom est devenu synonyme de grands succès. Les plus grands noms de la musique s'y sont produits : Tchaïkovski (qui inaugura les lieux), Caruso, Toscanini, Bernstein pour n'en citer que quelques-uns. En 1957, Dizzy Gillespie, Ella Fitzgerald et Charlie Parker se sont succédé sur la scène. En 1964, les Beatles et les Rolling Stones y ont joué à quelques mois d'intervalle. Parmi les événements mémorables, il y eut aussi la première mondiale de la *Symphonie n° 9* de Dvorák (plus connue sous le nom de *Symphonie du Nouveau Monde*) le 16 décembre 1893, une conférence fameuse d'Albert Einstein en 1934 et le dernier discours public de Martin Luther King, Jr., le 28 février 1968.

Comme le Radio City Music Hall (du Rockefeller Center), le Carnegie Hall a failli être victime du "syndrome du music-hall" puisqu'il devait être démoli dans les années 50 pour être remplacé par un immeuble de bureaux. Heureusement, grâce au soutien de New-Yorkais indignés, l'Etat de New York adopta en 1960 un texte législatif spécial, le sauvant ainsi d'une destruction imminente. En 1985, pour commémorer le 25ᵉ anniversaire de cet événement, un programme de rénovation de 50 millions de dollars a permis le ravalement de la façade (elle en avait besoin) et la modernisation des coulisses. A cette occasion, on répara enfin le plafond, qui avait été endommagé lors du tournage du film *Carnegie Hall* en 1946 (le trou avait ensuite été simplement recouvert de toile et d'un rideau). D'après la rumeur, c'est ce trou qui aurait rendu l'acoustique de Carnegie Hall aussi parfaite. (Visites guidées les lundi, mardi, jeudi et vendredi à 11h30, à 14h et à 15h. Entrée 6 \$, étudiants et personnes âgées 5 \$, enfants de moins de 9 ans 3 \$. Renseignements au 903-9790.) Le **musée du Carnegie Hall** présente des objets et des documents qui retracent un siècle d'histoire (ouvert du jeudi au mardi de 11h à 16h30, entrée libre, voir, Musique classique, p. 340).

■ Columbus Circle et Hell's Kitchen

Situé à l'intersection de la 8th Ave. et de Central Park South, **Columbus Circle** marque à la fois la limite nord de West Midtown, l'angle sud-ouest de Central Park et le début de l'Upper West Side. Insensible au vacarme qui l'entoure, Christophe Colomb (auquel Columbus Circle doit son nom) se tient sur son piédestal. Au nord-est de Columbus Circle, le **Maine Monument** rend hommage aux marins morts à bord du navire *U.S.S. Maine*, coulé en 1898 par les Espagnols. Ce drame avait marqué le début de la guerre hispano-américaine. Le **New York Convention and Visitors Bureau**, au 2 Columbus Circle, met à votre disposition toutes sortes de brochures et de coupons de réduction et offre ses conseils (tél. 397-8222, ouvert du lundi au vendredi de 9h à 18h, le week-end de 10h à 15h).

Non loin de là, à l'ouest de Colombus Circle, se trouve le **New York Coliseum**. Il fut construit en 1954 pour faire office de palais des congrès. Mais ce rôle est tenu aujourd'hui par le **Jacob K. Javits Convention Center** (sur la 12th Ave., entre la 34th St. et la 38th St.). Du coup, l'avenir du Coliseum est plutôt incertain. Son parvis accueille pour l'heure les sans-abri qui tentent de se protéger du vent et qui sont régulièrement chassés par la municipalité.

Hell's Kitchen (la cuisine de l'enfer), situé à l'ouest de la 9th Ave., entre la 34th St. et la 59th St., était autrefois un quartier violent, habité par des immigrants pauvres, des bandes de truands et des cochons errants. Hell's Kitchen était même considéré comme l'un des secteurs les plus dangereux des Etats-Unis ; les policiers y patrouillaient par groupes de quatre au minimum. C'est également là que Daredevil, le super-héros aveugle des *Marvel Comics*, combattait le crime. Aujourd'hui, les taudis surpeuplés ont disparu et une foule "artiste" occupe le quartier, qu'elle veut rebaptiser **Clinton**, pour lui donner un côté moins inquiétant (quoique pas totalement neutre). La 9th Ave. et la 10th Ave. sont bordées de restaurants, de *delis* et de pubs bon marché. C'est l'un des meilleurs endroits de New York pour goûter les cuisines du monde entier. La **Church of St. Paul the Apostle** (entrée sur la 9th Ave.) est une église gothique en grès brun, située au 415 W. 59th St., entre la 9th Ave. et la 10th Ave. Un haut-relief sur une mosaïque bleu ciel surplombe l'impressionnante porte en bois sculpté. A l'intérieur de l'église, les murs sont couverts de dioramas représentant la Passion du Christ. (Messes en anglais et en espagnol.)

En mai 1990, des étudiants en colère occupèrent pendant deux semaines le **John Jay College of Criminal Justice**, pour protester contre une hausse des frais de scolarité. Situé au 899 10th Ave., à hauteur de la 58th St., ce bâtiment néovictorien, qui date de 1903, abritait auparavant le lycée DeWitt Clinton Highschool (où a étudié notamment le couturier Calvin Klein). Diverses rénovations ont doté l'ensemble d'un atrium postmoderne et d'une aile supplémentaire. La façade blanche de l'édifice est décorée de statues, de gargouilles maussades, de passereaux excités et de feuilles de vigne. La scène se déroule sous l'œil impassible de l'aigle américain.

■ East Midtown

East Midtown s'étend à l'est de la 6th Ave., entre la 34th St. et la 59th St. C'est le New York que les gens ont en tête lorsqu'ils imaginent Big Apple. Sur ses trottoirs se croisent les visiteurs ébahis, l'œil rivé à leur appareil photo, les femmes d'affaires pressées, en tailleur de chez Ann Taylor et en tennis blanches, et les marchands aux aguets, avec leurs mallettes remplies de montres. A East Midtown, on juge un immeuble à sa hauteur, un hôtel à la taille de ses lustres et une personne à l'épaisseur de son portefeuille et/ou de son compte en banque. Ne soyez pas impressionné par le gigantisme et l'hystérie d'East Midtown, surveillez juste vos dépenses et laissez-vous emporter par la frénésie urbaine.

■ Empire State Building

"L'Empire State Building… Ooh ! c'est haut !"
Serge Gainsbourg, "New York USA"

Depuis que King Kong a escaladé l'Empire State Building (les New-Yorkais prononcent souvent "Empailleur Staybuilding") avec l'élue de son cœur en 1933, cet édifice mondialement connu attire des hordes de visiteurs. On vient y admirer la vue qui s'étend de son sommet, loin, si loin de l'agitation des rues. Le spectacle de Manhattan illuminée ravit les nombreux couples d'amoureux qui s'y rendent après le coucher du soleil. Autres types de visiteurs, les dépressifs suicidaires, qui, dans le passé, se sont jetés du sommet et, plus récemment, les touristes extraterrestres d'*Independence Day* qui se sont fait remarquer par leur mauvaise conduite. Ce building est devenu un élément indispensable du paysage urbain, aussi indissociable de l'image de New York que les taxis jaunes, les *bagels*, et la Statue de la Liberté. Il n'est peut-être plus le plus haut du monde (ce sont les Petronas Towers en Malaisie), ni même de la ville (les Twin Towers du World Trade Center le dépassent de quelques étages), mais son imposante flèche accapare toujours les cartes postales, les films et le cœur des New-Yorkais.

Construit en deux ans seulement à l'emplacement des premiers hôtels Waldorf et Astoria, l'Empire State Building fut un pionnier du design Arts-Déco, avec sa structure de pierre (calcaire et granit) et d'acier inoxydable. Son inauguration eut lieu en 1931. Avec 443 m de hauteur (l'antenne de télévision incluse) et 73 ascenseurs, dont les cages, mises bout à bout, totalisent 3,2 km de long, il fut l'un des premiers gratte-ciel vraiment spectaculaires. Contrairement à la forêt de monolithes qui a poussé autour de Wall St. plus au sud, l'Empire est l'un des seuls géants de Midtown.

VISITES

Pour renforcer sa singularité, les trente derniers étages sont illuminés chaque soir jusqu'à minuit, changeant de couleur en fonction des commémorations ou des grands événements, par exemple en bleu, blanc et rouge pour la fête nationale (le 4 juillet, jour de l'Indépendance), ou en vert pour le jour de la saint Patrick.

Le hall d'entrée de l'immeuble est, jusque dans ses moindres détails (boîtes aux lettres et portes d'ascenseur comprises), un exemple d'architecture Arts-Déco. Des flèches indiquent l'escalator qui mène au hall du sous-sol (*concourse level*), où sont en vente les tickets d'accès à l'observatoire. Avant de monter, n'oubliez pas de consulter le panneau indiquant le niveau de visibilité. Si le ciel est bien dégagé, vous pouvez voir à 80 *miles* (130 km) à la ronde. Lorsque la visibilité n'est que de 5 *miles* (8 km), on aperçoit malgré tout la Statue de la Liberté. (Observatoire ouvert tous les jours de 9h30 à minuit, tickets en vente jusqu'à 23h30. Entrée 4,50 $, enfants de moins de 12 ans et personnes âgées 2,25 $. Informations sur l'observatoire au 736-3100.)

Une fois au sommet de l'observatoire, vous pouvez soit vous promener sur les terrasses ventées (86e étage), à plus de 320 m au-dessus du klaxon des voitures, soit admirer le panorama depuis une rotonde climatisée (102e étage). Quel que soit votre choix, la vue (surtout la nuit) laisse sans voix et émeut même les plus blasés. On comprend pourquoi l'Empire apparaît dans autant de films romantiques, de *Nuits blanches à Seattle* à *Elle et Lui* (Cary Grant et Deborrah Kerr) en passant bien sûr par *King Kong*. De là-haut, il est également impressionnant de penser au nombre de gens entassés sur l'étroite bande de terre que constitue Manhattan. Votre émotion maîtrisée, observez l'agencement de la ville, sachant que l'Empire State Building est situé au cœur du damier formé par les rues et les avenues. Le superbe panorama permet d'apprécier au nord l'immense rectangle de verdure de Central Park, tandis qu'en se tournant vers le sud on peut faire des grimaces aux visiteurs juchés au sommet du World Trade Center.

Si vous cherchez encore des émotions fortes, l'Empire State Building abrite le **New York Skyride**, une simulation de voyage en vaisseau spatial à travers New York, qui cloue les spectateurs à leurs fauteuils. Elle est commentée par le Scotty de *Star Trek* et assaisonnée des blagues douteuses de Yakov Smirnoff. Ouvert de 10h à 22h, entrée 8 $, personnes âgées et enfants de moins de 12 ans 6 $, forfait observatoire/Skyride 10 $. (564-2224, messagerie vocale.)

Le **Guinness World's Record Exhibit Hall** (musée du Livre des records, 947-2335), situé au sous-sol (*concourse level*), tente lui aussi d'impressionner les visiteurs. D'énormes figures de cire et de plastique sont censées représenter des "anomalies" de la nature comme l'homme le plus grand du monde, l'homme le plus gros ou la femme la plus tatouée du monde. Inutile de dire qu'il est difficile de faire plus kitsch… (Ouvert de 9h à 22h, entrée 7 $, enfants 3,50 $, forfait observatoire/Exhibit Hall 10 $, 5 $ pour les enfants.)

■ Murray Hill

Une fois que vous serez redescendu sur terre, le quartier proche de **Murray Hill**, à l'est de la 5th Ave., entre la 34th St. et la 42nd St., mérite un petit détour. C'est ici qu'habitaient les *"robber barons"* (barons voleurs), ces capitalistes américains de la fin du XIXe siècle, qui se sont enrichis en exploitant sans vergogne la classe ouvrière. De beaux *brownstones* et d'agréables immeubles résidentiels se prélassent à l'ombre des citadelles de verre et d'acier qui abritent des bureaux, juste un peu plus au nord. Au 205 Madison Ave., à l'angle de la 35th St., se trouve l'impressionnante **Church of the Incarnation**. Cette église, érigée en 1864, possède des vitraux de Tiffany (pas le bijoutier mais son fils), des sculptures d'Augustus Saint Gaudens (un sculpteur américain né en Irlande) et des mémoriaux d'un autre sculpteur américain, Daniel Chester French. Une brochure rose bien pratique, disponible à l'entrée, détaille les différentes œuvres d'art de l'église (ouvert du lundi au vendredi d'environ 11h30 à 14h mais les horaires sont variables et vous pouvez toujours tenter votre chance).

L'une des attractions de Murray Hill est la **Pierpont Morgan Library**, 29 E. 36th St. (685-0610), à hauteur de Madison Ave. La famille de J. Pierpont Morgan (le fondateur de la banque J.P. Morgan & Co.) a voulu faire de cette bibliothèque un temple voué au culte du livre. Avec ses expositions régulières et l'importance de son fonds, ce palais de style Renaissance tardive mérite une visite (voir Musées, p. 310).

■ La 42nd Street

Sur la 5th Ave., au nord du grand magasin chic **Lord and Taylor** (voir Shopping, p. 365), les environs de la 42nd St. sont animés aussi bien la journée que le soir. La grande bibliothèque municipale, la **New York Public Library**, se tient stoïquement sur le trottoir ouest de la 5th Ave., entre la 40th St. et la 42nd St. Lorsqu'il fait beau, ses marches de marbre sont prises d'assaut par les promeneurs qui souhaitent se reposer un instant du brouhaha de la rue. Deux puissants lions sculptés (nommés Patience et Force morale) surplombent les marches, en compagnie d'urnes grecques, de statues et de fontaines (celle qui se trouve à droite représente la Vérité, l'autre symbolise la Beauté). La brochure gratuite (*A Building to Celebrate*), fournie à l'entrée, met l'accent sur la richesse de la décoration intérieure comme de l'architecture extérieure.

Les remarquables expositions qui y sont organisées (il y a eu récemment une rétrospective sur les "Livres du siècle" et une étude sur l'avenir des bibliothèques sur Internet), associées à la majesté de la décoration (notez l'immense fresque consacrée à l'évolution du livre, de Moïse à l'époque moderne), rappellent au visiteur qu'ici on ne prend pas la lecture à la légère. Malheureusement, cette partie est réservée à la recherche. Si vous voulez lire, allez plutôt de l'autre côté de la rue, à l'annexe de Mid-Manhattan. Des visites guidées gratuites ont lieu du mardi au samedi à 12h30 et à 14h. Elles partent du Friends Desk, dans l'Astor Hall (appelez le 930-0502 pour plus de renseignements). Au 869-8089, une messagerie vocale signale les expositions et les événements à venir (la bibliothèque est ouverte le lundi et du jeudi au samedi de 10h à 18h, le mardi et le mercredi de 11h30 à 19h30).

Situé juste derrière la bibliothèque, l'agréable **Bryant Park** est délimité par la 42nd St. et la 6th Ave. C'est dans ce parc qu'eut lieu l'Exposition universelle de 1853. Des travaux d'aménagement récents en ont fait un havre de paix, à l'abri de l'asphalte et de l'acier environnants. L'après-midi, une foule hétéroclite investit les vastes pelouses bordées d'arbres pour discuter, se détendre ou bronzer. Une scène, installée à l'extrémité de la grande pelouse, accueille en été de nombreuses manifestations culturelles gratuites (projections de classiques du cinéma, concerts de jazz, pièces de théâtre). Appelez le New York Convention and Visitors Bureau (397-8222) pour le calendrier des manifestations. Le parc est ouvert de 7h à 21h.

En suivant la 42nd St. vers l'est, vous arrivez à la gare de **Grand Central Terminal**, entre Madison Ave. et Lexington Ave., dans l'axe de Park Ave. Construite en 1913 dans le style Beaux-Arts, la gare fut longtemps le principal point de convergence des voyageurs qui partaient ou arrivaient à New York. Depuis, Grand Central a été partiellement supplantée par Penn Station, la gare de bus de Port Authority et les trois aéroports de la ville, mais elle conserve toute sa splendeur. Un **Mercure** aux pieds ailés jaillit au-dessus de la fameuse horloge de 4 m de diamètre. Située sur le fronton de la gare, elle rappelle sans faillir aux voyageurs et aux banliusards qu'ils sont en retard. Une fois passée la porte, vous arrivez dans le **Main Concourse**, le grand hall, zébré par les rayons du soleil qui filtrent au travers des verrières. Récemment restauré, cette immense salle respire la majesté avec son marbre discret et sa voûte ornée des signes du zodiaque. De temps en temps, des musiciens amateurs viennent y jouer du jazz ou de la musique classique, pour détendre les voyageurs stressés.

Des passages souterrains, bordés de boutiques, partent du grand hall et serpentent jusqu'aux immeubles environnants. Allez acheter des journaux, des roses ou des souvenirs de New York ou contentez-vous de regarder la foule qui clopine, arpente, court, avance à grandes enjambées et zigzague dans tous les sens. Mais soyez vigilant car de nombreux pickpockets fréquentent aussi le hall. Des visites guidées gratuites ont lieu à 12h30 le mercredi au départ de la Chemical Bank, dans le Main Concourse, et le vendredi au départ du building Philip Morris, de l'autre côté de la rue.

Juste au nord de Grand Central Terminal se dresse le **Pan Am Building**, au-dessus de la 44th St. et de la 45th St. Ce monolithe bleu, haut de 59 étages, coupe Park Ave. en deux, au grand dam de nombreux New-Yorkais. Le logo familier de la compagnie aérienne Pan Am, qui a trôné pendant des années au sommet du bâtiment, a été remplacé par celui de la compagnie d'assurances Met Life. Cela n'empêche pas ce gratte-ciel d'avoir conservé son nom aux yeux de la plupart des New-Yorkais et bien sûr sa forme vaguement aérodynamique. Construit en 1963, le Pan Am Building est le plus grand immeuble de bureaux au monde : 223 000 m² de petits cubes cloisonnés, de boutiques encore plus tape-à-l'œil que celles de la gare centrale et de marbre rose, plus un agréable atrium, malheureusement dépourvu de bancs. Au fond du hall, juste au-dessus des ascenseurs, est accroché un immense tableau du peintre américain Josef Albers. Dans l'autre hall du building, au coin de E. 44th St. et de Vanderbilt Ave., se trouve une étrange sculpture en fil métallique qui joue avec la lumière et semble renfermer un atome en fission.

De l'autre côté de E. 45th St., au pied du Pan Am Building, s'élève le **Helmsley Building**. Il enjambe lui aussi Park Ave. mais trouve grâce aux yeux des New-Yorkais qui apprécient son apparence royale. Ancienne propriété du magnat des transports Cornelius Vanderbilt, l'immeuble appartient aujourd'hui à Leona et Harry Helmsley, dont la fortune s'élève à plusieurs milliards de dollars.

Une autre silhouette incontournable du paysage de Midtown est le **Chrysler Building**, à l'angle de la 42nd St. et de Lexington Ave. Ce magnifique gratte-ciel (le plus beau de New York ?), petit cousin Arts-Déco de l'Empire State Building, semble danser le charleston au milieu des constructions postmodernes qui se dressent dans le quartier. Le Chrysler est surmonté d'une flèche d'acier qui évoque une calandre de voiture et fait référence de manière spectaculaire à l'âge d'or de la firme Chrysler. Parmi les détails architecturaux à la gloire de l'automobile, il y a une frise de voitures en briques blanches et grises (au 30e étage), conclue à chaque angle par d'immenses bouchons de radiateur ailés, des gargouilles flamboyantes représentant des têtes d'aigle (à la base de la flèche), et bien sûr les éclairs stylisés de la flèche, symbolisant la puissance des nouvelles machines. A l'époque de sa construction, à la fin des années 20, le Chrysler Building était en compétition avec celui de la Bank of Manhattan, pour devenir le plus grand édifice du monde. Les promoteurs de la Manhattan Bank arrêtèrent leurs travaux lorsqu'il semblait certain qu'ils l'avaient emporté. C'est alors que les rusés architectes de Chrysler installèrent la flèche, qui avait été assemblée dans le plus grand secret. Et, en 1929, ce superbe et élégant building devint le plus haut du monde. Jusqu'à ce que l'Empire State Building le détrône, un an plus tard...

Plus à l'est sur la 42nd St., entre Park Ave. et la 2nd Ave., vous apercevez le **Daily News Building**, un bâtiment d'architecture assez pompeuse, siège du premier tabloïd américain à succès. Le journal et l'immeuble auraient servi d'inspiration au célèbre *Daily Planet*, où travaille Clark Kent lorsqu'il n'est pas déguisé en Superman. Bien que le *Daily News* s'adresse exclusivement à une clientèle new-yorkaise, le hall est affublé d'un gigantesque globe tournant (près de 4 mètres de diamètre), d'une horloge indiquant l'heure de chaque fuseau horaire et d'une représentation compliquée du système solaire. Les ex-RDA, Yougoslavie et URSS figurent toujours sur le globe.

Non loin de là, entre la 42nd St. et la 43rd St., à Tudor Pl. (elle-même située entre la 1st Ave. et la 2nd Ave.), se trouve le **Tudor Park**, un endroit ombragé et silencieux, idéal pour se reposer après toutes ces visites de buildings. Ce coin de verdure a un charme européen, avec ses chemins de gravillons, ses bancs métalliques, sa grille décorée et ses immenses chênes. (Ouvert tous les jours de 7h à 24h.) Du Tudor Park, un escalier courbe mène au **Ralph J. Bunche Park**, juste en face du siège des Nations unies. Une grande sculpture, des murs couverts de lierre et un bas-relief de visages gravés décorent ce petit square, ainsi qu'une citation d'Isaïe qui donne à réfléchir. Des activistes de tous bords s'y installent régulièrement, afin d'interpeller les fonctionnaires internationaux qui travaillent de l'autre côté de l'avenue.

Si le besoin de fuir la ville vous saisit pendant un instant, rendez vous au **siège des Nations unies** (963-4475). Situé le long de la 1st Ave., entre la 42nd St. et la 48th St., ce secteur est une zone internationale et n'est donc pas soumis à la juridiction en vigueur aux Etats-Unis. Les Nations unies, dont la création officielle remonte à juin 1945, s'installèrent ici en 1950. La Charte des Etats membres prévoit la recherche de solutions pacifiques en cas de conflit (les résultats sont pour le moins mitigés) et la promotion de la coopération internationale sous diverses formes. Six langues officielles ont cours pendant les assemblées : l'anglais, le français, l'espagnol, le russe, l'arabe et le chinois. A la tête de l'ONU figure un secrétaire général, élu pour cinq ans par l'Assemblée générale (il doit en outre faire l'unanimité au sein du Conseil de sécurité, constitué de 15 pays). Fin 1996, le Ghanéen Kofi Annan succéda ainsi à Boutros Boutros Ghali, que les officiels américains n'appréciaient guère. 184 drapeaux, correspondant aux 184 Etats membres, flottent à l'extérieur du bâtiment. Ils sont tous à la même hauteur et alignés par ordre alphabétique. Le siège des Nations unies est constitué de plusieurs bâtiments, dont le plus caractéristique est le Secretariat Building, un monolithe de 39 étages, extrêmement fin. Depuis la roseraie et le jardin de sculptures qui se trouvent peu après l'entrée des visiteurs, on accède à une promenade qui offre de belles vues d'East River. La statue de l'homme dénudé, aux muscles hypertrophiés, qui transforme une épée en soc de charrue, fut offerte par l'ancienne URSS en 1959. Une autre statue digne d'intérêt est celle de saint Georges terrassant un dragon ; elle ressemble étrangement à un fuselage d'avion.

Les séances de l'assemblée générale ont lieu dans le **General Assembly Building**. La grande salle, très années 60, est ouverte au public dans le cadre de visites guidées qui partent du fond du hall de l'immeuble. Des visites d'environ 45 mn commencent toutes les 15 mn entre 9h15 et 16h45 et sont proposées en 20 langues différentes, en fonction de la demande. N'oubliez pas d'acheter les timbres spéciaux de l'ONU, que vous ne pouvez poster que des Nations unies et qui enverront votre lettre aux quatre coins du monde. (Visite 6,50 $, étudiants et personnes âgées de plus de 60 ans 4,50 $, enfants de moins de 16 ans 3,50 $, les enfants de moins de 5 ans ne sont pas admis. Entrée des visiteurs à l'angle de la 1st Ave. et de la 46th St.) Vous devez participer à la visite guidée pour être admis au-delà du hall. Pendant l'année diplomatique (d'octobre à mai), il est parfois possible d'obtenir des billets gratuits pour assister aux sessions de l'assemblée générale (963-1234, messagerie vocale).

Traversez la rue et, au coin de la 1st Ave. et de la 44th St., vous arrivez au **siège de l'UNICEF**, le fonds d'urgence des Nations unies pour l'enfance. Le **Danny Kaye Visitors Center** a ouvert ses portes en juillet 1994 et on y montre des expositions expliquant la mission de l'UNICEF. Une boutique de souvenirs vend des cartes postales et divers articles. Le produit des ventes est reversé à l'UNICEF.

En remontant un peu au nord, jusqu'au 333 E. 47th St., au niveau de la 1st Ave., se trouve la **Japan House** (832-1155). Sous son allure faussement moderniste, c'est le premier exemple de design japonais contemporain à New York. Son concepteur, Junzo Yoshimura, a cherché à mêler les styles occidentaux et asiatiques. Le résultat est un hybride mi-japonais, mi-américain : occidental à l'extérieur mais purement asiatique à l'intérieur. Dans l'esprit de la tradition japonaise, il y a un petit jardin avec un bassin au rez-de-chaussée, entouré de pierres et de bambous, alors que l'étage supérieur accueille une galerie d'exposition d'art japonais traditionnel et contemporain. Le bâtiment est le siège de la **Japan Society**, une association dont le but est de rapprocher les cultures japonaise et américaine. Elle organise des cours de japonais, des colloques, des conférences, des rencontres avec d'éminentes personnalités, des projections de films et diverses activités (la Japan Society est ouverte du lundi au vendredi de 9h30 à 17h30, la galerie est ouverte de septembre à mai, du lundi au vendredi de 11h à 17h, contribution "suggérée" 3 $).

VISITES

■ Lexington Ave., Park Ave., et Madison Ave.

Le secteur compris entre la 1st Ave. et la 3rd Ave. est principalement composé d'immeubles d'habitation et parsemé de diverses représentations diplomatiques. Plus à l'ouest, le quartier est occupé par des gratte-ciel et des hôtels de luxe. Au 570 Lexington Ave., à hauteur de la 51st St., se trouve le **General Electric Building**, dont la construction fut achevée en 1931. Ce superbe gratte-ciel Arts-Déco était originellement le siège de la compagnie Radio Corporation of America (RCA). Ses murs octogonaux, composés de briques orangées et de calcaire, sont couverts d'éclairs symbolisant la puissance de la radio. Sa flèche orange, mi-gothique, mi-moderne, est l'une des plus belles de New York. Malgré des mesures de sécurité strictes, vous pouvez cependant jeter un œil au magnifique hall Arts-Déco.

Blottie au pied du General Electric Building, l'église néobyzantine **St. Bartholomew** (751-1616) forme un contraste étonnant. Achevée en 1919, elle abrite une grande mosaïque représentant la Transfiguration, enveloppée d'un halo doré. Les anges de marbre, situés dans la chapelle à gauche de l'autel, sont très prisés par les visiteurs et les fidèles, depuis des années.

La perle des hôtels de Park Ave. est incontestablement le **Waldorf-Astoria Hotel**, au 301 Park Ave., entre la 49th St. et la 50th St. En entrant, les visiteurs sont accueillis par le piano de Cole Porter, qui trône dans le premier salon, ainsi que par un lustre gigantesque et des tapis rouges. Parmi les clients célèbres, de l'établissement, on compte la duchesse de Windsor, le roi Faysal d'Arabie Saoudite, les empereurs du Japon, Hirohito et Akihito, tous les Présidents américains en visite à New York depuis Hoover, ainsi que quelques centaines de milliers d'hommes d'affaires. La très belle horloge de bronze anglais de la salle de réception mérite votre attention. Vedette de l'Exposition universelle de 1893, elle porte des motifs représentant, entre autres, les "pères fondateurs" de la nation américaine : George Washington, Andrew Jackson et Abraham Lincoln. Avec ses grands tableaux néoclassiques et ses énormes lustres, cet hôtel n'est certes pas destiné aux petits budgets mais tentez quand même de voir le hall Arts-Déco, si vous n'avez pas peur de franchir la porte.

Pour voir ce qu'il y a de plus tape-à-l'œil en matière d'hôtel, descendez une rue vers l'ouest, jusqu'au 451-455 Madison Ave., à l'angle de la 50th St. Le **New York Palace Hotel** se compose des six imposants (mais gracieux) *brownstones,* qui formaient autrefois les **Villard Houses**, construites en 1884. A l'heure où nous mettons sous presse, les travaux de rénovation du Palace n'étaient pas encore terminés. On ne peut donc pas savoir si le résultat sera aussi clinquant et aussi ostentatoire que l'était son prédécesseur, le Helmsley Palace Hotel.

La **Saint Peter's Lutherian Church** (935-2200), 619 Lexington Ave., au coin de la 53rd St., offre un exemple peu conventionnel d'architecture religieuse. On a affaire ici à un lieu de culte à la fois contemporain et urbain, qui ressemble à une tente à oxygène futuriste. Meublée de bancs capitonnés, cette église dans le coup accueille aussi bien des messes que des vêpres jazz, des concerts, des œuvres sociales et du théâtre Off-Broadway (voir Jazz, p. 344 et Théâtre p.334). Conçue comme un équivalent moderne de l'église-à-vocation-sociale du Moyen Age, St Peter's est blottie au pied du Citicorp Building. Une tentative de fusion entre le terrestre et le céleste...

Le **Citicorp Center**, situé sur la 53rd St. entre Lexington Ave. et la 3rd Ave., est un building étincelant dont le sommet oblique est l'un des plus caractéristiques du *skyline* de Manhattan. L'immeuble est construit sur quatre pilotis hauts de 38 mètres, pour ne pas écraser l'église St. Peter située à sa base. Tout l'édifice est recouvert d'un aluminium grisâtre qui réfléchit la lumière. L'effet est particulièrement saisissant au lever et au coucher du soleil. Son toit si particulier, incliné à 45 degrés, avait été originellement conçu pour accueillir des panneaux solaires, mais cette idée ne vit jamais le jour... Au lieu de cela, on y a installé un étrange gadget appelé "TMD" (Tuned Mass Damper, littéralement : "enregistreur de vibrations de la masse terrestre") qui enregistre les secousses sismiques et permet ainsi de prévoir les tremblements de terre.

La **Central Synagogue**, au 652 Lexington Ave., à l'angle de la 55th St., est la plus vieille synagogue en activité de la ville. Elle est en cours de restauration mais ses superbes détails architecturaux sont toujours visibles. Construite par Henry Fernbach en 1870, son architecture de style Renaissance mauresque mêle une magnifique façade aux ornements complexes et surmontée de bulbes à de superbes vitraux, à l'intérieur de l'édifice.

Un peu plus haut, au 135 E. 57th St., se trouve le **Madison Lexington Venture Building**, qui, malgré son jeune âge (7 ans), est déjà très populaire. La façade du bâtiment principal est concave, formant un arc autour de quatre paires de colonnes de marbre italien vert. Ces colonnes sont disposées en cercle, comme à Stonehenge, et mises en valeur par une fontaine, ce qui en fait un endroit idéal pour les passants fatigués et les druides...

L'immeuble postmoderne situé à l'ouest, sur Madison Ave., entre la 55th St. et la 56th St., a été conçu par Philip Johnson pour la compagnie de téléphone AT&T. Récemment, la firme Sony a loué le building et l'a rebaptisé **Sony Plaza**. Dans deux immenses magasins Sony, vous pouvez vous amuser avec les dernières trouvailles technologiques de la compagnie et voir des projections gratuites des films de la Columbia (qui appartient au groupe Sony). Le cahier des charges spécifiait que Sony devait contribuer à l'éducation des enfants de New York. La société a donc créé le musée **Sony Wonder**, qui offre une introduction interactive au monde de la technologie des communications. C'est à ne pas manquer et c'est gratuit ! (Ouvert du mardi au samedi de 10h à 18h, le dimanche de 12h à 18h.)

En remontant Madison Ave. sur deux blocks, vous parvenez au **Fuller Building**, entre la 57th St. et la 58th St. Cet énorme édifice Arts-Déco noir et luisant semble tout droit sorti du film *The Shadow*. Achevé en 1929, ce fut l'un des premiers immeubles de bureaux de Manhattan à s'implanter si loin au nord. Il était le siège de la plus importante compagnie de travaux publics des Etats-Unis, pendant la grande dépression des années 30. Le Fuller Building possède 12 étages de galeries d'art (voir Galeries, p. 322).

■ Rockefeller Center

Le **Rockefeller Center**, qui s'étend de la 48th à la 51th St., et entre la 5th Ave. et la 6th Ave, est une véritable célébration du mariage entre l'art et les affaires. Respectant la tradition américaine du "*big is beautiful*" (tout ce qui est grand est beau), le Rockefeller Center est le plus important complexe privé d'affaires et de loisirs au monde (il occupe 9 hectares de Midtown). Il est également le premier ensemble Arts-Déco de New York. La fameuse statue en bronze doré de Prométhée se trouve sur la 5th Ave., entre la 49th St. et la 50th St. Elle s'étire au milieu de jets d'eau sur un promontoire de la **Lower Plaza**, une esplanade située au-dessous du niveau de la rue. En été, la Plaza est transformée en une terrasse de café aux prix exorbitants, en hiver, elle devient une patinoire, connue dans le monde entier (et, accessoirement, un support pour arbre de Noël). Les drapeaux de plus de 100 pays membres de l'ONU flottent à l'unisson autour de Lower Plaza. Dans ce complexe architectural, l'édifice le plus accompli est le **RCA Building** (qui appartient maintenant à la compagnie General Electric), dont les 70 étages dominent la 6th Ave. Dans cette tour, aucun siège ne se trouve à plus de 8,50 m de la lumière du jour. Dans le hall, une immense fresque allégorique représente de robustes ouvriers (avec, curieusement, Abraham Lincoln) en plein effort. Elle symbolise l'histoire du progrès humain. Le siège de la chaîne de télévision **NBC** (une filiale de General Electric) se trouve dans le RCA Building. On peut en explorer les coulisses, grâce à une visite guidée d'une heure qui retrace l'histoire de la chaîne depuis 1926, date de sa première émission (de radio à l'époque), jusqu'à aujourd'hui, en passant par les glorieuses années 50 et 60. La visite permet notamment de découvrir les studios de programmes très connus des Américains comme *Conan O'Brien* ou le célèbre studio 8H, qui accueillait la mythique émission télé du samedi, *Saturday Night Live*, qui a révélé Eddie Murphy ou les Blues Brothers. (Visite guidée du mardi au samedi de 9h30 à 16h30, départ toutes les 15 mn, prix 8,25 $.) Pour savoir comment assister à l'enregistrement des émissions de la NBC, voir Télévision, p. 337.

Au coin de 48th Street et de la 5th Ave., remarquez le nom du premier immeuble du Rockefeller Center : "Maison française". Concrètement, il n'y a guère que la Librairie de France qui ait pignon sur rue à cette superbe adresse.

Juste au nord du RCA Building se trouve le **Radio City Music Hall**. Cette salle de spectacle faillit être démolie en 1979 mais, devant le tollé général, elle fut sauvée et même restaurée. Aujourd'hui, le très beau bâtiment Arts-Déco est redevenu le complexe multiculturel qu'il avait été depuis son inauguration en 1932. Avec 5 874 places, il s'agit de la plus grande salle couverte au monde. La scène, longue de presque 44 m, est équipée d'un plateau tournant divisé en trois parties indépendantes qui peuvent être élevées ou abaissées de 12 m. Le système hydraulique qui commandait la scène était si sophistiqué que la Marine américaine s'en inspira pour la construction de ses porte-avions, pendant la Seconde Guerre mondiale. Son concepteur, Roxy Rothafel, voulait consacrer cette salle au music-hall mais elle fut surtout utilisée pour des projections de cinéma. Entre 1933 et 1979, plus de 650 premières y ont eu lieu dont celles de *King Kong*, *Diamants sur canapé* (de B. Edwards, avec Audrey Hepburn) et *le Docteur Jivago*. Aujourd'hui, le Radio City Music Hall est avant tout connu grâce aux Rockettes, une troupe de *girls* créée en 1932. La taille des danseuses de la revue varie entre 1,66 m et 1,74 m mais elles semblent toutes aussi grandes sur scène grâce à la magie de la perspective. Leurs chorégraphies parfaitement synchronisées et leurs fameux lancers de jambes font toujours la joie des spectateurs. Visites guidées de la grande salle tous les jours de 10h à 17h. (Billets 12 $, enfants 6 $, pour plus de renseignements, appelez le 632-4041. Voir Musique, p. 347, pour plus d'informations sur les concerts et les spectacles de la grande salle.)

■ La 5th Ave.

La partie de la 5th Ave. comprise entre la 42nd St. et la 59th St. était, à une époque, le lieu de résidence le plus couru du tout New York. Aujourd'hui, le gigantisme et le prestige des établissements qui s'y sont installés restent intacts et la 5th Ave. demeure l'une des avenues les plus célèbres du monde. C'est là que se déroulent les manifestations et les grandes parades organisées à New York. Les trottoirs sont bordés de boutiques et de magasins de luxe, dont la plupart ne concernent que les millionnaires. N'ayez pas peur d'y entrer et d'en faire le tour. Par contre, ne cassez rien...

Un peu à l'écart de la 5th Ave. se trouve l'**Algonquin Hotel**, sur la 44th St., entre la 5th Ave. et la 6th Ave. Dans les années 20, Alexander Woollcott y organisait des "tables rondes", qui réunissaient régulièrement les plus hautes sommités du théâtre et de la littérature. Un des grands intérêts de l'hôtel était sa proximité avec les bureaux du journal *The New Yorker*, ce qui permettait à des gens comme l'humoriste Robert Benchley ou l'écrivain Dorothy Parker de venir souvent dîner, boire un verre et se lancer dans des discussions sarcastiques et pleines d'esprit. On sert toujours le thé l'après-midi dans l'Oak Room mais uniquement aux clients de l'hôtel (et à leurs invités).

Au coin sud-est de l'intersection entre la 5th Ave. et la 51st St. se dresse **St. Patrick's Cathedral** (753-2261), la plus célèbre église de New York et la plus grande cathédrale catholique des Etats-Unis. Achevée en 1879 après 21 ans de travaux, elle fut réalisée dans le style Gothique flamboyant propre aux cathédrales européennes mais elle conserve une personnalité propre. L'odeur de l'encens et la relative quiétude qui y règne contrastent avec l'agitation de l'extérieur. Les flèches jumelles de la façade, que l'on voit sur tant de photos et de cartes postales, s'élèvent à 100 m au-dessus de la Cinquième Avenue. Des artisans de Chartres et de Nantes ont élaboré la plupart des vitraux de St. Patrick's.

Une rue plus haut, au 25 W. 52nd St., à hauteur de la 5th Ave., se trouve la nouvelle adresse du **Museum of Television and Radio** (621-6800), anciennement appelé Museum of Broadcasting. Le musée a dépensé 50 millions de dollars pour déménager et s'agrandir, et le nouveau bâtiment est quatre fois plus vaste que son prédécesseur. Il ne possède qu'une petite salle d'exposition car il est plutôt, par définition, "un musée vivant de l'image et du son". Vous pouvez assister à des projections de programmes ou choisir une émission de radio ou de télévision dans la médiathèque qui rassemble 60 000 documents (voir Musées, p. 317). Un peu plus loin, au 51 W. 52nd St., s'élève l'austère **CBS Building** (975-4321), qui fait penser au monolithe noir du film *2001, l'Odyssée de l'espace*. Du sommet de "Black Rock" (le surnom de la tour), les dirigeants de la chaîne peuvent surveiller leur ennemi juré : NBC. Ce gratte-ciel de granit sombre est encore plus impressionnant quand on le voit depuis la 6th Ave. (Pour savoir comment assister à l'enregistrement des émissions de CBS, voir Télévision, p. 337.)

L'église **St. Thomas** (757-7013), avec son fameux clocher gauche massif et asymétrique, se tient depuis 1911 au coin nord-ouest de l'intersection entre la 5th Ave. et la 53rd St. Au-dessus de la porte, plusieurs saints, apôtres et missionnaires contemplent l'idolâtrie matérialiste de la 5th Ave. avec des expressions allant de l'indifférence au dégoût en passant par l'incrédulité... Des visites guidées sont proposées les dimanches, après la messe de 11h. En descendant W. 53rd St. en direction de la 6th Ave., vous pouvez admirer les chefs-d'œuvre exposés à l'**American Craft Museum** (le musée de l'artisanat) et au **Museum of Modern Art** (musée d'art moderne ou MoMA pour les intimes, voir Musées, p. 303). Si vous avez un peu de temps, vous pouvez aussi vous reposer dans le jardin du MoMA au milieu des sculptures de Rodin, Renoir, Miró, Lipschitz et Picasso. Et, si vous avez beaucoup plus de temps, ne manquez pas d'admirer l'impressionnante collection d'art moderne du musée.

L'**University Club** est situé à l'angle nord-ouest de l'intersection entre la 5th Ave. et la 54th St. Ce palais de granit du début du siècle fut conçu, à l'image des clubs anglais, pour recevoir de vieux messieurs riches de race blanche. Comme son nom l'indique, ce club fut l'un des premiers à exiger que ses membres possèdent des diplômes universitaires. La façade du bâtiment, dans le style Renaissance italienne, est ornée des armoiries de 20 prestigieuses universités. En juin 1987, pour être en accord avec un arrêté municipal, les femmes ont été admises dans ce club, auparavant exclusivement masculin.

Au coin nord-ouest du carrefour de la 5th Ave. et de la 55th St. se trouve l'impressionnante **Fifth Ave. Presbyterian Church**. Cette église, construite en 1875, est le plus important lieu de culte presbytérien de Manhattan. Elle peut accueillir 1 800 fidèles. La vieille horloge, que l'on voit sur trois faces de la flèche, fonctionne toujours grâce à son balancier, constitué d'une énorme boîte remplie de pierres. A l'intérieur, la chaire et les bancs austères contrastent fortement avec le clinquant de Midtown.

A voir aussi, le sommet très raffiné du **Crown Building**, 730 5th Ave., à hauteur de la 57th St. Conçu par le cabinet d'architectes Warren et Wetmore en 1924, le niveau supérieur de cet immeuble est maintenant recouvert de 38 kg de feuilles d'or de 23 carats. Au coucher du soleil, l'immeuble semble être coiffé d'une couronne de feu.

De l'autre côté de la 5th Ave. se trouvent le roi et la reine du luxe clinquant : Trump et Tiffany. Au niveau de la 56th St., la **Trump Tower**, érigée en 1983 par le magnat de l'immobilier Donald Trump, est une immense tour de verre de 200 mètres de haut. A l'intérieur, une ridicule chute d'eau glisse le long d'un mur sur cinq étages, et se jette dans le bassin d'un atrium de marbre orange, rose et brun. Le résultat est tape-à-l'œil, avec un *t* comme Trump. Il y a ici assez de boutiques de mode pour satisfaire tous les grands de ce monde.

Ne reculant devant rien, Marla Maples et Donald Trump ont appelé leur fille Tiffany, du nom de leur prestigieux voisin, situé au 727 5th Ave., entre la 56th St. et la 57th St. Chez le célèbre bijoutier **Tiffany & Co.** (755-8000), tout brille. Des

VISITES

couples intimidés (et riches) essaient des bagues et des bijoux au rez-de-chaussée, et commandent de la vaisselle au 1er étage. N'hésitez pas à y faire un tour pour vous émerveiller, vous aussi, devant les énormes diamants. Vous pouvez également accéder au dernier étage pour voir ce qu'ont acheté certaines célébrités. Il y a souvent des expositions sur New York et les vitrines sont des œuvres d'art en elles-mêmes, surtout au moment de Noël (ouvert du lundi au mercredi, ainsi que le vendredi et le samedi, de 10h à 18h, le jeudi de 10h à 19h).

Deux rues plus haut, retombez en enfance le temps d'une promenade chez **F.A.O. Schwarz**, 767 5th Ave. (644-9400), au niveau de la 58th St. Dans cette immense caverne d'Ali Baba, vous verrez des jouets comme s'il en pleuvait. Vous êtes accueilli par des automates qui vous parlent (on ne peut pas les faire taire...). On voit aussi, entre autres choses, d'étonnantes constructions en Lego, les dernières figurines des héros du moment et des animaux en peluche grandeur nature. Une annexe est exclusivement consacrée aux poupées Barbie. C'est dans cette boutique que Tom Hanks apaisait Robert Loggia grâce à son interprétation de "Heart and Soul", dans le film *Big*. Au moment de Noël, le magasin est bondé de clients, qui célèbrent frénétiquement les fêtes de fin d'année (ouvert du lundi au mercredi de 10h à 18h, du jeudi au samedi de 10h à 19h, le dimanche de 11h à 18h).

Face au coin sud-est de Central Park, sur la 5th Ave., au niveau de la 59th St., se trouve le mythique **Plaza Hotel**, bâti en 1907 par Henry J. Hardenberg. Sa construction coûta 12,5 millions de dollars, une somme astronomique pour l'époque. Ses 18 étages, ses 800 chambres de style Renaissance française, ses 5 escaliers en marbre, ses innombrables suites aux noms extravagants et sa grande salle de bal à deux niveaux en font l'incarnation de l'opulence. Parmi les clients célèbres de l'hôtel, citons l'architecte Frank Lloyd Wright, les Beatles, F. Scott Fitzgerald et, naturellement, les équipes de Let's Go (ne manquez pas la suite à 15 000 $ la nuit). Lorsque Donald Trump acheta ce monument du patrimoine national en 1988, les New-Yorkais ont craint le pire. Mais, jusqu'à présent, rien n'a changé. Faites un grand sourire au portier et entrez jeter un coup d'œil. La richesse du lieu est tout simplement incroyable : du marbre, du verre, du cuivre et de l'or partout. En plus, l'endroit est parfaitement climatisé et sert de refuge idéal pour fuir la chaleur humide de l'été new-yorkais.

A la fois avant-cour du Plaza Hotel et entrée de Central Park, la **Grand Army Plaza** est décorée par la fontaine Pulitzer. A côté de la Statue de l'Abondance de Karl Bitter se trouve une sculpture équestre dorée, d'assez mauvais goût, réalisée par Augustus Saint-Gaudens, en 1903. Elle représente le général nordiste William Tecumseh Sherman, qui remporta plusieurs victoires importantes sur les troupes sudistes.

■ Upper East Side

Jusqu'à la guerre de Sécession, la haute société du XIXe siècle prenait ses quartiers d'été dans cette partie de la ville. Mais, vers la fin des années 1860, les propriétaires convertirent leurs résidences estivales en habitations principales, afin d'y vivre toute l'année. En 1896, Caroline Schermerhorn Astor, dont la famille a fait fortune dans le commerce des fourrures, fit bâtir une résidence sur la 5th Ave., au niveau de la 65th St., lançant ainsi la mode. Les hôtels, les résidences de luxe et les églises colonisèrent l'Upper East Side, qui était jusqu'alors un espace sauvage. La **5th Ave.**, sur laquelle circulent aujourd'hui des millionnaires, des sportifs adulés et des touristes heureux, servait autrefois de terrain de parade pour les cochons. Le gazon de Central Park remplaça peu à peu les terres où habitaient des squatters. L'East Side continua de mener grand train jusqu'au début de la Première Guerre mondiale. Au cours de cette période dorée, l'aristocratie profita des progrès technologiques pour équiper ses belles demeures de tout le confort moderne (ascenseurs, interphones, etc.). Depuis, l'Upper East Side est resté le quartier chic de New York, même pendant la grande dépression des années 30, lorsque des milliers de chômeurs campèrent dans Central Park.

Le **Museum Mile** s'étend sur environ 1,5 km, le long de la 5th Ave., et regroupe quelques-uns des plus beaux musées de New York : le Metropolitan, le Guggenheim, l'International Center of Photography, le Cooper-Hewitt, le Museum of the City of New York et le Jewish Museum pour n'en citer que quelques-uns. Non loin de là, sur **Madison Ave.**, bien dissimulés au-dessus des boutiques luxueuses et des galeries d'art, se trouvent les sièges des grandes agences de publicité new-yorkaises. C'est là que se préparent en secret les prochaines campagnes de la World Company. Les vitrines de Madison Ave., remplies d'œuvres d'art et de haute couture, réservent des heures de félicité et d'allégresse matérialistes.

Bordée de rangées d'immeubles d'habitations gris et bruns et de quelques églises gothiques, **Park Ave.** est à la fois austère et majestueuse, une impression renforcée par les terre-pleins centraux verdoyants. Admirez, depuis l'avenue, la silhouette floue des gratte-ciel de Midtown qui se profilent au sud. **Lexington Ave.** est moins lisse et insuffle un peu de vraie vie dans l'East Side. Vous y trouverez, ainsi que le long de la **1st Ave.**, de la **2nd Ave.** et de la **3rd Ave.**, une foule animée et de nombreux bars pour célibataires. En remontant vers le nord, cette joyeuse atmosphère cède peu à peu la place à des tours sans âme et à un décor urbain terne.

Vous pouvez débuter votre balade dans l'Upper East Side, le pays où la vie est plus chère, par le magasin **Bloomingdale's**. Sa façade royale est décorée de drapeaux, à l'angle de la 59th St. et de la 3rd Ave. (voir Shopping, Grands magasins, p. 366). Essayez des vêtements de grand couturier, aspergez-vous de Calvin Klein…, vous êtes fin prêt pour visiter les environs.

Les gens influents aiment à se retrouver et à tisser la toile de leur pouvoir au **Metropolitan Club**, 1 E. 60th St., à l'angle de Madison Ave. L'édifice fut commandé par le banquier John Pierpont Morgan au trio d'architectes McKim, Mead et White. Monsieur Morgan fit construire ce club pour ses amis, qui n'avaient pas été admis à l'**Union Club** (101 E. 69th St.). Le **Knickerbocker Club**, au 2 E. 62nd St., fut quant à lui fondé par d'anciens membres de l'Union Club, mécontents de la politique d'admission trop "libérale" du club.

Un peu plus loin que le Metropolitan Club, au 47 E. 60th St., entre Madison Ave. et Park Ave., se trouve le **Grolier Club**, qui est un peu moins hautain (mais pas moins fermé). Construit en 1917 en hommage au bibliophile français Jean Grolier (il vécut au XVIe siècle), cet édifice est un bel exemple d'architecture georgienne. Le Grolier Club possède une riche collection de reliures, une salle d'exposition ouverte au public et une bibliothèque consacrée à la recherche (ouverte uniquement sur rendez-vous, appelez le 838-6690 pour plus de détails). Contrairement à ce que pourrait laisser croire son apparence vétuste, l'église **Christ Church**, située au 520 Park Ave., à hauteur de la 60th St., n'a été construite que dans les années 30. Ralph Adams Cram décora de mosaïques vénitiennes et de colonnes de marbre l'extérieur de cet hybride byzantino-roman. A l'intérieur, remarquez au-dessus de l'autel les caissons ornés d'icônes (ils proviennent d'une vieille église russe). (Ouvert tous les jours de 9h à 17h, pour méditer, prier ou observer, en respectant l'ambiance de recueillement. Il y a parfois des concerts de musique religieuse, appelez le 838-3036 pour plus de renseignements.) A l'angle de la rue, au 22 E. 60th St., se tient la mission culturelle de l'ambassade de France, le **French Institute** (355-6100), qui propose divers films et conférences en français (ouvert du lundi au jeudi de 10h à 20h, le vendredi de 10h à 18h).

Un block plus à l'ouest se pavane la nouvelle boutique de mode qui fait fureur à New York, **Barneys New York**, 660 Madison Ave., entre la 60th St. et la 61st St. Vous y trouverez, à des prix extraordinaires, les vêtements de créateurs comme Vera Wang, Jean-Paul Gaultier, Armani et bien d'autres. Pour les clients, le sport maison consiste à repérer les vedettes telles que J.F.K. Junior. qui, paraît-il, vient assez régulièrement (voir Shopping, Grands magasins, p.365). Barney a dernièrement été rejoint, dans le quartier, par ses petits copains de la haute couture, **Calvin Klein** et **Ann Taylor**.

Si vous aimez les illustrateurs américains, faites un tour à la **Society of American Illustrators** (838-2560) et dans son **Museum of American Illustration** (voir Musées, p. 317), au 128 E. 63rd St., entre Lexington Ave. et Park Ave. Les **Elizabeth Street Garden Galleries**, au 1190 2nd Ave., à l'angle de la 63rd St., sont des galeries consacrées aux statues de jardins et exposent, en plein air, plusieurs géants de marbre, autour d'une grande fontaine.

Repartez vers l'ouest et jetez un coup d'œil à l'immeuble situé au coin de la 5th Ave. et de la 63rd St. Le **810 5th Ave.** a connu des occupants célèbres, tels que l'éditeur Randolph Hearst (qui servit de modèle à Orson Welles pour *Citizen Kane*) ou Richard Nixon, avant qu'il ne devienne Président des Etats-Unis. Richard n'avait qu'à monter les escaliers s'il voulait emprunter du beurre, des œufs ou du matériel de mise sur écoute à un autre résident célèbre, Nelson Rockefeller. Ce dernier, ancien cireur de chaussures et vice-Président des Etats-Unis de 1974 à 1976, est actuellement propriétaire du seul abri antiaérien entièrement équipé de la ville de New York. La plus grande synagogue des Etats-Unis, **Temple Emanu-El** ("Dieu est avec nous"), se trouve à l'angle de la 5th Ave. et de la 65th St. La façade de cet édifice, de style roman, est parsemée de motifs orientaux. A l'intérieur, la nef est décorée d'ornements byzantins et peut accueillir 2 500 fidèles, une capacité supérieure à celle de St. Patrick's Cathedral (744-1400, ouvert tous les jours de 10h à 16h30).

Juste à côté, sur E. 66th St., entre Madison Ave. et la 5th Ave., arrêtez-vous devant le **Lotos Club**, où se retrouvent des acteurs, des musiciens et des journalistes. Le bâtiment fut conçu par Richard Hunt. Cet immeuble se distingue par son aspect curieux (qui semble fait de strates) et ses encadrements d'un goût étrange. Sur E. 67th St. et E. 68th St., entre la 5th Ave. et Madison Ave., se succèdent de nombreuses demeures, dont l'architecture du début du siècle révèle une nette influence française.

Les amateurs d'histoire s'arrêteront un court instant devant la **Sarah Delano Roosevelt Memorial House**, qui est en fait constituée de deux immeubles identiques, édifiés par Charles Platt en 1908. Ils sont situés au 45-47 E. 65th St., entre Madison Ave. et Park Ave. La mère du clan Roosevelt fit construire ce bâtiment à l'occasion du mariage de son fils Franklin. C'est ici que le futur Président des Etats-Unis fut soigné pour sa polio au début des années 20, et qu'il lança sa carrière politique. L'immeuble abrite aujourd'hui l'Institute for Rational-Emotive Therapy ("Institut de thérapie rationnelle et émotionnelle", ne nous demandez pas de quoi il s'agit : on n'en a pas la moindre idée).

Avec ses tours crénelées et ses airs de forteresse, la **Seventh Regiment Armory** (caserne du 7e régiment) ne passe pas inaperçue. Elle occupe presque tout un pâté de maisons sur Park Ave., entre la 66th St. et la 67th St. Depuis 1812, le 7e régiment a participé à toutes les campagnes importantes de l'armée américaine. La plupart du mobilier et des éléments de décoration datent du XIXe siècle et ont été dessinés par Tiffany. Les salles les plus remarquables sont la Veterans' Room et, juste à côté, l'ancienne bibliothèque où sont maintenant exposées les distinctions du régiment. Le hall d'entrée possède un escalier monumental, recouvert d'un vénérable tapis rouge, ainsi qu'une foule de drapeaux en décomposition. L'arsenal est toujours un bâtiment militaire en activité, téléphonez à l'avance si vous voulez faire une visite guidée (744-8180).

Lorsque vous croiserez des essaims de sweat-shirts ornés d'insignes pourpres, vous saurez que vous approchez du **Hunter College**, qui fait partie de la City University of New York. L'édifice principal dévoile sa façade moderniste disgracieuse sur Park Ave. et son postérieur, encore plus laid, sur Lexington Ave., entre la 67th St. et la 68th St. Au-dessus de la 68th St. et de Lexington Ave., des passerelles aériennes novatrices relient les divers bâtiments entre eux.

Sur Park Ave., à hauteur de la 69th St., se trouvent trois galeries d'art et instituts culturels : l'**Americas Society** au 680 Park Ave., le **Spanish Institute** au 684 Park Ave., et l'**Italian Institute** au 688 Park Ave. L'**Asia Society**, 725 Park Ave., au niveau de la 70th St., célèbre la conscience culturelle d'Extrême-Orient par des conférences, des films et une impressionnante collection d'objets d'art réunie par John

Upper East Side

E. 106th St.
Conservatory Garden
E. 105th St.
El Museo del Barrio
E. 104th St.
E. 103rd St.
Museum of the City of New York
E. 102nd St.
E. 101st St.
E. 100th St.
E. 99th St.
Mt. Sinai Hospital
E. 98th St.
E. 97th St.
E. 96th St.
International Center of Photography
E. 95th St.
E. 94th St.
E. 93rd St.
Jewish Museum
E. 92nd St.
Cooper-Hewitt Museum
E. 91st St.
National Academy of Design
E. 90th St.
E. 89th St.
Gracie Mansion
E. 88th St.
Guggenheim Museum
E. 87th St.
Carl Schurz Park
E. 86th St.
Lexington Ave.
Third Ave.
E. 85th St.
Fifth Ave.
Madison Ave.
Park Ave.
E. 84th St.
Second Ave.
First Ave.
York Ave.
E. 83rd St.
E. 82nd St.
East End Ave.
E. 81st St.
E. 80th St.
Metropolitan Museum of Art
E. 79th St.
E. 78th St.
E. 77th St.
E. 76th St.
E. 75th St.
E. 74th St.
Whitney Museum of American Art
E. 73rd St.
FDR Dr.
East River
E. 72nd St.
E. 71st St.
Asia Society
E. 70th St.
Frick Collection
Hunter College
E. 69th St.
New York Hospital
E. 68th St.
Seventh Regiment Armory
E. 67th St.
Children's Zoo
Temple Emanu-El
E. 66th St.
E. 65th St.
Rockefeller University
China House
The Arsenal
E. 64th St.
Central Park Zoo
E. 63rd St.
First Ave.
Museum of American Illustration
E. 62nd St.
E. 61st St.
Roosevelt Island
Grand Army Plaza
E. 60th St.
ROOSEVELT ISLAND TRAMWAY
Bloomingdale's
E. 59th St.
Queensboro Bridge

Central Park

Ward's Island

0 yards 275
0 mètres 250

N

VISITES

D. Rockefeller III (voir Musées, p. 311). Henry Clay Frick était un riche industriel philanthrope, et sa merveilleuse demeure, qui abrite la **Frick Collection**, est située au 1 E. 70th St., au niveau de la 5th Ave. C'est le point de départ du fameux Museum Mile (voir Musées, p. 309).

Au 867 Madison Ave., entre la 71st St. et la 72nd St., siège la luxueuse boutique **Polo-Ralph Lauren** (606-2100). Ayez l'air fortuné, sinon les copains de Ralph vous ignoreront complètement... jusqu'à ce que vous touchiez à quelque chose. Le bâtiment était, à l'origine, une maison particulière et la décoration intérieure du magasin reflète un certain goût aristocratique. (Ouvert du lundi au samedi de 10h à 18h, le jeudi de 10h à 20h.)

Le **Whitney Museum of American Art** évoque au choix une ziggourat à l'envers ou une pièce de Tetris difficile à emboîter. Le musée et tous ses trésors se trouvent au coin de Madison Ave. et de la 75th St. Allez-y avec un ami curieux et un esprit ouvert (voir Musées, p. 307).

A l'écart de l'animation de Madison Ave., **Sotheby's** (606-7000) dirige ses affaires et ses ventes aux enchères au 1334 York Ave., à l'angle de la 72nd St. La salle est ouverte au public mais il faut vous procurer des billets pour assister aux ventes aux enchères les plus importantes (ouvert du lundi au vendredi de 9h à 17h, la galerie est ouverte du lundi au samedi de 10h à 17h, le dimanche de 13h à 17h). Au coin de Lexington Ave. et de la 76th St. se trouve la **Church of St. Jean-Baptiste**, qui fut bâtie par des Canadiens français. Récemment rénovée après avoir été victime d'un vandalisme divin (Dieu fit tomber la croix qui ornait le sommet, lors d'un violent orage), St-Jean a conservé son style et son panache italiens. A l'intérieur, vous pouvez admirer la statue dans la chapelle consacrée à sainte Anne, ainsi que les retables, très "vaticanesques".

Les Américains connaissent bien la façade du **900 Park Ave.**, à hauteur de la 79th St., car elle apparaissait au début de chaque épisode de la série télé *Arnold et Willy*. La liste des personnalités enterrées dans la chapelle funéraire **Frank E. Campbell Chapel**, 1076 Madison Ave., à hauteur de la 81st St., ressemble à une chronique mortuaire des gens riches et célèbres : Robert Kennedy, John Lennon, l'esthéticienne du début du siècle Elizabeth Arden, James Cagney, le boxeur Jack Dempsey, le musicien de jazz Tommy Dorsey, Judy Garland, Mae West ou encore Arturo Toscanini.

L'incontournable temple culturel de New York est le **Metropolitan Museum of Art**, situé au 1000 5th Ave., près de la 82nd St. La collection du "Met" regroupe quelque 33 millions d'œuvres, ce qui en fait l'une des toutes premières au monde (voir Musées, p. 298). De l'autre côté de la rue, au 1014 5th Ave., la **Goethe Institute** (439-8700) vous offre une pause culturelle germanique, loin de l'agitation de New York, et propose des projections de films et des conférences (la bibliothèque est ouverte le mardi et le jeudi de midi à 19h, le mercredi, le vendredi et le samedi de midi à 17h, voir Cinéma, p. 335).

Le quartier de **Yorkville**, à l'est de Lexington Ave., entre la 77th St. et la 96th St., a accueilli de nombreux immigrants de la vallée du Rhin pendant toute la première moitié du XXe siècle. Autrefois, ce secteur était imprégné d'un fort parfum germanique que l'on retrouvait dans les restaurants, les bars à bière, les pâtisseries et les *delis*. Aujourd'hui, l'implantation de magasins franchisés ou de pizzérias a un peu affaibli cette influence. Mais des établissements comme **Schaller and Weber**, au 1654 2nd Ave. (879-3047), témoignent encore de la présence allemande.

Le **John Finley Walk** commence à l'intersection de la 82nd St. et de l'East End Ave. Cette promenade surplombe l'East River et le trafic intense du FDR Drive. Remontez-la vers le nord jusqu'au **Carl Schurtz Park**, situé le long d'East End Ave., entre la 84th St. et la 90th St. Ce parc porte le nom d'un immigrant allemand pour le moins polyvalent : il fut général pendant la guerre de Sécession, sénateur du Missouri, ministre de l'Intérieur du Président Rutherford B. Hayes (entre 1877 et 1881) et, enfin, éditeur des journaux *New York Evening Post* et *Harper's Weekly*. Ce square est un havre de verdure, rempli de coins paisibles, de terrains de sports pour les athlètes urbains et d'aires de jeux pour leurs enfants. Le parc accueille des concerts de jazz gratuits les mercredis de 19h à 21h. **Gracie Mansion**, à l'extré-mité nord du parc, est la résidence de tous les maires de New York depuis que Fiorello LaGuardia s'y est installé, pendant la Seconde Guerre mondiale. Aujour-d'hui, c'est Rudolph Giulani qui occupe ce siège éjectable. Si vous voulez réserver une place pour une visite guidée de cette demeure coloniale, appelez le 570-4751 (visites uniquement le mercredi, prix indicatif 3 $, personnes âgées 2 $).

Près de la 86th St., East End Ave. est bordée par **Henderson Place**, un groupe de maisons dans le style architectural georgien, en vogue en Angleterre au début du XVIIIᵉ siècle. Construites en 1882 pour "des gens à revenus modestes", ces maisons possèdent néanmoins plusieurs tourelles et parapets, ainsi que des murs couverts de lierre. Il paraît que certains de ces bâtiments sont hantés. La **Church of the Holy Trinity**, derrière son architecture originale, propose de la musique folk, des chorales et des messes en espagnol, au 316 E. 88th St., entre la 1st Ave. et la 2nd Ave.

En revenant sur le Museum Mile, à l'angle de la 5th Ave. et de la 88th St., vous apercevez la forme en spirale du **Guggenheim Museum**, conçu par le célèbre architecte américain Frank Lloyd Wright (voir Musées, p. 307). Un peu plus haut, au 1083 5th Ave., au niveau de la 89th St., se trouve le **National Academy Museum**, bâti en 1825, qui est à la fois une école et un musée pour l'Académie. Les œuvres de 11 des 30 membres fondateurs de l'Académie sont exposées au Metropolitan Museum.

Andrew Carnegie demanda aux architectes Babb, Cook et Willard de construire "la maison la plus modeste, la plus simple et la plus spacieuse de New York", sur la 91st St., à hauteur de la 5th Ave. Ceux-ci conçurent un édifice de style Renaissance-XVIIIᵉ siècle anglais, en brique rouge et en calcaire, entouré d'un somptueux jardin. A l'intérieur, les boiseries de chêne sombre, les tapisseries de belle texture et les sobres atriums forment un décor parfait pour un bal de la haute société. Lorsque Carnegie quitta la maison, le Smithonian Institute y installa son National Museum of Design et l'endroit devint alors le **Cooper-Hewitt Museum** (voir Musées, p. 308).

Si vous voulez faire une pause au cours de votre tournée des musées, rendez vous à la **Church of the Heavenly Rest**, située à l'angle de la 5th Ave. et de la 90th St. Asseyez-vous, recueillez-vous, tout en admirant le magnifique vitrail au-dessus de l'autel.

En longeant le Museum Mile vers le nord, vous arrivez ensuite au **Jewish Museum**, au coin de la 92nd St. et de la 5th Ave., un bâtiment de style Renaissance française, qui abrite la plus importante collection d'objets et d'œuvres juives des Etats-Unis. Un peu plus haut, au 130 5th Ave., à hauteur de la 94th St., se trouve l'**International Center of Photography**, qui, parallèlement à son importante expo-sition de photos, organise des ateliers et dirige un laboratoire photo ainsi qu'une salle de projection (voir Musées, p. 315).

En revenant sur Park Ave., remarquez la statue de Lippincott, au niveau de la 92nd St. Cette œuvre moderniste ressemble vaguement à un pion et à un cavalier de jeu d'échecs sous une vague. Plus au nord, vous arriverez au **synode des évêques de l'église orthodoxe russe vivant hors de Russie**, situé dans une demeure de style georgien, construite en 1917, à l'angle de Park Ave. et de la 93rd St. Hormis quelques icônes, la décoration intérieure n'a pratiquement pas été changée, si ce n'est une ancienne salle de bal qui fut transformée en cathédrale.

La plus grande mosquée de New York est l'**Islamic Cultural Center**, au coin de la 3rd Ave. et de la 96th St. Son orientation fut calculée à l'aide d'un ordinateur pour qu'elle puisse faire face à la Mecque. La vaste salle de prières est très impres-sionnante. La conquête russe de l'Upper East Side est quant à elle matérialisée par la **Russian Orthodox Cathedral of St. Nicholas**, au 15 E. 97th St.

Le lycée **Hunter College High School** est situé dans un ancien arsenal, à l'angle de Park Ave. et de la 94th St. Ses murs nus et sans fenêtres lui ont valu le surnom de "prison de brique" de la part des élèves. Vue de Madison Ave., la façade de la cour est assez impressionnante. Elle apparaît d'ailleurs dans plusieurs films, dont *The Fisher King*, de Terry Gilliam. En réalité, ce n'est pas une façade mais juste un mur, qui se dresse en toile de fond de la cour en ciment comme un décor de cinéma.

Museum Mile s'achève à East Harlem avec le **Museum of the City of New York**, au coin de la 5th Ave. et de la 103rd St., et **El Museo del Barrio**, à l'angle de la 5th Ave. et de la 104th St. Ce dernier est le seul musée des Etats-Unis spécialisé dans l'art latino-américain et portoricain (voir Musées, p. 316).

■ Roosevelt Island

Les agences immobilières conseillent à grand renfort de publicités d'investir dans les luxueux appartements de "l'île paradisiaque de New York", Roosevelt Island. Mais cette île longitudinale de l'East River, coincée entre Manhattan et le Queens, n'a pas toujours été le paradis décrit dans les annonces immobilières. A l'origine, l'île fut habitée par les Indiens Canarsie et s'appelait Minnahannrock, ce qui signifie littéralement "il est agréable d'être sur une île". Les Indiens la vendirent à des éleveurs hollandais en 1637. Plusieurs propriétaires se succédèrent ensuite, du fermier anglais Robert Blackwell à la Ville de New York en 1828. La municipalité fit construire des prisons, des hôpitaux et un asile d'aliénés afin de pouvoir y déporter tous les "indésirables". L'île devint une sorte de Sainte-Hélène pour les criminels et les prisonniers politiques de New York : William M. Tweed, le maire mafieux de New York au siècle dernier, et Mae West, la criminelle endurcie, y furent incarcérés. En 1969, nombreux sont ceux qui rêvent d'une société sans violence et la ville finance le projet utopique de deux architectes, Philip Johnson et John Burgee. Leur but est de créer une communauté idéale sur Roosevelt Island. Le projet prévoit des logements où toutes les classes sociales se côtoient, des rues sûres et des équipements accessibles aux handicapés. En 1986, l'île, qui s'appelle alors Welfare Island (elle abritait jusqu'en 1973 des hôpitaux pour les plus démunis), change de nom et devient Roosevelt Island, en souvenir du Président démocrate Franklin Roosevelt.

Aujourd'hui, les habitants du nord de l'île paraissent mener une vie bien paisible comparée à la frénésie d'East Midtown, à peine à 300 m de l'autre côté de la rivière. Conformément au rêve de 1969, les aides publiques et les subventions de l'Etat ont permis de construire des complexes résidentiels à la population socialement et ethniquement mélangée. L'accent est particulièrement mis sur la diversité raciale. La communauté de l'île gère un jardin collectif (ouvert de mai à septembre, le weekend de 8h à 18h) et aime entretenir sa forme, comme en témoignent les nombreux courts de tennis et les terrains de football et de *softball* (une sorte de base-ball avec une balle plus grande et plus molle). En dehors du sport, les loisirs sont limités sur l'île : il n'y a ni salle de cinéma, ni bowling, ni magasin de disques.

En dépit de la vocation "démocratique" de l'île, il est assez difficile d'y obtenir un appartement, sauf pour ceux qui ont les moyens de louer les appartements luxueux à 2 400 $ par mois. Un nouveau complexe, probablement le dernier, est actuellement en phase de construction, mais les travaux ont pris du retard (son ouverture était prévue à l'origine pour 1995). La communauté de Roosevelt Island gère de manière autonome les écoles, les magasins, les restaurants et ses propres services publics : vous ne pouvez pas manquer les bus et les camions-poubelles de l'île, aux couleurs éclatantes ; on se croirait sur *l'Ile aux enfants* à deux pas de Manhattan !

Le téléphérique orange vif (Roosevelt Island Tramway) suspendu au-dessus de l'East River relie l'île au reste du monde et ajoute encore à l'ambiance surréaliste de l'endroit. Il apparaît dans une scène du film *Nighthawks (les Faucons de la nuit)* avec Sylvester Stallone et Rutger Hauer. De la cabine, on a une vue panoramique sur l'East Side : repérez en particulier, vers le sud, le siège des Nations unies, le Chrysler Building et l'Empire State Building, tous facilement reconnaissables. Le téléphérique, qui appartient aux pouvoirs publics, est un gouffre financier : son déficit annuel est d'un million de dollars. Son avenir est d'autant plus incertain que l'île est désormais desservie par le métro.

Prenez le téléphérique à l'angle de la 59th St. et de la 2nd Ave : les gros enrouleurs de câbles rouges sont très facilement repérables à côté du pont Queensboro Bridge. L'aller-retour coûte 2,80 $ et le voyage dure environ 6 mn. (Départ toutes les 15 mn, du lundi au jeudi de 6h à 2h, le vendredi et le samedi de 6h à 3h30. Fréquence double aux heures de pointe.) Si le fait de vous retrouver suspendu à plus de 70 m au-dessus de la rivière vous donne le vertige, vous pouvez aussi prendre le métro (lignes B et Q, ouvertes depuis 1989) ou le bus Q102.

Sur l'île, prenez le minibus (10 ¢) jusqu'à Main St. et baladez-vous à votre gré. Vous pouvez par exemple emprunter le chemin qui fait le tour de l'île (qui comprend aussi une piste de roller) ou visiter les ruines de l'asile d'aliénés et de l'hôpital. (Un projet visant à les restaurer pour en faire un complexe culturel est à l'étude.) Au nord de l'île, vous pouvez vous détendre dans le Lighthouse Park, situé à la pointe nord.

■ Central Park

Central Park est une oasis de 340 hectares de verdure au beau milieu de la métropole new-yorkaise. Ce parc est tellement célèbre qu'il est presque devenu un mythe. Sans lui, Big Apple ne serait plus la même. C'est autour du Reservoir, au nord du parc, que s'entraînait Dustin Hoffman dans *Marathon Man*. Plus récemment, Bruce Willis saccageait les pelouses du parc au volant de sa voiture dans *Une journée en enfer*. Les vastes étendues d'herbe ont souvent servi de salle de spectacle géante, du concert historique de Simon et Garfunkel en 1981 au récital de Luciano Pavarotti, sans oublier l'avant-première de *Pocahontas,* le dessin animé de Disney. C'est également à Central Park qu'a lieu chaque année le festival Shakespeare-in-the-Park, qui accueille de nombreux comédiens connus. Mais les inconnus font également beaucoup pour la réputation du parc : jeunes amoureux qui font leur demande en mariage en calèche, rollers-skaters virtuoses, rois du Frisbee ou simples familles en balade...

Contrairement aux apparences, Central Park n'est pas un parc naturel. Il suffit de considérer ses limites parfaitement rectilignes pour s'en convaincre. L'idée du parc fut lancée au milieu des années 1840 par le turbulent rédacteur en chef du *New York Evening Post*, William Cullen Bryant, et soutenue par un architecte célèbre, Andrew Jackson Downing. Cette idée fit rapidement l'unanimité, à tel point qu'elle fut incluse dans les programmes électoraux des candidats des deux grands partis (démocrate et républicain) aux élections municipales de 1851. Tout alla ensuite très vite, puisque l'Etat de New York autorisa dès 1853 l'achat du terrain destiné au parc, entre la 59th St. et la 106th St. (la partie comprise entre la 106th St. et la 110th St. fut acquise plus tard, en 1863). Seul point noir au tableau, l'architecte Downing se noya accidentellement avant de pouvoir concrétiser son rêve. La ville lança alors un concours pour le remplacer.

Les vainqueurs, Frederick Law Olmsted et Calvert Vaux, furent désignés en 1858 parmi 33 candidats. Olmsted, qui, la journée, dirigeait les équipes chargées de déblayer le site du futur parc, dessinait ses plans pendant la nuit. En collaboration avec Vaux, il transforma les 340 hectares du site (où l'on trouvait de tout : des marais, des falaises, des roches datant de l'ère glaciaire et des fermes d'élevage de cochons) en un océan de verdure, qu'il baptisa "Greensward". Quinze ans furent nécessaires pour bâtir le site et plus de quarante ans pour que la végétation pousse. On doit à Anton Pilat, un horticulteur renommé, les quelque 1 400 espèces d'arbres, d'arbustes et de fleurs de Central Park.

L'immense lac du Reservoir divise le parc en deux parties nord et sud. La partie sud, avec ses petits lacs et ses endroits intimes, est la plus agréable pour se promener. Certains coins de la partie nord ne sont pas très sûrs. Il est impossible de se perdre dans le parc : vous trouvez sur tous les lampadaires un petit écriteau sur lequel sont inscrits quatre chiffres. Les deux premiers désignent la rue la plus proche (par exemple : 89 pour 89th St.) et les deux derniers vous indiquent si vous êtes dans la partie est ou ouest du parc (nombres pairs pour l'est, nombres impairs pour l'ouest). En cas d'urgence, vous pouvez appeler la **Park Line 24h/24** : des cabines sont disposées un peu partout dans le parc (570-4820).

Le long de la 59th St., également appelée Central Park South car elle longe la lisière sud du parc, des chevaux mâchent leur avoine en attendant d'emmener les enfants ou les couples pour une **promenade en calèche** (34 $ les 20 mn, informations au 246-0520). Les chevaux de Central Park, comme tant de choses aux Etats-Unis, sont au cœur d'une mini-polémique. Les défenseurs de la cause animale se battent pour supprimer une coutume qu'ils jugent "esclavagiste". Certains extrémistes ont même agressé récemment un cocher accusé d'exploiter les pauvres bêtes... Si vous préférez user votre énergie plutôt que celle d'un cheval, vous pouvez essayer la nouvelle **visite guidée à vélo "Bite of the Apple"**. (25 $ les 2 heures, enfants 20 $. Départ tous les jours à 10h, à 13h et à 16h, au 2 Columbus Circle. Appelez le 541-8759 pour plus de renseignements.)

Si vous vous baladez à pied, vous pouvez commencer votre visite par le **Central Park Zoo** (récemment rebaptisé **Central Park Wildlife Center**) à l'angle de E. 64th St. et de la 5th Ave. (861-6030). Ce zoo connaît un succès fou depuis sa création en 1934. Les myriades d'enfants qui s'attroupent, sucette à la bouche, devant les cages des animaux, sont beaucoup moins inoffensives qu'elles en ont l'air. On raconte ainsi que, il y a quelques années, un ours polaire s'est mis à mouliner des pattes avant de manière obsessionnelle. Il a dû être soigné pour stress... La salle des pingouins, délicieusement fraîche, est le refuge des touristes qui frisent l'insolation les jours de canicule. (Ouvert d'avril à octobre du lundi au vendredi de 10h à 17h, le week-end de 10h30 à 17h30. De novembre à mars, ouvert tous les jours de 10h à 16h30. Dernières entrées 30 mn avant la fermeture. Entrée 2,50 $, personnes âgées 1,25 $, enfants de 3 à 12 ans 50 ¢.) L'**horloge musicale Delacorte**, fabriquée en 1965 par Andrea Spaldini, se trouve au-dessus de la voûte d'entrée du nord du zoo. Des ours, des singes et d'autres créatures en bronze font un numéro de pirouettes toutes les 30 mn entre 8h et 20h. Enfin, le Children's Zoo (zoo des enfants), actuellement en rénovation, se situe au nord de la 65th St. Transverse, qui traverse Central Park.

L'**Arsenal** (les bureaux administratifs du parc) se situe juste en face du zoo, à l'angle de la 5th Ave. et de 64th St. Au troisième étage de ce bâtiment couvert de lierre, l'**Arsenal Gallery** (360-8236) accueille des expositions gratuites sur les activités du parc (ouvert du lundi au vendredi de 9h30 à 16h30).

En marchant en direction de l'ouest à partir de l'Arsenal, vous arrivez au Children's District, au sud de la 65th St., un endroit spécialement conçu pour les enfants, et ceux qui sont restés de grands enfants. On y trouve des jeux et de quoi se restaurer. Les aliments vendus dans le Children's District font l'objet de contrôles d'hygiène très stricts, une tradition qui remonte aux années 1870. A l'époque de Vaux et Olmsted, la **Dairy** (laiterie) distribuait en effet du lait de qualité contrôlée aux familles pauvres pour éviter que les enfants ne souffrent d'intoxication alimentaire. Le bâtiment abrite aujourd'hui le **Central Park Reception Center** (794-6564), où vous pouvez vous procurer une **carte gratuite** du parc et la liste complète des manifestations. Des expositions sur l'histoire de Central Park s'y déroulent également. (Ouvert du mardi au jeudi et le week-end de 11h à 17h, le vendredi de 13h à 17h. De novembre à février, ouvert du mardi au jeudi et le week-end de 11h à 16h, le vendredi de 13h à 16h.)

Le Kinderberg (la montagne des enfants), ainsi nommé par Olmsted et Vaux, se trouve à côté de la Dairy. Non loin, la **Chess and Checker House** a malheureusement fermé ses portes, mais vous pouvez louer tout le matériel pour jouer aux échecs à la Dairy, moyennant une caution de 20 $, et vous installer sur l'un des 24 échiquiers en plein air. En vous laissant guider par la musique que l'on entend non loin de là, vous arrivez au **Wollman Skating Rink** (396-1010), une piste de roller en été et une patinoire en hiver. Vous y verrez des enfants réaliser des figures époustouflantes et des adultes débutants s'accrocher aux barrières. L'ensemble de ce complexe est ouvert du lundi au jeudi de 10h à 18h, le vendredi de 10h à 22h, le samedi de 11h à 23h, le dimanche de 11h à 19h. (Patinoire 4 $, enfants de moins de 12 ans et personnes âgées de plus de 55 ans 3 $. Location de patins à glace et de rollers 6,50 $). En grimpant au sommet du rebord surélevé qui entoure la patinoire,

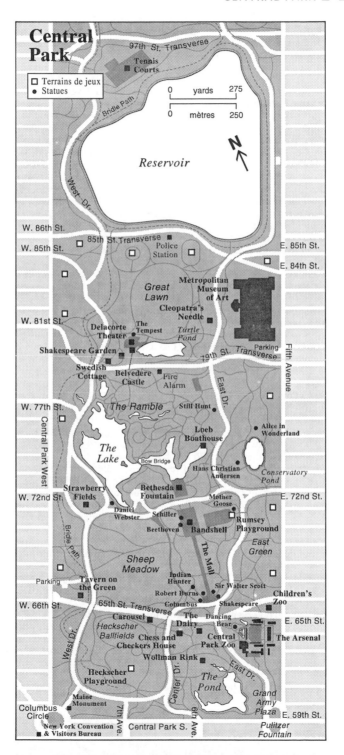

Central Park

□ Terrains de jeux
● Statues

97th St. Transverse

Tennis Courts

Bridle Path

0   yards   275
0   mètres   250

N

Reservoir

West Dr.

W. 86th St.
W. 85th St.   85th St. Transverse   E. 85th St.
                     Police Station   E. 84th St.

Great Lawn   Metropolitan Museum of Art

Cleopatra's Needle

W. 81st St.
Delacorte Theater   The Tempest   *Turtle Pond*

Shakespeare Garden   79th St. Transverse   Parking

Swedish Cottage   Belvedere Castle   Fire Alarm

W. 77th St.   *The Ramble*   Still Hunt

                     Loeb Boathouse   Alice in Wonderland

The Lake   Bow Bridge

                     Hans Christian Andersen   *Conservatory Pond*

Strawberry Fields   Bethesda Fountain

W. 72nd St.   Mother Goose   E. 72nd St.

Daniel Webster   Schiller   Rumsey Playground

                  Beethoven   Bandshell

East Dr.   *East Green*

Sheep Meadow   The Mall

Bridle Path

Parking   Indian Hunter

Tavern on the Green   Sir Walter Scott

                  Robert Burns   Children's Zoo

W. 66th St.   65th St. Transverse   Columbus   Shakespeare

Carousel   The Dairy   Dancing Bear   E. 65th St.

Heckscher Ballfields   Chess and Checkers House   Central Park Zoo   The Arsenal

West Dr.   Wollman Rink

Heckscher Playground

Center Dr.   East Dr.

The Pond

Maine Monument

Columbus Circle   *Grand Army Plaza*   E. 59th St.

New York Convention & Visitors Bureau   Central Park S.   Pulitzer Fountain

Central Park West

7th Ave.   6th Ave.

Fifth Avenue

VISITES

vous jouissez (gratuitement) d'une vue magnifique sur Midtown. Vous avez aussi la possibilité de louer des skateboards ou des rollers pour vous promener dans tout le parc. (15 $ les 2 heures, 25 $ la journée. Ce prix comprend le casque et les protections. Il faut verser une caution.)

Toujours dans le secteur, vous pouvez faire un petit tour de manège sur les chevaux sculptés à la main du **Friedsam Memorial Carousel** (879-0244), situé sur la 65th St., à l'ouest de Center Drive. Ce manège, qui développe une puissance de 58 chevaux, a été transplanté de Coney Island et entièrement restauré. (Ouvert tous les jours de 10h à 18h30, suivant la météo. De Thanksgiving, 4e jeudi de novembre, à la mi-mars, ouvert le week-end de 10h30 à 16h30. Prix 90 ¢.)

Continuez votre balade au nord du Carousel et vous arrivez sur la plus grande pelouse de Central Park, la **Sheep Meadow**, qui s'étend à peu près de la 66th St. à la 69th St. La Sheep Meadow symbolise parfaitement l'idée initiale d'Olmsted et de Vaux qui consistait à faire du parc un immense espace de verdure. Jusqu'en 1934, ce sont des troupeaux de moutons qui s'occupaient de tondre la pelouse (d'où son nom qui signifie littéralement "prairie des moutons"). Dans les années 60-70, l'endroit fut l'un des quartiers généraux des hippies et des beatniks. Aujourd'hui encore, "The Meadow" reste très branchée contre-culture. Les adolescents rebelles viennent y fumer des joints, sous le nez des joueurs de Frisbee et des familles qui pique-niquent. C'est aussi un lieu de rencontres : Jerry Seinfeld, l'immense vedette de la série télévisée du même nom, y rencontra sa dulcinée, Shoshonna Lonstein, brisant ainsi le cœur de millions d'adolescentes américaines. Il est vrai que la vue sur le *skyline* de Manhattan est un vrai bonheur et que The Meadow est le décor parfait pour un après-midi romantique.

Si vous marchez en direction du nord, vous parvenez sur les terrains de croquet sur gazon. L'âge moyen se rapproche de 70 ans, les tenues d'un blanc irréprochable sont de rigueur et le port du chapeau de paille est fortement conseillé pour éviter les insolations. (Ouvert de mai à novembre. En été, appelez le 688-5495 pour avoir des renseignements sur les cours de croquet gratuits, donnés les mardis soirs à 18h. Tenue de sport blanche et chaussures à semelles plates obligatoires.)

Si vous avez un petit creux, faites une halte à la **Tavern on the Green** (873-3200), à l'ouest de Sheep Meadow entre la 66th St. et la 67th St. Les plats sont relativement chers mais la vue sur le parc est magnifique, en particulier le soir lorsque tout est illuminé. Ce restaurant, installé dans une authentique bergerie, passe pour être l'affaire la plus rentable de New York. (Déjeuner de 11 à 26 $, dîner de 13 à 29 $. Ouvert du lundi au vendredi de midi à 15h30 et de 17h30 à 23h30, le week-end de 10h à 15h30 et de 17h à 23h30.)

Le **Seventh Regiment Civil War Monument**, sculpté par John Quincy Adams Ward en 1870, s'élève au-dessus de West Drive, au niveau de la 67th St. Ce projet de statue faillit ne jamais voir le jour. Les bureaucrates de l'époque estimaient que le parc était un endroit "trop joyeux" pour que l'on y installe un monument aux morts. Dans les années qui suivirent, il devint pourtant un modèle pour les autres monuments aux morts de la guerre de Sécession.

The Mall se trouve à l'est de Sheep Meadow : c'est une allée à trois voies bordée d'arbres, toujours ombragée et fraîche. Elle est décorée de sculptures en bronze représentant Shakespeare, Walter Scott et d'autres grands de la littérature anglo-saxonne. **The Indian Hunter** (le chasseur indien), sculptée par John Quincy Adams Ward en 1869, fut la première statue américaine installée dans le parc : vous la trouvez un peu à l'écart de l'extrémité sud-ouest du Mall.

L'extrémité nord du Mall débouche sur le Rumsey Playfield. C'est là que se déroule pendant tout l'été le festival **Central Park Summerstage** (vous pouvez vous procurer le programme à la Dairy). Ce festival propose des concerts gratuits de grands noms de la musique, dans des styles très variés. Parmi les artistes qui s'y sont produits, on trouve aussi bien le groupe Stereolab que The Master Musicians of Jajouka (des musiciens marocains) ou encore les rapeurs de A Tribe Called Quest. Mais le Summerstage ne se limite pas à la musique : des écrivains, dont Paul Auster,

viennent aussi faire des lectures de leurs dernières œuvres. Pour plus de renseignements, une messagerie vocale informe sur le Summerstage au 360-2777.

Au nord de la 72nd St. Transverse, entre le Mall et le lac, **The Terrace** est une
esplanade agréable. Le bas-relief qui décore son grand escalier central représente les
quatre saisons. La **fontaine de Bethesda,** au milieu de laquelle s'élève la statue
Angel of the Waters, constitue symboliquement le point central du parc. C'est un
endroit idéal pour casser la croûte : vous pouvez vous asseoir sur l'un des bancs au
soleil, regarder les canards sur le lac et déguster tranquillement votre sandwich (ou
un hot dog acheté à un prix exorbitant sur place !).

The Lake se situe au nord de The Terrace et s'étend vers l'ouest en passant sous
le pont de Bow Bridge. Il est tellement envahi d'algues que sa surface est de couleur
verte, mais cette étendue d'eau en plein cœur de New York est ô combien rafraî-
chissante !... Les photographes en tout cas s'en donnent à cœur joie. Depuis 1954,
on peut louer des canots à rames à la **Loeb Boathouse** (517-2233, d'avril à
septembre, ouvert tous les jours de 10h30 à 17h, suivant la météo, prix 10 $ par
heure, caution 30 $).

Si vous avez la phobie de l'eau, vous pouvez aussi louer des vélos à la Loeb
Boathouse et vous balader sur la terre ferme. (Location de vélos d'avril à septembre,
du lundi au vendredi de 10h à 18h, le week-end de 9h à 18h, si le temps est clément.
8 $ l'heure pour un vélo à 3 vitesses, 10 $ l'heure pour un vélo à 10 vitesses, 14 $
l'heure pour un tandem. Pour toute location, carte de crédit, pièce d'identité ou
100 $ de caution exigés. Pour les vélos à 10 vitesses, caution supplémentaire de
20 $. Appelez le Boathouse pour plus de renseignements.)

A l'est de The Terrace et du lac, le **Conservatory Water** est un bassin où navi-
guent en permanence des modèles réduits de voiliers. Il y a même des régates très
sérieuses au cours desquelles les règles olympiques sont appliquées strictement !
(Tous les samedis à 10h, de fin mars à mi-novembre.) Les statues de **Hans Christian
Andersen** et d'**Alice au pays des merveilles** furent offertes par la municipalité
de Copenhague dans les années 50. Les enfants adorent s'asseoir sur les genoux
d'Andersen ou s'accrocher à l'énorme chapeau du Chapelier fou de Lewis Carroll.
La statue d'Andersen est également un rendez-vous estival incontournable pour les
amateurs d'histoires et de légendes. Des narrations de contes s'y déroulent les
samedis à 11h ainsi que les mercredis au mois de juillet (lectures organisées par la
New York Library, appelez le 340-0849 pour plus de renseignements).

Strawberry Fields est un mémorial conçu par Yoko Ono et dédié à John Lennon.
Il se situe à l'ouest du lac, à l'angle de la 72nd St. et de West Drive, juste en face de
l'immeuble **Dakota** au pied duquel Lennon fut assassiné. Yoko Ono, qui vit toujours
dans cet immeuble avec son fils, dut batailler ferme pour parvenir à ses fins. Certains
membres du conseil municipal voulaient en effet ériger au même endroit un monument à la mémoire de Bing Crosby. Aujourd'hui, pas moins de 161 variétés de fleurs
fleurissent dès les premiers jours du printemps sur les pentes qui entourent la
mosaïque étoilée d'*Imagine*. C'est l'un des endroits préférés des pique-niqueurs.
Chaque année en octobre, des milliers de fans s'y rassemblent pour commémorer
l'anniversaire de John Lennon.

The Ramble est un espace boisé parsemé de petites clairières et de sentiers, au
nord du lac. Pendant la journée, les amateurs d'ornithologie viennent y observer
les multiples espèces d'oiseaux migrateurs qui y font escale. Quand la nuit tombe,
The Ramble se transforme en lieu de rendez-vous gay. L'endroit n'est pas toujours
bien fréquenté, les agressions sont fréquentes et les clubs de Manhattan sont bien
plus sûrs pour faire des rencontres (voir Clubs gay et lesbiens, p. 352). Le
Belvedere Castle est l'un des hauts lieux du parc, dans les deux sens du terme.
Cette curieuse fantaisie, conçue par l'infatigable Vaux en 1869, semble tout droit
sortie d'un conte de fées. Le château s'élève au-dessus de la 79th St. Transverse sur
le **Vista Rock**, et offre une vue plongeante sur The Ramble au sud, et la Great Lawn
au nord. Après avoir été une station météorologique pendant des années, le
Belvedere Castle est aujourd'hui un centre éducatif et un bureau d'information.
C'est le bastion des **urban park rangers** (au 772-0210), dont la mission est de

renseigner les visiteurs du parc et d'assurer un service d'urgence. (Le château est ouvert du mercredi au vendredi de 11h à 16h, le week-end de 11h à 17h. Entrée gratuite.)

Le **Swedish Cottage Marionette Theater**, au pied de Vista Rock, présente régulièrement des spectacles de marionnettes. En 1996 était ainsi représenté un merveilleux *Cendrillon*. (Spectacles du lundi au vendredi à 10h30 et à 12h. La saison dure de début juin à la mi-août. Entrée 5 $, enfants 4 $. Appelez le 988-9093 pour tout renseignement et pour réserver. Réservation obligatoire.) Le **Shakespeare Garden**, tout près du Swedish Cottage, abrite des plantes, des fleurs et des herbes citées dans les œuvres de Shakespeare.

Montez la colline au-dessus du théâtre de marionnettes et vous arrivez au **Delacorte Theater**. Chaque année au milieu de l'été, le festival **Shakespeare in the Park** se déroule dans son enceinte circulaire en bois. L'entrée est toujours gratuite mais il est très difficile d'obtenir des billets, et il faut vraiment s'armer de patience pour faire la queue. Il est en tout cas indispensable d'arriver tôt pour être parmi les 1 936 heureux élus que le théâtre peut contenir. (voir Sorties et spectacles, Théâtre, p. 325).

Juste au nord du château, vous trouvez l'étang asséché de **Turtle Pond** et l'immense pelouse de **Great Lawn**. C'est sur cette pelouse mythique que Simon et Garfunkel ont poussé la chansonnette, que les manifestants gay de Stonewall se sont rassemblés et que le New York Philharmonic Metropolitan Opera s'est produit, avant d'émigrer vers North Meadow (voir Opéra, p. 337).

Le **Reservoir** est rebaptisé depuis peu à la mémoire de Jacqueline Kennedy Onassis, qui venait souvent y courir. C'est le lieu favori des joggers new-yorkais, qui s'entraînent sur le chemin qui fait le tour du lac (2,5 km). Au nord du Reservoir et de la 97th St. Transverse, vous pouvez tenter quelques paniers sur les terrains de basket du **North Meadow Recreation Center** (348-4867), mais aussi jouer aux échecs, au billard américain, au base-ball, au tennis, ou encore faire de l'escalade ou du cerf-volant. La plupart de ces activités sont gratuites, excepté celles qui nécessitent un équipement.

Très peu de touristes ont l'idée de pousser jusqu'au **Conservatory Garden** (860-1382), un très beau jardin soigneusement entretenu qui vaut pourtant le coup d'œil. (A l'angle de la 5th Ave. et de la 105th St. Le jardin est ouvert tous les jours, du printemps à l'automne, de 8h à la tombée de la nuit. Des visites guidées sont organisées tout l'été le samedi à 11h.) Le **Harlem Meer**, un lac de 4,5 ha situé à l'angle nord-est du parc, a récemment été rouvert au public. C'est sur ses rives qu'a lieu le **Harlem Meer Performance Festival**, au cours duquel on peut assister à des concerts gratuits de jazz, de reggae et de musique latino-américaine, ainsi qu'à des spectacles de danse et de théâtre. Le festival se déroule de fin mai à octobre, les samedis à 14h (renseignements au 860-1370). Le **Charles A. Dana Discovery Center**, à l'angle de la 110th St. et de la 5th Ave., propose des expositions et des activités sur Central Park vus sous l'angle écologique (ouvert du mardi au dimanche de 11h à 17h, appelez le 860-1370). L'exposition d'oiseaux sculptés, intitulée "Wood on the Wing" (du bois en plein vol), en place depuis l'été 1995, est très réussie. Le Discovery Center organise aussi des visites guidées et peut vous prêter des cannes pour pêcher dans le Meer (mais vous devez remettre les poissons dans l'eau après les avoir attrapés).

Central Park est un endroit assez sûr le jour, mais il peut l'être beaucoup moins à la nuit tombée. N'ayez surtout pas peur d'assister le soir aux spectacles de Shakespeare in the Park mais respectez les règles élémentaires de prudence : restez sur les allées principales et essayez de vous déplacer à plusieurs. Evitez dans tous les cas de vous promener sur les sentiers les plus sombres la nuit.

Pour toutes les informations concernant Central Park, appelez le 360-3444. Pour des renseignements sur les parcs de la ville et sur les diverses activités, téléphonez au 360-8111, du lundi au vendredi de 9h à 17h.

L'étang hanté de Central Park

Si vous ne croyez pas aux fantômes, allez donc vous promener un soir au bord du Pond... D'après un article paru dans *Time Out*, on aperçoit de temps à autre les sœurs Van der Voort patiner sur cet étang situé à l'angle sud-est du parc. Un fait étrange, si l'on considère que ces deux vieilles filles, qui ne se quittaient pas d'une semelle de leur vivant, sont mortes en 1880. En tout cas, depuis la Première Guerre mondiale, nombreux sont les clients inquiets du Plaza Hotel juste en face qui peuvent jurer les avoir vu glisser ensemble, vêtues de tenues de patinage rouges et mauves. Une belle enquête en perspective pour Mulder...

■ Upper West Side

Upper West Side est l'un des quartiers les plus sympathiques de Manhattan. Il y règne une atmosphère à la fois décontractée et chic, beaucoup moins "collet monté" que celle d'East Side. Le quartier est délimité à l'est par la luxueuse avenue de Central Park West. Ne soyez pas étonné si vous croisez sur cette avenue qui longe Central Park la silhouette familière d'une vedette de cinéma. Dustin Hoffman et Diane Keaton, entre autres, habitent dans les parages.

La population de l'Upper West Side est un peu à l'image des deux principales institutions du secteur, le complexe culturel du **Lincoln Center** et la **Columbia University**, deux établissements qui jouissent dans leurs domaines respectifs d'une excellente réputation. Pas étonnant dans ces conditions que l'Upper West Side soit le fief d'une *intelligentsia* active et dynamique, qui se fait fort de cohabiter avec l'importante communauté issue des Caraïbes.

L'Upper West Side présente toutefois un visage varié selon les secteurs. Central Park West et West End Ave., qui bordent le quartier à l'est et à l'ouest, sont des avenues très chics et très calmes. **Columbus Ave.** et **Broadway** sont beaucoup plus animées, de jour comme de nuit : on peut y manger ou faire du shopping quasiment 24h/24. On a d'ailleurs du mal à croire que Broadway, rue commerçante et bruyante par excellence, ait été à l'origine conçue pour être résidentielle. Aujourd'hui, elle est le royaume des *delis*, des théâtres, des boutiques et des marchands de rue qui vendent tout et n'importe quoi, des petits pains aux magazines périmés en passant par d'antiques ustensiles de cuisine.

■ Le Lincoln Center

Le **Lincoln Center**, à l'intersection de Broadway et de Columbus Ave., est le temple culturel de l'élite new-yorkaise. Il est constitué de sept branches : l'Avery Fisher Hall, le New York State Theater, la Metropolitan Opera House, le Library and Museum of the Performing Arts, le Vivian Beaumont Theater, le Walter Reade Theater et la Juilliard School of Music. Ces sept instituts peuvent accueillir un total de 13 000 personnes, dans un espace qui s'étend de la 62nd St. à la 66th St, entre Amsterdam Ave. et Columbus Ave. C'est un riche broker de Wall Street, Robert Moses, qui supervisa le projet en 1955, date à laquelle le Carnegie Hall était menacé de destruction. Le complexe s'inspire des piazzas (places) romaines et vénitiennes et, malgré de sévères critiques sur son architecture lors de l'inauguration (le *New York Times* traita le bâtiment de mastodonte disgracieux), il est l'un des lieux de spectacle les plus fréquentés et les plus prisés de la ville. Il est vrai qu'il est difficile de ne pas être impressionné par l'aspect monolithique de cet ensemble architectural. Une borne d'information automatique se situe à gauche, quand vous tournez le dos à Columbus Ave.

L'**esplanade** centrale, bordée par l'Avery Fisher Hall, le New York State Theater et le Metropolitan, est très animée les après-midi de week-ends : des jeunes espoirs de la danse et des étudiants en musique ou en théâtre viennent s'y produire et sa fontaine est un des lieux de rendez-vous favoris des amoureux. On la voit notamment dans le film *Moonstruck* (*Eclair de lune*, avec Cher et Nicholas Cage), ainsi que dans *Fame* (c'est là que la troupe vient danser au début de chaque spectacle). Les photographes de mode aiment aussi cette place et il n'est pas rare d'y voir des top models transpirer sous des manteaux de fausse fourrure en plein mois d'août.

L'**Avery Fisher Hall,** conçu par Max Abramovitz en 1966, est le premier bâtiment sur votre droite en venant de Columbus Ave. Il accueille actuellement l'orchestre du New York Philharmonic, dirigé par Kurt Masur, successeur de Zubin Mehta. Parmi les chefs d'orchestre célèbres qui ont dirigé le Philharmonic, citons Leonard Bernstein, Arturo Toscanini et Leopold Stokowski (voir Sorties et spectacles, Musique classique, p. 339). Le **New York State Theater**, le premier bâtiment à gauche en venant de Columbus Ave., accueille le New York City Ballet et le New York City Opera. Le mois de décembre est celui du ballet *Casse-Noisette* de Tchaïkovski, un rituel quasi incontournable pour la jet-set new-yorkaise.

La **Metropolitan Opera House**, conçue en 1966 par Wallace K. Harrison, est la pièce centrale du Lincoln Center (en face de vous quand vous arrivez de Columbus Ave.). On peut voir l'intérieur à travers sa façade de verre, inspirée des œuvres du peintre Mondrian. Le hall d'entrée est orné de fresques de Chagall et un grand escalier incurvé, à plusieurs niveaux, permet d'accéder à la salle de spectacle. Dans la boutique de cadeaux, des écrans de télévision diffusent les opéras en direct. Une bonne idée si vous n'avez pas les moyens de vous payer un billet. (Boutique ouverte du lundi au samedi de 10h à 17h30 ou jusqu'au deuxième entracte d'un spectacle, et le dimanche de midi à 18h.)

Le **Damrosch Park**, qui se situe dans l'angle sud-ouest du Lincoln Center (sur votre gauche quand vous faites face au Metropolitan), accueille souvent des concerts en plein air, sur la scène du Guggenheim Bandshell et celle du **Big Apple Circus,** toujours très appréciée. Ne manquez pas la *Lincoln Center Reclining Figure*, une sculpture de Henry Moore datant de 1965, qui se réfléchit dans un bassin (sur le côté nord de l'opéra). De l'autre côté du bassin, le **Vivian Beaumont Theater**, bâti par Eero Saarinen en 1965, ressemble à une boîte de verre chapeautée d'un lourd casque de ciment. Le théâtre a récemment accueilli les premières de *Six Degrees of Separation* et d'*Arcadia*. La **New York Public Library for the Performing Arts** (870-1630) fait la jonction entre les bâtiments de l'opéra et du théâtre et contient plus de huit millions de documents, des cassettes vidéo aux manuscrits, accessibles à tout possesseur d'une carte d'abonnement aux bibliothèques de New York. (Bibliothèque ouverte le lundi et le jeudi de 12h à 20h, le mardi, le mercredi, le vendredi et le samedi de 12h à 18h.)

Une terrasse et un pont vous permettent de passer de l'autre côté de la 66th St. pour rejoindre la prestigieuse **Juilliard School of Music**. Le bâtiment, œuvre de Pietro Belluschi, est inspiré par le courant architectural brutaliste (une tendance née au début des années 50 dont Le Corbusier fut l'un des représentants). C'est ici que des musiciens comme Itzhak Perlman ou Pinchas Zukerman affinent leur talent, que Robin Williams fit ses premiers numéros comiques ou que Val Kilmer apprit à faire la moue. (Pour des renseignements sur les concerts donnés par les étudiants, appelez le bureau de location de la Juilliard School au 769-7406. Ouvert du lundi au jeudi de 10h à 17h. Les étudiants ne donnent pas de représentations en été.) Le bâtiment de la Juilliard School abrite l'**Alice Tully Hall**, une salle plutôt intimiste où se produit l'orchestre de musique de chambre de la Chamber Music Society of Lincoln Center (voir Sorties et spectacles, Musique classique, p. 340).

Le **Walter E. Reade Theater**, édifice beige à une soixantaine de mètres sur la gauche en regardant la Juilliard School, est la construction la plus récente du Lincoln Center. Le théâtre diffuse souvent des films étrangers et organise des festivals thématiques, dont la programmation est affichée à l'entrée (voir Sorties, spectacles et Cinéma, p. 335).

Des visites guidées des galeries et des théâtres du Lincoln Center sont proposées tous les jours (voir Circuits touristiques, p. 167).

Upper West Side

W. 101st St.
W. 100th St.
W. 99th St.
W. 98th St.
W. 97th St.
W. 96th St.
W. 95th St.
W. 94th St.
W. 93rd St.
W. 92nd St.
W. 91st St.
W. 90th St.
W. 89th St.
W. 86th St.
W. 87th St.
W. 85th St.
W. 84th St.
W. 83rd St.
W. 82nd St.
W. 81st St.
W. 80th St.
W. 79th St.
W. 78th St.
W. 77th St.
W. 76th St.
W. 75th St.
W. 74th St.
W. 73rd St.
W. 72nd St.
W. 71st St.
W. 70th St.
W. 69th St.
W. 68th St.
W. 67th St.
W. 66th St.
W. 65th St.
W. 64th St.
W. 63rd St.
W. 62nd St.
W. 61st St.
W. 60th St.
W. 59th St.
W. 58th St.
W. 57th St.

Pomander Walk
Symphony Space

Riverside Park

Hudson River

Henry Hudson Pkwy.

Broadway
Amsterdam Ave.
Central Park W.
Central Park

Soldiers and Sailors Monument

Hector Memorial

West End Ave.
Riverside Dr.

Children's Museum of Manhattan

Zabar's

Hayden Planetarium

American Museum of Natural History

New-York Historical Society

79th St. Boat Basin

Ansonia Hotel

Columbus Ave.

Dakota Apartments

Sherman Square

Freedom Pl.

Broadway

Hotel des Artistes

Museum of American Folk Art

Juilliard School

LINCOLN CENTER

Damrosch Park

Fordham University

Bible House

Columbus Circle

New York Convention & Vistors Bureau

N

VISITES

■ Le reste d'Upper West Side

Columbus Circle, un grand carrefour où se croisent voitures et piétons, situé sur Broadway au niveau de la 59th St., marque symboliquement la fin de Midtown et l'entrée dans Upper West Side. Au 1865 Broadway, près de la 61st St., la **Bible House** (408-1200), dirigée par l'American Bible Society, distribue la Bible dans pratiquement toutes les langues. Dans la galerie d'exposition, vous pouvez admirer des bibles rares et curieuses, survoler quelques pages de Gutenberg ou encore surfer sur le serveur Internet Good News Bible. (La galerie est ouverte du lundi au vendredi de 9h30 à 16h30 et l'entrée est gratuite. La bibliothèque est ouverte du lundi au vendredi de 9h à 16h30. La librairie est ouverte du lundi au vendredi de 9h à 17h.)

Juste en face du Lincoln Center, au sud de l'intersection entre Broadway et Columbus Ave., **Dante Park** est un petit espace triangulaire ouvert en 1921 pour célébrer le 600ᵉ anniversaire de la mort du poète. Une imposante statue en bronze trône au milieu du square minuscule, où des étudiants de la Juilliard School viennent jouer du jazz ou de la musique de chambre le mardi à 18h30 en été. Tout au long de l'année, des promeneurs fatigués ou des personnes âgées s'y assoient pour nourrir les pigeons.

Le **Museum of American Folk Art** se situe sur Columbus Ave., en face du Lincoln Center, entre la 65th St. et la 66th St. Sa façade moderne ne paie pas de mine mais l'intérieur, consacré à l'art populaire américain, est agréable et vous pouvez vous reposer sur un banc quand vous aurez eu votre compte d'édredons du XVIIIᵉ siècle (voir Musées, p. 316).

Le **West Side Y**, en bordure de Central Park, au 5 W. 63rd St. (787-4400, 787-1301), est un bâtiment immense d'inspiration maure qui offre un toit à de nombreux jeunes artistes fauchés. Le **New York Society for Ethical Culture** (874-5210), qui se situe un block plus haut sur Central Park West au niveau de la W. 64th St., organise des conférences, des lectures publiques et des récitals de musique classique très appréciés de la bonne société new-yorkaise. Cette vénérable maison aide aussi à la création d'autres associations, comme l'American Civil Liberties Union, et les nombreux *yuppies* du quartier choisissent son école pour l'éducation de leurs enfants. Les tourelles et les créneaux du First Battery of New York (56 W. 66th St., entre Central Park West et Broadway), défendent maintenant les studios de télévision de la chaîne ABC, bien à l'abri dans un bâtiment qui ressemble à un château Fisher-Price.

L'**Hôtel des artistes** s'élève avec majesté au 1 W. 67th St., entre Central Park West et Columbus Ave. Conçu par George Mort Pollard en 1913, cet ensemble d'ateliers en duplex était destiné aux artistes qui avaient passé le cap de la bohème et qui gagnaient plutôt bien leur vie… Il fut notamment habité par la danseuse Isadora Duncan, Norman Rockwell ou encore Noel Coward. L'opulence du bâtiment est surtout visible à l'intérieur mais observez quand même les fresques en forme de lierre gravées sur la façade. Vous pouvez aussi aller au très chic **Café des artistes** : le menu est cher mais les fresques de nus allongés, peintes en 1934 par Howard Chandler Christy, valent le coup d'œil.

Au **135 W. 70th St.**, entre Columbus Ave. et Amsterdam Ave., vous assistez à la rencontre entre la splendeur de l'Egypte ancienne et de la Mésopotamie et la sobriété du design moderne. Le résultat de ce mariage est un immeuble résidentiel (The Pythian Temple) très étonnant. La façade est ornée de colonnes bleu saphir, les chapiteaux représentent des Assyriens barbus et des faucons (qui évoqueront quelque chose aux fans de Grateful Dead) et deux pharaons colorés dominent l'ensemble.

La **Lincoln Square Synagogue** (connue dans les milieux juifs sous le nom de "Wink and Stare", "cligne de l'œil et regarde bien"), à l'angle de la 69th St. et d'Amsterdam Ave., fut construite en 1970 en contrebas de la rue. Les lignes équilibrées de la synagogue en font un peu la "cousine de granit" du Lincoln Center non loin de là. Le **Sherman Square**, à la forme incurvée, est à l'intersection de la 72nd

St. et de Broadway. Au nord de cette petite place, une statue de Giuseppe Verdi surplombe le **Verdi Square**.

L'**Ansonia Hotel**, un hôtel célèbre aux appartements luxueux, se trouve au 2109 Broadway, entre la 73rd St. et la 74th St. Rien ne manque à l'édifice : ornements chargés, balcons arrondis dignes des tableaux de Véronèse et tourelles variées. C'est en tout cas l'une des grandes fiertés de l'Upper West Side. A leur époque, des musiciens illustres tels qu'Enrico Caruso, Arturo Toscanini ou Igor Stravinski profitèrent des murs insonorisés pour répéter en toute sérénité. L'écrivain Theodore Dreiser et le légendaire joueur de base-ball Babe Ruth y élurent également domicile.

Si vous avancez de quelques blocks vers l'est, vous êtes immédiatement saisi par le contraste entre les résidences monolithiques qui bordent Central Park West et les commerces animés de Broadway et de Columbus Ave. Cette opposition résulte de l'urbanisation de Manhattan au XIXe siècle. Les classes sociales élevées fuirent alors l'animation de Midtown et vinrent chercher la tranquillité sur le bord ouest de Central Park. Le célèbre immeuble **Dakota**, au 1 W. 72nd St., sur Central Park West, accueillit plusieurs de ces nouveaux venus. Lors de la construction en 1884, quelqu'un fit remarquer que l'immeuble était tellement éloigné du centre-ville "qu'il pourrait tout aussi bien se trouver dans le territoire du Dakota". Cette remarque ne tomba pas dans l'oreille d'un sourd puisque son concepteur, Henry J. Hardenburg, adopta non sans humour le nom de cet Etat du Nord-Ouest. La grande idée de l'architecte fut d'avoir conçu l'immeuble de manière que chaque appartement soit unique. Le Dakota fut également le premier bâtiment de New York à utiliser des ascenseurs. Mais ce n'est ni pour l'originalité de son architecture ni pour ses ascenseurs que le Dakota est aujourd'hui aussi célèbre : en 1980, John Lennon fut assassiné par un déséquilibré juste devant l'entrée de l'immeuble.

Le personnel du **New York Historical Society** connaît la ville mieux que sa poche depuis son "observatoire", un immeuble néoclassique qui s'étend sur un block, à l'angle de la 77th St. et de Central Park West (873-3400). Il vous aide à découvrir aussi bien les grands secrets du passé que les petites histoires d'aujourd'hui. La bibliothèque, destinée aux travaux de recherche, est ouverte du mercredi au vendredi de 12h à 17h.

New York célèbre l'évolution du cosmos et de la vie dans l'un des trésors culturels de l'Upper West Side : l'**American Museum of Natural History**, situé le long de Central Park West, entre la 78th St. et la 81st St. Il s'agit du plus grand musée d'histoire naturelle au monde. Le musée fut construit en 1899 par le cabinet J. C. Cady & Co. mais de nouvelles ailes et des annexes furent progressivement ajoutées au bâtiment original (la dernière rénovation date de 1995). Holden Caulfield, le héros de *l'Attrape-Cœur* de J. D. Salinger, aimait traîner à l'Hayden Planetarium du musée. Parmi les sculptures de l'entrée principale sur Central Park West, on trouve les grands explorateurs de l'Ouest américain Lewis et Clark ainsi que le fameux peintre-naturaliste Audubon. L'exposition sur les dinosaures, un mariage extrêmement réussi entre le préhistorique et le postmodernisme, rencontre un succès fou auprès du public. (Voir Musées, p. 305, et lire *l'Attrape-Cœur*.)

Lorsque vous vous dirigez en direction de l'ouest jusqu'à West End Ave., vous tombez sur un ensemble d'hôtels particuliers victoriens construits en 1891 par les architectes Lamb et Rich entre la 76th St. et la 77th St. La maîtresse de l'ancien maire de la ville Jimmy "Gentleman Jim" Walker, véritable roi du pot-de-vin, habitait un appartement surplombant ce groupe de maisons, à l'angle de la 76th St. et de Broadway. La rumeur prétend que le maire, très amoureux, fit interdire toute construction élevée aux alentours afin de ne pas boucher la vue de sa bien-aimée...

La **West End Collegiate Church and School**, 370 West End Ave., au niveau de la 77th St., construite par les colons néerlandais en 1637, est une reproduction d'un marché couvert hollandais. Elle fut réaménagée en 1893 par Robert Gibson, toujours dans la tradition hollandaise, avec des pignons en escaliers et des briques allongées. Aujourd'hui, l'école prépare les fils de l'élite new-yorkaise à intégrer plus tard les meilleures universités de la côte Est. La **Trinity School**, au 139 West 91st St., une autre école privée bâtie en 1709, peut se prévaloir du même héritage hollandais que la West End Collegiate Church and School. Le sol de marbre de son hall mérite une petite visite.

Vous reconnaîtrez peut-être la résidence **Apthorp Apartments**, au 2207 Broadway, au niveau de la 79th St., avec ses grilles en fer aux motifs complexes et sa grande cour intérieure. L'immeuble a en effet servi de cadre à bon nombre de films se déroulant à New York : *la Brûlure* (Jack Nicholson, Meryl Streep), *Network* (Faye Dunaway), *l'Œil du témoin* (William Hurt, Sigourney Weaver), *Cotton Club* (Richard Gere, Gregory Hines) ou encore *Rosemary's Baby* (le chef-d'œuvre de Polanski avec Mia Farrow et John Cassavetes). La façade de marbre de l'immeuble est sobre, décorée de bas-reliefs représentant des vestales qui veillent sur la bonne fortune des riches résidents. Ces appartements, commandités par William Waldorf Astor et bâtis en 1908 par les architectes Clinton et Russell, doivent leur nom à Apthorp, le propriétaire du terrain en 1763. Demandez au gardien de vous laisser jeter un coup d'œil dans la cour. Les flèches d'église asymétriques que vous voyez de l'autre côté de la 79th St. sont celles de la First Baptist Church.

En remontant Broadway sur quelques blocks, vous découvrez deux piliers de l'Upper West Side. Le **Zabar's**, au 2245 Broadway (787-2000), au niveau de la 79th St., est une épicerie fine dont les produits sont incroyablement appétissants ; vous entrez pour acheter un simple *bagel*, vous en ressortez avec de quoi manger pendant une semaine. Le **Shakespeare and Co.**, au 2259 Broadway (580-7800), au niveau de la 81st St., est l'une des librairies les plus appréciées du quartier. Sa vitrine apparaît brièvement dans *Quand Harry rencontre Sally* (voir Shopping, p. 375).

La **West Park Presbyterian Church** est installée depuis 1890 à l'angle d'Amsterdam Ave. et de la 86th St. Cette église de style roman donne l'impression de tout juste sortir du four d'un potier avec sa structure de grès rouge grossièrement taillée. Elle possède des portes et des chapiteaux de style byzantin. La **Church of St. Paul and St. Andrew,** construite en 1897, se situe un peu plus à l'ouest, à l'angle de la 86th St. et de West End Ave. Observez en particulier le clocher octogonal et les anges dans les encoignures.

Les deux architectes paysagistes de Central Park, Frederick Law Olmsted et Calvert Vaux, sont aussi à l'origine du **Riverside Park**, un parc longitudinal qui s'étend le long de l'Hudson, de la 72nd St. à la 145th St. Le **Soldiers and Sailors Monument,** à l'intérieur du parc, au niveau du croisement entre Riverside Drive et la 89th St., est élevé à la mémoire des soldats et des marins de l'Union morts au cours de la guerre de Sécession. Quelques blocks plus au nord se dresse une statue de **Jeanne d'Arc**. Le **Carrère Memorial**, situé au niveau de la 99th St., est une esplanade avec une plaque en souvenir de John Merven Carrère, l'un des grands architectes de la ville mort dans un accident de voiture. En vous dirigeant vers l'est sur la 87th St., vous trouvez un autre mémorial entre Columbus Ave. et Central Park West : une peinture murale aux couleurs vives qui s'intitule *In Memory of Victor* (En la mémoire de Victor, signé "Chico").

Les seules écuries encore en activité à Manhattan, les **Claremont Stables,** sont juste à côté d'un terrain vague, au 175 W. 89th St., au niveau d'Amsterdam. Ce bâtiment à plusieurs étages, sorte de résidence de luxe pour les pur-sang, propose des cours d'équitation (voir Equitation, p. 364). Il n'est ainsi pas rare de voir trotter des cavaliers au beau milieu du trafic automobile sur Central Park West. Les bien nommés **El Dorado Apartments** exhibent des ornements Arts-Déco en or sur Central Park West, entre la 90th St. et la 91st St. Le hall d'entrée de l'El Dorado, classé patrimoine national, mérite le détour, à condition de convaincre les nombreux vigiles que vous ne profiterez pas de leur gentillesse pour tenter de photographier les stars qui occupent la résidence.

Le **Symphony Space**, ancienne patinoire transformée en salle de spectacle, au 2537 Broadway, au niveau de la 95th St., se distingue par une programmation originale et de qualité. La soirée "Wall to Wall Bach" et le gala d'anniversaire en hommage au compositeur d'avant-garde John Cage en ont surpris plus d'un. Chaque année, à l'occasion du Bloomsday (le 16 juin), le Symphony Space rend hommage au roman *Ulysse* de James Joyce, en organisant des lectures et des conférences. La programmation annuelle mêle musique classique, musiques du monde et littérature, avec en plus chaque été un festival de films étrangers. Demandez le calendrier mensuel des événements. (Bureau de location 864-5400/5414. Ouvert du jeudi au samedi de 12h à 19h. Réservations de billets par téléphone du jeudi au samedi de 12h à 18h.) (Voir Musique classique, p. 341.)

Carrère et Hastings sont les concepteurs de l'église de style Renaissance anglaise **First Church of Christ**, à l'angle de la 96th St. et de Central Park West. L'extérieur de l'immeuble **Cliff Dwellers' Apartments**, situé à l'autre extrémité de la 86th St., à l'angle de Riverside Drive, est un mélange de style, entre Arts-Déco et art des Indiens d'Amérique.

Dans l'Upper West Side, comme dans d'autres quartiers de New York, les habitants mettent tout en œuvre pour briser la monotonie monochrome des rues. De nombreux jardins fleuris sont ainsi entretenus directement par les habitants et non par la municipalité. Le **Lotus Garden** (580-4897) en est une illustration particulièrement réussie. Il se trouve en haut d'un escalier, sur la 97th St., entre Broadway et West End Ave. Vous pouvez vous asseoir tranquillement sur un banc et admirer les tulipes (ouvert le dimanche de 13h à 16h).

Si les vieux buildings de l'Upper West Side vous ont rendu nostalgique, faites un tour du côté du salon de coiffure **Broadway Barber Shop**, au 2713 Broadway, entre la 103rd St. et la 104th St. La devanture, l'enseigne cylindrique et les chaises de coiffeur sont d'époque. Seul le lettrage doré de la vitrine, un peu écaillé, vient rappeler que nous ne sommes plus en 1907.

■ Harlem

Un demi-million de personnes s'entassent sur les 8 km^2 qui constituent le Grand Harlem. En fait, Harlem est divisé en plusieurs quartiers. Le **Spanish Harlem**, que l'on appelle aussi "El Barrio" (le "quartier" en espagnol, habité surtout par des Portoricains), se situe à l'est (East Side), au nord de la 96th St., alors que Harlem proprement dit s'étend à l'ouest (West Side), entre la 110th et la 155th St. La zone autour de la Columbia University, à l'ouest de Morningside Ave. et au sud de la 125th St., fait officiellement partie de Harlem, mais c'est un quartier à part, plus connu sous le nom de **Morningside Heights**. C'est dans **Central Harlem**, dans le West Side, entre la 125th St. et la 160th St., que l'essentiel de la vie culturelle et sociale du quartier est concentré. Plus au nord, entre la 160th St. et la 220th St., **Washington Heights** et **Inwood** rassemblent les communautés dominicaines et juives, en pleine expansion. Tous ces quartiers sont des lieux d'activités intenses mais, il faut bien l'avouer, pas toujours très honnêtes. Il est préférable de visiter Harlem pendant la journée ou accompagné de quelqu'un qui connaît bien les environs. Si vous n'avez pas le sens de l'orientation et que vous ne trouvez pas de guide, vous pouvez profiter des visites guidées organisées (voir Visites guidées, p. 170).

Harlem est un nom qui fait peur le plus souvent. Contrairement à ce que l'on pense habituellement, la plupart de ses rues ne sont pas plus dangereuses que celles d'autres quartiers plus centraux de Manhattan. En outre, malgré la pauvreté ambiante, la vie culturelle fait preuve d'une belle vitalité. Une visite du quartier devrait suffire à lever ce malentendu et à gommer en partie ce cliché d'un *no man's land* noir, violent et à la dérive.

L'une des principales motivations des visiteurs qui se rendent à Harlem est d'assister à une **messe gospel**. Elles durent généralement plus de 2 heures et leur aspect cérémonieux est immuable ; ambiance très chaleureuse, accueil de bienvenue pour les étrangers, sermons très toniques, chants bouleversants, tenues très habillées des participants... Les messes commencent généralement vers 10h30. Citons par exemple l'Abyssinian Baptist Church sur 132 W. 138th Street, la Metropolitan Baptist Church sur 151 West 128th Street ou encore Mount Nebo, 1883 7th Avenue au niveau de la W 114th Street.

Au XIXe siècle, West Harlem était la propriété de la haute bourgeoisie de Manhattan. Avec l'arrivée du métro dans les années 1890, les spéculateurs anticipèrent une arrivée en masse des classes moyennes et firent bâtir des résidences de *standing* pour les accueillir. Le problème est que cet afflux n'eut jamais lieu. Les propriétaires furent alors forcés de louer les immeubles inoccupés à une population plus pauvre, qui accédait ainsi pour la première fois à des logements dignes de ce nom. Au cours des 30 années qui suivirent, les Noirs affluèrent par milliers dans Harlem. Entre 1920 et 1930, la population passa de 80 000 à 160 000 habitants. Cet exode massif s'accompagna d'une vitalité artistique incroyable. Les Années folles virent l'apogée des clubs de jazz légendaires comme le Cotton Club, où jouaient Duke Ellington ou Count Basie. La littérature n'était pas en reste non plus : des auteurs comme Langston Hughes (1902-1967) et Zora Neale Hurston (1901-1960) firent souffler un vent nouveau sur la poésie et le roman américains. Le succès des clubs de Harlem était dû aussi à une politique de tolérance envers les gays comme envers les fêtards, qui venaient là pour échapper à la censure de la prohibition.

Après la grande dépression des années 30 et la Seconde Guerre mondiale, Harlem continua à servir de creuset à la culture noire américaine. Dans les années 50, les amateurs de musique n'avaient que l'embarras du choix : Charlie Mingus faisait vibrer sa contrebasse dans un bar, Charlie Parker soufflait dans son vieux saxo dans un autre et Billie Holiday faisait pleurer de joie son public dans un troisième (beaucoup de ces petits clubs de jazz existent encore aujourd'hui et cela vaut vraiment la peine de marcher un peu pour les dénicher). Mais les nouveaux habitants du quartier, en provenance des Caraïbes ou des Etats du Sud, avaient du mal à trouver un emploi et Harlem s'enfonça dans une longue période de pauvreté.

Dans les années 60, les artistes quittèrent peu à peu le quartier. Harlem devint le porte-drapeau de la lutte pour l'égalité entre les races, même si le mouvement pour les droits civils des Noirs naquit dans le sud du pays. Rapidement, le mouvement se radicalisa en prônant la violence. Malcolm X devint l'une des figures majeures de Harlem, militant dans un premier temps au sein des Black Muslims avant de fonder son propre parti, l'Organisation de l'unité afro-américaine. Il fut rejoint dans son combat par d'autres leaders politiques et des artistes. Le poète-romancier noir LeRoi Jones écrivit des pièces en un acte jouées dans la rue (Revolutionary Theater) pour dénoncer les problèmes d'inégalité entre Blancs et Noirs. Stokely Carmichael ou H. Rap Brown haranguèrent les foules et appelèrent au combat contre le racisme et pour la justice. Dans les années 70, les Noirs de Harlem avaient certes obtenu l'égalité civique mais ils restaient pauvres : une vaste opération de rénovation fut alors entreprise pour relancer l'économie des quartiers, améliorer les conditions de vie et combattre la violence. Cette action, qui continue encore aujourd'hui, était financée par la municipalité mais mise en œuvre par les habitants eux-mêmes. Actuellement, même si les thèses de Malcolm X (remises à l'honneur par le cinéaste Spike Lee) sur l'autodétermination et les mouvements séparatistes connaissent une audience croissante, il serait très exagéré de dire que les Blancs ne sont pas les bienvenus à Harlem. Dans la grande majorité des cas, les résidents et les commerçants sont fiers de montrer leur quartier aux visiteurs. Ils sont accueillants et feront même tout ce qu'ils peuvent pour que vous vous sentiez comme chez vous.

En fait, il est très difficile de parler de la population de Harlem au singulier, tant elle est diverse, du point de vue ethnique comme du point de vue socio-économique. L'afflux d'immigrés dominicains, commencé il y a quelques années, modifie la culture d'une bonne partie de l'ouest de Harlem, et le secteur de **Hamilton Heights**, autour de St. Nicholas Ave. et de Convent Ave., aux environs de la 140th St., est peuplé de gens de tous horizons. La zone qui correspond le plus à la vision "ghetto noir" de Harlem se trouve au sud de la 125th St., dans Manhattan Valley, et plus particulièrement le long de Frederick Douglass Blvd. et d'Adam Clayton Powell Blvd. Mieux vaut éviter de s'y promener le soir. Pour plus de renseignements sur Harlem, appelez l'Uptown Chamber of Commerce au 996-2288.

VISITES

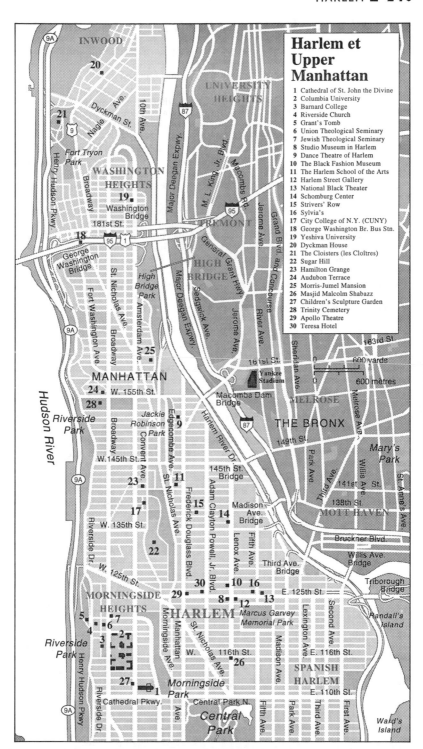

Harlem et Upper Manhattan

1 Cathedral of St. John the Divine
2 Columbia University
3 Barnard College
4 Riverside Church
5 Grant's Tomb
6 Union Theological Seminary
7 Jewish Theological Seminary
8 Studio Museum in Harlem
9 Dance Theatre of Harlem
10 The Black Fashion Museum
11 The Harlem School of the Arts
12 Harlem Street Gallery
13 National Black Theater
14 Schomburg Center
15 Strivers' Row
16 Sylvia's
17 City College of N.Y. (CUNY)
18 George Washington Br. Bus Stn.
19 Yeshiva University
20 Dyckman House
21 The Cloisters (les Cloîtres)
22 Sugar Hill
23 Hamilton Grange
24 Audubon Terrace
25 Morris-Jumel Mansion
26 Masjid Malcolm Shabazz
27 Children's Sculpture Garden
28 Trinity Cemetery
29 Apollo Theatre
30 Teresa Hotel

■ Morningside Heights et l'université de Columbia

Morningside Heights, au sud de la 125th St. et à l'ouest du Morningside Park, est un bon point de départ pour une visite de Harlem. (Métro : lignes 1 ou 9, station 110th St. ou 116th St.) Le quartier est riche en restaurants bon marché et en monuments. La **Cathedral of St. John the Divine** se dresse avec majesté au-dessus d'Amsterdam Ave., entre la 110th St. et la 113th St. Bien qu'elle soit inachevée, elle est déjà la plus grande cathédrale du monde ; ses tours devraient mesurer au final plus de 80 m de haut et la nef pourra accueillir 8 000 fidèles. L'histoire de sa construction rappelle singulièrement celle des cathédrales européennes du Moyen Age : elle a commencé en 1892, se poursuit aujourd'hui et, à l'allure où vont les travaux, ne devrait pas se terminer avant un siècle ou deux... En vous promenant autour de la cathédrale, vous verrez des sculpteurs en train de mettre une touche finale à une gargouille ou à un ornement divers. Non loin de là, dans l'espace réservé à la taille des pierres, des artisans sculptent de gros blocs, comme on le faisait à l'époque des cathédrales médiévales. A la fin du siècle dernier, les plans originaux visaient à en faire une église de style byzantin agrémentée de touches romanes, mais vingt ans (et quelques évêques) plus tard, ils changèrent : l'architecte Ralph Adams Cram proposa une nouvelle version de l'ensemble qui témoignait de son amour immodéré du gothique français. Le résultat est une façade qui ressemble comme une sœur à celle de Notre-Dame de Paris, avec une rosace centrale, deux clochers symétriques et trois portails voûtés. Les portes centrales en bronze ont été réalisées à Paris par Ferdinand Barbedienne, celui-là même qui avait moulé la Statue de la Liberté (qui, d'ailleurs, pourrait presque tenir sous la nef de la cathédrale).

St-John se veut une "cathédrale vivante", dédiée à la religion, mais aussi aux hommes et à l'art. Cela donne un résultat plutôt éclectique qui met l'accent non seulement sur les souffrances du Christ, mais aussi sur l'expérience des immigrants ou la beauté de la géométrie abstraite. Des images de postes de télévision ou de George Washington côtoient les traditionnelles scènes religieuses sur les vitraux et, lorsque vous marchez le long de l'immense nef centrale, vous passez sans transition d'un autel dédié aux victimes du sida, à un fossile marin vieux de 100 millions d'années, à une sculpture moderne en hommage à 12 pompiers morts en 1966 ou encore à un bloc de quartz naturel pesant 906 kg. La cathédrale possède également un "coin des poètes" où vous pouvez lire des citations de William Faulkner, d'Edith Wharton ou de Nathaniel Hawthorne. De nombreux événements laïcs s'y déroulent : concerts, expositions, conférences, théâtre et danse (pour plus de renseignements, téléphonez au 316-7540). On y trouve aussi un refuge pour les sans-abri, une école et divers services destinés à la communauté. Des visites guidées des niveaux supérieurs de l'église sont organisées les 1er et 3e samedis du mois, à 12h et à 14h (10 $, réservation obligatoire). Les visites du rez-de-chaussée ont lieu du mardi au samedi à 11h et le dimanche à 13h. (Cathédrale ouverte tous les jours de 7h à 17h. Visites guidées 3 $, appelez le 932-7347. Entrée 1 $, étudiants et personnes âgées 50 ¢.)

A côté de la cathédrale, le **Children's Sculpture Garden**, à l'angle de la 111th St. et d'Amsterdam Ave., est dominé par l'énorme statue d'un guerrier ailé juché sur un disque d'où partent des jets d'eau en spirale. Des sculptures en bronze réalisées par les écoliers du quartier ornent la fontaine et les petites plaques de bronze que l'on voit tout autour du square racontent de courtes histoires empruntées aux cultures du monde entier. (Ouvert 24h/24, mais il vaut mieux venir la journée, car le jardin n'est pas sûr la nuit.)

Le **Morningside Park** s'étend à l'est de St-John, en dessous des rochers de Morningside Dr. entre la 110th St. et la 123rd St. Comme les héros de *Quand Harry rencontre Sally*, vous pouvez vous balader à travers les aires de loisirs, les escarpements et les sentiers du parc et discuter tranquillement de vos fantasmes sexuels. Soyez tout de même vigilant car les parties boisées du parc ne sont pas très sûres. Evitez en tout cas d'y aller la nuit.

La **Columbia University**, fondée en 1754, est la seule université new-yorkaise à faire partie de l'Ivy League, le nom donné aux 8 "vieilles" universités prestigieuses de la côte Est. Le campus s'étend en largeur de Morningside Dr. à Broadway, et en longueur de la 114th St. à la 120th St. Le **Barnard College**, situé juste en face, de l'autre côté de Broadway, et réservé aux filles, est désormais rattaché à Columbia University (qui est maintenant mixte). L'élément central du campus est la Low Library, une bibliothèque immense qui porte le nom d'un ancien directeur de Columbia University, Seth Low. Lors des mouvements de protestation de 1968, la statue de l'Alma Mater (allégorie de la "nourriture spirituelle" que l'on retrouve dans chaque université), située sur les escaliers, servait de point de ralliement des étudiants. Aujourd'hui, l'endroit est beaucoup plus calme et, pendant les week-ends ensoleillés, les étudiants jouent au Frisbee ou au foot sur le petit carré de verdure qui se trouve au pied de la bibliothèque. Les étudiants intéressés par une éventuelle inscription ont droit à des visites guidées de la fin de l'automne jusqu'au printemps. Pendant l'année, il n'y a pas de visites guidées programmées pour le public : il faut téléphoner à l'avance pour prendre un rendez-vous. Appelez le 854-2842 pour plus de renseignements ou pour une visite guidée.

La **Riverside Church**, un édifice néogothique à l'ossature d'acier, se trouve non loin de Columbia, à l'angle de la 120th St. et de Riverside Dr. Cette église fut bâtie dans les années 1930 en seulement deux ans, grâce au soutien financier, très généreux, de John D. Rockefeller Jr. Le pasteur actuel de l'église, William Sloane Coffin, était un fervent opposant à la guerre du Vietnam et il est réputé pour ses discours engagés : il se sert de sa chaire comme d'une tribune dans ses combats pour les droits civils et contre le sida. Montez jusqu'à l'observatoire en haut de la tour pour profiter d'une vue panoramique sur la rivière Hudson et le Riverside Park et admirer les 74 cloches de l'église qui forment le plus grand carillon du monde. Elles sonnent tous les dimanches à 14h30. (Ouvert du mardi au samedi de 11h à 16h. Accès à l'observatoire : du lundi au samedi 1 $, le dimanche 2 $. Messe le dimanche à 10h45. Visite guidée de l'église gratuite le dimanche à 12h30.)

Traversez Riverside Dr. et vous arrivez à **Grant's Tomb** (666-1640), la tombe d'Ulysses Grant, le fameux général nordiste de la guerre de Sécession, qui devint le 18e Président des Etats-Unis (de 1869 à 1877). Ce mausolée de granit massif est situé au sommet d'une colline et surplombe le fleuve. (Dans les cours des écoles américaines, la question "Qui est enterré dans le tombe de Grant ?" est l'équivalent de notre "quelle est la couleur du cheval blanc de Henri IV ?") Des travaux de restauration sont en cours pour effacer les graffitis qui le recouvrent. A l'intérieur, les sarcophages de marbre noir d'Ulysses S. Grant et de son épouse Julia sont entourés de moulages en bronze représentant les proches du général. Les rangers proposent des visites guidées informelles et individualisées, à la demande, qui peuvent durer de 5 à 90 mn, suivant votre intérêt pour la question. (Ouvert tous les jours de 9h à 17h, entrée gratuite.) Vous pouvez également vous reposer sur les bancs en mosaïque installés autour du monument au milieu des années 70.

La plupart des librairies, des restaurants et des épiceries le long de Broadway sont destinés à la clientèle étudiante de Columbia. Parmi eux, le **Tom's Restaurant** (864-6137), au 2880 Broadway, est un favori des étudiants et de Suzanne Vega (qui l'évoque dans une de ses chansons). Il sert aussi de décor à une série TV culte aux Etats-Unis : *Seinfeld* (voir Restaurants et bars, p. 128).

■ Central Harlem

La **125th St.**, également connue sous le nom de Martin Luther King Jr. Blvd., traverse de part en part le cœur du Harlem traditionnel. (Métro : lignes 2, 3, A, B, C ou D, station 125th St.) Elle connaît depuis peu un regain culturel, grâce aux clubs de jazz et à l'**Apollo Theater** (222-0992, location au 749-5838), qui la font vivre jour et nuit. Les fast-foods, les petites boutiques, les marchands ambulants et les enfants du quartier contribuent aussi à faire de la 125th St. un centre animé.

VISITES

La plupart des rues environnantes ont été rebaptisées : la 6th Ave. s'appelle maintenant Lenox Ave. (connue aussi sous le nom de Malcolm X Blvd.), la 7th Ave. est aussi l'Adam Clayton Powell Jr. Blvd., et la 8th Ave. se nomme Frederick Douglass Blvd. L'**Adam Clayton Powell Jr. State Office Building**, un bâtiment de construction récente situé au 163 W. 125th St., entre Lenox Ave. et Powell Blvd., représente l'autorité sur la 125th St. Mais son rôle n'est pas uniquement administratif : il parraine aussi des activités culturelles, des conférences et des projections de films sur la communauté de Harlem. Toujours dans le domaine culturel, vous pouvez visiter le **Studio Museum in Harlem** au 144 W. 125th St. (voir Musées, p. 319). Le **Teresa Hotel**, situé à l'angle nord-ouest du carrefour entre la 125th St. et Powell Ave., est chargé d'histoire : dans les années 60, c'est là que résidait Malcolm X. Plus tard, Fidel Castro le choisit lors d'une visite aux Etats-Unis, car il se considérait plus en sécurité dans Harlem que dans n'importe quel autre quartier de New York. En revanche, sa paranoïa le rendait très méfiant envers la nourriture et il préférait faire transporter des poulets vivants de Cuba plutôt que de goûter la cuisine de l'hôtel. Certains habitants du quartier se souviennent encore des discours sur la solidarité et la fraternité qu'il tenait du balcon de sa chambre. **Sylvia's**, un peu à l'écart de la 125th St., au 328 Lenox Ave., (966-0660) est depuis plus de 20 ans "la reine de la *soul food*", la cuisine noire du Sud (voir Restaurants et bars, p. 129). Le dôme argenté de la **Masjid Malcolm Shabazz** s'élève au-dessus de la 116th St., au niveau de Lenox Ave. (pour Elijah Muhammad, l'un des grands leaders de la Nation de l'Islam, les Noirs descendent de la tribu de Shabazz qui survécut à un cataclysme il y a 66 milliards d'années ; Shabbazz était également le nom musulman pris par Malcolm X après son pèlerinage à la Mecque). Les murs de cette mosquée résonnent encore des sermons de Malcolm X, qui y officia lorsqu'il était encore membre des Black Muslims. (Visites le vendredi à 13h et le dimanche à 10h, téléphonez au 662-2200 pour tout renseignement.)

En remontant Lenox Ave., vous bénéficiez d'une authentique tranche de vie de Harlem. Faites comme les anciens installés sur le perron de leur immeuble, prenez le temps d'observer l'agitation de cette artère animée à toute heure de la journée. La librairie **Liberation Bookstore,** située au 421 Lenox Ave. au niveau de la 131st St., vend toutes sortes de livres sur l'histoire africaine et afro-américaine, ainsi que des recueils de poésie, des romans et des livres d'art (ouvert du lundi au vendredi de 11h à 19h, le samedi de 11h30 à 18h30). Un peu plus loin, vous trouvez la **résidence Lenox Terrace Apartments**, à l'angle de la 132nd St. et de Lenox Ave., où vivent de nombreux politiciens noirs, dont Percy Sutton. Le **Schomburg Center**, à l'angle de la 135th St. et de Lenox Ave., est une annexe de la bibliothèque municipale. Vous pouvez consulter les archives africaines de la municipalité et visiter les expositions d'artistes locaux (voir Musées, p. 319). Pour vous rendre dans le secteur, les lignes 2 et 3 du métro remontent Lenox Ave. : il y a 2 stations à la 125th St. et à la 135th St.

L'**Abyssinian Baptist Church**, la plus vieille église afro-américaine de New York, se trouve un peu plus au nord, au 132 W. 138th St., entre Lenox Ave. et Powell Blvd. Cette église, qui compte aujourd'hui 14 000 membres, est connue pour les pasteurs charismatiques qui s'y sont succédé : à une époque, le député Adam Clayton Powell Jr. en avait la charge et le pasteur actuel, Calvin Butts, est un leader politique très connu au niveau local. A seulement un block de là, en continuant en direction de l'ouest sur la 138th St., vous arrivez dans un quartier très chic de Harlem (entre Powell Blvd. et Douglass Blvd.). **Striver's Row**, construit en 1891 par David King et dessiné par trois architectes différents, est principalement constitué de *brownstones*, qui font maintenant partie du St. Nicholas Historic District. Bob Dylan possède une maison dans cette rue et Spike Lee y a tourné son film *Jungle Fever*.

Le **City College** (650-5310), à l'ouest du St. Nicholas Park, à l'angle de la 138th St. et de Convent Ave., est une annexe de la City University of New York. L'architecture est un curieux mélange de gothique et d'architecture des années 70. Dès sa fondation, en 1849, cet établissement était ouvert à tous mais il fut essentiellement fréquenté par des étudiants juifs jusqu'à la Seconde Guerre mondiale. Le campus sud, beaucoup moins agréable, se trouve entre la 130th St. et la 135th St. Pour vous rendre au College, vous pouvez remonter à pied Morningside Ave., puis Convent Ave., depuis la 125th St., ou encore prendre le métro (lignes 1 ou 9) jusqu'à la station 137th St., et marcher vers l'est sur deux blocks.

Un peu au nord du City College, le secteur de **Hamilton Heights** qui s'étend le long de Convent Ave., entre la 140th St. et la 145th St., est celui des familles de la bourgeoisie noire. Vous pouvez y voir quelques-uns des *brownstones* les plus élaborés de la ville : les plus beaux sont à Hamilton Terrace, entre Convent Ave. et St. Nicholas Ave. **Hamilton Grange** au 287 Convent Ave., au niveau de la 141st St., est l'ancienne maison de campagne de style colonial d'Alexander Hamilton, qui fut ministre des Finances de 1789 à 1795 (ouvert du mercredi au dimanche de 9h à 16h, entrée gratuite, téléphone 283-5154). Quelques rues plus haut, le quartier de **Sugar Hill** s'étale de la 143rd St. à la 155th St., entre St. Nicholas Ave. et Edgecomb Ave. A une époque, il était habité par quelques-uns des plus grands gangsters de la ville et il a dernièrement servi de décor au film *Sugar Hill*. En fait, l'endroit est surtout connu grâce au groupe de rap Sugarhill Gang, issu du quartier et dont l'album *Rapper's Delight*, sorti en 1979, fut le premier grand succès du rap. Pour vous rendre en métro dans ces différents quartiers, prenez les lignes A, B, C ou D jusqu'à la station 145th St. La zone située à l'ouest d'Amsterdam Ave. est essentiellement dominicaine. La langue principale est l'espagnol et une agence propose même un bus express à destination de Miami pour 60 $.

Les quatre bâtiments de l'**Audubon Terrace**, situés plus au nord, à l'angle de Broadway et de la 155th St., forment un complexe de style Beaux-Arts qui comprend le **Numismatic Society Museum**, la **Hispanic Society of America**, l'**American Academy of Arts and Letters** (voir Musées, p. 312) et le **Boriuca College**, une école hispanique des beaux-arts. La cour, de style Renaissance italienne, est décorée d'énormes statues et de reliefs sculptés. Traversez Broadway pour aller vous promener dans le **Trinity Cemetery**, délimité par la 153rd St. et la 155th St., et par Amsterdam Ave. et Riverside Dr. Vous pouvez aussi prendre la ligne 1 du métro jusqu'à la station 157th St. ou les lignes A ou B jusqu'à la station 155th St. La tombe de John James Audubon, ornithologue, naturaliste et peintre américain connu pour ses tableaux d'oiseaux nord-américains, se trouve à proximité de la Church of the Intercession. John Jacob Astor, le riche négociant en fourrures, et Fernando Wood, un ancien maire, y sont également enterrés. Soyez prudent en visitant le cimetière, surtout si vous y allez seul.

Le **Riverbank State Park**, situé plus à l'ouest, de l'autre côté du West Side Hwy. vient d'ouvrir ses portes. En 1993, l'Etat de New York avait décidé d'y implanter une usine de traitement des eaux usées. Les nombreux membres de la communauté noire s'opposèrent avec virulence à ce projet, qu'ils qualifièrent d'acte raciste. Le gouverneur Cuomo revit alors sa copie et décréta qu'un parc serait construit à la place de l'usine. Ce parc est aujourd'hui très fréquenté car il offre des activités variées tout au long de l'année : patinoire, piscine couverte, pistes de roller et de course à pied, terrains de tennis et de base-ball, aires de pique-nique. L'odeur bizarre est celle de la marée. Pour connaître les horaires et les tarifs des différentes activités, appelez le 694-3643 ou le 694-3610. Le bus M11 vous amène directement au parc, de même que le Bx11, qui dessert également le zoo du Bronx. En métro, prenez la ligne 9 jusqu'à la station 145th St., ou les lignes 1 ou 9 jusqu'à la station 157th St.

■ Spanish Harlem

East Harlem est plus connu sous le nom de **Spanish Harlem**, ou El Barrio ("le quartier"). Il part de l'angle nord-est de Central Park et remonte jusqu'aux environs de la 140th St., où il est bordé par l'East River. La 116th St., son artère principale, est commerçante, avec de nombreux épiciers, des traiteurs et des vendeurs de chemises. Les marchands de glaces sauvent de la chaleur estivale avec leurs sorbets aux mille parfums, mangue, papaye, noix de coco ou banane (de 50 ¢ à 1 $). Les murs sont tapissés de fresques contre le crack et de peintures à la mémoire des victimes de la drogue. Vous devez savoir qu'au nord de la 110th St. seules certaines rues de Spanish Harlem sont sans danger. En revanche, l'ensemble du secteur au sud de la 110th St. est généralement sûr pendant la journée. Côté culturel, le **Museum of the City of New York**, au niveau de la 103rd St., et **El Museo del Barrio**, à hauteur de la 105th St., complètent la série des musées qui s'alignent sur la 5th Ave. depuis Midtown (voir Musées, p. 316).

■ Washington Heights

Washington Heights, situé au nord de la 155th St., était à l'origine une enclave exclusivement irlandaise. Les sons de la rumba et du calypso supplantèrent progressivement ceux du fifre et du tambour avec l'arrivée des immigrés portoricains et latino-américains. Après eux, ce fut au tour des Noirs, des Grecs, des Arméniens et d'une large communauté juive de s'installer dans le secteur. Aujourd'hui, c'est malheureusement une tout autre musique qui résonne dans les rues : celle des sirènes de police. Le crack, la cocaïne et d'autres drogues ont fait leur apparition dans le secteur de Washington Heights. Malgré tout, les habitants restent fiers de leur quartier, comme en témoigne la **Washington Heights & Inwood Week,** dont la première édition a eu lieu en octobre 1996. Ce festival d'une semaine en hommage à la communauté multiethnique du quartier organise des ateliers de tradition orale, des spectacles de danses traditionnelles, un festival gastronomique et des expositions photo.

Pendant la journée, une promenade à Washington Heights vous permet de goûter à une vie de quartier aux accents variés. Dans la même rue, vous pouvez dîner dans un restaurant grec, acheter des pâtisseries arméniennes à un Sud-Africain et, pour finir, discuter du Talmud avec un étudiant de la Yeshiva University. Ces différentes communautés sont parfois un peu repliées sur elles-mêmes, car peu de touristes s'aventurent si loin au nord de la ville. Vous verrez souvent des panneaux et des enseignes uniquement en espagnol ou en hébreu. De nombreux habitants de Washington Heights n'ont jamais parlé anglais car cela ne leur est pas nécessaire pour vivre au sein de leur communauté.

Allez faire des affaires dans les bazars remplis de babioles de St. Nicholas Ave. et de Broadway. Les marchands ambulants vendent de tout, des maillots de bains, des chaussures italiennes, des appareils ménagers à moitié prix ou du matériel électronique en soldes. Une règle simple à retenir : plus vous montez au nord, plus les prix baissent.

Morris-Jumel Mansion est la plus ancienne maison de Manhattan encore en état (1765). Cette splendide demeure de style georgien se trouve au 65 Jumel Terrace, entre la 160th St. et la 162nd St. (923-8008). Elle est bâtie sur une colline d'où l'on domine Harlem. George Washington y résida pendant l'automne 1776 pour préparer la bataille de Harlem Heights. En 1810, la maison fut achetée par Etienne Jumel, un riche marchand de vins d'origine française, pour sa femme Eliza. A en juger par le nombre considérable de petits salons et de *dressing rooms*, Eliza devait passer le plus clair de son temps à se pomponner. Mais Etienne mourut en 1832 et, l'année suivante, Eliza épousa Aaron Burr, vice-Président des Etats-Unis. La cérémonie eut lieu dans le salon du rez-de-chaussée. N'hésitez surtout pas à frapper si la demeure semble fermée. (Ouvert du mercredi au dimanche de 10h à 16h. Entrée 3 $, étudiants et personnes âgées 1 $, gratuit pour les enfants de moins de 12 ans. Visites guidées du mardi au vendredi. Métro : lignes A ou B, station 163rd St.) N'oubliez pas de faire un tour dans les jardins car la vue sur la Harlem River vaut le déplacement. Non loin de là, vous pouvez observer les façades à l'architecture variée des *brownstones* de **Sylvan Terrace** à l'angle de la 161st St. et de St. Nicholas Ave. (Métro : lignes A ou B, station 163rd St.)

La Columbia University a récemment déclenché une polémique en rachetant la **Audubon Ballroom**, située sur la 165th St., entre St. Nicholas Ave. et Broadway. C'est en effet dans cette salle de bal désaffectée que Malcolm X fut assassiné en plein meeting en 1965. Un meurtre qui, aujourd'hui encore, n'a toujours pas été élucidé (services de sécurité américains ou membres de la Nation d'Islam qui voulaient lui faire payer sa défection ?). Les opposants à son rachat ont placardé la porte de pétitions pour créer à cet endroit un mémorial en hommage au défenseur du Black Power. Quoi qu'il en soit, il ne reste pour le moment que la façade du bâtiment.

Remontez Broadway jusqu'à la 178th St. ou prenez la ligne A du métro jusqu'à la station 181st St., si vous désirez voir la **George Washington Bridge Bus Station**, située sur la 178th St., entre Broadway et Fort Washington Ave. Cette gare routière ressemble à un énorme sapin de Noël. Le **George Washington Bridge**, qui part de la station de bus à l'ouest et enjambe l'Hudson, est un pont suspendu construit en 1931 par Othmar Amman. Il est long de 1 km, avec pas moins de 14 voies pour les voitures. A l'époque, Le Corbusier disait de lui que c'était "le plus beau pont du monde". Juste au-dessous du pont se trouve **Fort Washington Park**, accessible par des escaliers qui partent du croisement entre la 181st St. et Pinehurst. Dans le parc, vous pouvez voir les vestiges du fort original, ainsi qu'un petit phare, le **Little Red Lighthouse**, érigé pour éloigner les péniches du cap de Jeffrey's Hook.

En vous dirigeant vers Amsterdam Ave., vous arrivez sur le campus de la **Yeshiva University**, entre la 182nd St. et la 186th St., entouré de pâtisseries et de boucheries casher. C'est le plus ancien centre d'études juives des Etats-Unis (1886). Le **Yeshiva University Museum** (960-5390), situé sur la 185th St., propose des expositions sur la communauté juive. (Ouvert du mardi au jeudi de 10h30 à 17h, le dimanche de midi à 18h. Sinon, vous pouvez prendre rendez-vous par téléphone. Entrée 3 $, personnes âgées et enfants de moins de 17 ans 1,50 $.) L'élément central du campus est le **Tannenbaum Hall**, orné de fenêtres romanes et de minarets colorés. Pour vous rendre à l'université en métro, vous pouvez prendre les lignes 1 ou 9 jusqu'aux stations 181st St. ou 190th St.

Quand vous suivez la 181st St. en direction de l'ouest sur 5 blocks, vous arrivez à la colline traversée par Fort Washington Ave. Remontez cette avenue en direction du nord ; il y a une succession d'immeubles de hauteur moyenne, qui datent environ de 1920 et sont habités par des familles juives et hispaniques. A l'angle de la 190th St. et de Fort Washington Ave., la **St. Francis Xavier Cabrini Chapel** abrite la sépulture de la mère Cabrini, la patronne des immigrants. Son corps repose dans un cercueil de cristal situé sous l'autel mais son visage est une reproduction en cire, car sa tête est à Rome (gloups !). La légende prétend que, peu de temps après sa mort, une mèche de ses cheveux rendit la vue à un nouveau-né qui, plus tard, devint prêtre. (Ouvert du mardi au dimanche de 9h à 16h30.) Une rue plus loin se trouve Margaret Corbin Circle et l'entrée officielle (et aussi la plus sûre) du **Fort Tryon Park**, dessiné par Frederick Law Olmsted, l'un des concepteurs de Central Park. Le terrain est un don de John D. Rockefeller à la ville, en échange de l'autorisation de construire la Rockefeller University. On y voit toujours les vestiges de Fort Tryon, des fortifications datant de la guerre d'Indépendance. Le parc possède aussi de beaux jardins, ainsi que **The Cloisters**, l'annexe du Metropolitan Museum consacrée à l'art médiéval (voir Musées, p. 313). C'est l'un des endroits les plus paisibles de Manhattan, qui vaut largement le déplacement, même si vous n'êtes a priori pas intéressé par l'art du Moyen Age. Pour vous rendre à la Cabrini Chapel ou au Fort Tryon Park en métro, prenez la ligne A jusqu'à la station 190th St. et empruntez l'ascenseur.

Le **Dyckman Farmhouse Museum** est une maison hollandaise du XVIIIe siècle, simple, mais charmante, à l'angle de Broadway et de la 204th St. (304-9422). Ce bâtiment, donné à la municipalité en 1915 pour en faire un musée, est la seule ferme du XVIIIe siècle de Manhattan. Elle est restaurée et meublée avec du mobilier hollandais et anglais d'époque. (Ouvert du mardi au dimanche de 11h à 16h, entrée gratuite. Métro : ligne A, station Dyckman St. ou 207th St.)

Dans les Washington Heights et le quartier voisin d'Inwood, une rue peut être sûre et la suivante infestée de dealers de crack. Il vaut mieux vous rendre dans ce secteur par la ligne A du métro, qui vous amènera plus près des sites à voir que les lignes 1 ou 9.

■ Brooklyn

Le *borough* de Brooklyn est immense. S'il devenait indépendant, ce serait la quatrième ville la plus peuplée des Etats-Unis. Ses 2,25 millions de résidents sont fiers d'affirmer que Brooklyn a une identité propre. La plupart de ses quartiers et leurs ethnies variées sont entrés dans la légende à travers des livres, des chansons ou des films. Les communautés de ces quartiers sont très fortement marquées et offrent des surprises presque à chaque coin de rue. Comme dans les films *Smoke* et *Brooklyn Boogie*, la vie de Brooklyn se passe sur les trottoirs et les places, qu'il s'agisse de discussions entre voisins, de parties de base-ball dans les parcs, de festivals ethniques, voire de délinquance. Pour résumer, partir à la découverte des rues de Brooklyn est une excellente idée si vous désirez fuir les rues bondées de touristes de Manhattan.

L'image traditionnelle de Brooklyn est celle des jeunes joueurs de *stickball* (sorte de base-ball joué avec une balle de caoutchouc et un manche à balai ou n'importe quel bâton) qui rêvent de faire partie des Brooklyn Dodgers, véritables légendes du sport. Mais il y a aussi *Annie Hall*, le film dans lequel Woody Allen met en scène la maison de son enfance située sous des montagnes russes : on y voit évoluer sa mère autoritaire et sa tante dodue. Les communautés à l'origine de cet imaginaire existent toujours et, si les montagnes russes du Thunderbolt Rollercoaster de Coney Island sont aujourd'hui désaffectées, l'ancienne maison de Woody Allen est toujours occupée. Mais Brooklyn ne se résume pas, loin de là, à une nostalgie de temps révolus : sa découverte vous offre un panorama enrichissant de la vie urbaine, depuis les Juifs hassidim ultra-orthodoxes de Crown Heights jusqu'aux artistes noirs de Fort Greene, Spike Lee entre autres. Brooklyn est en perpétuelle évolution : la Eighth Ave. de Sunset Park fait depuis peu figure de Chinatown local et les loyers raisonnables des lofts de Williamsburg ont attiré une foule de jeunes artistes ambitieux.

L'attachement de Brooklyn à son identité culturelle a des racines historiques très anciennes. Les Hollandais furent les premiers colons à s'installer dans ce secteur au XVIIe siècle, et, malgré l'arrivée des Britanniques un peu plus tard, la culture néerlandaise resta très vivante jusqu'au début du XIXe siècle. Brooklyn est depuis toujours attachée à son indépendance : en 1833, elle refusa l'invitation de New York de se joindre à elle, affirmant que les deux villes n'ont aucun intérêt en commun, à part des voies navigables. Il fallut attendre 1898 pour qu'elle accepte enfin, à l'issue d'un scrutin serré, de devenir l'un des *boroughs* de sa puissante voisine.

ORIENTATION

Pour s'orienter dans Brooklyn, il faut bien repérer les avenues et *parkways* qui le traversent. Le Brooklyn-Queens Expressway rejoint le Belt Parkway et forme presque un boulevard périphérique complet autour de Brooklyn. Ocean Parkway, Ocean Ave., Coney Island Ave. et Flatbush Ave. (cette dernière en diagonale) relient les plages du sud de Brooklyn à Prospect Park, au cœur du *borough*. Flatbush Ave. remonte jusqu'au Manhattan Bridge. Les rues des quartiers ouest de Brooklyn (y compris Sunset Park, Bensonhurst, Borough Park et Park Slope) sont parallèles à la rive occidentale, et forment donc un angle à 45° avec les artères principales du centre du *borough*. Au nord de Brooklyn, plusieurs avenues (Atlantic Ave., Eastern Parkway et Flushing Ave.) partent du downtown jusqu'à l'extrême est vers le Queens. De nombreuses lignes de métro sillonnent Brooklyn, et la plupart d'entre elles passent par la station Atlantic Ave., au centre du *borough*. Les lignes D et Q continuent ensuite jusqu'à Brighton Beach, au sud-est, en traversant les quartiers de

Prospect Park et Flatbush. Les lignes 2 et 5 vont jusqu'au Brooklyn College de Flatbush, à l'est. Les lignes B et N traversent Bensonhurst et continuent en direction du sud, jusqu'à Coney Island. Les lignes J, M et Z desservent Williamsburg et se prolongent à l'est et au nord, jusque dans le Queens. La ligne G part du sud de Brooklyn, traverse le quartier de Greenpoint et remonte dans le Queens.

Pour obtenir plus de plans et des informations sur Brooklyn, allez au **Fund for the Borough of Brooklyn** (718-855-7882), au 16 Court St., près de Montague St. (Métro : lignes 2, 3, 4, 5, M ou R, station Borough Hall.) La MTA (Metropolitan Transportation Authority), la compagnie des transports en commun new-yorkais, fournit aussi des cartes du système de métro de toute la ville, y compris Brooklyn. Vous pouvez les trouver à chaque station de métro.

■ Brooklyn Bridge

L'une des plus belles balades de New York consiste à traverser les 2 km du **Brooklyn Bridge** au lever ou au coucher du soleil. Ce pont, considéré par beaucoup comme le plus beau du monde, relie les gratte-ciel du Lower Manhattan à la rive est de Brooklyn. Les peintres Georgia O' Keeffe et Joseph Stella ont immortalisé ce chef-d'œuvre de la technique du XIXe siècle sur leurs toiles, et le poète Walt Whitman l'a glorifié dans ses vers. D'ailleurs, tout poète new-yorkais qui se respecte lui consacre au moins un vers... (Métro : lignes 4, 5 ou 6, station Brooklyn Bridge/City Hall.) Au City Hall, à Manhattan, une passerelle marque le début de votre traversée.

Lorsque le soleil se couche, les rayons passent à travers les entrelacs de câbles de suspension et les arches gothiques du pont : une expérience unique. Le trafic intense des voitures, vélos et rollers qui passent au-dessus et à côté de vous sur les différents niveaux du pont donnent le tournis (marchez du côté gauche, le droit est réservé aux vélos). Des échelons en fer mènent au sommet du pont et, de temps à autre, quelques aventuriers les gravissent, bravant l'interdiction et le danger.

Lorsque l'ouvrage fut achevé, en 1883, les tours voûtées de la "cathédrale suspendue" de New York surplombaient tout le reste de la ville. Quinze ans de travaux furent nécessaires pour donner naissance à cette prouesse technologique. Mais le pont coûta aussi très cher en vies humaines. L'architecte en chef, John Augustus Roebling, mourut de la gangrène après s'être fait écraser le pied au cours d'une visite d'inspection. Son fils Washington Roebling lui succéda et périt à la suite d'un accident de décompression. C'est alors Emily, sa femme, qui acheva les travaux. L'œuvre réalisée par le trio est un mélange de finesse et de puissance, à côté duquel les autres ponts de New York semblent soit lourds, soit frêles. A chaque extrémité de la passerelle, des plaques commémoratives rendent hommage aux Roebling et à la vingtaine d'ouvriers tués pendant la construction. En marchant vers l'ouest, vous pouvez aussi observer les embarcadères et les entrepôts des quais de Brooklyn. Derrière vous s'étend le *skyline* de la pointe de Manhattan, à faire pâlir d'envie beaucoup d'autres villes du monde.

Comme pour tous les grands ponts du monde, la liste des morts ne s'arrêta hélas ! pas avec la fin des travaux. Quelques jours après son inauguration, croyant qu'il allait s'effondrer, la foule qui le traversait fut prise de panique et douze personnes furent piétinées à mort. Le premier suicide eut lieu en 1920 : un certain M. Brody, sauta du haut du pont. Les gens du quartier disent que, s'il avait plongé tête la première, au lieu de faire un plat, il ne serait peut-être pas mort. Mais ont-ils essayé ?

■ Downtown Brooklyn

Vous pouvez commencer votre visite de *downtown* Brooklyn à la station de métro Atlantic Ave. (lignes 2, 3, 4, 5, D et Q), ou à celle de Pacific Street (lignes B, M, N et R). La **Williamsburg Savings Bank**, à l'angle de Flatbush Ave. et de Hanson Pl., qui culmine à 156 m, est l'un des seuls gratte-ciel de Brooklyn. Il date de 1929 et possède

VISITES

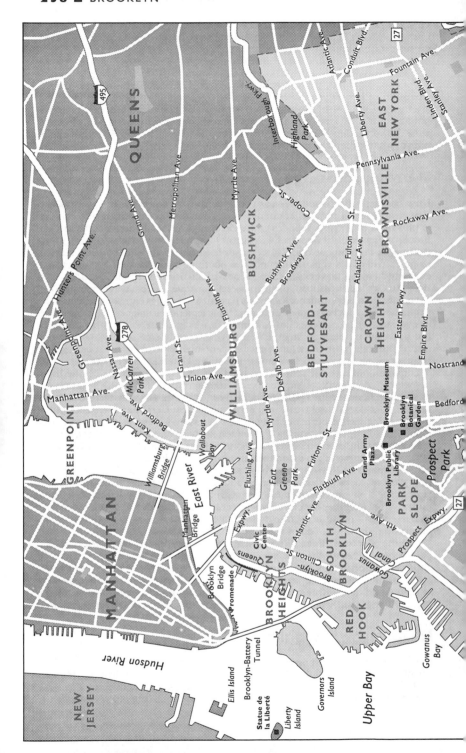

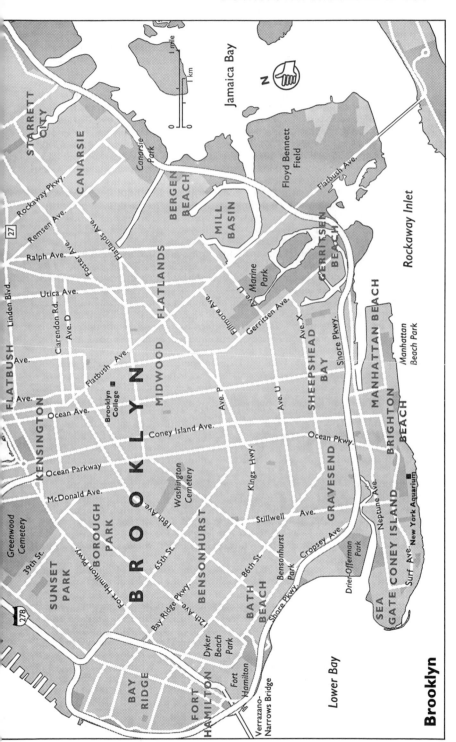

Brooklyn

un bel intérieur de style roman, fait d'arches, de colonnes, de sols de marbre à motifs et d'un plafond carrelé or et vert. Une fresque immense dépeint le soleil qui brille sur Brooklyn, avec l'ombre des gratte-ciel de Manhattan en toile de fond. (Ouvert le lundi, le jeudi et le vendredi de 8h30 à 21h, le mardi et le mercredi de 9h à 15h.) Pour vous rendre à **Fulton Mall** (centre commercial de Fulton), remontez Flatbush Ave. jusqu'à Fulton St. et tournez à gauche. Fulton Mall est aussi le nom donné à la partie de Fulton St. qui va jusqu'au Borough Hall (sur environ 8 blocks). Dans les années 1970, cette partie de Fulton St. est rebaptisée ainsi pour relancer l'investissement et redonner à la rue son dynamisme perdu depuis son âge d'or des années 1930-40. Le changement de nom est une telle réussite que Fulton Mall est aujourd'hui aussi bondée qu'une rue de Manhattan. A la place des grands magasins d'antan, on trouve une multitude de petites boutiques bon marché, où vous pouvez faire des affaires sur les vêtements, les chaussures et les appareils électroniques. Alors mêlez-vous à la foule, et partez à la recherche des bonnes occasions.

Fort Greene est un quartier chic, animé et pluriculturel qui se situe plus au nord, le long de DeKalb Ave. Il est délimité au nord par le terrain de la Marine américaine, au sud par Atlantic Ave., à l'est par Flatbush Ave. Extension et à l'ouest par Clinton Ave. En descendant DeKalb Ave., vous passez devant des magasins afro-américains, puis **Fort Greene Park**, conçu par Olmsted et Vaux, les architectes de Central Park, et enfin juste devant **Spike's Joint**, la boutique du cinéaste Spike Lee (voir Shopping, p. 374). Spike Lee habite d'ailleurs le quartier, comme beaucoup de célébrités des arts et du spectacle, contribuant ainsi à la renaissance "ethno-culturelle" de Fort Greene.

Le **Borough Hall** se trouve tout au bout de Fulton Mall, lorsque Fulton St. tourne et devient Joralemon St., sur votre droite, au 209 Joralemon St. Ce bâtiment massif, construit en 1851 dans un style Renaissance gréco-victorienne (plutôt éclectique !), abritait la mairie à l'époque où Brooklyn était encore une ville indépendante. C'est aujourd'hui le plus ancien édifice du *borough* (visite guidée le mardi à 13h). Depuis **Columbus Park**, en face du Borough Hall, on aperçoit la statue de la Justice qui trône au sommet du bâtiment, avec sa balance et son épée. Elle ne porte pas de bandeau sur les yeux (la Justice est traditionnellement représentée les yeux bandés car elle doit être la même pour tous les hommes). Les cyniques trouvent cela particulièrement significatif de la conception d'égalité devant la loi à Brooklyn...

Un peu plus au nord, après une statue de Christophe Colomb et un buste de Robert Kennedy, vous arrivez à la **New York State Supreme Court**, située à l'extrémité sud de **Cadman Plaza Park**, un parc longitudinal qui s'étend de Columbus Park au Brooklyn Bridge. L'architecture de granit du **Brooklyn General Post Office**, 271 Cadman Plaza, entre Tillary St. et Johnson St., est un exemple de Renaissance romane et le **Brooklyn War Memorial** est un monument aux morts, situé au nord du parc.

Cadman Plaza West devient Old Fulton St. au niveau du Brooklyn Bridge et descend jusqu'aux quais : faites une halte car le point de vue sur Manhattan est à couper le souffle. La **Eagle Warehouse and Storage Co.**, au 28 Old Fulton St. au niveau de Front St., a inspiré à Walt Whitman le poème "Brooklyn Eagle" et abrite aujourd'hui des appartements.

Ce quartier, que l'on appelle **DUMBO** ("Down Under the Manhattan Bridge Overpass", sous la passerelle du Manhattan Bridge), est principalement constitué d'entrepôts industriels, sur lesquels sont affichés des panneaux "à louer ou à vendre". Des groupes d'artistes de Brooklyn ont eu la bonne idée de transformer certains de ces entrepôts en galeries. Par exemple, le bâtiment situé au 135 Plymouth St., à l'angle d'Anchorage St., abrite plusieurs galeries de fortune, dont l'**Ammo Exhibition Space**. Vous pouvez voir aussi la galerie **Brooklyn Anchorage** dans l'entrepôt de stockage des câbles du pont, sur Front St. Les plafonds hauts (24 m) et voûtés sont bien adaptés aux installations multimédia : les premières ont fait leur apparition ici en 1996 (ouvert de mi-mai à mi-octobre, du jeudi au dimanche de 12h à 18h). Dernièrement, les propriétaires des bâtiments de DUMBO ont tenté de se débarrasser de ces artistes gênants pour les remplacer par des locataires plus fortunés. Les habitants ont alors fait front devant la "menace d'embourgeoisement" de leur quartier, faisant clairement comprendre qu'ils comptaient préserver l'atmosphère du secteur (et éviter une flambée des prix immobiliers, par la même occasion). Au nord de Main St., entre le Manhattan Bridge et le Brooklyn Bridge, **Empire-Fulton-Ferry-State Park** est un parc agréable qui longe les quais. Malgré tout, le secteur de DUMBO donne un peu le sentiment d'être déserté : la journée, le seul signe de vie est le trafic continu de camions bruyants, et, la nuit, il n'y a vraiment rien à visiter.

■ Brooklyn Heights

En 1814, l'invention du bateau à vapeur favorisa le développement du quartier. Les maisons (aujourd'hui très chics) de style Renaissance grecque et italienne poussèrent comme des champignons. Les ruelles ombragées ont préservé leur style d'origine, si bien que Brooklyn Heights devint en 1965 le premier district historique classé de New York, et des Etats-Unis. Brooklyn Heights est situé juste à l'ouest du Cadman Plaza Park et au sud d'Old Fulton St. Aujourd'hui, les *brownstones* (vieux immeubles en grès brun du XIXᵉ siècle) sont habités aussi bien par les jeunes cadres des classes montantes, les *yuppies*, que par des familles plus traditionnelles.

La sobre façade de brique du **111 Court St.**, près de la station de métro Court St., est trompeuse : elle recèle en fait des appartements historiques habités pendant des années par des danseurs, des écrivains et des cinéastes. Aujourd'hui, on y trouve les bureaux d'associations artistiques comme la Spider Arts Alliance, ou le fanzine *Indignant Gingham*.

Si vous avez envie de cuisine moyen-orientale, allez sur Atlantic Ave. Parmi les nombreux restaurants, vous y trouvez la **Sahadi Importing Company**, au 187 Atlantic Ave., qui offre un choix important de spécialités du Moyen-Orient. Il est ouvert du lundi au samedi de 9h à 19h (voir Restaurants et bars, p. 156). Depuis Atlantic Ave., tournez à droite sur Hicks St. pour aller vous promener dans le cœur historique de Brooklyn. L'église **Grace Church**, qui se trouve quelques blocks plus bas, au 254 Hicks St., au niveau de Grace Ct., est ornée de vitraux décrivant la vie du Christ signés Tiffany (pas le bijoutier mais son fils). En face de l'église, **Grace Court Alley** est un cul-de-sac bordé d'appartements élégants pour résidents fortunés, mais suffisamment près de l'église pour qu'ils n'aient pas besoin de voiture, souvenir d'une époque où la bourgeoisie avait des goûts moins dispendieux.

Prenez à gauche dans Henry St., puis à droite dans Montague St., et vous arrivez à **St. Ann and the Holy Trinity Episcopal Church** (718-834-8794), au coin de Clinton St. Cette église est actuellement en complète rénovation, il faut donc téléphoner pour savoir si des visites guidées sont organisées. Au moment de sa construction, elle était la première église d'Amérique à posséder des vitraux. Un lycée indépendant occupe également l'église, ainsi qu'un centre culturel intéressant : **Arts at St. Ann's** (718-858-2424). Des chanteurs comme Lou Reed et Marianne Faithfull se sont produits dans la salle à l'acoustique exceptionnelle.

Tournez à gauche sur Clinton St. pour vous rendre à Pierrepont St., une rue parallèle à Montague St. et à Remsen St. La **Brooklyn Historical Society**, 128 Pierrepont St. (718-624-0890) est un étonnant bâtiment flanqué de gargouilles inquiétantes et de bustes à l'effigie de Shakespeare, de Beethoven et d'autres. Si vous voulez faire des recherches ésotériques sur le *borough*, un musée et une bibliothèque sont à votre disposition. (718-624-0890 ; musée ouvert du mardi au samedi de 12h à 17h. Entrée 2 $, personnes âgées et enfants de moins de 12 ans 1 $. Entrée gratuite le mercredi.)

Pierrepont St. vous emmène directement à la **Promenade**, également appelée l'Esplanade. Cette voie piétonne, située en bord de mer entre Remsen St. et Orange St., est en même temps le toit qui recouvre le Brooklyn-Queens Expressway, une autoroute souterraine très polluée. Il n'y a pas de mots pour décrire la vue que vous avez sur Lower Manhattan. Sur votre gauche, la Statue de la Liberté semble regarder

VISITES

par-delà Staten Island et, par beau temps, on voit nettement Ellis Island à droite de Liberty Island. La grosse protubérance verte que vous apercevez à la pointe de Manhattan est le terminal du ferry de Staten Island, et vous pouvez observer le va-et-vient régulier des bateaux orange vif qui effectuent la navette (voir Staten Island, p. 290). Une balade le long de la Promenade vous permet de vous remplir les poumons de bouffées d'air marin, mélangé avec le monoxyde de carbone (beaucoup moins pur) émis par les voitures qui défilent sous vos pieds… Pendant la journée, faites comme les habitants du quartier qui travaillent au sud de Manhattan, continuez jusqu'au Brooklyn Bridge et traversez les 2 km du pont pour rentrer à Manhattan. Cela permet de faire de l'exercice, de profiter de la vue et… d'économiser le péage.

Si vous voulez admirer le "pot-pourri" des différents styles du XIXe siècle d'abord développés à Brooklyn, puis devenus représentatifs de l'architecture américaine de cette époque, ne manquez pas **Willow Street**, entre Clark St. et Pierrepont St. Les plus vieilles maisons de style "fédéral" de la rue (1825), situées du n° 155 au n° 159, ont des toits pentus avec des lucarnes. Les ornements de plomb sur le devant sont martelés à la main et les petits carreaux de la décoration des portes sont d'origine. Si vous aimez le style Renaissance grecque, vous pouvez admirer les entrées en pierre du n° 101 et du n° 103 (datant de 1840) et les balustrades en fer du n° 118 au n° 122. Les maisons entre le n° 108 et le n° 112, bâties en 1884 par William Halsey Wood, appartiennent au style anglais du début du XVIIIe siècle, avec profusion de pierres, de vitraux et d'ardoise.

Continuez sur Willow St. jusqu'à Orange St., et tournez à droite pour arriver à la **Plymouth Church of the Pilgrims** (718-624-4743). Cette église en brique rouge est décorée de vitraux fabriqués par Lamb Studios, le plus ancien atelier de verrerie des Etats-Unis. Avant la guerre de Sécession, le pasteur Henry Ward Beecher en fit le foyer new-yorkais du mouvement pour l'abolition de l'esclavage. Vous pouvez voir sa statue dans la cour, à côté d'un bas-relief d'Abraham Lincoln. Des vitraux de Tiffany, qui proviennent d'une église plus ancienne, ornent la partie moderne de l'église Hillis Hall.

Pour vous rendre à Brooklyn Heights, deux solutions : suivez Court St. depuis la station de métro Court St./Borough Hall ou prenez les lignes A ou C du métro jusqu'à la station High St.-Brooklyn Bridge et traversez Cadman Plaza.

■ Carroll Gardens et Red Hook

Un quartier italien très animé, avec de nombreux restaurants typiques, se concentre autour de Court St., un peu au sud d'Atlantic Ave. Il comprend **Cobble Hill**, dont les rues transversales sont bordées de beaux *brownstones*, et **Carroll Gardens** quelques blocks plus loin. De **vieux Italiens** s'assoient sur des chaises de jardin et **taillent la bavette**, comme au pays, dans leur langue maternelle. Le quartier a servi de décor pour plusieurs scènes du film *Eclair de lune* (avec Cher et Nicholas Cage). Depuis quelques années, les Carroll Gardens attirent de plus en plus de gens qui quittent Manhattan pour venir s'y installer. Espérons quand même que ce début d'embourgeoisement ne signe pas l'arrêt de mort du *Little Italy* de Brooklyn. Pour l'instant, en tout cas, vous pouvez toujours en profiter : promenez-vous le long de Court St., regardez les enfants s'amuser dans le petit square de Carroll Park (entre President St. et Carroll St.), fouinez dans les boutiques et surtout savourez un bon plat de pâtes dans les meilleurs restaurants.

La zone industrielle de **Red Hook** se trouve sur les quais, un peu plus à l'ouest, de l'autre côté de la voie express. Pour s'y rendre, il suffit donc de suivre Atlantic Ave. en direction de l'ouest. Sur votre droite, la **Watchtower Building** (une ancienne tour de guet) est le quartier général mondial des témoins de Jéhovah. Poursuivez votre chemin sur Columbia St. en direction du sud (à gauche) le long des rails de tram et des pavés, et suivez les panneaux indiquant l'itinéraire pour camions pendant un block en direction de l'ouest jusqu'à Van Brunt St. Vous voilà au cœur du quartier de Red Hook et, si vous poursuivez jusqu'au bout de la rue, vous bénéficiez d'une belle vue sur le port et la Statue de la Liberté. Après avoir admiré le paysage, faites demi-tour, empruntez Beard St. sur votre droite, et passez devant plusieurs vieux complexes industriels décrépits (mais qui ne manquent pas de charme...). En tournant d'abord à gauche dans Columbia St., puis à droite dans Bay St., vous pouvez essayer de marquer un but ou de faire une passe : c'est un terrain de sport où les jeunes du quartier viennent faire des parties de football improvisées et oùdes immigrés haïtiens tout de blanc vêtus jouent au cricket. Les logements sociaux de Red Hook se trouvent juste au nord. Evitez de vous aventurer dans les rues transversales le soir.

■ North Brooklyn

Le quartier de **Greenpoint**, où vit une importante communauté polonaise, se trouve à l'extrême nord de Brooklyn, juste au-dessous du Queens. (Métro : lignes E ou F jusqu'à la station Queens Plaza, puis ligne G jusqu'à la station Greenpoint Ave.) La station de métro est à l'intersection de Manhattan Ave. et de Greenpoint Ave., au cœur de la zone commerçante de Greenpoint. Le **Greenpoint Historic District** est délimité au nord par Java St., au sud par Meserole St., à l'est par Manhattan Ave. et à l'ouest par Franklin St. Les maisons de styles italien et grec datent de 1850, époque à laquelle Greenpoint était un grand site de chantiers navals. Le cuirassé de l'Union *Monitor*, qui mit en déroute le *Merrimac* des confédérés au cours de la guerre de Sécession, fut construit ici. Mais le quartier historique se retrouve aujourd'hui perdu au beau milieu d'immeubles en aluminium bâtis après la guerre et qui envahissent tout le secteur.

L'église **Russian Orthodox Cathedral of the Transfiguration of our Lord**, sur N. 12th St., est très vite repérable avec ses dômes de cuivre et ses croix à trois barres. Pour vous y rendre, descendez Manhattan Ave. en direction du sud, tournez à droite dans Driggs Ave. et traversez McCarren Park. Quatre blocks plus haut, Kent Ave. offre un contraste saisissant avec l'église : elle traverse d'abord une zone industrielle délabrée puis passe sous le Williamsburg Bridge pour aboutir à l'énorme chantier naval de Brooklyn Naval Yard.

Le quartier de **Williamsburg**, au sud de Greenpoint (métro : lignes J, M ou Z jusqu'à la station Marcy Ave.), est habité par une large communauté juive hassidim (fidèle à un courant religieux juif né en Pologne au XVIIIᵉ siècle), principalement de la secte Satmar. Dans le secteur délimité par Broadway, Bedford Ave. et Union Ave., les hommes sont habillés de longs manteaux et de chapeaux noirs, à la mode du XVIIIᵉ siècle en Europe de l'Est, et presque tout est fermé le samedi. Les quartiers se succèdent et ne se ressemblent pas dans le secteur. Au nord de Broadway, le quartier est principalement occupé par des familles d'origine hispanique, et, depuis quelques années, Williamsburg attire également les jeunes artistes qui y trouvent des lofts à prix raisonnables et à proximité de Manhattan. Les nouveaux venus favorisent le développement d'une vie branchée autour des cafés, des bars et des restaurants.

La station Bedford Ave., sur la ligne L du métro, vous mène en plein cœur de la communauté artistique. Lorsqu'un entrepôt industriel a des fenêtres décorées de jolies plantes et de bacs à fleurs, vous pouvez parier que c'est un loft rénové. Sur Berry St. en direction de l'ouest et un peu au-dessus de N. 10th St., ne manquez surtout pas la **fresque de graffitis**. Poursuivez par une balade vers l'ouest, jusqu'aux **quais abandonnés de l'East River** qui offrent une vue méconnue sur l'extrémité est de *midtown* Manhattan. Faites toutefois attention, car le secteur est rempli d'immeubles en ruine et de terrains vagues. Si vous voulez voir d'autres graffitis d'art, dirigez-vous vers le nord, à l'angle de N. 10th St. et d'Union Ave.

La **Brooklyn Brewery**, au 118 N. 11th St., également dans Williamsburg, fabrique ses propres bières : la Brooklyn Lager et la Brooklyn Brown Ale. Appelez au 718-486-

> ## Les Léonard de Vinci underground et les Michel-Ange urbains
>
> Quand l'aube approche, l'artiste apporte la touche finale à son "œuvre" : un dernier coup de bombe sur le mur de brique en ruine. Il s'enfuit ensuite en courant pour éviter les patrouilles de police du petit matin. Faire des graffitis est illégal et leurs auteurs doivent travailler dans l'ombre de la nuit. A l'aide d'une simple bombe de peinture et d'une bonne dose de talent, les graffiteurs pratiquent un art à l'image de New York : coloré, complexe, fantastique. Ils peignent partout où ils peuvent, sur les murs ou les camions, car n'importe quelle surface peut devenir le support de leurs curieux mélanges de mots et d'images. Les tags sont devenus courants, mais les artistes les plus accomplis sont capables de transformer un mur miteux en un véritable chef-d'œuvre. A Brooklyn comme dans le Bronx, de nombreuses devantures de magasins sont décorées par ces artistes de quartier. Le graffiti est un art éphémère : il n'est pas destiné à vieillir dans un musée. Les artistes new-yorkais Jean-Michel Basquiat (dont la vie brève et tragique fut récemment portée à l'écran dans un film avec David Bowie) et Keith Haring sont des exceptions : ils ont fait l'école de la rue et sont devenus célèbres grâce aux techniques apprises sur les murs de la ville.

7422 pour vous renseigner sur les visites guidées de la brasserie ou pour avoir des T-shirts.

Soyez prudent si vous vous aventurez au sud-est, dans les quartiers de **Bushwick**, **Bedford-Stuyvesant** et de **Brownsville**. Les causes de la criminalité ici sont les mêmes que dans tous les ghettos : des fonds publics insuffisants, un fort taux de chômage et des aménagements urbains inadaptés aux problèmes... Résultat : les principales attractions du secteur sont des bâtiments incendiés, des terrains vagues et des zones commerciales moribondes... Les rues semblent laissées à l'abandon, mais la conscience sociale et l'activisme politique ne sont pas morts. Malcolm X est à tous les coins de rue, sur des fresques murales. Les minorités revendiquent leurs droits sous des formes variées : des slogans en faveur de l'autogestion noire, des médaillons en cuir frappés de la carte du continent africain ou des drapeaux portoricains. Le film explosif de Spike Lee, *Do the Right Thing*, se passe dans les rues de Bed-Stuy, nom donné à ce quartier.

Une fête culturelle noire a lieu chaque année, le week-end du 4 juillet (fête nationale américaine) à Brownsville, sur les terrains de la **Boys and Girls School**, au 1700 Fulton St. Pendant plusieurs jours, le quartier résonne de la musique de groupes de reggae et de rappers locaux. La Boys and Girls School est une école publique gérée par la communauté. Son histoire remonte à 1969, date à laquelle un premier projet prévoyait de remettre le contrôle du Ocean Hill-Brownsville School District à la communauté, mais une grève des professeurs stoppa le projet. La création de l'école eut finalement lieu plus tard, et les problèmes qui s'ensuivirent sont racontés dans un documentaire primé, *Eyes on the Prize : America at the Racial Crossroads*.

Les quartiers généraux mondiaux du Chabad (également appelés les Loubavitchs), une secte hassidim juive, se trouvent au 770 Eastern Parkway, à Crown Heights. Leur Grand Rebbe (l'équivalent du rabbin pour les Hassidim) Menachem Mendel Shneerson est mort en juin 1994, à l'âge de 92 ans. Beaucoup de fidèles pensaient que ce Rebbe était le Messie et certains sont aujourd'hui persuadés qu'il va ressusciter. Shneerson, également célèbre en Israël, était le dernier descendant d'une lignée de Grands Rebbes Loubavitchs. Il n'a pas d'enfants et n'a pas désigné de successeur. L'avenir de cette secte est très incertain, bien qu'elle compte plusieurs centaines de milliers de fidèles à travers le monde, notamment en Israël. La secte des Loubavitchs observe strictement le jour de repos, *shabbat*, si bien que, le vendredi soir et le samedi, vous avez l'impression d'être importun et de déranger.

■ Institute Park

L'**Institute Park**, centre culturel de Brooklyn situé entre Flatbush Ave., Eastern Parkway et Washington Ave., ne ressemble à aucun autre secteur de Brooklyn (métro : lignes 2 ou 3, station Eastern Parkway-Brooklyn Museum). Les grands monuments de marbre et les hauts buildings qui surplombent les environs sont assez méconnus. Le siège central de la **Brooklyn Public Library** (718-780-7700) se trouve dans un édifice Arts-Déco de 1941, situé sur **Grand Army Plaza**, au coin d'Eastern Pkwy. et de Flatbush Ave. Cette bibliothèque colossale n'a rien à envier à celle de la 42nd St. à Manhattan, ni pour son intérieur doré, ni pour la noblesse qui se dégage des salles. Elle est plus qu'une bibliothèque, presque un monument à la gloire du livre : 1 600 000 ouvrages sont conservés dans les 53 annexes que compte la bibliothèque et des expositions sont proposées au 1er étage. (Ouvert le lundi de 10h à 18h, du mardi au jeudi de 9h à 20h, le vendredi et le samedi de 10h à 18h, le dimanche de 13h à 17h. De juin à septembre, fermé le dimanche.) Le **Brooklyn Museum**, à l'angle d'Eastern Pkwy. et de Washington Ave., possède une collection permanente et propose des expositions qui attirent même les habitants de Manhattan : ce qui n'est pas un mince exploit car les *Manhattanites* ne traversent pas facilement l'East River. Le bâtiment de style néoclassique est orné de colonnes et de sculptures de 30 prophètes et érudits illustres (voir Musées, p. 312).

Le **Brooklyn Botanic Garden** (718-622-4433), juste à côté du musée au 1000 Washington Ave., est un jardin d'Eden de 21 ha conçu en 1910 par le Brooklyn Institute of Arts and Science sur le terrain d'une ancienne décharge publique. En fait, il n'existe pas *un* jardin botanique mais plusieurs petits jardins à thème. Le **Fragrance Garden for the Blind** (jardin des senteurs pour les aveugles) porte bien son nom : fermez les yeux et humez, c'est un véritable feu d'artifice olfactif de menthe, de violette, de jasmin et de senteurs exotiques. (Ouvert à tous.) **Cranford Rose Garden**, aux 100 variétés de roses, est beaucoup plus classique. Chaque printemps, vous pouvez participer au Sakura Matsuri (fête japonaise des cerisiers en fleurs), qui se déroule sur le Cherry Walk et la Cherry Esplanade. **Japanese Garden** est un jardin à la japonaise typique, avec beaucoup d'arbres, en particulier les saules pleureurs, un pavillon et un étang où les tortues peuvent barboter. Ce paysage est artificiel, mais si ressemblant qu'il trompe même les oiseaux qui aiment s'y réunir. Enfin, **Shakespeare Garden** expose 80 plantes mentionnées dans les œuvres de Shakespeare, que les Anglo-Saxons surnomment "the Bard", avec une majuscule. Des nénuphars en fleurs, dignes des peintures de Monet, flottent sur les deux bassins situés à l'arrière des jardins. Mais ce charmant tableau est perturbé par la présence d'une autre espèce de nénuphars très intrigants, dont la forme rappelle les sinistres cocons du film *l'Invasion des profanateurs*. (Ouvert d'avril à septembre du mardi au vendredi de 8h à 18h, week-end et jours fériés de 10h à 18h. D'octobre à mars du mardi au vendredi de 8h à 16h30, week-end et jours fériés de 10h à 16h30. Entrée 3 $, étudiants et personnes âgées 1,50 $, enfants de 5 à 15 ans 50 ¢. Gratuit les mardis.)

■ Park Slope et Prospect Park

Park Slope, délimité par Flatbush Ave. au nord, la 15th St. au sud, la Fifth Ave. à l'ouest et Prospect Park à l'est, est à la fois un quartier commerçant animé et un quartier résidentiel. Sous l'effet de la mode, le secteur tend depuis quelques années à devenir celui des *yuppies* et des jeunes artistes. Schématiquement, les avenues nord-sud, en particulier la **Seventh Ave.**, sont celles des restaurants et des magasins tandis que les rues est-ouest, comme Carroll St., sont celles des belles résidences *brownstones* en grès brun. A l'angle de la Sixth Ave. et de Sterling Pl., l'église **St. Augustine Roman Catholic Church**, construite en 1888, est un *brownstone* élégant, orné de chouettes et d'anges. L'école privée rattachée à l'église est très

VISITES

policée : l'entrée pour les garçons est sur Sterling Pl. tandis que celle pour les filles est sur Park Pl. !

Prospect Park se trouve juste à l'est de Park Slope, du côté sud de l'Institute Park (718-965-8951). Prenez les lignes 2 ou 3 du métro jusqu'à la station Grand Army Plaza, et dirigez-vous vers l'est au **Memorial Arch**, érigée dans les années 1890 pour commémorer la victoire du Nord sur le Sud au cours de la guerre de Sécession. Le conducteur de char situé au sommet de l'arche est un symbole de Columbia, l'Union. Vous avez le droit de monter en haut de l'arche gratuitement, les week-ends de 12h à 16h.

L'entrée nord de Prospect Park se fait par la Grand Army Plaza. On raconte que les architectes de Prospect Park, Frederick Law Olmsted et Calvert Vaux, le préfé-raient à une autre de leurs créations beaucoup plus célèbre : Central Park. De nombreux habitants de Brooklyn, fiers de leurs 210 ha d'oasis urbaine, continuent à partager cette opinion un siècle et demi plus tard. Si vous aimez les palmarès, sachez que **Long Meadow,** la plus grande prairie du parc (36 ha), est le plus long espace vert urbain ouvert d'Amérique du Nord. Dans la partie ouest du parc, le **Friend's Cemetery** est un cimetière quaker resté intact depuis sa création en 1846. Au sud de Long Meadow, vous trouvez aussi bien des étangs naturels datant de l'ère glaciaire que le lac artificiel Prospect Lake. Enfin, la colline de **Lookout Hill** qui surplombe le lac est le site d'une fosse commune, où les Anglais enterraient les soldats américains morts au cours de la guerre d'Indépendance.

Si vous voulez connaître le vieux Brooklyn, faites un tour du côté de **Leffert's Homestead**, à l'angle de Flatbush Ave. et d'Ocean Ave. dans la partie est du parc : c'est une ancienne ferme hollandaise brûlée par les troupes de Washington (qui avait son quartier général à Brooklyn Heights pendant la bataille de Long Island) et rebâtie en 1777. Pour la visiter gratuitement les week-ends, il vous suffit de télé-phoner pour prendre rendez-vous (718-965-6505). La maison abrite le **Children's Historic House Museum**, ouvert les week-ends et les jours fériés, de 12h à 16h (entrée libre). Non loin de là, vous pouvez aussi enfourcher le cheval d'un **manège de 1912** (à l'origine installé sur Coney Island) sur une version curieusement revue et corrigée de la chanson "Ob-La-Di, Ob-La-Da" des Beatles. (Ouvert le mardi et le vendredi de 10h à 14h, le week-end de midi à 17h, prix 50 ¢.) Le **Prospect Park Wildlife Center** a récemment rouvert ses portes. C'est un zoo à thème qui s'adresse principalement aux enfants (ouvert tous les jours de 10h à 17h30, entrée 2,50 $, personnes âgées 1,25 $, enfants de 3 à 12 ans 50 ¢). A la fin de l'été, il y a également des concerts sur la scène située au nord-ouest du parc. (Renseignements sur les événements 24h/24 au 718-965-8999. Informations sur les visites guidées du parc au 718-287-3400.)

La majorité de la population du quartier de **Flatbush**, au sud-ouest du parc, est d'origine jamaïcaine et antillaise, si bien que les avenues vivent en été au rythme du reggae. Les étals de fruits exotiques remplissent les avenues principales : Church Ave., Nostrand Ave. ou Ave. J. Descendez un peu plus bas que le magasin à l'angle de Flatbush Ave. et de Clarkson St., pour voir les tags personnalisés d'artistes qui se nomment Rock, Alan, Jew et Picolo. La **Flatbush Dutch Reformed Church,** la plus vieille église de Brooklyn (1654), est au coin de Flatbush Ave. et de Church Ave. (Métro : ligne D jusqu'à la station Church Ave.) Quelques-uns des vitraux, dont celui qui représente Samson, sont signés Tiffany (pas le bijoutier mais son fils). Petite particularité locale : l'église a sonné le glas pour la mort de chaque Président des Etats-Unis. Toujours dans le domaine des vieilles pierres, vous pouvez voir juste à côté **Erasmus Hall Academy**, le deuxième plus vieux lycée du pays. La moindre brique du bâtiment central de l'école est la propriété exclusive de l'Eglise réformée hollandaise. Les fondateurs de l'église, Aaron Burr, John Jay et Alexander Hamilton, ont tous contribué financièrement à la construction de l'école. L'idée peut aujour-d'hui sembler étrange, mais l'aristocratie de Manhattan du début du siècle possédait des résidences d'été dans ce quartier victorien de Flatbush (délimité par Coney Island Ave., Ocean Ave., Church Ave. et Newkirk Ave.). Allez vous promener dans les environs d'Argyle St. et de Ditmars Ave. pour voir quelques-unes de leurs anciennes demeures. Le **Brooklyn College** (métro : lignes 2 ou 5 jusqu'à la station

Flatbush Ave./Brooklyn College), fondé en 1930, comprend le **Brooklyn Center for the Performing Arts** (718-951-4522), un centre culturel prestigieux qui organise fréquemment des concerts ou des représentations théâtrales à l'intention de la communauté (voir p. 342).

■ South Brooklyn et Coney Island

Le cimetière de Greenwood (718-469-5277) est situé juste au sud du quartier de Park Slope : c'est un vaste royaume de mausolées décorés et de pierres tombales, qui offre l'opportunité de promenades agréables, quoiqu'un peu morbide (ouvert tous les jours de 8h à 16h). Vous pouvez par exemple vous recueillir sur les tombes de Samuel Morse, l'inventeur des signaux du même nom et du télégraphe, de Horace Greeley, journaliste et leader politique américain, et de Boss Tweed, roi de la pègre new-yorkaise au XIXe siècle. Ne manquez surtout pas la "nécropole victorienne", plutôt originale : les pierres tombales représentent des bateaux en train de couler, des trains accidentés, des lits, des chaises vides et des bouches d'incendie, évocations macabres des circonstances du décès des occupants… L'entrée principale est à l'angle de la Fifth Ave. et de la 25th St. (Métro : lignes N ou R, station : 25th St. Visite guidée le dimanche à 13h, prix 5 $.) Au sud du cimetière, **Sunset Park**, un quartier à prédominance latino-américaine, occupe la partie sud-ouest de Brooklyn. Ces dernières années, l'afflux d'immigrés chinois a créé une nouvelle communauté le long de la Eighth Ave. (entre la 54th St. et la 61st St.) qui cohabite avec la communauté arabe installée depuis plus longtemps. Vous ne pouvez pas rater les clochers de l'église **St. Michael's Roman Catholic Church** qui s'élèvent au coin de la 42nd St. et de la Fourth Ave. : ils ont une forme ovoïde très particulière. A côté de là, vous pouvez voir un célèbre graffiti signé Dare, au coin sud-ouest du carrefour entre la 44th St. et la Fourth Ave. Le Sunset Park, qui a donné son nom au quartier, se situe entre la 41st St. et la 44th St., sur la colline qui va de la Fourth Ave. à la Sixth Ave. Depuis les pentes du parc, on a une vue panoramique de l'Upper Bay, de la Statue de la Liberté et de Lower Manhattan. Après avoir admiré le paysage, les consommateurs invétérés peuvent chercher les bonnes affaires dans les magasins à prix discount ou se rassasier dans les restaurants multiethniques de la Fifth Ave. Encore une fresque murale colorée à l'angle nord-ouest de la Fifth Ave. et de la 54th St. : son côté naïf, des gens heureux sur fond de Manhattan et de Brooklyn, laisse penser qu'elle est l'œuvre d'enfants. **Our Lady of Perpetual Help** est une église de pierre grise que vous trouvez si vous poursuivez votre chemin jusqu'à l'intersection de la 59th St. et de la Fifth Ave. Si vous êtes en voiture, vous pouvez descendre jusqu'à la First Ave. pour explorer les rues traversées par les rails de tram qui ont servi de décor au film *Last Exit to Brooklyn* d'Uli Wedel.

Le cœur du secteur de **Bay Ridge**, au sud de Sunset Park, est la Third Ave., que l'on appelle aussi "Restaurant Row" (la rue des restaurants). A deux pas de là, Shore Road est bordée de demeures qui surplombent le Verrazano-Narrows Bridge et le port de New York. C'est à Bay Ridge que John Travolta se trémousse dans *la Fièvre du samedi soir*, mais le club 2001 Odyssey est aujourd'hui malheureusement fermé. Le nom de **Bensonhurst** est devenu le cri de ralliement des manifestations antiracistes, passé dans le langage commun aux Etats-Unis, après l'assassinat brutal par une bande du quartier de Bensonhurst d'un jeune Noir, Yusef Hawkins, en 1989. Le quartier à prédominance italienne qui se situe autour de la 86th St. vous propose toutes sortes de pâtisseries italiennes, de pizzérias, et de magasins à prix discount, en particulier aux environs de la 17th Ave., avec son inévitable lot de bandes de jeunes qui chahutent sur les trottoirs…

Borough Park, autour de la 13th Ave., au nord de la 65th St., est le plus grand quartier juif hassidim de Brooklyn. Il se trouve au nord de Bensonhurst et à l'est de Sunset Park. Les Bobovers de Borough Park, comme les Loubavitchs de Crown Heights, évitent de se mêler au monde politique et laïc et préfèrent rester cloisonnés à l'intérieur de leur communauté. La synagogue principale est située à l'angle de la

15th Ave. et de la 48th St. et, comme dans les autres secteurs hassidim de Brooklyn, les visiteurs sont mieux acceptés s'ils sont habillés sans excentricité. Dirigez-vous à l'ouest d'Ocean Parkway et vous arrivez au vieux quartier juif de **Midwood**, qui fut à une époque la plus grande communauté juive séfarade en dehors d'Israël. (Métro : lignes D ou Q jusqu'à la station King's Hwy.) La population d'Arabes, d'Italiens et de Juifs non séfarades augmente dans Midwood depuis quelques années, et les marchés arabes et les pizzérias se multiplient. Néanmoins, on trouve toujours dans le quartier une multitude de restaurants casher le long des principales artères, comme Kings Hwy. et Ocean Ave.

Les lignes B, D, F et N du métro ont toutes leur terminus à la station Stillwell Ave., à **Coney Island**. C'est signe de l'importance historique de la fameuse station balnéaire de New York, au sud de Brooklyn. Au début du siècle, seuls les riches pouvaient se payer le voyage jusqu'à Coney Island, parier aux courses de Sheepshead Bay et de Gravesend le matin, et s'offrir des dîners à 50 $ au bord de la mer le soir. L'ouverture d'une ligne de métro, dont le ticket valait seulement 5 ¢, rendit Coney Island accessible à tous. Pendant les week-ends d'été, des millions de visiteurs affluèrent vers les parcs d'attractions, les plages et les restaurants. Vers la fin des années 40, la station balnéaire perdit de son pouvoir de séduction à cause du développement de l'automobile, qui permit de s'éloigner encore plus loin de la ville. En plus de cela, des incendies ont ravagé Coney Island et favorisé le lancement de projets de construction de grands ensembles sur les zones sinistrées. Malgré tout, Coney Island reste un endroit agréable pour passer un après-midi de détente. En été, même si la plage est généralement bondée, vous pouvez vous balader sur le *boardwalk*, les planches de bois qui longent l'océan.

Quelques vestiges de l'âge d'or de Coney Island sont toujours en place. Si vous êtes amateur de sensations fortes, ne manquez pas les montagnes russes du **Cyclone,** qui datent de 1927, au 834 Surf Ave. à l'angle de W. 10th St. (718-266-3434) : ce sont les plus terrifiantes du monde. Mais elles sont bien plus que de simples montagnes russes : des couples se sont mariés dessus et elles sont classées monument historique par le *National Register*. N'hésitez pas : les 100 secondes de hurlements (oouuuiiiii !) sur les neuf collines de rails de bois branlants valent largement 4 $. (De mi-juin au Labor Day, premier lundi de septembre, ouvert tous les jours de 12h à 24h. Du week-end de Pâques à mi-juin, ouvert du vendredi au dimanche de 12h à 24h.) La grande roue de **Wonder Wheel** (2,50 $), située dans Astroland, sur Surf Ave., date de 1920. C'est la plus haute du monde (45 m) et son mouvement de rotation, si particulier, surprend toujours. Les autotamponneuses **El Dorado** (2,50 $), au 1216 Surf Ave., vous invitent à foncer à volonté sur vos voisins sur des airs de vieux tubes disco des années 70. Le train fantôme de **Hellhole** (2,50 $) est à peu près aussi effrayant qu'une rediffusion de *la Famille Adams*, mais son côté kitsch est amusant. Vous le trouvez sur la 12th St., entre le Bowery et le *boardwalk*.

Le **Coney Island Circus Sideshow** (cirque de Coney Island) est également sur le *boardwalk*, au niveau de la 12th St. (ouvert le vendredi de 12h au coucher du soleil, le week-end de 12h à 22h30, entrée 3 $, enfants 2 $). Le Sideshow est dirigé par une bande de jeunes artistes new-yorkais, qui organise tous les ans la **Coney Island Mermaid Parade**, en général le dernier samedi de juin. Cette "parade de la sirène" est un défilé de chars et de personnes déguisées, qui se termine par une distribution de récompenses. Venez y assister, et même y participer, en vous faisant enregistrer le jour de la parade entre 10h et 12h au Steeplechase Park. Le Sideshow accueille également de nombreux spectacles culturels en été et en automne : les concerts de rock alternatif, qui ont généralement lieu le vendredi soir, sont d'excellente qualité (voir p. 346). Appelez le 718-372-5159 pour avoir des renseignements sur les activités du Sideshow.

Mais n'allez pas croire qu'il n'y a que des manèges à Coney Island. Les bassins du **New York Aquarium**, à l'angle de Surf Ave. et de la West Eighth Ave. (718-265-FISH/3474), ont accueilli la première baleine blanche (béluga) née en captivité. Vous pouvez aussi voir un plongeur évoluer dans le bassin où des requins sont en train de manger. Et le tout nouvel amphithéâtre en plein air offre un spectacle apprécié des petits comme des grands : les dauphins de l'Aquarium. (Ouvert tous les jours de 10h à 17h. Week-ends d'été et jours fériés, ouvert de 10h à 19h. Entrée 7,75 $, personnes âgées et enfants de 2 à 12 ans 3,55 $.)

Longez Surf Ave. en direction de l'ouest ou prenez le *boardwalk*, les planches qui longent l'océan, jusqu'à la W. 16th St., et vous arrivez aux vestiges de ce que furent les majestueuses montagnes russes du **Thunderbolt**. Aujourd'hui, les plantes ont envahi toute la partie inférieure de la structure. Un peu plus loin, le squelette rouillé du **Parachute Jump** s'élève vers le ciel. En 1941, il avait été déplacé pour être au bord du *boardwalk*. Le Parachute Jump porte bien son nom : de petits chariots montaient tout en haut de la structure et étaient lâchés quelques secondes en chute libre avant que des parachutes ne s'ouvrent. Tous les ans au moment de la fête nationale portoricaine, il y a toujours un casse-cou qui parvient à se hisser en haut pour y planter un drapeau. Vous pouvez aujourd'hui poursuivre votre promenade ou même pêcher sur la jetée qui s'avance sur l'océan.

Ocean Parkway, à l'est de Coney Island, traverse tout le bas de Brooklyn du nord au sud. A l'origine, cette avenue fut construite dans le prolongement de Prospect Park pour permettre aux voitures de rejoindre le bord de mer. Le quartier de **Brighton Beach**, situé à l'est d'Ocean Pkwy., est surnommé "Little Odessa by the Sea" (la petite Odessa du bord de mer), en raison du flot régulier d'immigrés russes qui viennent s'y installer depuis le début des années 80. (Métro : lignes D ou Q jusqu'à la station Brighton Beach.) L'excellent film sur la mafia russe sorti en 1995, *Little Odessa* (avec Tim Roth), a d'ailleurs été tourné ici. Lorsque vous vous promenez le long de Brighton Beach Ave. ou sur le *boardwalk* fin juin ou début juillet, vous croisez de vieux immigrés des pays de l'Est, des jeunes filles moulées dans des minijupes qui écoutent le Top 50 avec leurs Walkman ou des couples quinquagénaires qui soignent leurs coups de soleil avec de la crème apaisante : cette population hétéroclite est ici pour la même raison, elle s'émerveille chaque année devant les **meetings aériens des Blue Angels** (la patrouille aérienne américaine). Lors du week-end du 4 juillet, la fête nationale américaine, des parachutistes atterrissent sur la plage au milieu d'une foule en délire. Durant tout l'été, les habitants de Brighton Beach s'assoient paisiblement sur les chaises de jardin ou les bancs publics pour profiter du soleil.

A l'est, **Sheepshead Bay** porte le nom d'un poisson qui a depuis quitté les eaux de la baie pour celles, plus propres, de l'Atlantique (métro : lignes D ou Q jusqu'à la station Sheepshead Bay). Emmons Ave., qui longe la baie, fait face à **Manhattan Beach**, riche quartier résidentiel habité aussi bien par des docteurs que par des mafiosi et situé un peu à l'est de Brighton Beach. Si vous êtes amateur de blues (pas la musique mais le poisson, une perche de mer), vous pouvez partir avec les pêcheurs dont les bateaux sont amarrés le long d'Emmons Avenue : les bateaux partent entre 6h et 8h et certains proposent aussi des départs le soir, entre 17h30 et 18h30 (prix de 25 $ à 30 $). On demande traditionnellement un ou deux dollars aux passagers, et celui qui pêche le plus gros poisson emporte la cagnotte.

Si vous êtes en voiture, empruntez le Belt Parkway, qui longe les côtes de Brooklyn, en direction de l'est. Arrêtez-vous à **Plumb Beach** et profitez d'une plage de sable fin plus calme. C'est un lieu "romantique" par excellence : le soir, le parking se remplit de grosses Cadillac vertes occupées par des amoureux. Reprenez le Belt Parkway et sortez à Flatbush Ave., une avenue qui, si vous la prenez vers le sud, vous mène vers les plages de Rockaway. Tournez à gauche juste avant le pont, et traversez les immenses terrains d'aviation abandonnés du Floyd Bennett Field. Là, vous trouvez des informations sur le **Gateway National Park** (718-338-3687, ouvert tous les jours de l'aube au coucher du soleil).

En continuant sur le "boulevard périphérique", vous arrivez à **Starret City**, situé autour de Pennsylvania Ave. Ce quartier est relativement autonome, avec ses propres écoles, son propre conseil municipal et ses propres sources d'électricité et de chauffage. A sa création, les loyers étaient même calculés en fonction des revenus des locataires, mais cette disposition a vite été abrogée par les législateurs de l'Etat, qui la fustigèrent comme "antiaméricaine". Une disposition instituant des quotas sur

les minorités ethniques pour maintenir un équilibre entre les différentes races fut
également annulée.

■ Queens

En constante évolution, le Queens est le résultat d'un intense brassage ethnique,
constitué des vagues successives d'immigration : plus de 30 % des habitants sont nés
à l'étranger. D'anciens quartiers allemands ou irlandais sont aujourd'hui remodelés
à la mode indienne ou antillaise. Des générations de travailleurs de toutes races et
de toutes croyances sont venues chercher ici le Nouveau Monde, sans pour autant
oublier leurs racines. Le Queens est probablement le *borough* de New York qui
symbolise le mieux le melting pot américain : chaque nouvel arrivant, avec dans sa
valise sa culture, ses traditions et même sa langue, a réussi à recréer pour partie
l'ambiance de son pays d'origine en se regroupant par communauté ethnique.

Le Queens était à l'origine une colonie rurale, baptisée ainsi en 1683 en l'honneur de la reine Catherine de Bragance, épouse du roi Charles II d'Angleterre. Au
début du XIXe siècle, les petites fermes commencèrent à céder du terrain à l'industrie. La partie occidentale située le long de l'East River devint dans les années
1840 un important centre de production. En 1898, le Queens fut officiellement un
borough (district) de la ville de New York. En 1910, la construction du chemin de
fer de Long Island et des tunnels ferroviaires sous l'East River donna un coup
d'accélérateur au développement du *borough*, à tel point que la population
quadrupla entre 1910 et 1930 pour atteindre un million d'habitants. Dans les années
40, les trois quarts des nouvelles constructions de New York avaient lieu dans le
quartier. Le boom immobilier des années 50 compléta son urbanisation. Aujour-
d'hui, le Queens est le nouveau Lower East Side, le nouveau lieu d'accueil par excellence des vagues d'immigration. C'est un véritable kaléidoscope de quartiers et de
communautés, dont on peut retracer l'histoire block par block.

Les principaux aéroports de New York, **LaGuardia** au nord et **JFK** au sud, sont
installés dans le Queens, mais cela n'empêche pas ce quartier de ressembler à une
ville autonome. Certains habitants ont d'ailleurs des rêves d'émancipation vis-à-vis
de la ville de New York. Leur argument principal est simple et classique : ils estiment
payer trop de taxes à la ville sans jamais rien recevoir en échange. A une époque,
la ville de New York multiplia les gestes en faveur du développement touristique des
boroughs en dehors de Manhattan. Une importante campagne publicitaire inspirée
par l'ancien maire David Dinkins fut intitulée "New York : Yours to Discover" (New
York : tant de choses à découvrir). L'idée est alors d'attirer aussi bien les investisseurs
que les touristes. Mais des années de vaches maigres et le besoin de renforcer les
effectifs policiers dans les rues de Manhattan changèrent les priorités du conseil
municipal. En attendant que ce projet se réalise un jour et que le Queens crée son
propre office de tourisme, des organisations comme la **Queens Historical Society**
se chargent de guider les visiteurs (143-35 37th Ave., Flushing, NY 11354, tél. 718-
939-0647). Ils proposent des idées de balades dans des quartiers historiques, par
exemple le "Freedom Mile", et des visites guidées gratuites. (Ouvert tous les jours
de 9h30 à 16h30. Visites guidées les mardis, samedis et dimanches de 14h30 à
16h30. Bibliothèque pour effectuer des recherches, sur rendez-vous.)

ORIENTATION

Le Queens est le *borough* le plus étendu de New York : il couvre plus du tiers de
la superficie totale de la ville. Le secteur d'Astoria/Long Island, qui constitue le nord-
ouest du Queens, se trouve juste en face de Manhattan, de l'autre côté de l'East
River. **Long Island City** est depuis des années le cœur industriel du *borough* et,
même s'il existe quelques poches résidentielles, la plupart des gens n'y viennent
que pour travailler. Dans les années 30, 80 % des industries du Queens y étaient
regroupées et le fret qui naviguait sur le Newton Creek équivalait à celui du

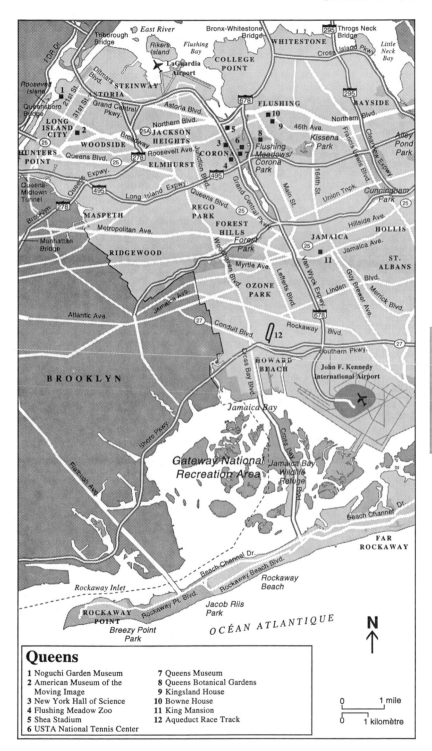

N
↑

Queens

1 Noguchi Garden Museum
2 American Museum of the
   Moving Image
3 New York Hall of Science
4 Flushing Meadow Zoo
5 Shea Stadium
6 USTA National Tennis Center
7 Queens Museum
8 Queens Botanical Gardens
9 Kingsland House
10 Bowne House
11 King Mansion
12 Aqueduct Race Track

0   1 mile
0   1 kilomètre

Mississippi, une référence en la matière. Ces dernières années, le quartier a acquis la réputation d'être un havre pour les artistes attirés par des loyers peu élevés. Mais il n'est pas dit que l'avant-garde artistique traversera le fleuve en masse pour s'installer dans le Queens... **Astoria**, connue comme l'Athènes de New York, abrite selon certaines estimations la deuxième plus grande communauté grecque au monde. Mais les Italiens y sont également très nombreux.

Les nouveaux immigrants irlandais rejoignent leurs compatriotes, installés depuis longtemps dans les quartiers de Woodside et de Sunnyside (au sud-est de cette zone). **Sunnyside,** un quartier de pavillons avec jardins bâti dans les années 1920, est tristement célèbre depuis la grande dépression des années 30, lorsque la moitié des propriétaires, ruinés, furent expulsés faute de pouvoir payer leurs emprunts. Aujourd'hui, tout le monde s'accorde à dire que c'est un modèle en matière de logement pour les classes moyennes. **Ridgewood**, fondé par les immigrés d'Europe de l'Est et d'Allemagne il y a un siècle, se trouve au sud-est de Sunnyside. Plus de 2 000 maisons en brique, d'architecture typiquement européenne, forment un site protégé et classé monument historique par le *National Register*. Ce classement n'empêche pas hélas ! que la partie du quartier située juste à côté du ghetto de Bushwick soit détériorée.

A l'est de Ridgewood, **Forest Hills** et **Kew Gardens** renferment quelques-unes des plus riches propriétés privées de la ville. Les commerçants d'Austin Street se chargent d'importer dans le quartier les articles de luxe de Manhattan. Geraldine Ferraro, ancienne candidate à la vice-Présidence des Etats-Unis, possède une maison à Forest Hills. Pour la petite histoire, Forest Hills s'appelait à l'origine Whitepot, car elle fut rachetée aux Indiens en échange de quelques poteries blanches (une transaction presque aussi surréaliste que celle de l'achat de Manhattan pour quelques florins par Peter Minuit). Les quartiers chics de Forest Hills et de Kew Gardens offrent quelques-unes des promenades les plus agréables de la ville, parmi les demeures de style Tudor. Les plus grands du tennis mondial se sont entraînés sur les courts de tennis du **West Side Tennis Center**, et le **Flushing Meadows-Corona Park** a accueilli les Expositions universelles de 1939 et 1964. Ce parc attire toujours beaucoup de monde, grâce à ses musées et ses attractions en plein air. A l'ouest, les quartiers de **Corona**, de **Jackson Heights** et d'**Elmhurst** abritent une forte population hispanique. Et, à l'est du parc, le secteur de **Flushing** est devenu un "Little Asia", fort d'une communauté importante de Coréens, de Chinois et d'Indiens. Mais ils n'y sont pas seuls car de nombreux Latino-Américains y ont également élu domicile. L'afflux des immigrés n'a cependant pas effacé les traces du Queens du début du siècle, symbolisé par le métro aérien, l'un des plus anciens transports en commun des Etats-Unis. **Bayside**, à l'est de Flushing, est un endroit où l'on vient prendre un verre, dans une atmosphère détendue typique de celle de la côte nord. **Jamaica**, au centre du *borough*, ainsi que les nombreux quartiers du sud-est sont animés par des communautés antillaises et afro-américaines prospères. Et vous pouvez vous promener dans la réserve naturelle **Jamaica Bay Wildlife Refuge** le long des côtes sud du Queens (vers l'aéroport JFK). L'est du Queens est habité par les mêmes communautés ethniques que le reste du Queens, mais dans une version moins marquée et plus bourgeoise au fur et à mesure que l'on s'approche de la limite avec les banlieues du comté de Nassau.

Le Queens échappe à la fois à l'agencement monotone des rues perpendiculaires d'Upper Manhattan et au fouillis des rues du Village. En fait, il n'y a pas de plan d'origine défini pour le Queens : les quartiers se sont développés indépendamment les uns des autres. Pour s'y retrouver, on peut néanmoins constater que les rues sont généralement orientées du nord au sud et numérotées d'ouest en est, depuis la 1st St. à Astoria, jusqu'à la 271st St. à Glen Oaks. Les avenues sont perpendiculaires aux rues, donc orientées est-ouest, contrairement à Manhattan, et sont numérotées du nord (2nd Ave.) au sud (165th Ave.). L'adresse d'un établissement ou d'une maison vous indique souvent la rue transversale la plus proche. Par exemple, le 45-07 32nd Ave. se trouve près de l'intersection avec la 45th St. Mais le système numérique est parfois interrompu par des rues qui portent un nom, et il arrive aussi que deux systèmes numériques différents se rencontrent. Enfin, pour ajouter un peu de piment, il y a souvent des *Roads* et des *Drives* entre les avenues (comme à Long Island City, où l'on trouve successivement la 31st Road, le 31st Drive, Broadway et la 33rd Ave.) et des *Places* viennent s'intercaler entre les rues.

■ Flushing

Flushing, mélange de populations variées et de sites historiques, est typique de la "culture" du Queens. Ce quartier ainsi que les sites touristiques qu'il comporte (il y en a 19 le long du circuit Freedom Mile) très facilement accessibles par le métro : la ligne 7 va directement de Times Square à Flushing.

Les édifices datant d'avant la guerre d'Indépendance côtoient ceux de *downtown*, où les enseignes de la plupart des magasins sont bilingues et, parfois même non traduites en anglais. En remontant Main St. en direction de Northern Blvd., entre la 38th Ave. et la 39th Ave., vous arrivez à la **St. George's Episcopal Church**. Le bâtiment actuel date de 1853, mais l'église d'origine a compté Francis Lewis, l'un des signataires de la Déclaration d'indépendance, parmi les membres de son conseil paroissial. Remontez Northern Blvd. sur environ quatre blocks après l'église et vous ne pouvez pas manquer, sur votre droite, la plaque bien mise en évidence au n° 137-16 : **Friends Meeting House** (718-358-9636). Ce bâtiment historique construit en 1694 est toujours un lieu de culte pour les quakers du quartier : les fidèles se réunissent tous les dimanches à 11h et la pièce principale, austère et sobre, est ouverte les premiers dimanches de chaque mois. Le **Flushing Town Hall** (718-463-7700), situé de l'autre côté de la rue, au 137-35 Northern Blvd., date de 1862 et est rénové depuis peu dans la tradition romane. A l'intérieur, vous pouvez visiter des expositions d'art et d'histoire (contribution suggérée 2 $, étudiants et personnes âgées 1 $) ou assister le vendredi aux concerts de jazz ou de musique classique : téléphonez à l'avance pour connaître le programme (15 $ par spectacle, étudiants et personnes âgées 10 $).

Si les édifices historiques vous intéressent, continuez sur Northern Blvd., passez devant le lycée de Flushing, un bâtiment gothique très laid, pour arriver jusqu'à Bowne St. et tournez à droite. **Bowne House** (718-359-0528) se trouve deux pâtés de maisons plus loin, au n° 37-01. Cette maison basse toute simple, datant de 1661, est la plus ancienne demeure de New York. John Bowne (chef des quakers, secte pacifiste) organisa en 1657 une cérémonie dans sa cuisine, défiant l'arrêt interdisant toute réunion de quakers, promulgué par le gouverneur Peter Stuyvesant en 1657. Cet acte lui valut l'exil. De retour en Hollande, Bowne réussit quand même à persuader la Dutch East India Company (la Compagnie des Indes occidentales hollandaise qui, à l'époque, gouvernait la colonie) d'imposer le respect envers toutes les religions de la colonie. Il est ainsi à l'origine de la grande tolérance de culte qui prévaut aux Etats-Unis, et dont les nouveaux venus hindous et bouddhistes de Flushing profitent encore aujourd'hui. A l'intérieur de la maison de Bowne, on peut voir des antiquités intéressantes, telles qu'un four en alvéole, des calumets de la paix en argile, des ustensiles à manche en os et une canne que ce bon vieux Bowne utilisait pour tuer les ours errants... Neuf générations de Bowne y habitèrent (ouvert le mardi et le week-end de 14h30 à 16h30, entrée 2 $, personnes âgées et enfants de moins de 14 ans 1 $).

Traversez le square situé à côté de la Bowne House et passez devant le terrain de jeux, sur votre gauche, pour arriver au **Kingsland Homestead**, 143-35 37th Ave. (718-939-0647, visites guidées le mardi et le week-end de 14h30 à 16h30). Cette grande maison décrépite, bâtie en 1775, est actuellement en cours de restauration. Elle abrite une collection permanente de porcelaines anciennes et de souvenirs du capitaine Joseph King, un négociant. Il y a aussi un ensemble de vieilles poupées et une "pièce victorienne", entièrement meublée. Ne soyez pas gêné de jeter un coup d'œil dans "Le placard secret de tante Marie". En tant que siège de la **Queens Historical Society**, le Kingsland Homestead accueille, chaque année, trois ou quatre expositions sur l'histoire du *borough*. Si vous vous sentez l'âme érudite, vous pouvez explorer les archives de la société, ainsi que le centre de recherche généalogique, en prenant rendez-vous à l'avance. On trouve aussi des brochures permettant de se guider pour la visite du Flushing Freedom Mile Historic Tour. (Ouvert du lundi au samedi de 9h30 à 17h. Visites guidées le mardi et le week-end de 14h30 à 16h30. Entrée 2 \$, étudiants et personnes âgées 1 \$. Accès aux archives gratuit, sur autorisation.)

Derrière la maison se trouve le seul "monument historique vivant" de New York : un hêtre planté en 1849 par le pépiniériste Samuel Parson à son retour de Belgique. Haut de 20 m, d'une circonférence de 4,20 m, il fut le premier hêtre jamais planté en Amérique du Nord. Ce vénérable patriarche noueux est entouré de huit hêtres plus jeunes. Il est le père de tous ceux qui existent sur le continent.

Pour vous rendre au **Queens Botanical Garden** depuis la station de métro de la ligne 7, descendez Main St. sur cinq blocks en direction de Corona Park (718-886-3800, le bus Q44 qui dessert Jamaica s'arrête juste devant le jardin). A l'origine, le jardin fut construit pour l'Exposition universelle de 1939-1940 de Flushing Meadows-Corona Park. Lorsque le parc fut réaménagé en vue de l'Exposition universelle de 1964-1965, le délicat déménagement du jardin (jusqu'à son emplacement actuel) fut confié à Robert Moses, le génie de l'urbanisme. Ce jardin possède la plus grande roseraie du nord-est des Etats-Unis (5 000 rosiers), un arboretum de 9 ha ainsi que des "jardins à thèmes" sur presque 4 ha (ouvert tous les jours de 8h à 24h, contribution suggérée 1 \$, enfants 50 ¢). Le Botanical Garden, bien entretenu, vaut le déplacement et permet une promenade tranquille à l'écart de la zone commerçante et animée de Main St. Les week-ends, une kyrielle de jeunes mariés viennent se faire prendre en photo devant les kiosques et les fontaines du jardin.

Vous trouvez également des espaces verts au **Kissena Park**, à l'angle de Rose Ave. et de Parsons Blvd., quoiqu'à une échelle plus modeste. L'**Historic Grove**, qui, lors de sa création au XIXe siècle, faisait partie de la Parson's Nursery (pépinière de Samuel Parson), contient aujourd'hui de nombreuses espèces d'arbres exotiques. Lorsque vous entrez par Rose Ave., vous passez d'abord devant des courts de tennis et un jardin botanique puis, en bas de la colline, vous arrivez à un très joli lac, Kissena Lake, autour duquel des pique-niqueurs, des cyclistes et même quelques pêcheurs s'affairent. Les park rangers urbains proposent des visites guidées à pied (718-699-4204) et mettent en scène des spectacles sur le thème de la nature le dimanche à 14h. Pour plus de renseignements, appelez le **Kissena Park Nature Center** (718-353-2460, ouvert le week-end de 10h à 16h). Pour vous rendre au Kissena Park depuis la station de métro Main St. (ligne 7), prenez le bus Q17 à l'arrêt situé devant la boutique Model's jusqu'à Rose Ave. et descendez au parc.

Les 243 ha du **Alley Pond Park/Environmental Center** se trouvent au 228-06 Northern Blvd., à l'est de Flushing et juste à côté du Cross-Island Pkwy. (718-229-4000). Des kilomètres de sentiers à travers les bois sillonnent ce parc, où vous pouvez découvrir des marécages et des marais. Une petite exposition dans la salle du fond de l'Environmental Center vous fait découvrir des serpents, des tortues, des grenouilles et des cochons d'Inde... tous vivants, bien sûr (ouvert du mardi au samedi de 9h30 à 16h30). Pour vous y rendre, empruntez la ligne 7 du métro jusqu'à la station Main St.-Flushing, puis prenez le bus Q12 à l'arrêt situé devant le grand magasin Stern's sur Roosevelt Ave. Le bus longe Northern Blvd. jusqu'à l'Environmental Center.

■ Flushing Meadows-Corona Park

Les deux Expositions universelles organisées par le Queens se sont déroulées au Flushing Meadows-Corona Park, un ancien marais qui s'étendait sur plus de 500 ha en plein cœur du *borough*. Le parc fut construit à l'occasion de l'Exposition universelle de 1939, mais la plupart des attractions que l'on peut voir aujourd'hui datent de la seconde Exposition, en 1964-1965. Plus de trente ans plus tard, malgré leur état un peu défraîchi, elles témoignent d'une époque plus glorieuse. Tous les week-ends, vous pouvez y rencontrer les familles du quartier qui jouent au Frisbee et décompressent de leur semaine de travail, en tentant d'oublier le bruit des voitures et des camions qui circulent sur le Van Wyck Expressway tout proche. Vous n'échappez pas non plus à l'énorme globe d'acier de 380 tonnes, appelé l'**Unisphere,** construit pour la seconde Exposition universelle et conçu pour symboliser l'amitié entre les nations.

Pour vous rendre au parc par métro, vous pouvez emprunter la ligne 7, qui va de Times Square à Flushing, et descendre à la station aérienne 111th St. (L'arrêt suivant, baptisé World's Fair Station en l'honneur de l'Exposition universelle de 1939, s'appelle aujourd'hui Willets Point/Shea Stadium.) Au passage, avant de descendre du quai, jetez un coup d'œil sur le building cubique sur pilotis que l'on voit au loin et qui porte l'inscription "Terrace on the Park". Ensuite suivez la 111th St. sur cinq blocks et continuez jusqu'au parking.

Le **New York Hall of Science** est situé de l'autre côté de ce parking, près de l'intersection entre la 111th St. et la 48th Ave. (718-699-0675 ou 718-699-005). Lorsqu'il est bâti en 1964, il est considéré comme futuriste mais, aujourd'hui, les fusées rouillées qui l'entourent semblent plutôt laissées à l'abandon. Ne vous fiez cependant pas trop aux apparences. Le musée continue de proposer des expositions captivantes et modernes : vous y trouvez même de petits bijoux de la technologie, comme un microscope électronique et des ordinateurs Macintosh ultra-puissants. Ce "musée", sorte de Cité des sciences à l'américaine, mérite une visite, surtout si vous avez des enfants. Il possède plus de 150 sites interactifs qui passent en revue des concepts scientifiques variés. Les expositions changent régulièrement. Elles ont eu pour thèmes récents les insectes géants (*"Giant Insects : Backyard Monsters"*) ou les secrets de la lumière (*"Seeing the Light"*) incluant les dernières découvertes en matière de lasers et de prismes. Si vous vous débrouillez bien, vous pouvez aussi avoir la chance d'assister à la **dissection d'un œil de bœuf** effectuée à heures régulières par un jeune "vulgarisateur" plein d'entrain. (Ouvert du mercredi au dimanche de 10h à 17h et, en juillet-août, le lundi et le mardi de 10h à 14h. Entrée 4,50 $, personnes âgées et jeunes de moins de 18 ans 3 $, entrée libre le mercredi, le jeudi de 14h à 17h.)

En empruntant la passerelle qui traverse la voie express à l'est du New York Hall of Science, puis en tournant à droite, vous arrivez au cœur du parc, au **New York City Building**. L'aile sud de l'immeuble abrite une patinoire ouverte d'octobre à mars (appelez le 718-271-1996 pour connaître les horaires et les tarifs) tandis que l'aile nord est consacrée au **Queens Museum of Art** (718-592-5555). Dans ce musée, vous pouvez admirer le "Panorama of the City of New York", la plus grande maquette urbaine au monde, d'une superficie de 167 m². Quelques chiffres vous donnent une idée de sa taille immense : 2,5 cm sur la maquette représentent 30 m dans la réalité et ses créateurs se sont amusés à reproduire plus de 865 000 immeubles en miniature. Le musée propose aussi des expositions de moulages sur l'architecture classique et la Renaissance prêtés par le Metropolitan Museum of Art de Manhattan (ouvert du mercredi au vendredi de 10h à 17h, le week-end de 12h à 17h).

Le reste du parc permet également de passer un agréable moment. Le **manège Coney Island**, situé au sud du Hall of Science, désormais restauré (718-592-6539), fait tourner les têtes avec une musique qui sonne malicieusement faux (1 $ le tour, ouvert du lundi au vendredi de 10h30 à 19h30, le week-end de 10h30 à 20h). Le **Queens Wildlife Center and Zoo** (718-271-7761) se trouve juste à côté. Partez à la découverte des animaux d'Amérique du Nord, comme le wapiti, le bison ou l'ours, mais aussi d'espèces plus exotiques, telles que l'otarie, le puma ou la grue cendrée. Une partie est consacrée aux animaux que les enfants peuvent caresser : moutons, chèvres, vaches et autres animaux domestiques. (Ouvert du lundi au vendredi de 10h à 17h, le week-end de 10h à 17h30. De novembre à mars, ouvert tous les jours de 10h à 16h30. Dernières entrées 1/2 heure avant la fermeture. Prix 2,50 $, personnes âgées 1,25 $, enfants de moins de 13 ans 50 ¢.)

Toujours dans le parc, vous pouvez jouer au golf sur un terrain complet (mais court) à 18 trous par 3 (718-271-8182, ouvert tous les jours de 8h à 19h, accès au green 7 $ le week-end, 8 $ du lundi au vendredi, location de clubs 1 $ pièce). Il existe également un terrain de jeux pour enfants handicapés. Enfin, **Meadow Lake,** au sud du parc, vous permet de faire du canoë et de la barque (attention à ne pas assommer les pauvres canards au cours de manœuvres délicates…). Profitez également des visites guidées gratuites de la **Meadow Lake Nature Area** (appelez les urban rangers au 718-699-4204, pour plus de renseignements).

Le **Shea Stadium** (718-507-8499 ou 718-699-4220), situé au nord du parc, date également de l'Exposition universelle de 1964 et accueille aujourd'hui l'équipe de base-ball des New York Mets (voir Sports, p. 359). Juste à côté de là, l'**USTA National Tennis Center** (718-760-6200) accueille tous les ans l'US Open (voir Sports, p.360).

■ Astoria et Long Island City

Astoria, au nord-ouest du *borough*, est un quartier animé, à la fois commerçant et hautement culturel, où se côtoient des communautés grecques, italiennes et hispaniques. **Long Island City** se trouve juste au sud d'Astoria, en face de l'Upper East Side. Le trajet de métro (ligne N) entre la station 34th St. de Manhattan et la station Broadway du Queens (juste à la limite entre Astoria et Long Island City) dure environ 25 mn. Quand vous sortez de la bouche de métro, vous vous retrouvez en plein cœur du secteur commerçant de Broadway. C'est un endroit très animé, où on ne compte plus les *delis* (petites épiceries) spécialisés, les pâtisseries grecques et les épiceries italiennes. Les fans de shopping trouveront à coup sûr leur bonheur en remontant Broadway, pendant huit blocks, en direction de l'est jusqu'à Steinway St., car il y a des magasins partout dans ce secteur.

Lorsque votre appétit de consommateur est rassasié, vous pouvez vous reposer dans deux jardins de sculptures. A partir de la station de métro, prenez Broadway vers l'ouest en direction de Manhattan et marchez sur environ huit blocks. Vous constatez au fur et à mesure que vous avancez que le quartier devient moins commerçant et plus industriel. Tout au bout de Broadway, traversez le carrefour avec Vernon Blvd. et vous êtes arrivé au **Socrates Sculpture Garden** (718-956-1819), un ensemble plutôt intrigant de 35 sculptures situé à côté d'un entrepôt d'acier. Ces amas abstraits de métal rouillé et de matières fluorescentes plantées au milieu de nulle part émerveillent les uns et décontenancent les autres. Sachez que l'endroit est en fait une ancienne décharge illégale. L'interprétation des œuvres exposées sur ces 2 ha en bord de quai est un défi lancé à l'observateur. Et on peut faire exactement la même remarque pour le Sound Observatory (observatoire des sons) situé sur la rive de l'East River. Vous pouvez passer des heures à taper et à faire clic !clac ! sur les tambours en fer blanc ou vous amuser avec l'"amplificateur vocal" tourné face au fleuve (ouvert tous les jours de 10h au coucher du soleil).

L'**Isamu Noguchi Garden Museum**, deux rues plus loin en direction du sud, au 32-37 Vernon Blvd. (718-204-7088 ou 718-721-1932), est installé depuis 1985 à côté de l'ancien atelier du célèbre sculpteur. C'est Isamu Noguchi (1904-1988) lui-même qui a imaginé et mis en place l'espace dans lequel sont présentées ses sculptures. Noguchi, américain d'origine japonaise, est célèbre pour ses jardins aménagés de sculptures et ses espaces (jardin de l'UNESCO à Paris et Hart Plaza à Detroit). Ce musée est un des rares à présenter une vue d'ensemble sur l'œuvre d'un seul sculpteur. A l'intérieur, 12 galeries rendent hommage à la vision artistique de Noguchi. A l'étage, vous pouvez notamment contempler la photo de son projet de "Sculpture à voir depuis la planète Mars", un visage long de 3 km qu'il prévoyait de sculpter à même la terre à côté de l'aéroport de Newark, comme une sorte de tribut à l'homme de l'ère postatomique. Ses plus belles œuvres sont très bien mises en valeur dans les galeries du rez-de-chaussée en intérieur comme en extérieur. Noguchi voulait "contempler la nature à travers les yeux de la nature, et rejeter l'homme en tant qu'objet de culte". Il travaillait la pierre "afin d'en révéler l'âme véritable, et non pour la remodeler". Pour réaliser l'œuvre intitulée *The Well* (le puits), Noguchi a laissé une bonne partie du rocher à l'état brut et a creusé un grand "nombril" circulaire au sommet, qui fait que l'eau déborde constamment et s'écoule en miroitant sur les côtés de la pierre. Les conservateurs du Metropolitan Museum ont tellement aimé cette sculpture qu'ils en ont commandé une pour le musée. (Ouvert d'avril à novembre, le mercredi et le vendredi de 10h à 17h, le week-end de 11h à 18h. Contribution suggérée 4 $, étudiants et personnes âgées 2 $.) Le week-end, une navette dessert le musée depuis Manhattan (718-721-1932, prix 5 $). Départ de l'Asia Society, à l'angle de Park Ave. et de la 70th St., toutes les heures à la demie, entre 11h30 et 15h30. Retour toutes les heures pile jusqu'à 17h. Une longue visite guidée, gratuite et très instructive, est proposée à 14h.

Le **Kaufman-Astoria Studio**, qui s'étend sur plus de 5 ha dans Astoria et comprend huit salles de tournage, est le plus grand studio des Etats-Unis, hors Los Angeles. *Ragtime, Arthur* ou *Secret of my success,* trois films de la Paramount Pictures, ont par exemple été tournés ici. Les studios sont fermés au public mais vous avez accès, sur le même site, à l'**American Museum of the Moving Image** (718-784-7777), au coin de la 35th Ave. et de la 36th St., accessible par les lignes E, F, G, R et N du métro. Si vous prenez la ligne N, sortez à la station aérienne de Broadway et remontez Broadway sur cinq blocks jusqu'à la 36th St., en tournant le dos à Manhattan. Prenez ensuite à droite et marchez pendant deux blocks dans la zone résidentielle. Vous trouvez dans ce musée des galeries remplies d'articles farfelus sur le cinéma et la télévision et des projections journalières. En bref : vous prenez une bonne dose de culture populaire américaine (voir Musées, p. 311).

La **Steinway Piano Factory** (usine des pianos Steinway), à l'angle de la 19th Rd. et de la 77th St. au nord d'Astoria (718-721-2600), a rendu le Queens célèbre dans le monde entier. Les Steinway établirent leur usine de pianos à Astoria dans les années 1870 et eurent la place pour eux tous seuls pendant des années. Toute la zone fut baptisée Steinway en l'honneur du pionnier William Steinway, qui fit construire au XIXe siècle des logements à prix abordables pour les ouvriers de son entreprise. On doit également à Mr. Steinway, décidément très attentionné, une bibliothèque, un jardin d'enfants et des terrains de sport. Les rangées de maisons identiques bâties le long de la 20th Ave., entre la Steinway Factory et la 41st St., sont toujours en place et des visites à pied gratuites sont même organisées tous les mois. La visite dure de 9h30 à 11h30 et il faut réserver 3 mois à l'avance. Les célébrissimes pianos Steinway sont toujours fabriqués au même endroit, suivant la même méthode qu'autrefois. Les 12 000 pièces qui composent un piano, de la plaque de fonte de 154 kg aux minuscules morceaux de peau provenant d'un petit cervidé du Brésil, n'ont pas changé. Pour vous donner une idée de la qualité de ces pianos, sachez que 95 % des concerts aux Etats-Unis se font sur des pianos à queue Steinway. Pendant que vous êtes dans le coin, vous pouvez aussi jeter un coup d'œil à la **Steinway House**, au 18-33 41st St., l'ancienne demeure de William Steinway. Mais cette bâtisse du XIXe siècle très spacieuse est fermée au public.

Si vous descendez vers le sud du quartier de Long Island City, vous avez une belle vue sur Manhattan depuis **Hunter's Point**, au bord de l'East River. C'est aussi ici que se trouve le **Citicorp Building**, un gratte-ciel flambant neuf achevé en 1989 (le plus grand de New York en dehors de Manhattan) qui donne un avant-goût de l'architecture du XXIe siècle. (Pour vous y rendre depuis Astoria, la meilleure solution est de prendre la ligne N du métro, direction sud, jusqu'à la station Queensboro Plaza, puis de marcher pendant cinq blocks sur Jackson Ave. en direction du sud-ouest jusqu'au Citicorp Building. Depuis Manhattan, empruntez les lignes E ou F jusqu'à la station 23rd St.-Ely Ave., vous arrivez juste en face de l'immeuble, sur la 44th Dr.) La façade luisante du Citicorp Building n'a aucun mal à dominer les autres édifices de brique, moins élevés, du quartier. Il donne l'impression d'avoir été parachuté là par erreur par un responsable de l'urbanisme maladroit, alors qu'il était en fait destiné à compléter la collection des gratte-ciel de Midtown à Manhattan.

VISITES

Un block au sud sur la 45th Ave. puis deux rues en direction de Manhattan, vous arrivez au **Hunter's Point Historic District**, un bel ensemble de *brownstones* constitué d'une rangée de 10 maisons de style italien en pierre de Westchester, l'un des rares exemples de cette architecture du XIXe siècle finissant.

Tournez ensuite à gauche dans la 21st St. et marchez pendant trois blocks, et vous arrivez à l'**Institute for Contemporary Arts/PS1**, un énorme bâtiment victorien de pierre rouge situé au 46-01 21st St. (718-784-2084). C'est une ancienne école publique, la première école du Queens, et on distingue toujours le mot *"Girls"* (filles) gravé au-dessus de l'entrée (les galeries sont ouvertes du mercredi au samedi de 10h à 18h, contribution suggérée 2 $).

La vue sur Manhattan et l'East River est remarquable depuis Long Island City. Si vous désirez vous rendre au bord du fleuve, marchez le long de la 45th Ave. en direction de Manhattan, tournez à droite sur Vernon Blvd., puis à gauche sur 44th Dr. Suivez cette rue jusqu'à la jetée qui s'avance dans l'eau. Le Queensboro Bridge, que les fans de Simon and Garfunkel connaissent sous le nom de **59th St. Bridge** se trouve sur votre droite en regardant le fleuve. Juste en face de vous, les vestiges d'un hôpital du XIXe siècle, avec des tourelles très romantiques, sont visibles à la pointe sud de Roosevelt Island. En plus des grands classiques de Manhattan, l'immeuble Arts-Déco du Chrysler Building et les *twins*, tours jumelles du World Trade Center, vous avez aussi une belle vue sur le siège des Nations unies. Quant au Citicorp Building, il s'élève juste derrière vous.

■ Centre du Queens : Jamaica, St. Albans et Forest Park

Le quartier de **Jamaica** (du nom des Indiens Jameco) au centre du Queens est l'âme de la communauté noire et antillaise du *borough*. Pour vous y rendre en métro, prenez les lignes E, J ou Z jusqu'à la station Jamaica Center. La partie principale de Jamaica Ave. qui s'étend de la 150th St. à la 168th St. est constamment animée. Vous pouvez trouver dans la zone piétonne de la 165th St. des restaurants qui proposent des steaks de bœuf jamaïquains succulents, des boutiques qui vendent des casquettes de base-ball Malcolm X et des vêtements africains.

Jamaica, comme beaucoup d'autres quartiers du nord-est du Queens, a sa part d'histoire coloniale. Le **King Manor Museum**, rénové depuis peu et situé à l'angle de Jamaica Ave. et de la 150th St. (718-206-0545), est l'ancienne résidence de Rufus King, l'un des cosignataires de la Constitution américaine. Il devint par la suite l'un des premiers sénateurs de New York et l'un des premiers ambassadeurs des Etats-Unis en Grande-Bretagne. Son fils fut également un homme politique et devint plus tard gouverneur de l'Etat de New York. La demeure est un mélange de style "fédéral" et d'architecture anglaise du début du XVIIIe siècle, située dans les 4,5 ha du King Park (ouvert le week-end de midi à 16h, entrée 2 $, étudiants et personnes âgées 1 $).

Le **Jamaica Arts Center** (718-658-7400), au 161-04 Jamaica Ave., au niveau de la 161st St., propose des ateliers temporaires et des expositions fréquentes d'art visuel sur la vie des Afro-Américains et la culture urbaine. Tyra Emerson y a récemment exposé ses collections de photos, "African-Americans : a Self-Portrait" et "Song of my People" (la salle d'exposition est ouverte du lundi au jeudi de 9h à 20h30, le vendredi et le samedi de 9h à 17h, entrée libre). La **Jamaica Savings Bank**, juste à côté de là au 161-02 Jamaica Ave., est considérée par certains comme "le plus bel édifice de style Beaux-Arts du Queens". Si vous continuez à marcher sur Jamaica Ave. pendant quelques blocks, vous arrivez à l'ancien **Valencia Theater,** à l'angle de Jamaica Ave. et de la 165th St. Sa construction remonte à 1929. Il est aujourd'hui occupé par le "Tabernacle de la prière", une secte. Alors que la plupart des institutions religieuses n'apprécieraient que modérément l'énorme marquise qui se dresse à l'entrée, les membres du Tabernacle en semblent plutôt satisfaits. La plupart des salles ne sont ouvertes que le dimanche, mais un petit coup d'œil dans le hall vous donnera une idée de l'intérieur.

Le secteur situé au sud du centre de Jamaica est désertique : les grandes usines alimentaires n'attirent guère que le crime et la délinquance, et font surtout fuir la bourgeoisie et les classes moyennes noires. Elles préfèrent de loin s'installer au sud-ouest dans des quartiers résidentiels calmes, aux demeures chargées d'histoire. Cette histoire commence après la Seconde Guerre mondiale, lorsque le quartier de **St. Albans**, centré sur Linden Blvd. à l'est de Merrick Blvd., accueillit la nouvelle génération d'Afro-Américains qui parvint à grimper l'échelle sociale. La plupart d'entre eux réussirent à faire des études grâce à des bourses pour anciens combattants GI ou à l'action de la NAACP (National Association for the Advancement of Colored People, une association chargée de la promotion sociale et de la défense des droits civiques des Noirs). Le St. Albans des années 50 rappelle vaguement le Harlem des années 20 : des grands noms du jazz, comme Count Basie, Fats Waller ou James P. Johnson, ou des vedettes de base-ball, comme Jackie Robinson ou Roy Campanella, habitèrent dans le quartier, principalement à l'ouest dans le secteur d'Addisleigh Park. Aujourd'hui, les familles noires les plus aisées préfèrent s'installer plus au sud-est, dans des endroits comme Laurelton. Leur départ de St. Albans a laissé la place aux commerçants en tout genre, des pâtisseries aux restaurants antillais, en particulier autour de Linden Blvd. Pour vous rendre à St. Albans, prenez les lignes E ou J du métro jusqu'à la station Jamaica Center, puis le bus Q4 pour Linden Blvd.

Forest Park à l'ouest de Jamaica (718-235-4100) est un parc boisé très varié : vous y trouvez des kilomètres de sentiers, une scène de spectacle, un terrain de golf (718-296-0999), un manège (1 $), des terrains de base-ball, des courts de tennis et même des chevaux (le parc est ouvert du lundi au vendredi de 11h à 18h, le week-end de 11h à 19h). Si vous voulez faire de l'équitation, la **Lynne's Riding School** (718-261-7679) et les **Dixie De Stables** (718-263-3500) vous proposent une balade accompagnée (les deux écoles d'équitation sont ouvertes de 8h à 19h, prix 20 $ l'heure). Pour avoir des renseignements sur le programme des manifestations dans le parc, appelez le numéro ci-dessus ou le 718-520-5941. Pour vous rendre au parc, prenez les lignes J ou Z du métro jusqu'à la station Woodhaven Blvd. Vous pouvez aussi emprunter les lignes L ou M jusqu'à la station Myrtle/Wyckoff Ave., et prendre ensuite le bus Q55.

Si vous êtes à la recherche du parfum du vieux New York, faites un tour du côté du **Queens County Farm Museum** (718-347-3276), 73-50 Little Neck Parkway, à l'intérieur du Floral Park, juste à la limite avec le comté de Nassau. Cette demeure construite par Jacob Adriance en 1772 sur un terrain de 20 ha est la seule ferme restaurée datant de cette époque. Pour aller voir les poussins, les canards et les moutons, prenez les lignes E ou F du métro jusqu'à la station Kew Gardens/Union Turnpike, puis le bus Q46 pour Little Neck Pkwy. et remontez trois rues vers le nord. (Ferme/musée ouverts le week-end de 12h à 17h. Le terrain est ouvert du lundi au vendredi de 9h à 17h, le week-end de 10h à 17h. Visites guidées toutes les heures, à la demie. Contribution obligatoire.)

■ Southern Queens

La réserve naturelle de **Jamaica Bay Wildlife Refuge** (718-318-4340) se situe près de la petite ville de Broad Channel, dans Jamaica Bay. Pour donner une idée de ses dimensions, elle fait environ la même taille que Manhattan et elle est 10 fois plus grande que le parc de Flushing Meadows-Corona. Sa moitié ouest fait partie du district de Brooklyn et l'ensemble du Wildlife Refuge constitue la plus grande réserve naturelle urbaine des Etats-Unis, avec plus de 325 espèces d'oiseaux des marais, d'oiseaux aquatiques et de petits animaux. Des kilomètres de sentiers, bordés de bancs et de volières, serpentent à travers les marais et les étangs : leur quiétude est toutefois perturbée par le grondement des avions qui décollent de l'aéroport

Kennedy, non loin de là. Cela mis à part, l'endroit est une véritable oasis : vous pouvez à tout moment croiser un cygne et une aigrette, ou tomber sur des barques en bois échouées sur la plage. Des projections de documentaires sur l'environnement et des visites guidées sont organisées le week-end (le Nature Center est ouvert du lundi au vendredi de 8h30 à 17h, le week-end de 8h30 à 18h, entrée libre). Pour vous rendre à la réserve, prenez la ligne A du métro et descendez à la station Broad Channel, puis suivez Noel Rd. (juste en face de la station) en direction de l'ouest jusqu'à Crossway Blvd. Tournez à droite, et la réserve se trouve à environ 1,5 km. Vous pouvez aussi emprunter les lignes E, F, G ou R et descendre à la station 74th St.-Roosevelt Ave., à Jackson Heights, puis prendre le bus express Q53 pour Broad Channel. Une fois arrivé à Broad Channel, suivez les indications ci-dessus.

La péninsule de Rockaway, juste au sud de la réserve, doit son nom à un mot indien qui signifie "eaux vivantes" : c'est ici que se trouve la fameuse plage de **Rockaway Beach**, célébrée par les Ramones dans l'un de leurs succès pop-punk. Une plage publique (718-318-4000) s'étend de la Beach 3rd St. à Far Rockaway, jusqu'à la Beach 149th St. à l'ouest. Elle est bordée par un *boardwalk*, une promenade en planches, entre la Beach 3rd St. et la Beach 126th St. Si vous continuez au-delà de la Beach 126th St., vous avez une succession de plages publiques et privées (plus petites) jusqu'à la Beach 149th St. : le stationnement est interdit dans cette zone pendant l'été. Pour vous rendre à Rockaway Beach, prenez la ligne A du métro jusqu'à la station Broad Channel, puis la navette jusqu'à l'arrêt 106th St. ou 116th St.

Le **Jacob Riis Park** se trouve à l'ouest de Rockaway Beach, barricadé derrière un grillage solide, et il fait partie des 105 km^2 de la **Gateway National Recreation Area** (718-318-4300), qui s'étend aussi sur Brooklyn, Staten Island et le New Jersey. Il porte le nom de Jacob Riis, un photographe et journaliste du début du siècle, connu pour son action en faveur de l'installation de cours de récréation dans les écoles et de parcs dans les quartiers. Il parvint à convaincre la municipalité de New York de transformer cette plage alors envahie par les mauvaises herbes en un parc public. Aujourd'hui, le parc possède une plage agréable bordée d'un *boardwalk*, mais aussi des terrains de basket-ball et de handball, un parcours de golf et des commerces. **Fort Tilden**, qui fait aussi partie de Gateway, est attenant au parc du côté ouest. Lorsque vous vous promenez au milieu des dunes de sable, vous tombez sur les anciennes bases de lancement des missiles Nike, souvenirs de la guerre froide. Dans le même genre, vous pouvez voir des canons côtiers de 406 mm, souvenirs des deux guerres mondiales, à l'époque où Fort Tilden était une base navale. Pour vous rendre à Riis Park et à Fort Tilden, prenez les lignes 2 ou 5 du métro jusqu'à la station Flatbush Ave., puis le bus Q35 sur Nostrand Ave. Le bus Q22 dessert Riis Park depuis la station de métro 116th St., à Rockaway Park.

■ Le Bronx

"The Bronx ? No thonx." (Le Bronx ? Non, sans façonx.)
Ogden Nash

Les images de rues mal famées, de crime et de misère collent à la peau de ce *borough* : il exerce sur les Américains comme sur les étrangers la même fascination malsaine. En fait, il y a du vrai et du faux dans la vision apocalyptique de décadence urbaine que l'on se fait du Bronx. Une bonne partie du *borough* se caractérise effectivement par des taudis délabrés, des immeubles couverts de graffitis et des terrains vagues entourés de grillages et de barbelés. Et le Bronx est effectivement l'un des districts les plus pauvres des Etats-Unis. Pourtant, il recèle également des "trésors cachés" : 810 ha de parcs, un zoo superbe, un stade de base-ball mythique et des demeures du début du siècle au bord de l'eau… La vie des communautés ethniques est tout aussi riche qu'ailleurs et le *Little Italy* du Bronx n'a pas à rougir de la comparaison avec son *alter ego* de Manhattan. Les habitants eux-mêmes se mobilisent pour faire face à la misère de leur quartier en créant des zones de sécurité et en organisant des équipes de nettoyage et des groupes de défense.

Le Bronx, le seul *borough* de New York situé sur le continent, doit son nom, comme la Bronx River, au colon hollandais Jonas Bronck, qui y installa, sa ferme en 1636. Jusqu'au début du XIXe siècle, cette région était principalement consti- tuée de cottages, de fermes et de marécages. Depuis les années 1840 et la première vague d'immigrants italiens et irlandais, l'afflux de nouveaux venus n'a pas cessé. A l'heure actuelle, ce sont principalement des populations hispaniques et russes qui s'installent dans le Bronx.

ORIENTATION

Vous devez éviter le sud du Bronx par mesure de sécurité, sauf si vous désirez vous rendre au Yankee Stadium ou si vous êtes en voiture avec quelqu'un qui connaît le quartier. En revanche, vous pouvez visiter les parties nord et est du *borough* : elles sont (relativement) paisibles, et les petites maisons sont principalement occupées par des familles de classe moyenne. Le Pelham Bay Park, au nord-est du Bronx, est le plus grand parc de la ville. Le Bronx Park, au cœur du district sur les rives de la Bronx River, abrite le Bronx Zoo/Wildlife Conservation Park, consacré aux animaux, et le Bronx Botanical Garden, consacré à la flore. Le campus de la Fordham University est situé juste à la lisière ouest du Bronx Park. Enfin le Van Cortland Park, au nord-ouest du *borough*, complète le trio d'espaces verts. Depuis Manhattan, le métro vous permet de vous rendre aux principaux lieux à visiter du Bronx. Les lignes 1, 9 et 4 montent jusqu'à Van Cortland Park, les lignes C et D desservent Fordham Rd. et Bedford Park Blvd. (près du jardin botanique), les lignes 2 et 5 passent en bordure du Bronx Park et du zoo et la ligne 6 rejoint Pelham Bay Park. Les lignes 4, C et D amènent les supporters de base-ball au Yankee Stadium, au sud du district. Il y a peu de stations de correspondance dans le Bronx, ce qui rend les déplacements en métro à l'intérieur du *borough* plutôt difficiles. Si vous prévoyez de vous déplacer à l'intérieur du Bronx, le bus est le moyen de transport le plus adapté. Demandez un plan des lignes de bus du Bronx dans n'importe quelle station de métro.

■ Bronx Zoo/Wildlife Conservation Park

L'attraction numéro un du Bronx est le **Bronx Zoo/Wildlife Conservation Center** (718-367-1010 ou 718-220-5100), également appelé "New York Zoological Society". Ce zoo est le plus grand des Etats-Unis, avec 4 000 animaux. L'accent est mis sur l'en- vironnement : il y a bien sûr quelques bâtiments à l'intérieur des 110 ha du zoo, mais tout est fait pour que les "stars" à plume et à poil évoluent dans un milieu aussi proche que possible de leur habitat naturel. Rassurez-vous, le serpent à sonnette et Samantha, le plus grand python des Etats-Unis, restent bien sagement dans leurs cages de la "Maison des reptiles". Des espèces moins dangereuses sont sciemment laissées en liberté dans le "sanctuaire protégé" du parc : ne vous étonnez donc pas trop si vous vous retrouvez nez à trompe avec un éléphant des Indes en plein cœur de l'"Asie sauvage" (Wild Asia) ou si un gibbon vous passe au-dessus de la tête, en sautant d'une branche à l'autre dans le "Monde de la jungle" (Jungle world).

Les reproductions de milieu naturel les plus réussies sont les **Himalayan Highlands** (montagnes himalayennes, avec des léopards des neiges et des pandas, espèces menacées), **Wild Asia** (avec des rhinocéros et des cervidés comme les muntjacs, les nilgauts et les saïgas), **South America** (avec des lamas sauvages, des sangliers babiroussas et des hippopotames nains) et **World of Darkness** (le monde de la nuit, avec des chauves-souris et une présentation de taupes à ne manquer sous aucun prétexte). Les enfants peuvent imiter les animaux au **Children's Zoo**, en escaladant une toile d'araignée ou en enfilant la carapace d'une tortue. A noter égale- ment : les crocodiles sont nourris le jeudi à 14h, et les otaries le même jour à 15h.

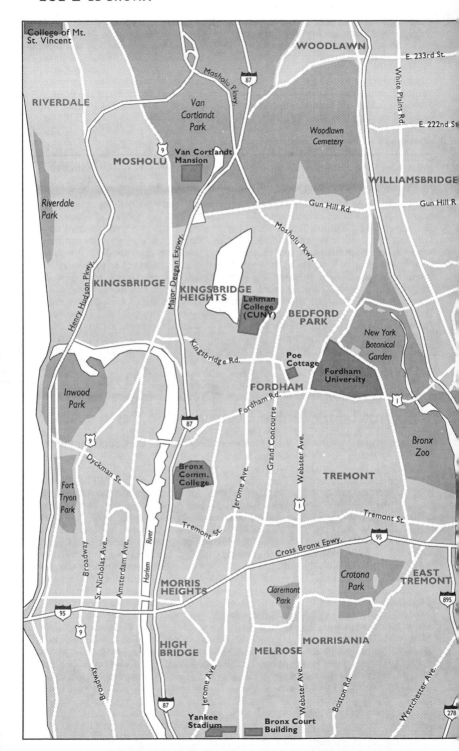

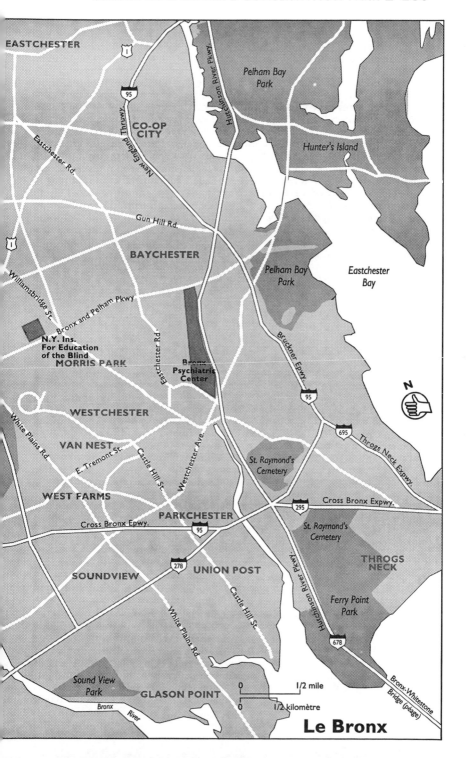

Le Bronx

Vous pouvez explorer le zoo à pied ou emprunter le **Safari Train** qui circule entre la maison des éléphants et la zone Wild Asia (1 $, et ce sont les animaux qui vous regardent d'un œil curieux, non le contraire). Ou bien, tel Tarzan, envolez-vous dans les airs à bord du tramway aérien **Skyfari**, qui va de Wild Asia au Children's Zoo (2 $). Les possibilités de transport sont décidément nombreuses et variées, puisque vous pouvez aussi emprunter le **Bengali Express Monorail**, qui fait le tour de Wild Asia (durée 20 mn, prix 2 $). Et, si vous trouvez que les trains sont trop rapides, faites donc un tour à dos de chameau dans la zone Wild Asia (3 $). Enfin, des **visites guidées à pied** sont proposées le week-end par l'association Friends of the Zoo (appelez le 718-220-5142 trois semaines à l'avance pour réserver une place). Des brochures sur les promenades à découvrir soi-même sont également disponibles au Zoo Center (75 ¢). Si vous avez un petit creux au milieu de la jungle ou du désert, ne paniquez pas, car plusieurs endroits sont prévus dans le parc pour rassasier les visiteurs : le **Lakeside Café**, l'**African Market**, le **Flamingo Pub** et le **Zoo Terrace**. Certaines sections du zoo sont fermées pendant l'hiver (de novembre à avril), téléphonez pour plus de renseignements. (De novembre à mars ouvert tous les jours de 10h à 16h30. D'avril à octobre ouvert du lundi au vendredi de 10h à 17h, week-end et jours fériés de 10h à 17h30. Entrée 6,75 $, personnes âgées et enfants 3 $. Gratuit le mercredi. Pour avoir des informations sur l'accès aux handicapés, téléphonez au 718-220-5188.)

Pour vous rendre au zoo en voiture, empruntez le Bronx River Pkwy. ou, depuis la I-95, le Pelham Pkwy. En métro, prenez les lignes 2 ou 5 jusqu'à la station East Tremont Ave.-West Farms Sq. et remontez Boston Rd. sur cinq blocks en direction du nord jusqu'à l'entrée du zoo. Vous pouvez aussi utiliser la ligne express D et descendre à la station Fordham Rd., puis emprunter le bus Bx12 jusqu'à Southern Blvd. Suivez ensuite Fordham Rd. en direction de l'est et vous arrivez à l'entrée Rainey Gate. Le bus express Bx11 relie Madison Ave., dans Midtown, à l'entrée Bronxdale du zoo (aller simple 3,75 $). Au retour, il redescend par le côté est de Manhattan (appelez Liberty Lines au 718-652-8400 pour plus de précisions). La compagnie Metro North propose aussi des liaisons ferroviaires depuis Manhattan (téléphonez au 212-532-4900).

■ Central Bronx : le New York Botanical Garden, etc.

Le **New York Botanical Garden** est un véritable labyrinthe situé au nord du zoo, de l'autre côté de Fordham Rd. (718-817-8705). Il est le lieu favori des New-Yorkais qui aiment y retrouver des arbres, des fleurs ou même un coin de ciel, bref toutes ces choses simples qui manquent cruellement aux citadins… Tous les efforts sont faits pour recréer un milieu qui ressemble le plus possible à ce qu'était le paysage local avant l'urbanisation : des forêts, des cours d'eau sont ainsi aménagés. Le résultat est réussi puisque ce jardin botanique de 100 ha est l'une des plus remarquables réserves horticoles du monde et sert à la fois de laboratoire d'étude et de musée de la flore. Les choix de visite sont variés : les 16 ha de la forêt de sapins du Canada préservée dans sa forme originelle, le Peggy Rockefeller Rose Garden, le T.H. Everett Rock Garden et sa chute d'eau, le Native Plant Garden, le Snuff Mill Restaurant (appelez le 718-817-8687 pour réserver une table), sans oublier le jardin de l'aventure pour les enfants. Des visites guidées en 20 langues sont proposées à 13h et à 15h le week-end d'avril à octobre (départ du Visitor Information Center). Si vous préférez explorer le jardin tout seul, n'oubliez pas de vous procurer un plan, sinon c'est une véritable jungle. Un sentier long de 5 km fait le tour du parc et de la plupart des sites à visiter. (Le jardin est ouvert du mardi au dimanche de 10h à 18h. Prix 3 $, personnes âgées, étudiants et enfants de moins de 16 ans 1 $, gratuit pour les enfants de moins de 6 ans. Entrée libre pour tous le mercredi et le samedi de 10h à 12h. Parking 4 $. Appelez le 718-817-8705 pour plus de renseignements.) Le jardin est facilement accessible en voiture en empruntant Henry Hudson Pkwy., Bronx River Pkwy. ou Pelham Pkwy. En métro, prenez les lignes D ou 4 jusqu'à la station Bedford

Park Blvd., puis marchez en direction de l'est pendant 8 blocks ou empruntez les bus Bx26, Bx12, Bx19 ou Bx41, qui desservent le jardin. Enfin, la ligne Metro North-Harlem va de Grand Central Station à Botanical Garden Station, qui est juste à côté de l'entrée principale (téléphonez au 718-532-4900 pour plus de précisions).

La création par John Hugues de la **Fordham University** (718-817-1000), l'une des plus importantes écoles jésuites du pays, remonte à 1841 : à l'époque, l'université s'appelait St. John's College. Le campus fut construit par Robert S. Riley en 1936, dans le style gothique classique. Il s'étend sur 32 ha clôturés le long de Webster Ave., entre E. Fordham Rd. et Dr. Theodore Kazimiroff Blvd. (Métro : lignes C ou D, station Fordham Rd.)

Le quartier de **Belmont** au sud de l'université est un peu le *Little Italy* du nord de la ville. C'est le plus célèbre des quartiers d'immigrés du Bronx et, avec un peu de perspicacité, on peut y dénicher parmi les rangées de maisons à deux étages et les dédales de ruelles quelques-uns des meilleurs restaurants italiens (hors d'Italie). La religion visiblement se vend bien ici : à l'extérieur de l'église **Church of our Lady of Mt. Carmel**, à l'angle de la 187th St. et de Belmont Ave., vous pouvez trouver la statue de votre saint favori dans l'une des deux boutiques religieuses. Les statuettes des martyrs existent dans différentes tailles et dans toutes les couleurs de l'arc-en-ciel. Tous les jours, l'église propose la grand-messe en italien (à 10h15, à 12h45 et à 19h30). Le restaurant **Dominick's** sur Arthur Ave., entre la 186th St. et la 187th St., sert une succulente cuisine italienne. Ici, les habitués n'ont pas besoin de commander, ni de consulter le menu : c'est pâtes pour tout le monde, servies sur les grandes tables communes. (Métro : lignes C ou D, station Fordham Rd.) Ne vous étonnez pas si le prix pour un même plat est différent d'un jour à l'autre : ça fait partie du charme du restaurant et vous n'en ressortez jamais déçu (voir Restaurants et bars, p. 154).

La Bronx Historical Society gère de manière dynamique l'**Edgar Allan Poe Cottage** (718-881-8900), construit en 1812, meublé dans les années 1840 et habité par Edgar Allan Poe et son épouse tuberculeuse entre 1846 et 1848. Le cottage se situe au 2640 Grand Concourse, à l'écart de Knightsbridge Rd., cinq blocks à l'ouest de la Fordham University. Pendant les deux années de vie austère qu'il passa ici avec sa femme, Poe écrivit *Annabel Lee*, *Eureka* et *les Cloches*, un conte sur les cloches de Fordham. Le musée expose de nombreux manuscrits de Poe et d'autres articles plutôt macabres. L'épouse de Poe mourut ici de tuberculose. (Ouvert du mercredi au vendredi de 9h à 17h, le samedi de 10h à 16h, le dimanche de 13h à 17h. Téléphonez à l'avance, si vous souhaitez faire une visite guidée. Entrée 2 \$. Métro : lignes 4 ou D, station Knightsbridge Rd.)

Le **Herbert H. Lehman College** (718-960-8000) se trouve à l'angle de Jerome Ave. et de la 198th St. A partir de la maison d'Edgar Poe, marchez pendant 3 blocks en direction de l'ouest, puis 2 blocks en direction du nord. Sa création remonte à 1931 (à l'époque, il s'appelait Hunter College) et il constitue l'une des annexes de la City University of New York (CUNY), qui s'étend de manière tentaculaire sur toute la ville. Le gymnase du Herbert H. Lehman College est assez grand pour avoir accueilli une réunion du Conseil de sécurité de l'ONU en 1946. Une donation des Lehman en 1980 permit la création du premier centre culturel du Bronx, le **Lehman Center for the Performing Arts**, sur la partie du campus située en bordure du Bedford Park Blvd. Le centre comprend une salle de concerts de 2 300 places, un théâtre expérimental, une salle de spectacle, une bibliothèque, un atelier de danse et une galerie d'exposition. (Métro : ligne 4, station Bedford Park Blvd.-Lehman College. Bureau de vente des billets ouvert du lundi au vendredi de 10h à 17h. Appelez le 718-960-8000 pour plus de renseignements.) Si vous marchez pendant un block vers le nord en traversant Harris Park, vous arrivez à la **Bronx High School of Science**, une école depuis longtemps reconnue pour la qualité de son enseignement, comme en témoignent les nombreux prix Nobel de sciences qui ont étudié sur ses bancs.

Le **Hall of Fame for Great Americans** (718-289-5100), appartenant au Bronx Community College, se trouve à l'angle de Martin Luther King Jr. Blvd. et de la

W. 181st St. Vous pouvez y contempler les bustes en bronze de 102 "grands Américains", posés dans l'herbe sur des blocs de granit. Abraham Lincoln, Booker T. Washington, les frères Wright, et tous les autres sont exposés dans un édifice du début du siècle, appartenant à la City University of New York. (Ouvert tous les jours de 9h à 17h. Entrée libre. Métro : ligne 4, station Burnside Ave. Voir Musées, p. 315.)

■ Northern Bronx : Van Cortlandt Park

Le **Van Cortlandt Park** (718-430-1890), troisième plus grand parc de la ville, s'étend sur 464 ha de collines et de vallées, dans le nord-ouest du Bronx. Son entretien laisse parfois à désirer, mais, comme tout parc qui se respecte, il possède deux parcours de golf, des courts de tennis flambant neufs, des aires de base-ball, des terrains de football, de football américain et de cricket, des aires de jeux pour les enfants, sans oublier une grande piscine. Si vous préférez la nourriture plutôt que les loisirs, aucun problème : il y a aussi des barbecues. Le parc a aussi un **special-events office** (718-430-1848, bureau des événements), qui fournit des informations sur les concerts et les activités sportives qui s'y déroulent en été. Ils sont nombreux et les terrains de sport sont envahis par des hordes d'enfants lorsqu'il fait beau. Vous pouvez vous balader autour du lac **Van Cortlandt** (ouvrez bien les yeux, il est rempli de poissons) ou le long des nombreux sentiers offerts aux randonneurs : le **Cass Gallagher Nature Trail**, dans la section nord-ouest du parc, traverse par exemple l'un des espaces naturels les plus sauvages des cinq *boroughs* (certaines roches datent de la dernière période de glaciation). Le parc possède également quelques sites marqués par l'histoire. L'**Old Putnam Railroad Track**, la première voie ferrée entre New York et Boston, passe aujourd'hui à côté de l'ancienne carrière de marbre qui a servi à la construction de Grand Central Station à Manhattan. Et des Indiens Stockbridge, favorables aux rebelles pendant la guerre d'Indépendance et massacrés par les troupes britanniques au cours d'une embuscade, sont enterrés sur le site de l'actuelle **aire de loisirs d'Indian Field**.

Au sud-ouest du parc, la **Van Cortlandt House** (718-543-3344), au niveau de la 246th St., est le plus vieil édifice du Bronx, construit en 1748 par la puissante famille politique du même nom ; elle est aujourd'hui classée patrimoine national. C'est ici qu'en 1781, au cours de l'une de ses nombreuses visites, George Washington rencontra le commandant de Rochambeau pour mettre au point la stratégie finale de la guerre d'Indépendance. La marche triomphale de George Washington sur New York en 1783 partit également de cette demeure. Les nombreuses restaurations n'empêchent pas la maçonnerie de moisir et la peinture de s'écailler sur les murs de ce vénérable bâtiment historique. La demeure possède également la plus vieille maison de poupée des Etats-Unis, ainsi qu'un jardin et un cadran solaire qui datent de l'époque coloniale. (Ouvert du mardi au vendredi de 10h à 15h, le week-end de 11h à 16h. Entrée 2 $, étudiants et personnes âgées 1,50 $, gratuit pour les enfants de moins de 12 ans. Pour vous rendre au parc et à la demeure, prenez les lignes 1 ou 9 du métro jusqu'à la station 242nd St.)

Le **Manhattan College**, une école des beaux-arts privée, vieille d'un siècle (à l'origine, c'était un lycée), se trouve en face du Van Cortlandt Park, au sommet d'une haute colline (718-862-8000). Pour vous y rendre, prenez le métro lignes 1 ou 9, jusqu'à la station 242nd St. (à l'angle de Broadway) ; il ne vous reste plus qu'à grimper la 242nd St. Pendant la montée sinueuse, vous passez devant des pubs irlandais et des blanchisseries chinoises, et vous apercevez tout en haut les briques rouges (architecture néofédérale) des bâtiments et de la chapelle du College. Le terrain accidenté sur lequel est construit le campus, fait d'escaliers, de squares à différents niveaux et de paliers, le fait ressembler à un terrain de cache-cache grandeur nature. Le deuxième escalier du campus vous amène devant un pic de granit escarpé au-dessus duquel trône une madone en plâtre très kitsch, probablement enlevée dans un quelconque jardin de banlieue. Si vous vous sentez l'âme intrépide, tentez l'escalade et profitez de la vue panoramique sur le Bronx. Ce quartier n'a rien à voir avec l'image des quartiers misérables que l'on se fait du Bronx : on y trouve au contraire des résidences luxueuses et un trio d'écoles privées réputées : la **Fieldstone School** (que l'on voit dans le court métrage signé Coppola dans *New York Stories*), l'école **Horace Mann** et l'école **Riverdale**.

Wave Hill, située au 675 W. 252nd St. (718-549-3200), est une propriété champêtre qui offre une vue superbe sur l'Hudson et Palisades Park. Elle appartient à la ville depuis 20 ans mais a auparavant hébergé des hommes célèbres : c'est l'ancienne demeure de Samuel Clemens (plus connu sous le nom de Mark Twain), d'Arturo Toscanini et de Theodore Roosevelt. Aujourd'hui, elle propose des concerts et des spectacles de danse au beau milieu des serres et des jardins à la française. (Jardins ouverts de juin à mi-octobre le mardi et du jeudi au dimanche de 9h à 17h30, le mercredi de 9h30 au crépuscule. De mi-octobre à mai ouvert du mercredi au dimanche de 10h à 16h30. Entrée gratuite du mardi au vendredi. 4 $ le week-end, étudiants et personnes âgées 2 $.) Si vous avez le sens de l'orientation, vous pouvez aller à Wave Hill à pied depuis la station de métro 242nd St. : c'est une promenade agréable d'environ une demi-heure. Sinon, prenez le train Metro North et descendez à la station Riverdale.

La **Valentine-Varian House**, construite en 1758 (718-881-8900), est la deuxième plus vieille maison du Bronx après la Van Cortlandt House et elle a aussi connu son heure de gloire pendant la guerre d'Indépendance. Elle possède toujours quelques meubles d'époque, à défaut d'avoir conservé l'atmosphère de la Révolution américaine. Elle abrite maintenant le **Museum of Bronx History**, dirigé par la Bronx Historical Society. Le musée, à l'angle de Bainbridge Ave. et de la E. 208th St., est, en quelque sorte, la mémoire du Bronx, puisqu'il conserve toutes les archives du *borough*. (Ouvert le samedi de 10h à 16h, le dimanche de 13h à 17h, sinon, sur rendez-vous. Entrée 2 $. Métro : ligne D jusqu'à la station 205th St., ou ligne 4 jusqu'à la station Mosholu Pkwy.)

■ Northeast Bronx : Pelham Bay Park

Pelham Bay Park, au nord-est du Bronx, c'est plus de 850 ha de verdure, de terrains de jeux, de courts de tennis, de golfs, d'aires de pique-nique, de réserves naturelles, de plages... On y trouve même un centre d'entraînement pour la police montée de la ville. Les park rangers sont intarissables quand il s'agit de parler de l'histoire ou d'environnement, alors profitez de leurs diverses balades éducatives (appelez le 718-430-1890 pour connaître le programme). Dans le parc, vous pouvez visiter le **Bartow-Pell Mansion Museum** (718-885-1461), un édifice à l'architecture "fédérale" situé sur Shore Rd., en face des terrains de golf et au milieu des jardins à la française plantés en 1915. La décoration intérieure est dans le style Empire-Renaissance grecque. (Ouvert le mercredi et le week-end de midi à 16h. Fermé pendant trois semaines au mois d'août. Entrée 2,50 $, étudiants et personnes âgées 1,25 $, gratuit pour les enfants de moins de 12 ans. Le premier dimanche de chaque mois, entrée libre pour tous. Métro : ligne 6, station Pelham Bay Park.)

City Island vous permet de vous retrouver dans l'atmosphère de la Nouvelle-Angleterre sans quitter New York : des maisons vieilles d'un siècle, des voiliers et un chantier naval se visitent sur cette petite île. On y trouve aussi le **North Wind Undersea Museum** (718-885-0701), un musée captivant pour les marins comme pour les autres. Parmi les trésors nautiques exposés, il y a un remorqueur vieux d'un siècle, d'anciens équipements de plongée, des coquillages exotiques et tellement de côtes de baleines que même les Scandinaves en auraient froid dans le dos. En passant, dites bonjour à "Physty la baleine", une réplique grandeur nature de la première baleine échouée à être sauvée par l'homme (ouvert du lundi au vendredi de 10h à 17h, le week-end de midi à 17h, entrée 3 $, enfants 2 $). Pour vous y rendre, prenez la ligne 6 du métro jusqu'à la station Pelham Bay Park, puis empruntez le bus n° 21, à la sortie de la station. Descendez au premier arrêt sur City Island, le musée est à votre gauche.

VISITES

■ South Bronx

Le sud du Bronx n'est pas un endroit pour flâner à la recherche de boutiques bon marché ou d'endroits insolites. Il est vivement conseillé de vous rendre directement à votre destination et de ne jamais transporter plus de 200 $ sur vous. En prenant ces précautions, les fans de sport peuvent se faire plaisir en visitant le stade historique de base-ball **Yankee Stadium**, situé sur la E. 161st St., au niveau de River Ave. Il date de 1923 mais il est fréquemment rénové pour rester en phase avec les technologies modernes du sport. Tout amateur de sport new-yorkais digne de ce nom sait que l'équipe des New York Yankees y joua la première partie de base-ball en nocturne en 1946 et que le premier tableau d'affichage fut installé ici en 1954. A l'intérieur du parc de 4,7 ha (le terrain lui-même n'occupe que 1,4 ha), des monuments sont élevés à la gloire d'anciennes vedettes des Yankees, telles que Lou Gehrig, Joe DiMaggio ou Babe Ruth. Mais le Yankee Stadium ne sert pas uniquement à faire vibrer les supporters de base-ball, il fait aussi vivre les commerçants du quartier qui se battent pour la survie économique du South Bronx. L'annonce par George Steinbrenner, le président des Yankees, selon laquelle il envisageait de quitter le Yankee Stadium ("la maison de Babe Ruth" comme on le surnomme ici) pour faire jouer l'équipe dans Midtown à Manhattan, a fait l'effet d'une bombe dans le quartier. Un déménagement des Yankees ferait le désespoir des amoureux du vieux stade comme des habitants du quartier. (Métro : lignes 4, C ou D, station 161st St. Voir Sports, p. 358.)

Une autre bonne raison d'aller dans le sud du *borough* est la visite du **Bronx Museum of the Arts** (718-681-6000, poste 141 pour le programme des événements), à l'angle de la 165th St. et de Grand Concourse, près du Yankee Stadium. Il est situé dans la rotonde du Bronx Courthouse et propose des expositions d'anciens maîtres et d'artistes locaux, en mettant l'accent sur les artistes latino-américains, noirs et féminins. (Ouvert le mercredi de 15h à 21h, le jeudi et le vendredi de 10h à 17h, le week-end de 13h à 16h. Contribution suggérée 3 $, étudiants 2 $, personnes âgées 1 $. Entrée libre le mercredi.)

■ Staten Island

En 1524, le florentin Giovanni da Verrazano entra dans le port de New York pour s'approvisionner en eau fraîche, juste 32 ans après la découverte du Nouveau Monde par Christophe Colomb. Le navigateur choisit le premier lopin de terre qui faisait l'affaire pour remplir ses tonneaux et découvrit ainsi Staten Island. Le nom vint plus tard, en 1609. On le doit à Henry Hudson, qui effectuait un voyage commandité par les Etats (Staaten) néerlandais de la Dutch East India Company, la compagnie hollandaise des Indes occidentales. En 1687, le duc d'York, un fan de sport, organisa une course de bateaux dont le premier prix était… Staten Island. L'équipe gagnante, Manhattan, la possède encore aujourd'hui…

Pendant 440 ans, la seule et unique manière de se rendre sur l'île depuis New York était le bateau, et un service de ferry-boats public fut créé en 1713 entre Staten Island et le reste de la ville. Pourtant, les habitants de l'île continuèrent de se sentir plus proches du New Jersey, qui est juste de l'autre côté du bras de mer Arthur Kill, que de New York. En 1964, Othmar Amman, l'architecte du George Washington Bridge, relie Staten Island à Brooklyn par un pont suspendu long de 1,3 km, le **Verrazano-Narrows Bridge**. Il est visible de presque chaque point de l'île et c'est le deuxième plus long pont suspendu du monde derrière le Humber Bridge, en Angleterre. Toujours dans le domaine des records, le Verrazano-Narrows Bridge bat le Golden Gate Bridge de San Francisco de 18 m en longueur. Enfin, il est aussi une célébrité du cinéma : il partage notamment la vedette avec John Travolta dans *la Fièvre du samedi soir*.

Tous ces efforts pour rapprocher Manhattan et Staten Island n'ont pas totalement porté leurs fruits, puisque, malgré des conditions de circulation facilitées entre les

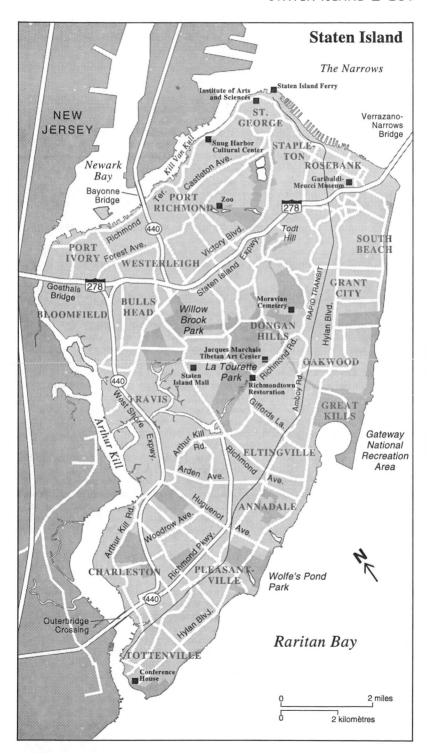

Staten Island

The Narrows

NEW JERSEY

Institute of Arts and Sciences

Staten Island Ferry

ST. GEORGE

STAPLE-TON

ROSEBANK

Snug Harbor Cultural Center

Verrazano-Narrows Bridge

Newark Bay

Bayonne Bridge

Castleton Ave.

Kill Van Kull

Ter.

PORT RICHMOND

Zoo

Garibaldi-Meucci Museum

278

Todt Hill

SOUTH BEACH

Richmond

440

Forest Ave.

Victory Blvd.

PORT IVORY

WESTERLEIGH

Staten Island Expwy.

GRANT CITY

Goethals Bridge

278

BULLS HEAD

Willow Brook Park

Moravian Cemetery

DONGAN HILLS

RAPID TRANSIT

Hylan Blvd.

BLOOMFIELD

Jacques Marchais Tibetan Art Center

Richmond Rd.

OAKWOOD

440

La Tourette Park

Staten Island Mall

Richmondtown Restoration

Anboy Rd.

TRAVIS

West Shore Expwy.

Arthur Kill Rd.

Richmond

Giffords La.

GREAT KILLS

Gateway National Recreation Area

Arthur Kill

Arden Ave.

ELTINGVILLE

Ave.

Arthur Kill Rd.

Huguenot

ANNADALE

Woodrow Ave.

Ave.

Richmond Pkwy.

CHARLESTON

PLEASANT-VILLE

Wolfe's Pond Park

440

N

Raritan Bay

Outerbridge Crossing

Hylan Blvd.

TOTTENVILLE

Conference House

0 — 2 miles

0 — 2 kilomètres

VISITES

deux *boroughs* (*via* Brooklyn), les habitants limitent leurs échanges au strict minimum et se considèrent respectivement avec une politesse distante. Les récentes pressions des habitants de l'île auprès du conseil du *borough*, de la ville et de l'Etat de New York, pour rendre Staten Island indépendante, n'ont pas dû arranger les choses. Beaucoup d'entre eux n'admettent pas de payer des impôts plus élevés pour subventionner les districts les plus pauvres de New York. Quant aux habitants de Manhattan, ils ont tendance à mettre Staten Island dans le même sac que le New Jersey, c'est-à-dire rien de plus qu'une destination de balade en ferry : ils font l'aller-retour sans même descendre du bateau. A la rigueur, ils peuvent aussi y passer leur permis de conduire car la liste d'attente est moins longue qu'à Manhattan et la circulation est nettement moins dense. Qui plus est, la plupart des endroits considérés comme dignes d'intérêt sont éloignés les uns des autres et accessibles seulement en bus ou en voiture.

En fait, l'éloignement des sites à visiter sur Staten Island constitue aussi leur principal atout : ils sont hors de portée des hordes de touristes blasés qui restent sur le ferry. Snug Harbor est une oasis idyllique, le Tibetan Museum un havre de sérénité et le Staten Island Mall appartient à la tradition la plus pure du centre commercial à l'américaine, à tel point que même un habitant du Midwest n'y serait pas dépaysé (et c'est une référence…).

Pour vous rendre au **terminal du ferry** de Manhattan (informations sur le ferry au 718-390-5253), prenez les lignes 1 ou 9 du métro jusqu'à la station South Ferry. (Vous pouvez aussi prendre les lignes N ou R jusqu'à la station Whitehall St., et marcher trois blocks en direction de l'ouest). Le ferry est l'une des meilleures affaires de la ville : il est gratuit à l'aller et le retour sur Manhattan ne coûte que 50 ¢. Pendant la traversée, vous pouvez humer l'air marin et profiter de la vue sur le sud de Manhattan, Ellis Island, la Statue de la Liberté et Governor's Island. Cette balade offre quelques-uns des meilleurs points de vue sur la ville : beaucoup de photos de cartes postales ou de dépliants touristiques sur New York sont prises du ferry. La traversée de 30 mn vaut encore plus le coup si vous la faites au coucher du soleil ou à la nuit tombée. Le ferry fonctionne 24h/24 et coûte 3 $ si vous êtes en voiture.

Un kiosque d'information, **Information Center Kiosk**, situé à Manhattan, près de la station de métro Whitehall St./South Ferry, fournit tous les renseignements touristiques nécessaires sur Staten Island. Mais, si vous oubliez de faire le plein de brochures avant de prendre le ferry, vous pouvez toujours demander de l'aide une fois sur place à la **Staten Island Chamber of Commerce**, 130 Bay St. (718-727-1900, ouvert du lundi au vendredi de 8h30 à 17h). Pour vous y rendre, prenez Bay St., la rue à gauche en descendant du ferry. Vous pouvez aussi appeler 24h/24 le répondeur Arts Hot Line du Staten Island Institute of Arts and Science (718-727-1135), pour en savoir plus sur l'art local et les expositions. Aller à pied d'un site à l'autre n'est pas une bonne idée : les collines, l'éloignement des sites mais aussi quelques quartiers dangereux rendent la marche déconseillée. Il vaut donc mieux organiser votre visite en vous servant du plan des bus de Staten Island, disponible au **New York Convention and Visitors Bureau** (voir L'essentiel, p. 54), ou à la station de métro South Ferry, à Manhattan.

Lorsque vous montez sur la colline juste en face du terminal du ferry, la deuxième rue sur votre droite est Stuyvesant Place. Suivez-la quand elle tourne vers la droite et vous arrivez en face d'un bâtiment imposant de style "fédéral", le **Borough Hall** avec son clocher. Vous trouvez non loin de là un jardin en terrasse qui offre une vue plongeante sur le port et vous pouvez pincer les joues d'un certain Frank D. Paulo, représenté en train de tenir une jeune fille prépubère, et dont la statue porte la mention ambiguë : "A Public Man" (un homme public…).

Le **Staten Island Institute of Arts and Science** (718-727-1135), situé à une rue en direction de l'ouest, à l'angle de Stuyvesant Pl. et de Wall St., vous instruit sur l'art, la science et l'histoire de la région. La galerie située à l'étage propose des expositions temporaires très éclectiques, de la Staten Island Juried Art Exhibition au "Monde fantastique des papillons". (Ouvert du lundi au samedi de 9h à 17h, le dimanche de 13h à 17h. Contribution suggérée 2,50 $, personnes âgées, étudiants et enfants de moins de 12 ans 1,50 $.)

Le **Snug Harbor Cultural Center,** 1000 Richmond Terrace (718-448-2500), qui s'étend sur 34 ha de verdure, est remarquablement entretenu et classé patrimoine national. Sailor's Snug Harbor (littéralement le port douillet du marin) était à sa création en 1801 le premier hôpital maritime et la première maison de retraite pour marins des Etats-Unis. (La clôture de métal que vous voyez autour du terrain fut installée afin d'empêcher les vieux loups de mer d'aller étancher leur soif dans les bars du voisinage…) Il fut racheté par la ville de New York en 1976, et se compose aujourd'hui de 28 bâtiments historiques entourés d'un parc paisible. Les espaces du centre culturel sont consacrés à l'art contemporain, au théâtre, aux spectacles, à la sculpture en plein air et aux concerts. Les jardins, les bois et les pelouses ne sont pas envahis par la foule, et constituent l'antidote parfait à la claustrophobie de Manhattan. Pour vous y rendre, vous pouvez prendre le bus S40 au terminal du ferry.

La première destination lorsque vous y entrez est le **Visitors Center** (suivez les panneaux d'indication), où vous pouvez vous procurer un plan du site, ainsi qu'un programme des expositions et des activités de la journée (visites guidées gratuites, le week-end à 14h). Au **Newhouse Center for Contemporary Arts**, vous avez la possibilité de découvrir des œuvres multimédias, de jeunes talents comme des artistes confirmés (ouvert du mercredi au dimanche de 12h à 17h, contribution suggérée 1 $). Toujours dans le centre culturel, vous pouvez vous promener au **Staten Island Botanical Garden** (718-273-8200) à la découverte du Butterfly Garden (jardin des papillons), très étonnant, au milieu de 11 ha de massifs de lys, de lilas, de tournesols et autres gueules-de-loup (ouvert tous les jours du lever au coucher du soleil, visites guidées sur rendez-vous). Le **Staten Island Children's Museum** (718-273-2060) offre des expositions interactives originales comme, récemment, "Water Wonder" (les merveilles de l'eau), avec distribution gratuite d'imperméables et de pantalons en caoutchouc pour les enfants… Les enfants peuvent aussi créer leur propre œuvre d'art, sur divers supports au "Walk-In Work-Shop" (atelier des enfants). Enfin, les employés du musée interprètent le spectacle "Science on Stage" (la science sur scène) chaque week-end tout au long de l'année. (De juin à mi-septembre ouvert du mardi au dimanche de 11h à 17h. De mi-septembre à mai ouvert du mardi au dimanche de 12h à 17h. Entrée 4 $.) Le centre culturel propose souvent des spectacles en plein air sur la pelouse du South Meadow (15 $ chaque spectacle) : dernièrement, Buckwheat Zydeco et Arlo Guthrie y ont donné des concerts. Il y a aussi des concerts familiaux gratuits, tous les dimanches, sur le kiosque.

Le **Staten Island Zoo** (718-442-3100) est situé à Barrett Park, à l'intersection de Broadway et de Clove Rd. Tous les gros animaux du zoo ont été transférés définitivement au Mexique, mais vous pouvez quand même admirer quelques-uns des plus beaux reptiles du monde (ouvert tous les jours de 10h à 16h45, entrée 3 $, enfants de moins de 11 ans 2 $, entrée libre le mercredi de 14h à 16h45). Pour vous rendre au zoo, prenez le bus S48 au terminal du ferry et descendez à Broadway, puis marchez pendant deux blocks et demi en direction du sud.

Le **Jacques Marchais Museum of Tibetan Art**, au 338 Lighthouse Ave., est conçu comme un monastère tibétain (718-987-3500 ou 718-987-3478 : une boîte vocale vous indique le calendrier des événements). Ce musée expose l'une des plus belles collections d'art tibétain d'Amérique (voir **Musées**, p. 315). Pour vous y rendre, empruntez le bus S74 au terminal du ferry et descendez à l'arrêt Lighthouse Ave. Remontez Lighthouse Ave., qui tourne à droite, et grimpez une colline assez escarpée, le musée se trouve un peu après le sommet.

Historic Richmond Town, 441 Clarke Ave., retrace trois siècles de culture et d'histoire à Staten Island. Des répliques de maisons du XVIIe, XVIIIe et XIXe siècles sont exposées avec leurs "habitants", des artisans et leurs apprentis en costumes d'époque. Malheureusement, seuls dix des bâtiments, répartis sur 40 ha, sont ouverts en permanence au public pour cause de restrictions budgétaires. N'oubliez pas non plus de visiter la **Voorlezer's House** (bâtie en 1695), la plus ancienne école primaire des Etats-Unis (c'est également une église et une maison), le **General Store** (une épicerie datant de 1840), et une ferme du XVIIIᵉ siècle. Tous les édifices ne sont pas ouverts au public en même temps. Le mieux est de téléphoner pour savoir lesquels vous pouvez visiter et obtenir le programme des "reconstitutions historiques" qui ont lieu tous les week-ends en été. Vous avez aussi la possibilité de faire une visite guidée en prenant rendez-vous à l'avance. Téléphonez au 718-351-1611 pour tout renseignement sur les visites guidées ou les événements spéciaux. (En juillet-août ouvert du mercredi au vendredi de 10h à 17h, le week-end de 13h à 17h. De septembre à décembre ouvert du mercredi au dimanche de 13h à 17h. Entrée 4 \$, étudiants, personnes âgées et enfants de 6 à 16 ans 2,50 \$.) Pour vous y rendre, prenez le bus S74 depuis le terminal du ferry (comptez 40 mn).

La saga des Vanderbilt (célèbre et richissime famille qui a fait sa fortune notamment grâce au ferry de Staten Island) s'acheva au **Moravian Cemetery**, situé sur Richmond Rd. au niveau de Todt Hill Rd., dans le quartier de Donegan Hills. Le "commodore" Cornelius Vanderbilt et son clan reposent dans une crypte richement décorée, construite en 1886 par Richard Morris Hunt et aménagée par Frederick Law Olmsted, l'un des architectes de Central Park. Hélas ! la crypte n'est visible que de l'extérieur. Les 29 ha du **High Rock Park Conservation Center** (718-667-6042) s'étendent juste à côté du cimetière : c'est un endroit idéal pour passer un après-midi de promenade à travers les kilomètres de sentiers. Les urban rangers sont très avenants et organisent des visites guidées de différentes sections du parc le samedi et le dimanche à 14h (le centre est ouvert tous les jours de 9h à 17h, le parc est ouvert du lever au coucher du soleil). Pour y aller, prenez le bus S74 au terminal du ferry et descendez à la station de Rockland Ave. Marchez pendant deux blocks et tournez à droite dans Nevada, que vous suivez jusqu'au bout. Comptez 20 à 25 minutes de marche.

Au milieu du XIXᵉ siècle, le Niçois Giuseppe Garibaldi, fervent partisan et artisan de l'unification italienne, se réfugia sur l'île après sa défaite contre Napoléon III. Il s'installa dans une vieille ferme du secteur de Rosebank, et y laissa assez de souvenirs pour qu'elle constitue aujourd'hui un musée : le **Garibaldi-Meucci Museum**, 420 Tompkins Ave. (718-442-1608). A une époque plus récente, cette maison a été celle d'Antonio Meucci, l'inventeur inconnu du téléphone : il développa son premier appareil en 1851, ne reçut la notification de son brevet que vingt ans plus tard, en 1871, et mourut avant d'être reconnu comme l'inventeur du téléphone. On connaît la suite ; ce fut finalement Alexander Graham Bell qui laissa son nom à l'Histoire. Pour vous y rendre, prenez le métro de la compagnie SIRTOA au terminal du ferry et descendez trois arrêts plus loin, à Clifton Station. Marchez sur Vanderbilt Ave. en direction de l'ouest jusqu'à la troisième rue, Tompkins Ave., et tournez à gauche. Le musée se trouve à quelques pâtés de maisons. Il est ouvert du mardi au dimanche de 13h à 17h et l'entrée est gratuite.

La **Conference House** (718-984-2086) est le lieu de la seule conférence de paix entre les forces britanniques et les rebelles américains après la guerre d'Indépendance. En ce 11 septembre 1776, le commandant en chef des forces britanniques,

---

Vivre libre ou mourir

Le mouvement sécessionniste de Staten Island est beaucoup plus sérieux qu'on ne pourrait le croire et il prend même de l'ampleur. Une pétition circule à chaque élection municipale de l'île en faveur de son autonomie : elle réclame que Staten Island ne soit plus un des cinq *boroughs* de New York City. Les résidents ont même majoritairement voté oui à l'autonomie vis-à-vis de Big Apple au cours d'un récent référendum. Ce scrutin est visiblement monté à la tête du président du *borough*, Guy Molinari. Dans le feu de la victoire du oui, il fit installer quatre canons pointés sur chacun des quatre autres *boroughs* et tirer une salve, en précisant : "Ce ne sont que des sommations…" Heureusement pour Staten Island, ni Brooklyn, ni Manhattan, ni le Queens, ni le Bronx n'ont décidé de répliquer.

le général William Howe, et trois représentants du Congrès, Benjamin Franklin, John Adams et Edward Rutledge, se réunirent autour d'une table, ici, à Staten Island. Le bâtiment, situé au début de Hyland Blvd. dans le quartier de Tottenville, est aujourd'hui classé monument historique. A l'intérieur, vous pouvez admirer du mobilier d'époque et en profiter pour dépoussiérer vos connaissances sur la guerre d'Indépendance (entrée 2 $, personnes âgées et enfants de moins de 13 ans 1 $, visites guidées sur rendez-vous du mercredi au dimanche de 13h à 16h). Pour vous rendre à la Conference House, prenez le bus S78 et descendez au terminus, sur Craig Ave. Puis suivez Hyland Blvd. en direction de l'ouest jusqu'à Satterlee St. et tournez à droite. Conference House se trouve à une trentaine de mètres devant vous, sur la gauche.

■ Hoboken (New Jersey)

Hoboken, juste en face de *downtown* Manhattan de l'autre côté de l'Hudson, peut se vanter d'une vue unique sur New York et de la montée en puissance d'un courant culturel jeune et branché. A seulement 10 mn de New York par le métro PATH (prix 1 $), Hoboken est parfois considérée comme une sorte d'excroissance de Big Apple, dont elle absorbe le "trop-plein". Mais la ville se glorifie aussi d'une certaine importance "historique" : elle est le lieu de naissance de Frank Sinatra et du base-ball. Hoboken est finalement un savant mélange de tradition et de modernité car elle s'est également créée son propre courant de culture alternative, avec des scènes largement aussi bruyantes (à défaut d'être variées) que celles de Manhattan. Les cycles de l'évolution urbaine n'épargnent pas la ville : sous l'effet de la mode, les prix montent et les *yuppies* commencent à remplacer les artistes désargentés. Mais Hoboken n'en est qu'au début de ce cycle et ne s'est heureusement pas encore complètement embourgeoisée.

Les problèmes actuels de Hoboken sont liés à sa réputation de ville fêtarde qui attire la population née dans les années 60-70 (la fameuse génération X). La moyenne d'âge de 25 ans pousse quelques-uns des 33 000 habitants de la ville à s'installer dans les comtés voisins au fur et à mesure qu'ils vieillissent (donc s'embourgeoisent !). Ils partent à la recherche d'écoles de meilleure réputation et de quartiers plus paisibles. Les nombreux bars qui attirent maintenant des hordes d'étudiants venant faire la fête sont considérés comme de véritables fléaux par beaucoup de résidents de Hoboken. Autrement dit, si vous êtes jeune et si vous aimez vous amuser, Hoboken est une ville formidable…

Les indications suivantes vous aident à vous **orienter**. Hoboken fait environ 1,5 km de long et les rues sont perpendiculaires les unes aux autres. Les rues orientées est-ouest sont (du sud au nord) Newark St., la 1st St., la 2nd St., et ainsi de suite, jusqu'à la 14th St. Les principales rues transversales sont River Rd. (également appelée Frank Sinatra Rd.), Hudson St., Washington St., Bloomfield St. et Willow St. La plupart des activités de Hoboken se concentrent autour de Washington St. Les rues situées aux environs de la station du PATH et de la 1st St. à la 4th St. sont aussi très animées. Soyez prudent en traversant les rues, car il n'y a pas de passages piétons et les automobilistes sont moins compréhensifs que ceux de New York.

Pour vous rendre à Hoboken, prenez le métro lignes B, D, F, N, Q ou R, jusqu'à la station 34th St. Prenez ensuite la correspondance avec le métro PATH (1 $) et descendez au premier arrêt de Hoboken. (Vous pouvez aussi prendre le PATH aux stations 23rd St. et 14th St. de la ligne F du métro. Le PATH a également ses propres stations à 9th St./6th Ave. et à Christopher St./Greenwich St.)

Lorsque vous émergez des profondeurs de la station du PATH, tournez à droite et faites une halte à l'**Erie-Lackawanna Plaza**. Cette station de style Beaux-Arts sert de décor à de nombreux films (la vue panoramique qu'elle offre doit y être pour quelque chose) : par exemple *Sur les quais* (avec Marlon Brondo) ou *Stardust Memories* de Woody Allen. En été, des films y sont projetés gratuitement le jeudi et le vendredi soir (à 21h).

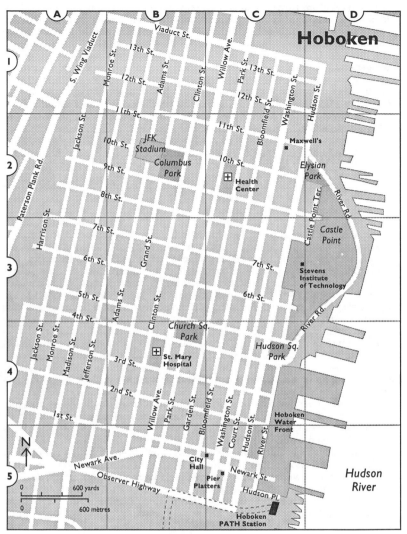

Vous pouvez ensuite marcher dans l'autre sens le long de Hudson Pl. jusqu'à Hudson St., tourner une première fois à droite, puis à gauche sur Newark St. L'endroit est idéal pour étancher sa soif : il est littéralement envahi de bars, probablement en raison de la proximité de la station du PATH. Descendez Newark St. sur deux blocks et vous arrivez au magasin de disques le plus célèbre de Hoboken : **Pier Platters**, où vous pouvez passer des heures à fouiller dans les bacs. Bar/None, le label de disques local sur lequel ont débuté They Might Be Giants ou Yo La Tengo (entre autres), est né non loin de là (voir Shopping, p. 371).

Washington St., l'artère principale de la ville, coupe Newark St. un peu plus loin. Elle est elle aussi bordée de bars, de restaurants, de cafés et d'agences immobilières. Le **Hoboken City Hall**, l'ancien et imposant hôtel de ville, est situé à l'angle de la 1st St. et de Washington St. La Hoboken Historical Society y organise souvent des expositions ou manifestations, comme le 150e anniversaire de la naissance du base-ball au cours de l'été 1996. Si vous êtes intéressé par l'histoire de Hoboken, allez y jeter un coup d'œil (201-656-2240, ouvert du lundi au vendredi de 8h30 à 16h30).

Vous pouvez ensuite vous balader en remontant Washington St. jusqu'à la 4th St. Si vous êtes fatigué du rock punk et des coutumes de beuverie (*"Come on, for the road !"*), prenez à gauche sur la 4th St. et marchez pendant deux blocks jusqu'à Garden St. : vous tombez sur le **Church Square Park,** une tout autre ambiance… Ici, les enfants remplacent les célibataires en virée, les paniers de basket sont plus courants que les tonneaux, et les concerts estivaux sont beaucoup plus calmes que le déluge de décibels du club Maxwell's.

Après ce moment de calme, revenez sur Washington St. et marchez jusqu'à la 8th St., puis tournez à droite : la colline en face précède le campus du **Stevens Institute of Technology.** Traversez la pelouse et dirigez-vous vers les gros canons plantés au sommet de la colline : le panorama est superbe de **Castle Point.** Vous pouvez vous amuser à reconnaître le World Trade Center ou l'Empire State Building parmi les gratte-ciel de Manhattan.

Lorsque vous redescendez la colline, vous passez devant les résidences des étudiants (sur votre droite). En remontant Washington St. vers le nord depuis la 8th St., vous pouvez admirer les *brownstones* de différents tons qui la bordent. Le fameux club **Maxwell's** (voir p. 348) se trouve sur votre droite, au niveau de la 11th St., juste après la grande statue qui représente un wapiti. Un austère monument à la gloire du passe-temps national (le base-ball, bien sûr) s'élève sur votre gauche : le premier match de base-ball, les New Yorks contre les Knickerbockers, eut lieu en 1846 à Hoboken (à ce qu'il paraît). Passez Maxwell's et descendez la 11th St. vers l'est pour arriver au **Elysian Park,** le terrain de cette légendaire partie de base-ball. Si vous continuez vers le nord, vous arriverez à la ville de Weehawken, mais il vaut mieux faire demi-tour à la 14th St.

■ Près de Hoboken : Jersey City

De nombreux artistes, chassés par la hausse des loyers de Hoboken, ont récemment trouvé refuge à Jersey City, une ville grise facile d'accès depuis New York (par la ligne du PATH qui part du World Trade Center). A observer les rues, on a vraiment du mal à croire qu'il existe une mouvance artistique dynamique dans la ville : l'heure semble plutôt à la dépression économique, et la plupart des artistes sont en fait installés dans les environs de la station du PATH, sur Grove St. A quelques rues de la station, vous pouvez voir la **Cathedral Art Gallery,** au 39 Erie St. (201-451-1074), située dans l'église Grace Church Van Voorst. Pour y aller, remontez Grove/Manila St., passez Newark St. et continuez jusqu'à la 2nd St., puis tournez à gauche et marchez pendant un block jusqu'à Erie St., tournez à nouveau à gauche et marchez pendant un block. Cette galerie est administrée par la Cooper Art Gallery, située au 295 Grove St., et présente les ouvrages des artistes et artisans locaux (ouvert du mardi au samedi de midi à 19h). Le **Jersey City Museum,** 472 Jersey Ave. (201-547-4514), expose un important panorama de l'art local (ouvert le mardi, le jeudi et le vendredi de 10h30 à 17h, le mercredi de 10h30 à 20h). Pour vous y rendre depuis la station de Grove St., remontez Newark St. sur deux pâtés de maisons.

Le **Liberty Park** (201-915-3411) se trouve au sud de la station de Grove St. C'est un havre de verdure géré par l'Etat du New Jersey, qui abrite un musée des sciences et qui vous offre une belle vue sur Ellis Island et la Statue de la Liberté. Pour y aller, prenez le bus n° 81 au terminal de Hoboken (regardez les indications "Liberty State Park", sur le panneau du LED, prix 1 $).

VISITES

■ New York à l'œil

Vivre à New York coûte peut-être les yeux de la tête, mais il y a de nombreux spectacles gratuits ; il suffit de savoir où trouver la bonne information. Let's Go vous aide bien sûr, et le *New York Times* (surtout l'édition du vendredi), le *Village Voice* (qui sort tous les mercredis) et le mensuel *Free Time* (1,25 $) vous donneront le complément d'information nécessaire.

Certains musées proposent une journée gratuite par semaine, comme le **Cooper-Hewitt Museum** (le mardi). D'autres pratiquent une politique de "dons volontaires" (l'entrée n'est pas payante, vous donnez ce que vous voulez). Si vous avez un budget limité, vous pouvez ainsi faire des économies à l'**Alternative Museum**, à l'**American Museum of Natural History**, au **Black Fashion Museum**, au **Brooklyn Museum**, à la **China House Gallery**, aux **Cloisters**, au **Metropolitan Museum**, au **Museum of American Folk Art** et au **Museum of Television and Radio**. Le vendredi de 18h à 20h, le **Guggenheim Museum** vous propose également de "payer ce que vous souhaitez". Le **Museum of Modern Art** fait la même opération le jeudi et le vendredi de 17h30 à 20h30, ainsi que le **New Museum of Contemporary Art** le samedi de 18h à 20h. Les petites galeries et certains musées ne font jamais payer de droit d'entrée. Vous pouvez donc, sans bourse délier, visiter l'**American Numismatic Society**, les **Forbes Magazine Galleries**, le **Garibaldi-Meucci Museum** sur Staten Island, le **Hall of Fame for Great Americans**, la **Hispanic Society of America**, le **Museum of American Illustration**, le **Nicholas Roerich Museum**, le **Police Academy Museum**, le **Schomburg Center for Research in Black Culture**, ainsi que d'innombrables galeries à SoHo et dans le reste de la ville. Si vous préférez les attractions plus animées, l'entrée du **Bronx Zoo** est gratuite le mercredi.

Arpenter **Grand Central Station**, flâner à la **Lincoln Center Library**, "trader" au **New York Stock Exchange** (la Bourse de New York) et au **Commodities Exchange Center** au World Trade Center, vous recueillir sur la **Grant's Tomb** (tombe du général Grant) ou assister à l'**Assemblée générale des Nations unies** (de septembre à décembre) ne vous coûtera rien. Les demeures coloniales comme la **Dyckman House** et la **Hamilton Grange** accueillent aussi les visiteurs gratuitement.

Vous pouvez voir gratis des pièces de **Shakespeare** à Central Park mais il faudra vous lever tôt pour obtenir un billet. Toujours à Central Park, des musiciens et des auteurs se produisent gratuitement pendant le **Summerstage**, de fin juin à début août (pour tout renseignement, lisez le *Village Voice* ou appelez le 360-2777). Ces dernières années, des musiciens comme Buddy Guy, Juliana Hatfield, Elvis Costello, Patti Smith, Joan Baez et beaucoup d'autres y ont joué. Les écoles de musique ne font pas payer pour les concerts qu'elles organisent. Essayez la **Juilliard Music School**, la **Greenwich Music School** ou la **Bloomingdale House of Music**. Vous pouvez aller écouter de prestigieuses conférences à la **Cooper Union** ou de la poésie à la **92nd Street Y.** (YMCA de la 92nd St.), tout cela sans débourser un cent.

En été, ceux qui sont prêts à braver la chaleur et la foule peuvent voir gratuitement des concerts, des spectacles de danse, des comédies, du théâtre et des films. Procurez-vous la brochure gratuite *Summer in New York* au Visitors Bureau ou aux différents guichets d'information (voir L'essentiel, p. 54) ; vous y trouverez toute une liste d'événements estivaux gratuits.

Le **JVC Jazz Festival** (787-2020) et les spectacles comiques **Serious Fun !** organisent plusieurs événements dans les parcs de la ville, en juin et en juillet. Vous pouvez avoir des informations téléphoniques sur les concerts et autres spectacles organisés dans les parcs, en appelant 24h/24 le répondeur du **City of New York Parks and Recreation Department** (360-3456). A **Bryant Park**, sur la Sixth Ave. entre la 40th et la 42nd St., vous pouvez assister à de nombreux récitals de jazz en été (à l'heure du déjeuner) ainsi qu'à des projections gratuites de classiques du cinéma le lundi soir, de juin à août (n'oubliez ni le drap pour vous étendre ni la glacière).

Divers magnats de l'industrie et de la finance proposent leurs propres programmes musicaux. De juin à août, des concerts ont lieu au **Rockefeller Center** (632-3975) le mardi et le jeudi à 12h30 au Garden, 1251 Sixth Ave. Le mercredi, en juillet-août, ces concerts se déroulent au McGraw Hill Minipark, à l'angle de la 48th St. et de la Sixth Ave. (toujours à 12h30). Le **World Financial Center** (945-0505) accueille ses propres galas d'été, dont la plupart sont gratuits, de juin à septembre. C'est un passage en revue de diverses formes d'art, de musique de chambre, de danse contemporaine et de grands noms du jazz, comme Dave Brubeck. Le Duke Ellington Orchestra, l'Artie Shaw Orchestra mais aussi Buster Pointdexter font partie des différents artistes ayant participé à ce festival. Des mélodies de musique classique très sérieuse y côtoient des accords de rock 'n' roll traditionnel. Il est arrivé dans le passé que le Shostakovich String Quartet partage l'affiche avec Flash Cadillac & the Continental Kids, le groupe que l'on voit apparaître dans le film *American Graffiti*.

Le **World Trade Center** (435-4170) propose également un programme estival de concerts, en juillet-août, qui ont lieu sur l'Austin J. Tobin Plaza. Un thème différent est présenté chaque jour, par exemple : vieux succès, opéra ou jazz. La plupart des artistes jouent deux fois, à 12h15 et à 13h15. En août, sur les esplanades du **Lincoln Center** (875-5400), se déroulent divers spectacles de musique ou de danse, et ce, six jours par semaine (la journée et le soir). Au programme : folk, blues et musique classique, entre autres. En été, il y a aussi des représentations à **Damrosch Park**, dans le Lincoln Center, plusieurs soirs par semaine.

Le **South Street Seaport Museum** (732-7678) présente toute une palette d'événements gratuits, des concerts de rock aux récitals de musique classique, en passant par des démonstrations de hockey de rue. Les **Summergarden Series** du **Museum of Modern Art** (708-9480) sont des concerts de musique classique gratuits, qui se déroulent dans l'exquis jardin aux sculptures, au 14 W. 54th St. (en juillet-août, le vendredi et le samedi à 19h30).

Vous trouverez des informations sur les activités gratuites qui ont lieu dans les parcs new-yorkais à la **Dairy** de Central Park (794-6564, attention, ce n'est plus une crémerie !). Les dimanches après-midi en été, il y a aussi des récitals (riches en calcium) dans cette même Dairy. Le **Lower Manhattan Cultural Council** (432-0900) organise des spectacles de danse et de musique, ainsi que des lectures publiques en divers endroits du sud de la ville (*downtown*). Il s'occupe également des concerts gratuits au World Trade Center et au World Financial Center et peut vous renseigner à ce sujet. **American Landmark Festivals** (866-2086) propose, entre autres, une série de concerts gratuits tout au long de l'année, un peu partout en ville.

Les **Brooklyn Summer Series** sont un ensemble de concerts se déroulant dans les parcs, les terrains de jeux et même les centres commerciaux de Brooklyn. **Celebrate Brooklyn** (718-788-0055) est un festival multimédia qui a lieu sur la scène du Prospect Park, à Brooklyn, où se succèdent jazz, rock, musiques du monde et fanfares, mais aussi danse, ballets et théâtre. Le **Brooklyn Botanical Garden** (718-622-4433) accueille des représentations de Shakespeare et de la musique de chambre en plein air.

Le **Queens Council on the Arts** (718-647-3377) organise son propre **Arts in the Park Festival**, sur la scène du Seufert Bandshell de Forest Park, à l'angle de Forest Park Dr. et de Woodhaven Blvd. Les concerts ont lieu en juillet-août, en fin d'après-midi et le soir, et proposent divers genres musicaux, du gospel à la musique classique, en passant par la country. Il y a des concerts à l'intention des enfants les jeudis matin. Pour plus de renseignements, procurez-vous le *Queens Leisure Guide*, calendrier bimensuel des événements organisés par le *council*, ou appelez le numéro ci-dessus.

VISITES

Musées

New York abrite plus de musées et de collections que n'importe quelle autre ville d'Amérique. Entre autres merveilles et curiosités, laissez-vous étonner par la réplique grandeur nature d'une baleine bleue à l'American Museum of Natural History (Museum d'histoire naturelle) ou un porte-avions de 275 m à l'Intrepid Sea-Air-Space Museum. Au Metropolitan Museum of Art (Met) l'antique temple égyptien de Dendur et le *Café à Arles* de Van Gogh ou les paisibles *Nymphéas* de Claude Monet du Museum Of Modern Art (MoMa) se livrent aux regards admiratifs. Enfin les œuvres contemporaines du Whitney Museum ou Gugghenheim Museum nourrissent les réflexions sur l'identité de l'art d'aujourd'hui.

Le prix d'entrée dans les musées new-yorkais consiste souvent en une "donation" plutôt qu'un tarif fixe. Personne ne vous met dehors ni ne vous regarde d'un drôle d'air si vous donnez moins que la somme suggérée ; seule votre conscience sera mise à l'épreuve. Le Metropolitan Museum of Art, un des plus prestigieux musée des Etats-Unis, a récemment étendu ses horaires d'ouverture, ce qui évite de visiter les salles au pas de course (gardez bien votre badge, il permet de sortir et de rentrer dans la même journée). Quelques musées ne demandent à certains moments de la semaine qu'une *"voluntary contribution"* (lire : gratuité), en général en soirée.

Pendant le **Museum Mile Festival**, au mois de juin, les musées de la Fifth Ave. ouvrent plus longtemps, proposent des expositions temporaires de qualité, des ateliers de peinture pour les enfants et des d'animations. De nombreux musées organisent également tout au long de l'année des festivals de films et des concerts (voir Sorties et spectacles, p. 324).

▓ Metropolitan Museum of Art

En 1866, à Paris, un groupe d'éminents Américains accueillit avec enthousiasme l'idée de John Jay de créer une institution et une galerie nationale d'art ("National Institution and Gallery of Art"). Trois ans plus tard, sous la direction de Jay, le New York Union League Club rassembla des notables new-yorkais, des collectionneurs d'art et des philanthropes, et fonda le musée. A l'époque, la collection ne comptait que 174 toiles, la plupart flamandes et hollandaises, ainsi que quelques antiquités. Dix ans plus tard, le musée s'installait à son emplacement actuel, dans la partie est de Central Park, en dépit des protestations de Frederick Law Olmstead, le créateur du parc. Ce modeste projet voué à l'art allait peu à peu devenir l'empire culturel que l'on connaît aujourd'hui ; ses 45 ha abritent désormais plus de 3 millions d'œuvres. Le Met, ainsi qu'on le surnomme, continue toujours à acquérir des objets de toutes provenances, afin de satisfaire la foule de visiteurs (plus de cinq millions !) qui s'y pressent chaque année.

Le bâtiment, comme les œuvres qu'il contient, est un mélange hétéroclite d'ancien et de nouveau. La façade d'origine, de style gothique, n'est plus visible que sur la Lehman Wing (l'aile ouest). Le fronton imposant qui se dresse désormais sur la 5th Avenue fut bâti au début du siècle dans la plus pure tradition néoclassique. Cette phase d'extension et de reconstruction s'est poursuivie pendant plus d'un siècle, au rythme même où s'élargissait l'interminable collection. Les dernières annexes du musée ont été édifiées dans un style plus moderne ; elles incluent la Lila Acheson Wallace Wing entourée de verre et, juste au-dessus, le Cantor Roof Garden (jardin sur le toit), qui accueille des expositions temporaires de sculpture en plein air et offre une vue incomparable sur Central Park.

INFORMATIONS PRATIQUES ET ORIENTATION

Le Met (879-5500) est situé sur 5th Ave., à hauteur de la 82nd St. (métro : lignes n° 4, 5 ou 6, station 86th St.). **Horaires** : le dimanche et du mardi au jeudi de 9h30 à 17h15, les vendredi et samedi de 9h30 à 20h45. L'**entrée** est gratuite pour les membres et les enfants de moins de 12 ans (accompagnés d'un adulte). Le don recommandé est de 7 $ pour les adultes, 3,50 $ pour les personnes âgées et les étudiants.

Au **Visitors Center** ou au **Foreign Visitors Desk** (guichet pour les visiteurs étrangers), dans le grand hall, vous pouvez vous approvisionner en brochures dans la langue de votre choix et prendre un plan des étages. Pour tout renseignement sur l'**accès aux handicapés**, appelez le Disabled Visitors Services (535-7710). Pour les **visiteurs malentendants** (hearing-impaired visitors), appelez le 879-0421. Des **fauteuils roulants** (wheelchairs) sont disponibles sur demande dans les différents vestiaires.

Si vous souhaitez être guidé, les **recorded tours** (magnétophones portables, certains en français) des collections du musée sont en location (4 $, 3,50 $ pour les membres et les groupes), ou bien suivez les guides qui proposent des **visites guidées** en plusieurs langues. Pour plus de détails sur les visites guidées, passez au Recorded Tour Desk du Great Hall, ou appelez le 570-3821. Renseignez-vous auprès du Visitors Center pour les horaires, les thèmes et les lieux de rendez-vous. Une messagerie vocale donne des informations sur le programme des **concerts** et des **conférences** au 570-3949. Les billets sont en vente une heure avant.

Les collections du musée s'étendent sur trois niveaux. Le **ground floor** (niveau inférieur) abrite l'institut du costume, une partie de la sculpture et des arts décoratifs européens, la collection Robert Lehman et le Uris Center for Education, où se déroulent des cours, des projections de films et des conférences.

Le **first floor** (rez-de-chaussée) regroupe l'art américain (American Wing), les armes et armures, l'art égyptien, l'essentiel des sculptures et des arts décoratifs européens, les antiquités grecques et romaines, l'art médiéval, les arts du Pacifique, d'Afrique et d'Amérique précolombienne. La Lila Acheson Wallace Wing se compose d'une collection d'art éclectique du XXᵉ siècle. Enfin, le first floor accueille également les bureaux d'information, les boutiques et les restaurants du musée.

Le **second floor** (premier étage) contient la suite de la collection américaine, les antiquités du Proche-Orient, l'art asiatique, une collection de dessins, d'estampes et de photographies. On y trouve également des peintures, sculptures et arts décoratifs européens, un complément d'antiquités grecques et romaines, l'art islamique, les instruments de musique, le deuxième volet de l'art du XXᵉ siècle et la R.W. Johnson Recent Acquisitions Gallery (galerie des acquisitions récentes).

La visite du Met ne peut se faire au pas de course. Une visite approfondie du musée prendrait au moins un mois (et encore, seul le quart des œuvres du musée est exposé). D'ailleurs, personne n'est jamais parvenu à tout voir. Si vous envisagez de rester un certain temps à New York, vous pouvez fractionner votre visite du Met en plusieurs brèves excursions. Autrement il vous faudra faire des choix douloureux. Mais le temple égyptien de Dendur, les pièces d'art africain et océanique ainsi que les toiles de maître des peintres européens, les impressionnistes français et les peintres de la renaissance italienne en tête, sont à ne pas manquer.

COLLECTIONS

En passant à la caisse, vous recevez un badge marqué d'un grand M. Attachez-le bien à votre vêtement si vous ne voulez pas être refoulé par le gardien.

L'une des sections les plus visitées du rez-de-chaussée est la **Greek and Roman Gallery** (antiquités grecques et romaines). Cette collection consacre plusieurs siècles d'histoire de l'art de ces civilisations. Elle contient, entre autres, des sculptures chypriotes, des céramiques et des vases grecs, des bustes romains et des fresques de l'époque d'Auguste. Parmi les pièces les plus marquantes, ne manquez pas le cratère d'Euphronios, une poterie attique dont les motifs extrêmement fins sont peints en rouge sur fond noir (VIᵉ siècle av. J.-C.) et la chambre à coucher d'une villa romaine (*cubiculum* de Boscoreale), qui fut ensevelie lors de l'éruption du Vésuve en 79 ap. J.-C. (celle-là même qui détruisit Pompéi).

Si vos finances sont limitées, évitez de passer par la cafétéria hors de prix, et poursuivez par la **Michael C. Rockefeller Wing**, qui abrite les arts d'**Afrique**, du **Pacifique** et de l'**Amérique précolombienne**. Cette aile gigantesque réunit l'une des plus belles collections au monde d'art non occidental. Les œuvres présentées sont passionnantes. Totems, bateaux, masques de cérémonie (qui contribuèrent à influencer le mouvement cubiste), instruments de musique et sculptures diverses ornent cette section spacieuse et claire. La collection africaine comprend notamment des objets en bronze ainsi qu'un superbe masque royal en ivoire de l'ancien royaume du Bénin (Nigeria) et des sculptures en bois des peuples Dogon et Bambara du Mali et des Senoufos de Côte d'Ivoire. La section du Pacifique inclut des objets d'art Asmat de Nouvelle-Guinée (notamment un ensemble spectaculaire de mâts totémiques, ou *mbis*, hauts de 6 m) et des îles de Mélanésie et de Polynésie. Les arts précolombiens, aztèque et maya, sont également bien représentés.

On trouve ensuite la **Lila Acheson Wallace Wing**, une aile dédiée à l'art du XXᵉ siècle. Dans un premier temps, le Met refusa d'investir dans des œuvres d'art moderne controversées. Il favorisa ainsi la création du Museum of Modern Art, dont la vocation était d'accepter les œuvres refusées par le Met. En 1967, le Met finit par céder et établit le **Department of 20th-Century Art** (département d'art du XXᵉ siècle), qui depuis a accueilli des toiles de Picasso, de Bonnard, de Pollock, de Warhol ou de Kandinsky. Ce sont toutefois les Américains qui sont le plus représentés, avec le groupe des "Huit", le cercle moderniste du photographe Stieglitz, les expressionnistes abstraits et les adeptes du *color field*. Les grands noms de l'art contemporain américain ne sont pas tous exposés en même temps. Les œuvres de la collection permanente changent tous les six mois environ. Ne manquez pas le *Portrait de Gertrude Stein* de Picasso, qui annonce l'avènement du cubisme.

Entre les Wrightsman Galleries et la Henry Kravis Wing, on découvre le **European Sculpture Garden** (jardin de sculptures européennes). Cette cour ensoleillée est un lieu idéal pour s'accorder une pause. Des statues d'hommes et d'animaux, dans divers états de repos ou d'anxiété, se dressent parmi les visiteurs qui semblent les imiter.

Une autre porte mène à l'aile **European Sculpture and Decorative Arts** (sculptures et arts décoratifs européens), composée de quelque 60 000 œuvres, allant du début de la Renaissance au début du XXᵉ siècle. La collection couvre huit départements : sculpture, sculpture sur bois, mobilier, céramiques, verre, travail du métal, tapisserie et textile. Il y a notamment une splendide collection d'arts décoratifs français du XVIIIᵉ siècle, avec des reconstitutions de salons d'hôtels parisiens, remplis de meubles Louis XV, de pièces d'argenterie, de lustre en cristal et de tentures brodées.

Dans cette même section, les **Jack and Belle Linsky Galleries** présentent des œuvres d'art assemblées comme dans une (luxueuse) demeure de particulier. Parmi les plus belles pièces figurent des toiles de Lucas Cranach l'Ancien, de Rubens et de Boucher. On y voit aussi plus de 200 figurines de porcelaine rococo réalisées par les célèbres manufactures de Meissen et de Chantilly et de très beaux meubles français du XVIIIᵉ siècle.

A côté, la collection **Medieval Art** (art médiéval) occupe une section sombre et mystérieusement humide où sont exposés des objets couvrant une vaste période, de la chute de l'empire romain aux débuts de la Renaissance. On y trouve des tapisseries flamandes, des pièces d'orfèvrerie (provenant du trésor de Vermand) et surtout une très belle galerie de sculptures, qui évoque l'intérieur d'une église, et permet de suivre l'évolution de l'art religieux, du roman au gothique. La collection n'est pas tout à fait complète, le reste étant exposé aux **Cloisters** (les Cloîtres), une annexe du Met située à Washington Heights (p. 313).

Depuis l'extrémité nord de la galerie médiévale, quittez le vieux bâtiment du Met et entrez dans une galerie neuve (la façade extérieure ancienne, en briques, est aujourd'hui entourée de verre), la **Robert Lehman Wing** (aile Robert Lehman). Ouverte au public depuis 1975, elle rassemble l'extraordinaire collection privée du financier Robert Lehman et est aménagée comme l'était sa demeure familiale. Des peintures italiennes des XIVe et XVe siècles y côtoient des toiles de Rembrandt, du Greco et de Goya. La peinture française des XIXe et XXe siècles est représentée entre autres par Ingres, Renoir, Chagall et Matisse.

De là, retournez sur vos pas, retraversez la section d'art médiéval, puis tournez à gauche. L'**American Wing** (aile américaine, comprenez des Etats-Unis) contient l'une des plus vastes et des plus belles collections de peintures, de sculptures et d'objets d'art américain aux Etats-Unis. La cour intérieure, cerclée de parois de verre, est particulièrement intéressante, avec son pot-pourri de styles architecturaux, notamment néoclassique, fédéral et Art nouveau. Dans les salles, les peintures passent en revue presque tous les courants de l'art américain, depuis l'époque coloniale et la conquête de l'Ouest avec John Trumbull, le maître des grandes fresques historiques, jusqu'à John Singer Sargent et Edward Hopper. On peut admirer notamment les portraits de George Washington par Gilbert Stuart, le poétique *Négociants en fourrure descendant le Missouri* de George C. Bingham et l'héroïque *George Washington traversant le Delaware* d'Emanuel Gottlieb Leutze (le père de la nation semble en équilibre précaire). Parmi les plus célèbres tableaux du XIXe siècle figurent *Madame X* de Sargent, un remarquable portrait de la séduisante Mme Gautreau, ainsi que quelques admirables paysages de l'école de l'Hudson, dont les peintres savaient exprimer à merveille la beauté sauvage des grands espaces américains.

Vingt-cinq salles meublées donnent un aperçu du mobilier et des arts décoratifs du Nouveau Monde depuis la période coloniale. Remarquez l'amusant tête-à-tête aux courbes sinueuses de l'époque victorienne, semblable à deux fauteuils siamois. Les amateurs d'Art nouveau ont l'occasion d'admirer l'ample sélection de verres réalisés par Louis Comfort Tiffany (le fils du célèbre bijoutier), tandis que les adeptes de modernisme américain peuvent se recueillir dans la Francis Little Room, œuvre de Franck Lloyd Wright. Cette salle, qui utilise largement le bois, fut ingénieusement conçue pour s'intégrer le plus parfaitement possible à la nature environnante, conformément au concept de *total design* prôné par le célèbre architecte américain.

Sans transition, vous pouvez méditer sur l'art de la guerre en parcourant la galerie **Arms and Armor** (armes et armures), située juste à côté de l'American Wing. Cette section, qui regroupe un grand nombre d'épées, de rapières, de poignards et autres objets tranchants, se distingue également par sa belle collection d'armures de samouraïs.

Juste à côté, le **Department of Egyptian Art** (département d'art égyptien) occupe toute l'aile nord-est du hall principal. Cette partie constitue l'un des clous du Met, avec plus de 35 000 objets couvrant plusieurs millénaires (de 3 100 avant J.-C. à la période copte, 700 ap. J.-C.). Ne manquez pas l'extraordinaire **temple de Dendur**, authentique exemple d'architecture sacrée égyptienne, qui occupe toute une salle. Ce temple fut offert par l'Egypte en 1965 pour remercier le gouvernement américain d'avoir aidé à la sauvegarde du site d'Abou Simbel lors de la construction du barrage d'Assouan. Notez les graffitis inscrits par des soldats français lors de la campagne d'Egypte napoléonienne. Les autres sections de l'aile abritent un merveilleux assemblage d'objets funéraires, de bijoux, de statues, de reliefs et, bien sûr, de sarcophages et de momies.

Un bref détour par le sous-sol vous mène au **Costume Institute** (institut du costume), qui illustre de manière éloquente la diversité de la mode vestimentaire contemporaine dans le monde. Des expositions récentes ont été consacrées à Diana Vreeland (rédactrice de mode pour *Vogue*) ou à Christian Dior.

En revenant dans le grand hall, l'escalier imposant situé derrière la boutique de cadeaux conduit au premier étage. En passant devant la statue de Persée et après avoir longé l'immense collection de porcelaines chinoises ornant le balcon du grand hall, on aboutit à deux grands couloirs. D'un côté, se trouve la suite de la collection d'antiquités grecques et romaines ; de l'autre résident deux départements souvent ignorés, à tort, par les visiteurs : **Ancient Near Eastern Art** (antiquités du Proche-Orient) et **Islamic Art** (art islamique). La collection des antiquités du Proche-Orient rassemble des objets originaires de Mésopotamie, d'Iran, de Syrie et d'Anatolie, tous produits durant la période qui s'étend de 6 000 avant J.-C. à la conquête arabe en 626. Particulièrement remarquables sont les bas-reliefs assyriens qui représentent des créatures ailées à têtes d'hommes. Derrière, se cache la salle d'art islamique, où l'on peut admirer un *mihrâb* iranien (niche dans une mosquée qui indique la direction de La Mecque). Recouvert de faïence bleue, il est en parfait état et date du milieu du XIVe siècle. Les tapis d'Orient, les miniatures persanes et mogholes et la reconstitution du salon de réception d'un palais syrien du XVIIIe siècle valent assurément le détour.

En revenant au balcon du grand hall, on trouve à droite le département **Asian Art**, qui s'enorgueillit de posséder la plus belle collection d'art asiatique hors d'Asie. Les **Florence and Herbert Irving Galleries for the Arts of South and Southeast Asia** (galeries des arts de l'Asie du Sud et du Sud-Est) abritent des sculptures de bouddhas et de *bodhissatvas* (êtres ayant atteint l'illumination mais qui restent dans le cycle des réincarnations pour guider les humains), des céramiques, des tentures (dont de très beaux *tankas* tibétains), des bronzes, etc. S'étendant de l'Antiquité à nos jours, la galerie s'ordonne chronologiquement autour d'une cour khmère du Cambodge, qui reproduit la statuaire des temples d'Angkor (style du Bayon, XIe siècle). La collection de peintures chinoises, les estampes et les peintures japonaises (en particulier les estampes *ukiyo-e*) et le jardin intérieur chinois, reconstitution d'un jardin de l'époque Ming, sont de toute beauté.

Enfin, il reste à découvrir LE "joyau" du Met. Il s'agit de l'éblouissante section **European Paintings** (peinture européenne) qui est divisée en deux parties : peinture européenne du XIIIe au XVIIIe siècle et peintures et sculptures européennes du XIXe siècle. La concentration de chefs-d'œuvre au mètre carré donne le vertige et la vue de toutes ces toiles de maître permet de réviser ses classiques. Les écoles italienne, flamande, hollandaise et française dominent la collection, mais les peintures anglaise et espagnole sont également très bien représentées.

La collection italienne est particulièrement riche en peintures du début de la Renaissance. Parmi la kyrielle de Madones et de petits Jésus en béatitude, tâchez de dénicher les chefs-d'œuvre du Titien (*Vénus et le joueur de luth*), de Caravage, de Giotto (*L'Epiphanie*) et de Botticelli (*Dernière communion de saint Jérôme*). Les Espagnols sont moins nombreux, mais quelques Greco (*Vue de Tolède*, le seul paysage peint par l'artiste, baigné d'une lumière mystique), Goya (portraits de jeunesse) et Velasquez sont quand même là.

Dans la partie flamande, on trouve deux œuvres maîtresses de Jan Van Eyck, qui appartenaient au même triptyque, *la Crucifixion* et *le Jugement dernier*. Sur cette dernière, un Christ un peu malingre préside le Paradis tandis que dans les bas-fonds de l'Enfer, des monstres reptiliens dévorent les pécheurs. L'énigmatique Jérôme Bosch est également présent avec son *Adoration des Mages*.

La peinture hollandaise fait une large place à Rembrandt, avec pas moins de 33 tableaux, dont certains de ses plus célèbres : *Flore, la Toilette de Bethsabée, Aris-*

Pitié pour vos pieds

Si vous avez l'intention de visiter le Met dans son intégralité, inutile de préciser qu'il vous faudra dénicher quelques lieux de repos. Le musée comporte plusieurs cours et jardins charmants, idéals pour reprendre des forces sans en avoir l'air. Essayez la cour Charles Engelhardt de l'American Wing, ou le European Sculpture Garden entre les Wrightsman Galleries et la Kravis Wing. Le temple de Dendur offre également la possibilité de s'asseoir (tel un oiseau nubien sur un fil électrique) et de jouir d'une vue splendide sur Central Park. L'été, lorsque le soleil ne tape pas trop fort, on peut même faire une séance de bronzette au Cantor Roof Garden, au 5e étage (6th floor), parmi les sculptures.

tote contemplant le buste d'Homère et un *Autoportrait*. Le Met conserve également des œuvres du grand maître de la lumière, Jan Vermeer. Moins de quarante toiles dans le monde sont attribuées avec certitude à Vermeer et le Met peut se prévaloir d'en posséder cinq dont la célèbre *Jeune fille à l'aiguière*.

Parmi les œuvres à voir absolument figurent celles des impressionnistes et des postimpressionnistes, exposées dans la salle Peintures et sculptures européennes du XIXᵉ siècle. La riche collection ressemble à un livre d'histoire de l'art : *La Parade de cirque* de Georges Seurat et l'*Autoportrait au chapeau de paille* de Van Gogh sont peut-être les œuvres les plus immédiatement reconnaissables. On peut également voir les illustres scènes de ballets de Degas (notamment *Danseuses s'entraînant à la barre*). Monet est à l'honneur avec ses paysages qui ont fait le tour du monde comme *le Bassin aux nymphéas, la Cathédrale de Rouen* ou encore *les Peupliers*. Citons également Cézanne (*la Montagne Sainte-Victoire*), Renoir, le pointilliste Paul Signac, Toulouse-Lautrec, Gauguin (*la Orana Maria*)… sans oublier les sculptures de Rodin. Avant de parcourir cette section, assurez-vous d'avoir suffisamment d'énergie et de temps car sa richesse est tout simplement stupéfiante.

■ Museum of Modern Art (MoMA)

Plus au goût du jour que le Met, mais plus traditionnel que le Whitney, le MoMA est en possession d'une des plus vastes collections d'art postimpressionniste et moderne du monde. Fondé en 1929 par l'érudit Alfred Barr afin d'accueillir les œuvres contemporaines refusées par le Met, le MoMA inaugura ses locaux de la 5th Avenue avec les tableaux de peintres alors inconnus, dénommés Cézanne, Gauguin, Seurat et Van Gogh. Aujourd'hui, le MoMA est devenu une institution et il conte magnifiquement la révolte moderniste face aux canons de l'art traditionnel. Des expositions temporaires se succèdent pour renforcer le dynamisme du MoMA (et attirer encore plus de visiteurs), mais les trésors du musée résident dans sa collection permanente. La comparaison des œuvres de Vuillard et de Seurat ou de Mondrian et de Kandinsky peut se révéler très stimulante, même pour les enfants. Enfin, des créations telles que *Two Cheesburgers with Everything* de Claes Oldenburg ou *L.H.O.O.Q.* de Marcel Duchamp, dont on appréciera le second degré, contribuent à ajouter une touche d'humour à la collection.

INFORMATIONS PRATIQUES ET ORIENTATION

Le Museum of Modern Art est situé au 11 W. 53rd St., entre la 5th Avenue et la 6th Avenue. (708-9400, informations et horaires des projections 708-9480. Métro : lignes E ou F, station Fifth Ave.-53rd St., ou lignes B, D ou Q, station 50th St. Ouvert du samedi au mardi de 11h à 18h, les jeudi et vendredi de 12h à 20h30. Entrée 8 $, personnes âgées et étudiants 5 $, enfants de moins de 16 ans gratuit. Paiement libre les jeudi et vendredi de 17h30 à 20h30. Le billet d'entrée donne accès aux projections de films mais il faut néanmoins retirer un ticket spécifique au bureau d'informations.)

Les annexes en verre rajoutées au bâtiment d'origine par Cesar Pelli ont doublé la surface d'exposition et offrent aux galeries un éclairage naturel. Le bureau d'informations, tout droit en entrant, distribue d'intéressantes brochures gratuites ainsi que deux guides du musée (2 $). Au-delà, on trouve le Abby Aldrich Rockefeller Sculpture Garden, une grande cour en plein air ornée d'une fontaine, d'un saule pleureur et de plusieurs sculptures modernes remarquables, signées notamment Matisse, Picasso et Henry Moore. Le *Balzac* tourmenté de Rodin domine ses voisins mais risque à tout moment de se faire voler la vedette par la chèvre gonflée de Picasso. Le **Summergarden**, une tradition estivale du musée, s'honore de la présence des élèves de la Juillard School, qui viennent jouer de la musique avant-gardiste en juillet en août (voir Musique classique, p. 341).

Près de l'entrée du jardin de sculpture, un petit espace présente des expositions temporaires d'artistes contemporains. A gauche du jardin, l'**Education Center** (centre éducatif), tout en verre, est le lieu où sont projetés des films et affichés les horaires des conférences du musée. De l'autre côté du jardin vous accueille le **Garden Café**, toujours bondé malgré ses prix prohibitifs. Prenez les escalators jusqu'au sous-sol pour assister aux spectacles temporaires de la Theater Gallery ou aux projections de films américains ou étrangers dans les salles de cinéma **Roy and Niuta Titus Theaters** (voir Cinéma, p. 335).

COLLECTIONS

L'impressionnante collection permanente du MoMA débute au **premier étage** (*second floor*). Dans les salles numérotées, les œuvres se suivent dans l'ordre chronologique. La production artistique occidentale qui y est présentée va des origines du modernisme, illustrée par les postimpressionnistes et les premiers cubistes, aux chefs-d'œuvre froids de l'art minimal des années 70 et aux graffitis d'un Jean-Michel Basquiat. La quantité et la qualité des œuvres du MoMA donnent souvent une impression de déjà-vu : la plupart des toiles sont reproduites dans les livres d'art et l'on reconnaît au moins l'une d'entre elles dans chaque salle.

La galerie 1, près du *Jean-Baptiste* de Rodin et à gauche de l'escalator, marque le début de votre aventure esthétique. Les **salles 1 à 3** sont consacrées au postimpressionnisme (apparu à partir de 1880), et l'on peut voir les grands noms de l'art moderne, comme Cézanne, Seurat, Van Gogh et Rousseau. Outre l'envoûtante *Bohémienne endormie* de Rousseau, le joyau de ces salles est indéniablement la *Nuit étoilée* de Van Gogh, composée de couches de peinture si épaisses que certains endroits du bas du tableau semblent encore humides.

Picasso et Braque, les précurseurs du cubisme (un courant qui décompose la réalité en lignes géométriques, inspiré de l'art primitif africain), sont exposés dans les **salles 4 et 5**. Vous ne pouvez manquer le tableau géant de Picasso, *les Demoiselles d'Avignon*, l'une des toiles les plus marquantes du cubisme. La **salle 6** est consacrée à l'expressionnisme allemand (1905-1925).

Dans la **salle 7**, vous pourrez juger par vous-même si Kandinsky, l'un des pères de l'art abstrait, a réussi ou non à traduire les effets euphoriques de la musique en peinture. *Moi et le village* de Chagall y est également exposé. La **salle 8** est dédiée à de Chirico, un artiste italien dont les thèmes de prédilection sont les rêves, les mannequins, les ciels vert foncé et l'architecture classique. La **salle 9** comporte encore quelques toiles de Picasso et des tableaux du dadaïste Marcel Duchamp, tandis que la **salle 10** s'orne des lignes pures, des couleurs primaires et des angles droits de Piet Mondrian. Arrêtez-vous devant *Broadway Boogie-Woogie* (1944) et confrontez sa conception de New York à la vôtre. Les quelques salles qui suivent sont une succession d'œuvres magistrales. La **salle 12** présente *la Danse (première version)* d'Henri Matisse (1909) et la **salle 13** les *Trois musiciens*, *la Jeune Fille au miroir* et la *Baigneuse assise au bord de la mer* de Picasso. Après une brève expédition dans le monde géométrique et coloré de Paul Klee, **salle 14**, vous pénétrez en **salle 15** dans un monde surréaliste avec des œuvres de Max Ernst (débuts du surréalisme) et de Marcel Duchamp. La **salle 16** continue cette plongée dans le surréalisme ; *la Persistance de la mémoire* de Dali et le *Faux Miroir* de Magritte sont là pour titiller votre inconscient.

A gauche en sortant de la **salle 17** (où furent exposées pour la première fois les œuvres de Jackson Pollock), on trouve la collection de **dessins modernes** du musée. Elle comprend des esquisses de chefs-d'œuvre ainsi que des chefs-d'œuvre achevés. Remarquez la très colorée *Girl with Ball* de Kupka. Sur la gauche, après les dessins, se tient la collection de **photographies** du MoMA. Les centaines de clichés exposés ici forment un ensemble particulièrement impressionnant. Les expositions temporaires figurent à l'entrée tandis que la collection permanente est située au fond.

Derrière l'escalator, en face de la section des photographies, une salle est entièrement consacrée aux *Nymphéas* de Monet. Les grandes fenêtres donnent sur le

Jardin de sculptures. La lumière naturelle qui inonde les œuvres confère à la pièce un petit air féerique. Arrivez en début d'après-midi pour un effet optimal.

Les neuf salles du **deuxième étage** (*third floor*) retracent l'histoire de la peinture américaine et européenne de la fin de la Seconde Guerre mondiale jusqu'à la fin des années 60. Elles présentent des œuvres de Mark Rothko et de Jackson Pollock (qui créa ses gigantesques toiles *all-over* avec des jets de peinture industrielle), des pièces de Robert Motherwell (expressionnisme abstrait), *Christina's World* d'Andrew Wyeth, les études patriotiques de Jasper Johns (dont sa célèbre peinture de la bannière étoilée américaine, *Flag*) et des œuvres du maître du pop art, Andy Wharol (la *Marylin Monroe dorée* repose en **salle 26**).

Le MoMA possède beaucoup plus d'œuvres d'art du XXe siècle que d'espace pour les exposer. Pour cette raison, les collections des salles qui longent la **cage d'escalier du deuxième étage** changent sans cesse. En continuant, on tombe sur une salle abritant les acquisitions récentes du musée. Là aussi, la sélection se renouvelle rapidement, mais il y a toujours quelque chose d'intéressant à voir.

A droite en sortant de la salle d'**art contemporain**, une petite salle obscure projette des films vidéo. Toujours au deuxième étage, le département des **gravures** fonctionne aussi selon un système de roulement. Une salle de lecture (*reading room*) vous permet de consulter de vieux catalogues d'exposition.

Montez enfin à la **section design** du troisième étage (*fourth floor*). Des maquettes et dessins de bâtiments **Bauhaus** accompagnent une collection très à jour de **mobilier**, de vaisselle finlandaise, d'affiches politiques et de chaises longues à faire pâlir de jalousie tous les psychiatres de New York.

Dans la **librairie** du rez-de-chaussée (708-9702) sont en vente d'innombrables souvenirs du MoMA comme des livres d'art, des cartes postales à 50 ¢ et de belles affiches (ouvert du samedi au mercredi de 11h à 17h45, les jeudi et vendredi de 11h à 20h45). Dans le **MoMA Design Store** (boutique de design), situé en face du musée, au 44 W. 53rd St., on peut acheter des objets contemporains, ainsi que des ustensiles ménagers insolites, par exemple des assiettes et des verres écologiques, réalisés à partir de feuilles tropicales (ouvert le samedi et du lundi au mercredi de 10h à 18h, les jeudi et vendredi de 10h à 21h, le dimanche de 11h à 18h).

■ American Museum of Natural History

Le plus grand musée scientifique du monde occupe un bâtiment pour le moins imposant. L'édifice, dont la longueur équivaut à quatre blocks, contient 36 millions d'objets, couvrant des domaines aussi divers que l'anthropologie, la biologie, l'astronomie, l'écologie et les sciences naturelles. Il est situé sur Central Park West, à l'angle de 79th St. et 81st St. (769-5100). (Métro : lignes B ou C, station 81st St. Ouvert du dimanche au jeudi de 10h à 17h45, les vendredi et samedi de 10h à 20h45. Prix conseillé 6 \$, personnes âgées et étudiants 4 \$, enfants de moins de 12 ans 3 \$. Excellent accès handicapés.)

La nouvelle **salle des dinosaures**, inaugurée au cours de l'été 1995, est l'un des clous du musée. Son succès auprès du public est immense, en dépit d'une minipolémique due à la représentation de l'*Apatosaurus* (fallait-il ou non le présenter avec la queue en l'air ?). Les révélations sur le *Tyrannosaurus Rex*, qui, paraît-il, ne se serait jamais tenu debout, ont fait de ce redoutable prédateur la coqueluche des médias de New York. Alors que la plupart des musées scientifiques exposent des moulages de fossiles, beaucoup plus faciles à manipuler, le Museum of Natural History s'acharne à montrer, dans 85 % des cas, d'authentiques fossiles (bien que la différence soit pratiquement indiscernable). Le musée a fait appel à cinq artistes, en plus des experts paléontologues, pour réaliser la galerie, ce qui explique le côté anormalement artistique d'un musée dédié à l'histoire naturelle. Dès les premières semaines qui ont suivi son ouverture, le département des dinosaures, situé au troisième étage, avait attiré 50 % de visiteurs de plus que pendant toute l'année précédente. Cette situation n'étant pas prête de changer, tenez compte du facteur "foule" lorsque vous programmez votre visite.

Le bâtiment qui abrite le musée a été érigé en 1877. Mais les 21 ajouts ont pratiquement encerclé la totalité de la structure d'origine. Une statue équestre de Theodore Roosevelt en uniforme, accompagné d'un Africain nu et d'un Amérindien couvert de plumes (tous deux à pied), se dresse près de la nouvelle entrée de Central Park West. Les efforts entrepris pour se débarrasser de cette statue se sont soldés par un échec retentissant, la statue étant considérée comme un véritable monument national. Dans l'obscure rotonde, les squelettes fossilisés d'un **Barosaurus** et d'un **Allosaurus** semblent se battre à mort. Des plans du musée sont distribués au **guichet d'information**, à gauche de l'entrée. Les citations et peintures qui ornent les murs sont toutes dédiées à la mémoire de Teddy Roosevelt. Sa vie et ses centres d'intérêt sont évoqués, et ses chapeaux de chasse sont exposés au rez-de-chaussée, dans le hall 12.

On peut faire connaissance avec les très lointains ancêtres du président dans la section **Ocean Life and Biology of Fishes** (vie marine et biologie des poissons), située dans le hall 10. L'imposante réplique d'une baleine bleue, occupant deux étages, fait ombrage aux poissons qui évoluent dans les aquariums éclairés par une lumière noire. Les habitués conseillent de se coucher sous la baleine pour voir le monde sous un angle inhabituel. Dans le hall 6, admirez Ahnghito, le plus gros météorite retrouvé sur terre (34 tonnes).

Toujours au rez-de-chaussée, la collection permanente inaugurée récemment, **Hall of Human Biology and Evolution** (galerie de la biologie et de l'évolution humaine) contient des squelettes vieux de trois millions d'années. Cette galerie, ainsi que plusieurs autres dans le musée, est pourvue de kiosques d'informations électroniques, permettant une approche interactive.

Des milliers d'espèces animales empaillées sont exposées du rez-de-chaussée au deuxième étage. On peut voir un modeste King-Kong se frapper la poitrine dans le **Hall of African Mammals** (galerie des mammifères africains, hall 13) et une horde d'éléphants indiens semer la panique dans le hall 9, intitulé **Asiatic Mammals** (mammifères asiatiques). Au premier étage, tout au fond, les vastes collections d'anthropologie sont elles aussi dignes d'intérêt. Ne manquez pas les mannequins costumés de la section "*African Danse and Belief*" (danse et croyance africaines). La **Primates Wing** (section des primates), au deuxième étage, est consacrée à l'évolution : des premiers primates à l'homme. Le troisième étage abrite les "*Mammals and Their Extinct Relatives*" (les mammifères et leurs ancêtres disparus). On y voit des squelettes et des fossiles d'espèces aujourd'hui disparues.

Dans le **Alexander White Natural Science Center** (centre de sciences naturelles), le seul département du musée à abriter des animaux vivants, on enseigne aux enfants l'écologie de la ville de New York, tandis que dans la Discovery Room (salle des découvertes) des objets à manipuler sont mis à leur disposition. (Horaires approximatifs : du mardi au vendredi de 14h à 16h30, les samedi et dimanche de 13h à 16h30, fermé en septembre, appelez à l'avance pour vérifier.) Des conférences scientifiques et des expositions artistiques relatives aux peuples traditionnels sont organisées par le **People Center** (centre des peuples), tout au long de l'année scolaire.

Le musée abrite également **Naturemax** (769-5650), l'un des plus grands écrans de New York, haut de quatre étages et large de 20 m. Il vous invite à poursuivre votre voyage dans les sciences naturelles par un film très spectaculaire. (Entrée 6 $, étudiants et personnes âgées 5 $, enfants de moins de 12 ans 3 $. Double spectacle les vendredi et samedi pour 7,50 $, étudiants et personnes âgées 6,50 $, enfants de moins de 12 ans 4 $). Les spectacles multimédias du **Hayden Planetarium** (769-5100) sont eux aussi remarquables. Deux salles de projection vous transportent droit au cœur de l'univers et vous disent tout sur la vie secrète des étoiles. (Ouvert du lundi au vendredi de 12h30 à 16h45, le samedi de 10h à 17h45, le dimanche de 12h à 17h45. Entrée 5 $, personnes âgées, étudiants et groupes de 10 personnes ou plus 4 $, enfants de moins de 12 ans 2,50 $.) Les vendredi et samedi soirs, électrifiez vos sensations en assistant aux spectacles laser qui ont lieu dans le planétarium, le *3-D Laser Grunge* ou le *Laser Floyd*, encore plus populaire (entrée 8,50 $). Tickets disponibles auprès de Ticketron (307-7171).

■ Guggenheim Museum

La principale attraction du Guggenheim Museum pourrait presque être l'édifice lui-même. Construit en 1959, le musée original, composé de sept étages en spirale, est l'un des rares bâtiments new-yorkais que Frank Lloyd Wright ait daigné concevoir. Il en est résulté une construction courbe néofuturiste, qui s'apparente merveilleusement à l'esprit des films de Tim Burton (*Batman*) ou de Terry Gilliam (*Brazil*). Cependant, en dépit de son originalité, l'œuvre de Wright s'est vite avérée trop étroite pour les expositions de plus en plus nombreuses qui y étaient organisées. Le musée a fermé ses portes entre 1990 et 1992 pour que des travaux de rénovation et d'agrandissement soient entrepris. Les bureaux ont quitté la spirale et une nouvelle "*tower gallery*" (une tour de 10 étages) a émergé de la structure originale, doublant presque la surface d'exposition. Lorsque le Guggenheim à rouvert au cours de l'été 1992, les mauvaises langues ont comparé le nouveau bâtiment à des toilettes modernistes à la Duchamp, et le *Village Voice* s'est insurgé contre les méthodes utilisées par le musée pour collecter ses fonds. Mais le grand public a répondu présent en assiégeant littéralement les salles, le patio, les ascenseurs, le restaurant et la rue.

L'intérieur du Guggenheim n'est pas moins surprenant que l'extérieur. Les murs blancs incurvés servent de support très discret aux œuvres d'art. La lumière, issue des innombrables lucarnes et des éclairages tamisés, amplifie à la perfection l'approche minimaliste du musée. Et tous les enfants de Manhattan ont un jour rêvé de descendre en roller la rampe hélicoïdale du hall qui dessert les étages. Au mépris du souhait de Wright, qui voulait que les visiteurs prennent d'abord l'ascenseur pour visiter le musée en descendant (ce qui est quand même plus agréable !), les expositions sont souvent agencées dans un ordre ascendant. Chaque cercle de la spirale est consacré à une suite ou un ensemble d'œuvres. La collection permanente est particulièrement riche en œuvres cérébrales et géométriques, brassant plusieurs courants de l'art contemporain. Le Guggenheim possède la plus importante collection de Kandisky des Etats-Unis. Mondrian et son école hollandaise *De Stijl* est également bien représenté, ainsi que des exemples du courant architectural Bauhaus (notamment des travaux de l'Allemand Josef Albers) et des toiles de modernistes russes. La collection comprend aussi plusieurs œuvres majeures de Chagall, Paul Klee, Dubuffet, Léger et Gris.

Le musée se trouve au 1071 Fifth Ave., à hauteur de la 89th St. (423-3500, messagerie vocale, 423-3662, standardiste. Métro : lignes n° 4, 5 ou 6, station 86th St.) Il est ouvert du dimanche au mercredi de 10h à 18h, les vendredi et samedi de 10h à 20h. Entrée 7 $, étudiants et personnes âgées 4 $, enfants de moins de 12 ans gratuit, paiement libre le vendredi de 18h à 20h. Pass de deux jours pour les deux musées Guggenheim (il en existe un second à SoHo, voir p. 314) 10 $, étudiants et personnes âgées 6 $. Si vous achetez un pass à SoHo le mercredi, il reste valable pour la Fifth Ave. jusqu'au vendredi.

■ Whitney Museum

Lorsque le Metropolitan Museum of Art refusa la donation de plus de 600 œuvres d'art de la riche mécène et sculpteur Gertrude Vanderbilt Whitney en 1929, celle-ci décida de créer son propre musée. Ouvert sur 8th Street en 1931, le Whitney a déménagé deux fois avant de s'installer, en 1966, dans une étrange et sévère forteresse conçue par Marcel Breuer, élève du Bauhaus. La collection du musée est exclusivement consacrée à l'art moderne américain, et comprend quelque 8 500 sculptures, peintures, dessins et gravures.

En entrant, une peinture murale d'une troublante modernité et représentant un bombardement surplombe l'escalier qui mène à la cafétéria. Le rez-de-chaussée et le premier étage accueillent des expositions temporaires très variées (œuvres contemporaines d'artistes d'avant-garde ou rétrospectives). La salle de cinéma projette périodiquement des films et des vidéos d'artistes américains indépendants. Consultez *This Week at the Whitney*, une brochure disponible au kiosque situé à l'entrée, ou téléphonez pour en savoir plus sur les manifestations, conférences et visites guidées de la semaine.

Le musée regroupe la plus vaste collection du monde d'art américain du XXe siècle. Si les diverses expositions temporaires, souvent controversées, ne vous tentent guère, il reste la collection permanente où vous trouverez certainement quelque chose à votre goût. Il faut savoir toutefois que, si le musée possède des dizaines de pièces maîtresses telles que *Abstract Painting* et *Number 33* d'Ad Reinhardt, *Three Flags* de Jasper Johns, le célèbre *Brooklyn Bridge* de Frank Stella, *Satellite* de Robert Rauschenberg, *Woman on Bicycle* de Willem De Kooning, *Flower Collection* de Georgia O'Keefe, ainsi qu'un fonds sans équivalent de tableaux d'Edward Hooper, tout n'est pas exposé en permanence. La réputation du Whitney se fonde essentiellement sur ses **expositions biennales**, très attendues, qui en font une vitrine de la créativité des artistes contemporains les plus prometteurs. En dépit des critiques occasionnelles formulées par la presse new-yorkaise, le Whitney offre un aperçu remarquable et passionnant de l'art contemporain américain.

La cafétéria au sous-sol n'est pas très bon marché. Résistez à la tentation de déjeuner ici (10 $ minimum), la 3rd Avenue est tout à fait préférable.

Le musée est situé au 945 Madison Ave. (570-3676), à hauteur de la 75th St. (Métro : ligne n° 6, station 77th St. Ouvert le mercredi de 11h à 18h, le jeudi de 13h à 20h, du vendredi au dimanche de 11h à 18h. Entrée 7 $, étudiants et personnes âgées 5 $, enfants de moins de 12 ans gratuit, le jeudi de 18h à 20h 3,50 $.) Le Whitney a pour annexe l'immeuble **Philip Morris**, 120 Park Ave., à hauteur de la 42nd St., où un jardin de sculptures accueille des expositions temporaires. Entrée libre. Les fréquentes conférences sont également gratuites. Appelez le 878-2453 pour en savoir plus.

■ Copper-Hewitt Museum

La majestueuse demeure georgienne d'Andrew Carnegie abrite depuis 1976 le **National Museum of Design**, affilié à la Smithsonian Institution. Des pièces de la vaste collection du musée sont occasionnellement réunies pour former de fascinantes expositions sur le design ancien ou contemporain.

La collection elle-même date de 1859, époque à laquelle Peter Cooper fonda la *Cooper Union for the Advancement of Science and Art* (union pour le progrès des sciences et des arts). Les petites-filles de Cooper ouvrirent un musée en 1897, qui fut légué à la Smithsonian en 1963. En 1972, il élut domicile dans la demeure de Carnegie. L'essentiel de la collection est constitué de dessins et de gravures essentiellement axés sur l'architecture et le design. Des objets de verre, du mobilier, des porcelaines, des objets en métal et en pierre et des textiles complètent le tout. Vous découvrirez une multitude d'objets insolites ou originaux, comme cet échiquier russe de la période postrévolutionnaire présentant des pions "communistes" rouges face à des ouvriers enchaînés.

Le musée est lui-même très intéressant d'un point de vue architectural. Des arches en fonte se conjuguent aux plafonds richement sculptés et à une cage d'escalier plutôt théâtrale. Ce décor baigne dans la douce lueur tamisée des candélabres. On peut voir les cornemuses écossaises exposées à la gloire de Carnegie dans les moulures de la salle de musique (devenue la boutique de souvenirs). Une très petite porte (Carnegie mesurait 1,58 m) mène à ce qui était autrefois la bibliothèque du maître des lieux.

Les expositions mises en place par le Cooper-Hewitt Museum se caractérisent le plus souvent par leur côté provocateur. Une exposition sur les niches pour chiens et une autre sur l'histoire des livres animés ne sont que des exemples parmi d'autres. Plus récemment, des expositions dirigées par des particuliers ont montré des échantillons de papier peint des années 50 et des études de céramique hollandaise. Comptant plus de deux millions de livres, la bibliothèque du musée est l'une des plus vastes (et accessibles) ressources universitaires des Etats-Unis dans le domaine du design (ouverte tous les jours sur rendez-vous jusqu'à 17h30, appelez le 860-6887 pour plus de détails).

L'important projet de rénovation entrepris en 1996 a pour vocation d'annexer la maison de Carnegie aux demeures de la 90th St., afin d'agrandir l'espace d'exposition.

Le musée se situe au 2 E. 91st St. (860-6868), à hauteur de la Fifth Ave. (Métro : lignes n° 4, 5 ou 6, station 86th St. Ouvert le mardi de 10h à 21h, du mercredi au samedi de 10h à 17h, le dimanche de 12h à 17h. Entrée 3 \$, personnes âgées et étudiants 1,50 \$, enfants de moins de 12 ans gratuit. Entrée libre le mardi de 17h à 21h.)

■ Frick Collection

A sa mort, le magnat de l'acier de Pittsburgh, Henry Clay Frick, l'un des plus célèbres "barons-voleurs" du XIXe siècle, est passé à la postérité en cédant sa demeure et son importante collection d'art à la ville de New York. La collection se compose de toiles de maître et d'objets d'art réunis dans le cadre d'un magnifique hôtel particulier, à la fois intime et luxueux. L'endroit dégage un charme incomparable et la Frick Collection est un musée plébiscité par les visiteurs européens. Seule légère faute de goût : les œuvres n'ont jamais été répertoriées ni étiquetées et seuls les historiens d'art les plus érudits parviennent à s'y retrouver sans l'aide du guide (vendu 1 \$).

Le musée, laissé plus ou moins en l'état depuis la disparition de M. Frick, offre un aperçu intéressant de la conception de l'art à l'époque victorienne. Certaines toiles des plus grands maîtres mondiaux sont exposées ici, sans parler des ravissants vases, ni même des sculptures et des bronzes, ou encore du mobilier. Deux des trente-cinq Vermeer actuellement connus ornent le **South Hall** (hall sud) : *le Soldat et la jeune fille riant* et *la Leçon de musique*. Dans cette même galerie, on trouve un audacieux portrait de Mme Boucher par M. et une toile de jeunesse de Renoir, *Mère avec deux enfants*. La salle suivante, **Octagon Room**, renferme un retable du XVe siècle de Filippo Lippi, et l'antichambre recèle entre autres des œuvres de Van Eyck, du Greco et de Bruegel l'Ancien.

En traversant les nombreuses galeries, arrêtez-vous dans la **Fragonard Room** (salle Fragonard) où le rose domine tant et plus. Elle compte, parmi d'autres œuvres, les *Progrès de l'amour*. Bien que Mme Du Barry (la favorite de Louis XV) qui les avait commandés, les rejeta ensuite, ces tableaux sont de véritables chefs-d'œuvre du style rococo. Dans le **Living Hall** (grand salon), on trouve le *Saint Jérôme* du Greco tenant sa traduction latine de la Bible. A ses côtés : le pensif *Homme à la toque rouge* du Titien, le classique *Sir Thomas More* de Holbein et l'extraordinaire chef-d'œuvre du XVe, siècle *Saint François en extase* de Giovanni Bellini. Dans la salle suivante, les murs de la **Library** (bibliothèque) sont couverts de portraits signés Gainsborough et Reynolds, d'un paysage de Constable, d'une marine de Turner, d'un portrait de George Washington par Gilbert Stuart et d'un portrait posthume représentant Henry Clay Frick en train de surveiller son domaine. Dans le **North Hall** (hall nord), avant la salle suivante, la *Comtesse d'Hausonville* dont le portrait est exécuté par Ingres vous fixe de son regard intimidant.

La lumière naturelle envahit la plus grande salle du musée, la **West Gallery** (galerie ouest), au travers des lucarnes. Là encore, les grands maîtres occupent une place d'honneur. Figurent parmi d'autres trois œuvres de Rembrandt : le mystérieux *Cavalier polonais*, l'une des toutes premières commandes de l'artiste *Nicholaes Ruts*, et le délicat *Autoportrait* de l'artiste (1658) qui représente Rembrandt à

MUSÉES

un âge avancé. On remarque également des œuvres de Van Dyck (l'élégant portrait d'un ami, datant de 1620), de Vermeer (la *Servante apportant une lettre*, toile inachevée) et de Velázquez (un portrait célèbre du roi Philippe IV d'Espagne). Les forgerons au travail de Goya, représentés dans le tableau intitulé *la Forge*, semblent peu à leur place au milieu de cette collection essentiellement aristocratique. Le secret de la galerie ouest réside dans ses jeux de lumière, qui font cohabiter harmonieusement œuvres hollandaises et espagnoles. A l'autre bout de la galerie, dans la **Enamel Room** (salle des émaux), on peut voir un ensemble d'émaux de Limoges des XVIᵉ et XVIIᵉ siècles, ainsi qu'une troublante évocation de Satan dans *la Tentation du Christ sur la montagne*, réalisée par Duccio di Buoninsegna en 1308.

La **Oval Room** (salon ovale) renferme deux tableaux de femmes par Gainsborough et deux de Van Dyck, évitant toutes de se regarder en face et fuyant même le regard des visiteurs. Une *Diane* de bronze, gaillarde et insolente, tente elle aussi d'échapper au regard des autres femmes. Elle fut exécutée en 1776 par Jean-Antoine Houdon. Plusieurs Whistler aux titres joliment colorés – *Symphonie en couleur chair et rose, Harmonie en rose et gris* et *Arrangement en noir et brun* (faciles à repérer !) garnissent la **East Gallery** (galerie est). On trouve également un excellent portrait d'un jeune soldat par Goya.

Après avoir déambulé dans le musée le moins fatigant de New York, faites donc quand même une pause dans la paisible Garden Court (cour). Ce jardin qui garde toute sa fraîcheur en été grâce à son sol de marbre, à sa fontaine et à ses plantes tropicales est un havre de paix au cœur de la jungle urbaine. Un vrai bonheur !

Le musée se trouve au 1 E. 70th St. (288-0700), à hauteur de la Fifth Avenue. (Métro : ligne n° 6, station 68th St. Ouvert du mardi au samedi de 10h à 18h. Entrée 5 $, étudiants et personnes âgées 3 $. L'entrée est interdite aux enfants de moins de 10 ans ! Les enfants de moins de 16 ans doivent être accompagnés d'un adulte. Visites en groupe uniquement sur rendez-vous.)

■ Pierpont Morgan Library

La **Pierpont Morgan Library** contient un admirable ensemble de livres rares, de sculptures et de peintures, rassemblés par le banquier J.P. Morgan et son fils. Ce *palazzo* de style "basse Renaissance" fut construit en briques de marbre blanc, disposées sans mortier, conformément à la tradition grecque. Terminée en 1907, la bibliothèque resta privée jusqu'en 1924, date à laquelle J.P. Morgan l'ouvrit au public. La collection permanente, qui n'est pas toujours visible, se compose de dessins et gravures de Blake et de Dürer, de manuscrits enluminés de la Renaissance, d'un exemplaire du *Louisiana Purchase* (l'acte qui a marqué la vente par la France aux Etats-Unis de la Louisiane en 1803), de lettres d'amour de Napoléon à Joséphine, d'une version manuscrite des *Contes de Noël* de Dickens et de partitions de musique rédigées par Mozart et Beethoven.

Après avoir traversé le hall garni d'un attirail d'objets médiévaux, on débouche sur une pièce circulaire, jadis l'entrée principale et aujourd'hui une salle d'exposition. A droite, la **West Room** (salon ouest) est l'ancien bureau de J.P Morgan lui même. Il est décoré de plafonds sculptés datant de la Renaissance italienne et de vitraux suisses des XVᵉ et XVIIᵉ siècles. Deux majestueux (quoiqu'un peu austères) portraits de Morgan dominent la pièce d'un regard qui semble vous interdire de toucher aux sofas de velours rouge.

A gauche de la rotonde se tient la bibliothèque de Morgan, un vrai paradis pour bibliophiles. Remplie d'ouvrages reliés couleur acajou, elle est encerclée de deux balcons. Cette pièce accueille souvent des expositions. Parmi les objets les plus remarquables figurent l'un des trois portraits existant du poète et théologien John Milton, un somptueux triptyque du XIIᵉ siècle serti de pierres précieuses et qui contiendrait des fragments de la Croix, ainsi que l'un des onze exemplaires de la Bible de Gutemberg qui nous soient parvenus.

Le musée se trouve au 29 E. 36th St. (685-0610) à hauteur de Madison Avenue. (Métro : ligne n° 6, station 33rd St. Ouvert du mardi au samedi de 10h30 à 17h, le dimanche de 13h à 18h. Entrée 5 $, personnes âgées et étudiants 3 $. Visites guidées thématiques gratuites du mardi au vendredi à 14h30.)

■ Autres musées importants

Alternative Museum, 594 Broadway (966-4444), 3e étage (4th floor), entre Houston St. et Prince St., dans SoHo. Métro : lignes B, D, F ou Q, station Broadway-Lafayette St., ou lignes N ou R, station Prince St. Fondé et administré par des artistes qui ne sont pas établis, ce musée s'autoproclame "en avance sur son temps et en retrait des débats". Visions nouvelles et critique sociale sont ses leitmotiv, tout en mettant l'accent sur l'international, l'original et la conscience sociale. Pour plus d'informations, E-mail : altmuseum@aol.com. Ouvert du mardi au dimanche de 11h à 18h. Don suggéré 3 $.

American Craft Museum, 40 W. 53rd St. (956-3535) face au MoMA. Métro : lignes E ou F, station 5fth Ave-53rd St., ou lignes B, D, ou Q, station 50th St. Ne vous attendez pas à des kilts et des macramés : ce musée prétend redéfinir le concept d'artisanat et présente des pièces modernes en bois, verre, métal, terre cuite, plastique, papier et tissu. D'ingénieuses expositions sont consacrées régulièrement à un sujet ou un matériau particulier, comme *"Made with Paper"* (fait en papier) et *"Glass Installations"* (installations de verre). Parfaitement insolite, cette exposition évoquait la maison de Superman sur Krypton. Les quatre niveaux du musée changent tous les trois mois. Ouvert le mardi de 10h à 20h, du mercredi au dimanche de 10h à 17h. Entrée 5 $, personnes âgées et étudiants 2,50 $, enfants de moins de 12 ans gratuit.

American Museum of the Moving Image, à l'angle de la 35th Ave. et de la 36th St., à Astoria, dans le Queens (718-784-0077 pour tout renseignement sur les expositions et les projections, 718-784-4777 pour savoir comment s'y rendre). Métro : ligne N, station 36th Ave. (Washington Ave.) à hauteur de la 31st St. Remontez la 31st St. vers le nord jusqu'à la 35th Ave. et prenez à droite, puis parcourez 5 blocks vers l'est jusqu'à la 36th St. Le musée entend se consacrer à "l'art, l'histoire et les technologies du cinéma et de la télévision" mais, heureusement, ne se prend pas trop au sérieux. Au sous-sol, une galerie accueille des expositions temporaires un peu bizarres, par exemple sur les coiffures et le maquillage hollywoodiens, ou sur les innovations en matière de jeux vidéo interactifs. La collection permanente du musée, à l'étage, comprend un miroir magique dans lequel vous apparaissez sous les traits de Marilyn Monroe, ainsi qu'un mur entier composé des pulls de Bill Cosby (il ne porta jamais deux fois le même). La salle de projection présente des vieux films et une rare panoplie de courts métrages. Les nouveaux bâtiments du musée, qui vient juste d'être rénové, renferment notamment une présentation des nouveaux médias intitulée *"Behind the Screen"* (derrière l'écran). Visites guidées sur rendez-vous (718-784-4520). Ouvert du mardi au vendredi de 12h à 16h, les samedi et dimanche de 12h à 18h. Entrée 5 $, personnes âgées 4 $, étudiants et enfants de moins de 12 ans 2,50 $.

The Asia Society, 725 Park Ave. (288-6400), à hauteur de la 70th St. Métro : ligne n° 6, station 68th St. Les expositions sur l'art asiatique sont accompagnées de colloques à thèmes, de concerts, de projections de films et de "rencontres avec l'auteur" très courues. Le musée passe en revue tout le continent asiatique, de l'Iran au Japon et de la Chine à l'Indonésie, sans ignorer les populations asiatiques d'Amérique. Les expositions sont toujours très bien conçues, par exemple celles qui cherchent à restituer le contexte des œuvres en les plaçant parmi les objets de la collection permanente, afin de montrer l'influence exercée sur et par cette pièce. Ouvert mardi, mercredi, vendredi et samedi de 11h à 18h, jeudi de 11h à 20h, dimanche de 12h à 17h. Entrée 3 $, personnes âgées et étudiants 1 $. Entrée libre le jeudi de 18h à 20h. Visites guidées du mardi au samedi à 12h30, le jeudi également à 18h30, le dimanche à 14h30.

Audubon Terrace Museum Group, au coin de Broadway et de la 155th St. à Harlem. Métro : ligne n° 1, station 157th St. Partie de l'ancien domaine et de la réserve animalière de John James Audubon (célèbre naturaliste américain, 1785-1851) ce terre-plein abrite aujourd'hui plusieurs musées et sociétés :

Hispanic Society of America, 613 W. 155th St., entre Broadway et Riverside (926-2234). Musée consacré à la culture et aux arts espagnols et portugais depuis l'époque préromaine, particulièrement riche en peintures de maîtres, mosaïques et céramiques. Œuvres du Greco, de Velázquez et de Goya. Les érudits hispanophones apprécieront la bibliothèque de recherche et ses 100 000 volumes. Ouvert du lundi au samedi de 10h à 16h30, le dimanche de 13h à 16h. Entrée libre.

American Numismatic Society (243-3130). S'adresse à tous ceux qui souhaitent en savoir plus sur la monnaie. Pour les numismates (collectionneurs de pièces) une extraordinaire collection, de la préhistoire à nos jours. La société présente aussi des expositions temporaires et une histoire de la monnaie depuis son apparition. Ouvert du lundi au samedi de 9h à 17h, le dimanche de 13h à 16h. Entrée libre.

American Academy of Arts and Letters (368-5900). Institution érigée à la gloire des artistes, écrivains et compositeurs américains (équivalent de l'Académie française des arts et des lettres). Expositions occasionnelles sur les manuscrits, peintures, sculptures et éditions originales des membres. Téléphonez pour plus de renseignements sur les heures d'ouverture et le programme.

Black Fashion Museum, 157 W. 126th St. (666-1320), entre Adam Clayton Powell Jr. Blvd. et Lenox/Malcolm X Blvd. Métro : lignes n° 2 ou 3, station 125th St. Fondé en 1979, le musée de la mode noire possède une collection permanente et organise deux expositions annuelles consacrées aux tendances vestimentaires de la communauté noire, des années 1860 à nos jours. Outre des créations de stylistes noirs contemporains, on trouve deux robes d'esclaves, des costumes de comédies musicales de Broadway et un hommage à la styliste Ann Lowe, qui conçut la robe de mariée que portait Jackie lorsqu'elle épousa JFK. Ouvert sur rendez-vous du lundi au vendredi de 12h à 18h et parfois le samedi. Appelez le 996-4470 ou le 666-1320 au moins un jour à l'avance. Don conseillé 3 $, étudiants, personnes âgées et enfants de moins de 12 ans 2 $.

Bronx Museum of the Arts, à l'intersection de la 165th St. et de Grand Concourse (718-681-6000). Métro : lignes C ou D, station 167th St., puis 3 blocks le long de Grand Concourse. Installé dans la rotonde du palais de justice du Bronx, le musée privilégie la promotion des jeunes talents. Il collectionne les œuvres d'artistes mineurs et organise des séminaires bisannuels pour des artistes locaux, qui culminent par des expositions de groupe. Ouvert le mercredi de 15h à 21h, les jeudi et vendredi de 10h à 17h, les samedi et dimanche de 13h à 18h. Prix conseillé 3 $, étudiants 2 $, personnes âgées 1 $. Entrée gratuite le dimanche.

Brooklyn Museum, 200 Eastern Pkwy. (718-638-5000), à hauteur de Washington Ave. Métro : lignes n° 2 ou 3, station Eastern Pkwy. Le petit frère du Metropolitan Museum (pas si petit que ça) mérite le détour jusqu'à Brooklyn. Au rez-de-chaussée, l'énorme collection d'art océanien et américain occupe une place centrale, sur deux niveaux. Les imposants totems représentent des personnages mi-hommes mi-animaux n'auraient pu, de toute façon, être rangés nulle part ailleurs. L'impressionnante collection d'art africain fut la première dans son genre à figurer dans un musée américain (en 1923). Le 1er étage est consacré à l'art asiatique sur tous ses supports. Admirez les superbes salles d'antiquités grecques, romaines, orientales et égyptiennes du 2ᵉ étage. C'est la plus grande collection d'art égyptien après celle du British Museum de Londres et celle du Caire. Les salles sur l'artisanat, les textiles et le mobilier du 3ᵉ étage constituent un répit bienvenu après les absorbantes antiquités. La Moorish Room (salle maure), remplie d'objets rares provenant de la maison de John D. Rockefeller à Manhattan, est particulièrement distrayante. De magnifiques tableaux de Sargent et de l'école de l'Hudson trônent dans la collection américaine du 4ᵉ étage. A côté, la petite galerie d'art contemporain affiche des œuvres majeures d'Alfredo Jaar et de Francis Bacon. Cet étage abrite également l'art européen, avec des œuvres datant aussi bien du début de la Renaissance que du postimpressionnisme : Rodin, Renoir et Monet sont présents. Les galeries du sous-sol sont réservées aux expositions temporaires. Pour des raisons budgétaires, le musée n'est ouvert que du mercredi au dimanche de 10h à 17h. La boutique, spécialisée dans les bijoux, les objets de grande taille et les guides de voyage, est ouverte aux mêmes heures. Conférences du mercredi au vendredi à 14h. Le café du musée est ouvert de 10h à 16h. Prix conseillé 4 \$, étudiants 2 \$, personnes âgées 1,50 \$, enfants de moins de 12 ans gratuit.

China House Gallery, 125 E. 65th St. (744-8181), entre Park Ave. et Lexington Ave. Métro : ligne n° 6, station 68th St. Ce minuscule musée affilié au China Institute (institut de la Chine) fait une place d'honneur à l'art chinois, avec notamment des pièces de calligraphie, des céramiques et des bronzes, et parfois des expositions relatives à la culture et à l'anthropologie chinoises. Ne manquez pas d'observer les lions qui gardent les portes rouges. Ouvert le lundi et du mercredi au samedi de 10h à 17h, le mardi de 10h à 20h, le dimanche de 13h à 17h. Prix suggéré 3 \$.

The Cloisters (923-3700), Fort Tryon Park, Upper Manhattan. Métro : ligne A par Harlem, station 190th St. ou bus M4 au départ du Met. Prenez l'ascenseur jusqu'à la rue et, depuis la gare, prenez Ft. Washington Ave. à droite et dirigez-vous vers Fort Tryon Park. Les cloîtres sont un musée tout à fait étonnant. Le parc de Fort Tryon, dans lequel il se trouve, offre de belles vues sur la vallée de l'Hudson. Cette reconstitution de l'architecture monastique a été érigée en 1938 par Charles Collens, à l'initiative de John D. Rockfeller, pour accueillir les collections de l'art médiéval du Met. Pour ce faire, les concepteurs ont tout simplement "importés" de véritables cloîtres, chapiteaux, portails, et voûtes européens (surtout français) du XIIᵉ au XVIᵉ siècles... Une moitié du cloître roman du monastère bénédictin de St-Michel-de-Cuxa, dans le Roussillon, constitue l'une des pièces maîtresses. A signaler également, la galerie des tapisseries de la Licorne qui datent des XVᵉ-XVIᵉ siècles et le Trésor, avec une superbe croix en ivoire du XIIᵉ siècle. (Ouvert de mars à octobre du mardi au dimanche de 9h30 à 17h15, de novembre à février du mardi au dimanche de 9h30 à 16h45. Visites guidées de mars à octobre du mardi au vendredi à 15h, le dimanche à 12h, de novembre à février le mercredi à 15h. Don 6 \$ donnant aussi accès au Metropolitan Museum of Art, étudiants et personnes âgées 3 \$.) Le bus n° 4 qui remonte Madison Avenue vous emmène aussi jusqu'à l'entrée des Cloîtres. De plus, des navettes partent régulièrement du bâtiment principal du Met, sur la Fifth Ave.

Equitable Gallery, Equitable Center (554-4818), à l'angle de la Seventh Ave. et de la 51st St. Métro : lignes N ou R, station 49th St-Union Sq. Ce petit musée (dont la compagnie d'assurances Equitable est le mécène) présente quatre expositions gratuites par an sur les arts visuels. Il y a toujours une exposition en cours, sauf pendant la semaine du changement d'exposition. Mieux vaut donc téléphoner à l'avance. N'oubliez pas de passer voir la gigantesque œuvre de Lichtenstein (20 mètres de haut) et les peintures de T.H. Benton, *America Today*, dans le hall du bâtiment. Fermé en été. Une exposition sur Cartier-

Bresson est prévue pour 1997. Ouvert du lundi au vendredi de 11h à 18h, le samedi de 12h à 17h.

Forbes Magazine Galleries, 62 Fifth Ave. (206-5548), à hauteur de la 12th St. Métro : lignes n° 4, 5, 6, L, N ou R, station 14th St.-Union Sq. Les collections du musée, tout comme celles de la Frick Collection et de la Morgan Library, ont été amassées par un financier multimillionnaire amateur d'art. Malcolm Forbes les a ensuite cédées au public. L'irrésistible penchant de Forbes pour les objets précieux ou insolites du XXᵉ siècle transparaît tout au long de la visite. La collection occupe tout le rez-de-chaussée de l'ancienne maison d'édition de Forbes : 12 000 petits soldats de plomb dans diverses reconstitutions de batailles, une exposition tournante de documents et lettres des présidents des Etas-Unis, et surtout la plus grande collection privée au monde d'œufs de Fabergé (des bijoux fabriqués pour la famille impériale russe, très richement décorés et dont certains renferment des mécanismes). Après tant de luxe, allez méditer sur la très hétéroclite collection de 250 trophées, intitulée "*The Mortality of Immortality*" (la mortalité de l'immortalité), comprenant, par exemple, le prix de la meilleure poule pondeuse Leghorn... Des expositions temporaires ont aussi récemment présenté des peintures historiques victoriennes et des documents de la Seconde Guerre mondiale. Ouvert du mardi au samedi de 10h à 16h. Entrée libre, mais limitée à 900 personnes par jour. Les enfants de moins de 16 ans doivent être accompagnés d'un adulte. Le jeudi est réservé aux groupes ayant pris rendez-vous à l'avance (téléphonez au 206-5549).

Fraunces Tavern, 54 Pearl St. (425-1778) aux 1ᵉʳ et 2ᵉ étages (2nd & 3rd floor). Métro : lignes n° 4 ou 5, station Bowling Green, n° 1 ou 9, station South Ferry, ou lignes N ou R, station Whitehall St. Cette demeure historique d'un huguenot français, puis du tavernier noir Fraunces qui devint le majordome de Washington, abrite un restaurant huppé et un petit musée. Vous y verrez des objets relatifs à la culture et à l'histoire des premiers établissements américains. Il est essentiellement composé de deux salles meublées, auxquelles s'ajoute la salle où George Washington fit ses adieux à ses officiers après la guerre d'Indépendance. Ouvert du lundi au vendredi de 10h à 16h45, le samedi de 12h à 16h. Entrée 2,50 $, personnes âgées, étudiants et enfants 1 $.

Guggenheim Museum SoHo, 575 Broadway (423-3500) à hauteur de Prince St. Cette annexe du Guggenheim occupe deux vastes niveaux d'un bâtiment du XIXᵉ siècle. Elle présente des morceaux choisis dans la collection permanente du musée principal, composée d'œuvres modernes et contemporaines. Le cadre extérieur et la présentation aérée des œuvres confèrent une atmosphère de galerie à ce lieu (à la différence du musée principal). Quatre expositions thématiques sont organisées par an, souvent d'une qualité exceptionnelle (par exemple un choix d'aquarelles de Kandinsky). Chaque été, une exposition "*learning through art*" (l'éducation par l'art) est mise en place pour les enfants. Ouvert le dimanche et du mercredi au vendredi de 11h à 18h, le samedi de 11h à 20h. Entrée 6 $, étudiants et personnes âgées 4 $, enfants de moins de 12 ans gratuit. Un pass valable sept jours donne accès au Guggenheim et à son annexe de SoHo pour 10 $, étudiants et personnes âgées 6 $ sur présentation d'une carte justificative. Le magasin du musée (423-3876), où l'on trouve toutes sortes de bibelots, est un lieu agréable pour retrouver un ami à downtown. Accès handicapés.

Guinness World of Records, 350 Fifth Ave. (947-2335), situé au niveau Concourse de l'Empire State Building à hauteur de la 34th St. Métro : lignes N ou R, station 34th St.-Herald Sq., ou ligne n° 6, station 33rd St.-Park Ave. Une musique de synthétiseur et des voix pleines d'entrain attirent les curieux dans le monde des records sélectionnés par Guinness. Les couleurs primaires dont le musée se pare sont à l'image du niveau de sophistication qui le caractérise. On y voit des répliques en plastique de l'homme le plus grand, de l'homme le plus lourd, de l'homme au plus long cou et de la femme la plus tatouée du monde… Ouvert de 9h à 22h, adultes 6,95 $, enfants 3,50 $, billet jumelé avec l'observatoire de l'**Empire State Building** 9,95 $ pour les adultes, 5 $ pour les enfants.

Hall of Fame for Great Americans, à l'angle de la 181st St. et de Martin Luther King Jr. Blvd. (718-289-5100). Métro : ligne n° 4, station Burnside Ave. Longez Burnside Ave. vers l'ouest sur 6 blocks (Burnside Ave. devient 179th St en cours), puis tournez à droite et parcourez un block vers le nord. Situé dans l'enceinte de la City University of New York du Bronx, ce panthéon un peu délabré présente 102 bustes en bronze de grands personnages des États-Unis. Parmi eux Alexander Graham Bell, George Washington Carver, Abraham Lincoln, Edgar Allan Poe et les frères Wright. Ouvert tous les jours de 10h à 17h. Entrée gratuite.

International Center of Photography, 1130 Fifth Ave. (860-1777), à hauteur de la 94th St. Métro : ligne n° 6, station 96th St. Le centre international de la photographie est installé dans un hôtel classé, construit en 1914 pour le fondateur de *New Republic*, Willard Straight. Il regroupe le plus grand fond de photographies de la ville et sert de forum permanent aux photographes. On y voit des expositions historiques, thématiques et contemporaines, allant des photos d'art aux photos expérimentales, en passant par des portraits de célébrités. La librairie vend le livret bimensuel *Photography in New York*, un recueil complet de tous les événements liés à la photographie (2,95 $). Le centre possède une **annexe dans Midtown** au 1133 6th Ave. (768-4680), à hauteur de la 43rd St. Les deux sont ouverts le mardi de 11h à 20h et du mercredi au dimanche de 11h à 18h. Entrée 4 $, personnes âgées et étudiants 2,50 $. Paiement libre le mardi de 18h à 20h.

Intrepid Sea-Air-Space Museum, Pier 86 (245-0072), à l'angle de la 46th St. et de la 12th Ave. Bus : M42 ou M50, arrêt W. 46th St. Un même billet vous donne accès à l'*Intrepid*, un porte-avions de la Seconde Guerre mondiale et de la guerre du Vietnam, au destroyer *Edson*, datant de la guerre du Vietnam, au *Growler*, le premier et seul sous-marin lanceur de missile ayant jamais été montré au public, et au bateau-phare *Nantucket*. Le porte-avion est transformé en musée, vous pouvez y voir du matériel, des films (sur l'aéronavale ou les kamikazes) mais le bateau en lui-même est ce qu'il y a de plus impressionnant. Ne manquez pas les chars irakiens postés près de la boutique de souvenirs : ils ont été capturés pendant la guerre du Golfe. Des expositions et des événements sont régulièrement organisés, téléphonez pour en savoir plus. Ouvert du 1er mai au 30 septembre tous les jours de 10h à 17h, du 1er octobre au 30 avril du mercredi au dimanche de 10h à 17h. Dernière entrée 1h avant la fermeture. Entrée 10 $, personnes âgées et étudiants 7,50 $, enfants de 6 à 11 ans 5 $, enfants de moins de 6 ans gratuit.

Jacques Marchais Museum of Tibetan Art, 338 Lighthouse Ave., Staten Island (718-987-3500). Prenez le bus S74 en descendant du ferry à Staten Island. Allez jusqu'à Lighthouse Ave., puis tournez à droite et grimpez la colline par le chemin tortueux sur la droite. Ce musée est situé à presque 2 heures de Manhattan, mais mérite le détour pour sa rarissime collection privée d'art tibétain, l'une des plus vastes d'Occident. On y admire des bronzes, des peintures et des sculptures du Tibet et d'autres cultures bouddhistes. Le musée, construit au milieu d'un jardin de statues, à l'image d'un temple tibétain, respire la sérénité et offre une vue sur la lointaine Lower Bay. Tous les dimanches, des programmes sur la culture asiatique (2 $ en plus du prix d'entrée) sont proposés et abordent des sujets aussi variés que les photos de Mongolie, l'origami (art du pliage du papier) facile à réaliser ou le chant tibétain. Téléphonez pour en savoir plus sur le programme. Ouvert de mai à octobre du mercredi au dimanche de 13h à 17h, de novembre à avril sur rendez-vous. Entrée 3 $, personnes âgées 2,50 $, enfants 1 $.

The Jewish Museum, 1109 Fifth Ave. (423-3200, 423-3230 pour toute information sur le programme et les expositions), à hauteur de la 92nd St. Métro : ligne n° 6, station 96th St. La collection permanente retrace l'expérience juive à travers les âges. 14 000 pièces composent ses collections, allant d'objets d'art et de culte de l'Antiquité a des œuvres maîtresses de la peinture contemporaine dont les auteurs ont pour nom Marc Chagall, Frank Stella ou George Segal. Des expositions tournantes occupent le rez-de-chaussée et le 1er étage, tandis que la collection permanente, *Culture and Continuity : The Jewish Journey* (culture et continuité : l'odyssée des juifs) est présentée aux 2e et 3e étages. Ouvert les dimanche, lundi, mercredi et jeudi de 11h à 17h45, le mardi de 11h à 21h. Entrée 7 $, personnes âgées et étudiants 5 $, enfants de moins de 12 ans gratuit. Paiement libre le mardi de 17h à 20h. Accès handicapés.

Lower East Side Tenement Museum, 97 et 90 Orchard St. (431-0233), près de Broome St. Métro : lignes B, D ou Q, station Delancey St., ou lignes J, M ou Z, station Essex St. Depuis Delancey St., parcourez 4 blocks vers l'est jusqu'à Orchard St. puis 1 block vers le sud. Depuis Essex St., parcourez 2 blocks vers l'ouest jusqu'à Orchard puis 1 block vers le sud. Logé dans un ancien immeuble du Lower East Side construit au début du siècle, le musée propose des projections, des documents et des expositions sur l'histoire de ce quartier d'immigrés. La galerie du 90 Orchard St. (ouverte du mardi au dimanche de 11h à 17h) organise des expositions gratuites et montre des photographies illustrant la vie des Juifs dans le Lower East Side. Des visites à pieds du quartier accompagnées d'un guide partent de l'angle du 90 Orchard St., le samedi et le dimanche. Les visites guidées du musée (seul moyen de le visiter) ont lieu du mardi au vendredi à 13h, 14h et 15h, les samedi et dimanche toutes les 45 mn entre 11h et 16h15. Entrée 7 $, personnes âgées et étudiants 6 $.

El Museo del Barrio, 1230 Fifth Ave. (831-7272), à hauteur de la 104th St. Métro : ligne n° 6, station 103rd St. Ce musée est le seul d'Amérique du Nord exclusivement consacré à l'art et à la culture portoricaine et sud-américaine. Ayant commencé dans une salle de classe d'East Harlem (également appelé Spanish Harlem ou el Barrio, c'est-à-dire "le quartier" en espagnol), le projet s'est développé pour devenir un musée. On peut y voir des vidéos, des peintures, des sculptures, des photographies, des pièces de théâtre et des films. La collection permanente se compose d'objets d'art précolombiens et de *Santos de Palo* (figurines de saints en bois réalisées à la main) d'Amérique latine. Des expositions temporaires présentent des artistes sud-américains et mettent l'accent sur les problèmes de la communauté hispanique des Etats-Unis. Ouvert du mercredi au dimanche de 11h à 17h, de mai à septembre le mercredi et du vendredi au dimanche de 9h à 17h, le jeudi de 12h à 19h. Prix recommandé 4 $, étudiants et personnes âgées 2 $.

The Museum for African Art, 593 Broadway (966-1313), entre Houston St. et Prince St., à SoHo. Métro : lignes N ou R, station Prince et Broadway. Le musée vient de s'agrandir afin de pouvoir présenter deux grandes expositions par an, complétées par quelques expositions plus petites. Toutes sont thématiques et dédiées, avec beaucoup de goût et de sérieux, à l'art africain et à l'art afro-américain. Conférences le samedi après-midi (inclus dans le billet d'entrée) et nombreux ateliers de création destinés aux familles, sur la culture africaine (fabrication de gourdes, par exemple). Téléphonez pour plus de détails. Ouvert du mardi au vendredi de 10h à 17h30, le samedi et le dimanche de 12h à 18h. Entrée 4 $, étudiants et personnes âgées 2 $.

Museum of American Folk Art, 2 Lincoln Center (595-9533, 977-7298 messagerie vocale), sur Columbus Ave. entre la 65th St. et la 66th St. Métro : lignes n° 1 ou 9, station 66th St. Trois salles blanches et claires consacrées à l'artisanat et à l'art populaire américain. Des couvre-lits matelassé d'inspiration européenne, de la broderie et des portraits, mais aussi des tapis navajo et des animaux mexicains en bois polychrome y sont exposés. Le musée organise des séances spéciales pour les enfants et des démonstrations artisanales pour tous, souvent agrémentées de danses et de contes populaires (appelez le 977-7170 pour toute information). Ouvert du mardi au dimanche de 11h30 à 19h30. Accès handicapés. Prix conseillé 2 $.

Museum of American Illustration, 128 E. 63rd St. (838-2560), entre Park Ave. et Lexington Ave. Métro : lignes n° 4, 5 ou 6, station 59th St., ou lignes N ou R, station Lexington Ave. Ce musée propose diverses expositions sur le thème de l'illustration, dans des domaines aussi variés que la bande dessinée, les livres pour enfants et la publicité. Ouvert le mardi de 10h à 20h, les mercredi et vendredi de 10h à 17h, le samedi de 12h à 16h. Entrée libre.

Museum of Bronx History (718-881-8900), à l'angle de Bainbridge Ave. et de la 208th St. Métro : ligne D, station 205th St., ou ligne n° 4, station Mosholu Pkwy. Parcourez 4 blocks à l'est sur la 210th St. puis 1 block au sud. Géré par la Bronx Historical Society sur le site de la monumentale demeure Valentine-Varian House, ce musée se consacre à l'histoire du Bronx, de l'époque prérévolutionnaire à nos jours. Les expositions changent régulièrement, appelez pour en savoir plus. Ouvert le samedi de 10h à 16h, le dimanche de 13h à 17h, ou sur rendez-vous. Entrée 2 $.

Museum of the City of New York (534-1672), au coin de la 103rd St. et de la 5fth Ave. dans East Harlem près du Museo del Barrio. Métro : ligne n° 6, station 103rd St. L'histoire et la vie de New York du XVIe siècle à aujourd'hui, racontées à travers des tableaux, des lithographies de Currier (1813-1888) et de Ives (1824-1895), des reconstitutions d'époque, des vidéos et des objets divers. La collection permanente inclut, parmi d'autres choses, une histoire des pompiers de New York, des reconstitutions d'intérieurs et une collection de maisons de poupées, dont les détails sont instructifs sur l'histoire sociale de la ville. Ouvert du mercredi au samedi de 10h à 17h, le dimanche de 13h à 17h. Don conseillé. Accès handicapés.

Museum of Television and Radio, 25 W. 52nd St. (621-6600, 621-6800 pour le programme des activités du jour), entre la Fifth Ave. et la Sixth Ave. Métro : lignes B, D, F ou Q, station Rockefeller Center, ou lignes E ou F, station 53rd St. Autrefois appelé le Museum of Broadcasting, ce lieu est plus un centre d'archives qu'un musée. Riche d'une collection de plus de 60 000 films et enregistrements radiophoniques, la bibliothèque est dotée d'un système de catalogage informatique qui permet de trouver et de sélectionner un programme dans une base de données, de le commander au bibliothécaire et de le visionner tranquillement sur l'une des 96 consoles de TV et de radio. Le musée organise également des projections à thèmes (consultez le programme au guichet de l'entrée). Ouvert les mardi, mercredi et vendredi au dimanche de 12h à 18h, le jeudi de 12h à 20h. Horaires prolongés jusqu'à 21h le vendredi pour les films. Prix conseillé 6 $, étudiants 4 $, personnes âgées et enfants de moins de 13 ans 3 $.

National Academy Museum, 1083 Fifth Ave. (369-4880), entre la 89th St. et la 90th St. Métro : lignes 4, 5 ou 6, station 86th St. Ce musée de l'académie nationale de design de New York fut fondé en 1825 avec l'objectif de promouvoir les "arts du design" (peinture, sculpture, architecture et gravure). La collection permanente se compose d'œuvres de grande qualité d'artistes américains (comme Winslow Homer, John Singer Sargent et Thomas Eakins pour le XIXe siècle, et pour la période contemporaine Isabel Bishop, Robert Rauschenberg, Robert Venturi et Philip Johnson). Des expositions temporaires retracent l'histoire du design américain et de ses influences européennes. Ouvert les mercredi, jeudi, samedi et dimanche de 12h à 17h, le vendredi de 12h à 20h. Entrée 5 $, personnes âgées, étudiants et enfants de moins de 16 ans 3,50 $. Entrée libre le vendredi de 17h à 20h.

MUSÉES

National Museum of the American Indian, 1 Bowling Green (668-6624), dans la US Customs House. Métro : lignes n° 4 et 5, station Bowling Green. Ce musée récemment ouvert présente un extraordinaire panorama des cultures précolombiennes. Destiné à faire connaître l'héritage des Indiens des deux Amériques, le fonds du musée rassemble plus d'un million de pièces acquises par la Smithsonian Institution au banquier G.G. Heye. Deux tiers de la collection provient des Indiens d'Amérique du Nord, un tiers d'Amérique du Sud, et certains objets datent du 4e millénaire avant J.C. Les expositions temporaires (créées à partir du fonds du musée), sont ordonnées par thèmes et non par tribu ou par région, et conçues par des Amérindiens et des historiens. Des expositions d'œuvres contemporaines d'artistes amérindiens sont également présentées, ainsi que des films et des conférences. Ouvert tous les jours de 10h à 17h. Entrée libre.

New Museum of Contemporary Art, 583 Broadway (219-1222), entre Prince et Houston St. Métro : lignes N ou R, station Prince, ou lignes B, D, F ou Q, station Broadway-Lafayette. Ce musée créé en 1977 accueille des artistes peu connus, et les œuvres présentées abordent généralement des questions polémiques : identité sexuelle, raciale ou ethnique, sida, etc. La plupart des expositions (une quinzaine par an) s'accompagnent de "Gallery Talks" (conférences) au cours desquelles les artistes sont présents. Ouvert du mercredi au vendredi et le dimanche de 12h à 18h, le samedi de 12h à 20h. Entrée 4 $, artistes, personnes âgées et étudiants 3 $, enfants de moins de 12 ans gratuit. Entrée libre le samedi de 18h à 20h.

New York City Fire Museum, 278 Spring St. entre Varick et Hudson St. (691-1303). Logé dans les bâtiments rénovés d'une ancienne caserne de pompiers, ce musée s'adresse à tous ceux qui, petits garçons, ont rêvé de devenir pompiers quand ils seraient grands. On y voit de tout, depuis les photos de sapeurs-pompiers locaux jusqu'aux anciennes voitures tirées par des chevaux. Le café du musée, qui offre de la musique *live* en plus des rafraîchissements, est ouvert le jeudi de 16h à 21h. Entrée adultes 4 $, étudiants et personnes âgées 2 $, enfants de moins de 12 ans 1 $. Ouvert du mardi au samedi de 10h à 16h, le jeudi jusqu'à 21h.

Old Merchants House, 29 E. 4th St. (777-1089), entre Lafayette St. et le Bowery. Métro : lignes n° 4, 5 ou 6, station Bleecker St. Remontez Lafayette St. sur 3 blocks vers le nord puis tournez à droite et parcourez encore 1 block. C'est la seule maison familiale datant du XIXe siècle (bâtie en 1832) à avoir préservé son mobilier d'époque. Elle conserve aussi des souvenirs de la famille Tredwell qui l'habita pendant un siècle. Ouvert du dimanche au jeudi de 13h à 16h ou sur rendez-vous. Entrée 3 $, personnes âgées et étudiants 2 $.

Parsons Exhibition Center, dans la Parsons School of Design, 2 W. 13th St. (229-8987), à hauteur de la Fifth Ave. Métro : lignes n° 4, 5, 6 ou lignes L, N, R, station 14th St. Expositions diverses, la plupart présentant les œuvres des étudiants et des enseignants (photographies, peintures et sculptures) de la fameuse école de design Parsons. Ouvert du lundi au samedi de 9h à 18h. Entrée libre.

Police Academy Museum, 235 E. 20th St. (477-9753), près de la Second Ave. Métro : ligne n° 6, station 23rd St. Situé au premier étage de l'école de police de New York. Collection hétéroclite d'objets délictueux comme de la fausse monnaie ou des armes à feu. Parmi elles, la mitraillette d'Al Capone. D'intimidants mannequins en uniforme jalonnent la visite, ainsi que d'anciens trophées remportés par les équipes sportives de la police. Ouvert du lundi au vendredi de 9h à 15h. Entrée libre.

Nicholas Roerich Museum, 319 W. 107th St. (864-7752, fax 864-7704), entre Broadway et Riverside Dr. Métro : lignes n° 1 ou 9, station 110th St. Ami et proche collaborateur de Stravinsky pour les *Ballets Russes* de Diaghilev, le peintre, philosophe, archéologue et slavophile Nicholas Roerich fonda une institution pédagogique destinée à promouvoir la paix dans le monde par le biais des arts. Situé dans une belle demeure ancienne, le musée expose les paysages peints par Roerich, ainsi que ses livres et ses pamphlets sur l'art, la culture et la philosophie. Le musée organise également des concerts tous les dimanches à 17h, d'octobre à mai. Ouvert du mardi au dimanche de 14h à 17h. Entrée libre.

Schomburg Center for Research in Black Culture, 515 Lenox/Malcolm X Ave. (491-2200), à hauteur de la 135th St., dans Harlem. Métro : ligne n° 2 ou 3, station 135th St. Cette annexe de la New York Public Library (bibliothèque de New York) possède l'une des plus importantes collections au monde de documents sur l'histoire et la culture noire. Des spectacles, débats et expositions sont organisés régulièrement (téléphonez pour connaître le programme, les billets pour les événements s'achètent dans la boutique de cadeaux). Ouvert du lundi au mercredi de 12h à 20h, du jeudi au dimanche de 10h à 18h. Entrée libre.

Abigail Adams Smith Museum, 421 E. 61st St. (838-6878), entre York Ave. et la 1st Ave. Métro : lignes n° 4, 5, 6, N ou R, station 59th St.-Lexington Ave. Cette demeure bâtie en 1799 est l'un des rares vestiges de l'époque à subsister dans New York. Aujourd'hui restaurée, elle se compose de huit salles remplies d'objets du XVIIIe et du XIXe siècle. Ouvert du mardi au dimanche de 11h à 16h. Entrée 3 $, étudiants et personnes âgées 2 $. Enfants de moins de 12 ans gratuit.

Studio Museum in Harlem, 144 W. 125th St. (864-4500), entre Adam Clayton Powell Jr. Blvd. et Lenox/Malcolm X Ave. Métro : lignes n° 2 ou 3, station 125th St. Fondé en 1967, à l'apogée de la Lutte pour les droits civils, ce musée a pour vocation de rassembler et d'exposer les œuvres d'artistes noirs (photographies, peintures et sculptures) classées en trois catégories : art noir-américain, peinture afro-antillaise et art et sculpture africains. Ouvert du mercredi au vendredi de 10h à 17h, les samedi et dimanche de 13h à 18h. Entrée 5 $, personnes âgées et étudiants 3 $, enfants 1 $. Entrée libre le mercredi pour les personnes âgées.

Ukrainian Museum, 203 Second Ave. (228-0110), entre la 12th St. et la 13th St. Métro : ligne L, station 3rd Ave. Ce minuscule musée expose des objets d'art populaire ukrainien de la fin du XIXe siècle et du début du XXe siècle et des expositions d'œuvres d'artistes new-yorkais d'origine ukrainienne. Des expositions sur l'artisanat de Noël et de Pâques et de nombreux cours de broderie, cuisine et fabrication de décorations de Noël ukrainiennes y sont également organisés. Ouvert du mercredi au dimanche de 13h à 17h. Entrée 1 $, personnes âgées et étudiants 50 ¢, enfants de moins de 12 ans gratuit.

Yeshiva University Museum, 185th St. (960-5390) à la hauteur d'Amsterdam Ave. Métro : lignes n° 1 ou 9, stations 181st ou 190th St. Expositions relatives à la communauté juive. Ouvert du mardi au jeudi de 10h30 à 17h, le dimanche de 12h à 18h, ou sur rendez-vous. Fermé en août. Entrée 3 $, personnes âgées et de moins de 17 ans 1,50 $.

MUSÉES

Galeries d'art

Les musées de New York abritent des œuvres d'art d'une valeur inestimable et organisent des expositions à succès. Mais c'est dans les galeries que se déroule la véritable vie artistique new-yorkaise. L'art contemporain naît, vit et meurt dans ces espaces. Les galeries d'art sont avant tout des boutiques, mais on peut fort bien s'y balader en prenant une mine de connaisseur. C'est d'ailleurs ce que font la plupart des visiteurs. Inutile toutefois d'en rajouter. Les directeurs savent distinguer du premier coup d'œil l'acheteur potentiel du simple badaud, et il y a peu de chances que, appartenant à la deuxième catégorie, vous soyez mis à la porte. Bref, les galeries offrent la possibilité de se cultiver gratuitement et vous auriez tort de vous en priver.

Commencez par vous procurer un exemplaire gratuit de *The Gallery Guide* dans n'importe quel musée ou galerie importante. On y trouve la liste des adresses, les numéros de téléphone et les horaires de quasiment tous les lieux d'exposition de la ville, ainsi que des plans vous permettant de vous orienter dans votre périple artistique. Les rubriques "Art" du magazine *New York* et "Goings On About Town" du *New Yorker* vous renseignent également sur les galeries.

SoHo est le quartier des galeries d'art par excellence (plus de quarante). Vous les trouverez principalement le long de Broadway Ave. entre Houston St. et Spring St. Les autres adresses sont sur **Madison Ave.**, entre 70th St. et 84th St. et sur **57th St.**, entre Fifth Ave. et Sixth Ave. La plupart des galeries sont ouvertes du mardi au samedi de 10h ou 11h à 17h ou 18h. Renseignez-vous bien car, en été, elles sont souvent fermées le samedi et certaines d'entre elles ne peuvent être visitées que sur rendez-vous de fin juillet à début septembre (ces rendez-vous s'adressent en général aux acheteurs potentiels sérieux).

Nombreuses sont les galeries qui inaugurent leurs expositions par un vernissage très chic. S'il est ouvert au public, c'est une bonne occasion de déguster les fameux *wine and cheese* (fromage servi avec un verre de vin), si prisés de l'autre côté de l'Atlantique, et d'évoluer au milieu de la *jet set* new-yorkaise (consultez *The Village Voice*, *The New Yorker*, et *The New York Press*). Si vous avez la chance de tomber sur une exposition en cours de préparation, vous pouvez apprendre comment les décorateurs choisissent les emplacement des œuvres d'arts dans la galerie.

■ SoHo

Les temps sont durs, même pour les artistes de SoHo. Beaucoup de galeries ferment faute de clients. Mais elles sont immédiatement remplacées par des nouvelles. En fait, ouvertures et fermetures se succèdent à un rythme effrayant. Pour survivre, les galeries se voient obligées de faire du commercial (quelle horreur !). Elles appellent cela l'art *"bread and butter"* : il est plus facile de vendre un paysage assorti au canapé du salon ou encore un magnifique coucher de soleil qui rappelle les vacances au Club Med qu'une cuisse de grenouille en plexiglas de cinq mètres de haut. Bref, l'objectif est de convaincre l'acheteur potentiel de mettre la main au porte-monnaie. L'art *"bread and butter"* remplace ainsi l'art d'avant-garde dans les rez-de-chaussée des galeries commerciales le long de West Broadway. Ayez la curiosité de jeter un coup d'œil au premier ou au deuxième étage. Vous y découvrirez normalement un art un peu plus expérimental. Toutes les galeries bien sûr ne se ressemblent pas, faites votre choix :

Holly Solomon Gallery, 172 Mercer (941-5777), sur Houston St. Cette institution matriarcale de SoHo est un excellent endroit pour commencer le tour des galeries de downtown. Trois ou quatre artistes exposent en permanence dans cet espace à plusieurs étages qui offre au novice un aperçu accessible de l'art d'avant-garde. On peut y voir, entre autres, de la vidéo, du graphisme, de la photographie... A l'inverse des autres galeries, Solomon's a le sens de l'humour. William Wegman et Nam tune Paik, deux artistes contemporains aux œuvres parfois difficiles à cerner, y exposent. Ouvert de septembre à juin du mardi au samedi de 10h à 18h, en juillet-août du mardi au vendredi de 10h à 17h.

Mary Boone, 417 W. Broadway (752-2929). De l'art très, très, très contemporain, avec de grands noms comme Barbara Krueger et Richard Artschwager. Sans doute la galerie la plus typique de SoHo. Ouvert du mardi au samedi de 10h à 18h.

Pace Gallery, 142 Greene St. (431-9224), entre Prince et Houston. Cette célèbre galerie possède deux adresses en ville. Celle de SoHo se compose de deux vastes salles qui exposent le travail de grands artistes tels Julian Schnabel et Claes Oldenburg. Les expositions tournent tous les mois dans ce lieu clé de l'art mondial. Ouvert du mardi au samedi de 10h à 18h, et de juin à août du mardi au vendredi de 10h à 18h.

Sonnabend, 420 W. Broadway (966-6160). Cette grande galerie présente des tableaux d'artistes contemporains américains et européens réputés parmi lesquels Jeff Koons, John Baldessari et Robert Rauschenburg. Ouvert du mardi au samedi de 10h à 18h. Uniquement sur rendez vous en juillet-août.

Gagosian, 36 Wooster St. (228-2828). L'art dans tous ses états. La galerie accueille les *happenings* médiatiques de Damien Hirst qui mêle art britannique et pop anglaise hyperbranchés. Hirst s'est rendu célèbre entre autres par ses expositions "gore" de bétail disséqué. Dans votre circuit des galeries, ne manquez pas Gagosian. Il y a toutes les chances que vous trouviez cela "amusant". Ouvert du mardi au samedi de 10h à 18h. Fermé en août.

David Zweirner, 43 Greene St. (966-9074), sur Grand St. Une petite galerie qui monte des expositions élégantes et de qualité autour d'un seul artiste. C'est souvent une réussite. Certains disent que les plus belles œuvres d'art contemporain du marché se retrouvent accrochées aux murs de la galerie Zweirner : à vous de juger. Ouvert du mardi au samedi de 10h à 18h, fermé le samedi en juillet.

Feature, 76 Greene St. (941-7077), deuxième étage. Sélection d'art contemporain audacieuse et de qualité. N'oubliez pas la salle d'exposition un peu à l'écart à l'arrière de la galerie. Ouvert en juillet-août du mardi au vendredi de 10h à 17h, de septembre à mai du mardi au vendredi de 10h à 18h.

Gavin Brown's Enterprise, 558 Broome St. (431-1512), juste à l'ouest de 6th Ave. Cette minuscule galerie est spécialisée dans l'art contemporain un brin déjanté : artistes japonais, Steve Pippen (un artiste très branché salle de bains) et autres œuvres d'art *"ubercontemporain"*. Lorsqu'on atteint un tel degré dans l'abstrait, on se demande si l'art est encore de l'art : le pourcentage d'*artwork-to-crap* est beaucoup plus élevé que dans la plupart des galeries. Ouvert du mercredi au samedi de 12h à 18h. En été, téléphonez avant de vous déplacer.

Exit Art, 548 Broadway (466-7745), entre Prince St. et Spring St., au deuxième étage. Un espace résolument "trans" : "transculturel" et "transmédiatique", absolument pas commercial, qui présente des tentatives plus ou moins heureuses dans le traitement de l'art visuel, du théâtre, du film et de la vidéo. Le Café Cultura, ouvert les vendredi et samedi de 12h à 20h, vous permet de vous cultiver tout en buvant une bière (3 $). Ambiance branchée et très prisée par la jeunesse new-yorkaise. Ouvert du mardi au jeudi de 10h à 18h, vendredi de 10h à 20h, samedi de 11h à 20h. Fermé en août.

American Primitive, 594 Broadway (966-1530), au premier étage. Ce petit espace n'expose que les travaux d'artistes américains autodidactes des XIXe et XXe siècles, en mettant l'accent sur les œuvres contemporaines. Les sculptures et les peintures vont de représentations colorées et naïves de villes à des travaux de style artisanal. Cette galerie qui clame haut et fort son indépendance face au milieu artistique devient branchée à force de ne pas vouloir l'être. Ouvert du lundi au samedi de 11h à 18h, fermé le samedi en juillet-août.

Drawing Center, 35 Wooster St. (219-2166). Cette galerie non commerciale est spécialisée dans les œuvres sur papier. On peut y voir des œuvres anciennes et contemporaines. Une sorte de havre de paix : les dessins reposent les yeux fatigués de l'extravagance et du spectacle agité des rues de SoHo. Ouvert les mardi, jeudi et vendredi de 10h à 18h, mercredi de 10h à 18h, samedi de 11h à 18h.

Artists Space, 38 Greene St. (226-3970), sur Grand St., au troisième étage. Autre galerie non commerciale et décontractée. Toute l'année, des représentations incluant du théâtre expérimental et de la vidéo, ainsi que des expositions de sculptures s'y déroulent. L'une des rares salles qui offre aux artistes indépendants et non "pistonnés" la chance d'exposer. Ouvert du mardi au samedi de 10h à 18h. Fréquentes animations le soir. Appelez pour avoir le programme.

Stuart Levy Gallery, 588 Broadway (941-0009), troisième étage. Cette vaste galerie qui présente des expositions consacrées à un ou plusieurs artistes est spécialisée dans les œuvres utilisant les médias actuels, dont la photographie. Ouvert du mardi au samedi de 10h à 18h et sur rendez-vous de septembre à juin.

Printed Matter, Inc., 77 Wooster St. (925-0325). Ici, le but est de révolutionner le concept du "livre". Cette librairie/galerie non commerciale réunit des livres et des magazines illustrés par les meilleurs artistes sur le marché. Elle établit une liste impressionnante de conférences (*lectures*) chaque jour de l'année. Des artistes connus dans SoHo tels que John Baldessari, Barbara Krueger, Cindy Sherman, et Kiki Smith exposent ici, mais c'est le souci d'exposer aussi des ouvrages d'artistes inconnus qui rend la galerie si intéressante. Expositions temporaires et permanentes, toujours gratuites, toujours passionnantes. Ouvert du mardi au vendredi de 10h à 18h, samedi de 11h à 19h.

■ Upper East Side

M. Knoedler & Co., Inc., 19 E. 70th St. (794-0550). Cette galerie, l'une des plus anciennes et respectées de la ville, expose des expressionnistes abstraits tels que Olitski et Motherwell. Récemment, les tendances contemporaines ont infiltré cette vénérable institution qui monte désormais des expositions telles que "Robert Rauschenberg : Bicyclords, Urban Bourbons & Eco-Echo." Ouvert du lundi au vendredi de 9h30 à 17h.

Hirschl and Adler Galleries, 21 E. 70th St. (535-8810), entre Fifth Ave. et Madison Ave. Grande variété d'œuvres américaines et européennes du XVIIIe au XXe siècle. Ouvert du lundi au vendredi de 9h30 à 16h45. La galerie **Hirschl and Adler Modern** se trouve à l'étage.

Jane Kahan Gallery, 922 Madison Ave. (744-1950), entre 73rd St. et 74th St. Galerie spécialisée dans les grands artistes du XIXe et du XXe siècle comme Chagall, Arp, Calder, Matisse et Renoir. A voir : une collection de céramiques de Picasso. Ouvert du mardi au samedi de 10h à 18h.

Thomson Studio Gallery, 19 E. 75th St. (249-0242), entre Fifth Ave. et Madison Ave. L'intérêt de cet établissement réside dans ses peintures et ses sculptures américaines de la fin du XIXe et du début du XXe siècle, parmi lesquelles figurent certaines œuvres de l'école de Salmagundi. Ouvert du lundi au vendredi de 9h30 à 17h.

■ 57th Street

Fuller Building, 41 E. 57th St., entre Madison Ave. et Park Ave. Cet élégant bâtiment style Art déco abrite 12 étages de galeries dont celles de grands spécialistes de l'art contemporain comme Robert Miller, André Emmerich, et Susan Sheehan. On y trouve aussi des collectionneurs d'œuvres anciennes tels que Frederick Schultz ainsi que plusieurs galeries d'art moderne. **André Emmerich Gallery** (752-0124) présente des œuvres contemporaines majeures de Hockney et Al. La plupart des galeries du bâtiment sont ouvertes du lundi au samedi de 10h à 18h, mais renseignez-vous car les horaires sont très variables. D'octobre à mai, la plupart sont fermées le lundi.

Marlborough Gallery, 40 W. 57th St. (541-4900), entre Fifth Ave. et Sixth Ave. Grande diversité de formes d'expression parmi lesquelles des peintures, des œuvres composites et des sculptures d'artistes du monde entier. Artistes de renom comme Red Grooms, John Davies, et Marisol. Ouvert du lundi au samedi de 10h à 17h30.

Pace Gallery, 32 E. 57th St. (421-3292). Quatre étages consacrés à la promotion de formes artistiques très disparates. **Pace Galery** est spécialisée dans la peinture, la sculpture et le dessin, **Pace Editions** dans l'édition ancienne et actuelle, **Pace MacGill** dans la photographie et **Pace Primitive** dans l'art africain. Ouvert du mardi au vendredi de 9h30 à 17h30, samedi de 10h à 18h.

Sidney Janis Gallery, 110 W. 57th St. (586-0110), entre Sixth Ave. et Seventh Ave., au 6ᵉ étage. Cette galerie dresse une rétrospective des différents courants artistiques, du cubisme au minimalisme, avec les œuvres de Kooning, Gorky, Gottlieb, Pollock et Rothko. Elle réunit aussi ses artistes fétiches dans le cadre d'expositions conceptuelles d'envergure comme le récent *American Homage to Matisse* où figuraient, entre autres, les travaux de Avery, Kelly, et Lichtenstein. Ouvert du mardi au samedi de 10h à 17h30. Fermé en juillet-août.

GALERIES D'ART

Sorties et spectacles

Bien que toujours exaltante et sans conteste incomparable, New York ne donne vraiment toute sa mesure qu'à la nuit tombée. Des lumières éblouissantes de Times Square à l'atmosphère sombre et enfumée d'un bar de Greewich Village ou de SoHo, le visiteur de Big Apple ne sait plus où donner de la tête. Il y a mille façons d'occuper la nuit : assister à un spectacle, écouter du jazz, dîner jusqu'au bout de la nuit, ou pourquoi pas se faire tatouer. Rien de plus grisant que de rentrer chez soi en taxi à 4h30 du matin en traversant les rues désertes, toutes vitres baissées. Cette ville ne dort jamais et, au moins pour quelques nuits, imitez-la.

Dans l'éventail impressionnant des sorties et des activités culturelles de la ville, choisir un bar ou un spectacle n'est jamais une mince affaire. Les théâtres, les salles de spectacle, les clubs, comme les centaines d'autres lieux indépendants qui participent à l'hégémonie culturelle de New York aux Etats-Unis, luttent sans merci pour gagner les faveurs du public et la considération de la critique. Let's Go établit ici la liste des lieux incontournables, mais ne négligez pas les sources d'informations locales pour profiter des exclusivités du moment. Un grand nombre de quotidiens, d'hebdomadaires ou de mensuels publient une sélection de programmes des spectacles et des activités nocturnes. Vous pouvez consulter par exemple les magazines *New York*, *Village Voice*, et *The New York Times* (en particulier l'édition du dimanche). L'aperçu le plus complet de la scène théâtrale et cinématographique se trouve dans le *New Yorker*. Le programme mensuel *Free Time* (1,25 $) répertorie les manifestations culturelles gratuites de Manhattan. Vous pouvez appeler l'**entertainment hotline** (la ligne d'information des loisirs) du NYC Parks Department (360-3456, 24h/24) pour avoir des tuyaux sur l'actualité des spectacles se déroulant dans les parcs de la ville. Appelez **NYC/ON STAGE** (768-1818) pour obtenir une liste complète des spectacles de danse, de musique, de théâtre, d'art et de tout autre événement qui a lieu chaque semaine. Renseignez-vous aussi auprès de **765-ARTS** (765-2787), qui dresse la liste des manifestations musicales, théâtrales, artistiques et autres, dans plus de 500 lieux.

■ Théâtre

Broadway connaît actuellement une sorte de renaissance. Les places se vendent comme des petits pains, même si les comédies musicales grand public ne méritent pas toujours le succès qu'elles rencontrent. Les productions anciennes comme *Showboat* et *Grease* sont très populaires et les billets difficiles à obtenir. Les mordus de théâtre ont intérêt à se rabattre sur les nombreux spectacles "Off-Broadway" (en dehors de Broadway) ou "Off-Off Broadway", moins chers et moins commerciaux.

Le *New Yorker* décrit brièvement et non sans talent les spectacles à l'affiche. Vous pouvez aussi consulter *The New York Times*. Pour avoir la liste des spectacles de Broadway, mais aussi des spectacles Off-Broadway et Off-Off Broadway, feuilletez *Listings*, un guide hebdomadaire sur les sorties à Manhattan (1 $). **The Broadway Line** (563-2929) est une messagerie vocale interactive qui vous renseigne sur le contenu, les horaires et le prix des places pour tous les genres de spectacles. Elle dirige votre appel vers un service de billetterie pour l'achat des places. Pour obtenir des informations sur les représentations et la disponibilité des places, vous pouvez appeler la **ligne NYC/ON STAGE** au 768-1818. Si vous contactez la **Arts Hotline** (956-2787) du NYC Department of Cultural Affairs (les Affaires culturelles de la ville), vous aurez quelqu'un au bout du fil pour répondre à vos questions (ouvert du lundi au vendredi de 9h à 17h).

Les billets pour les spectacles de Broadway peuvent souvent dépasser 50 $ mais il existe cependant de nombreux moyens de faire des économies. Certains théâtres ont récemment institué des places à 15 $ situées dans les dernières rangées du balcon. Comme vous vous en doutez, elles sont difficiles à se procurer. **TKTS** (768-

1818, messagerie vocale) vend des billets à moitié prix pour de nombreux spectacles de Broadway et pour certains grands spectacles Off-Broadway, le jour même de la représentation. Le kiosque se trouve au milieu de Duffy Square (dans la partie nord de Times Square, à l'angle de la 47th St. et de Broadway Ave.). Un tableau en début de file indique les spectacles pour lesquels il est possible d'acheter des places. Vous devez payer une commission de 2,50 $ par billet. Vous ne pouvez payer qu'avec de l'argent liquide ou des chèques de voyage. (Billets en vente du lundi au samedi de 15h à 20h pour la représentation du soir, les mercredi et samedi de 10h à 14h pour les matinées, et le dimanche de 12h à 20h pour les matinées et les représentations du soir.) La queue est parfois longue et peut faire plusieurs fois le tour de la placette, mais elle avance assez vite. Pour évitez cet inconvénient, arrivez avant l'heure de la mise en vente. Les files sont souvent moins longues au centre-ville, où TKTS détient une petite agence située sur la mezzanine de 2 World Trade Center (guichet ouvert du lundi au vendredi de 11h à 17h30, le samedi de 11h à 15h30, les billets pour les matinées le dimanche sont en vente le samedi).

Vous pouvez bénéficier de réductions avec la formule **"twofers"** (c'est-à-dire deux billets pour le prix d'un) en vente dans les librairies, les bibliothèques et au New York Visitors and Convention Bureau. Elle concerne généralement les vieux spectacles à succès de Broadway, à l'affiche depuis longtemps.

Les réservations de billets plein tarif peuvent se faire par téléphone et être réglées par carte de crédit en contactant **Tele-Charge** (239-6200, 24h/24) pour les spectacles de Broadway, **Ticket Central** (279-4200, ouvert tous les jours de 13h à 20h) pour les autres, et **Ticketmaster** (307-7171, 24h/24) pour toutes les catégories de spectacle. Ces trois services prenant une commission sur chaque billet vendu, pensez à vous renseigner avant sur les tarifs. Vous pouvez éviter ces commissions en achetant vos places directement aux guichets de location.

Le fameux festival **Shakespeare in the Park**, fondé par le même Joseph Papp qui monta le Joseph Papp Public Theater (voir plus bas), est une tradition estivale new-yorkaise à laquelle pratiquement tout le monde en ville a assisté (ou tenté d'assister). A partir de fin juin et pendant tout le mois d'août, deux pièces de Shakespeare sont données au Delacorte Theater de Central Park, dont l'entrée est située près de la 81st St. à Upper West Side, juste au nord de la rue transversale 79th St. (861-7277 ou 598-7100). Le grandiose amphithéâtre en plein air donne sur Turtle Pond. Les productions haut de gamme et l'opportunité de jouer Shakespeare sur une remarquable scène à ciel ouvert attirent ici les plus grands acteurs. Parmi les spectacles récents, on peut citer *Richard III* avec Denzel Washington, *Othello* avec Christopher Walken, et *La Tempête* avec Patrick Stewart. Kevin Kline (*Un poisson nommé Wanda*) est le directeur artistique du festival. Pour avoir des places gratuites, il faut faire la queue au Delacorte Theater. (Billets disponibles à partir de 13h. Essayez d'être sur place vers 11h30. Egalement au Public Theater au 425 Lafayette St. au centre-ville. Deux billets au maximum par personne. Les portes s'ouvrent du mardi au dimanche à 19h30. La représentation débute à 20h.)

Pendant des années, le **Joseph Papp Public Theater**, 425 Lafayette St. (598-7150), fut étroitement lié à son fondateur, grand metteur en scène et enfant chéri de la ville (mort en 1991). Les six théâtres regroupés ici présentent une grande variété de spectacles. Récemment, s'est tenu ici une sorte de marathon shakespearien, exténuante rétrospective de toutes les pièces de l'auteur jusqu'à *Timon d'Athènes* (prix des billets entre 15 et 35 $). Pour chaque production, environ un quart des places du Public Theater sont vendus le jour même et ne coûtent que 10 $ (à partir de 18h pour les représentations en soirée et à partir de 13h pour les matinées). La ville peut s'enorgueillir de posséder la plus grande variété de théâtres ethniques du pays. Le **Repertorio Español**, dans l'enceinte du Gramercy Arts Theater, au 138 E. 27th St. (889-2850), présente de nombreuses pièces en espagnol (billets de 15 à 20 $). La **Negro Ensemble Company** (575-5860) loue des espaces pour monter des pièces écrites et jouées par des Noirs américains (billets de 15 à 20 $). Le **Pan Asian Repertory Theater** (245-2660), dans l'église St Clements à Playhouse 46, 423 W. 46th St., est le plus grand théâtre américano-asiatique des

Etats-Unis. Le Irish Arts Center, au 553 W. 51st St. (757-3318), présente des classiques et des œuvres contemporaines irlandaises ainsi que des pièces americano-irlandaises (billets de 20 à 25 $).

New York est le lieu de naissance d'un mode d'expression hybride difficile à appréhender, appelé **"performance art"**, un mélange de solo d'acteur, de commentaire politique, de monologue théâtral et de vidéo (exemple : des individus sur scène se frappant la tête avec des morceaux de viande). Le célèbre festival **Next Wave festival** de la Brooklyn Academy of Music est spécialisé dans les *performance art*, tout comme les lieux suivants de Manhattan : **The Kitchen**, au 512 W. 19th St. (255-5793), **Franklin Furnace**, au 112 Franklin St. (925-4671), **Performance Space 122 (P.S. 122)**, au 150 1st Ave. (477-5288) et le **Theater for the New City**, au 155 1st Ave. (254-1109). **La Mama**, au 74a E. 4th St. (254-6468), le plus vénérable de tous, a lancé Sam Shepard.

Attention cependant si vous ne parlez pas parfaitement anglais. Les numéros d'acteur incluent généralement beaucoup d'argot et de références culturelles spécifiquement américaines. De plus, le débit est parfois tellement rapide que l'obstacle de la langue peut devenir insurmontable.

BROADWAY

La plupart des théâtres de Broadway sont situés au nord de Times Square, entre la 8th Ave. et Broadway Ave. et les rues qui les relient. Ils ne sont ouverts que lorsqu'un spectacle s'y joue et la majeure partie d'entre eux ne possède pas de numéro de téléphone. Appelez **Ticketmaster** (307-4100) ou l'une des lignes d'informations citées plus haut. Vous pouvez aussi consulter les journaux.

Ambassador Theater, 219 W. 49th St., entre Broadway Ave. et la 8th Ave. Ce théâtre fut construit sur un plan incliné. Spencer Tracy interpréta ici *The Last Mile* en 1930. Dans *The Straw Hat Revue* (1939), Danny Kaye, Jerome Robbins et Imogene Coca parodièrent les spectacles de Broadway, anticipant ainsi le futur *Forbidden Broadways*. Le théâtre donne actuellement un spectacle à grand succès mêlant claquettes et rap, *Bring in da Noise, Bring in da Funk,* (ramène le bruit, ramène le funk !) qui a remporté quatre Tony awards, les Oscars du théâtre décernés à Broadway (voir A l'Affiche, p. 333). Billets de 20 à 67,50 $.

Belasco Theater, 111 W. 44th St., entre la 6th Ave. et la 7th Ave. Ce théâtre fut fondé en 1907 par David Belasco, extraordinaire metteur en scène qui jouait, concevait les décors et assurait la direction du théâtre, avec une foi inébranlable dans le spectacle. Il équipa l'endroit d'une scène surélevée pouvant être rabaissée lors des changements de décors et d'un ascenseur pour lui permettre d'accéder des coulisses à ses appartements. En 1935, le légendaire Group Theater monta au Belasco le *Awake and Sing* de Clifford Odet. Le Group Theater fut la troupe la plus engagée sur le plan politique qu'ait jamais connu Broadway. Quarante ans plus tard, c'est ici que devait s'exprimer la revue très dénudée *Oh ! Calcutta !,* la plus engagée sur le plan des mœurs.

Booth Theater, 222 W. 45th St., entre Broadway Ave. et la 8th Ave. En 1913, le décorateur Herd habilla dans le style du Quatrocento italien ce théâtre, modernisé en 1979 par Melanie Kahane. C'est ici que fut lancé *You Can't Take It With You* de Kaufman et Hart, ainsi que *Blithe Spirit* de Noel Coward. Le poétique *For Colored Girls Who Have Considered Suicide When the Rainbow is Enuf* de Ntozake Shange dura 742 représentations. Parmi les productions récentes, on peut citer *Having Our Say*, l'autobiographie de femmes noires américaines du siècle dernier. Billets de 15 à 49,50 $.

Broadhurst Theater, 235 W. 44th St., entre Broadway Ave. et la 8th Ave. Ce théâtre fut conçu en 1917 par Herbert J. Krapp, l'homme qui produisit des théâtres en série au début du siècle. En 1935, Helen Hayes consacra l'endroit grâce à sa prestation légendaire dans *Victoria Regina*. C'est dans ce lieu que furent montés *Grease* ainsi que *Godspell*. A la première américaine d'*Amadeus,* Ian McKellan jouait le rôle de

Salieri, Tim Curry incarnait Mozart et Jane Seymour, Constance. Patrick Stewart a rangé son uniforme de Star Trek les deux étés passés pour jouer seul sur scène le classique *A Christmas Carol* de Dickens. Le plus grand succès récent a été *Kiss of the Spider Woman* (Baiser de la femme araignée) avec Vanessa Williams, qui remporta sept Tony awards en 1993, dont celui de la meilleure comédie musicale.

Broadway Theater, 1681 Broadway, entre la 52nd St. et la 53rd St. Cet ancien cinéma construit en 1924 jouit d'une capacité impressionnante de 1 765 places. Le premier spectacle que ce théâtre produisit, *The New Yorkers* de Cole Porter et Herbert Fields, ne resta à l'affiche que 20 semaines (difficile de vendre des places à 5,50 $ pendant la Grande Dépression). Pendant la Seconde Guerre mondiale, les recettes de spectacles tels que *This Is the Army* de Irving Berlin, dans lequel l'auteur lui-même faisait une brève apparition, permirent de financer la fondation caritative Emergency Relief. Oscar Hammerstein monta une version jazz de *Carmen* avec une distribution entièrement noire américaine. Quelques spectacles d'opéra et de danse plus tard, la scène accueillit une autre comédie musicale, *Mr. Wonderful*, avec Sammy Davis Junior et Senior. Se succédèrent ici *The Most Happy Fella*, *The Body Beautiful*, Les Ballets de Paris, la troupe de danse russe Beriozhka et le Old Vic se déplaça pour jouer Shakespeare. Plus tard, Ethel Merman redonna un second souffle à la comédie musicale avec *Gypsy*. En 1972, *Fiddler on the Roof* acheva sa carrière au Broadway Theatre avec 3 242 représentations, un record sans précédent. Harold Prince fit revivre le *Candide* de Leonard Bernstein dans une mise en scène labyrinthique et avec des places assises installées sur plusieurs niveaux. Il monta ensuite *Evita*. Anthony Quinn joua dans une reprise de *Zorba le Grec*. Plus récemment, en 1996, le théâtre a accueilli *Miss Saigon* qui, au bout de six années de représentation, remporte toujours un vif succès (billets de 15 à 70 $).

Brooks Atkinson Theatre, 256 W. 47th St. (719-4099), entre Broadway Ave. et la 8th Ave. Ce théâtre fut conçu en 1926 comme le Mansfield, par le prolifique architecte Herbert J. Krapp. En 1930, la première de *The Green Pastures*, qui mettait en scène des Noirs du Sud transposés dans des épisodes de l'Ancien Testament, fut monté ici. Le spectacle se prolongea pendant 640 représentations et remporta le Prix Pulitzer. Le révolutionnaire *The Cradle Will Rock* de Marc Blitzstein fut inauguré pendant la mémorable tempête de neige du 26 décembre 1 947. Dans les années 50, le théâtre, qui traversait une période difficile, servit de plateau de télévision. En 1960, il prit le nom du critique de théâtre du *New York Times*, Brooks Atkinson, qui venait de prendre sa retraite. *Des Souris et des hommes* de John Steinbeck trouva ici une nouvelle jeunesse avec James Earl Jones dans le rôle de Lenny. Ellen Burstyn et Charles Grodin s'illustrèrent dans *Same Time, Next Year* pendant 1 453 représentations. Ces derniers temps, *She Loves Me* était à l'affiche.

Circle in the Square Theatre, sur W. 50th St., entre Broadway Ave. et la 8th Ave. De forme ronde, ce charmant édifice est un nid de productions shepardiennes. Construit sur le même modèle, en moitié moins grand, que le Circle in the Square Downtownw, il fut inauguré en 1972 avec *Mourning Becomes Elektra*. La scène circulaire était recouverte de sable dans la pièce de Tina Howe, *Coastal Disturbances*, et traversée de fils à linge dans *Sweeney Todd*. De nombreuses pièces de Molière y sont également montées.

Cort Theater, 138 W. 48 St., entre la 6th Ave. et la 7th Ave. Bâti dans le style Louis XVI avec un hall en marbre de Pavanozza, ce théâtre a une capacité de 999 places. Katherine Hepburn y fit ses débuts en 1928 dans *These Days*. La pièce s'arrêta au bout d'une semaine mais l'actrice revint dans les années 50 avec beaucoup plus de succès dans *As You Like It*. Grace Kelly fit aussi ses débuts à Broadway dans ce théâtre. En été 1995, on jouait *The Heiress*, une pièce d'après le *Washington Square* de Henry James qui a remporté un Tony award.

Ethel Barrymore Theater, 243 W. 47th St., entre Broadway Ave. et la 8th Ave. En 1927, l'actrice adulée jouait une pièce de Maugham dans un autre théâtre lorsque Zoe Atkins lui promit que les Shubert lui construiraient un théâtre si elle acceptait de se produire dans une pièce intitulée *The Kingdom of God*. Ethel Barrymore accepta et le théâtre porte aujourd'hui son nom. Alfred Lunt, Lynn Fontanne et Noel

Coward s'illustrèrent dans *Design for Living*, de Coward. Décrite comme "une bouilloire de venin" par Brooks Atkinson, la pièce quelque peu caustique de Claire Booth Luce, *The Women*, dans laquelle jouaient 40 actrices, se prolongea pendant 657 représentations. En 1947, *Un tramway nommé désir*, avec Jessica Tandy et Marlon Brando, fut programmé ici, tout comme *Raisin in the Sun*, de Lorraine Hansbery, avec Sydney Poitier. En 1996, on jouait *An Ideal Husband* d'Oscar Wilde. Billets de 30 à 55 $.

Eugene O'Neill Theater, 230 W. 49th St., entre Broadway Ave. et la 8th Ave. Ce théâtre, initialement appelé Forrest Theater, fut conçu en 1925 par l'architecte Krapp dans le style anglais classique. En 1959, il prit le nom de l'auteur dramatique irlandais Eugene O'Neill, mort en 1953. *All My Sons* et *A View From the Bridge* d'Arthur Miller furent montés ici. Quantité de comédies musicales se sont succédé, suivies de nombreuses pièces de Neil Simon et d'œuvres plus sombres. Récemment, Marla Maples, la seconde épouse de Donald trump, a été la vedette de *The Will Rogers Follies*. Remonté en 1994, *Grease* est toujours à l'affiche et c'est un hit ! Pour promouvoir cette comédie musicale, l'extérieur du théâtre fut peint en rose fluo et couvert de graffitis noirs. Billets de 30 à 67,50 $.

Gershwin Theater, sur W. 50th St. (586-6510), entre Broadway Ave. et la 8th Ave. Style "neo-Art nouveau". Le théâtre ouvrit en 1972 sous le nom de Uris, et accueillit les spectacles *Porgy and Bess*, *Sweeney Todd* et *The Pirates of Penzance*, qui passa l'été à Central Park. C'est ici que furent de nouveau joués *The King and I* et *Mame*. La reprise monumentale de *Showboat* doit encore être à l'affiche.

Golden Theater, 252 W. 45th St., entre Broadway Ave. et la 8th Ave. Ce théâtre fut conçu par Krapp et commandé par les frères Chanin, metteurs en scène prodiges qui souhaitaient que cet espace de 800 places accueillît des œuvres intimistes. *Angel Street*, une pièce étrange de Victoriana qui n'était programmée que pour trois représentations, fut jouée 1 293 fois (3 x 431). Un certain nombre de revues de music-hall se succédèrent avec des vedettes comme Mike Nichols et Elaine May, Yves Montand, et enfin des artistes tels que Peter Cook et Dudley Moore dans *Beyond the Fringe*. Billets de 35 à 75 $.

Helen Hayes Theater, 240 W. 44th St. (944-9450), entre Broadway Ave. et la 8th Ave. Ce théâtre ouvrit en 1912 avec une capacité de seulement 299 places, ce qui lui valut le nom de *Little Theatre*. Destiné au départ à accueillir des œuvres intimistes et non commerciales, il ne fit pas recette et dut fermer. Il fut transformé en New York Times Hall de 1942 à 1959 et abrita un studio de télévision de la chaîne ABC de 1959 à 1963, avant d'accueillir pour plusieurs années la comédie *Gemini* puis *Torch Song Trilogy*, qui remporta un Tony award.

Imperial Theater, 249 W. 45th St., entre Broadway Ave. et la 8th Ave. Construit en 1923, ce théâtre entra dans la cour des grands avec *Oh, Kay !* de Gershwin (textes de P.G. Wodehouse et Guy Bolton). Rodgers et Hart, avec George Abbot, réussirent la synthèse entre la comédie américaine et les ballets russes dans *On Your Toes*, grand succès de 1935. *Leave It* de Cole Porter introduisit Mary Martin et un jeune choriste nommé Gene Kelly sur la scène de Broadway. Martin revint dans *One Touch of Venus*, fruit de la collaboration inattendue de Kurt Weill, S. J. Perelman et Ogden Nash. Ethel Merman prouva dans *Annie Get Your Gun* que *"There is no business like show business"*. La première de *Fiddler on the Roof* eut lieu ici le 22 septembre 1964. *Cabaret* fut joué brièvement et fut suivi par *Zorba* puis par *Minnie's Boys*, une comédie musicale sur les Marx Brothers. *Les Misérables* arrachent les larmes des spectateurs depuis 1990 et le spectacle continue toujours... (billets de 15 à 70 $).

Lunt-Fontanne Theater, 205 W. 46th St. (575-9200), entre Broadway Ave. et la 8th Ave. Il fut construit en 1910 sous le nom de Globe. Carrière et Hastings aménagèrent la salle qui comporte une coupole ovale, amovible par beau temps. Fanny Brice brilla en 1921 dans *Ziegfeld Follies*. *No, No, Nanette*, dans laquelle figure la chanson *Tea for Two*, fit un véritable tabac dans les années 20. Le Globe éteignit ses feux pendant la Grande Dépression, puis devint une salle de cinéma. En 1957, la City Investing Company le répara et le baptisa du nom du talentueux couple d'acteurs

Alfred Lunt et Lynn Fontanne. Le théâtre rénové accueillit de nouvelles comédies musicales comme *The Sound of Music* et *The Rothschilds*, ainsi que les reprises de *A Funny Thing Happened on the Way to the Forum* et de *Hello, Dolly !* Sandy Duncan incarna ici Peter Pan.

Lyceum Theater, 149 W. 45th St., entre la 6th Ave. et la 7th Ave. Ce théâtre, le plus ancien du lot, imaginé par Herts et Tallant en 1903, est surmonté d'une tour de dix étages avec des boutiques panoramiques, des studios en bois et quantité de loges. Il fut sur le point d'être démoli en 1939, mais les dramaturges George S. Kaufman et Moss Hart se cotisèrent avec quelques amis et le rachetèrent en 1940 pour le revendre à la Shubert Organization cinq ans plus tard. *Born Yesterday*, avec Judy Holliday, débuta ici en 1946. Tout droit venu d'Angleterre, *Look Back in Anger* déclencha un raz de marée populaire en 1957. En 1980, *Morning's at Seven,* qui avait fait un flop en 1939, fut repris et récompensé par un Tony award.

Majestic Theater, 247 W. 44th St., entre Broadway Ave. et la 8th Ave. C'est le plus grand théâtre "sérieux" du quartier et le dernier de l'ancienne chaîne des frères Chanin. C'est ici que furent inaugurés *Carousel*, l'éphémère *Allegro*, et *Sud Pacific* (1 925 représentations) de Rodgers et Hammerstein. *Camelot*, avec Julie Andrews et Richard Burton, enchanta Broadway pendant 873 représentations. Aujourd'hui, le *Phantom of the Opera* d'Andrew Lloyd Webber tient l'affiche après neuf années de succès continu. Billets de 15 à 70 $.

Marquis Theater, 211 W. 45th St., au niveau de Broadway Ave. Il ouvrit ses portes avec Robert Lindsay en vedette dans *Me and My Girl*. Parmi les autres spectacles, on peut citer la prestation de Tyne Daly dans *Gypsy* et les débuts de Jerry Lewis à Broadway dans *Damn Yankees*. Actuellement, vous pouvez voir la version théâtrale de *Victor, Victoria* avec Julie Andrews. Billets de 20 à 75 $.

Martin Beck Theatre, 302 W. 45th St., entre la 8th Ave. et la 9th Ave. Construit en 1924, il était à l'époque le seul théâtre de style néobyzantin d'Amérique. En 1932, la troupe The Abbey Irish Theater Players, interpréta ici des classiques comme *Juno and the Paycock* et *Playboy of the Western World*. Katharine Cornell incarna Juliette, Basil Rathbone (Sherlock Holmes au cinéma) joua Roméo et Orson Welles Tybalt. Tennessee Williams fut à l'honneur avec les pièces *The Rose Tattoo*, avec Maureen Stapleton et Eli Wallach, et *Sweet Bird of Youth*, avec Geraldine Page et Paul Newman. Liz Taylor y débuta à Broadway dans *Little Foxes*. Un classique de la comédie musicale, *Guys and Dolls,* a été repris récemment.

Minskoff Theatre, 200 W. 45th St., au niveau de Broadway Ave. Moins commercial que son voisin le Gershwin, ce théâtre est tout aussi high-tech. Il dispose de 1 621 sièges, installés à plus de 10 m au-dessus du sol. Il fut inauguré le 13 mars 1973, avec Debbie Reynolds dans une reprise de *Irene*. Rudolf Noureïev et virevolta au milieu des danseurs de la Murray Lewis Dance Company en 1978. Cet événement fut suivi par une série de comédies musicales éphémères : *The King of Hearts*, une reprise de *West Side Story* et *Can-Can*, une fantaisie au rythme enlevé qui ne vécut que cinq jours. La première de *Sunset Boulevard* eut lieu en novembre 1994 et les représentations devraient se poursuivre après 1996 avec la nouvelle vedette Betty Buckley. Billet de 25 à 70 $.

Music Box Theater, 239 W. 45th St., entre Broadway Ave. et la 8th Ave. Charmant et ravissant théâtre construit en 1921 par Sam Harris et Irving Berlin pour accueillir les *Music Box Revues* de I. Berlin. Cette scène survécut à la Grande Dépression grâce à *Topaze* de Marcel Pagnol et à la chansonnette *Mad Dogs and Englishmen* de Noel Coward (à ne pas confondre avec l'album de Joe Cocker du même nom) interprétée par Beatrice Lillie dans *The Third Little Show*. La production *Of Thee I Sing* fut la première comédie musicale à remporter le prix Pulitzer. Lorsque les comédies romantiques supplantèrent les revues, le Music Box produisit coup sur coup *I Remember Mama*, qui marqua les débuts sur scène d'un certain Marlon Brando, mais aussi la pièce *Summer and Smoke*, de Tennessee Williams et enfin *Bus Stop,* de William Inge. Curieusement, *Sleuth* dura 1 222 représentations et *Death-trap* fut joué 1 609 fois. Irving Berlin réussit à maintenir l'équilibre financier et la qualité artistique de la programmation jusqu'à sa mort.

Nederlander Theater, 208 W. 41st St., entre la 7th Ave. et la 8th Ave. Il ouvrit en 1921 sous le nom de National Theater. Noel Coward et Gertrude Lawrence en foulèrent les planches dans une série de pièces intitulées *Tonight at 8:30*. Orson Welles et John Houseman y transférèrent leurs productions shakespeariennes, préalablement montées dans le petit Mercury Theater. Ici, Sir John Gielgud et Lillian Gish furent les vedettes d'une version ratée de *Crime et Châtiment*, et Edward Albee fit représenter ici la première du fameux *Qui a peur de Virginia Woolf ?* et l'une de ses pièces les moins connues, *Tiny Alice*. La Royal Shakespeare Company fit une apparition dans *Le Songe d'une nuit d'été* mis en scène par Peter Brook tout comme *Jumpers* de Tom Stoppard et *Betrayal* d'Harold Pinter. En 1980, le théâtre appelé successivement National, Billy Rose et Trafalgar prit le nom de "The Nederlander", en hommage à son dernier directeur, David Tobias Nederlander. On joue actuellement la tragédie rock du East Village, *Rent* (Voir A l'affiche, p. 333). Places de 30 à 67,50 $.

Neil Simon Theater, 250 W. 52nd St., entre Broadway Ave. et la 8th Ave. L'infatigable architecte Herbert J. Krapp construisit en 1927 ce théâtre de 1 400 places baptisé à l'époque Alvin Theater. *The Taming of the Shrew* des Lunt, monté au profit du Finnish Relief Fund, fut suivi par *There Shall Be No Night* de Robert E. Sherwood, lauréat du prix Pulitzer. Il traitait du thème de l'invasion de la Finlande par les Soviétiques, en 1940. Le Alvin Theater se consacra par la suite à un genre plus léger, avec *A Funny Thing Happened on the Way to The Forum*, qui resta longtemps à l'affiche, et la comédie de Tom Stoppard, *Rosencrantz and Guildenstern Are Dead*. Le théâtre joue actuellement *The King and I*. Places de 25 à 75 $.

Palace Theatre, 1564 Broadway, au niveau de la 47th St. Sarah Bernhardt et Ethel Barrymore jouèrent ici. Après avoir été une scène de music-hall qui accueillit l'illusionniste Houdini, W.C. Fields et les Marx Brothers, le Palace fut transformé en cinéma et parfois utilisé pour des spectacles musicaux entre les années 30 et 50. En 1965, James Nederlander le fit restaurer. Lauren Bacall y incarna *The Woman of the Year*, suivi plus tard par la très provocante *Cage aux folles*. C'est au Palace qu'a débuté en 1994 la comédie musicale tiré du dessin animé de Walt Disney *la Belle et la Bête*, qui devrait tenir l'affiche pour quelques temps encore. Places de 22,50 à 70 $.

Plymouth Theater, 236 W. 45th St., entre Broadway Ave. et la 8th Ave. Conçu par Krapp pour accueillir 1 000 spectateurs, le Plymouth fut bâti en 1917. *The Skin of Our Teeth* de Thornton Wilder fut joué ici en 1942. Puis vint l'invasion britannique qui débuta avec *Equus*, *Piaf* et *The Real Thing*. Les Anglais reconstruisirent complètement l'endroit pour le spectacle fleuve (8h) tiré de Dickens et joué par la Royal Shakespeare Company, *Nicholas Nickleby*. Il valut des Tony awards à l'acteur Roger Rees et aux metteurs en scène Trevor Nunn et John Caird. Places de 25 à 45 $.

Richard Rodgers Theatre, 226 W. 46th St., entre Broadway Ave. et la 8th Ave. Pour le confort des petits spectateurs du fond, l'architecte Krapp situa en hauteur les places L à Z. Dans ce théâtre, le rythme irlandais de *Finian's Rainbow* enchanta Broadway tout au long de ses 725 représentations. *Guys and Dolls*, qui débuta ici en 1950, rafla huit Tony awards et dura 1 194 représentations. En 1954, Audrey Hepburn se métamorphosa en fée dans *Ondine* de Jean Giraudoux. En 1975, Sir John Gielgud dirigea Maggie Smith dans une reprise de *Private Lives*, et Bob Fosse mit en scène le grand succès *Chicago*. Les années 80 furent marquées par la comédie musicale *Nine*, d'après *Huit et demi* de Fellini. *How to Succeed in Business Without Really Trying*, avec Matthew Broderick, a débuté ici en 1995.

Roundabout Theatre, 1530 Broadway Ave. (869-8400). Ce petit espace de 500 places est juste assez vaste pour entrer dans la catégorie des théâtres de Broadway. Il présente des classiques et des reprises de pièces et de comédies musicales. Billet de 45 à 60 $.

Royale Theater, 242 W. 45th St., entre Broadway Ave. et la 8th Ave. Signé lui aussi par l'architecte Krapp, il contient plus de 1 000 places et monte surtout des comédies musicales. La première pièce de Tennessee Williams à Broadway, *The Glass menagerie* (*la Ménagerie de verre*), avec Laurette Taylor, fut reprise ici après avoir été mise en scène dans un théâtre Off-Broadway. En 1954, Julie Andrews fit ses débuts dans *The Boy Friend*, un pastiche des comédies musicales des années 20. Le *Matchmaker*, de Thornton Wilder, connut un bide sous le titre *The Merchant of Yonkers*, mais fut mis en musique en 1955 pour devenir *Hello, Dolly !* Mary Tyler Moore joua le rôle du personnage masculin de *Whose Life Is It Anyway ?* perpétuant ainsi la tradition androgyne inaugurée par Jagger, Bowie et les artistes du mouvement "glam" (glamour) des années 70.

St James Theater, 246 W. 44th St., entre Broadway Ave. et la 8th Ave. Théâtre de 1600 places construit en 1927 dans le style classique anglais. Ici, John Houseman et Orson Welles collaborèrent au *Native Son* de Richard Wright, une pièce qui donna froid dans le dos à toute l'Amérique. En 1943, *Oklahoma !* enthousiasma New York pendant 2 248 représentations et lança Ginger Rodgers et Hammerstein. En 1951, Yul Brynner monta pour la première fois sur les planches de Broadway dans *The King and I*. Dans le remarquable *Becket* d'Anouilh, Laurence Olivier et Anthony Quinn allaient jusqu'à intervertir leur rôle selon leur bon vouloir. Joseph Papp monta la version musicale de *Two Gentleman of Verona*. Billets de 25 à 70 $.

Shubert Theatre, 225 W. 44th St., entre Broadway Ave. et la 8th Ave. Ce théâtre fut construit en 1913 par Lee et J.J. Shubert en hommage à leur frère défunt Sam. L'année 1932 fut marquée par *Americana* et sa chanson sur la Grande Dépression "*Brother, Can You Spare a Dime ?*". En 1943, Paul Robeson joua *Othello* en compagnie de Uta Hagen et de José Ferrer. Katherine Hepburn fit frissonner les spectateurs au cours des 417 représentations à guichet fermé de *The Philadelphia Story*. *A Chorus Line* débuta ici et remporta un succès record. En février 1996, la comédie musicale *Crazy for You* fêtait sa sixième année.

Virginia Theater, 245 W. 52nd St., entre Broadway Ave. et la 8th Ave. Le 13 avril 1925, à Washington, le président Coolidge appuya sur le bouton qui fit se braquer les projecteurs sur le *Caesar and Cleopatra* de G. Bernard Shaw, avec Helen Hayes et Lionel Atwill. Plus tard, Lunt et Fontanne débarquèrent avec une autre pièce de Shaw, *Arms and the Man*. En 1927, Edward G. Robinson s'illustra brillamment dans *Tout comme il faut* (en anglais *Right You Are*) de Pirandello. Une série d'échecs obligea la Theater Guild a louer le lieu à un studio de radio, de 1943 à 1950. L'American National Theater and Academy (ANTA) prit ensuite la relève et commença à promouvoir des productions expérimentales ainsi que des pièces sérieuses comme *J.B.*, *A Man For All Seasons*, et une reprise de *Our Town*, avec Henry Fonda. *Smokey Joe's Café : Songs of Leiber and Stoller* est actuellement à l'affiche. Billets de 49,50 à 70 $.

Walter Kerr Theater, 225 W. 48th St. Ce théâtre fut construit en un temps record, 66 jours, sous le nom de Ritz et rebaptisé il y a peu Walker Kerr, en hommage au distingué critique du même nom. Alors qu'il s'appelait encore WPA Theater, le Federal Theater Project monta ici *Pinocchio* et *Murder in the Cathedral* de T.S. Eliot. Rénové dans le style des années 20 par Karen Rosen, le Kerr rouvrit ses portes en 1983 avec le divertissant et magique *Flying Karamazov Brothers*. L'extraordinaire *Angels in America* de Tony Kushner, une saga sur le mode de vie gay, en deux parties (*Millennium Approaches* et *Perestroika*), a été jouée ici récemment, de même que *Seven Guitars* de August Wilson.

Winter Garden Theater, 1634 Broadway, entre la 50th St. et la 51st St. Il ouvrit en 1911 comme salle "consacrée aux productions nouvelles, internationales, spectaculaires et musicales". Al Jolson fit ses premiers pas ici travesti en Noir. Le Winter Garden a toujours accueilli les nouveaux succès musicaux de *Wonderful Town* à *West Side Story* en passant par *Funny Girl*. Zero Mostel ressuscita *Fiddler on the Roof* et Angela Lansbury *Gypsy*. De même, la tornade *Beatlemania* fit revivre avec une débauche de moyens techniques l'adoration dont les Beatles faisaient l'objet. Plus récemment, le décorateur John Napier s'est emparé de l'endroit pour créer la scène fantaisiste de *Cats*, l'un des énormes succès de Broadway, qui a des chances de se prolonger pour quelques temps encore. Billets de 37,50 $ à 65 $.

THÉÂTRES OFF-BROADWAY ET OFF-OFF-BROADWAY

Les théâtres dits **Off-Broadway** sont un groupe de théâtres de plus petites dimensions, pour la plupart situés au centre-ville. Officiellement, ces théâtres possèdent entre 100 et 499 places. Seules les salles de Broadway ont une capacité supérieure à 500 places. Les théâtres Off-Broadway présentent souvent sur une période plus courte des spectacles originaux qui sortent davantage des sentiers battus. Cependant, il arrive que ces spectacles soient prolongés ou repris ensuite à Broadway. Les meilleurs se trouvent dans le secteur de Sheridan Square à West Village. Le **Provincetown Playhouse** donna sa chance à Eugene O'Neill et Elisa Loti fit ses débuts américains au **Actors Playhouse**. Le prix des places varie entre 15 et 45 $. L'agence TKTS vend les billets de la plupart des principaux théâtres Off-Broadway. Sachez qu'il est souvent possible d'assister gratuitement à des spectacles en faisant l'ouvreur. Il suffit pour cela d'être habillé correctement, d'arriver sur place environ 45 mn avant le lever de rideau, d'aider les spectateurs à trouver leur place et de rester 10 mn après la représentation pour nettoyer. Appelez le théâtre après 17h et parlez au directeur de la salle longtemps à l'avance pour mettre la chose au point (votre objectif, avoir des places gratuites ; vos adversaires, les autres petits malins amateurs de théâtre).

Il ne s'agit pas d'une plaisanterie lorsque l'on parle des théâtres **Off-Off-Broadway** mais bel et bien d'une catégorie de théâtres plus petits, plus jeunes et plus économiques. Certains théâtres Off et Off-Off Broadway ont une mission et une ligne artistique déterminées. **Playwrights Horizons** et **Manhattan Theater Club**, par exemple, comptent parmi les plus prestigieux lieux de lancement du pays en ce qui concerne les nouvelles pièces américaines. D'autres théâtres comme **The Ontological Hysteric Theater** de St Mark's Church (533-4650) sont plus difficiles à définir et plus audacieux. Consultez le respecté *Hysterics Blueprint Series* de juillet pour avoir un aperçu des nouveaux talents.

Parmi les théâtres répertoriés plus bas, nombreux sont ceux qui présentent un programme éclectique ou accueillent plusieurs compagnies. La meilleure solution consiste à lire l'agenda et les critiques du *Village Voice*.

Actors Playhouse, 100 7th Ave. S. (691-6226). On peut citer le récent *Making Porn* dans lequel l'ancienne star du porno gay Rex Chandler jouait nu.

Alice's Fourth Floor, 432 W. 42nd St. (967-0400), entre Dyer Ave. et la 10th Ave. Cet espace reçoit des ateliers de théâtre aussi bien que des représentations.

American Place Theater, 111 W. 46th St. (840-2960 pour le programme, 840-3074 pour la billetterie). Pièces contemporaines comme *The Mayor of Boys Town* de Barnaby Spring, montée en 1994.

Astor Place Theater, 434 Lafayette St. (254-4370). *The Blue Man Group* est actuellement à l'affiche. Places de 35 à 45 $.

Cherry Lane, 38 Commerce St. (989-2020), sur Grove St. Ouvert dans les années 20 par des gens de théâtre non conformistes mécontents de la dérive commerciale de Provincetown Playhouse, Cherry Lane a accueilli des pièces d'avant-garde comme *En attendant Godot* de Beckett, et des œuvres de Ionesco ou d'Albee.

Circle in the Square Downtown, 159 Bleecker St. (254-6330), au niveau de Thompson St. Dans les années 50, la première compagnie Circle in the Square (le cercle dans le carré) faisait référence à la forme ronde du théâtre, situé à Sheridan Square. Dans ce nouvel espace (non circulaire) situé sur Bleekers St., fut monté *The Iceman Cometh* de Eugene O'Neill. Jason Robards et Geraldine Page ont commencé leur carrière dans cette compagnie.

Douglas Fairbanks Theatre, 432 W. 42nd St. (239-4321). Présente en ce moment la comédie musicale *Party*. Prix des places autour de 40 $.

Ensemble Studio, 549 W. 52nd St. (247-4982), sur 11th Ave. Légèrement hors des sentiers battus. Produit des spectacles non musicaux et des compilations de pièces courtes d'auteurs consacrés ou pas. Prix des places de 0 à 25 $.

Harold Clurman Theater, 412 W. 42nd St. (279-4200).

Here, 145 Ave. of the Americas (647-0202). Musique, poésie et théâtre expérimentaux. Places de 10 à 25 $.

John Houseman Theater, 450 W. 42nd St. (967-9077). Abrite les troupes Studio Theater, Studio Too, The New Group, Houseman Theater Co. et Gotham City Improv.

Joseph Papp Public Theater, 425 Lafayette St. (598-7150). Voir plus haut.

Lamb's, 130 W. 44th St. (997-1780). Deux salles (de 349 et 29 places) accueillent des pièces et des comédies musicales destinées à un public familial comme *Johnny Pie* et *Smoke on the Mountain*. Places de 25 à 35 $.

Lucille Lortel, 121 Christopher St. (924-8782). Se fit connaître grâce à l'*Opéra de quat'sous* de Brecht joué dans les années 50 avec, entre autres, Bea Arthur, Ed Asner et John Astin.

Manhattan Theater Club, 131 W. 55th St. (581-1212). Cette compagnie théâtrale extrêmement populaire compte parmi ses productions récentes, *Lips Together, Teeth Apart* et *Love ! Valour ! Compassion !*

Orpheum, 126 2nd Ave. (477-2477). Ce théâtre a connu un grand succès ces derniers temps avec *Oleanna* de David Mamet. *Stomp*, actuellement à l'affiche, fait un triomphe avec sa chorégraphie et ses sonorités incroyables.

Pan Asian Repertory, 423 W. 46th St. (245-2660). Spectacles sur l'Asie montés par des Asiatiques. (Voir plus haut.)

Playhouse 91, 316 E. 91st St. (831-2000). Accueille actuellement le Jewish Repertory Theater. Sous la direction artistique de Ran Avni, le JRT monte des pièces d'inspiration juive.

Playwrights Horizons, 416 W. 42nd St. (279-4200), entre la 9th Ave. et la 10th Ave. Sa vocation est de promouvoir le travail de nouveaux auteurs dramatiques, paroliers et compositeurs américains. Plus de 300 pièces et comédies musicales ont été montées et jouées ici, dont trois ont obtenu le prix Pulitzer. Places de 10 à 30 $.

Promenade Theatre, 2162 Broadway (580-1313). L'éclectique *All Wicked Songs* était récemment au programme. Places de 40 à 42,50 $.

Provincetown Playhouse, 133 MacDougal St. (674-8043). Certains des résidents les plus notoires du Village ont associé leur nom à cette salle, tels Eugene O'Neill et Edna St Vincent Millay. Le Provincetown, qui commença en 1915 en montant des pièces sous un porche de la petite ville balnéaire Cape Cod, mit en scène dans les années 20 de nombreuses pièces d'avant-garde très controversées, comme les œuvres dadaïstes ou les curieux travaux de E.E. Cummings. Théâtre phare du Village, son aura a pâli à la suite des querelles d'écoles qui entachèrent le milieu théâtral des années 90.

A l'affiche

Voici la liste des spectacles de Broadway et d'Off-Broadway les plus populaires :

Blue Man Group-Tubes, Astor Place Theater. Entre le solo d'acteur, le *performance art* et le numéro de cirque. Trois types peints en bleu font une foule de choses bizarres. Un spectacle culte à ne pas manquer !

The Fantasticks, Sullivan St. Playhouse, le spectacle le plus longtemps joué de l'histoire de Broadway, une histoire d'amour avec un garçon, une fille, deux papas et un receleur.

Rent, Nederlander Theater. Lauréat du prix Pulitzer 1996 de la meilleure pièce, *Rent* est une adaptation rock de *la Bohème* de Puccini. A Alphabet City, la jeunesse brûle sa vie par les deux bouts sur fond de Sida, d'artistes miséreux, de SDF et d'autres réalités tragiques de la vie de bohème.

Bring In 'Da Noise, Bring in 'Da Funk, Ambassador Theater. Ce spectacle qui mêle rap et claquettes retrace l'histoire des Noirs américains, des bateaux négriers au New York contemporain. Le spectacle a remporté 4 Tony awards en 1996. Places à partir de 20 $.

Ridiculous Theatrical Company, 1 Sheridan Sq. (691-2271). La quintessence du théâtre alternatif. La compagnie existe depuis 32 ans.

Samuel Beckett Theater, 410 W. 42nd. St. (522-2858), entre la 9th Ave. et la 10th Ave. Ses représentations de pièces contemporaines sont parfois suivies de débats avec les acteurs. Places de 8 à 12 $.

SoHo Repertory Theatre, 46 Walker St. (977-5955), entre Broadway Ave. et Church St. Ce théâtre de 100 places monte des œuvres théâtrales d'auteurs américains d'avant-garde. Places de 10 à 15 $.

Sullivan Street Playhouse, 181 Sullivan St. (674-3838). *The Fantasticks*, à l'affiche ici depuis 1960, est le spectacle à la plus grande longévité de l'histoire des Etats-Unis. Achetez un billet *"twofer"*. Toutes les places sont à 35 $. Représentations du mardi au vendredi à 20h, le samedi à 15h et le dimanche à 15h et 19h30.

Theater at Saint Peter's Church, 619 Lexington Ave. (935-2200). Il proposait récemment une pièce à thème religieux, *Act of Providence*. Places à 25 $.

Vineyard Theater, 309 E. 26th St. (683-9772). Dernièrement à l'affiche, *The Peculiar Works Project*.

Westside Theater, 407 W. 43rd St. (315-2244). Ce théâtre programme une grande variété de pièces et de comédies musicales, comme celles de Penn and Teller. Le one woman show *Family Secret* avec Sherry Glaser était il y a peu au programme. Places de 30 à 40 $.

■ Cinéma

Si Hollywood est le lieu de tournage de nombreux films, c'est à Big Apple qu'il faut aller pour les voir. La plupart des films sortent dans les salles new-yorkaises des semaines avant d'être diffusés dans le reste du pays. A tel point que la réaction du public et des critiques de Manhattan conditionnent leur succès ou leur échec à l'échelon national. Par ailleurs, des douzaines de cinémas passent des classiques toute l'année et les réalisateurs indépendants du monde entier viennent à New York promouvoir leurs œuvres.

Vous pouvez voir des films en première exclusivité partout en ville. Les vrais amoureux du septième art essaieront de se rendre au moins une fois au **Ziegfeld**, 141 W. 54th. St. (765-7600), entre la 6th Ave. et la 7th Ave., l'une des plus belles salles de New York, avec ses fauteuils en velours, ses tapisseries aux murs et ses écrans géants. On y passe des films en première exclusivité. Les places coûtent 8 $ pour les adultes et 4,25 $ pour les enfants de moins de 12 ans. Autrement, il existe de très nombreux complexes cinématographiques où vous pourrez découvrir plusieurs mois avant l'Europe les derniers *blockbusters* hollywoodiens (mais en version originale *non* sous-titrée). Les principaux réseaux sont Cineplex Odeon et Sony Theaters. Il y a notamment un complexe multisalles Sony dans l'Upper West Side (Broadway Ave. et 68th St.), tout près du Lincoln Center, où passent normalement tous les films du moment. L'Upper East Side abrite également de nombreuses salles pour les exclusivités ; 4 cinémas se trouvent sur la 3rd Ave. entre 57th St. et 60th. St. et 3 cinémas se succèdent sur la 2nd Ave. entre la 64th St. et la 66th St. Les salles autour de Times Square accueillent un public plus populaire et ne sont pas toujours bien fréquentées en soirée. Le prix standard des places est de 8,5 $. Vous trouverez la liste complète des films en exclusivité dans le *New York Times* ou le magazine *Time Out*.

MoviePhone (777-FILM) vous permet de réserver des billets dans la plupart des principales salles obscures et de les retirer à l'heure de la séance au distributeur automatique de la salle. Comptez une commission de 1,50 $. Pour en savoir plus sur les reprises et les films indépendants, consultez le *Village Voice* ou le *New Yorker*.

CINEMATHÈQUES ET SALLES SPECIALISÉES

Adam Clayton Powell, Jr., State Office Building, 163 W. 125th St. (873-5040 ou
749-5298), sur Adam Clayton Powell Blvd. La galerie au 1er étage présente des films
contemporains et des classiques tournés par des Afro-Américains sur les Afro-Américains, ainsi que des œuvres de cinéastes noirs d'Afrique du Sud et des Caraïbes. Les
premiers films de Spike Lee ont été découverts ici. Entrée 5 $, personnes âgées et
enfants munis d'une pièce d'identité 3 $. Appelez avant de vous déplacer car les
prix et les horaires sont variables.

American Museum of the Moving Image, 35th Ave., au niveau de la 36th St.,
Astoria, Queens (718-784-0077). Trois salles projettent toutes sortes de films, des classiques du cinéma muet aux rétrospectives de grands réalisateurs. On peut citer,
parmi les programmations récentes, le film des années 50 *Father of the Bride* et
Fast Cars and Women. Accès gratuit au musée. Entrée 5 $, personnes âgées 4 $,
étudiants et enfants de moins de 12 ans 2,50 $.

The Asia Society, 725 Park Ave. (288-6400), au niveau de la 70th St. Métro : ligne 6,
station 68th St. Films asiatiques sur l'Asie. Prix des places variable. Contactez 517-
ASIA pour les billets.

China Institute, 125 E. 65th St. (744-8181), au niveau de Lexington Ave. Projections de
films chinois et sino-américains. Téléphonez pour avoir le programme. Places à 5 $.

Cineplex Odeon Worldwide, 340 W. 50th St. (246-1583), entre la 8th Ave. et la 9th
Ave. Les sept salles de ce cinéma passent des reprises récentes (six mois ou un an)
et des grands films hollywoodiens pour 3 $. Le guichet ouvre à 12h30. Tous les
films sont projetés en son Dolby.

French Institute-Alliance Française, dans le Florence Gould Hall, 55 E. 59th St.
(355-6100). Quoi de plus branché que d'aller voir un film de Godard à New York ?
Curieux ou nostalgiques, n'hésitez pas à vous renseigner sur le programme. Projections le mardi au Tinker Auditorium, 22 E. 60th St. Place 7 $, étudiants 5,50 $.

Goethe Institute, 1014 Fifth Ave. (439-8706), entre la 82nd St. et la 83rd St. Films
allemands (généralement sous-titrés en anglais) chaque semaine à divers endroits
de la ville. Le prix des places varie.

Japan Society, 333 E. 47th St. (752-0824). Rétrospectives annuelles des plus grandes
réalisations cinématographiques japonaises. Vous pouvez obtenir le programme sur
place ou en téléphonant. Places 7 $ et 5 $ pour les étudiants, les personnes âgées
et les membres.

Metropolitan Museum of Art, Fifth Ave. au niveau de la 82nd St. (570-3930). Le
Met passe toute la semaine des films sur des sujets liés à l'art, mais aussi des classiques et des films étrangers le samedi à 16h et 18h30. Gratuit sur présentation du
billet d'entrée du musée. Location au Uris Center Information Desk, ouvert à partir
de 5h le jour de la séance. 4 places maximum par personne.

Museum of Modern Art : Roy and Niuta Titus Theaters, 11 W. 53rd St. (708-
9480). Dans ses deux salles en sous-sol, le MoMa propose tous les jours un
programme incomparable de grands films. Le département cinéma se vante de
posséder la plus vaste collection de films internationaux des Etats-Unis. Difficile
d'en douter. L'accès au cinéma est inclus dans le billet d'entrée du musée, il suffit
de demander. Informez-vous également sur les projections dans la galerie vidéo du
2e étage.

New York Public Libraries : renseignez-vous dans n'importe quelle bibliothèque
car toutes proposent des projections de films (documentaires, classiques et gros
succès de l'année précédente). Les horaires sont un peu fantaisistes mais les prix
imbattables.

Symphony Space, 2537 Broadway (location 864-5400, ouvert tous les jours de 12h00
à 19h), sur la 95th St. Métro : ligne 1, 2, 3 ou 9, station 96th St. Le Symphony Space,
avant tout un lieu de spectacle vivant, accueille au mois de juillet le Foreign Film
Festival, dont la vocation est de promouvoir les films étrangers de qualité. Places 7 $.

Walter Reade Theater, au Lincoln Center (875-5600). Métro : ligne 1 ou 9, station
66th St. Cette institution new yorkaise aux activités multiples a ajouté il y a deux ans

une nouvelle corde culturelle à son arc en aménageant une salle de cinéma dans le Rose Building, près de la Juilliard School. La programmation privilégie les films étrangers, les films célèbres et les œuvres de réalisateurs américains indépendants saluées par la critique. Inscription 7,50 $. Appelez le bureau de location au 875-5601. Ouvre tous les jours à 13h30.

CINÉMAS POUR LES REPRISES ET LES FILMS INDÉPENDANTS

Angelika Film Center, 18 W. Houston St. (995-2000), au niveau de Mercer St. Métro : ligne 6, station Bleecker St. ; ligne B, D, F ou Q, station Broadway-Lafayette. Les huit salles de ce complexe projettent des films indépendants, voire alternatifs (mais pas tout à fait underground). Vous pouvez voir ici les films, notamment européens, dont les personnes branchées parlent dans les cocktails. C'est-à-dire ceux dont tout le monde a lu les critiques mais que personne n'a vus. Arrivez tôt le week-end. Le café chic à l'étage sert un excellent espresso, des pâtisseries et des sandwichs. Places 8 $, personnes âgées et enfants de moins de 12 ans, 4 $.

Anthology Film Archives, 32 2nd Ave. (505-5181), au niveau de E. 2nd St. Métro : ligne F, station 2nd Ave. Ce forum du cinéma indépendant met l'accent sur les films contemporains, américains et étrangers un peu marginaux. Le spécialiste du lieu a rassemblé une collection des 300 meilleurs films américains, "The American Narrative". Places 7 $, étudiants munis d'une pièce d'identité 6 $.

Bryant Park Film Festival, Bryant Park (512-5700), au niveau de la 42nd St. et de la 6th Ave. Métro : B, D, F, Q, N, R, S, 1, 2, 3, 7 ou 9, station 42nd St. De fin juin au mois d'août, ce festival de cinéma en plein air présente des reprises de classiques comme *Mr. Smith Goes to Washington (Mr. Smith au Sénat)*, *Citizen Kane*, et *The Sound of Music*. Les séances commencent au coucher du soleil. Relâche le mardi soir.

Cinema Village, 22 E. 12th St. (924-3363), au niveau de University Pl. Métro : ligne N, R, L, 4, 5 ou 6, station Union Sq. Documentaires indépendants et films étrangers. Sièges confortables et inclinables. Places 8 $, personnes âgées 4 $ en semaine.

Film Forum, 209 W. Houston St. (727-8110), près de la 6th Ave. et de Varick St. Métro : ligne C ou E, station Spring St. ; ligne 1 ou 9, station Houston St. Ces trois salles passent le meilleur du cinéma indépendant, des classiques et aussi des films étrangers. Places 8 $, personnes âgées 4,50 $.

Joseph Papp Public Theater, 425 Lafayette St. (260-2400). Métro : ligne 6, station Astor Pl. Sélection originale de films anciens, en particulier de films d'auteur et des plus grands films de l'histoire du cinéma. L'endroit possède aussi un auditorium où ont lieu des spectacles vivants "expérimentaux". Pas de projection le lundi. Places de 5 à 8 $.

The Kitchen, 512 W. 19th St. (255-5793), entre 10th Ave. et la 11th Ave. Métro : ligne C ou E, station 23rd St. Cet espace est mondialement connu pour sa programmation originale. Il propose des films expérimentaux et d'avant-garde, des vidéos, des concerts, des spectacles de danse et des lectures de poésie. La plupart des spectacles ont pour auteur des artistes vivant à New York mais en marge. La saison dure d'octobre à juin. Téléphonez pour plus d'informations ou consultez les annonces de *The Village Voice*. Le prix des places varie en fonction des spectacles.

Lighthouse Cinema, 116 Suffolk St. (979-7571), entre Delancey St. et Rivington St. Métro : ligne F, M, J ou Z, station Delancey St. Curieuse sélection dans laquelle se côtoient des films éducatifs et des documentaires de qualité (comme le reportage de CBS sur l'homosexualité) appréciés pour l'objectivité avec laquelle sont traités les sujets les plus insolites. Le bien nommé festival *Give Me Liberty Psychedelic Summer Anything Goes Filmfest* a organisé récemment une nuit du documentaire Dada, suivie de la Scalpel Fetish Night (la Nuit du scalpel, au cours de laquelle plusieurs personnes se sont évanouies en regardant une opération à cœur ouvert). Ces curiosités vous coûteront 7 $.

Millennium Film Workshop, 66 E. 4th St. (673-0090). Métro : ligne F, station 2nd Ave. Plus qu'un cinéma, cet espace présente un vaste programme de films expérimentaux d'octobre à juin et propose des cours et des ateliers. Places 6 $.

■ Télévision : assister aux enregistrements

New York vous permet de réaliser vos fantasmes télévisuels. Ici, vous pouvez poser une question embarrassante à l'invité de Montel (un animateur noir et chauve à mi-chemin entre Delarue et Mireille Dumas), être tourmenté par David Letterman en personne (l'animateur super star, mélange de Dechavanne et d'Antoine de Caunes), glousser en écoutant Rush Limbaugh, un journaliste ultra-conservateur dénigrer systématiquement Hillary Clinton ou vous faire une idée sur l'humour américain en assistant à l'émission culte *Saturday Night Live*. Il est toutefois nécessaire de s'organiser. Mieux vaut en effet réserver vos places deux ou trois mois à l'avance, bien que des billets de dernière minute soient souvent disponibles le jour de l'enregistrement. Voici un petit échantillon de ce que les quatre chaînes principales vous proposent et sur la façon d'obtenir des places.

CBS (975-3247) a réalisé une bonne affaire en engageant David Letterman, dont le contrat vient d'être prolongé jusqu'en 2002. Réservez longtemps à l'avance des places pour son *Late Show* en écrivant à : Dave Letterman Tickets, 1697 Broadway, NY, NY 10019. Il y a des places disponibles le jour même à 9h au Ed Sullivan Theater, 1697 Broadway, sur la 53rd St. Il est plus judicieux de téléphoner à CBS pour savoir quand vous pouvez vous rendre sur place car la file d'attente peut être longue. L'animateur du programme de la journée, Geraldo Rivera, enregistre également sur CBS. Appelez le 265-1283 pour plus d'informations.

NBC propose deux émissions en public : *Saturday Night Live* et *Late Night* animées par Conan O'Brien. Appelez le 664-3055 pour obtenir des informations générales. Seul *Late Night* se poursuit pendant l'été. Les enregistrements se déroulent du lundi au vendredi de 17h30 à 18h30. Les billets sont disponibles uniquement le jour de l'enregistrement à partir de 9h à l'accueil, dans le hall principal de NBC, au Rockefeller Center (appelez le 664-3056 ou le 664-3057 pour les réservations par téléphone). *Saturday Night Live* fait relâche de juin à août. Faites votre demande longtemps à l'avance en envoyant une carte postale pour chaque émission à NBC Tickets, 30 Rockefeller Plaza, New York, NY 10012. Sachez cependant que vous ne pouvez pas choisir une date précise. De plus, les demandes étant tirées au sort, une réponse négative peut ne vous parvenir que quatre mois plus tard. *Saturday Night Live* accepte les demandes uniquement pendant le mois d'août. Pour tenter d'obtenir une place de dernière minute, vous pouvez aussi faire la queue sur la mezzanine du Rockefeller Center (côté 50th St.) à 8h du matin, le jour même de l'émission. Pour assister à ces enregistrements, il faut être âgé d'au moins 16 ans.

Pour connaître les possibilités offertes par **ABC**, téléphonez au 456-7777. *Regis and Kathie Lee* et *Rolonda* (650-2020) sont les seuls programmes de la chaîne qui sont enregistrés en public (456-3537). Envoyez une carte postale avec vos noms, adresse, numéro de téléphone et candidature pour un maximum de quatre places à : Live Tickets, Ansonia Station, P.O. Box 777, 10023. Comptez huit mois d'attente. Pour les places de dernière minute, faites la queue à l'angle de la 67th St. et de Columbus Ave. à 8h, voire plus tôt. Les personnes de moins de 18 ans ne sont pas admises.

Fox (452-3600) ouvre actuellement plusieurs émissions au public : *Rush Limbaugh* (397-7367), *Gordon Elliot* (975-8540), *Mark Walberg* (527-6400), et *Montel Williams* (840-1700). Appelez pour plus d'informations.

■ Opéra

Le **Lincoln Center** (875-5000) offre une palette étendue de spectacles : les amateurs trouveront, sur l'une de ses multiples scènes, de quoi satisfaire leur amour de la danse ou de l'opéra. Programme complet et dossier de presse aussi long que la Trilogie de Wagner sur demande écrite (Lincoln Center Plaza, NYC 10023) ou à la Performing Arts Library (870-1930). La **Metropolitan Opera Company** (362-6000), première compagnie lyrique des Etats-Unis, se produit au Lincoln Center, sur un plateau vaste comme un terrain de football. Les billets peuvent coûter jusqu'à 100 $. Au second balcon 15 $ (ne pas être sujet au vertige et certaines places n'offrent qu'une vue partielle), à l'orchestre 14 $ (c'est là que s'installent les mordus) ou tout au fond dans le Family Circle 15 $. (La saison va de septembre à avril et du lundi au samedi. Location ouverte du lundi au samedi de 10h à 20h, le dimanche de 12h à 18h. En été, concerts gratuits dans les parcs de la ville, renseignements au 362-6000.) Au programme de la saison 1996-97, *Le Songe d'une nuit d'été* et *Eugène Oneguine*.

Installé à l'angle du Met, **New York City Opera** (870-5570) s'est renouvelé sous la direction de Christopher Keene, directeur depuis 1989. La saison du "City" (selon l'abréviation usuelle) se déroule en deux parties (de septembre à novembre et de mars à avril). Les prix restent raisonnables (de 15 à 73 $). Vous pouvez acheter des billets *rush* à prix réduits (10 $) à condition de téléphoner la veille au soir et de faire la queue dès le lendemain matin. Chaque mercredi soir de juillet, des spectacles sont donnés par **New York Grand Opera** (360-2777) sur Central Park Summerstage. Vous trouvez aussi dans la presse tous les détails sur les représentations offertes par une compagnie chevronnée, **Amato Opera Company**, 319 Bowery (228-8200 ; de septembre à mai). Les écoles de musique disposent souvent de troupes lyriques (voir Opéra, p. 338).

■ Danse

Le New York State Theater (870-5570), un autre espace du Lincoln Center abrite le **New York City Ballet** du grand George Balanchine, la plus ancienne compagnie de danse du pays. Bien que Balanchine soit plus connu pour ses chefs-d'œuvre modernes et abstraits comme *Apollo* et *Jewels*, ses chorégraphies de ballets classiques sont les plus grands succès du répertoire. En décembre, les places abordables pour *Casse Noisettes* se vendent comme des petits pains. (Spectacles de novembre à février, places de 12 à 57 $, places debout 8 $). Le *New Yorker,* entre autres critiques, a récemment taxé le NYC Ballet d'institution poussiéreuse. Plus vivant et dynamique, l'**American Ballet Theater** (477-3030) danse au Metropolitan Opera House du Lincoln Center de fin avril à mi-juin. Sous la direction de Kevin McKinsey qui a remplacé Barychnikov, le répertoire éclectique du A.B.T va des grands ballets russes dans le style du Kirov (qui ont fait sa réputation) aux chorégraphies américaines expérimentales (places de 16 à 95 $). A l'inverse de son rival un peu vieillot, le A.B.T. est respecté pour son engagement dans la formation et la promotion de jeunes danseurs. C'est ici que vous pouvez découvrir les talents de demain.

Le **Alvin Ailey American Dance Theater** (767-0940) a construit son répertoire de danse moderne sur le jazz, la musique religieuse noire et la musique contemporaine. Lorsqu'il n'est pas en tournée, il se produit au **City Center**, en décembre. Les places (de 15 à 40 $) peuvent être difficiles à obtenir. Appelez le bureau de location du City Center (581-7907) plusieurs semaines à l'avance. Vous pouvez essayer d'avoir des places à moitié prix au guichet du Bryant Park (quelques places de dernière minute à 8 $ sont réservées le jour du concert aux étudiants munis d'une pièce d'identité, appelez le bureau de location pour plus d'informations).

Le **Martha Graham Dance Co.**, 316 E. 63rd St. (832-9166), propose des créations originales de la chorégraphe en octobre, pendant la *October New York season*. Fondatrice de la danse moderne et sans doute de la plus célèbre compagnie de danse expérimentale, Martha Graham a révolutionné l'expression chorégraphique du XXe siècle grâce à une approche plus psychologique que narrative de la danse (places de 15 à 40 $).

Tenez vous à l'affût des spectacles de la **Merce Cunningham Dance Company** (255-8240), de John Cage, et de la **Paul Taylor Dance Company** (431-5562). Ces deux compagnies se produisent une ou deux semaines par an au City Center (581-1212) et font tourner d'autres spectacles à New York et dans le reste du pays. Le

Dance Theater Workshop (691-6500) présente aussi ses travaux à Manhattan tout au long de l'année, et le Joyce Theater, 175 8th Avenue (242-0800), entre la 18th St. et la 19th St., accueille toute l'année des troupes de danse expérimentale (places de 15 à 40 $).

Dans le Queens, le **Ballet Folklorica de Dominican Republic**, 104-11 37th Ave. (718-651-8427), à Corona, se consacre aux danses du folklore de la République dominicaine. A Central Park, le **Central Park Summerstage** (320-2777) accueille des compagnies de danse du monde entier. Les amateurs de ballet doivent appeler le Brooklyn Center for Performing Arts au Brooklyn College (voir Musique classique, plus loin), qui fait venir chaque année à New York une grande compagnie de ballet étrangère.

Vous pouvez acheter des places à moitié prix pour de nombreux spectacles de musique et de danse, le jour de la représentation au guichet du **Bryant Park**, sur W. 42nd St. (382-2323) entre la Fifth Ave. et la 6th Ave. (Ouvert du mardi au dimanche de 12h à 14h et de 15h à 17h, les places pour les spectacles du lundi sont vendues le dimanche, espèces et chèques de voyage uniquement.) Téléphonez pour avoir le programme du jour même. Vous pouvez aussi acheter ici des billets plein tarif pour tous les spectacles TicketMaster.

■ Musique classique

Les musiciens assurant leur propre publicité avec une certaine efficacité, vous ne devriez rencontrer aucun problème pour obtenir des informations. Vous pouvez commencer par consulter les agendas du *New York Times*, du *New Yorker* ou du magazine *New York*. Le programme *Free Time* (2 $) répertorie les spectacles gratuits de musique classique. Ayez à l'esprit que bon nombre de manifestations, comme les concerts en plein air, sont saisonnières.

LINCOLN CENTER

Le Lincoln Center Halls propose tout au long de l'année une vaste sélection de concerts. Le **Great Performers Series** (875-5020), dans le cadre duquel se produisent des musiciens célèbres et étrangers, se tient d'octobre à mai aux Avery Fisher Hall, Alice Tully Hall et Walter Reade Theater (téléphonez au 721-6500, places à partir de 11 $).

Avery Fisher Hall (875-5030) enthousiasme la ville chaque année avec son **Mostly Mozart Festival**, qui invite des interprètes comme Itzhak Perlman, Alicia de Larrocha, Jean-Pierre Rampal ou Emanuel Ax. Présentez-vous tôt : les artistes de renom et les étoiles montantes donnent généralement, une heure avant le concert, un récital d'une demi-heure. L'accès est gratuit sur présentation du billet. Le festival se déroule de juillet à août et le prix des places pour chaque concert se situe entre 12 et 30 $. Le **New York Philharmonic** (875-5656) entame sa saison au Fisher Hall à la mi-septembre. Les places vont de 10 à 60 $. (Appelez CenterCharge au 721-6500 pour les billets, ouvert du lundi au samedi de 10h à 20h, le dimanche de 12h à 20h.) Au cours de la saison du Philarmonic, les étudiants et les personnes âgées peuvent parfois obtenir des **places à 5 $**. Pour cela, téléphonez à l'avance pour savoir s'il reste des places disponibles puis présentez-vous 30 mn avant le concert (du mardi au jeudi seulement). Des billets à 10 $ sont parfois vendus pour la répétition générale. Dans ce cas aussi, téléphonez à l'avance (pas de conditions particulières). Au mois d'août, le Philarmonic se transporte pour deux semaines sur les collines et les pelouses des parcs de New York. Kurt Masur et ses amis vous invitent à des **concerts gratuits** sur la Grande Pelouse de Central Park, dans le Prospect Park de Brooklyn, dans le Van Cortland Park du Bronx et dans divers endroits de la ville. Ces nuits très sélectes se terminent par des feux d'artifice après le spectacle. Pour tout renseignement sur ces manifestations en plein air, appelez le numéro d'information summer hotline au 875-5709.

Alice Tully Hall, dans la Juilliard School du Lincoln Center, propose un mélange éclectique de musique, de danse, de théâtre, de vidéo et de " performances ". Le compositeur Philip Glass est un habitué des lieux. Fondé il y a six ans, le festival **Serious Fun !** présente au monde du mécénat d'entreprise des grands noms du mouvement d'avant-garde, des spectacles composites et des artistes de performance. Parmi les artistes récemment à l'affiche, on peut citer la Mark Morris Dance Company et Toni Morrison, ainsi que Max Roach et Bill T. Jones dans un spectacle mêlant plusieurs formes d'expression artistique. Le festival dure trois semaines dans le courant du mois de juillet. Places de 22 à 30 $ par spectacle (875-5050, bureau de location ouvert du lundi au samedi de 11h à 18h, le dimanche de 12h à 18h, vous pouvez aussi téléphoner au CenterCharge au 721-6500). La **Chamber Music Society** offre aux étudiants et aux personnes âgées des places à prix très réduit pour ses spectacles au Alice Tully Hall (téléphonez au 875-5788, étudiants à partir de 8 $, personnes âgées à partir de 14 $, autres à partir de 20 $).

La **Juilliard School of Music** elle-même est une pépinière de musiciens classiques. Son **Paul Recital Hall** propose presque tous les jours des récitals gratuits donnés par les étudiants pendant l'année scolaire, de septembre à mai. Presque chaque mercredi à 13h, de septembre à mai, le Alice Tully Hall organise des concerts d'étudiants plus importants, également gratuits. Concerts d'orchestres classiques, spectacles universitaires, musique de chambre, spectacles de danse et de théâtre se déroulent régulièrement à la Juilliard School et ne coûtent jamais plus de 10 $. Vous pouvez écouter ici la deuxième génération de Yo-Yo Ma pour trois fois moins cher que les artistes consacrés. Appelez le 769-7406 pour avoir le programme complet de la Juilliard School.

Chaque été, le public vient assister aux manifestations gratuites organisées en plein air par le Lincoln Center. Cela va des créations de danse contemporaine aux festivals de musique country. Appelez le 875-5400 pour connaître le spectacle du jour.

AUTRES GRANDS LIEUX DE RENDEZ-VOUS MUSICAUX ET LYRIQUES

Carnegie Hall (247-7800), 7th Ave., sur la 57th St. Métro : ligne N ou R, station 57th St. ; ligne B, D, ou E, station 7th Ave. Dans les années 60, Isaac Stern sauva de la démolition le Carnegie Hall où était né le New York Philharmonic (l'orchestre philharmonique de New York). Il reste aujourd'hui le lieu de concert privilégié des jeunes premiers. Des solistes de talent et des orchestres de musique de chambre sont régulièrement programmés. Bureau de location ouvert du lundi au samedi de 11h à 18h, le dimanche de 12h à 18h. Places de 10 à 60 $. Voir Visites : Circuits touristiques, p.166, pour davantage d'informations sur Carnegie Hall.

92nd Street Y, 1395 Lexington Ave. (996-1100). Métro : ligne 6, station 96th St. La vie culturelle de l'Upper East Side gravite autour du 92nd Street Y. La salle de concert, la Kaufmann Concert Hall, ne peut contenir que 916 spectateurs mais offre un cadre intimiste qui n'a pas son pareil à New York, avec une acoustique irréprochable et des boiseries, qui évoquent l'ambiance des salons viennois. Le Y abrite le **New York Chamber Symphony**, sous la direction de l'impétueux Gerard Schwartz. Son répertoire s'étend de Telemann à Rameau en passant par des œuvres de grands compositeurs contemporains comme Pijton, Diamond et Stravinsky. En outre, il invite dans ses murs des musiciens de renommée internationale. Le Distinguished Artists Series, qui date de la fin des années 30, a vu défiler tous les grands noms, de Segovia à Schnabel en passant par Yo-Yo Ma, Alfred Brendel et Schlomo Mintz. Entre autres festivals notoires, on peut citer *Chamber Music at the Y* (musique de chambre), *Lyrics and Lyricists* (chants et chanteurs), *Keyboard Conversation* (à base de claviers), et *Young Concert Artists* (pour les jeunes premiers). Vous pouvez aussi assister à des manifestations non musicales, comme les lectures publiques régulières du Petry Center ou d'excellentes conférences, qui comptent parmi les plus intéressantes de New York. Lectures de 8 à 12 $, conférences 15 $, concerts de 15 à 40 $.

Town Hall, 123 W. 43rd St. (840-2824), entre la 6th Ave. et Broadway Ave. Métro : ligne 1, 2, 3, 9, N ou R, station 42nd St. Ce lieu de référence se présente sous la forme d'un élégant pavillon doté d'une salle à l'acoustique excellente. Le trio McKim, Mead & White conçut cet espace en 1921. Il a accueilli depuis une grande variété d'événements culturels comme des conférences conduites par des sommités telles que Sandra Bernhard, des festivals de jazz, et des concerts de toutes sortes. C'est ici que Joan Sutherland fit ses débuts. La capacité de la salle est de 1 495 places. Bureau de location ouvert du lundi au samedi de 12h à 18h, ouvert jusqu'à l'heure de la représentation les jours de spectacle.

Merkin Concert Hall, 129 W. 67th St. (362-8719), entre Broadway Ave. et Amsterdam Ave. Métro : ligne 1 ou 9, station 66th St. Aménagé dans l'Abraham Goodman House, le Merkin Concert Hall propose un programme éclectique de musique ethnique et contemporaine, mais aussi de concerts plus "classiques". Une programmation type du Merkin peut comprendre en une semaine la rétrospective de quatre siècles de chansons d'amour et de chants funèbres, de la musique chinoise classique et moderne et pour finir, des œuvres lyriques de Bartock et de Shostakovich inspirées du folklore populaire. La musique juive traditionnelle et la musique classique du XXe siècle semblent être les spécialités du lieu. Cette salle intimiste de 457 places est l'une des meilleures de New York pour la musique de chambre. Saison de septembre à juin. Places de 10 à 15 $.

Symphony Space (864-5400), au niveau de Broadway Ave. et de la 95th St. Métro : ligne 1 ou 9, station 96th St. Le Symphony Space au nom trompeur est aménagé dans une ancienne patinoire et salle de cinéma. Il organise maintenant toutes sortes de manifestations culturelles. Durant la saison (de septembre à juin), il programme des spectacles de musique classique et ethnique ainsi que des pièces de théâtre, des spectacles de danse, et le *Selected Shorts*, lectures de fictions par des acteurs célèbres. Chaque année, une opérette de Gilbert et Sullivan occupe l'affiche et, durant l'été, le Symphony Space propose une ambitieuse programmation d'anciens ou de nouveaux films non américains. Procurez-vous le programme sur place. Bureau de location ouvert tous les jours de 12h à 19h. Places à 6 $ pour la plupart les films. Autres manifestations de 0 à 35 $.

Metropolitan Museum of Art (535-7710, voir Musées, p. 298). Le Met propose un programme musical qui recouvre tous les genres, de la musique traditionnelle japonaise à la balalaïka russe en passant par des récitals interprétés par les plus grandes vedettes de la musique classique. La musique de chambre dans le bar et le piano à la cafétéria le vendredi et le samedi soir sont gratuits (billet d'entrée du musée exigé). Les places pour les autres concerts coûtent au minimum 15 $. Pour avoir des renseignements sur les billets ou recevoir une brochure, appelez Concerts and Lectures (concerts et conférences) au 535-7710.

Museum of Modern Art (708-9491, voir Musées, p. 303). Presque tous les week-ends de juillet et d'août, le programme "Summergarden" du Museum of Modern Art présente des concerts gratuits de musique classique contemporaine d'avant-garde joués par les étudiants de la Juilliard School dans le Sculpture Garden (le jardin du musée). Les concerts ont lieu le vendredi et le samedi à 20h30. Vous accédez au Sculpture Garden par l'entrée (normalement fermée) située derrière le musée au 14 W. 54th St. entre 18h et 22h.

Frick Collection (288-0700, voir Musées, p. 309). A partir d'octobre et pendant tout le mois d'août, la Frick Collection organise des concerts de musique classique le dimanche à 17h (en été, concerts occasionnels le mardi à 17h45). Le nombre des places est limité à deux par personne. La demande écrite doit être reçue le 3e lundi précédant le concert. Si vous n'êtes pas d'humeur à remplir un formulaire, présentez-vous 5 mn avant le spectacle et essayez de prendre la place d'un absent.

Cooper-Hewitt Museum (860-6868, voir Musées, p. 308). Des concerts gratuits allant de la musique classique à la soul en passant par le hip-hop se déroulent dans le jardin du Cooper-Hewitt Museum, à partir de fin juin et pendant tout le mois d'août.

Cathedral of St John the Divine, 1047 Amsterdam Ave. (662-2133), au niveau de la 112th St. Métro : ligne 1 ou 9, station 110th St. La cathédrale présente un choix intéressant de concerts classiques, d'expositions artistiques, de conférences, de films et de spectacles de danse. Téléphonez car le prix des places est variable.

Theater at Riverside Church (864-2929), sur Riverside Dr., entre la 120th et la 122nd St. Métro : ligne 1 ou 9, station 125th St. Accueille des spectacles de théâtre, de musique, de danse et de vidéo dans une salle pouvant contenir 275 personnes. Prix variables.

St Paul's Chapel (602-0747 ou 602-0873), sur Broadway Ave. entre Church St. et Fulton St. Métro : ligne A ou C, station Broadway-Nassau St. Edifiée en 1766, St-Paul est la seule église intacte de Manhattan qui soit antérieure à la Révolution américaine. George Washington vint prier ici après son investiture. Superbe décor intérieur, éclairé par des lustres en cristal de Waterford (Irlande) qui offre un cadre idéal pour les classiques du répertoire de Mozart, Haydn, Shostakovich, Bach, etc. Des œuvres de compositeurs moins connus sont de temps en temps programmées. Concerts à midi (de septembre à juin) le lundi et le jeudi. Autres concerts pendant la saison. Don préconisé 2 $.

Trinity Church, 74 Trinity Pl. (602-0873), au niveau de Wall St. Métro : ligne 4 ou 5, station Wall St. Avec St-Paul's Chapel, Trinity Church organise la série de concerts **Sundays at Four** (chaque dimanche à 16h) de juin à septembre, donne en plus des concerts tout au long de l'année. Places de 15 à 20 $. Les étudiants et personnes âgées peuvent réserver des places à 10 $.

World Financial Center (945-0505), Battery Park City. Métro : ligne C ou E, station World Trade Ctr. Concerts gratuits dans le Winter Garden, salle principale du centre. Vous pouvez écouter par exemple de remarquables concerts de world music : de la musique traditionnelle finnoise au *souk* brésilien en passant par du zydeco des Cajuns de Louisiane.

Brooklyn Academy of Music, 30 Lafayette St. (718-636-4100), entre Felix et Ashland Pl. Métro : ligne 2, 3, 4, 5, D ou Q, station Atlantic Ave. L'histoire de la Brooklyn Academy of Music (B.A.M.), fondée en 1859, a été marquée par de grands noms comme la Pavlova, Caruso ou Sarah Bernhardt, qui y joua *Camille*. C'est la plus ancienne salle de spectacle du pays mais sa programmation non conformiste et pluriculturelle est des plus modernes (la musique classique y conserve une place importante). Vous pouvez assister ici à des spectacles de jazz, de blues, d'opéra et de danse, ainsi qu'à des performances. Au mois de mai se déroule le festival *Dance Africa* avec des danses et de l'artisanat d'Afrique de l'Ouest. Appelez car le programme change en permanence. Le festival annuel *Next Wave Festival*, d'octobre à décembre, propose de la musique contemporaine, de la danse, du théâtre et des performances. Il a donné leur chance à des artistes comme Mark Morris et Laurie Anderson. La B.A.M est le foyer du **Brooklyn Philharmonic Orchestra** qui se produit de septembre à mars et présente une courte saison d'opéra de mars à juin. Places pour les concerts et les opéras de 10 à 40 $. A chaque spectacle, Manhattan Express Bus fait l'aller-retour entre la 51st St. et Lexington Ave. et la B.A.M. (4 $). Métro : ligne 2, 3, 4, 5, D ou Q, station Atlantic Ave. ; ligne B, M, N, R, station Pacific St.

Brooklyn Center for Performing Arts (718-951-4500 ou 951-4522), se trouve un block à l'ouest de l'intersection de Flatbush Ave. et de Nostrand Ave., sur le campus du Brooklyn College. Métro : ligne 2 ou 5, station Flatbush Ave. Le Brooklyn Center for Performing Arts at Brooklyn College (B.C.B.C.) peut s'enorgueillir de présenter chaque année des spectacles exclusifs. Ces dernières années, il a programmé Leontyne Price, André Watts, la Garth Fagan Dance Company avec Wynton Marsalis, Joan Rivers, et Jerry Lewis. Saison d'octobre à mai. Places de 20 à 40 $.

Colden Center for the Performing Arts (718-793-8080), au Queens College à Flushing, Queens. Métro : ligne 7, station Main St., Flushing, puis prendre le bus Q17 ou Q25-34 jusqu'à l'angle de Kissena Blvd. et de Long Island Expressway. Le

Colden Center possède une magnifique salle de 2 143 places qui abrite le **Queens Symphony Orchestra**. Il propose aussi un excellent programme de jazz et de danse. Le centre s'efforce en particulier de présenter le travail d'artistes montants qui reflètent la diversité culturelle du quartier. Saison de septembre à mai. Places de 12 à 25 $.

Ukrainian Bandura Ensemble of New York, 84-82 164th St. (718-658-7449) au niveau de Jamaica, Queens. Ensemble à cordes composé de 56 musiciens qui jouent dans les défilés, les festivals et dans d'autres manifestations lorsque l'occasion se présente.

ÉCOLES DE MUSIQUE

Si vous ne voulez pas consacrer tout votre budget à l'écoute d'un seul concert, l'un des meilleurs moyens d'appréhender la culture musicale new-yorkaise consiste à se rendre dans les écoles de musique. A l'exception des ballets et des opéras (de 5 à 12 $), les concerts des écoles dont les noms suivent sont gratuits et fréquents (surtout de septembre à mai) : **Juilliard School of Music**, Lincoln Center (voir plus haut), **Mannes School of Music**, 150 W. 85th (580-0210), entre Columbus Ave. et Amsterdam Ave., **Manhattan School of Music**, 122 Broadway (749-2802) et **Bloomingdale House of Music**, 323 W. 108th St. (663-6021), près de Broadway.

■ Jazz

Depuis son apparition au début du siècle, le jazz fait partie intégrante de la scène musicale new-yorkaise. Depuis les big bands et les adeptes du style traditionnel jusqu'au free jazz, en passant par le jazz fusion et les artistes d'avant-garde, le jazz est présent sous toutes ses formes dans les différents lieux de la ville. Vous pouvez vous rendre dans l'un des nébuleux repaires où sont nés les mots comme "cat" ou "hip" (un "hippie" était à l'origine quelqu'un à la lisière de la culture jazz qui parlait son langage sans être vraiment un initié). Mais vous pouvez aussi vous rendre aux concerts plus conventionnels du Lincoln Center. L'été, les scènes de jazz se multiplient dans la moiteur des parcs et des esplanades de la ville. Tout au long de l'année, de nombreux musées proposent des concerts de jazz gratuits dans leurs jardins ou leur café. Pour trouver la liste de ces lieux, saisonniers ou permanents, consultez le *Village Voice*, le *New Yorker*, le *New York Free Press* ou le magazine *New York*.

Central Park Summerstage, sur la 72nd St. (360-2777) à Central Park. Ici, la programmation reste ouverte à de nombreux types de spectacle, parmi lesquels du jazz, de l'opéra, du rock et du folk. Téléphonez ou procurez-vous le calendrier de Central Park, disponible au Dairy in Central Park (voir Visites : Central Park, p. 238). La saison dure de mi-juin à début août et les concerts sont gratuits.

Rendez-vous à Lincoln Center Plazas et au **Guggenheim Bandshell** de Damrosch Park pour écouter du free jazz, de la salsa et autres régals musicaux dont seule Big Apple a le secret. Le nouveau **Midsummer Night Swing Dancextravaganza** du Lincoln Center se déroule de fin juin à fin juillet, tous les soirs, du mercredi au samedi. Les couples comme les célibataires sont les bienvenus pour danser le tango, le swing, le shimmy ou le fox-trot. Le centre dispose d'une piste de danse, d'un café et de groupes ayant pour tête d'affiche des musiciens comme Illinois Jacquet (dancing du mercredi au samedi à 20h15, cours les mercredi et jeudi à 18h30). L'été **Alice Tully Hall**, également dans le Lincoln Center, programme du jazz (875-5299). Le trompettiste Wynton Marsalis y joua pour la saison inaugurale.

Le **JVC Jazz Festival** débute au mois de juin. Parmi les vedettes des précédentes éditions, on peut citer Julius Hemphill, Ray Charles, Billy Taylor et Mel Torme. Les billets sont mis en vente début mai, mais beaucoup de concerts gratuits ont lieu en plein air dans les parcs. **Bryant Park** accueille un grand nombre de ces concerts tout comme **Damrosch Park** au Lincoln Center. Appelez le 501-1390 au printemps pour avoir des informations ou écrivez à : JVC Jazz Festival New York, P.O. Box 1169, Ansonia Station, New York, NY 10023.

Le **Guggenheim Museum** (423-5000, voir Musées, p. 307) propose des concerts de jazz, de musique brésilienne et de world music dans la rotonde les vendredi et samedi de 17h à 20h. Vous devez présenter le billet d'entrée du musée mais pour le concert du vendredi (de 17h à 20h), vous êtes libre de donner ce que vous voulez. Le **Museum of Modern Art** (708-9480, voir Musées, p. 303) programme aussi du jazz le vendredi de 17h30 à 19h45, au Garden Café. Là aussi, vous devez présenter le billet d'entrée du musée et donner ce que vous voulez. **World Financial Center Plaza** (945-0505) organise aussi des concerts gratuits (moins fréquents) de juin à septembre, qui illustrent tous les styles de jazz, de Little Jimmy Scott à Kit McClure Big Band en passant par des formations féminines. Sur l'esplanade du **World Trade Center**, sur Church St. au niveau de Dey St. (435-4170), vous pouvez écouter du jazz à l'heure du déjeuner le mercredi en juillet-août. Deux musiciens se produisent chaque semaine, l'un à midi, l'autre à 13h. Le **South Street Museum** (732-7678) parraine une série de concerts en plein air de juillet à début septembre au Pier 17, au Ambrose Stage et à l'Atrium.

Au cœur du Rockefeller Center, le **Radio City Music Hall** est un véritable palais du spectacle (247-4777). Il peut se vanter d'avoir vu défiler les plus grands interprètes de jazz et de music-hall : Ella Fitzgerald, Frank Sinatra, Ringo Starr, Linda Ronstadt et Sting, entre autres, sont venus dans cette salle légendaire. La fameuse troupe des *Rockettes* se produit toujours à Noël et à Pâques (bureau de location à l'angle de la 50th St. et de la 6th Ave., ouvert du lundi au samedi de 10h à 20h, le dimanche de 11h à 20h). Prix des places de 20 à 1 000 $ pour la soirée *Night of 100 Stars* (la Nuit des 100 étoiles de la musique).

Les églises de New York se transforment parfois en salles de spectacle. Si les véritables pèlerins du gospel chantent leur foi plus loin vers uptown, **Saint Peter's**, 619 Lexington Ave. (935-2200) au niveau de la 52nd St., occupe dans le *Midtown* le devant de la scène jazz. Le premier dimanche du mois se tient une grand-messe jazz. Les autres dimanches, on chante les vêpres à 17h, suivies à 19h ou à 20h par un vrai concert de jazz (don de 5 à 10 $ pour le concert). Des concerts de jazz informels ont également lieu le mercredi à 12h30 (don 4 $), et vous pouvez venir écouter de la musique classique le dimanche après-midi (sauf en été). En outre, la paroisse la plus branchée de la ville organise des vernissages, des expositions, des représentations théâtrales, des conférences et bien d'autres choses encore (voir Visites : East Midtown, p. 224). Téléphonez à l'avance pour avoir le programme du moment. John Garcia Geyel, pasteur de la communauté jazz, supervise toutes ces bonnes actions musicales.

La plupart des écoles de musique et des salles de concerts figurant dans la rubrique Musique classique proposent aussi du jazz. Le **Coca Cola Concert Series**, bien qu'il soit avant tout un festival rock, présente aussi des concerts de jazz et de reggae à **Jones Beach** (516-221-1000, de juin à début septembre, places de 20 à 27,50 $).

CLUBS DE JAZZ

Attendez-vous à ce que les clubs de jazz légendaires pratiquent un prix d'entrée élevé et imposent un nombre minimal de consommations. La plupart d'entre eux possèdent des tables et comptent 5 $ par verre. Venir écouter les rois du jazz vous coûte les yeux de la tête, mais il existe cependant quelques bars comme le Indigo Blues qui programment, en entrée libre, des artistes sans grand renom mais très talentueux.

Apollo Theatre, 253 W. 125th St. (749-5838, bureau de location 864-0372), entre Frederick Douglass Blvd. et Adam Clayton Powell Blvd. Métro : ligne 1, 2, 3 ou 9, station 125th St. Lieu de référence historique de Harlem, il a connu Duke Ellington, Count Basie, Ella Fitzgerald, Lionel Hampton, Billie Holliday et Sarah Vaughan. Le jeune Malcom X était cireur de chaussures ici. L'endroit connaît actuellement un regain de popularité. Le prix d'entrée varie. Son intérêt majeur réside dans la fameuse soirée *Amateur Night* (5$), au cours de laquelle les participants sont soit éliminés par un coup de gong (aïe !), soit jugés *regular* (acceptable), *show-off* (frimeur), *top dog* (champion) ou *super top dog* (super champion). Place de 9 à 30 $ pour l'Amateur Night.

Birdland, 2745 Broadway (749-2228), au niveau de la 105th St. Métro : ligne 1 ou 9, station 103rd St. Ce club sert au dîner de la bonne cuisine cajun (cuisine des descendants des Acadiens exilés en Louisiane) sur fond de jazz de grande qualité. Le cadre fait un peu nouveau Upper West (le quartier des artistes et des intellectuels établis), mais vous y entendez de l'excellente musique dans une atmosphère enfumée très 52nd St. Le nom de la maison de disques Blue Note Records est très étroitement lié à ce lieu mythique. Hors-d'œuvre de 5 à 7 $, plats principaux de 11 à 16 $, sandwichs de 8 à 11 $. Brunch jazz le dimanche. Les vendredi et samedi, l'entrée est à 10 $ (avec une consommation gratuite). Entrée 10 $, plus 10 $ minimum par personne à table. Du dimanche au lundi, comptez 5 $ pour l'entrée et 5 $ supplémentaires par concert. L'accès au bar est gratuit. Entrée libre pour le brunch du dimanche de 12h à 16h. Ouvert du lundi au samedi de 17h à 2h du matin, le dimanche de 12h à 16h et de 17h à 2h du matin. Premier concert le soir à 21h.

Blue Note, 131 W. 3rd St. (475-8592), près de MacDougal St. Métro : ligne A, B, C, D, E, F ou Q, station Washington Sq. Ce club de jazz légendaire est maintenant un lieu de concert un peu commercial avec ses tables bondées et son public docile. Il programme souvent des musiciens de renom. Entrée à partir de 20 $, consommation 5 $ minimum. Plus raisonnable, le brunch jazz du dimanche comprend le repas, la boisson et la musique pour 14,50 $ (de 12h à 18h, concert à 13h et à 15h30, réservation conseillée). Autres concerts, tous les jours à 21h et 23h30.

Bradley's, 70 University Pl. (473-9700), au niveau de la 11th St. Métro : ligne 4, 5, 6, L, N ou R, station Union Sq. Des duos de piano et de contrebasse (ou autres petites formations) se produisent dans ce lieu enfumé, généralement plein. Consommation 8 $ minimum. Entrée aux environs de 15 $. Concerts à 22h, 24h et 2h du matin. Musique tous les jours de 21h45 à 4h du matin.

Cotton Club, 666 W. 125th St. (663-7980), entre Broadway Ave. et Riverside Dr. Plus de touristes que d'amateurs éclairés dans ce haut lieu du jazz qui a accueilli les plus grands. La plupart des concerts sont chers, mais il arrive que certains soient abordables. Entrée de 8 à 27,50 $. Concerts à 20h et à 22h.

Dan Lynch, 221 2nd Ave. (677-0911), entre la 13th St. et la 14th St. Métro : ligne 4, 5, 6, L, N ou R, station Union Sq. Dans cette salle sombre et enfumée peuplée de fans de Casablanca, on joue du blues, rien que du blues. Une foule vivante et sympathique d'habitués envahit la piste de danse. Bar en longueur, table de billard au fond. Les concerts de blues et de jazz débutent à 22h. Jam session les samedi et dimanche de 16h à 21h. Entrée les vendredi et samedi 5 $.

Indigo Blues, 221 W. 46th St. (221-0033), entre Broadway Ave. et la 8th Ave. Métro : ligne 1, 2, 3, 9, N ou R, station 42nd St. ; ligne C ou E, station 50th St. Ce club est situé au sous-sol de l'Hôtel Edison. Repérez la petite porte grise enchâssée entre l'hôtel et un restaurant italien. Jazz et blues tous les soirs dans ce repaire ultramoderne en verre et en briques. Ce lieu a accueilli des grosses pointures comme Milt Jackson, Freddie Hubbard, Frank Bruno, Betty Carter et Stanley Jordan. La musique commence après 21h. Entrée de 10 à 20 $ selon le programme, plus un minimum variable si vous occupez une table (pas de consommation obligatoire au bar). Soirées théâtrales de temps en temps. Appelez à l'avance.

Michael's Pub, 211 E. 55th St. (758-2272), au niveau de la 3rd Ave. Métro : ligne 4, 5 ou 6, station 59th St. Club dans la tradition du jazz Nouvelle-Orléans. Woody Allen vient parfois y jouer de la clarinette le lundi soir, plus fréquemment depuis le tapage médiatique autour de ses problèmes conjugaux. ("Il a besoin d'être adulé", disent les mauvaises langues.) Mel Torme et d'autres grandes vedettes du jazz s'y produisent parfois. Téléphonez pour avoir le programme. Concerts le lundi à 21h et 23h, du mardi au samedi à 21h, 22h45 et 24h s'il y a encore du monde. Entrée du mardi au jeudi 15 $, les vendredi et samedi 20 $, le lundi 25 $. Ouvert du lundi au samedi de 18h à 2h du matin.

Red Blazer Too, 349 W. 46th St. (262-3112), entre la 8th Ave. et la 9th Ave. Métro : ligne C ou E, station 50th St. Venez danser joue contre joue au son des fabuleux standards du bon vieux temps. Les vendredi et samedi sont consacrés au Dixieland. Les autres soirs, vous pouvez y entendre du swing, du ragtime et toutes les autres musiques d'antan. Le jazz est né dans la première moitié du siècle, comme la clientèle de ce club... Brunch jazz le dimanche de 13h à 15h. Musique le soir. Brunch le dimanche de 12h à 17h, ferme à minuit. Ouvert le lundi de 20h à 24h, du mardi au jeudi de 20h30 à 00h30, les vendredi et samedi de 21h à 1h30 du matin. Entrée 5 $, plus 2 consommations au minimum, sauf le lundi.

Sweet Basil, 88 7th Ave. (242-1785), entre Bleecker St. et Grove St. Métro : ligne 1 ou 9, station Christopher St./Sheridan Sq. Dîner servi sur fond de jazz surtout traditionnel. Beaucoup de touristes et un petit nombre d'habitués. Quelques vedettes à l'occasion. Téléphonez avant. Entrée 17,50 $ plus 10 $ de consommation minimum. Entrée libre pour le brunch jazz (les samedi et dimanche de 14h à 18h). Concerts du lundi au vendredi à 21h et 23h, les samedi et dimanche à 21h, 23h et 00h30. Ouvert tous les jours de 12h à 2h du matin.

Village Vanguard, 178 7th Ave. (255-4037), au sud de la 11th St. Métro : ligne 1, 2, 3 ou 9, station 14th St. Une sorte de caverne sans fenêtre, vieille et branchée comme le jazz lui-même. Les murs résonnent du souvenir de Lenny Bruce, Leadbelly, Miles Davis et Sonny Rollins. Chaque lundi, le Big Band Vanguard Orchestra déverse ses flots de musique à 22h et à 24h. Du dimanche au jeudi entrée 12 $, consommation minimum 8 $, le vendredi et le samedi entrée 15 $, consommation 8 $ minimum. Du dimanche au jeudi, spectacles à 21h30 et 23h30, le vendredi et le samedi à 21h30, 23h30 et 1h.

■ Rock, pop, funk et folk

New York a toujours été à l'avant-garde pour révéler des groupes populaires, des New York Dolls au Velvet Underground, en passant par Dee-Lite et les Beastie Boys. Si les formations new-yorkaises ne satisfont pas votre insatiable appétit de concerts, rassurez-vous, tous les groupes en tournée aux Etats-Unis passent par New York. Appelez **Concert Hotline** (249-8870) ou consultez dans le *Village Voice* la liste indispensable et exhaustive des clubs pour savoir qui se produit en ville.

Les festivals de musique offrent aussi l'opportunité d'entendre des quantités de groupes contre une somme relativement modique. Le grand promoteur de toutes ces manifestations, le New Music Seminar, a récemment ployé sous le poids de son gigantisme. Les prix ont notoirement augmenté et le public a commencé à ressembler de plus en plus à un troupeau de fans clonés. Le **CMJ Music Marathon** propose, pendant quatre soirs de septembre, plus de 400 groupes parmi lesquels de grands noms comme David Byrne, G. Love and Special Sauce, et les Pizzicato Five. Il y a aussi des formations moins connues. Nouveau sur la scène musicale, le **Macintosh New York Music Festival** programme plus de 350 groupes sur une période d'une semaine.

Le **Coney Island Circus Sideshow**, sur la 12th St. à Coney Island, Brooklyn, propose d'excellents spectacles de rock indie dans le cadre de son programme *Sideshows by the Seashore*, presque tous les vendredis soir durant l'été (entrée 6 $, premier groupe à 22h). Le snack bar attenant est un bon endroit pour siroter un Rolling Rock (2 $) et pour discuter avec les vedettes du rock underground new-yorkais. Téléphonez au 718-372-5159 pour avoir des informations sur toutes les manifestations du Sideshow.

Si vous préférez le rock à grand spectacle, essayez le **Madison Square Garden** (MSG), à l'angle de la 7th Avenue et de W. 33rd St. (465-6000). C'est sans doute la première infrastructure de loisirs des Etats-Unis. Elle accueille plus de 600 manifestations et près de 6 millions de spectateurs par an. En dehors des concerts de rock, elle programme habituellement des expositions, des salons, des matchs de boxe, des rodéos, des *monster trucks* (courses de camions, catégorie monstres !), des expositions félines, canines et équestres, du cirque, des tournois de tennis et la convention présidentielle (billets de 20 à 50 $). Le **Radio City Music Hall** (247-4777) et le **Meadowlands** du New Jersey (201-935-3900) organisent à l'occasion des spectacles tout aussi onéreux.

ABC No Rio, 156 Rivington St. (254-3697), près de Clinton St. Métro : ligne B, D ou Q, station Essex St. Marchez vers le nord pendant un block, puis vers l'est pendant trois blocks. Cet espace à but non lucratif est géré par une association, il propose des concerts de hardcore et de genres musicaux apparentés au punk. Il organise aussi des lectures de poésie, des expositions artistiques, etc. Pas d'alcool. Ouvert à tous sans distinction d'âge. Entrée de 2 à 5 $.

A.K.A., 77 W. Houston St. (673-7325), entre W. Broadway et Wooster St. Métro : ligne 1 ou 9, station Houston St. ; ligne N ou R, station Prince St./Broadway. Sombre, de style néo-néogothique et difficile à trouver (repérez la petite marquise verte et montez l'escalier), A.K.A. attire dans son excellente salle toutes sortes de groupes, du heavy metal à l'acid jazz. Public chic des lieux branchés. Concerts du mercredi au samedi. Entrée de 5 à 10 $.

Beacon Theatre, 2124 Broadway (496-7070), entre la 74th St. et la 75th St. Métro : ligne 1, 2, 3 ou 9, station 72nd St. Cette salle de concert de taille intermédiaire programme des groupes de rock alternatif plus ou moins connus, on peut aussi y assister à des concerts de world music, dans sa version la plus rythmée. Il y a même des spectacles multimédias. Téléphonez ou consultez le *Village Voice* pour avoir le programme. Il se passe quelque chose presque chaque week-end. Entrée de 15 à 40 $.

The Bitter End, 147 Bleecker St. (673-7030), au niveau de Thompson St. Métro : ligne A, B, C, D, E, F ou Q, station W. 4th St. ; ligne 6, station Bleecker St. Les murs de ce petit espace résonnent de douces mélodies folk et country. Billy Joel, Stevie Wonder, Woody Allen et Rita Rudner auraient tous fait leurs débuts ici. Ils sont représentés sur la fresque, au goût artistique discuté, juste derrière le bar. Téléphonez pour les horaires de concert. Entrée de 5 à 15 $. Ouvert du dimanche au jeudi de 19h30 à 3h du matin, les vendredi et samedi de 19h30 à 4h du matin.

Bottom Line, 15 W. 4th St. (228-7880 or 228-6300), au niveau de Mercer St. Métro : ligne 1 ou 9, station Christopher St. ; ligne A, B, C, D, E, F ou Q, station W. 4th St. C'est un espace sombre de type grenier aux murs décorés d'arcs-en-ciel sur fond noir. Si vous ne trouvez pas de place assise, vous pouvez vous installer au bar (très confortable et vous n'êtes pas obligé de commander un verre) entouré de photos des anciens concerts. Mélange de musique et de divertissements allant du jazz au kitsch en passant par le théâtre, les bons vieux rock-and-roll chantés par des auteurs-compositeurs-interprètes. Parmi les concerts récents, citons ceux de Marianne Faithfull, de Harvey Fierstein et un hommage à Frank Zappa. Il faut être âgé de plus de 21 ans et être muni de deux pièces d'identité. Toutefois, certains spectacles sont ouverts à tous. Concerts le soir à 19h30 et 22h30. Entrée 20 $.

CBGB/OMFUG (CBGB'S), 313 Bowery (982-4052), au niveau de Bleecker St. Métro : ligne 6, station Bleecker St. Les initiales signifient *"country, bluegrass, blues and other music for uplifting gourmandizers"* ("country, bluegrass, blues et autres musiques pour amateurs exigeants"). En fait, depuis 1976, ce club est entièrement voué au rock punk. Blondie et les Talking Heads y ont fait leurs débuts. C'est toujours là qu'il faut aller pour écouter du vrai rock alternatif. CB's s'est adapté à la période post-punk des années 90 en diversifiant son offre, avec par exemple un site internet (http:// www.cbgb.com), mais l'esprit punk survit dans cet endroit étroit et caverneux avec ses couches de graffitis multicolores sur les murs des toilettes et le regard nostalgique de certains clients. Concert le soir vers 20h. Entrée de 5 à 10 $. La **CB's Gallery**, voisine, propose aussi des concerts.

Coney Island High, 15 St Mark's Place (475-9726). Métro : ligne N ou R, station 8th St. ; ligne 6, station Astor Place. C'est un endroit tout à fait dynamique qui propose régulièrement des soirées sur différents thèmes. Vous n'y retrouvez pas l'excitation de Coney Island (la Foire du Trône locale) mais il vaut le déplacement. Si vous êtes nostalgique de l'éclat des années 80, vous devez vous rendre à la soirée **Greendoor**, annoncée sous le sceau de soirée Trash Rock, un samedi soir sur deux. Le mercredi est consacré à la curieuse soirée **Fraggle Rock** avec de la musique live dans le style Iggy Pop. Entrée de 0 à 10 $ selon la soirée.

Continental Divide, 25 3rd Ave. (529-6924), au niveau de St Mark's Pl. Métro : ligne 6, station Astor Pl. Quantité de groupes locaux jouent dans ce bâtiment de East Village. Certains sont bons, d'autres mauvais, la plupart sont affreux. Entrée libre du dimanche au jeudi, les vendredi et samedi 5 $.

The Cooler, 416 W.14th St. (229-0785), au niveau de Greenwich St. Métro : ligne 1, 2, 3, A, C ou E, station 14th St. Dans le quartier des halles aux bouchers. Dans son immense salle voûtée, The Cooler (Le Frigo) passe du funk, du rock alternatif, de l'acid jazz et certains des meilleurs DJ de New York. Des crochets de boucherie et des balances sont exposés dans un décor sanguinolent, il ne manque plus qu'une sculpture de Damian Hirst. Prix variable. Ouvre du dimanche au jeudi à 20h, les vendredi et samedi à 21h.

Fez, 380 Lafayette St. (533-2680), derrière le Time Café. Métro : ligne 6, station Astor Pl. Un club luxueusement décoré dans le style marocain. La clientèle est très esthétique, en particulier le jeudi soir, lorsque le Mingus Big Band se produit (concerts à 21h et 23h, réservations conseillées). Les autres soirées sont variées : la musique va du jazz au alt-pop, avec de temps à autre une chanteuse pour faire bonne mesure. Cuisine ouverte de 20h30 à 24h. Téléphonez pour les dates, les tarifs et les réservations.

Irving Plaza, 17 Irving Pl. (777-6800 ou 777-1224 pour des infos sur les concerts), au niveau de la 15th St., entre la 3rd Ave. et Union Sq. Métro : ligne 4, 5, 6, L, N ou R, station 14th St./Union Sq. Lieu de taille moyenne avec un étonnant décor d'inspiration chinoise. Rock, pièces de théâtre, spectacles féministes et autres manifestations sont programmés dans un espace scénique qui ressemble à une étable. Il se transforme en boîte de nuit le samedi soir sous le nom de **Grey Gardens**. Prix d'entrée variable. Ouverture à 20h, sauf indication contraire. Bureau de location ouvert du lundi au vendredi de 11h à 18h.

Knitting Factory, 74 Leonard St. (219-3055), entre Broadway Ave. et Church St. Métro : ligne 1, 2, 3, 6, 9, A, C ou E, station Canal St. Remontez Broadway St. jusqu'à Leonard St. Des musiciens libres penseurs anticipent l'Apocalypse avec toute une gamme de concerts servis par une très bonne acoustique. Plusieurs concerts par soir. Le groupe Sonic Youth a joué ici tous les jeudis pendant des années (plus maintenant, hélas). Le dernier dimanche du mois est consacré au **Cobra**, un genre musical inventé par le compositeur de jazz d'avant-garde John Zorn. Le Knitting Factory a récemment accueilli le festival **What is Jazz**, sorte d'exploration expérimentale autour de la forme musicale, qui promet de devenir un immanquable du circuit des festivals d'été. Entrée payante (généralement 10 $) uniquement pour l'arrière-salle, où se déroule le concert. Devant, le bar est toujours gratuit. Les bières Brooklyn Brown Ale et Brooklyn Lager (3 $) sont un délice.

Maxwell's, 1039 Washington St. (201-798-4064), au niveau de la 11th St., à Hoboken, NJ. Métro : ligne B, D, F, N, Q ou R, station 34th St., puis prenez le train PATH (1$) jusqu'au premier arrêt à Hoboken. De là, longez Hudson Pl. jusqu'à Hudson St., remontez pendant un block jusqu'à Newark St., tournez à gauche pendant deux blocks jusqu'à Washington St., puis à droite pendant 10 blocks jusqu'à la 11th St. Depuis 15 ans, les artistes underground des Etats-Unis et d'ailleurs se produisent dans l'arrière-salle de ce restaurant d'Hoboken (voir Hoboken, NJ, p. 293). New Order a joué ici son premier concert aux Etats-Unis. Superchunk, Stereolab, et G. Love and Special Sauce comptent parmi les groupes récemment programmés. Entrée de 5 à 10 $. Il arrive parfois que les places se vendent très vite, par conséquent, retirez vos billets à l'avance chez Maxwell's, Pier Platters à Hoboken (voir Shopping : Disques, p. 371), Sea Hear à East Village ou TicketMaster.

McGovern's, 305 Spring St. (627-5037), entre Greenwich St. et Hudson St. Métro : ligne 1, 9, A, L ou E, station Canal St. Minuscule local décrépit et un peu miteux si on le compare à l'éclat et au prestige des autres lieux de SoHo. A l'écart, il accueille une clientèle plutôt jeune et locale. Concerts de rock le soir. Entrée les vendredi et samedi après 22h, 5 $.

Mercury Lounge, 217 E. Houston St. (260-4700), au niveau de Ave. A. Métro : ligne F, station 2nd Ave.-E Houston St. Un nombre impressionnant de vedettes (dont Lenny Kravitz, Morphine, They Might Be Giants et Bikini Kill) se sont produites dans cette petite salle qui a tout entendu du folk au pop, en passant par le bruit... Musique en soirée. Entrée 5 à 15 $.

New Music Café, 380 Canal St. (941-1019), sur W. Broadway. Métro : ligne 1, 6, 9, J, N ou R, station Canal St. Plus haut de gamme et à la mode que d'avant-garde. Musique allant de l'acid jazz à la noise pop. Musique le soir. Entrée aux environs de 10 $.

Rock-n-Roll Café, 149 Bleecker St. (677-7630), deux blocks à l'ouest de Broadway Ave. Métro : ligne B, D ou F, station Broadway/Lafayette ; ligne 6, station Bleecker St. Toutes sortes de musiques. Ce club ne programme que des groupes jouant des reprises. Vous écoutez par exemple des ersatz des Beatles, de Jimi Hendrix, des Doors, de Van Halen et d'Ozzy Ozbourne. Concerts du dimanche au jeudi à 20h et 21h30, les vendredi et samedi de 20h30 à 22h30. Prix de l'entrée variable.

Roseland, 239 W. 52nd St. (247-0200), au niveau de la 8th Ave. et de Broadway Ave. Métro : ligne C ou E, station 50th St. Concerts à prix raisonnable avec surtout des groupes de rock étudiant ou du style de They-Might-Be-Giants. Soirées rave d'envergure, et des incursions dans le territoire musical de la famille des Mötley Crüe. Organise de temps à autre un bal dansant, renouant ainsi avec les origines du club. Billets de 15 à 25 $.

Tramps, 45 W. 21st St. (727-7788), entre la Fifth Ave. et la 6th Ave. Métro : ligne F, N ou R, station 23rd St. Le grincement des violons et le cliquetis des washboards (les "planches à laver", utilisées comme instruments dans la country) envahissent la piste de danse où l'on s'agite. Le zydeco de Louisiane rythme les soirées. On peut y entendre aussi du blues, du reggae et des groupes de rock indie. La clientèle est rarement ici pour faire tapisserie. Les concerts commencent habituellement autour de 20h30 et de 23h. Ouverture à 19h. Il existe un nouveau **Tramps Café** à côté qui sert de la cuisine "new Southern" (nouveau Sud) à prix modérés. Entrée de 5 à 15 $.

Wetlands Preserve, 161 Hudson St. (966-5244), près de Laight St., à TriBeCa. Métro : ligne 1, 9, A, C ou E, station Canal St. L'endroit, aménagé sur deux étages, est spectaculaire et la fresque géante dans l'arrière-salle, *Summer of Love* (l'été de l'amour), est bien sûr psychédélique. Un bus Volkswagen transformé en boutique de curiosités déborde de textiles artisanaux. L'atmosphère et le sol en terre battue rappellent les années Woodstock. Le thème du retour à la nature est régulièrement abordé dans "l'Ecosaloon" du jeudi soir (conférences sur les problèmes de l'environnement à 19h, gratuit). Concert le mardi soir avec par exemple des reprises de Greatful Dead (qui attirent davantage de monde depuis la mort du très mythique Jerry Garcia), *Psychedelic Psaturdays* et rock underground alternatif du mercredi au vendredi. Age minimum 16 ans le dimanche, 18 ans les autres jours. Entrée de 7 à 10 $. Les concerts démarrent habituellement à 21h ou 22h.

Louisiana Community Bar & Grill, 622 Broadway (460-9633), entre Bleecker St. et Houston St. Métro : ligne B, D, F ou Q, station Broadway-Lafayette St. ; ligne N ou R, station Prince St. Vaste clientèle de jeunes de l'université de New York. Le décor tente de reconstituer une atmosphère typique de la Louisiane cajun, avec des poutres au plafond, des murs bruts et de gros alligators en papier mâché. Soul, blues, folk, et zydeco le soir. L'entrée toujours gratuite se rattrape sur le prix de la bière (jusqu'à 4 $ la bouteille). Mieux vaut boire avant de venir. Horaires des concerts variables, en général vers 20h ou 21h, mais parfois aussi vers 1h du matin.

Sounds of Brazil (SOB's), 204 Varick St. (243-4940), à l'angle de la 7th Av. et de Houston St. dans Greenwich Village. Métro : ligne 1 ou 9, station Houston St. Officiant depuis 14 ans, ce petit restaurant, devenu dancing, reçoit des musiciens interprétant des musiques du Brésil, d'Afrique, d'Amérique Latine et des Caraïbes dans un cadre *latinos*. Renseignez-vous au sujet des concerts occasionnels de rythm & blues, de latin jazz, ou d'acid jazz. Ouvert pour le dîner du mardi au jeudi de 19h à

2h30 du matin, les vendredi et samedi de 19h à 4h du matin. La plupart des concerts ont lieux du dimanche au jeudi à 20h et 22h, les vendredi et samedi à 22h30 et 1h du matin, ou alternativement à 22h, 24h, et 2h du matin. Concert de salsa le samedi, gratuit avant 21h. Entrée de 10 à 16 $ suivant le programme. Entrée gratuite le vendredi.

■ Boîtes de nuit

"Débauche de chair humaine/possédée par l'avarice, la luxure et le rhum/New York, Démence tu te nommes."

Byron R. Newton, Ode to New York, 1906

Les boîtes de nuit de New York sont une institution sans véritable rival. La clientèle est on ne peut plus désinhibée, la musique sans pareil et le divertissement potentiellement illimité, une fois que vous avez découvert le bon endroit. S'introduire dans les clubs les plus branchés de New York n'est pas chose aisée si vous n'avez pas de relations. De plus, l'espérance de vie des clubs est courte et même les "initiés" ne savent pas toujours où trouver le lieu où il faut être. Les meilleures soirées sont, d'une part, les raves dont la publicité se fait uniquement de bouche à oreille, par Internet ou par les *flyers* psychédéliques et, d'autre part, les soirées impromptues dans des entrepôts désaffectés, des bars fermés, ou des clubs méconnus. Beaucoup de clubs se déplacent d'un endroit à l'autre chaque semaine, mais les vrais noctambules (les *nightclubbers*) réussissent toujours à retrouver leur trace. Sympathisez avec quelqu'un du milieu ou repérez les magasins de disques les plus branchés pour avoir des prospectus (les fameux *flyers*).

Les règles sont relativement simples. Vous devez avoir le "look" adapté pour pouvoir entrer. Les filtreurs à l'entrée des boîtes sont (entre autres !) d'incorruptibles physionomistes et forment une véritable police vestimentaire des clubs qui ne laissent rien passer de terne ou de conventionnel, au regard des critères du lieu. Habillez-vous en noir ou en tenue rave et venez accompagné(e) de vos ami(e)s les plus séduisant(e)s. N'ayez pas l'air inquiet et comportez-vous comme si vous étiez un habitué. La plupart des clubs ouvrent vers 21h, mais allez-y après 23h, à moins d'avoir besoin de solitude. L'ambiance peut rester très fraîche jusqu'à 1h ou 2h du matin. La majeure partie des clubs reste ouverte jusqu'à 4h du matin et quelques-uns de ceux qui ne servent pas d'alcool fonctionnent jusqu'à 5h ou 6h du matin, voire au-delà.

Même les meilleurs clubs ne valent le déplacement qu'une ou deux nuits par semaine. Attention à ne pas commettre l'erreur d'aller dans le bon club le mauvais soir, surtout si vous payez l'entrée (entre 5 et 15 $). Le prix peut s'élever jusqu'à 20 $ le week-end, lorsque les *B&T* (les banliusards qui, du New Jersey ou de Long Island, rejoignent Manhattan par les ponts et les tunnels, **B**ridges & **T**unnels) tentent de passer en masse le barrage du videur.

Pour une "Jungle" new-yorkaise réussie

Au début des années 80, les Noirs de Londres ont créé la **jungle**, un style de musique urbaine frénétique qui s'est bien adaptée à la vraie jungle urbaine qu'est New York, même si, ici, le public se compose en majorité de Blancs post-rave. La jungle allie la ligne de basse lente du reggae avec un rythme de hip-hop accéléré et des recompositions samplérisées (ou… échantillonnées), le tout fortement relevé de rapides inflexions techno. Le résultat est nerveux, expérimental et futuriste. New York propose actuellement quatre soirées jungle par semaine dans des boîtes de nuit. **Konkrete Jungle** (604-7959) est la mieux établie tandis que **Jungle Nation** (802-7495) attire un public plus sérieux. Les DJ à ne pas manquer sont, entre autres, Dara, Delmar, Soulslinger, DB, Cassien et Peshy.

Let's Go a classé les discothèques en fonction de critères éprouvés et placés sur une stricte échelle qualité-prix. Néanmoins, en matière de boîte, modes, styles et ambiances sont heureusement insaisissables, donc, à New York plus qu'ailleurs, mieux vaut téléphoner pour être sûr de ce que (et qui) vous allez trouver en arrivant.

Bar Room, 432 W. 14th St. (366-5680), au niveau de Washington St. Métro : ligne A, C ou E, station 14th St. Si ce club dissimulé atteint l'apothéose avec les soirées **Clit Club** ou **Jackie 60**, il garde son sérieux le samedi avec **Jungle Nation**. La clientèle est choisie avec précaution et peut être gentiment réservée. Entrée 5 \$ avant minuit, 7 \$ avec invitation, 10 \$ sans. Ouverture à 22h30 (voir Clubs gay et lesbiens, p. 352).

Tunnel, 220 Twelfth Ave. (695-7292 or 695-4682), au niveau de la 27th St. Métro : ligne C ou E, station 23rd St. Le nom de l'endroit est probablement autant lié à son aspect caverneux qu'au fait que le public vient en majorité du New Jersey (et il est difficile d'éviter un tunnel quand on vient du New Jersey). Quoi qu'il en soit, c'est la soirée où tout le monde est invité. Ce club immense sur trois étages plus une mezzanine possède deux pistes de danse, des salons, une piste de skate-board et des cages de verre pour une partie du spectacle. L'espace est assez grand pour qu'on s'y perde ou pour y organiser simultanément plusieurs soirées. Le seul, unique et irremplaçable Junior Vasquez officie le samedi. Ouvert les vendredi et samedi. Les soirées du samedi sont plutôt gay. Entrée 20 \$.

Webster Hall, 125 E. 11th St. (353-1600), entre la 3rd Ave et la 4th Ave. Métro : lignes 4, 5, 6, N ou R, station Union Sq./14th St. En sortant du métro, marcher 3 blocks vers le sud, puis un vers l'est. Un club récent, déjà très couru : dancing, salle de reggae et café. "Jeudis psychédéliques" avec, le plus souvent, des groupes *live*. Entrée de 5 à 15 \$. Ouvert du mercredi au samedi de 22h à 4h.

Robots, 25 Ave. B (995-0968), au niveau de la 3rd Ave. Métro : ligne F, station 2d Ave. Depuis 14 ans, Robot est l'endroit où l'on va lorsque les autres clubs ont fermé et que l'on a encore de l'énergie à revendre. Bar ouvert avant minuit. La plupart des gens arrivent vers 4h du matin et restent jusqu'à 10h. La soirée **Killer** du jeudi déverse une bonne dose d'acid trance et de progressive house. Ouvert les mercredi et jeudi de 22h à 7h du matin, les vendredi et samedi de 22h à 12h (…du matin !). Entrée de 6 à 15 \$.

Twilo, 530 W. 27th St. (268-1600). Métro : ligne 1 ou 9, station 28th St. ; ligne C ou E, station 23rd St. Cette boîte est située dans l'ancien Sound Factory. En début de soirée, la scène est encombrée de beaux jeunes gens pulpeux torse nu et d'une foule très "propre sur elle" venue du New Jersey auxquels viennent se mêler quelques drag queens de 2,50 m de haut. Plus tard, la musique devient plus profonde et le public plus sérieux. Si vous passez le cap du grand départ de 4h, attendez-vous à rester jusqu'à l'heure du petit déjeuner. Entrée de 15 à 20 \$. Ouverture vers minuit.

Limelight, 660 6th Ave. (807-7850). Métro : ligne F ou R, station 23rd St. Un des hauts lieux de New York en matière de boîte (la formule du Limelight a d'ailleurs été copiée par de nombreuses discothèques à travers tous les Etats-Unis). Aménagé dans une ancienne église, l'endroit a récemment défrayé les chroniques new-yorkaises après l'arrestation de son propriétaire. La véritable attraction est la soirée Disco 2000 du mercredi, là où les choses intéressantes se passent. Atmosphère plutôt gay le vendredi et le samedi soir. Concert de hard le dimanche soir. Entrée 15 \$ en général. Ouvert jusqu'à 4h du matin.

Nell's, 246 W. 14th St. (675-1567), entre la 7th Ave. et la 8th Ave. Métro : ligne 1, 2, 3 ou 9, station 14th St. Endroit mythique en léger déclin. Les inconditionnels viennent pour l'excellente musique jazz et soul à l'étage et le *phat beats* en bas. Le lundi soir, soirée hip-hop réputée grâce au très adulé **Funky Buddha**. Toutes les cultures se mélangent. Entrée du lundi au mercredi 7 \$, les jeudi et dimanche 10 \$, les vendredi et samedi 15 \$. Ouvert tous les jours de 22h à 4h du matin.

Palladium, 126 E. 14th St. (473-7171), au niveau de la 3rd Ave. Métro : ligne 4, 5, 6, L, N ou R, station 14th St. Lancé par les papes des mégaclubs Steve Rubell et Ian Schrager. L'émission *Club MTV* a longtemps été filmée ici. Autrefois, Madonna et ses amis y donnaient le ton. Maintenant, l'endroit n'est plus à la hauteur de sa réputation, bien qu'il soit toujours plein de noctambules enthousiastes. Cela reste malgré tout un des meilleurs classiques du genre. Le dimanche, **Bump** ! est une soirée gay musclée. Ouvert les vendredi et samedi de 22h à 4h du matin. Entrée 20 $.

Analog, 416 W. 14th St. (229-0785), entre la 9th Ave. et la 10th Ave. Soirée phare : *Deep within the Cooler* (le mardi), avec un extraordinaire feu d'artifice de hard-house, de trip-hop et d'*illbient*. Des musiciens partagent souvent la scène avec les DJs. Entrée 10 $. Ouverture à 20h.

The Bank, 225 E. Houston St. (505-5033 or 334-7474), au niveau de Ave. A. Métro : ligne F, station Delancey St. Ce club est aménagé dans les locaux imposants d'une ancienne banque. Le Goth à l'entrée est un videur et les chaînes appartiennent au décor. Bonne visibilité pour les concerts. La musique n'est pas d'avant-garde mais de qualité. La salle voûtée au sous-sol est parfaite au petit matin. Téléphonez pour avoir des informations sur les horaires, en permanente mutation. Entrée générale-ment autour de 8 $.

China Club, 2130 Broadway (877-1166), au niveau de la 75th St. Métro : ligne 1, 2, 3 ou 9, station 72nd St. C'est un haut lieu du rock-and-roll où David Bowie et Mick Jagger viennent passer leurs nuits de relâche. Un très bon endroit pour observer la faune nocturne de New York. Que vous soyez amateurs de top-models ou de Grey-stocks à la belle chevelure, vous pouvez vous en mettre plein les yeux. Pour exor-ciser vos frustrations, vous pourrez toujours vous rabattre sur les costumes croisés grassouillets qui font le forcing pour entrer. Le lundi soir a lieu l'une des soirées les plus chaudes de New York pour les "beautiful people". Habillez-vous bien si vous voulez avoir une chance d'entrer. Pour la danse, mieux vaut aller ailleurs. Entrée aux environs de 20 $. Ouvert tous les jours à partir de 22h.

■ Clubs gay et lesbiens

La communauté homosexuelle new-yorkaise s'affiche sans complexes à New York. West Village, surtout autour de Christopher St., est depuis longtemps l'épicentre de la vie alternative de Big Apple. Chelsea, juste au nord du Village, est le nouveau lieu de rendez-vous des gays lassés du mode de vie Guppie (Gay Urban Professional, par analogie aux Yuppies, les Young Urban Professional). Une communauté homo-sexuelle *hard-core* occupe aussi East Village, le long de la 1st Ave. et de la 2nd Ave, au sud de E. 12th St. Celle qui fréquente Upper West Side aux environs de la 75th St. et au-dessus, est toutefois nettement moins revendicative. La présence homosexuelle n'est pas limitée à Manhattan. Park Slope, à Brooklyn, est depuis longtemps la terre d'élection d'une importante communauté de lesbiennes.

Chaque semaine, le *Village Voice* et le *New York Native* publient la liste complète des manifestations gay. Le *New York Free Press* est également une bonne source d'information. La Gay and Lesbian Student Organization de Columbia University parraine un grand bal le 1er vendredi et le 3e samedi du mois dans le Earl Hall au niveau de la 116th St. et de Broadway Ave. (Métro : ligne 1, station 116th St., entrée 7 $, étudiants 5 $, documents exigés). *Pink Pages* (les pages roses) est un agenda destiné à la communauté homosexuelle qui répertorie toutes sortes d'adresses utiles, y compris celles des bars et des clubs. Vous pouvez vous le procurer dans les bars gay.

Voici une liste des clubs (certains pour danser, d'autres pour prendre un verre dans une ambiance autorisant la conversation) autour desquels gravite la vie nocturne homosexuelle de New York. Pensez à apporter deux pièces d'identité attestant que vous avez plus de 18 ou de 21 ans. Rappelez-vous aussi que certains clubs s'adressent uniquement aux lesbiennes ou aux gays et que les personnes du sexe opposé peuvent se voir refoulées. Enfin, si vous voulez entrer dans n'importe lequel de ces clubs avec un ami de l'autre sexe, évitez de vous comporter comme un couple hétérosexuel devant le videur. Let's Go a classé les clubs en prenant en considération l'ambiance et le rapport qualité-prix.

Clit Club, 432 W. 14th St. (529-3300), au niveau de Washington St. Métro : ligne A, C ou E, station 14th St. Le vendredi, soirées dans le Bar Room. Pionnier des clubs de lesbiennes, le Clit attire toujours une faune des plus jeunes et des plus variées. Le must pour les filles jeunes, jolies et homosexuelles. Chaque vendredi, Julie, la maîtresse des lieux, donne le coup d'envoi de la soirée la plus chaude, avec go-go girls, house music et quantité de minettes. Rencontrez la femme de vos rêves à la table de billard ou contentez-vous de frissonner dans la salle vidéo. Femmes uniquement. Entrée 3 $ avant 23h ensuite, 5 $. Ouverture à 21h30.

Bar D'o, 29 Bedford St. (627-1580). Salle douillette et éclairage sensuel. Joey Arias et Raven O, véritables divas dans la cour des drag queens, offrent un magnifique spectacle le mardi, le samedi et le dimanche soir (3 $). Même sans les chanteuses, il s'agit d'un sacré bon endroit pour boire un verre. Soirée féminine le lundi avec de pimpants drag kings. Venez tôt pour l'ambiance, aux environs de minuit pour les spectacles, et à 2h du matin pour observer les gens et tenter de deviner qui ils sont (garçon ou fille ?). N'essayez pas de partir au milieu d'un spectacle, ou alors, à vos risques et périls. Ouverture vers 22h.

Meow Mix, 269 E. Houston St. (254-1434), au niveau de Suffolk St. Particulièrement chaud le samedi, ce club est l'un des meilleurs endroits pour faire la fête du mardi au dimanche avec les lesbiennes de East Village. On y propose toutes sortes de spectacles et d'activités : café-théâtre, lectures, performances et, de temps en temps, le combat à l'épée de *Xena : Warrior Princess* (Xena la princesse guerrière). Personnel sympathique. Appelez pour avoir le programme. Entrée généralement entre 2 et 5 $.

Fraggle Rock, 15 St Mark's Place (334-7474), à Coney Island High (voir p. 347). Rendez-vous bimensuel de la faune homo. La preuve en musique que la vie nocturne gay n'est pas faite uniquement de nightclubs. Le club possède sa propre formation et parfois des groupes gay viennent y jouer du rock. Un mercredi sur deux. Ouvert de 21h à 4h du matin, entrée 8 $.

Cake, 99 Ave. B. (505-2226 or 674-7957), au niveau de la 6th St. Un local décontracté où les lesbiennes du Village se retrouvent en début de soirée pour boire un verre. Plus tard, les fabuleuses soirées à thème comme Cream (le mercredi) et Hustler (le jeudi) font monter l'ambiance. Spectacle de drag kings le dimanche soir. Accepte aussi bien les garçons que les filles la plupart du temps. Ouverture vers 20h.

Jackie 60, 432 W. 14th St. (366-5680), au niveau de Washington St. Soirée du mardi dans les locaux du Bar Room. Les drag queens s'occupent de l'animation. La présence occasionnelle de célébrités les incite à se surpasser. Soirée David Bowie le mardi. Entrée 10 $, ouverture à 22h.

Wonder Bar, 505 E. 6th St. (777-9105). Le Wonder bar se distingue des nombreux autres bars du secteur. Dans un élégant décor zébré et dans une neutralité décontractée, il est fréquenté par des jeunes hommes intrigants et des lesbiennes sophistiquées. Ouvert du mercredi au samedi de 22h à 4h du matin.

W.O.W!, 248 W. 14th St. (631-1102), au niveau de la 7th Ave. Cette soirée du mercredi au **Zi's** attire de bonne heure une clientèle de femmes BCBG. Si vous êtes lassé des drôles de filles du Clit Club ou des repaires de East Village, voilà ce qu'il vous faut. *Happy hour* de 18h30 à 22h avec margarita à 2 $. Entrée 3 $ avant 21h, 5 $ après.

Boiler Room, 86 E. 4th St. (254-7536), entre la 1st Ave. et la 2nd Ave. Un endroit branché de l'East Village qui accueille une clientèle mélangée avec un fort pourcentage de lesbiennes. Drag kings dans la soirée. Ouvert tous les jours de 16h à 4h du matin.

Uncle Charlie's, 56 Greenwich Ave. (255-8787), au niveau de Perry St. Métro : ligne 1 ou 9, station Christopher St. Le club le plus grand et le plus connu de la ville. A la mode et bon chic bon genre avec une foule de "guppies". Toujours divertissant, mais un peu bondé le week-end. Les femmes sont les bienvenues mais restent peu nombreuses. Ouvert tous les jours de 15h à 4h du matin. Entrée libre.

Duplex, 61 Christopher St. (255-5438), au niveau de la 7th Ave. Lumières éclatantes, drag queens, numéros de cabaret... Non, ce n'est pas un spectacle de Madonna, mais bel et bien le Duplex, le plus vieux cabaret de la ville. Il reçoit des chanteurs, des comédiens, des représentations théâtrales (comme *nuns against filth*, les nonnes contre l'obscénité). Les travestis de Meryl Streep, de Liz Taylor et de Julie Andrews sont extraordinaires. Le droit d'entrée varie de 3 à 12 $. Deux consommations minimum. Les concerts débutent à 20h ou à 22h. Ouvert tous les jours de 16h à 4h du matin.

Flamingo East, 219 2nd Ave. (533-2860), entre la 13th St. et la 14th St. Métro : ligne L, station 3rd Ave. ; ligne 4, 5 ou 6, station Union Square. Excentrique, branché et plein d'esbroufe. Par rapport aux autres bars, le Flamingo fait un grand pas en avant dans le royaume du kitsch. Rendez-vous le dimanche pour la soirée, *The 999999's*, dans le splendide bar de style hawaïen. Un bon endroit pour vous affubler de vos plus belles parures, (rien n'est trop bien, trop extravagant, ou trop outrancier). Ouverture vers 22h.

The Cubbyhole, 281 W. 12th St. (243-9041), au niveau de la 4th St. Métro : ligne A, C, E ou L, station 14th St. Que votre logique cartésienne soit rassurée, vous êtes dans West Village, au niveau de la 8th Ave, le seul endroit de Manhattan où deux Streets viennent à se croiser, bel exemple d'anticonformisme. Quant à ce piano bar très calme, il offre aux lesbiennes un cadre relaxant. La clientèle paraît réservée mais elle est bel et bien homosexuelle. Entrée libre. *happy hour* tous les jours de 16h à 19h. Ouvert tous les jours de 9h à 4h du matin.

The Spike, 120 11th Ave. (243-9688), au niveau de W. 20th St. Métro : ligne C ou E, station 23rd St. Ce club s'adresse à une clientèle aventureuse d'hommes vêtus de cuir clouté (et de quelques femmes) qui savent comment créer le spectacle. Ouvert tous les jours de 21h à 4h du matin.

The Monster, 80 Grove St. (924-3558), au niveau de la 4th St. et de Sheridan Sq. Métro : ligne 1 ou 9, station Christopher St. Repérez l'enchevêtrement de guirlandes de Noël lumineuses au-dessus de la porte. Piano-bar de style cabaret avec une discothèque en bas. L'ambiance se réchauffe le vendredi et le samedi soir. Les célibataires batifolent au milieu d'une végétation luxuriante qui n'est pas sans inciter à la débauche. N'oubliez pas votre stylo car vous y ferez sûrement des rencontres. Entrée les vendredi et samedi 5 $. Ouvert tous les jours de 16h à 4h du matin.

The Pyramid, 101 Ave. A (420-1590), au niveau de la 6th St. Métro : ligne 6, station Astor. Souvent appelé par son adresse. Repérez la pyramide couleur lavande. Une discothèque qui accueille gays, lesbiennes et hétérosexuels et une foule de drag queens. Remixes récents pleins d'exotisme. Le vendredi est hétérosexuel. Entrée de 5 à 10 $. Ouvert tous les jours de 21h à 4h.

Crazy Nanny's, 21 7th Ave. South (366-6312, 929-8356), près de LeRoy St. Métro : ligne 1 ou 9, station Houston St. Les lesbiennes glamours et leurs admiratrices viennent ici jouer au billard ou simplement se détendre. *Happy hour* du lundi au samedi de 16h à 19h, deux verres pour le prix d'un. Dancing le soir. Ouvert tous les jours de 16h à 4h du matin.

Henrietta Hudson, 438 Hudson St. (924-3347), entre Morton St. et Barrow St. Jeune clientèle de lesbiennes distinguées. Feutré dans l'après-midi, bondé le soir et le week-end. Goûtez au Henrietta Girlbanger ou au Girl Scout (6.50 $). *Happy hour* (deux verres pour le prix d'un) du lundi au vendredi de 17h à 19h. Entrée libre. Ouvert tous les jours de 15h à 4h du matin.

■ Lieux branchés hors catégorie

Une quantité de manifestations et d'événements inclassables égaient les nuits new-yorkaises. Vous pouvez assister à des performances d'acteurs, à des *free-floating parties* (soirées sans domiciles fixes) ou à des lectures poétiques. La plupart de ces points chauds n'ont pas d'espace attitré : des soirées itinérantes comme **Giant Step**, **SoundLab** et **Soul Kitchen** se déplacent d'un lieu à un autre avec leur foule d'adeptes fervents, attirés par le mélange innovant de jazz, de funk, et de rythmes techno. Le prix de l'entrée varie d'une soirée à l'autre. Consultez le *Village Voice* pour connaître les adresses du moment.

The Anyway Café, 34 E. 2nd St. (473-5021), au niveau de la 2nd Ave. Cet endroit inclassable propose toute une gamme de manifestations créatives. Le lundi (de 20h à 1h du matin) musique live et poésie, le mardi (de 20h à 1h du matin) jam session de jazz, le jeudi exposition artistique ouverte à tous (présentez vos propres œuvres), les vendredi et samedi jazz à partir de 21h et le dimanche à 19h, karaoke russe (da, po-rouski). Des rendez-vous sympathiques dénués des prétentions trop souvent inhérentes à ce genre de lieu. Bonne sangria maison et spécialités gastronomiques russes (toutes à moins de 10 $). Ouvert du dimanche au jeudi de midi à 1h du matin, les vendredi et samedi de 11h à 2h du matin.

Collective Unconscious, 145 Ludlow St. (254-5277), au sud de Houston St. Cet espace est dirigé collectivement (et inconsciemment, comme son nom l'indique) par huit artistes du coin qui y montent leurs propres spectacles. Ils mettent en outre à la disposition de la communauté artistique du Village une salle de spectacle, un lieu de répétition ou un atelier d'artiste, "c'est selon tes sensations ou tes besoins". Pour le côté pratique, il faut voir directement avec eux. Fréquentes manifestations scéniques proposées, en particulier le mercredi soir. Pièce à épisodes le samedi à 20h (5 $). Look masculin type crâne chauve, bedaine et bouc. Les gens sont sympathiques et il y a presque toujours quelque chose à voir. Ne soyez pas étonné de devoir vous asseoir par terre. Ne sert pas d'alcool ni de rafraîchissements. Mais vous pouvez apporter les vôtres, vous serez tout aussi bienvenus. Entrée de 3 à 10 $. Téléphonez pour le programme.

Mission Café, 82 2nd Ave. (505-6616), entre la 4th St. et la 5th St. Ce haut lieu du théâtre accueille le mercredi soir des astrologues aux consultations bon marché puis, le jeudi, des voyants qui lisent l'avenir dans les cartes de tarot. Les œuvres d'un artiste chaque mois différent sont accrochées aux murs. La matin, essayez les œufs à la vapeur faits dans la machine espresso et servis dans un petit pain avec du Jack Cheese, des échalotes et de la tomate (3,50 $). Vous pouvez venir ici lire un magazine ou consulter un astrologue. Café et jus de fruits (y compris quelques boissons spéciales) de 75 ¢ à 3,25 $. Ouvert du lundi au vendredi de 8h à 23h, le samedi de 9h à 23h, le dimanche de 9h à 20h.

Nuyorican Poets Café, 236 E. 3rd St. (505-8183), entre Ave. B et Ave. C. Métro : ligne F, station 2nd Ave. Marchez vers le nord pendant 3 blocks, puis vers l'est de nouveau sur 3 blocks. C'est le cercle le plus en vue de New York pour les *poetry slams* (déclamation de poèmes, actuellement très en vogue), et autres spectacles de mots. Certains sont passés dans *Spoken Word* sur MTV. Quelques perles au milieu de vers plus maladroits (pour américanophones avertis). Si vous n'aimez pas ce que vous entendez, ne vous inquiétez pas et n'hésitez pas à le faire savoir, le propriétaire du bar prend beaucoup de plaisir à interrompre bruyamment ceux qui déclament. Vous pouvez assister à toute une famille de spectacles et d'ateliers adaptés au poète qui sommeille en vous. Soirées animées par des vrais DJs, avec de temps à autre des pièces osées comme *Erotic Words en Español* (paroles érotiques en espagnol). Entrée de 5 à 10 $.

■ Bains

Tenth Street Baths (bains russes et turcs), 268 E. 10th St. (674-9250), entre la 1st Ave. et Ave A. Boris, un masseur expert, dirige cet établissement de bain mixte qui propose tout ce qui est concevable (et légal) en matière de soins corporels : massages à la feuille de chêne, gommage au sel, massage à l'huile et traitements à la boue noire. Vous y trouvez également des services plus classiques comme le sauna, le bain de vapeur ou la piscine d'eau glacée. Entrée 19 $. Ouvert tous les jours de 9h à 22h. Les jeudi et dimanche, hommes seulement. Le mercredi est réservé aux femmes.

■ Café-théâtres

Après avoir suscité un certain engouement il y a encore quelques années, les café-théâtres de New-York semblent aujourd'hui sur le déclin. Si la taille et l'atmosphère de ces lieux sont extrêmement variables, presque tous pratiquent une entrée élevée (surtout le vendredi et le samedi) et une consommation obligatoire. Vous aurez invariablement droit à l'animateur horripilant qui, entre les sketchs, prend à partie les ringards du premier rang. Si vous osez vous installez à côté, soyez prévenus.

Comic Strip Live, 1568 2nd Ave. (861-9386), entre la 81st St. et la 82nd St. Métro : ligne 6, station 77th St. Le dimanche, les humoristes Dagwood et Dick Tracy se produisent entre les murs quadricolores de ce club bien établi à l'atmosphère de pub. Parmi les récentes prestations, on peut signaler tous les personnages du panthéon post *Saturday Night Live* (la célèbre émission culte du… samedi soir). Le lundi soir, des candidats inscrits le vendredi précédent sont tirés au sort et font leur numéro sur scène, le plus souvent pour une cuisante humiliation. Spectacle du dimanche au jeudi à 20h30, le vendredi à 20h30 et 22h30, le samedi à 20h, 22h15 et 00h30. Du mardi au jeudi et le dimanche, entrée 8 $ et consommation obligatoire 9 $. Les vendredi et samedi, entrée 12 $ et deux consommations au minimum. Réservez.

Dangerfield's, 1118 1st Ave. (593-1650), entre la 61st St. et la 62nd St. Métro : ligne 4, 5 ou 6, station 59th St. ; ligne N ou R, station Lexington Ave. C'est une honorable rampe de lancement pour les acteurs comiques. Les étoiles montantes venues de l'ensemble des Etats-Unis se produisent ici. Attendez-vous à une surprise (la distribution n'est disponible que le jour du spectacle et des comédiens imprévus font parfois une apparition). Le lieu est très prisé par les étudiants. Spectacles du dimanche au jeudi à 21h, le vendredi à 21h et 23h15, le samedi à 20h, 22h30 et 00h30. Entrée du dimanche au jeudi 12,50 $, les vendredi et samedi 15 $.

The Original Improvisation, 433 W. 34th St. (279-3446), entre la 9th Ave. et la 10th Ave. Métro : ligne A, C ou E, station 34th St. Un quart de siècle de café-théâtre avec des sketchs tirés de *Saturday Night Live*, de Johnny Carson et de David Letterman. Richard Pryor et Robin Williams ont fait leurs débuts ici. Un peu à l'écart, l'endroit mérite cependant le déplacement si vous êtes un inconditionnel du café-théâtre. Spectacle du jeudi au samedi à 21h, les vendredi et samedi à 20h30 et 22h30. Entrée 12 $, consommation obligatoire 9 $ (bar ou restauration).

■ Radio

Les stations de radio new-yorkaises passent de tout, de la musique instrumentale sans âme pour ascenseur (WLTW 106.7 FM) aux programmes underground des radios pirates, sans oublier les stations militantes des différentes communautés (voir encadré, p. 208). Comme partout aux Etats-Unis, plus la fréquence est basse, moins la musique est commerciale (et plus elle est innovante). WFMU 91.1 est une radio étudiante qui n'est plus rattachée à un quelconque établissement depuis que le Upsala College s'est écroulé en 1994. La grande qualité et l'éclectisme de ses programmes lui ont permis d'être le seul département du collège à subsister. FMU diffuse, pour un public d'auditeurs inconditionnels, une musique qui défie les genres. Elle est particulièrement forte en ce qui concerne les morceaux de guitare méconnus des années 20 jusqu'à nos jours. Parmi les stations de radio étudiantes, on peut citer la petite merveille de Columbia University, WKCR 89.9 FM, qui programme tout sauf du rock. En semaine, l'émission "Out to Lunch" sur KCR de 12h à 15h, propose un panorama du jazz et de son actualité. Si vous préférez le hip-hop hardcore ou le rap underground, écoutez l'émission de Stretch Armstrong, le jeudi de 13h à 15h sur KCR. WQHT 97.1 FM passe des genres plus commerciaux et commence chaque jour de la semaine par le programme matinal de Dr. Dre et d'Ed Lover qui proposent du *phat beats* et des rythmes dopés et dopants, commentés avec un débit accéléré. Le soir, QHT devient plus audacieuse en déversant sur les ondes du scratch incisif et des remixes.

Classiques : WNYC 93.9, WQXR 96.3

Jazz : : WBGO 88.3, WCWP 88.1, WQCD 101.9

Etudiantes/Indie/Alternatives : WNYU 89.1, WKCR 89.9, WSOU 89.5, WFMU 91.1, WDRE 92.7, WHTZ 100.3, WAXQ 104.3, WNEW 102.7

Rock classique : WXRK 92.3

Hit parade : WPSC 88.7, WRKS 98.7, WPLJ 95.5, WRCN 103.9, WMXV 105.1

Hip Hop/Rythm & Blues/Soul : WQHT 97.1, WBLS 107.5, WWRL 1600AM

Rétro : WRTN 93.5, WCBS 101.1

Programmes en langues étrangères : WADO 1280AM, WWRV 1330AM, WKDM 1380AM, WZRC 1480AM, WNWK 105.9

Actualités : WABC 770AM, WCBS 880AM, WINS 1010AM, WBBR 1130AM

Radios publiques : WNYC 93.9, WNYC 820AM, WBAI 99.5

Sports : WFAN 660AM

Sports

Alors que la plupart des grandes villes américaines se contenteraient volontiers d'être représentées par une équipe phare dans chacun des grands championnats sportifs, New York adopte la technique "Arche de Noé" : deux équipes de base-ball, deux équipes de hockey sur glace en NHL (National Hockey League), deux équipes de football américain en NFL (National Football League), même si celles-ci évoluent dans le New Jersey, une équipe de basket-ball en NBA (National Basketball Association) et une équipe de football en MLS (Major League Soccer). En plus des matchs des équipes locales, qui ont lieu tout au long de l'année (les saisons de chaque sport sont légèrement décalées), New York accueille également des événements de renommée mondiale, comme le Marathon de New York et l'U.S. Open (à Flushing Meadow, l'un des tournois de tennis du grand chelem). Les divers journaux de la ville informent de manière très complète sur les événements sportifs programmés à New York. Et, quand vous vous serez bien inspiré du style de tous ces professionnels, il ne vous restera plus qu'à pratiquer à votre tour.

■ Sports à voir

BASE-BALL

Le base-ball, qui fut longtemps le sport le plus populaire aux Etats-Unis, fait fureur à New York de fin mars à début octobre. Très médiatisées, les deux équipes de la ville font autant parler d'elles par leurs performances sur le terrain que par leurs exploits extra-sportifs. Les légendaires **New York Yankees** frappent la balle au **Yankee Stadium**, dans le Bronx (718-293-6000), bien que George Steinbrenner, leur président au caractère bien trempé, menace de les faire jouer ailleurs. Les relations entre le club et le Bronx ont tourné à l'aigre en 1994, quand l'un des membres de la direction du club aurait soi-disant comparé les jeunes du quartier à "des singes". Sur le terrain, Paul O'Neill, Wade Boggs et Jimmy Key ont rejoint le vétéran Don Mattingly, et ont aidé l'équipe à se propulser parmi les meilleures de la division, après quelques saisons médiocres à la fin des années 80. Les Yankees ont même remporté en 1996 les World Series (le championnat américain) après une finale homérique contre les Braves d'Atlanta. Les New-Yorkais remontèrent un handicap jugé insurmontable : la perte des deux premiers matchs à domicile. Le héros de la finale fut... un adolescent de 12 ans qui avait séché l'école pour assister au match et qui attrapa une balle au nez et à la barbe d'un joueur d'Atlanta et permit aux Yankees de marquer le *home run* de la victoire (même un scénariste d'Hollywood n'aurait pas osé imaginer une telle histoire...) ! L'équipe fut aussi grandement aidée dans cette tâche par Dwight Gooden et Darryl Strawberry, deux super-stars portées sur les (sniff...) substances (snifff...) illégales (snifff...). Cependant, la popularité du base-ball a beaucoup souffert de la grève des joueurs en 1995. Ce conflit, qui fit couler beaucoup d'encre outre-Atlantique, est né de la tentative des dirigeants de club de limiter les salaires des joueurs, trop grassement payés à leur goût. Le public admit difficilement que des stars déjà payées plusieurs millions de dollars par an puissent refuser de jouer pour de simples raisons financières. Et les Yankees, comme le base-ball en général, ont perdu de leur superbe. Juste conséquence des choses, vous pouvez facilement vous procurer des billets (de 6,50 $ dans les populaires jusqu'à 17 $ dans les loges). Le lundi, appelé Family Day (la journée de la famille), les enfants sages ont droit à des places à moitié prix.

En 1986, les **New York Mets** connurent eux aussi leur heure de gloire en remportant les World Series pour la deuxième fois de leur histoire. Mais ces dernières années, les Mets ont pratiquement perdu toutes leurs stars, dont Howard Johnson, Doc Gooden et Darryl Strawberry. L'équipe actuelle comprend toutefois des joueurs prometteurs, tels que Todd Hunley et Jose Vizcaino. Si le base-ball arrive à résister à la popularité grandissante du football (*soccer*), l'équipe peut toujours espérer gagner le titre en 1997. Pour les voir jouer, allez au **Shea Stadium**, dans le Queens (718-507-8499). Le prix des billet varie de 6,50 $ dans les tribunes à 15 $ dans les loges (dont les meilleures sont assez difficiles à obtenir). Lors des matchs promotionnels, les sponsors distribuent des figurines à l'effigie des joueurs, des photos d'équipes en action, des portefeuilles, des casques, des fanions, et toutes sortes de souvenirs. Evitez les *family days* (journées de la famille), à moins que vous ne raffoliez des mômes hurlants.

BASKET-BALL

A une époque, tout le monde considérait que les **New York Knickerbockers** (plus connus sous le nom de Knicks, prononcez *nix*) étaient une équipe à jeter au panier. Mais aujourd'hui, elle évolue dans la cour des grands de la NBA. En 1994, sous la houlette du géant Patrick Ewing, les Knicks gagnèrent la Conférence Est (première partie du championnat, qui précède les play-offs), mais perdirent la finale contre Houston, au septième et dernier match. En 1995, les Knicks ont de nouveau gagné la Conférence Est mais, malgré les prestations époustouflantes de Patrick Ewing, John Starks et Charles Oakley, ils ne purent franchir le cap des play-offs. Pour tenter de détrôner les Chicago Bulls (champions en 1996), l'équipe des Knicks a été considérablement rajeunie. Anthony Mason a cédé sa place à Larry Johnson, la vedette des Charlotte Hornets, et le club a engagé de nouveaux talents prometteurs, comme John Wallace, Dantae Jones et Allen Houston. Les Knicks "dunkent" au **Madison Square Garden** (MSG, 465-6741), de la fin de l'automne à la fin du printemps. Il est très difficile d'obtenir des billets (à partir de 13 $) pendant la saison régulière, et c'est quasiment impossible pendant les play-offs. En ce qui concerne le basket universitaire, le MSG accueille en mars les matchs du N.I.T. (tournoi de consolation) et du Big East (tournoi régional).

FOOTBALL AMÉRICAIN

Jadis, les deux équipes de la ville affrontaient leurs adversaires au Shea Stadium mais aujourd'hui, elles jouent de l'autre côté du fleuve, dans le New Jersey. Les célèbres **New York Giants** "touchdownent" au **Giants Stadium** (201-935-3900) d'East Rutherford, et espèrent bien remporter leur troisième *Super Bowl* (titre suprême de champion des Etats-Unis). Ces derniers temps, les **Jets** (qui jouent à Meadowlands) ont plutôt fait de bons matchs, mais ils ne parviennent pas à redresser la barre en dépit d'un recrutement ambitieux. Ils sont en tout cas loin de leur splendeur passée, celles des années glorieuses où Joe Namath faisait partie de l'équipe, dans les années 60. Il est très difficile de se procurer des billets pour les matchs des Jets, et pratiquement impossible d'en obtenir pour ceux des Giants (les billets sont retenus pour les **40 années à venir**, consultez le Let's Go, *New York 2037* pour plus de détails...). La meilleure manière de voir un match est donc d'aller dans un bar où sont diffusées les rencontres à la télévision. Pour les matchs des Jets, les billets les moins chers sont à 25 $ (payables en espèces uniquement, aux guichets de Meadowlands).

HOCKEY SUR GLACE

Dans une ville réputée pour son agitation et son effervescence, il est facile de comprendre l'engouement des New-Yorkais pour le hockey (prononcez *Hokii*). De la fin de l'automne à la fin du printemps, les **New York Rangers** jouent au **Madison Square Garden** (MSG, 465-6741 ou 308-6977). Les supporters durent patienter 54 ans avant que leur équipe ne leur offrit de nouveau l'énorme saladier d'argent de la Stanley Cup, en 1994. Lorsque retentit la sonnerie finale, des feux d'artifice jaillirent des tribunes et un supporter exalté brandit un panneau résumant ce que tout le monde pensait : "Maintenant, je peux mourir en paix". Pour la saison

1997, les Rangers ont engagé la légende vivante Wayne Gretzky. Le prix des billets démarre à 12 $ (réservez bien à l'avance). Parallèlement, les pauvres **New York Islanders** se morfondent actuellement dans les tréfonds de la division, alors qu'ils avaient gagné quatre fois de suite la Stanley Cup au début des années 80. Ils patinent au **Nassau Coliseum** (516-794-9300) de Uniondale, à Long Island. Le prix des billets va de 19 $ à 60 $.

FOOTBALL (SOCCER)

Stimulé par l'engouement grandissant de la jeunesse et par la Coupe du Monde de 1994, le football (que l'on appelle *soccer*, ici) a fait une percée spectaculaire ces dernières années aux Etats-Unis, encouragée par la création d'un championnat américain, la **Major Soccer League (MLS)**. Depuis le lancement du championnat en 1996, les New-Yorkais ont rapidement découvert ce que le reste du monde savait depuis longtemps, à savoir qu'aucun sport n'est comparable au foot. Les règles du jeu aux Etats-Unis sont identiques aux règles internationales à une exception près : en cas d'égalité à la fin du temps réglementaire, les deux équipes ne se départagent pas aux tirs au but mais aux "*penalty shootouts*". Le joueur part du rond central et dispose de 5 secondes pour tromper en un contre un le gardien adverse (très spectaculaire !). Avec l'apport de grands noms étrangers comme Roberto Donadoni, l'ancien joueur du Milan AC, et de talentueux joueurs américains, comme le milieu de terrain vedette Tab Ramos et l'ancien gardien de la sélection U.S. Tony Meola, les **New York/New Jersey Metrostars** ont fait une première saison prometteuse, remplissant régulièrement leur stade, à défaut de réaliser de bons scores d'audience à la télévision. Les Metrostars jouent au **Giants Stadium** (201-935-3900), pendant l'intersaison du football américain. S'ils continuent ainsi, il faudra bientôt rebaptiser le stade Metrostars Stadium.

TENNIS

Si vous êtes un fan de tennis et que vous achetez vos billets trois mois à l'avance, vous pouvez assister au prestigieux **U.S. Open**, qui a lieu fin août-début septembre à Flushing Meadows Park, dans le Queens (718-760-6200). Les billets coûtent de 20 $ à 210 $ pour les matchs se déroulant la journée, et de 25 $ à 225 $ pour ceux du soir. Le tournoi **Virginia Slims Championship**, qui réunit les meilleures joueuses du monde, se déroule mi-novembre au Madison Square Garden (465-6741). Billets à partir de 25 $ pour les matchs des premiers tours.

COURSES DE CHEVAUX

De mai à juillet et de septembre à mi-octobre, les amateurs de pur-sang peuvent aller voir courir les étalons au **Belmont Park** (718-641-4700) tous les jours sauf le lundi, et auront peut-être la chance de tomber sur l'un des rendez-vous du grand chelem. La course **Belmont Stakes**, qui a lieu au début de l'été, compte pour la *Triple Crown* (Triple Couronne). Pour vous rendre à Belmont Park, prenez le train "Belmont Special", qui part toutes les 20 minutes de Penn Station entre 9h45 et midi (l'aller-retour de 7 $ vous donne droit à une réduction de 1 $ sur le prix d'entrée). L'hippodrome **Aqueduct Racetrack**, situé près de l'aéroport Kennedy, organise des courses de fin octobre à début mai tous les jours, sauf les lundi et mardi. (Métro : ligne A ou C, station Aqueduct.) Dans les deux hippodromes, une place en tribune coûte 2 $. Les courses hippiques font relâche dans la ville même en août. Elles se déroulent alors à Saratoga, dans l'état de New York.

COURSES DE GENS...

Le premier lundi de novembre, deux millions de spectateurs s'agglutinent sur les toits, les trottoirs et les promenades pour encourager les 22 000 participants du

Marathon de New York (seuls 16 000 d'entre eux vont jusqu'au bout). La course part du pont de Verrezano, entre Brooklyn et Staten Island, pour s'achever devant le restaurant Tavern on the Green de Central Park.

■ Sports à pratiquer

Libre à vous, si le muscle vous en dit, de transpirer aux côtés des sportifs amateurs. Bien qu'il y ait peu d'espaces libres à New York, le **City of New York Parks and Recreation Department** (360-8111 et 360-3456, messagerie donnant les événements qui se déroulent dans les divers parcs) gère de nombreux parcs et terrains de jeux dans chaque *borough*, où vous pouvez pratiquer différents sports, du baseball au basket, en passant par le croquet et le jeu de palet.

NATATION

Plages où l'on peut se baigner

On n'y pense pas forcément mais New York est située à quelques encablures de l'océan Atlantique et il est fort agréable de passer une chaude journée d'été au bord de l'eau. Les plages ci-après sont les plus proches de Manhattan, mais elles ne sont pas les plus propres ni les plus agréables pour piquer une tête. Pour une vraie journée à la plage, avec la serviette, le parasol, la glacière et la crème solaire, mieux vaut aller un peu plus loin, jusqu'aux très belles plages de Long Island (voir Excursions depuis New York, p. 386).

Coney Island Beach and Boardwalk (plage et promenade en planches, longues de 4 km), sur l'océan Atlantique, entre la W. 37th St. et Corbin Pl., à Brooklyn (718-946-1350). Métro : ligne B, D, F ou N, station Coney Island.

Manhattan Beach (longue de 400 m), sur l'océan Atlantique, entre Ocean Ave. et McKenzie St., à Brooklyn (718-946-1373).

Orchard Beach and Promenade (longue de 2 km), sur le bras du Long Island Sound, à Pelham Bay Park, dans le Bronx (718-885-2275). Métro : ligne 6, station Pelham Bay Park.

Rockaway Beach and Boardwalk (plage et promenade en planches, longues de 12 km), sur l'océan Atlantique, entre Beach 1st St., dans le quartier de Far Rockaway, et Beach 149th St., dans le quartier de Neponsit, dans le Queens (718-318-4000). Plage surveillée tous les jours, en été, de 10h à 18h. Métro : ligne A ou C.

A Staten Island : **South Beach**, **Midland Beach** et la promenade en planches **Franklin D. Roosevelt Boardwalk** (longues de 4 km), sur la Lower New York Bay. Situées entre Fort Wadsworth et Miller's Field, dans le quartier de New Dorp. Prenez le bus n°51 depuis la gare maritime des ferries.

Jones Beach State Park, sur la rive sud de Long Island, dans le comté de Nassau (516-785-1600). Prenez le train LIRR jusqu'à Freeport ou Wantaugh, et prenez l'une des navettes qui desservent la plage (voir aussi Excursions depuis New York, Comté de Nassau, p. 394).

Piscines

Il y a des piscines publiques dans tous les *boroughs* de New York, mais elles peuvent s'avérer dangereuses depuis que plusieurs cas d'agressions sexuelles ont été signalés ces dernières années. Celles-ci se déroulent généralement de la manière suivante : un groupe de garçons ou d'hommes entourent une fille ou une femme, se rapprochent d'elle et l'agressent (c'est une technique appelée *"whirlpooling"*, "le tourbillon"). Pour répondre à cette forme de violence, le NYC Parks Department a renforcé la surveillance des piscines et envisage de remettre en question leur mixité. Si vous trouvez les quelques piscines situées en dehors des quartiers difficiles, c'est un moyen bon marché d'échapper à la chaleur étouffante de l'été. Parmi les piscines les plus agréables, citons la **John Jay Pool**, à l'est de York Ave., à hauteur de la 77th St. et l'**Asser Levy Pool**, à l'angle de la 23rd St. et d'Asser Levy Pl. (près de l'East River). Toutes les piscines en plein air sont ouvertes de début juillet au 1er lundi de septembre (jour du *Labor Day*, la fête du Travail américaine), de 11h à 19h ou 20h, suivant la météo. Les piscines John Jay et Asser sont gratuites, mais la piscine couverte et chauffée d'Asser est réservée aux membres. Appelez la **Parks Aquatic Information Line** (718-699-4219) pour plus de renseignements.

Les piscines couvertes sont souvent plus sûres que celles en plein air et sont généralement ouvertes toute l'année. Mais pour y accéder, il faut souvent payer une cotisation annuelle (à partir de 10 \$).

BASKET-BALL

Le basket-ball est l'une des distractions favorites à New York. Vous trouvez des terrains dans les parcs et des *playgrounds* (cours souvent délimitées par des grillages, entre des immeubles ou aux angles des rues) dans toute la ville. La plupart de ces aires de jeux sont souvent occupées. Des **parties improvisées** ont lieu un peu partout en ville et, suivant le quartier, chacune a son rituel, ses règles et son niveau d'intensité. **The Cage**, à l'angle de la W. 4th St. et de la 6th Ave., accueille quelques-uns des meilleurs amateurs de la ville. Il paraît même que des recruteurs d'équipes universitaires ou professionnelles viennent incognito y repérer de nouveaux talents. Parmi les autres endroits intéressants (vous pouvez même jouer, si vous n'êtes pas mauvais), il y a des terrains à **Central Park**, à l'angle de la **96th St. et de Lexington Ave.** et au coin de la **76th St. et de Columbus Ave.**

VÉLO

Tous les jours, du printemps à l'automne, à l'aube et au crépuscule ainsi que tout le week-end, une profusion de cyclistes appliqués (et conscients d'être à la mode) envahissent les allées et les routes de **Central Park**. (La route qui fait le tour du parc est interdite aux voitures du lundi au jeudi de 10h à 15h et de 19h à 22h, et le vendredi de 10h à 15h et de 19h jusqu'au lundi 6h. Voir Jogging, ci-après, pour des tuyaux sur les meilleurs endroits de Central Park.) Dans le West Side, le long des rives de l'Hudson, le **Riverside Park** (entre la 72nd St. et la 110th St.) accueille des cyclistes plus décontractés. Parmi les autres endroits intéressants où faire du vélo le week-end, il y a le secteur de **Wall Street**, déserté à ce moment, et les routes toutes simples de **Prospect Park**, à Brooklyn. Pour de petites excursions d'une journée, vous pouvez louer un vélo à l'heure dans l'un des nombreux magasins de cycles situés autour de Central Park. (Pour plus de renseignements sur le vélo à New York, voir L'essentiel : Se déplacer, p. 65.)

JOGGING

A New York, cyclistes et joggeurs empruntent les mêmes pistes (ce qui comporte des risques...). Lorsque vous allez courir à **Central Park** pendant les heures interdites à la circulation automobile, restez sur la voie de droite, réservée aux joggeurs, pour éviter d'être fauché par quelque cycliste imprudent. *N'allez jamais dans les zones désertes et évitez le parc le soir.* Ne vous aventurez pas au nord de la 96th St. (le début de Harlem), sauf si vous êtes accompagné ou si vous connaissez bien votre itinéraire. Parmi les meilleurs circuits, il y a la balade de 2,5 km qui fait le tour du Reservoir et un trajet pittoresque de 2,7 km qui part du restaurant Tavern on the Green, sur le West Drive, descend au sud, remonte sur l'East Drive et regagne, par la 72nd St., vers l'ouest, votre point de départ. Un autre superbe endroit où courir est le **Riverside Park**, qui s'étend le long de l'Hudson, entre la 72nd St. et la 116th St. Par mesure de sécurité, ne vous aventurez pas trop loin au nord. (Pour plus de renseignements sur le jogging à New York, voir L'essentiel : Se déplacer, p. 66.)

Roulettes d'enfer

La folie du roller a déferlé sur New York. Les coursiers foncent à travers les rues encombrées sans se soucier du trafic, et les sentiers des parcs sont envahis de *bladers* talentueux (pas tous, hélas...). Il y a différents types de terrains de roller (certains endroits sont équipés de terrains de slalom et de pistes incurvées, comme sur les aires de skate-board). Les lieux suivants vous permettent de faire des balades dans un cadre agréable.

Battery Park : patinez de Battery Park, à la pointe sud de Manhattan, jusqu'à Battery Park City, en longeant le West Side. Superbes vues du port et du *skyline*, la ligne d'horizon formée par les gratte-ciel. Pour le roller, le terrain est délicieusement plat.

West Street : entre Christopher St. et Horatio St. (à Greenwich Village), une dizaine de blocks ont été réservés par la ville. Beaucoup de purs et durs du roller. Vue sur l'Hudson (mais vous voyez le New Jersey).

Chelsea Piers : c'est une piste flambant neuve, au cœur d'un tout nouveau complexe sportif, à l'angle de la 23rd St. et de la 12th Ave. Très populaire auprès des hockeyeurs de rue. L'installation fait saillie dans l'Hudson, ce qui vous permet d'avoir une belle vue.

East River Promenade : bande de trottoir un peu étroite, qui va de la 81st St. à la 60th St. Cet itinéraire est situé en contrebas, près du fleuve, et vous offre une vue sur Roosevelt Island.

Central Park : de nombreuses zones sont aménagées pour la pratique du roller, dont l'*Outer Loop*, qui fait le tour du parc, et une piste de slalom près du restaurant Tavern on the Green (à hauteur de la 67th St.).

BOWLING

Il reste peu d'endroits où réaliser des *strikes* (abattre toutes les quilles avec sa première boule) et des *spares* (abattre toutes les quilles en deux boules) à Manhattan. Essayez l'une des 44 pistes du **Bowlmor**, 110 University Pl. (255-8188), près de la 13th St., au 3e et au 4e étage. Le nombre des pistes étant limité, il vaut mieux téléphoner à l'avance pour s'assurer qu'il y en ait une de libre. (3,25 $ par partie et par personne, location de chaussures 1 $. Ouvert du dimanche au mercredi de 10h à 1h, le jeudi de 10h à 2h, le vendredi et le samedi de 10h à 4h.) Aux étages supérieurs, il y a des courts de **tennis** (appelez le 989-2300 pour réserver et vous renseigner sur les conditions d'admission).

GOLF

Bien que les terrains de golf de New York ne valent pas ceux de Pebble Beach, les New-Yorkais sont d'insatiables golfeurs qui, le week-end, prennent d'assaut les 13 terrains de la ville, admirablement entretenus. La plupart de ces parcours sont situés dans le Bronx ou dans le Queens, comme à **Pelham Bay Park** (718-885-1258), à **Van Cortland Park** (718-543-4595) ou à **Forest Park** (718-296-0999). Les *green fees* (droits d'entrée) s'élèvent à 19 $ en semaine et à 21 $ les samedis et les dimanches, pour les gens ne résidant pas à New York. Pour les week-ends d'été, il est conseillé de réserver de 7 à 10 jours à l'avance.

PATINAGE

Dès les premiers frimas, des essaims de Philippe Candeloro et de Surya Bonaly en herbe se mettent à tournoyer. L'atmosphère singulière de chaque patinoire ne devrait pas vous laisser de glace. Presque toutes louent des patins et sont dotées d'armoires fermées ainsi que d'un snack-bar. La plus populaire et la plus chère d'entre elles est la fameuse patinoire du **Rockefeller Center**, au-dessous du niveau du sol, à l'angle de la 5th Ave. et de la 50th St. (757-5730). Elle devient, au printemps et en été, l'élégant American Festival Café. Toujours bondée en hiver, la patinoire de Rockefeller attire une foule de spectateurs qui viennent admirer les gens se mouvoir en dessous d'eux. Vous pouvez aussi aller interpréter votre chorégraphie du *Boléro* de Ravel à la patinoire **Wollman Skating Rink** (517-4800), propriété du magnat Donald Trump. Elle est située au sud de Central Park, à hauteur de la 64th St. (Pour plus d'informations sur les horaires et les tarifs, voir Visites : Central Park, p. 236.) Le **Sky Rink** (336-6100), au bout de la W. 21st St. vers l'Hudson, s'enorgueillit de posséder deux patinoires olympiques. Téléphonez pour connaître les horaires, les tarifs et le prix des locations de patins.

ÉQUITATION

Si l'envie de faire un petit pas de trot vous démange, vous pouvez faire de l'équitation à Central Park, aux écuries **Claremont Stables**, 175 W. 89th St. (724-5100, ouvert du lundi au vendredi de 6h à 22h, le week-end de 6h30 à 17h, 33 $ de l'heure, réservation conseillée). Dans le Queens, l'école d'équitation **Lynne's Riding School** (718-261-7679) et les écuries **Dixie Do Stables** (718-263-3500) proposent des randonnées guidées à travers le Forest Park (ouvert de 8h à 19h, 20 $ de l'heure). Pour les balades de Lynne's, il faut déjà avoir un peu d'expérience.

SPORTS DIVERS À CENTRAL PARK

Central Park est sans doute le meilleur endroit de New York pour faire du sport. En plus du jogging, du roller, de l'équitation ou du patinage, déjà vus précédemment, vous pouvez y pratiquer d'innombrables sports. Les amateurs de volley-ball se retrouvent notamment sur les deux terrains à l'est de Sheep Meadow. Pour jouer au frisbee ou vous exercer au lancer du ballon de football américain, rendez-vous sur Sheep Meadow. Cette grande pelouse accueille aussi de temps à autre des jongleurs (balles, massues, diabolo ou bâton du diable) toujours ravis de partager leurs trucs. Plus au nord, au-delà du reservoir, le North Meadow Recreation Center offre diverses installations sportives, où se retrouvent les amateurs de tennis, de varappe, de baseball et même d'échecs ou de cerfs-volants. Enfin, si vous préférez vous divertir avec un maillet et des arceaux, rendez-vous sur le terrain de **croquet**, au nord de Sheep Meadow (appelez le 696-2512 pour obtenir un droit d'entrée, ouvert de mai à novembre).

Shopping

A New York, tout ce qui existe peut s'acheter. La variété des boutiques est impressionnante, des luxueux grands magasins de Fifth Ave. et de Madison Ave. aux petites échoppes de disques de St Mark's Place, en passant par les boutiques branchées de SoHo qui palpitent au rythme de la techno. Loin des magasins et des centres commerciaux, les rues elles-mêmes sont des aires de shopping moins courues, moins officielles, mais autrement excitantes. Vous pouvez y dénicher un vinyl rare, des fringues archi-branchées, un livre précieux ou, pourquoi pas, un animal empaillé. Sachez cependant que les montres Rolex et les sacs Gucci sont aussi en vogue que faux (ils ne sont pas au rabais par hasard). Rien n'est plus facile que de contracter le virus de la surconsommation new-yorkaise.

■ Grands magasins et centres commerciaux

New York possède plus de grands magasins de luxe que Beverly Hills. Commencez par **Macy's**, qualifié de plus beau magasin du monde... depuis qu'il n'est plus le plus grand (un magasin allemand vient de lui ravir ce titre avec seulement 30 cm^2 de surface en plus). Vous pouvez y prendre vos petit déjeuner, déjeuner et dîner, vous faire couper les cheveux, recevoir un soin du visage, poster une lettre, faire estimer vos bijoux, changer de l'argent et... vous perdre. Bien sûr, vous pouvez également faire des achats. Cet établissement gargantuesque se trouve au 151 W. 34th St. (695-4400), entre Broadway Ave. et la Seventh Ave.

N'oubliez pas de vous munir du plan du magasin, disponible à l'entrée, pour vous aider dans vos pérégrinations. Macy's possède son propre *Visitors Center*, un centre d'accueil situé au balcon du rez-de-chaussée, où une hôtesse (560-3827) assiste quiconque en a besoin. Vous pouvez aussi réserver votre table pour le dîner, vos billets de théâtre, vous informer sur les grandes manifestations prévues et demander à vous faire assister par des interprètes si vous ne parlez pas l'anglais. Ceux qui sont trop occupés à gagner de l'argent pour le dépenser eux-mêmes peuvent se faire aider par le service "*Macy's by Appointment*" (un Rendez-vous chez Macy's), au 2e étage. Toute une équipe de conseillers de mode et d'experts en accessoires ménagers jouent les thérapeutes pour consommateurs en mal de dépense, et guident les clients à travers le magasin afin de les aider à découvrir ce qu'ils ont envie d'acheter (pour un rendez-vous, appelez le 494-4181). Tous ces services sont gratuits. (Ouvert du lundi au samedi de 10h à 20h30, le dimanche de 11h à 19h. Métro : ligne 1, 2, 3 ou 9, station Penn Station ; ligne B, D, F, N, Q ou R, station 34th St.)

L'élégant **Lord and Taylor**, 424 Fifth Ave. (391-3344), entre la 38th St. et la 39th St., consacre dix étages entièrement à la mode. Des hordes de New-Yorkais viennent ici se faire chausser en grande pompe, avec service de qualité et café matinal gratuit. Lord and Taylor est également connu pour ses vitrines de Noël. Ce fut le premier magasin à utiliser ses vitrines pour y présenter autre chose que de la marchandise. Le grand magasin prit cette habitude en 1905, par un doux mois de décembre où la neige n'était pas au rendez-vous : les vitrines furent alors animées de tempêtes de neige artificielle afin de faire revivre l'esprit de Noël dans le cœur des citadins maussades. (Ouvert les lundi et mardi de 10h à 19h, du mercredi au vendredi de 10h à 20h30, le samedi de 9h à 19h, le dimanche de 11h à 18h. Métro : ligne B, D ou F, station 42nd St. ; ligne N ou R, station 34th St.)

Egalement réputé pour la décoration de ses vitrines, **Barney's New York** (945-1600), est un bâtiment de 3 000 m^2 donnant sur la rivière Hudson, à hauteur du Two World Financial Center. Barney se distingue par ses collections aussi impressionnantes qu'onéreuses : costumes, sportswear, chaussures et articles pour la maison (ouvert du lundi au vendredi de 10h à 19h, le samedi de 10h à 18h, le dimanche de 12h à 17h). Une succursale aussi importante, à l'angle de Madison Ave.

et de la 66th St., abrite en outre le **mad66 Café**, un lieu idéal pour lorgner les célébrités qui font une pause entre deux séances de shopping. (Ouvert du lundi au jeudi de 10h à 21h, le vendredi de 10h à 20h, le samedi de 10h à 19h, également le dimanche de 12h à 18h, de septembre à juin seulement.)

Saks Fifth Avenue, 611 Fifth Ave. (753-4000), entre la 49th St. et la 50th St., est un grand magasin à la fois chic et discret. Cette vieille institution n'a pas pris une ride et continue à allier le bon goût à la courtoisie. Les "vaporisatrices" de parfum sont plus pondérées, bien que tout aussi expertes, que celles de Bloomingdale's (ouvert du lundi au mercredi et les vendredi et samedi de 10h à 18h30, le jeudi de 10h à 20h, le dimanche de 12h à 18h).

Bloomingdale's (Bloomie's pour les intimes), 1000 Third Ave. (705-2000), à hauteur de E. 59th St., se décrit comme "une extraordinaire expérience de shopping". Ce grand magasin, sans doute le plus célèbre de la ville, se consacre à entièrement satisfaire sur neuf étages les goûts les plus chics et les plus dispendieux. Slalomez entre les clients et les étalages de parfum du rez-de-chaussée et esquivez les groupes de touristes étrangers qui dévalisent les stands des produits de beauté. Il y en a littéralement pour tous les goûts, mais la plupart des articles restent inaccessibles au portefeuille moyen. Pour mémoire : les toilettes se trouvent aux 1er, 6e et 7e étages (2nd, 7th et 8th *floor*) ; les sièges sont très confortables au cas où votre amie passerait plus de temps que prévu dans le salon des fourrures et enfin souvenez-vous que la taxe est de 8,25 % sur tous les achats à New York. (Ouvert le lundi, vendredi et samedi de 10h à 19h, les mardi et mercredi de 10h à 22h, le jeudi de 10h à 21h, le dimanche de 11h à 19h.)

Plongez-vous dans le luxe de la légendaire et coûteuse maison **Bergdorf-Goodman**, des deux côtés de la rue aux 745 et 754 Fifth Ave. (753-7300), entre la 57th St. et la 58th St., où une clientèle m'as-tu-vu acquiert des bijoux et des vêtements hors de prix à la lumière des lustres en cristal. Faites comme si rien ne vous étonnait (ouvert du lundi au mercredi et les vendredi et samedi de 10h à 18h, le jeudi de 10h à 20h).

La marchandise singulière de **Hammacher Schlemmer**, 157 E. 57th St. (421-9000), entre Third Ave. et Lexington Ave., ravit les amateurs de gadgets. Emerveillez-vous devant les indispensables sauciers électriques "autoremuants" ou les diseurs de bonne aventure électroniques. Vous pouvez même offrir à votre chien une niche climatisée ! Plus sérieusement, c'est tout de même à Hammacher que l'on doit la diffusion du fer à repasser à vapeur, du rasoir électrique et de la cocotte minute. Jouez le client très sûr de lui en testant les divers modèles de machines à masser (ouvert du lundi au samedi de 10h à 18h).

Stern's Department Store, et d'autres boutiques de chaînes, offrent tous les produits inimaginables sur huit niveaux (mode, jouets, électronique et articles rares), au sein du **Manhattan Mall** (465-0500), un centre commercial situé à l'intersection de la Sixth Ave. et de la 33rd St. Les lumières colorées de ce centre et son extérieur extravagant évoquent un parc d'attractions. A l'intérieur, tout n'est que mouvement et agitation. Outre les escalators chromés, quatre ascenseurs de verre bordés d'ampoules montent et descendent en donnant la même sensation de vertige que la plus sophistiquée des grandes roues. L'édifice a la forme d'une bouée, afin d'attirer les visiteurs en son centre, loin des réalités extérieures. L'étage supérieur, nommé *"Taste of the Town"* (le goût de la ville) est un restaurant international qui propose des snacks et des plats en tout genre (ouvert du lundi au samedi de 10h à 20h, le dimanche de 11h à 18h).

La **Trump Tower** (832-2000), au coin de la 57th St. et de la Fifth Ave., étincelle sous ses revêtements de marbre et d'or. A l'intérieur de cette corne d'abondance, six étages bondés de boutiques et de restaurants luxueux. Il émane de ce centre un petit air démodé des années 80. (Boutiques ouvertes du lundi au samedi de 10h à 18h. Atrium ouvert tous les jours de 8h à 18h.)

Pour faire du shopping à grande échelle, rejoignez les 60 boutiques et restaurants du **World Trade Center** (435-4170), à l'angle de West St. et Liberty St. (boutiques ouvertes du lundi au vendredi de 7h30 à 18h30, le samedi de 10h à 17h).

Avec son immense espace de boutiques de plain-pied, le **Staten Island Mall**, près de Richmond Rd., non loin du centre de l'île, est un centre commercial comme il en existe tant d'autres aux Etats-Unis : rien ne laisse suggérer que vous vous trouvez au cœur de l'Etat de New York. Tous les grands noms des galeries marchandes américaines s'y trouvent : Sears, Macy's, Gap, B. Dalton, etc. (centre ouvert du lundi au samedi de 10h à 21h30, le dimanche de 12h à 18h). Pour vous y rendre, prenez le bus S44 depuis l'embarcadère des ferries et descendez au bout de 45 mn environ.

■ Vêtements

A SoHo, c'est l'énorme **Canal Jean Co.**, 504 Broadway Ave. (226-1130), entre Prince St. et Broome St., qui a lancé l'idée de surplus. Il déborde de cravates fluo, de pantalons amples et de vestes de smoking en soie. Vous pouvez y faire votre stock de jeans noirs moulants ou fouiller dans les étals de bonnes affaires à l'entrée (ouvert du dimanche au jeudi de 10h30 à 20h, les vendredi et samedi de 10h30 à 21h). Le week-end, faites un tour du côté du **marché aux puces**, à l'extrémité ouest de Canal St., où vous pouvez trouver un bon choix d'antiquités en plus de l'habituelle pacotille.

Dans le secteur de l'université NYU, l'**Antique Boutique**, au 712 Broadway Ave. (460-8830), près d'Astor Pl., vend (au son d'une bonne techno) de très beaux vêtements d'occasion, ainsi que des modèles récents mais plutôt chers. Comme dans tous les magasins spécialisés dans les tenues de boîte de nuit, attendez-vous à beaucoup de vêtements en plastique et à des accoutrements qui sortent de l'ordinaire. (10 % de remise pour les étudiants, sur présentation d'une pièce justificative, ouvert du lundi au samedi de 10h à 23h, le dimanche de 12h à 21h.) **Reminiscence**, 74 Fifth Ave. (243-2292), près de la 14th St., est spécialisé dans les articles "*seventies*" à prix très réduits. (Autre adresse au 109 Ave. B (353-0626), près de la 14th St. Les deux magasins sont ouverts du lundi au samedi de 11h à 20h, le dimanche de 12h à 19h.) Au 16 W. 8th St., entre la Fifth Ave. et la Sixth Ave., les vêtements d'occasion de chez **Andy's Chee-pee's** (460-8488) méritent le détour, même si leurs prix ne sont pas si intéressants (ouvert du lundi au samedi de 9h à 20h, le dimanche de 12h à 19h). Il existe une autre boutique du même nom au 691 W. Broadway, près de W. 4th St. (420-5980, ouvert du lundi au samedi de 9h à 23h, le dimanche de 12h à 20h). **Cheap Jack's**, 841 Broadway (777-9564), entre la 13th St. et la 14th St., emmagasine des piles et des piles de jeans, de pantalons de flanelle, de vestes en cuir et d'autres articles, tous d'occasion (ouvert du mardi au dimanche de 11h30 à 19h). **Patricia Field**, 10 E. 8th St. (254-1699), près de la Fifth Ave., offre une gamme fabuleuse de vêtements branchés onéreux. Les couleurs de prédilection sont fluorescentes et les matières synthétiques. Grand choix de perruques (ouvert du lundi au samedi de 12h à 20h, le dimanche de 13h à 19h).

Dans le quartier de SoHo, les boutiques à l'avant-garde de la mode sont légion. Pour la confection femme, choisissez entre **Betsey Johnson**, 130 Thompson St. (420-0169), situé entre Prince St. et Houston St. (ouvert tous les jours de 11h à 19h) et **Anna Sui**, 113 Greene St. (941-8406), entre Spring St. et Prince St. (ouvert du lundi au samedi de 12h à 19h, le dimanche de 12h à 18h). Vous y trouvez des vêtements chers et dernier cri.

Si vous souhaitez vous fondre dans la foule branchée de SoHo, une paire de lunettes excentrique se révèle indispensable. Passez de préférence à **Selina Optique**, 99 Wooster (343-9490), à hauteur de Broome St., où vous attend un choix infini de lunettes de vue et de soleil de confection artisanale. Ne vous laissez pas intimider par l'atmosphère du magasin : les employés français et japonais, très chics, sont extrêmement serviables et sympathiques. Attention : les prix sont souvent exorbitants et peuvent atteindre 500 $ la paire de lunettes.

Les boutiques de l'Upper West Side, le long de Columbus Ave., s'adressent exclusivement aux grosses fortunes et aux célébrités. Fréquentez-les, si vous souhaitez acheter, plutôt pendant les soldes de janvier et de juillet. Il existe parmi elles quelques magasins plus accessibles, comme **Alice Underground**, 380 Columbus Ave. (724-6682), à hauteur de la 78th St. (autre adresse au 481 Broadway Ave., 431-9067), très apprécié de la jeunesse branchée. Cette boutique vend de somptueuses ceintures, des nœuds papillon et des vestes de smoking pour hommes, ainsi qu'un choix varié de vêtements pour femmes (magasin de Columbus ouvert du dimanche au vendredi de 11h à 19h, le samedi de 11h à 20h, magasin de Broadway ouvert tous les jours de 11h à 19h30). Daryl Hannah, Diane Keaton et Annie Lennox font leurs achats chez **Allan and Suzi**, 416 Amsterdam Ave. (724-7445), à hauteur de la 80th St. Vous y trouvez toutes sortes d'affaires chics et pas chères, des dernières créations de Gaultier soldées à 70 % aux robes Pucci à 40 $. Un vaste assortiment de chaussures à semelles compensées complète le tout. Désolé les hommes, mais il n'y a rien pour vous (ouvert tous les jours de 12h à 20h).

A l'autre bout de la ville, vous pouvez vous procurer des vêtements d'occasion de grands couturiers soit chez **Encore**, 1132 Madison Ave., au 1er étage (879-2850), à hauteur de la 84th St. (ouvert du lundi au mercredi et le vendredi de 10h30 à 18h30, le jeudi de 10h30 à 19h30, le samedi de 10h30 à 18h, le dimanche de 12h à 18h, fermé le dimanche de début juillet à mi-août), soit chez **Michael's**, 1041 Madison Ave., au 1er étage (737-7273), entre la 79th St. et la 80th St. (ouvert du lundi au mercredi et les vendredi et samedi de 9h30 à 18h, le jeudi de 9h30 à 20h). **Daffy's**, 335 Madison Ave. (557-4422), à hauteur de la 44th St., ou au 111 Fifth Ave. (529-4477), à hauteur de la 18th St., vend des vêtements de marque neufs à prix raisonnables. Préparez-vous à fouiller dans des piles de vêtements en vrac pour trouver l'article tant convoité soldé à 70 % (le magasin de Madison est ouvert du lundi au vendredi de 8h à 20h, le samedi de 10h à 18h, le dimanche de 12h à 18h, celui de la Fifth Ave. est ouvert du lundi au samedi de 10h à 21h, le dimanche de 11h à 18h). Vous pouvez aussi faire de très bonnes affaires sur des vêtements de marque normalement très coûteux à **Dollar Bills**, 99 E. 42nd St. (867-0212), à hauteur de Vanderbilt Ave., juste à côté de la Grand Central Station. C'est un peu la foire d'empoigne, mais quand on trouve c'est le gros lot. Si vous ouvrez bien les yeux et si vous avez un peu de chance, les vêtements de couturiers européens comme Armani, Fendi et autres se cachent tous là (ouvert du lundi au vendredi de 8h à 19h, le samedi de 10h à 18h, le dimanche de 12h à 17h).

Avec ses chemises Oxford rayées et ses cravates de bon goût, c'est tous les jours la fête des pères chez **Brooks Brothers**, au 346 Madison Ave. (682-8800), à hauteur de E. 44th St. Faites le plein de vêtements pour hommes tout en admirant la sélection de cravates (ouvert du lundi au mercredi de 8h30 à 18h30, le jeudi de 8h30 à 19h30, le vendredi de 8h30 à 18h, le samedi de 9h à 18h).

Les artistes démunis et les branchés nantis de Manhattan se retrouvent au sud de la ville chez **Domsey's** (718-384-6000), le meilleur magasin de vêtements d'occasion de la ville. Ce gigantesque entrepôt est situé au 431 Kent Ave., à Brooklyn. Des affaires en or (pantalons de velours à 5 $ par exemple) attendent les acheteurs les plus assidus. Le choix est particulièrement vaste et les prix particulièrement bas. (Métro : ligne J, M ou Z, station Marcy, ouvert du lundi au vendredi de 8h à 17h30, le samedi de 8h à 18h30, le dimanche de 11h à 17h30).

▓ Informatique, hi-fi, vidéo, photo

Qu'il s'agisse d'amplis, de lecteurs CD, d'appareils photo, de magnétophones, de magnétoscopes ou de quoi que ce soit d'autre, c'est à New York que vous les trouvez moins chers qu'ailleurs. Des magasins de photo-électronique-bagages se trouvent à chaque coin de rue, mais à peu d'exception près, ce sont des pièges à touristes experts dans l'art d'écouler de la mauvaise qualité. Quand il s'agit de dépenser quelques centaines de dollars, mieux vaut s'en tenir aux articles neufs et sous garantie.

Pour plus de commodité et de sûreté, faites vos achats dans les plus grands magasins d'électronique de New York. Récemment, **The Wiz** s'est aligné sur ses concurrents et vous défie désormais de trouver ailleurs un même produit pour moins cher. Si vous trouvez une publicité qui annonce un prix en dessous des leurs et que vous leur amenez, ils alignent leurs prix et vous payent 10 % de la différence. Si vous voulez relever le défi, consultez le *New York Times* ou le dernier numéro de *Village Voice*, dans lesquels vous trouvez des publicités pour **6th Ave. Electronics** et **Uncle Steve**, deux magasins qui pratiquent souvent des prix encore plus bas. The Wiz a quatre adresses à Manhattan : 337 Fifth Ave. (684-7600) à hauteur de la 33rd St., en face de l'Empire State Building, 871 Sixth Ave. (594-2300) à hauteur de la 31st St., 12 W. 45th St. (302-2000) entre la Fifth Ave. et la Sixth Ave., et 17 Union Sq. West (741-9500) à hauteur de la 15th St. (Tous les magasins sont ouverts du lundi au samedi de 10h à 19h, le dimanche de 13h à 19h.) **J & R Music World**, 23 Park Row (732-8600), près du City hall, est également bien approvisionné en matériel électronique à prix compétitifs. (Ouvert du lundi au samedi de 9h à 18h30, le dimanche de 11h à 18h. Métro : ligne 4, 5 ou 6, station City Hall.) L'énorme **47th Street Photo**, 67 W. 47th St. (921-1287), est spécialisé dans les appareils photo et le matériel de chambre noire mais aussi les ordinateurs et l'électronique. Il affiche des prix imbattables. Vous y trouvez par exemple le tapis de souris *"L'Empire contre-attaque"* que vous cherchez depuis si longtemps (ouvert du lundi au mercredi de 9h30 à 19h, le jeudi de 9h30 à 20h, le vendredi de 9h30 à 15h, le dimanche de 10h à 17h).

■ Disques

Les magasins de "disques" sont dominés depuis longtemps par les CD, les cassettes et même les vidéos. Mais quel que soit le format, tout ce qui a jamais existé en matière de musique est trouvable à New York.

Si vous n'êtes pas du genre à faire tous les magasins à la recherche d'un titre rare, gagnez directement **Tower Records**, 692 Broadway (505-1500), à hauteur de E. 4th St. Cet empire musical, long de presque un block et haut de quatre niveaux, est l'un des plus grands magasins de disques de la Côte Est. Des gadgets bien pratiques vous aident, comme ces ordinateurs musicaux et vidéo qui vous permettent d'écouter et de voir les clips des morceaux choisis avant de les acheter, tandis qu'une base de données vous permet de rechercher l'album de votre chanteur préféré avec une efficacité déconcertante. Les autres adresses sont au 1535 3rd Ave. à hauteur de la 86th St., et au 2107 Broadway à hauteur de la 74th St. (Ouvert tous les jours de 9h à 24h, métro : ligne 6, station Bleecker St.)

HMV, à l'angle de la 86th St. et de Lexington Ave., est un autre géant de la musique, rempli de CD et de posters géants des derniers groupes en vogue. HMV est très riche en musique classique, en jazz, en musique *new age*, en musique de films, en rock et en pop. Une succursale se trouve au coin de Broadway Ave. et de la 72nd St. (les deux magasins sont ouverts du dimanche au jeudi de 9h à 22h, les vendredi et samedi de 9h à 23h).

Les fans de musique moins traditionnelle trouvent leur bonheur dans une bonne dizaine de magasins plus petits, à l'est de Tower Records, dans East Village, ainsi que dans le quartier de Bleecker St., à West Village. Si elles n'ont pas le stock ni l'organisation des plus grands magasins, nombre de ces boutiques sont spécialisées dans le rock alternatif, les remixes de *dance*, les vieux trucs introuvables et les 45 tours. Certaines d'entre elles vendent également des disques, des cassettes et des CD d'occasion à des prix très intéressants. A New York, la persévérance est toujours récompensée : si vous ne trouvez pas ce que vous cherchez, c'est que vous n'avez pas assez cherché.

Bleecker St. Golden Disc, 239 Bleecker St. (255-7899). Métro : ligne A, B, C, D, E, F ou Q, station W. 4th St. Ce magasin d'occasion est spécialisé dans les disques vinyles d'hier. Le sous-sol renferme une forte concentration de 33 tours de jazz, et le rez-de-chaussée est dédié au vieux rock, au blues, à la country et à la soul. Ouvert les lundi et mardi de 11h à 20h, du mercredi au samedi de 11h à 21h, le dimanche de 13h à 19h.

Colony Records, 1619 Broadway (265-2050), à hauteur de la 49th St. Métro : ligne 1 ou 9, station 50th St. ; ligne N ou R, station 49th St. Impossible de rater l'énorme enseigne lumineuse, même à Times Square. Vaste choix de CD, de cassettes et de disques neufs ou d'occasion, du rock à la musique cajun (de la Louisiane) en passant par la folk. Jetez un œil aux partitions d'occasion, ainsi qu'aux autographes, souvenirs et scénarios. Ouvert du lundi au samedi de 9h30 à 1h du matin, le dimanche de 10h à 24h.

Disc-O-Rama, 186 W. 4th St. (206-8417), entre la Sixth Ave. et la Seventh Ave. Métro : ligne 1 ou 9, station Christopher St. ; ligne A, B, C, D, E, F ou Q, station W. 4th St. Albums populaires et bon marché. Tous les CD (nous disons bien *tous !*) pour 10 $ ou moins. Avec un coupon du *Village Voice*, vous pouvez même faire baisser les prix d'un dollar. Bonne section de rock alternatif, en plus des tubes type Mariah Carey et des standards. Les CD ne sont pas classés par ordre alphabétique, ce qui ne facilite pas la recherche (les 200 meilleurs titres du moment sont toutefois bien rangés). Ouvert du lundi au jeudi de 11h à 22h30, les vendredi et samedi de 11h à 1h du matin, le dimanche de 12h à 20h.

Downtown Music Gallery, 211 E. 5th St. (473-0043). Métro : ligne 6, station Astor Place ; ligne N ou R, station 8th St. Dense et variée, la sélection de CD et de 33 tours devrait plaire à tous les amateurs de musique non conventionnelle. La section *"downtown, prog, avant, and japanoise"* est très complète, et pratiquement tous les projets musicaux de John Zorn sont disponibles. Le personnel est compétent et prêt à vous conseiller. Ouvert du dimanche au mercredi de 12h à 21h, le jeudi de 12h à 22h, les vendredi et samedi de 12h à 23h.

Generation Records, 210 Thompson St. (254-1100), entre Bleecker St. et la 3rd St. Métro : ligne A, B, C, D, E, F ou Q, station W. 4th St. Toutes sortes de rock alternatif et underground sur CD et 33 tours, très bonne section de hardcore et de musique industrielle. Prix raisonnables (CD 11-13 $) et le meilleur choix de titres étrangers du Village. Bonnes affaires sur les disques d'occasion en bas. Ouvert du lundi au jeudi de 11h à 22h, les vendredi et samedi de 11h à 1h du matin, le dimanche de 12h à 22h.

Gryphon Record Shop, 251 W. 72nd St., #2F (874-1588), près de West End Ave. Métro : ligne 1, 2, 3 ou 9, station 72nd St. Cet appartement situé au 1er étage a des murs, des tables et des caisses remplis de 33 tours classiques, dont beaucoup de titres rares ou épuisés. Une véritable atmosphère de collectionneur, et le propriétaire connaît la musique. Ouvert du lundi au samedi de 11h à 19h, le dimanche de 12h à 18h.

Jammyland, 60 E. 3rd St. (614-0185), entre First Ave. et Second Ave. Métro : ligne 6, station Bleecker St. Chez Jammy's, vous trouvez une vaste sélection de reggae, roots, dub, dance-hall, ska et autres innovations jamaïcaines. Ouvert du mardi au dimanche de 12h à 24h.

Kim's Video and Audio, 6 St Mark's Place (598-9985). Métro : ligne N ou R, station 8th St. ; ligne 6, station Astor Place. C'est la maison mère de la chaîne Kim's. A l'étage, vidéos de films indépendants et étrangers ; en bas excellente sélection de CD indépendants ou étrangers, et disques à prix raisonnables. Stock très complet de musique expérimentale, allant des albums dub jamaïcains des années 70 au jazz avant-gardiste, en passant par la jungle futuriste. Les autres magasins (144 et 350 Bleecker St. ou 85 Ave. A., 260-1010, 675-8996 et 529-3410 respectivement) ont un rayon musique plus petit mais d'égale qualité. Ouvert tous les jours de 10h à 24h.

Liquid Sky Temple, 241 Lafayette St. (431-6472). Métro : ligne 6, station Spring St. ; ligne N ou R, station Prince St. Une cascade d'eau en vitrine cache un magasin de vêtements et de disques post-rave. Comme il s'adresse surtout aux DJ techno (et aux aspirants DJ), vous trouvez essentiellement des 33 tours, mais il y a une bonne sélection de CD et de *mixtapes* (cassettes mixées), assez chers du reste. C'est l'endroit idéal pour trouver des coupons de réduction et des *flyers* pour les boîtes underground et les événements rave. Ouvert du lundi au samedi de 13h à 20h, le dimanche de 14h à 19h.

Midnight Records, 263 W. 23rd St. (675-2768), entre la Seventh Ave. et la Eighth Ave. Métro : ligne 1, 9, C ou E, station 23rd St. Cet établissement de détail et de vente par correspondance est spécialisé dans les disques introuvables. Les murs sont couverts d'affiches et vous trouvez des disques dans tous les recoins (il y en a plus de 10 000 en stock). Les prix sont assez élevés, mais si vous cherchez l'album Disco Pope des Prats, c'est peut-être le seul endroit où vous le trouverez. Beaucoup de 33 tours des années 60 et 70, la plupart entre 9 $ et 20 $. Ouvert du mardi au samedi de 12h à 18h.

Other Music, 15 E. 4th St. (477-8150) en face de la Tour. Métro : ligne 6, station Bleecker St. Spécialité de rock alternatif et d'avant-garde, de Stereolab aux enregistrements statiques et de sons de *feedback* (retour) : beaucoup de choses insolites. Une bonne section de CD étrangers d'occasion. De nombreuses affiches et prospectus informent la clientèle des lieux où se produisent les groupes de musique avant-gardistes, si l'on peut parler de "musique". Ouvert du lundi au mercredi de 11h à 22h, du jeudi au samedi de 11h à 23h, le dimanche de 12h à 20h.

Pier Platters, 56 Newark St. (201-795-4785 et -9015), à Hoboken. Métro : ligne B, D, F, N, Q ou R, station 34th St., puis train PATH (1 $) jusqu'au premier arrêt d'Hoboken. Longez Hudson Pl. jusqu'à Hudson St., remontez un block jusqu'à Newark St. puis prenez à gauche. En 1982, un Irlandais nostalgique lança ce magasin de disques indépendant, aujourd'hui chef de file avec Maxwell's de la musique alternative d'Hoboken. De grands noms de la scène musicale underground (en particulier ceux qui se produisent chez Maxwell's) viennent faire leurs achats ici et fouiner dans l'exceptionnelle sélection de 45 tours et de 33 tours rares, particulièrement riche en titres indépendants américains et néo-zélandais. Ouvert du lundi au samedi de 11h à 21h, le dimanche de 12h à 20h.

Second Coming Records, 235 Sullivan St. (228-1313), près de W. 3rd St. Métro : ligne A, B, C, D, E, F ou Q, station W. 4th St. Vous y trouvez une pléthore de disques vinyles, dont un très bon choix 45 tours underground. Grâce au récent agrandissement, le stock de CD comprend désormais une grande variété de titres alternatifs et grand public, neufs ou d'occasion. Le personnel est très au courant de ce qui se passe musicalement à New York et vous renseigne sur le sujet. Bonne sélection également d'importations et de disques pirates de musique alternative. Ouvert du dimanche au jeudi de 11h à 20h, les vendredi et samedi de 11h à 22h.

Smash Compact Discs, 33 St Mark's Pl. (473-2200), entre la Second Ave. et la Third Ave. Métro : ligne 6, station Astor Pl. C'est ici qu'il faut venir si vous n'avez pas trouvé chez Sounds l'album de rock classique que vous cherchez. CD d'occasion 3-10 $. Ouvert du lundi au jeudi de 11h à 22h, du vendredi au dimanche de 11h à 23h.

Sounds, 20 St Mark's Pl. (677-3444), entre la Second Ave. et la Third Ave. Métro : ligne 6, station Astor Pl. Bon choix de musique alternative et *dance*, à des prix raisonnables. La collection de CD d'occasion est très intéressante, mais il faut prendre le temps de chercher. Vaste choix de 33 tours d'occasion. CD neufs 9-13 $, occasion 5-9 $. Pour les CD d'occasion, ils rachètent en espèces jusqu'à 50 % de leur valeur de vente. **Annexe de CD & Cassettes** au 16 St. Mark's Pl. (677-2727). Ouvert du lundi au jeudi de 12h à 22h30, les vendredi et samedi de 12h à 23h30, le dimanche de 12h à 21h.

Vinylmania, 60 Carmine St. (924-7223), à hauteur de Bedford St. Métro : ligne A, B, C, D, E, F ou Q, station W. 4th St. Le haut lieu de la *dance* : house, hip-hop, rap et rythm and blues. Petit choix de jazz également. Les disques vinyls sont à l'entrée (plus faciles d'accès) et les CD au fond. Bons de réduction pour certaines boîtes. Ouvert du lundi au vendredi de 11h à 21h, les samedi et dimanche de 11h à 19h.

■ Jouets et jeux

Children of Paradise, 154 Bleecker St. (473-7146), à hauteur de Thompson St. Métro : ligne A, B, C, D, E, F ou Q, station W. 4th St. Ce minuscule magasin est bourré à craquer de jouets neufs et anciens, du dernier Power-Ranger-Kung-Fu-Space-Warrior aux premiers modèles de Barbies. Jetez un œil au vaste choix de jouets, dorénavant classiques, Star Wars. Ouvert du lundi au samedi de 11h à 19h, le dimanche de 12h à 19h.

Dollhouse Antics, 1343 Madison Ave. (876-2288), à hauteur de la 94th St. Métro : ligne 6, station 96th St. Là, au moins, vous êtes sûr de trouver de quoi meubler votre ministudio new-yorkais ! Superbes maisons de poupées et plein de petites choses miniatures : services à café, jeux de Scrabble, toilettes, serviettes et tables couvertes de mininapperons brodés. Faites peindre le portrait de votre chien ou de votre chat dans un cadre de 5 x 8 cm, à suspendre au-dessus d'une cheminée de Lilliputiens (75 $, photo nette indispensable). Ouvert du lundi au vendredi de 11h à 17h30, le samedi de 11h à 17h, horaires variables en été (téléphonez à l'avance).

Game Show, 1240 Lexington Ave. (472-8011), à hauteur de la 83rd St. Métro : ligne 4, 5 ou 6, station 86th St. Vous en avez assez de faire la fête ? Pourquoi ne pas rester chez vous autour d'un jeu de société ? Vous trouvez là tous les classiques et les indémodables comme *Monopoly* et *Pictionary* jusqu'aux plus récentes inventions. Il y a également une section discrète de jeux "pour adultes", comme *Talk Dirty to Me*. Grand choix de puzzles. Ouvert du lundi au mercredi et du vendredi au dimanche de 11h à 18h, le jeudi de 11h à 19h.

Soccer Sport Supply, 1745 First Ave., (800-223-1010), entre la 89th St. et la 90th St. Métro : ligne 4, 5 ou 6, station 86th St. Ce magasin new-yorkais se consacre au football depuis 1933. Maillots, jambières et tous les accessoires imaginables pour jouer au sport le plus populaire du monde. Ouvert du lundi au vendredi de 10h à 18h, le samedi de 10h à 17h.

Star Magic, 1256 Lexington Ave. (988-0300), à hauteur de la 85th St. Métro : ligne 4, 5 ou 6, station 86th St. Ce magasin spécialisé dans les "cadeaux de l'espace" ("*space age gifts*") vend des télescopes, des crèmes glacées lyophilisées pour astronautes et autres tarots. Achetez-vous des joyaux de cristal ou des bijoux holographiques pour impressionner vos amis "*new age*". Les *ravers* pourront se procurer des bâtons phosphorescents et de multiples accessoires fluo. Autres adresses : 745 Broadway (228-7770) à hauteur de la 8th St., et 275 Amsterdam Ave. (769-2020) à hauteur de la 73rd St. Ouvert du lundi au samedi de 10h à 20h30, le dimanche de 11h à 19h30.

Tenzig & Pena, 916 Madison Ave. (288-8780), entre la 75th St. et la 76th St. Métro : ligne 4, 5 ou 6, station 77th St. Ce magasin de jouets et de livres pédagogiques est rempli de puzzles, de jeux éducatifs, etc. Le lieu idéal pour s'approvisionner en menus cadeaux pour vos neveux et nièces à moins de 12 $, notamment des marionnettes requins, des nonnes karatekas et des livres d'images. Ouvert du lundi au samedi de 10h à 18h, le dimanche de 12h à 18h.

Village Chess Shop, 230 Thompson St. (475-9580), entre Bleecker St. et la 3rd St. Métro : ligne A, B, C, D, E, F ou Q, station W. 4th. St. Les meilleurs joueurs d'échecs du Village viennent s'affronter devant une tasse de café (1 $) ou un jus de fruit (1,50 $). 1 $ la partie (ou 1,60 $ avec pendule) par heure et par personne. Chaque juron est pénalisé de 25 ¢ ! Les novices peuvent demander l'analyse de leur jeu pour 3 $. La boutique expose également quelques très beaux échiquiers anciens, ainsi que d'autres plus récents, inspirés du *Seigneur des anneaux* de Tolkien, des Simpson, des personnages de Shakespeare et de la Guerre de Sécession. A voir absolument. Ouvert tous les jours de 12h à 24h.

■ Magasins spécialisés

New York est un magasin spécialisé en soi. Des boutiques élégantes pour acheteurs huppés aux magasins d'avant-garde, tout ce qui existe dans le monde se trouve à New York. La liste suivante donne un bref aperçu des magasins dignes d'intérêt.

The Ballet Shop, 1887 Broadway (581-7990), à hauteur de la 62nd St. Métro : ligne 1 ou 9, station 66th St. 33 tours, CD, photographies, livres, posters et autres objets relatifs à la danse classique. Ouvert du lundi au samedi de 11h à 18h, le dimanche de 12h à 17h, fermé le dimanche de septembre à mars.

Books and Binding, 33 W. 17th St. (229-0004), entre la Fifth Ave. et la Sixth Ave. Métro : ligne L ou F, station Sixth Ave.-14th St. Librairie à prix réduits avec une section d'ouvrages reliés à l'étage (30-125 $). Ouvert du lundi au vendredi de 9h30 à 20h, le samedi de 10h à 19h.

Condomania, 351 Bleecker St. (691-9442), près de W. 10th St. Métro : ligne 1 ou 9, station Christopher St. "Le premier magasin de préservatifs d'Amérique" vend essentiellement des préservatifs, des carrés de latex pour rapport bucco-génital féminin (*dental dams*) et des lubrifiants. N'oubliez pas de compléter votre commande par des *fortune cookies* (petits gâteaux chinois renfermant un horoscope) classés super X ou une boîte de pâtes en forme de pénis. L'aimable personnel répond à toutes les questions et donne des conseils en matière de sexe et de sécurité. Ouvert du dimanche au jeudi de 11h30 à 22h45, les vendredi et samedi de 11h30 à 24h.

The Counter Spy Shop, 499 Madison Ave. (688-8500), entre la 49th St. et la 50th St. Métro : ligne 6, station 51st St. Les fans de James Bond et les paranos incurables adoreront ce petit magasin entièrement consacré aux technologies du subterfuge et de la dissimulation. D'onéreuses vestes pare-balles, des caméras cachées et des détecteurs de mensonge se mêlent aux canettes à double-fond (20 $) et aux T-shirts d'espions juniors (10 $). Ouvert du lundi au vendredi de 9h à 18h, le samedi de 10h à 16h.

The How-To Video Source, 953 Third Ave. (486-8155), à hauteur de la 57th St. Métro : ligne 4, 5 ou 6, station 59th St. ; ligne N ou R, station Lexington Ave. Comme l'indique son nom, ce magasin est spécialisé dans les cassettes vidéo à but pédagogique. Apprenez à séduire, bien sûr, mais aussi à choisir un plat cajun, à pratiquer un art martial ou encore le langage des signes. Pendant que vous y êtes, laissez donc John Cleese (l'un des Monthy Python) vous donner les trucs pour exaspérer les gens (19,95 $). New York dans toute sa splendeur. Ouvert du lundi au vendredi de 10h à 20h, les samedi et dimanche de 11h à 19h.

The Leather Man, 111 Christopher St. (243-5339), entre Bleecker St. et Hudson St. Métro : ligne 1 ou 9, station Christopher St. Admirez donc la vitrine ! Ames sensibles, s'abstenir : chaînes, cuir et au sous-sol toutes sortes de jouets érotiques (avec accessoires). Des tas d'idées cadeaux... Personnel serviable, sympathique et très tolérant. Ouvert tous les jours de 12h à 24h.

Little Rickie, 49 1/2 First Ave. (505-6467), à hauteur de la 3rd St. Métro : ligne F, station Second Ave. Objets de collection excentriques pour fans, comme des décalcomanies Pee Wee Herman, des tapisseries Madonna et des lampes Elvis, ainsi que des marionnettes du Pape et des poupées érotiques indonésiennes. Ouvert du lundi au samedi de 11h à 20h, le dimanche de 12h à 19h.

Maxilla & Mandible, 451-5 Columbus Ave. (724-6173), entre la 81st St. et la 82nd St. Métro : ligne 1 ou 9, station 79th St. Des étagères et des boîtes entières de coquillages, de fossiles, d'œufs, d'insectes et surtout d'ossements de tous les vertébrés imaginables (dont ceux de l'*Homo sapiens*). Une chenille géante sous verre et un squelette d'alligator de plus de 3 m de long se distinguent dans ce lot d'articles. Bijoux scarabée verts "pour les enfants" 9 $. Le magasin fournit les collectionneurs du monde entier. Macabre mais fascinant. Ouvert du lundi au samedi de 11h à 19h, le dimanche de 13h à 17h.

The Pop Shop, 292 Lafayette St. (219-2784), à hauteur de Houston St. Métro : ligne B, D, F ou Q, station Broadway-Lafayette St. L'œuvre de Keith Haring, le *pop artist* de la fin des années 80, est disponible en carte postale et en poster dans toute la ville, mais il n'y a qu'ici que l'on trouve des dominos, des sacs à dos, des jouets et des bonnets à pompon décorés de ses dessins. Ouvert en 1985, le magasin a été entièrement peint par l'artiste dans son style caractéristique. Le produit des gains est reversé à la Keith Haring Foundation, qui soutient un grand nombre d'œuvres de charité. Ouvert du mardi au samedi de 12h à 19h, le dimanche de 12h à 19h.

Rita Ford Music Boxes, 19 E. 65th St. (535-6717), entre Madison Ave. et la Fifth Ave. Métro : ligne 6, station 68th St. C'est le paradis des boîtes à musique, avec entre autres des modèles du XIXe siècle ou de *la Belle et la bête* (version Walt Disney). Toutes ces boîtes à musique sont très chères, mais valent le coup d'œil. Ouvert du lundi au samedi de 9h à 17h.

Schoepfer Studios, 138 W. 31st St. (736-6939), entre la Sixth Ave. et la Seventh Ave. Métro : ligne N ou R, station 34th St. C'est un magasin-musée de grande envergure, spécialisé dans les animaux empaillés. Vous pouvez acheter un authentique serpent à sonnettes (à partir de 100 $), ou simplement les sonnettes sous forme de boucles d'oreilles (18 $). Crânes de bouvillon à partir de 75 $ et poulet de basse-cour sur socle pour 175 $. Porte-clés "tête de serpent" également disponibles. Ouvert du lundi au jeudi de 10h à 16h30, le vendredi de 10h à 16h.

Spike's Joint, 1 S. Elliot Pl. (718-802-1000), à Brooklyn. Métro : ligne G, station Fulton. Descendez Lafayette St. et prenez à gauche après le bâtiment de grès brun de South Elliot. Cette petite boutique est remplie de vêtements et d'objets divers relatifs à la société de production de Spike Lee, *Forty Acres and a Mule Filmworks*. Elle est située dans le quartier de Spike, à Fort Greene. Ouvert du lundi au samedi de 10h à 19h, le dimanche de 12h à 18h.

Tender Buttons, 143 E. 62nd St. (758-7004), entre la Third Ave. et Lexington Ave. Métro : ligne 4, 5 ou 6, station 59th St. ; ligne N ou R, station Lexington Ave. Cette boutique est la caverne d'Ali Baba des boutons. Si vous avez négligemment perdu le bouton de votre pourpoint Renaissance préféré, vous en trouvez un identique ici. Il y a des boutons de manchette et des boucles de ceinture assortis aux boutons, et vice-versa. Comptez 1 000 $ pour un bouton provenant d'un des manteaux de George Washington. Ouvert du lundi au vendredi de 11h à 18h, le samedi de 11h à 17h.

Television City, 64 W. 50th St. (246-4234), à hauteur de Fifth Ave. Métro : ligne 6, station 51st St. Toutes sortes d'objets et de souvenirs issus d'émissions de télévision en tout genre peuplent ce magasin. Depuis les paniers-déjeuner de *Mork and Mindy* jusqu'aux CD-Rom de *Seinfeld*, en passant par les sacs Kermite la grenouille. N'oubliez pas votre T-shirt *Melrose Place*. Vaut le détour uniquement pour les musiques et génériques d'émission passés en permanence. Ouvert du lundi au vendredi de 10h à 19h, le samedi et dimanche de 11h à 18h.

Warner Bros. Studio Store, 1 E. 57th St. (754-0300), à hauteur de la Fifth Ave. Métro : ligne B ou Q, station 57th St.-Sixth Ave. ; ligne N ou R, station 57th St.-Seventh Ave. Un sanctuaire de trois étages dédié aux plus célèbres personnages de la Warner Bros., des dessins animés Looney Tunes aux films de Batman. Vous trouvez une profusion de Bugs Bunny, de Droopy et d'Elmer Fudd peints ou brodés sur toutes sortes d'objets, des casquettes aux articles ménagers. *That's all, folks*. Ouvert du lundi au samedi de 10h à 20h, le dimanche de 11h à 18h.

■ Librairies

Que vos goûts vous portent vers la cosmologie ésotérique ou la révolution du Tiers Monde, que vous cherchiez le dernier guide Let's Go ou une édition ancienne des *Dubliners* (*Gens de Dublin*) de Joyce, Manhattan est incontestablement la cité des prodiges dans le domaine des livres… en version anglaise. Si les chaînes comme **Barnes and Noble** (807-0099), **B. Dalton** (674-8780), **Doubleday** (397-0550) et **Waldenbooks** (269-1139) vendent les best-sellers du moment à prix réduit, l'exploration des librairies de moindre envergure peut s'avérer une expérience beaucoup plus intéressante. Et si vous avez du mal à trouver un livre, allez donc à l'un des grands magasins comme le **Strand** (près de 2 millions de livres) ou à une boutique spécialisée comme **Murder Ink**.

Si vous souhaitez parcourir la presse française ou lire *Manhattan Transfer* en français, vous pouvez faire un tour à la **librairie de France**, au Rockefeller Center (610 5th Ave., Rockefeller Center Promenade, 581-8810). Vous y trouverez également les Let's Go en français sur les Etats-Unis. Les quotidiens français, du *Figaro* à *l'Humanité*, en passant par *Le Monde* ou *L'Equipe,* sont disponibles auprès de nombreux kiosques à journaux dans tout Manhattan (surtout dans l'Upper East Side). Il y a notamment un marchand de journaux très bien approvisionné dans la galerie marchande du World Trade Center.

OUVRAGES GÉNÉRAUX

Barnes and Noble, 105 Fifth Ave. (807-0099), à hauteur de W. 18th St. Métro : ligne L ou F, station Sixth Ave.-14th St. C'est le magasin d'origine de la célèbre chaîne, ainsi que la "plus grande librairie du monde" avec des tonnes de titres, souvent bradés. Ils rachètent les livres scolaires jusqu'à la moitié du prix. Ouvert du lundi au vendredi de 9h30 à 19h45, le samedi de 9h30 à 18h15, le dimanche de 11h à 17h45. Passez aussi à la **Barnes and Noble Bargain Annex**, 128 Fifth Ave. (633-3500), pour de bonnes affaires. Informations par téléphone au 675-5500.

Barnes and Noble, 2289 Broadway (362-8835), à hauteur de la 82nd St. Métro : ligne 1 ou 9, station 79th St. Plus spacieux que la succursale de Chelsea, ce vaste magasin est pourvu de fauteuils et de canapés de lecture très confortables, d'un café, d'un rayon magazines très complet et d'à peu près tous les livres que vous convoitez (n'oubliez pas, toutefois, qu'en achetant dans cet énorme magasin, vous contribuez à la disparition des petites librairies locales). Aux dernières nouvelles, il serait très fréquenté par les New-Yorkais intellos en mal de rencontres épicées. Ouvert du dimanche au jeudi de 9h à 23h, les vendredi et samedi de 9h à 24h.

Books and Company, 939 Madison Ave. (737-1450), entre la 74th St. et la 75th St. Métro : ligne 6, station 77th St. Le personnel courtois et compétent fait de cette librairie à deux niveaux un excellent endroit pour venir consulter ou acheter. Des séances de lecture ont lieu à l'automne et au printemps. Isabelle Allende, Gary Snyder et Jamaica Kincaid ont tous lu dans ce petit magasin. Excellents rayons de littérature, de critiques et de revues littéraires. Appelez pour en savoir plus sur les lectures gratuites (mais *très* courues). Ouvert du lundi au vendredi de 10h à 19h, le samedi de 10h à 18h, le dimanche de 12h à 18h.

Coliseum Books, 1771 Broadway (757-8381), à hauteur de la 57th St. Métro : ligne 1, 9, A, B, C ou D, station 59th St. Cette librairie vend essentiellement les dernières parutions, mais conserve un bon fonds d'ouvrages sur le théâtre, la musique (le magasin est à deux pas du Lincoln Center et de Carnegie Hall) et la poésie. Ouvert les lundi et mardi de 8h à 22h, les mercredi et jeudi de 8h à 23h, le vendredi de 8h à 23h30, le samedi de 10h à 23h30, le dimanche de 12h à 20h.

Crawford Doyle Booksellers, 1082 Madison Ave. (288-6300), à hauteur de la 81st St. Métro : ligne 6, station 77th St. Cette librairie tout juste rénovée conjugue un système informatique de pointe et un service clientèle "à l'ancienne mode" afin de répondre à tous vos besoins. Ouvert du lundi au samedi de 10h à 18h, le dimanche de 12h à 17h.

Gotham Book Mart, 41 W. 47th St. (719-4448). Métro : ligne B, D, F ou Q, station 47-50th St. Cette librairie introduisit clandestinement en Amérique les œuvres censurées de Joyce, de Lawrence et d'Henry Miller. C'est également ici que LeRoi James et Allen Ginsberg travaillèrent comme commis avant de connaître la célébrité. Institution mythique et vénérable, cette librairie, qui possède un important fonds d'ouvrages neufs et d'occasion du XXe siècle, est très prisée du gotha littéraire newyorkais. Les rayonnages jonchés de livres contiennent également une abondante sélection d'ouvrages de poésie rares et contemporains, de prose et de philosophie, ainsi que des revues. A l'étage, une galerie présente des expositions temporaires. Ouvert du lundi au vendredi de 9h30 à 18h30, le samedi de 9h30 à 18h.

Gryphon, 2246 Broadway (362-0706), entre la 80th St. et la 81st St. Métro : ligne 1 ou 9, station 79th St. Petite et accueillante, cette librairie est spécialisée dans les livres d'occasion. Sélection très variée. Ouvert tous les jours de 10h à 24h.

Shakespeare and Company, 2259 Broadway, (580-7800), entre la 81st St. et la 82nd St. Cette institution locale était le haut lieu de la drague de l'Upper West Side avant que Barnes and Noble ne s'installe juste à côté. L'établissement reste toutefois unique en son genre, bien qu'il connaisse actuellement des problèmes de bail. Excellente sélection d'ouvrages de littérature, d'art et de théâtre, en plus des livres d'intérêt général. Vaste section de journaux. Ouvert tous les jours de 10h à 22h30.

St Mark's Bookshop, 31 Third Ave. (260-7853), à hauteur de la 9th St. Métro : ligne 6, station Astor Pl. La grande librairie d'East Village. Excellente sélection, plutôt tournée vers la théorie littéraire contemporaine, la fiction et la poésie. Personnel compétent. Ouvert tous les jours de 10h à 24h.

Strand, 828 Broadway (473-1452), à hauteur de la 12th St. Métro : ligne 4, 5, 6, L, N ou R, station 14th St. C'est le plus important magasin de livres d'occasion du monde, et le grand favori des New-Yorkais. A voir absolument. 13 km de rayonnages avec près de 2 millions d'ouvrages. Les employés cherchent pour vous les titres les plus introuvables. Vous pouvez aussi demander à voir le catalogue, ou, mieux encore, vous perdre dans les rayons. Le top du top des librairies d'occase. Ouvert du lundi au samedi de 9h30 à 21h30, le dimanche de 11h à 21h30.

OUVRAGES SPÉCIALISÉS

A Different Light, 151 West 19th St. (989-4950), à hauteur de la 7th Ave. Métro : ligne 1 ou 9, station 18th St. Cette fabuleuse librairie offre une impressionnante sélection d'ouvrages spécialisés dans la littérature homosexuelle : du dernier thriller de science-fiction gay aux anthologies de théorie sur la transsexualité. La boutique est réputée pour ses lectures quasi quotidiennes par les grands noms des cercles littéraires homosexuels. Dans le café, vous pouvez siroter le "Gertrude Stein" (café *lattè*, c'est-à-dire avec de la crème battue, mais ce n'est pas un cappuccino… 2,25 $), "James Baldwin" (*americano*, 1,25 $) ou autres boissons du même genre. Prenez les horaires des projections gratuites du dimanche, qui présentent des classiques comme *Certains l'aiment chaud* avec Marilyn Monroe. Ouvert tous les jours de 10h à 24h.

Applause Theater and Cinema Books, 211 W. 71st St. (496-7511), à hauteur de Broadway. Métro : ligne 1, 2, 3 ou 9, station 72nd St. Vaste sélection de scripts, de scénarios et de livres divers sur le théâtre et le cinéma, de John Wayne aux claquettes. Plus de 4 000 titres. Le personnel est très éclairé. Ouvert du lundi au samedi de 10h à 20h, le dimanche de 12h à 18h.

Argosy Bookstore, 116 E. 59th St. (753-4455). Métro : ligne 4, 5 ou 6, station 59th St. ; ligne N ou R, station Lexington Ave. Achat et vente de livres rares et d'occasion, d'éditions dédicacées et de très belles cartes. Personnel hyper compétent et clientèle très sympathique. Beaucoup de rayons de livres à 1 $. Ouvert du lundi au vendredi de 9h à 18h, d'octobre à mai également le samedi de 10h à 18h.

Asahiya Bookstore, 52 Vanderbilt Ave. (883-0011), à hauteur de E. 45th St. Métro : ligne 4, 5, 6, 7 ou S, station 42nd St. Ouvrages et périodiques japonais. Origami, papier à lettre et quelques livres en langue anglaise sur le Japon. Ouvert tous les jours de 10h à 20h.

Biography Bookstore, 400 Bleecker St. (807-8692), à hauteur de W. 11th St. Métro : ligne 1 ou 9, station Christopher St. Cette librairie spécialisée dans les biographies s'adresse à ceux qui raffolent des histoires de rois, de présidents, d'idoles de rock et autres personnalités. La meilleure librairie dans cette catégorie. Très importante section gay-lesbienne et bon choix de best-sellers. Ouvert du lundi au jeudi de 12h à 20h, le vendredi de 12h à 22h, le samedi de 11h à 23h, le dimanche de 11h à 19h.

Books of Wonder, 132 Seventh Ave. (989-3270), à hauteur de 18th St. Métro : ligne 1 ou 9, station 14th St. Une petite librairie remplie d'ouvrages pour enfants. La section de livres d'occasion sélectionnés mérite votre attention. Ouvert du lundi au samedi de 11h à 19h, le dimanche de 12h à 18h.

The Complete Traveller Bookstore, 199 Madison Ave. (685-9007), à hauteur de 35th St. Métro : ligne 6, station 32nd St. Vraisemblablement plus vaste sélection de guides de voyage de la Côte Est. Nouvelle section de guides anciens. Vous y trouverez la collection complète des Let's Go en anglais. Ouvert du lundi au vendredi de 9h à 19h, le samedi de 10h à 18h, le dimanche de 11h à 17h.

Hacker Art Books, 45 W. 57th St. (688-7600), entre la Fifth Ave. et la Sixth Ave. Métro : ligne B ou Q, station 57th St. Se succédant sur des rayons interminables non répertoriés, les ouvrages d'Hacker forment l'une des plus belles sélections de livres d'art du monde. Depuis les catalogues des céramiques de Picasso jusqu'à des ouvrages plus ou moins connus sur l'alimentation, la structure urbaine de New York et l'art moderne, la sélection du magasin devrait satisfaire les historiens de l'art, les bricoleurs, les fans d'outils préhistoriques et, bien sûr, tous les lecteurs de Let's Go portés sur les arts. Ouvert du lundi au vendredi de 9h30 à 18h.

Harris' Books, 81 Second Ave. (353-1119), entre la 4th St. et la 5th St., au 1er étage. Métro : ligne 6, station Bleecker St. Harris s'est vu décerné deux années de suite le titre de "meilleure librairie" par la presse libre new-yorkaise. Il n'y a qu'à New York que l'on peut faire une librairie de son appartement. Cette petite boutique est spécialisée dans les livres alternatifs-underground. Harris connaît chacun de ses 6 000 ouvrages et les vend plutôt moins cher qu'ailleurs. Ouvert du lundi au jeudi de 14h à 22h, le vendredi de 14h à 24h.

Kitchen Arts and Letters, 1435 Lexington Ave. (876-5550), à hauteur de la 93rd St. Métro : ligne 6, station 96th St. Le vaste choix de livres de cuisine de cette librairie spécialisée vous aide à rompre la monotonie des petits restos chinois et des bouis-bouis bon marché. Vous trouvez également des ouvrages sur le vin, sur l'histoire et l'éducation culinaire, ainsi que d'anciens livres de recettes. Ouvert le lundi de 13h à 18h, du mardi au vendredi de 10h à 18h30, le samedi de 11h à 18h. Fermé le samedi de fin juillet à fin août.

Liberation Bookstore, 421 Lenox Ave. (281-4615), à hauteur de la 131st St. Métro : ligne 2 ou 3, station 135th St. Ce petit magasin abrite une belle sélection d'ouvrages d'histoire, d'art, de poésie ainsi que de littérature africaine et afro-américaine. Ouvert du lundi au vendredi de 11h à 19h, le samedi de 11h30 à 18h.

Murder Ink, 2486 Broadway (362-8905), entre la 92nd St. et la 93rd St. Métro : ligne 1, 2, 3 ou 9, station 96th St. Un joyeux amoncellement de polars et de romans noirs neufs et d'occasion. Décoré aux couleurs officielles du crime (rouge et noir), ce magasin a suffisamment de polars pour vous faire frissonner l'échine jusqu'à la fin de vos jours. Autre adresse au 1465b Second Ave. (517-3222), entre la 76th St. et la 77th St. Ouvert du lundi au samedi de 10h à 19h30, le dimanche de 11h à 19h.

A Photographer's Place, 133 Mercer St. (431-9358), entre Prince St. et Spring St. Métro : ligne R, station Prince St. Cette paisible petite librairie est spécialisée dans les ouvrages de photographie, neufs et rares, parfois épuisés, ainsi que dans les cartes postales. L'aimable personnel est très bien renseigné sur tout ce qui concerne la photographie en général. Ouvert du lundi au samedi de 11h à 20h, le dimanche de 12h à 18h.

Revolution Books, 9 W. 19th St. (691-3345), à hauteur de la Fifth Ave. Métro : ligne 4, 5, 6, L, N ou R, station 14th St. Cette célèbre chaîne de libraires indépendants est, qui l'eût cru, très riche en livres sur Marx, Mao et Martin Luther King. Vient de déménager. Ouvert du lundi au samedi de 10h à 19h, le dimanche de 12h à 17h.

See Hear, 33 St. Mark's Place (505-9781), entre la Second Ave. et la Third Ave. Métro : ligne 6, station Astor Pl. Une petite boutique exclusivement (ou presque) consacrée aux livres et magazines de rock, essentiellement underground. Egalement une "excellente" sélection de *Chick religious tracts* (B.D. religieuses fondamentalistes). Ouvert tous les jours de 11h à 23h.

Sportsworld, Ltd., 1475 Third Ave. (772-8729), entre la 83rd St. et la 84th St. Métro : ligne 4, 5 ou 6, station 86th St. La librairie sportive de New York est versée dans tous les sports, du jai alai (sorte de pelote basque) à l'aviron. Ouvert du lundi au mercredi de 11h à 18h, les jeudi et vendredi de 11h à 19h, le samedi de 10h30 à 17h, le dimanche de 12h à 17h.

Zakka, 510 Broome St. (431-3961). Si vous êtes passionné de culture pop-punk japonaise pour ados, ne manquez pas cette librairie-magasin de jouets et palais de la vidéo, qui rassemble les dernières innovations en matière de dessins animés japonais – les mangas. Vous y trouvez toutes sortes de magazines branchés de Tokyo et une belle collection d'ouvrages de design et de photographie avant-gardiste.

Zakka vend des revues comme *Cutie*, (pour "les filles indépendantes") dans lesquelles des teenagers japonaises aux cheveux roses font part de leur affection pour Shonen Knife et Courtney Love. Ouvert tous les jours de 12h à 20h, fermé les 1er et 3e mardis du mois.

■ Posters et bandes dessinées

Anime Crash, 13 E. 4th St. (254-4670), entre Lafayette St. et Broadway Ave. Pop culture japonaise, d'Akira à Zandor. Importation de bandes dessinées, de maquettes, de posters géants et d'autres objets divers. CD, CD-Rom et cassettes vidéo également disponibles. Ouvert du lundi au jeudi de 11h à 21h, les vendredi et samedi de 11h à 23h, le dimanche de 12h à 19h.

Forbidden Planet, 821 Broadway (473-1576), à hauteur de la 12th St. Métro : ligne N, R, L, 4, 5 ou 6, station Union Sq.-14th St. Du nom d'un fameux film de science-fiction des années 50 (*Planète interdite*). BD neuves ou d'occasion, figurines du jeu de rôle *Donjon et Dragon*, toute une section de livres V.C. Andrews, des manuels de *piercing* et tout un rayon de livres policiers sur les *serial killers* constituent l'ensemble de ce vaste entrepôt de science-fiction/fantaisie. Le rendez-vous des ados un peu bizarres. Vous trouvez là tous vos numéros manquants de *Cerebus the Aardvark*. Ouvert tous les jours de 10h à 20h30.

The Postermat, 37 W. 8th St. (982-2946 ou 228-4027), entre la Fifth Ave. et la Sixth Ave. Postermat se déclare le plus grand et le premier magasin de posters de la ville, au service des branchés du Village depuis plus de 30 ans. Outre la vaste collection de T-shirts et de posters à l'effigie de musiciens, de films, de modes de vie et de toutes sortes de sujets alternatifs, Postermat vend également des jouets et des bonbons, notamment des *Sea Monkeys* et les très convoités distributeurs de *Pez*. Ouvert du lundi au samedi de 10h à 21h, le dimanche de 11h à 21h.

Excursions depuis New York

"Cette ville me rend fou, ou, si vous préférez, encore plus fou. Je ne trouverai ni la paix de l'âme ni le repos du corps tant que je n'en serai pas sorti."
Lafcadio Hearn, 1889 (Il émigra ensuite à Tokyo.)

■ Atlantic City

Pendant plus de 50 ans, les joueurs de Monopoly se sont battus pour mettre la main sur St. James Place et Ventmor Ave., l'équivalent de la rue de la Paix dans la version française. A son apogée, Atlantic City était en effet l'une des stations balnéaires les plus huppées de la côte Est, et les riches familles américaines, comme les Vanderbilt ou les Girard, fréquentaient ses casinos. Mais le développement des stations balnéaires de Floride porta un rude coup aux établissements d'Atlantic City. La ville sombra dans un long déclin : dégradation de la qualité de la vie, immeubles laissés à l'abandon et forte croissance de la population de chômeurs. Aujourd'hui encore, 15 % des 38 000 habitants de la ville sont sans emploi.

Il faut attendre 1976 et une nouvelle loi qui légalise les jeux d'argent pour assister au réveil d'Atlantic City. Les casinos renaissent alors de leurs cendres sur le Board-walk, ces planches de bois qui longent l'océan. Et aujourd'hui, le front de mer est colonisé par ces temples dédiés au démon du jeu. Leur architecture tape-à-l'œil attire aussi bien la jet-set internationale qui veut flamber que les retraités américains. Les casinos affrètent même des bus spéciaux en provenance de Manhattan. A l'arrivée à Atlantic City, le ticket de bus (20 $) est échangé contre des *quarters* (pièces de 25 ¢) que les voyageurs peuvent jouer dans les machines à sous. Car l'industrie du jeu se porte mieux que jamais et pas moins de cinq nouveaux hôtels-casinos ont été mis en chantier au cours des 18 derniers mois. De gros joueurs comme le milliardaire Donald Trump ou Arnold Schwarzenegger investissent d'ailleurs massivement dans la ville.

Cependant, à quelques rues des casinos, les façades ont du mal à cacher la pauvreté et la criminalité galopante. L'éclat et le prestige ont depuis longtemps déserté Baltic Avenue et ce sont désormais les propriétaires de *peep show* et les pickpockets qui se disputent le contrôle d'Atlantic Avenue.

INFORMATIONS PRATIQUES ET ORIENTATION

Office de tourisme : Atlantic City Convention Center and Visitors Bureau, 2314 Pacific Ave. (499-7130 ou 800-262-7395 ext. 5087, vous entendez la chanson "Under the Boardwalk" pendant que vous patientez en ligne). C'est ici qu'a lieu l'élection de Miss America. L'entrée principale se trouve sur le Boardwalk entre Mississippi Ave. et Florida Ave. Un autre bureau est situé sur le Boardwalk, au niveau de Mississippi Ave. Ouvert tous les jours de 9h à 17h, brochures disponibles 24h/24.

Atlantic City International Airport : (645-7895 ou 800-451-2564). Situé à Pamona à l'ouest d'Atlantic City. Vols réguliers pour Washington, D.C., Philadelphie, et New York (aller simple environ 50 $). L'aéroport est desservi par les compagnies aériennes Spirit, USAir, et Continental.

Train : Amtrak (800-872-7245), Kirkman Bld., près de Michigan Ave. Trains vers New York (1 départ par jour, durée 2h30, 28 $). Ouvert du dimanche au vendredi de 9h30 à 19h40, samedi de 9h30 à 22h.

Bus : Greyhound (345-6617), bus toutes les heures pour New York (durée 2h30, 20 $). **New Jersey Transit** (800-582-5946). Les bus circulent de 6h à 22h. Départ toutes les heures pour New York (21 $). Ils circulent aussi le long d'Atlantic Ave. (1 $). Ces deux lignes de bus partent de la gare routière Atlantic City Municipal Bus Terminal, située à l'angle d'Arkansas Ave. et d'Arctic Ave. Il est possible de se faire rembourser, partiellement ou en totalité, le prix du voyage à l'arrivée à Atlantic City. Beaucoup de casinos proposent en effet 10 $ à 15 $ en liquide et parfois un repas gratuit sur présentation d'un billet de bus d'une de ces deux compagnies. **Gray Line Tours** (397-2600) propose tous les jours plusieurs excursions d'une journée pour Atlantic City (26 $ le week-end, 3h au départ de New York). A votre arrivée à Atlantic City, vous pouvez recevoir jusqu'à 15 $ en liquide, des jetons ou un repas dans un casino en échange de votre billet. Les offres les plus intéressantes sont au Caesar's, au Taj Mahal et au TropWorld (15 $ en monnaie sonnante et trébuchante). Le bus vous dépose au casino et vient vous rechercher 3h plus tard. Pour plus d'informations sur la formule avec nuit sur place (88 $), téléphonez au 212-397-3807. La gare routière est ouverte 24h/24.

Librairie : Atlantic City News and Book store (344-9444), à l'intersection de Pacific Ave. et d'Illinois Ave. Collection complète d'ouvrages sur toutes les stratégies du jeu tel qu'il est pratiqué à l'est de Las Vegas. Ne croyez cependant pas au miracle : aucune martingale (combinaison qui permet de défier la simple loi du hasard) n'est sûre à 100 %. Ouvert 24h/24.

Pharmacie : Parkway, 2838 Atlantic Ave. (345-5105), à un block du TropWorld. Vous pouvez être livré en ville et dans les casinos. Ouvert du lundi au vendredi de 9h à 19h et le samedi de 9h à 18h.

Hôpital : Atlantic City Medical Center (344-4081), à l'intersection de Michigan Ave. et de Pacific Ave.

Assistance téléphonique : Rape and Abuse Hot Line (646-6767), 24h/24 assistance-conseil et aide en cas de viol. **Gambling Abuse** (SOS jeu), 800-GAMBLER/426-2537, aide en cas de problèmes de dépendance au jeu. **AIDS Hot Line** (800-281-2437), ligne ouverte sur le SIDA, du lundi au vendredi de 9h à 17h.

Urgences : 911.

Bureau de poste : (345-4212), à l'angle de Martin Luther King Ave. et de Pacific Ave. Ouvert du lundi au vendredi de 8h30 à 18h et le samedi de 8h30 à 12h. **Code postal** : 08401.

Indicatif téléphonique : 609.

Atlantic City est située sur la côte du New Jersey, quasiment à mi-chemin entre Asbury Park et Cape May, à environ 150 km au sud de New York. La ville est accessible par les axes routiers **Garden State Parkway** et **Atlantic City Expressway** et, tout aussi facilement, par le train à partir de Philadelphie et de New York.

Les casinos d'Atlantic City sont rassemblés autour du Boardwalk, excepté deux d'entre eux, le Trump Castle et le Harah's. Le Boardwalk, une longue promenade de bois, est le paradis des vendeurs de glaces et de hamburgers. Sur Pacific Ave. et Atlantic Ave., deux avenues parallèles au Boardwalk, vous pouvez trouver des restaurants, des hôtels, des magasins d'alimentation et de grands bazars bon marché. Attention : Atlantic Ave. peut être dangereuse le soir et certaines rues adjacentes ont la réputation d'être mal fréquentées même pendant la journée.

Il est facile de se déplacer à pied dans Atlantic City. Si vos gains au jeu deviennent trop lourds à transporter, vous pouvez héler un Rolling Chair, une sorte de pousse-pousse très courant le long du Boardwalk (5 $ pour 5 blocks, 15 $ pour 30 mn). Les pousseurs, souvent des locaux ou des étudiants étrangers, aiment faire la conversation pendant le trajet. Moins original mais aussi meilleur marché, les **tramways jaunes** circulent de manière continue (2 $ le trajet, 5 $ le forfait-journée). Vous pouvez emprunter un **jitney**, l'un de ces véhicules à itinéraire fixe et à prix modique qui font la navette 24h/24 sur Pacific Avenue, en lui faisant signe directement de la rue (1,25 $). Des renseignements sur les forfaits spéciaux pour les usagers fréquents et les personnes âgées sont communiqués au 344-8642. Les bus NJ Transit Bus (1 $) circulent sur Atlantic Avenue. A savoir : le **parking** du Sands Hotel est gratuit, mais "seulement pour ses clients". En vous faisant passer pour tel, vous économisez quelques dollars de plus pour tenter de décrocher le gros lot. Si vous décidez de vous garer dans un autre parking, choisissez le plus proche possible du Boardwalk (5 $

à 7 $ par heure). Un peu plus loin, ils sont moins chers (3 $), mais aussi beaucoup moins sûrs.

HÉBERGEMENTS ET CAMPINGS

Les grands hôtels à tapis rouge du front de mer ont repoussé quelques rues derrière leurs concurrents plus modestes. Pendant l'été, les petits hôtels de **Pacific Ave.**, à un block du Boardwalk, proposent des chambres entre 60 $ et 95 $. Réservez long-temps à l'avance, surtout le week-end. Beaucoup d'hôtels font des réductions en milieu de semaine ou en hiver, quand la température de l'eau et la chaleur du jeu baissent de concert. Les chambres d'hôtes en ville ne sont pas hors de prix, mais pas toujours bien équipées. Les terrains de camping les plus proches sont aussi les plus chers. La plupart d'entre eux sont fermés entre septembre et avril. Réservez à l'avance pour les mois de juillet et d'août.

Inn of the Irish Pub, 164 St. James Pl. (344-9063), près de Ramada Tower, au niveau du Boardwalk. Chambres vastes, propres et coquettes, décorées d'objets anciens. Pas de télévision ni de téléphone ni de climatisation, mais la brise d'été qui souffle de la plage fait oublier ces menus inconvénients. Certaines chambres ont vue sur la mer. Belle réception, avec télévision et téléphone payant. Salle de détente sous un porche : vous pouvez vous reposer dans les chaises à bascule et discuter avec les nombreux clients retraités. Laverie automatique à pièces dans l'hôtel voisin. Chambre simple avec salle de bains commune 29 $, avec salle de bains privée 51,40 $, chambre double avec salle de bains commune 45,80 $, avec salle de bains privée 80 $. Prix taxes comprises. Petit déjeuner et dîner 10 $, enfants 8 $. Caution pour la clef 5 $.

Hotel Cassino, 28 Georgia Ave. (344-0747), au niveau de la Pacific Ave., derrière le Trump Plaza. Un hôtel de famille légèrement défraîchi, mais propre et bon marché. 50 chambres avec salle de bains commune. Tarifs négociables. Chambre simple de 25 $ à 35 $, chambre double de 30 $ à 45 $. Caution pour la clef 10 $. Ouvert du 15 mai au 29 octobre.

Birch Grove Park Campground (641-3778), sur la Mill Rd., dans Northfield. A une dizaine de km d'Atlantic City, au niveau de la R. 9. Un camping agréable et retiré. 50 emplacements. Emplacements pour 4 personnes 18 $, avec raccordements 24 $. Ouvert d'avril à octobre.

Dans la mesure où les hébergements bon marché sont très vite complets durant l'été, il peut être rentable, si vous avez une voiture, de loger à Absecon, à environ 13 km d'Atlantic City. Empruntez la sortie 40 de la Garden State Parkway, et prenez la Rte. 30. Elle est bordée de possibilités de logements bon marché. Pour vous rendre à l'**American Lodge**, 232 E. White Horse Pike (800-452-4050), prenez la sortie 40 de la Garden State Parkway et roulez environ 800 m en direction de l'est. Vous y trouvez des chambres vastes et propres, avec des lits de taille géante, la télévision câblée et la climatisation. Chambre simple 35 $, avec jacuzzi 45 $. 4 personnes au maximum par chambre, 5 $ par personne supplémentaire.

RESTAURANTS

La cuisine d'Atlantic City n'a pas la réputation d'être particulièrement bonne, mais elle a le mérite d'être bon marché. 75 ¢ le hot dog et 1,50 $ la part de pizza sur le Boardwalk. Après avoir encaissé vos jetons, vous pouvez faire un petit tour du côté des **buffets des casinos** (autour de 10 $ pour le dîner, 6-7 $ pour le déjeuner). Le moins cher de la ville est celui du Claridge, au 6e étage. Petit déjeuner à volonté pour 3,77 $, déjeuner et dîner à 4,72 $.

En ville, on peut cependant trouver une cuisine de meilleure qualité que celle qui est servie dans les casinos. Une liste complète des restaurants se trouve dans les magazines gratuits *T.V. Atlantic Magazine*, *At the Shore* ou *Whoot*. Ils sont dispo-

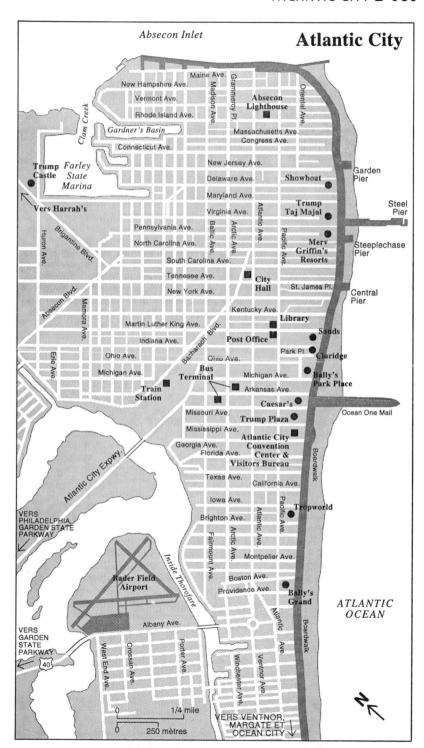

Absecon Inlet

Atlantic City

Maine Ave.
New Hampshire Ave.
Vermont Ave.
Rhode Island Ave.
Gardner's Basin
Connecticut Ave.
Massachusetts Ave.
Congress Ave.
New Jersey Ave.
Delaware Ave.
Maryland Ave.
Virginia Ave.
Pennsylvania Ave.
North Carolina Ave.
South Carolina Ave.
Tennesee Ave.
New York Ave.
Kentucky Ave.
Martin Luther King Ave.
Indiana Ave.
Ohio Ave.
Michigan Ave.
Ohio Ave.
Michigan Ave.
Arkansas Ave.
Missouri Ave.
Mississippi Ave.
Georgia Ave.
Florida Ave.
Texas Ave.
California Ave.
Iowa Ave.
Brighton Ave.
Montpelier Ave.
Boston Ave.
Providence Ave.
Albany Ave.

Madison Ave.
Grammercy Pl.
Oriental Ave.
Atlantic Ave.
Baltic Ave.
Arctic Ave.
Pacific Ave.
Bacharach Blvd.

Absecon Lighthouse

Clam Creek
Vers Harrah's
Trump Castle
Farley State Marina
Brigantine Blvd.
Huron Ave.
Absecon Blvd.
Mannora Ave.
Erie Ave.

Showboat
Trump Taj Majal
Merv Griffin's Resorts
Garden Pier
Steel Pier
Steeplechase Pier

City Hall
St. James Pl.
Central Pier

Library
Post Office
Sands
Park Pl.
Claridge
Bus Terminal
Bally's Park Place
Train Station
Caesar's
Ocean One Mall
Trump Plaza
Atlantic City Convention Center & Visitors Bureau

Pacific Ave.
Atlantic Ave.
Arctic Ave.
Fairmount Ave.
Tropworld

Rader Field Airport
Inside Thorofare

Bally's Grand

ATLANTIC OCEAN

Boardwalk

VERS PHILADELPHIA, GARDEN STATE PARKWAY

VERS GARDEN STATE PARKWAY
40

West End Ave.
Crossan Ave.
Porter Ave.
Winchester Ave.
Ventnor Ave.
Atlantic Ave.
Boardwalk

Atlantic City Expwy.

0   1/4 mile
0   250 mètres

VERS VENTNOR, MARGATE ET OCEAN CITY

nibles dans les réceptions des hôtels, les restaurants et les magasins. Pariez les yeux fermés sur l'**Inn of the Irish Pub**, 164 St. James Pl. (345-9613), qui offre la meilleure cuisine à bas prix de la ville. L'ambiance est conviviale. Pâtés de crabe frit 4,25 $, poulet au miel 4,25 $, ragoût de bœuf Dublin 5 $. Le menu spécial déjeuner (servi du lundi au vendredi de 11h à 14h) est composé d'un sandwich et d'un bol de soupe (2 $). Ce pub n'aurait probablement pas déplu à James Joyce, avec son décor de chêne où semble s'entasser un siècle de souvenirs irlandais. La chope de bière maison à la pression coûte 1 $. (Ouvert 24h/24.)

Pacific Avenue regorge de vendeurs de pizzas, de hamburgers et surtout de *subs,* ces interminables sandwichs (contraction de *submarines*, sous-marins en français). Le **White House Sub Shop**, 2301 Archie Ave. (345-1564 ou 345-8599), est prisé par les célébrités américaines, comme Bill Cosby ou Johnny Mathis. Pour la petite histoire, on raconte que Frank Sinatra se ferait livrer par avion les *subs* de la maison lorsqu'il est en tournée. (4,50 $ à 9 $ le sandwich, ouvert du lundi au samedi de 10h à 1h du matin et le dimanche de 11h à 1h.)

Les amateurs de cuisine italienne peuvent faire un détour par **Tony's Baltimore Grille**, 2800 Atlantic Ave., au niveau d'Iowa Ave. (345-5766). On y prépare les meilleures pizzas de la ville. Installez-vous sous les grandes tentes et tournez les boutons de votre juke-box individuel. (Pâtes autour de 5,50 $, pizzas entre 5 $ et 8 $. Ouvert tous les jours de 11h à 15h, bar ouvert 24h/24.) Ne vous laissez pas impressionner par la foule : en poussant du coude, vous pourrez acheter de gigantesques parts de pizza (pour 1,75 $) dans l'une des nombreuses échoppes **Three Brothers from Italy** le long du Boardwalk. Essayez aussi les savoureux desserts de bord de mer, crèmes glacées ou caramels, vendus un peu partout sur le Boardwalk. **Custard and Snackcups**, entre South Carolina Ave. et Ocean Ave. (345-5151), propose 37 parfums différents de crèmes glacées et de yaourts, de la pêche au tutti frutti. (Cône 2,25 $. Ouvert du dimanche au jeudi de 10h à 24h et le vendredi et le samedi de 10h à 3h.)

CASINOS

Dans les casinos d'Atlantic City, on peut s'amuser sans nécessairement dépenser beaucoup d'argent. Pour commencer, l'architecture et la décoration luxueuse des casinos sont des attractions à elles seules. Le petit monde des joueurs invétérés est également fascinant. Ne manquez pas le spectacle de ces vieilles mamies américaines aux cheveux bleus qui enfilent inlassablement leurs pièces dans des machines à sous, tels des zombies. Ou encore ces septuagénaires bedonnants, moulés dans des survêtements, qui attendent leur tour aux tables de black-jack en se prenant pour James Bond. Ce qui est certain, c'est que vous ne serez pas les seuls à les observer. Des caméras discrètes surveillent les tables de jeu, et des messieurs en costume "très comme il faut" scrutent d'un œil discret les échanges entre croupiers et joueurs. Quant aux miroirs sans tain du plafond, ils dissimulent les caméras de Big Brother chargées de surveiller les jeux.

Le cliquetis des jetons et des machines à sous, les lumières multicolores qui clignotent, le doux bruit des pièces de monnaie gagnantes… la frénésie des casinos ne s'arrête jamais. Et la ville vit 24h/24. Au petit matin, les escrocs du coin croisent les éternels retraités en survêtement qui partent faire leur jogging, tandis que des crooners à paillettes poussent la chansonnette.

Les casinos du Boardwalk se trouvent à une courte distance les uns des autres. Le plus au sud est **The Grand** (347-7111), à l'angle de Providence Ave. et de Boston Ave. Le plus au nord est le **Showboat** (343-4000), à l'angle de Delaware Ave. et du Boardwalk. Si vous avez aimé *Aladin*, le dessin animé de Walt Disney, vous allez adorer le **Taj Mahal** (449-1000), 1000 Boardwalk. Ce casino incarne l'art et l'architecture sacrés indiens revus et corrigés par Donald Trump. A l'intérieur, vous pouvez dîner au "Gobi Dessert" ou au "Delhi Deli". C'est ce gigantesque "bijou" de très mauvais goût qui fut à l'origine de la banqueroute financière du célèbre milliardaire américain. Mais, comme au Monopoly, cela ne l'empêche pas de posséder trois autres casinos dans Atlantic City : le **Trump Plaza** (441-6100) et le **Trump Regency** (344-400) sur le Boardwalk, et le **Trump Castle** (441-2000) sur la marina. La statue de César qui se dressait à l'extérieur du **Caesar's Boardwalk Resort and Casino** (348-4411), à l'angle d'Arkansas Ave., est désormais à l'intérieur. En revanche, un gladiateur romain agenouillé garde l'entrée du **Planet Hollywood**. "Venez, voyez et perdez" dans ce casino, le seul où l'on puisse jouer au black jack vidéo à 25 ¢ la partie. Les machines à sous sont installées au pied d'une immense **statue de David**. Cette structure colossale en forme de temple romain est soutenue par des colonnes ioniques et ornée de sept statues de César dans différentes postures. Le parking derrière le Caesar's vaut le coup d'œil. **The Sands** (441-4000), au niveau d'Indiana Ave., en met également plein la vue avec son décor de coquillages géants roses et verts.

Les autres casinos méritent aussi le détour : le **Bally's Park Place** (340-2000), le **Harrah's Marina Hotel** (441-5000), le **Claridge** (340-3400) au niveau d'Indiana Ave., le **Showboat** (343-4000) au niveau de States Ave., le **TropWorld Casino** (340-4000) au niveau d'Iowa Ave., et le **Bally's Grand** (347-7111) au niveau de Georgia Ave. Ne manquez pas non plus les empreintes de mains de célébrités à l'entrée principale du **Merv Griffin's Resorts International** (344-6000), à l'angle de North Carolina Ave. et du Boardwalk. Le Merv est aussi un bon endroit pour garer votre voiture (3 $ pour un temps de stationnement illimité).

Les casinos sont ouverts pratiquement 24h/24. Ils ne possèdent ni fenêtres ni horloges et tout est mis en œuvre pour faire perdre la notion du temps aux clients. Attention : sans montre, vous risquez de ne pas voir défiler les heures et les dollars. Des boissons (café et jus de fruits) sont distribuées gratuitement pour maintenir les joueurs en forme. Le seul moyen de limiter les dégâts en termes financiers est de s'en tenir aux jeux les moins coûteux comme le black jack et les machines à sous. Préférez les petites mises à la roulette et aux dés, mais sachez que les mises minimales augmentent le soir et le week-end. Tenez-vous aussi à bonne distance des distributeurs automatiques de billets.

Pour ceux dont le budget est vraiment très serré, il existe des **machines à 5 ¢** au Trump Plaza, au TropWorld, au Bally's Grand et au Taj Mahal. Elles permettent de jouer pendant des heures pour moins de 10 $. Si vous ne connaissez pas les meilleurs coups du black jack, du baccara, du chemin de fer, ou du pai gow poker, procurez-vous le *Gaming Guide*, qui indique les règles des différents jeux et les probabilités de gagner. Ce guide est disponible gratuitement dans tous les casinos. Les agents de la sécurité se feront un plaisir de vous indiquer où le trouver. Pour une approche un peu plus sérieuse, le livre de John Scarne *New Complete Guide to Gambling* vous aidera à planifier une stratégie gagnante. C'est un *best-seller* aux Etats-Unis.

L'âge minimal de 21 ans est strictement appliqué. Même si vous parvenez à déjouer la vigilance des videurs postés à l'entrée, vous ne pourrez toucher vos gains que si vous avez l'âge requis. Un joueur de moins de 21 ans a un jour touché le jackpot de 200 000 $ et prétendu que c'était son père qui avait gagné. Il a suffi de visionner les bandes vidéo des caméras de surveillance pour savoir qui avait réellement abaissé la manette. Ce jour-là n'était en fait pas son jour de chance, mais celui du casino qui a économisé 200 000 $...

LES PLAGES ET LE BOARDWALK

Il n'y a pas que les casinos à Atlantic City. Les moins de 21 ans peuvent gagner des lots dans les **stands de jeux** du Boardwalk. Ces *gambles for prizes* ressemblent aux casinos, ont la couleur des casinos, mais ce ne sont pas des casinos. La probabilité d'y gagner un ours en peluche est beaucoup plus forte que celle de décrocher le jackpot à 2 millions de $ du Caesar's. Ces stands sont aussi très efficaces pour remonter le moral des plus de 21 ans fatigués de perdre au black jack ou à la roulette. Le **Steels Pier**, annexe du Taj Mahal, propose les attractions habituelles d'un parc de loisirs : grand huit, grande roue, balançoires géantes, manèges, minicircuits et jeux d'adresse. (Chaque tour ou partie coûte entre 1,50 $ et 3 $. Ouvert en été tous les jours de 12h à 24h. Téléphonez au Taj Mahal pour connaître les horaires d'hiver.) Vous pouvez faire un tour de **Go-Carts** au Schiff's Central Pier qui donne sur la St. James Place. (6 $ pour un adulte et un enfant.)

Partout le long du Boardwalk, vous trouverez de quoi manger à bas prix : glaces, beignets frits, etc. Côté shopping, il y a des bazars où tout est à 99 ¢ et des dizaines de boutiques de souvenirs ringards et de mauvais goût.

Vous pouvez très rapidement dépenser vos gains dans les **Shops on Ocean One** (347-8086), situés sur le Boardwalk en face du Caesar's. Ce gigantesque centre commercial comprend 120 boutiques et vous y trouvez de tout. (Ouvert de 10h à 22h. Les restaurants ouvrent plus tôt et ferment plus tard.)

Enfin, si vous en avez assez de dépenser votre argent, il vous reste la **plage**. Comme toute plage, elle est envahie par les inévitables couples de vieux, familles nombreuses et joueurs déconfits. Mais le sable et l'eau sont généralement propres et une douce brise accompagne le spectacle splendide de l'océan. Vous avez aussi la possibilité de vous rendre à pied ou à vélo sur les plages de **Ventnor City**, qui touchent celles d'Atlantic City, à l'ouest. Elles sont moins fréquentées.

Si le musée du livre des records Guinness de l'Empire State Building n'est pas assez kitsch pour vous, Atlantic City propose le **Ripley's Believe It or Not Museum** (347-2001), sur New York Ave. Là, vous pouvez voir des curiosités aussi stupides qu'une table à roulette en dragée. (Ouvert du dimanche au jeudi de 10h à 22h, les vendredi et samedi de 10h à 23h. Entrée 8 $, enfant 6 $.)

■ Long Island

Cette île en forme de poisson s'étend sur 193 km. Même si les *boroughs* de Brooklyn et du Queens sont situés sur l'île, c'est en réalité les comtés de Nassau et de Suffolk qui constituent la véritable Long Island. Toutes sortes de personnes vivent sur l'île – de l'ancien habitant de Brooklyn au pêcheur en passant par le banquier en résidence secondaire – mais tous partagent le même désir : échapper à la "ville". A l'est de la ligne qui sépare le Queens du Nassau, les habitants préfèrent le *Newsday* au *New York Times* et soutiennent plus volontiers les *islanders* que les rangers. En un mot, si chacun apprécie le voisinage de Big Apple, tous sont fiers de ne pas en faire partie.

Jusqu'au XXe siècle, Long Island est restée faiblement peuplée. Ses habitants vivaient essentiellement de la culture de pommes de terre, dans des villages typiques du nord-est des Etats-Unis. L'économie de l'île reposait aussi largement sur les produits de la pêche. Aujourd'hui, certaines petites villes du Suffolk County (comté de Suffolk) ont conservé le charme de cette époque, même si l'objectif plus ou moins avoué est en fait de plaire aux touristes... Les routes et les artères principales sont ainsi bordées de vendeurs de fruits et légumes auprès desquels vous pouvez vous procurer des produits de la ferme (fraises, petits pois, pommes de terre...). Au début du XXe siècle, Long Island devint un lieu incontournable pour les célébrités et les grandes fortunes de Manhattan. Les millionnaires new-yorkais firent construire leur maison de campagne sur la côte rocheuse du nord de l'île. C'est sur cette "Gold Coast" qu'évoluent, dans les années 20, les dandys, si bien décrits par F. Scott Fitzgerald dans *Gatsby le Magnifique*. Plus tard, de nouveaux "immigrés" fortunés s'installent plus à l'est, à Montauk, à Southampton ou à East Hampton (à l'instar de Michael Douglas dans *Wall Street*). Les années 50 marquent un tournant pour Long Island. New York est en plein boom, les ménages s'équipent de voitures et l'"*American dream*" est en train de devenir réalité. La génération du baby-boom, profitant de la prospérité de l'après-guerre, fait construire sur l'île des rangées de pavillons de banlieue. De nouveaux quartiers comme Levittown représentent une alternative idéale à la grande ville, notamment pour élever les enfants dans un environnement sûr. Mais, pour certains, cet idéal de la banlieue tourne court et des quartiers de l'île se paupérisent. Une atmosphère de banlieue triste décrite par exemple dans le film *Né un 4 juillet* d'Oliver Stone. Cependant, si la drogue et la

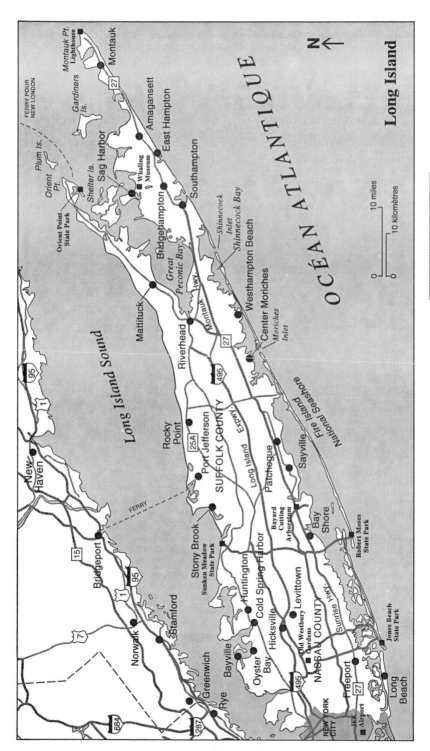

criminalité sont présentes à Long Island comme ailleurs, une balade dans l'île, notamment à l'est dans le comté de Suffolk, révèle avant tout l'existence de riches maisons secondaires aux pelouses irréprochables. Mais Long Island est surtout connue pour ses très belles plages, qui offrent un bol d'oxygène appréciable après un séjour un peu prolongé à New York.

Les années 50 ont vu l'expansion du réseau routier de Long Island, lien vital avec New York City pour les nombreux banlieusards qui travaillent à Manhattan. Pendant des années, le train Long Island Railroad (LIRR) était le principal axe de liaison entre le Nassau et le Queens, c'est-à-dire entre Long Island et New York. La voie express principale de la ville, Long Island Expressway (LIE, officiellement appelée State Highway 495), fut ainsi agrandie. Elle compte aujourd'hui 73 sorties entre Manhattan et Riverhead sur une distance de 137 km. Malgré ces améliorations, les moyens de transport restent insuffisants face à la forte croissance de la population. Aux heures de pointe, grosso modo de 7h à 24h, la voie express est sans cesse embouteillée. Afin d'éviter cette congestion du trafic, beaucoup de résidents préfèrent prendre le train pour se rendre à New York. Mais les touristes n'ont guère le choix car la plupart des sites à visiter sur Long Island sont plus facilement accessibles en voiture.

INFORMATIONS PRATIQUES ET ORIENTATION

Office de tourisme : Long Island Convention and Visitors Bureau (516-951-2423). Ce numéro donne accès à une boîte vocale interactive qui vous renseigne sur le programme des différentes manifestations. Vous pouvez aussi demander à parler à un opérateur. L'office de tourisme gère également deux *visitors centers*. Le premier est situé sur le LIE (Long Island Expressway), entre les sorties 51 et 52 en direction de l'est. (Ouvert de mai à septembre, tous les jours de 9h30 à 16h30.) Le deuxième se trouve sur Southern State Pkwy., entre les sorties 13 et 14 en direction de l'est, en face des State Police Barracks. (Ouvert de mai à septembre, du mercredi au dimanche de 9h30 à 16h30.) Il existe aussi un certain nombre d'offices de tourisme régionaux ou locaux le long du LIE et des autres axes majeurs.

Trains : Long Island Railroad (LIRR). Informations sur les trains au 516-822-5477, informations sur les excursions au 718-990-7498, objets trouvés au 718-643-5228. Ouvert de 7h à 19h. Le principal réseau de transport de Long Island est constitué de 5 lignes centrales. Quatre d'entre elles desservent la gare de Jamaica dans le Queens. A Manhattan, la correspondance entre le métro et le LIRR se fait à Penn Station (34th St., au niveau de la 7th Avenue, Penn Station est desservie par les lignes 1, 2, 3, 9, A, C, et E). A Brooklyn, la correspondance entre le métro et le LIRR se fait à Flatbush Ave. Station (desservie par les lignes 2, 3, 4, 5, B, D, M, N, Q, et R). Dans le Queens, il y a 3 stations de correspondance entre la ligne 7 et le LIRR : Long Island City, Hunters Point Ave. (à Woodside) et Main St. (à Flushing). Enfin, la correspondance entre les lignes E, J, Z et le LIRR se fait à la Jamaica Station. Les tarifs des billets varient en fonction de la destination et de l'heure de la journée. Les tarifs heures de pointe vont de 4,75 $ à 15,25 $. Ils s'appliquent aux trains qui vont en direction de New York entre 6h et 10h et aux trains qui repartent vers Long Island entre 16h et 19h. Les tarifs heures creuses sont en général 30 % moins chers, entre 3,25 $ et 10,25 $. Vous pouvez acheter votre billet à bord du train (avec un supplément si le guichet de la gare était ouvert). Le LIRR propose des excursions éducatives et de détente. Des circuits touristiques sont organisés de mai à novembre.

Bus

Long Island Bus : Service de bus de jour dans le Queens, dans le Nassau et dans l'ouest du Suffolk (718-766-6722). Les bus desservent les routes principales, mais leurs itinéraires sont complexes et leurs heures de passage irrégulières. Faites-vous bien confirmer votre destination auprès du chauffeur. Certains bus passent toutes les 15 mn, d'autres toutes les heures. Dans le Nassau, l'aller-retour coûte 2 $, mais il faut compter un supplément de 50 ¢ pour aller dans le Queens. Correspondances 25 ¢. Demi-tarif pour les handicapés et les personnes âgées. Pendant les mois d'été, le MSBA assure un service quotidien pour Jones Beach avec une correspondance avec le LIRR à Freeport. Aller simple 1,50 $. Des bus circulent aussi entre la station Babylon du LIRR et le parc Robert Moses State Park situé sur Fire Island. Aller 1,75 $. Téléphonez pour connaître les horaires en vigueur.

Suffolk Transit : (516-852-5200). Ouvert du lundi au vendredi de 8h à 16h30. Mêmes tarifs que dans le Nassau. Le bus S-92 assure un circuit en boucle entre les extrémités des deux fourches à l'est de Long Island (North and South Forks). Il assure neuf passages quotidiens, pour la plupart entre East Hampton et Orient Point. Téléphonez pour l'emplacement des arrêts et les horaires. La ligne assure la correspondance avec le LIRR à Riverhead, point de jonction entre les deux fourches (North Fork et South Fork). Pas de bus le dimanche. Billet 1,50 $, personnes âgées et handicapés 50 ¢. Correspondance 25 ¢. Gratuit pour les enfants de moins de 5 ans.

Greyhound : 24h/24. Réservation au 800-231-2222. Gare routière à Hempstead (516-483-3230), Melville (516-427-6897) et Islip (516-234-2445). Aller simple Manhattan-Hempstead 7 $, aller simple Manhattan-Huntington 8 $, aller simple Manhattan-Islip 10 $. Plus cher et moins confortable que le LIRR.

Hampton Express : (516-286-4600). 10 à 11 départs le vendredi, 7 à 8 départs par jour du samedi au jeudi. Les bus desservent différentes villes de South Fork. Départs de plusieurs endroits à Manhattan : sur 86th St. au niveau de Columbus Ave., sur 81st au niveau de la 3rd Ave., sur la 42nd au niveau de la 3rd Ave., sur 72nd au niveau de Madison Ave. ou de Lexington Ave. Aller simple 15 $ pour toutes les destinations, 10 $ pour les enfants de 4 à 11 ans. Mieux vaut réserver mais il est toujours possible d'acheter les billets dans le bus. Téléphonez pour connaître les horaires et l'emplacement exact des arrêts.

Sunrise Express : (800-527-7709, dans le Suffolk 516-477-1200). Le "NY Express" circule 4 fois par jour les vendredi et samedi et 3 fois par jour du dimanche au jeudi. La ligne va de Manhattan vers North Fork. Aller simple 15 $, aller-retour 29 $. Vous pouvez prendre le bus à l'angle sud-ouest de 44th St. et de 3rd Ave. Il y a un autre arrêt dans le Queens situé à la sortie 24 du LIE en direction de Kissena Bld., en face du Queens College's Colden. C'est le même arrêt que celui du bus Q88. Les bus sont directs jusqu'à Riverhead puis s'arrêtent dans presque tous les villages de North Fork jusqu'à Greenport. L'arrêt de Greenport se trouve tout près du port d'embarquement du Shelter Island Ferry. Aller-retour 22 $ pour les handicapés, gratuit pour les enfants si vous les prenez sur vos genoux. Réservation recommandée. Les vélos (10 $) et les animaux familiers (5 $) sont autorisés. Appelez pour connaître les horaires.

Taxis et services voitures : Consultez l'annuaire pour les compagnies de taxis locales. Les adresses qui suivent concernent les plus longues distances.

Ollie's Airport Service (516-829-8647) dans le Nassau. Minibus, limousines et voitures. Ollie's circule sur des trajets fixes entre les principaux aéroports du Queens et du Nassau County. Moins cher que les taxis mais plus cher que les transports en commun. Ouvert 24h/24.

Long Island Airports Limousine Service (516-234-8400, Queens 718-656-7000). Mêmes services que ceux d'Ollie's. Assure en particulier la liaison en minibus entre les aéroports du Queens et de Long Island à un prix inférieur à celui des taxis. Ce service ne va pas au-delà de Riverhead. Il assure également un service de taxis classique. Bus, taxis et minibus de 9h à 24h.

Location de voitures

Avis Rent-a-Car (réservations pour l'ensemble du pays au 800-331-1212). Dans le Nassau, à Garden City, 900 Old Country Rd. (516-222-3255). Ouvert les lundi et vendredi de 7h à 20h, du mardi au jeudi de 7h à 19h, les samedi et dimanche de 9h à 17h. Dans le Suffolk, à Huntington Station, 135 West Jericho Turnpike (516-271-9300). Ouvert du lundi au vendredi de 7h à 20h, les samedi et dimanche de 9h à 17h. Toutes les locations reviennent au minimum à 50 $ par jour, y compris les formules de plusieurs jours. Mais le kilométrage est illimité. Il est fortement conseillé de louer

EXCURSIONS

dans une petite agence de Manhattan, même si les véhicules sont parfois de moins bonne qualité (voir Location de voitures, p. 65). Carte de crédit exigée. Supplément de 32 $ pour les moins de 25 ans.

Hertz Rent-a-Car (réservations pour l'ensemble du pays au 800-654-3131). Au MacArthur Airport de la ville d'Islip, dans le Suffolk (516-737-9200). Ouvert du lundi au vendredi de 6h à 24h, les samedi et dimanche de 7h à 24h. Egalement à l'East Hampton Airport dans le Suffolk (516-537-3987). Ouvert du dimanche au jeudi de 9h à 17h, les vendredi et samedi de 9h à 19h. A partir de 50 $ par jour en semaine, jusqu'à 100 $ par jour le week-end. Là encore, mieux vaut louer à Manhattan (voir Location de voitures, p. 65). 25 ans au minimum. Carte de crédit exigée.

Location de vélos

Country Time Cycles, 11500 Main Rd. (516-298-8700), à Mattituck. Tous types de vélos 15 $ par jour ou 50 $ pour 5 jours. Ouvert du lundi au samedi de 10h à 18h, le dimanche de 10h à 15h. Carte de crédit exigée.

Piccozzi's Service Station, Rte. 114 (516-749-0045), au Mobil dans les Shelter Island Heights. A 10 mn de marche au nord du port d'embarquement du ferry. Sur la Rte. 114 au niveau de Bridge St. Vélo 3 vitesses 13 $ les 4h, 17 $ les 8h. Vélo 12 vitesses 14 $ les 4h, 19 $ les 8h. Vélo 21 vitesses et VTT 17 $ les 4h, 21 $ les 8h. Ouvert tous les jours de 7h30 à 19h30. Caution en liquide ou carte de crédit exigées.

Indicatif téléphonique : 516.

■ Nassau County

La situation géographique du comté de Nassau en fait un étrange trait d'union entre les gratte-ciel de New York et les paysages champêtres de Suffolk County. Ici, les habitants aisés goûtent au luxe de leurs hôtels particuliers bien retranchés derrière les grilles qui en défendent l'accès. Nassau reste un comté paisible et agréable à vivre en dépit de la prolifération des *malls*, immenses centres commerciaux, et d'une fâcheuse tendance à une architecture pas toujours de bon goût (style meringue).

HÉBERGEMENTS

Trouver un logement dans le Nassau peut s'avérer un exercice difficile pour les budgets serrés. La plupart des grands hôtels du comté pratiquent des tarifs prohibitifs (de 100 $ à 150 $ la chambre double). Ils sont fréquentés par des touristes américains moyens (deux enfants élevés au Big Mac et le minivan pour transporter toute la petite famille). Certains hôtels moins chers sont tellement miteux qu'ils vous donnent envie de reprendre le volant sur le champ (surtout ceux qui proposent des tarifs préférentiels "à l'heure"...). Mais rassurez-vous, il existe quand même quelques motels et hôtels suffisamment bon marché pour y passer la nuit.

Freeport Motor Inn and Boatel, 445 South Main St. (516-623-9100), à Freeport, sortie 38 du LIE. Prenez Meadowbrook State Pkwy. en direction du sud et empruntez la sortie M9. A la sortie, prenez la première à droite, puis tournez à gauche et roulez sur Mill Rd. Prenez ensuite à gauche au niveau de South Main St. L'hôtel est à quelques minutes de là sur la gauche. Il est situé tout près de Jones Beach et de la marina. Pas de doute, l'océan n'est pas loin. Un charmant pêcheur en plastique vous accueille derrière les portes vert d'eau. Chambres propres et confortables avec télévision, salle de bains privée et téléphone. Chambre simple 63 $, chambre double 70 $ du dimanche au jeudi, chambre simple et chambre double 75 $ les vendredi et samedi. Petit déjeuner continental. Réservation très fortement recommandée les week-ends d'été.

Days Inn, 828 S. Oyster Bay Rd. (516-433-1900, fax 516-433-0218), à Syosset. Prenez la sortie 435 du LIE, tournez à droite en direction du sud et roulez sur S. Oyster Bay

Rd. L'hôtel se trouve à 3,6 km sur votre droite, un peu au sud d'Old Country Rd. Chambre de motel standard pour petit budget, spacieuse, propre et confortable. Chambre simple 80 $, chambre double 86 $. Chambre spéciale à seulement 59 $ valable toute l'année. Réservations recommandées les week-ends d'été. Petit déjeuner continental du lundi au vendredi de 7h à 10h, les samedi et dimanche de 8h à 10h30. Toutes les chambres disposent d'une salle de bains et de la TV câblée. Chambre avec petite cuisine 86 $ pour une personne.

CAMPINGS

Le camping est de loin la solution la plus avantageuse financièrement si vous comptez rester quelque temps sur Long Island. En raison des conditions météo, vous ne pouvez raisonnablement camper que pendant les mois d'été. Et même lorsque le ciel est clément, l'humidité peut être gênante. Autre inconvénient : l'obscure logique des multiples règlements locaux, régionaux et nationaux. Les campings nationaux et quelques campings privés sont les plus accueillants. N'oubliez pas de réserver à l'avance car le nombre de places est restreint par rapport à la demande.

Battle Row (516-572-8690), à Old Bethpage, dans le Nassau. Prenez la sortie 38 du LIE et roulez en direction du sud sur Old Swamp Rd. Au quatrième feu, tournez à gauche et prenez Bethpage-Sweethollow Rd. Puis prenez la première à droite sur Claremont St. Le camping se trouve à côté de Village Restoration. 12 emplacements pour tentes et 52 pour caravanes, dont 39 avec l'eau et l'électricité. Les premiers arrivés sont les premiers servis. Electricité, toilettes, douches, grills et terrains de jeux. Emplacement de tente 8,75 $. Age minimal 21 ans, à moins d'être en famille. Aucun emplacement près de la plage. Réservation fortement recommandée.

Heckscher Park (800-456-2267 ou 516-581-4433), à East Islip, dans le Suffolk. Prenez la sortie 53 du LIE et roulez en direction du sud sur Sagtikos State Pkwy. Suivez les panneaux pour la Southern State Pkwy. en direction de l'est et continuez jusqu'au moment où la route tourne vers le sud et prend le nom de Heckscher Spur Pkwy. Le parc se situe au bout de Heckscher Spur Pkwy. Il appartient à l'Etat et donne accès à une belle plage. Réservez en appelant le numéro Vert de l'Etat. 69 emplacements sans eau ni électricité pour tentes et caravanes. Toilettes, douches, alimentation, grill, piscine et plage. 15 $ la première nuit, 14 $ par nuit supplémentaire. Deux tentes et six personnes au maximum par emplacement. Réservation conseillée au moins 3 jours à l'avance. Ouvert de mai à septembre. Age minimal 21 ans.

RESTAURANTS

Ne partez pas à la recherche d'une cuisine typique de Long Island car vous risquez d'être déçu. Les restaurants se sont adaptés aux goûts de leur clientèle locale. Et, il se trouve que les *islanders* raffolent des cuisines exotiques (chinoise, italienne ou grecque). Cela dit, manger dans le Nassau est bon marché. Vous trouvez dans tous les centres commerciaux des petits traiteurs chinois bons et pas chers. Un *moo-shi* aux légumes ou un bœuf aux brocolis remplissent la panse des plus gourmands pour moins de 10 $.

Vous ne pouvez pas revenir de Long Island sans avoir mangé dans un **diner** au moins une fois. A l'origine, il s'agit simplement d'anciens wagons-restaurants, garés le long des rues et qui vendent des plats rapides. Sous l'effet de la mode, les **diners** de Long Island sont devenus le nec plus ultra en matière de restaurant, avec palmiers en pot, serveurs en habit, menus interminables sur papier glacé et bonbons à la menthe à la sortie. Aujourd'hui, ces **diners** sont de véritables institutions et sont sans doute votre meilleure chance de manger une cuisine typiquement américaine.

To Fu, 8025 Jericho Tpke. (516-921-7981 ou 516-921-7983), à Woodbury. Prenez la sortie 43N du LIE. Au feu, tournez à gauche en direction du nord et roulez sur S. Oyster Bay Rd. Tournez à droite en direction de l'est sur Jericho Tpke. Le restau-

EXCURSIONS

rant est sur la gauche après le troisième feu. Il se situe dans le *mall* de Jericho Plaza, à Woodbury. Grande variété de cuisines chinoise et japonaise à vous mettre l'eau à la bouche. Familles nombreuses et couples en tête à tête s'y côtoient. Décor gris-vert avec des baldaquins en forme de pagode au-dessus du bar à sushis. Menu crevettes sautées et escalope aux haricots verts 6 $ au déjeuner. Ouvert du lundi au jeudi de 11h30 à 22h, le vendredi de 11h30 à 23h, le samedi de 12h à 23h, le dimanche de 13h à 22h.

Christiano's, 19 Ira Rd. (516-921-9892), à Syosset. Prenez la sortie 41N du LIE. Vous tombez sur la S. Oyster Bay Rd. Roulez en direction du nord, traversez Jericho Tpke. Continuez sur Jackson Ave. pendant 1,6 km et tournez à droite sur Ira Rd. L'ambiance typiquement italienne de ce restaurant (nappes rouges et bar animé) a inspiré à Billy Joel ses *Scenes from an Italian Restaurant*. La superstar a bon goût. Les gens du coin dînent ici depuis 1958. Tous les printemps, le propriétaire propose, dans un bel élan de générosité, ses plats favoris au prix d'époque. Plats italiens comme les raviolis au four entre 7 $ et 9 $ et spécialités américaines comme le *roast chicken* pour 7,50 $. Ouvert du lundi au jeudi de 11h à 1h, les vendredi et samedi de 11h à 2h, le dimanche de 12h à 1h.

Stango's, 19 Grove St. (516-671-2389), à Glen Cove. Prenez la sortie 39N du LIE et roulez en direction du nord sur Glen Cove Rd. Tournez à droite à la bifurcation. Vous vous retrouvez sur Cedar Swamp Rd., à l'opposé de la Rte. 107. Au quatrième feu, tournez à gauche sur Grove St. Le Stango's se trouve dans une petite rue. L'endroit est moins chic que le Christiano's, mais des plats du sud de l'Italie y sont proposés à prix doux. Fondé en 1919, l'établissement ressemble à une petite maison qui aurait ouvert ses portes juste pour vous faire profiter de sa cuisine. Omelette saucisses-poivrons-champignons 7,25 $, plats au four de 8 $ à 12 $. Ouvert du mardi au dimanche de 16h à 23h30.

VISITES

Reposez-vous de la vie trépidante de Manhattan en visitant les musées régionaux, les vastes propriétés et les sites historiques du Nassau. Seul problème : se déplacer sans voiture n'est pas toujours une partie de plaisir. La plupart des sites à visiter cités ici sont desservis par le LIE depuis Manhattan et par les lignes de bus publiques. Mais circuler en transport en commun est compliqué, surtout si vous désirez vous rendre d'un site à l'autre. Pour éviter de vous perdre dans les correspondances multiples, vous pouvez vous adresser directement aux chauffeurs de bus. Malgré les embouteillages, le mieux est encore de circuler en voiture.

Old Westbury Gardens a su préserver la trace de son lustre d'antan, malgré la prolifération des concessionnaires de voitures et de chaînes de restaurants. Cet élégant manoir qui trône au milieu de plusieurs hectares de jardins fleuris et de pelouses impeccablement taillées est l'ancienne résidence d'un millionnaire de la Gold Coast. Le ticket d'entrée pour les jardins n'est pas cher et cette visite vaut vraiment le coup.

Des sculptures et des belvédères entourent deux lacs recouverts de nénuphars. Si vous aimez les jardins à thèmes, visitez par exemple le Grey Garden, composé de plantes dans les tons gris argent et violet foncé. Autre classique toujours apprécié : l'immense parterre de roses. Les étudiants de Julliard School donnent des concerts de musique tous les dimanches après-midi en mai, juin, septembre et octobre. Le prix est compris dans le ticket d'entrée. (Ouvert du mercredi au lundi de 10h à 17h. Dernière admission à 16h. Entrée du jardin 6 $, personnes âgées 4 $, enfants de 6 à 12 ans 3 $. Entrée du jardin et du manoir 10 $, personnes âgées 7 $, enfants de 6 à 12 ans 6 $. Pour vous y rendre, prenez la sortie 39S du LIE. Suivez la route de service parallèle à la voie express en direction de l'est pendant 2 km et tournez à droite sur Old Westbury Rd.)

A Oyster Bay, la façade du **Coe Hall** (516-922-0479 ou -9206) ressemble à une immense baie vitrée, tant elle comprend de fenêtres. Cet hôtel particulier est construit dans la plus pure tradition du Tudor Revival des années 1920. Il fut habité par le magnat des assurances William Robertson Coe. Malheureusement, seules huit pièces décorées sont aujourd'hui ouvertes au public. (Visite tous les jours de 12h30 à 15h30. Entrée 3,50 $, personnes âgées 2 $, enfants de 7 à 12 ans 1$.)

En face du Coe Hall, le **Planting Fields Arboretum** est un superbe jardin botanique. Il se trouve au beau milieu d'Oyster Bay, sorte de Promenade des Anglais fréquentée par les Porsche, Ferrari et autres voitures de sport. Le grand arboretum s'étend sur plus de 200 hectares, sur un des terrains les plus convoités par les promoteurs immobiliers de la région de New York. On y trouve la plus grande collection de camélias du nord-est des Etats-Unis. Les fleurs éclosent toute l'année sous deux immenses serres d'un hectare. Idéal pour les citadins en mal de nature. Entre autres curiosités, on trouve un "jardin synoptique" où les plantes sont méticuleusement classées par ordre alphabétique d'après leur nom latin. Toutes les lettres sont représentées à l'exception du *j* et du *w*, deux lettres très courantes en anglais, mais plutôt rares en latin... Le **Fall Flower Show**, festival de fleurs qui se déroule sur deux semaines au début du mois d'octobre, attire chaque année un monde fou. L'arboretum accueille aussi toute une série de concerts estivaux de qualité. Des artistes comme Joan Baez, les Indigo Girls ou Spyro Gyra étaient au rendez-vous les saisons précédentes. Téléphonez pour connaître les programmes et les horaires des concerts. (Arboretum ouvert tous les jours de 9h à 17h. Entrée 3 $ par véhicule. Pour y accéder, prenez la sortie 43N du LIE, roulez en direction du nord sur la US 106 jusqu'à la Rte. 25A, puis tournez à gauche et suivez les panneaux.)

Si vous êtes las des jardins "à l'américaine" et des parterres trop soignés, vous pouvez goûter à une nature plus sauvage dans l'une des réserves du comté. Le **Garvies Point Museum and Preserve**, Barry Dr. (516-571-8010), à Glen Cove, comprend un musée consacré à la géologie de la région et à l'archéologie indienne, et pas moins de 30 hectares de forêts, de prairies et d'étangs. La réserve, située le long du rivage, donne accès à de nombreuses plages retirées. Procurez-vous une carte des sentiers au Museum et repérez les coins qui valent le coup d'œil. Le musée organise aussi une **Indian Feast**, kermesse indienne, le week-end précédant Thanksgiving (dernier jeudi de novembre). (Musée ouvert du mercredi au dimanche de 10h à 16h, le dimanche de 13h à 16h. Entrée 1 $, enfants de 5 à 12 ans 50 ¢. Prenez la sortie 39N du LIE et roulez sur Glen Cove Rd. en direction du nord. Continuez sur la Rte. 107 qui contourne la ville de Glen Cove en restant bien à gauche au niveau de la bifurcation. Au bout de la route, suivez les panneaux.)

Sagamore Hill (516-922-4447), à la sortie de Sagamore Hill Rd., au nord-est d'Oyster Bay, est sans doute l'attraction la plus intéressante de la région. Le site, classé monument historique, est l'ancienne résidence d'été du Président Theodore Roosevelt. Il témoigne de la passion de l'ancien Président pour la nature et la faune. Les murs du monument respirent l'Histoire avec un grand H. Au cours de l'été 1905, Roosevelt accueillit dans cette résidence des émissaires du Japon et de la Russie. Les négociations furent un succès : quelques semaines plus tard, la signature du traité de Portsmouth mit fin à une guerre qui empoisonnait les relations russo-japonaises depuis des décennies. Le bâtiment, qui date de l'époque victorienne, abrite un grand nombre d'objets souvenirs de "Teddy", surnom affectueux donné au Président. La collection de ramures de cerfs rappelle le goût du Président pour la chasse. (Ouvert du mercredi au dimanche de 9h30 à 17h. Visite guidée 2 $ toutes les 30 mn. Pas de visite individuelle. Pour vous y rendre, prenez la sortie 41N du LIE jusqu'à la Rte. 106 (direction nord), tournez à droite (direction est) à l'intersection avec la Rte. 25A et suivez les panneaux.)

Pas de doute, les Américains adorent les baleines. Depuis l'époque de Hermann Melville et de Moby Dick, la culture américaine leur a toujours réservé une place privilégiée. Le **Cold Spring Harbor Whaling Museum** (516-367-3418), sur Main St. à Cold Spring Harbor, est justement consacré au plus grand des mammifères. Un baleinier entièrement équipé et long de 9 m rend hommage à la petite flotte de baleiniers qui levaient l'ancre à Cold Spring Harbor au milieu du XIXᵉ siècle. Il n'existe plus que 6 navires de ce type dans le monde. Vous y trouvez aussi toute une collection de *scrimshaws*, des côtes de baleine que les marins sculptaient au cours

EXCURSIONS

des longues soirées en mer... (Ouvert tous les jours de 11h à 17h, fermé le lundi en automne et en hiver. Entrée 2 $, personnes âgées et enfants de 6 à 12 ans 1,50 $. Pour y aller, prenez la sortie 41N du LIE et roulez en direction du nord jusqu'à la Rte. 106. Au niveau de l'intersection avec la Rte. 25A, tournez à droite, en direction de l'est. Suivez la Rte. 25A jusqu'à Cold Spring Harbor où elle devient Main St. Le musée est à proximité du centre commercial, sur la gauche.)

L'**United States Merchant Marine Museum**, sur Steamboat Rd. à King's Point (répondeur au 516-773-5000, opérateur au 516-773-5515), est situé sur le domaine de la U.S. Merchant Marine Academy. Ce musée est consacré à l'histoire et aux heures de gloire de la marine marchande. (Ouvert d'août à juin, les mardi et mercredi de 11h à 15h, les samedi et dimanche de 13h à 16h30. On n'achète pas de ticket, mais un don est demandé à l'entrée. Prenez le LIE jusqu'à la sortie 33 et dirigez-vous vers le nord sur Community Drive. Continuez jusqu'au bout et tournez à droite au niveau de W. Shore Rd. Prenez ensuite à droite au niveau de King's Point Rd. puis à gauche au niveau de Steamboat Rd.)

L'**Old Bethpage Village Restoration** (516-572-8401), sur Round Swamp Rd., à Old Bethpage, est une sorte de "réserve historique". Un village typique de la période d'avant la guerre civile est entièrement reconstitué. On y trouve une épicerie, un atelier de forgeron, et une tondeuse à moutons. Un endroit idéal pour les enfants, et ceux qui sont restés de grands enfants... Un festival populaire à l'ancienne, **Long Island Fair**, y a lieu chaque année, le week-end de Columbus Day. (Village ouvert du mercredi au dimanche de 10h à 17h. Entrée 5 $, personnes âgées et enfants de 5 à 12 ans 3 $. Prenez la sortie 48 du LIE, tournez à droite au niveau de Round Swamp Rd. puis à gauche jusqu'à l'entrée.)

PLAGES ET PARCS

Jones Beach State Park (785-1600) est facilement accessible et donc très fréquenté par les New-Yorkais qui viennent y passer la journée. Pour vous donner une idée du taux de fréquentation, pas moins de 23 000 emplacements de parking sont prévus sur les 1 200 hectares de front de mer. A seulement 40 mn de New York, Jones Beach ressemble à la Côte d'Azur en été. Sur la plage, il se peut que vous ayez du mal à trouver un petit coin de sable entre les parasols et les serviettes de bain de vos voisins. A part cela, vous ne risquez pas de vous ennuyer. Le Boardwalk, ces planches qui longent la mer sur plus de 2 km, offre toutes sortes de distractions : golfs miniatures, terrains de basket, pistes de roller skate, jeux de société en plein air et, le soir venu, discothèques. Vous avez le choix entre huit plages publiques. Si vous êtes plutôt casse-cou, vous pouvez défier les rouleaux d'Atlantic Ocean. Si vous êtes du genre à nager sur des kilomètres, préférez la Zachs Bay, où l'océan est beaucoup plus calme. Les plages privées sont réservées aux résidents de Nassau. Le **Marine Theater**, à l'intérieur du parc, accueille souvent des concerts de rock. Pour vous rendre à Jones Beach Park en été, prenez le LIRR jusqu'à Freeport ou Wantaugh, puis un bus jusqu'à la plage. Entre le Memorial Day (dernier lundi de mai) et le Labor Day (1er lundi de septembre), **Recreation Lines** (718-788-8000) propose tous les samedis et dimanches un service de bus direct depuis le centre de Manhattan. Les bus partent à 8h30 et à 9h de l'angle de 56th St. et Second Ave. et reviennent de la plage à 16h et à 16h30. (Billet aller-retour 18 $.) En voiture, prenez le LIE en direction de l'est jusqu'à Northern State Pkwy., puis continuez en direction de l'est jusqu'à Meadowbrook (ou Wantaugh) Pkwy. Prenez ensuite la direction du sud jusqu'à Jones Beach. Le parc ferme à 24h, sauf pour les visiteurs munis d'un permis de pêche spécial.

Sunken Meadow State Park (516-269-4333) est l'une des plages les moins fréquentées de Nassau. Elle attire davantage les familles et les habitants de l'île car les vagues y sont moins fortes que sur les plages de la côte sud. Les New-Yorkais qui veulent éviter de croiser des collègues de bureau à chaque coin de serviette se réfugient à Sunken Meadow. Les parkings et les tables de pique-nique sont nombreux, et, comme à Jones Beach, on y trouve un boardwalk, des stands de jeux et des terrains de basket. En plus, les maîtres nageurs sont sympathiques. (Plage et parc ouverts de 8h à 20h, prix du parking 4 $ avant 16h. Prenez la sortie 51N du LIE jusqu'à Sunken Meadow State Pkwy., qui conduit directement dans le parc.)

Bethpage State Park (516-249-0700) est l'un des seuls parcs nationaux du comté qui ne soient pas situés en bordure de mer. Mais les pistes équestres, les parcours de golf et les tables de pique-nique attirent autant de monde. A Bethpage, vous pouvez vous balader à travers des pelouses bien entretenues... mais prenez garde aux balles de golf volantes. En effet, sur Long Island, le golf est un véritable "sport national" et il n'est plus réservé, comme dans les années folles, aux dandys fortunés. (Golf ouvert du lundi au vendredi de 5h à 19h, les samedi et dimanche de 4h à 19h. Le parc est ouvert de 8h à 20h. Prenez la sortie 44S du LIE jusqu'à Central Avenue et de là suivez les panneaux.)

SORTIES ET VIE NOCTURNE

La plupart des habitants de Long Island vont à Manhattan pour leurs sorties, mais vous ne serez pas obligé pour autant de vous coucher avec les poules. Les complexes de cinéma ne manquent pas, et, surtout, ils coûtent beaucoup moins cher qu'à New York. Consultez le *Newsday*, le journal des *islanders*, pour avoir la liste complète des salles.

En dehors du cinéma, les options sont plus limitées. Mais on retrouve l'ambiance branchée de Manhattan dans certains établissements de Nassau. Vous pouvez par exemple vous détendre en écoutant du jazz *live* au **Sonny's Place**, 3603 Merrick Rd. (516-826-0973), à Seaford. (Les vendredi et samedi, entrée 8 $ avec deux consommations obligatoires au minimum. En semaine, 2 $ avec deux consommations obligatoires en salle, et gratuit, sans minimum de consommation, au bar. Concerts du dimanche au jeudi de 21h à 1h, les vendredi et samedi de 21h30 à 2h. Prenez la sortie 44S du LIE et roulez sur Seaford-Oyster Bay Expressway en direction du sud. A la sortie 1W, prenez Merrick Rd. et continuez en direction de l'est pendant un block.)

Pour danser, essayez **Gatsby's**, une boîte à la mode, située au 1067 Old Country Rd., à Westbury (516-997-3685). Le DJ commence la nuit dès 21h du mardi au samedi. Le droit d'entrée pour les concerts tourne autour de 5 $. Les consommations sont parfois gratuites pour les filles. Téléphonez pour plus de détails.

Pour les amateurs de musique classique, le **Long Island Philharmonic** (516-293-2222) se produit au **Tilles Center for the Performing Arts** (516-299-2752, locations 516-299-3100). Les soirs d'été, le Long Island Philharmonic donne aussi des concerts gratuits dans les parcs (téléphonez pour des informations). Quant au Tilles Center, il parraine une grande variété de spectacles tout au long de l'année universitaire. Le Tilles Center se situe dans le C.W. Post Campus de Long Island University, sur Northern Bld., à Greenvale. **Arena Players Repertory Theater**, au 296 Rte. 109 à East Farmingdale (516-731-1100), et **Broadhollow Theater,** au 229 Rte. 110, Farmingdale (516-752-1400), proposent des spectacles en tout genre, en particulier les fameuses comédies musicales, typiquement américaines. Bien sûr, vous n'y retrouvez pas les hits de Broadway mais certains spectacles moins célèbres peuvent valoir le détour. L'Arena Players a récemment donné *The Owl and the Pussycat* et le Broadhollow *Company*, deux spectacles de qualité. Le prix des places est variable mais rarement élevé. Aux Etats-Unis, les activités culturelles sont très développées dans les universités et vous pouvez essayer les théâtres des universités locales, comme le **John Cranford Adams Playhouse** de la Hofstra University, sur Fulton Ave. à Hempstead (463-6644). Plusieurs pièces y sont jouées dans l'année. Téléphonez pour connaître le programme. (Place 15 $.)

En été, le **Jones Beach Marine Theater**, Jones Beach State Park, Wantaugh (516-221-1000, informations sur répondeur 516-422-9222), est un passage obligé dans les tournées des grands chanteurs de rock. Une sorte de Printemps de Bourges, mais estival. La scène est bizarrement séparée des gradins par une large étendue d'eau. Sans bateau, vous aurez du mal à monter sur scène pour toucher vos idoles. Vous pouvez également traquer les célébrités au **Westbury Music Fair**, sur Brush Hollow Rd., à Westbury (516-334-0800).

■ Suffolk County

Le Suffolk County correspond à la partie est de Long Island. Il est constitué à son extrémité de deux fourches (North Fork et South Fork) en forme de pinces de crabe. Ce comté est résolument champêtre, et les résidents des petites villes préfèrent dire qu'ils habitent dans des "villages" ou "hameaux". Ils aiment aussi accrocher le drapeau américain devant le pas de leur porte. Les New-Yorkais branchés auraient pour leur part tendance à les traiter de "ploucs" dont l'activité principale du week-end est la foire aux bœufs ou la brocante. La blague qui court est que le bowling et le ferry (qui relie les îles du comté) sont les activités qui bougent le plus à Suffolk... Pourtant, Suffolk est un lieu très apprécié de la "*high society*". Les Gatsby des temps modernes et les stars du show-biz ont leur résidence secondaire dans les différentes villes du comté (que l'on nomme sous le terme générique de **Hamptons**). Et chaque Hampton possède son propre style et sa population type. Les vieilles fortunes sont à Southampton, les nouveaux riches à Westhampton et les artistes à East Hampton. Quant à Bridgehampton, c'est un peu un mélange des deux derniers. L'endroit est bondé en juillet, et les bouchons s'étendent sur des kilomètres le long de la Highway 27.

HÉBERGEMENTS

Le comté de Suffolk est moins peuplé que Nassau et on y trouve plus de possibilités d'hébergements, notamment des campings. Le seul inconvénient est qu'ils sont fermés hors saison et affichent vite complet en été.

Montauket, Tuthill Rd. (516-668-5992), à Montauk. Suivez Montauk Hwy. jusqu'à Montauk. Au rond-point, prenez Edgemere, qui devient ensuite Flamingo. Tournez une première fois à gauche en direction de Fleming et de nouveau à gauche. Le motel est un peu difficile à trouver, car il se situe dans une petite crique au bout d'une route en zigzag. C'est peut-être pour cela que c'est la meilleure adresse du coin. Un endroit paisible et familial, qui change un peu des hôtels commerciaux situés sur la Rte. 27. Les chambres sont simples, décorées comme il se doit d'aquarelles de paysages maritimes. Elles donnent sur les rochers du rivage et conviennent aussi bien aux voyageurs peu fortunés qu'aux couples en quête de romantisme. Pas de télévision ni d'air conditionné. La plupart des chambres sont équipées de lits jumeaux et seulement 4 chambres sont disponibles de mars à mai et d'octobre au 15 novembre. L'ensemble de l'hôtel ouvre pour la saison d'été. Réservez dès mars pour les week-ends d'été car l'établissement est presque toujours complet. Chambre double 35 $, avec salle de bains 40 $. Le bar-restaurant du Montauket est très animé le soir, mais ne le répétez surtout pas car c'est l'un des secrets les mieux gardés de Montauk.

Sands Motel, Montauk Highway (516-668-5100), en plein dans la ville de Montauk. Prenez Montauk Highway jusqu'à Montauk. Le motel est sur la droite, juste avant d'atteindre la principale zone commerçante. A seulement 5 mn de la plage à pied. Vous trouvez dans ce motel tous les équipements standard américains : téléphone, réfrigérateur, et, bien sûr, télévision câblée. Les petits plus : la vue sur la plage et la proximité des restaurants de la ville. Studios et suites, chambres simples et chambres doubles. Tarifs hors saison de 50 $ à 110 $, tarifs d'été de 96 $ à 175 $.

Easterner Resort, 639 Montauk Hwy. (516-283-9292), à Southampton. Prenez la sortie 66 de Sunrise Hwy. en direction de Montauk Hwy. Tournez à gauche sur

---

Traquer les stars

Quelques visages connus que vous pouvez croiser dans les Hamptons : Billy Joel, Kim Basinger et Alec Baldwin, Tom Wolfe (auteur du *Bûcher des vanités*), Jann Wenner (éditeur de *Rolling Stone*), Steven Spielberg, Donna Karan (styliste de mode) et Barbara Streisand (Barbra, pour les intimes).

Country Rd. #39 et continuez sur 400 m. Puis tournez en direction de l'est et roulez pendant 2,5 km sur Montauk Hwy. Entièrement rénové au printemps 1994. Très jolis cottages d'une ou deux chambres avec kitchenette, télévision et air conditionné. Piscine. Du dimanche au jeudi 65 $. L'été, la formule week-end est à partir de 135 $ la nuit, avec, en général, 2 nuits obligatoires au minimum. Ouvert de juin à septembre. Téléphonez avant pour réserver le week-end.

Pines Motor Lodge, à l'angle de la Rte. 109 et de 3rd St. (516-957-3330), à North Lindenhurst. Prenez la sortie 33 du LIE en direction de Southern State Pkwy. East. Roulez en direction du sud-est sur Babylon Farmingdale Rd. (qui est la Rte. 109). L'établissement se trouve juste après l'intersection de Straight Path. C'est un motel de bord de route abordable. Chambres propres avec équipements standard (TV, salle de bains, téléphone). Les vendredi et samedi chambre simple 70 $, chambre double 80 $. Du dimanche au jeudi, chambre simple 59 $, chambre double 59 $. Prix plus bas hors saison. Téléphonez avant.

Blue Dolphin Motel, Main Road (516-477-0907), à East Marion. Prenez la sortie 71 du LIE en direction de Riverhead. Au rond-point, prenez Hwy. 25E (également connue sous le nom de Main Rd.). Le motel est sur la droite à East Marion, juste à la sortie de Greenport. Il est surtout à seulement 15 mn de la plus jolie plage de North Shore (côte nord de l'île). Le Blue Dolphin est, comme son nom l'indique, un petit motel bleu, tranquille et bon marché. Vous pouvez y prendre votre café sur la terrasse extérieure et swinguer toute la nuit sur la piste de danse. Chambre simple et chambre double de 60 $ à 65 $. Chambre triple 70 $ et chambre à 4 lits de 70 $ à 80 $. Possibilité de louer à la semaine. Ouvert de mai à octobre.

132 North Main Guest house (516-324-2246 ou 516-324-9771), à East Hampton, à 1,6 km de la plage. Prenez la sortie 70 du LIE en direction de Sunrise Hwy. qui devient Montauk Hwy. Continuez et vous arrivez sur Main Rd. Au niveau de la bifurcation qui se trouve en face du moulin vert, tournez à gauche et prenez North Main. Vous ferez alors un saut dans le temps dans cette *guesthouse* du siècle dernier. La ferme et le cottage sont d'époque. Douze chambres décorées comme autrefois. Air conditionné. Petit déjeuner inclus. Du dimanche au jeudi chambre simple et chambre double de 80 $ à 150 $, les vendredi et samedi de 130 $ à 220 $.

Logements chez l'habitant

A Reasonable Alternative, Inc., 117 Spring St., Port Jefferson, NY 11777 (516-928-4034). Chambres chez des particuliers le long de la côte dans les comtés de Nassau et de Suffolk. Plus on va vers l'est, plus les prix sont élevés. Chambre simple ou double de 50 $ à 100 $.

CAMPINGS

Les campings de Suffolk sont faits pour les amoureux de la nature, avec des emplacements dans la forêt ou à proximité des plages. Ils n'acceptent que rarement les camping-cars.

Hither Hills State Park (516-668-2554 ou 800-668-7600), sur Old Montauk Hwy. près de Montauk. Plein d'endroits charmants pour se baigner, pique-niquer, ou tout simplement apprécier le paysage. Réservations nécessaires, jusqu'à 90 jours à l'avance (délai fortement conseillé) et séjour d'une semaine au minimum (119 $ par semaine). Bureau du camping ouvert de 8h à 21h.

Cedar Point County Park (516-852-7620). Prenez la sortie 68S du LIE jusqu'à la Hwy. 27. Roulez en direction de l'est jusqu'à East Hampton. Empruntez la Hwy. 40 et de là suivez les panneaux. La clientèle est très familiale dans ce parc public. Vous pouvez vous balader sur des sentiers sauvages ou faire de la barque. Emplacement 20 $ la nuit. Toilettes, douches, aires de pique-nique, plages. Le bureau des rangers est ouvert tous les jours jusqu'à 22h.

Wildwood Park (800-456-2267 ou 516-668-7600), à Wading River. Prenez la sortie 68 du LIE et roulez en direction du nord jusqu'à la Rte. 46 (Wm. Floyd Pkwy.). Suivez cette route jusqu'au bout et tournez à droite (en direction de l'est) sur la Rte. 25A. De là, suivez les panneaux. C'est l'ancienne propriété de Charles et John Arbuckle, qui ont fait fortune dans le café avec une idée simple mais géniale : vendre le café en paquets plutôt qu'en vrac ! 300 emplacements pour tentes et 80 pour caravanes avec branchement complet, toilettes, douches, magasin d'alimentation et plage. Emplacement de tente 13 $ la première nuit, 10 $ les suivantes. Emplacement avec chape de béton 14 $ la première nuit, 11 $ par nuit supplémentaire. Réservation (6,75 $ non remboursable) au moins une semaine à l'avance pour les week-ends d'été.

RESTAURANTS

Le développement du tourisme fait monter les prix des restaurants et la qualité ne suit malheureusement pas toujours. Les bonnes adresses sont un peu difficiles à dénicher, mais vous pouvez manger à un prix raisonnable dans les stands qui vendent des produits de la ferme et dans les restaurants de fruits de mer. Partez à la recherche de restaurants dans les petites villes à l'intérieur des terres. Ils s'adressent aux locaux et sont souvent meilleur marché.

Les restaurants de fruits de mer "haut de gamme" sont nombreux à North Fork et à South Fork. Mais méfiez-vous des apparences trompeuses. En fait, c'est souvent dans les restaurants qui ne paient pas de mine que la cuisine est la meilleure.

Comme on n'est jamais mieux servi que par soi-même, vous pouvez cueillir vos fruits et légumes dans les champs de **Lewin Farms'**. Sur celui de Sound Avenue à Wading River (516-929-4327), vous trouverez des pommes, des nectarines et des pêches. (Ouvert de mai à décembre les lundi et mardi de 9h à 16h et du mercredi au dimanche de 8h à 17h30. A la sortie 68 du LIE, prenez la direction du nord jusqu'à la Rte. 25A, puis la direction est jusqu'à Sound Avenue. C'est la première ferme de Sound Ave.) Dans le champ situé au 123 Sound Ave. à Calverton (516-727-3346), vous pouvez remplir vos paniers de fraises, de framboises, de prunes, de poires, de pêches, de nectarines, de haricots, d'oignons, de petits pois, de courges, de tomates et même de citrouilles. (Ouvert de fin mai à fin novembre, tous les jours de 9h à 16h. A la sortie 71N du LIE, roulez sur Edwards Ave. jusqu'à Sound Ave. La ferme est à 400 m à gauche en descendant. Comme les récoltes sont saisonnières, téléphonez avant pour savoir quels sont les produits disponibles.)

La Superica (516-725-3388), à l'angle de Long Island Ave. et de Main St., à Sag Harbor, au pied du pont. Ce restaurant mexicain pittoresque sert des plats californiens. Il est aussi spécialisé dans les fruits de mer. Le menu est un peu cher mais les portions sont assez copieuses pour vous permettre de sauter le repas suivant. Les *nachos* sont préparés avec des haricots, du fromage, de la crème amère, du *guacamole* et des *jalapenos* : un vrai régal pour 8 $. Ne manquez pas les fameuses *margaritas* aux *happy hours* (prix réduits). Ouvert du lundi au vendredi de 17h30 à 23h, les samedi et dimanche de 17h30 à 24h.

Peter's Pasta Specialties, 132 W. Main St. (516-422-9233), à Babylon. Prenez Southern State Parkway East jusqu'à la sortie 33, roulez sur la Rte. 109 en direction du sud jusqu'à la Rte. 27A (Main St.) dans Babylon Village, et tournez à gauche. Les saveurs locales sont à l'honneur dans ce petit restaurant italien confortable. Véritable débauche de pâtes accompagnées d'un grand choix de sauces. Vous pouvez composer votre propre plat de pâtes selon votre fantaisie. Ouvert du lundi au jeudi de 12h à 21h30, les vendredi et samedi de 12h à 15h et de 17h à 21h30, le dimanche de 15h30 à 21h.

Cappuccino Cottage, 209 Front St. (516-477-8455), à Greenport. Prenez Main Road (Hwy. 25) en direction de l'est jusqu'à Greenport. Petit bar accueillant et sans prétention. Café et jus de fruits entre 1 $ et 3 $. Ouvert du lundi au jeudi de 9h à 21h30, du vendredi au dimanche de 9h à 23h30.

Pizza Village, 700 Montauk Highway (516-668-2232), à Montauk. Prenez Montauk Highway en direction de l'est jusqu'à Montauk. Le restaurant se trouve sur la droite.

Un petit établissement populaire qui sert des pizzas et des pâtes délicieuses. Sur place ou à emporter. Livraison possible. Pizzas 4 parts (5 $), 6 parts (7,75 $) et 8 parts (9 $). Ouvert tous les jours de 11h à 22h.

Fish Net, 122 Montauk Hwy. (516-728-0115), Hampton Bays, à 400 m à l'ouest de Shinnecock Canal Bridge. Les meilleurs poissons de South Fork y sont servis. L'ambiance est conviviale et bon enfant. Chaussures requises, mais tout le reste est facultatif. Néanmoins les prix restent ceux de South Fork : dîner de 12 $ à 26 $. Ouvert du dimanche au jeudi de 11h30 à 22h, les vendredi et samedi de 11h30 à 22h30.

Driver's Seat, 62 Jobs Lane (516-283-6606), à Southampton. Jobs Lane se situe juste de l'autre côté de Hill St. (Rte. 27E) dans le centre-ville. Les habitants des quartiers huppés des Hamptons (Southampton, East Hampton...) apprécient particulièrement cet endroit. On peut manger à l'intérieur, en terrasse ou au bar. *Jumbo burger*, quiche ou plat de fruits de mer entre 6 $ et 18 $. Le mercredi, 2 plats de résistance pour le prix d'un. Ouvert tous les jours de 11h30 à 23h. Le week-end, il est possible de manger des *burgers* ou des plats servis au bar jusqu'à 24h.

Candy Kitchen, 1925 Main St. (516-537-9885), à Bridgehampton. Prenez la Rte. 27E jusqu'à Main St. à Bridgehampton. Tenue correcte exigée dans ce petit restaurant chic, depuis longtemps spécialisé dans les desserts et les sandwichs américains. *Pancakes* 3,25 $, sandwichs de 1,75 $ à 7 $. Ouvert tous les jours de 7h à 21h30.

Amagansett Sweets, 135 Main St. (516-267-3099), à Amagansett. Prenez la Rte. 27 jusqu'à Main St. à Amagansett. Les couples de promeneurs et les enfants du voisinage s'arrêtent ici pour déguster une délicieuse coupe de glaces (2,35 $) ou un brownie. Ouvert du dimanche au jeudi de 11h à 22h, les vendredi et samedi de 11h à 23h.

EXCURSIONS

VISITES

On a peine à croire que les villages paisibles de Suffolk sont à seulement quelques heures de route de Manhattan. Ces agglomérations, versions new-yorkaises des villes traditionnelles de la Nouvelle Angleterre, semblent loin, très loin du tumulte de la mégalopole. Le Suffolk a su préserver ses racines et on peut y visiter des maisons de l'époque coloniale transformées en musées. Ici, la notion du temps n'est pas la même qu'en ville. On oublie le stress de Manhattan en se promenant nonchalamment le long des côtes.

Suffolk a su se préserver des effets néfastes de l'urbanisation, c'est un fait, mais cela ne l'empêche pas d'être un haut lieu touristique. La visite du Suffolk en été se prépare donc autant qu'une campagne napoléonienne. Dans votre "stratégie d'accès", vous devez tenir compte du prix des hôtels, qui monte en flèche avec la température, et du trafic qui encombre les routes. Si vous souhaitez passer le week-end dans le comté, prévoyez de quitter New York avant 14h ou après 23h le vendredi. Vous pouvez aussi vous y rendre en milieu de semaine lorsque l'hébergement est moins cher (les prix doublent souvent le week-end) et les plages sont presque désertes.

Pour améliorer votre culture poétique, faites un tour au **Walt Whitman's Birthplace**, 246 Old Walt Whitman Rd., à Huntington Station (516-427-5240). C'est le lieu de naissance de Walt Whitman, l'un des plus grands poètes américains. Son poème *Leaves of Grass* (Feuilles d'herbe), écrit en 1855 en vers libres, a fait l'effet d'une bombe dans le monde de la poésie. Son inspiration rebelle en fait un peu le Rimbaud américain. La petite ferme fut construite en 1816 par le propre père du poète, Walt Whiteman Sr., un charpentier. Même si la famille Whitman s'installa à Brooklyn alors que le poète n'avait que cinq ans, cette maison offre un témoignage intéressant sur sa vie. Un documentaire (montage-photo) retrace sa vie et ses amours et vous pouvez y écouter des passages (en anglais bien sûr) tirés de *Leaves of Grass*. Une excellente manière de se distraire en s'instruisant. (Ouvert du mercredi au vendredi de 13h à 16h, les samedi et dimanche de 10h à 16h. Entrée gratuite. Prenez la sortie 49N du LIE, roulez pendant environ 3 km sur la Rte. 110 puis tournez à gauche sur Old Walt Whitman Rd. Les panneaux sont là pour vous guider.)

Sagtikos Manor (516-665-0093), Rte. 27A, Bay Shore à South Bay. La propriété s'étend aujourd'hui sur 4 hectares contre 490 à l'origine, en 1697. Le château reste cependant le plus bel exemple d'architecture coloniale de Long Island. Il est marqué par l'histoire de l'indépendance américaine. Avant la guerre d'Indépendance, l'aristocratie anglaise y organisait ses fêtes et ses réceptions. Pendant la guerre, ce manoir de 42 pièces hébergea le commandement des forces britanniques. Ironie du sort, une fois que l'indépendance fut proclamée, George Washington, vainqueur des Britanniques et premier Président américain, y passa quelque temps lors d'une visite à Long Island. Bâti par la famille Van Cortlandt, le château fut ensuite racheté par les Thompson, qui y vécurent jusqu'au XXe siècle. Aujourd'hui encore, le propriétaire, Robert Gardiner, est un de leurs descendants. L'ensemble du bâtiment d'origine est ouvert au public (ce qui n'est pas le cas des ajouts ultérieurs). Les pièces sont d'époque et le petit salon, qui possède encore sa peinture d'origine à base de citron vert, de beurre et de myrtilles, vaut vraiment le coup d'œil. Les Américains raffolent des petites histoires qui font partie de la grande Histoire : l'un des bureaux exposés a des tiroirs secrets dans lesquels les Présidents américains James Madison et Thomas Jefferson enfermaient leur courrier quand ils séjournaient sur l'île. (Ouvert en juillet-août les mercredi, jeudi et dimanche de 13h à 16h, en juin et en septembre le dimanche de 13h à 16h. Entrée 3 $, enfants de moins de 12 ans 1,25 $. Prenez Southern State Pkwy. jusqu'à la sortie 40 et dirigez-vous vers le sud sur Robert Moses Causeway. Tournez à gauche (vers l'est) sur Montauk Hwy. (Rte. 27A) et continuez pendant 2,4 km. Le manoir est sur la gauche juste après Manor Ln.)

A Southampton, toujours dans le registre "s'instruire en s'amusant", le **Southampton Historical Museum** (516-283-2494), situé près du centre-ville, à l'angle de Meeting House Lane et de Main St., donne rendez-vous aux amateurs d'histoire comme aux sadiques. Ce musée, consacré à l'évolution des mœurs et des valeurs familiales, vire au musée des horreurs dans la partie consacrée à la punition des crimes. Vous trouverez probablement qu'on vit une époque formidable quand vous en sortirez. A voir donc le **pilori**, qui servait à écorcher vifs (en public) les voleurs et les époux adultères, et les **stocks**, variantes du pilori, sortes de carcans rigides dans lesquels étaient enfermés les alcooliques et les enfants mal élevés, afin d'être "corrigés". Ces séances d'humiliation étaient en quelque sorte les ancêtres cruels de notre psychothérapie moderne. Sans transition, le musée renferme aussi une très belle collection de jouets anciens : un manège, plusieurs chevaux à bascule, des poupées et des maisons de poupée d'époque. En bas sont exposés les livres de bord que les capitaines de baleiniers du XVIIIe siècle tenaient lorsqu'ils étaient en mer. (Ouvert en été du mardi au dimanche de 11h à 17h. Entrée 3 $, enfants de 6 à 11 ans 50 ¢. Prenez la Rte. 27E jusqu'à Southampton Center.)

Pour les amateurs d'art, un détour du côté du **Guild Hall Museum**, 158 Main St. (516-324-0806), à East Hampton, est conseillé. La collection expose des artistes connus de cette région de l'île, du XIXe siècle à nos jours. Guild Hall propose des expositions, des films, des conférences, des concerts, des pièces de théâtre, des cours d'art et toutes sortes de manifestations. Récemment, une grande exposition présentait un certain nombre d'œuvres importantes de Willem de Kooning, un artiste apprécié des New-Yorkais. (Ouvert tous les jours de juin à août de 11h à 17h et de septembre à mai du mercredi au dimanche de 11h à 17h. Entrée 5 $.)

Enfin, les amis des bêtes peuvent passer un bon moment au **Long Island Game Farm and Zoo** (516-878-6644) à Manorville. (A 3,2 km de la sortie 70 du LIE en direction du sud.) Il n'y a pas 30 millions d'amis mais on peut y caresser un grand nombre d'animaux de la ferme. (Ouvert d'avril à juillet du lundi au vendredi de 10h à 17h, les samedi et dimanche de 10h à 18h. De septembre à avril du lundi au vendredi de 10h à 16h. Entrée du parc, spectacles et toutes les attractions à l'exception du *Sky Slide* 12 $, personnes âgées 7 $, enfants de 2 à 11 ans 10 $.)

Les vignobles

Les vignes de la région produisent les meilleurs chardonnay, cabernet sauvignon, merlot, pineau noir et riesling... de tout l'Etat de New York. (Tout est relatif.) Même si, a priori, Long Island n'évoque pas en vous des images de grappes de raisin bien mûr, visitez l'un des 40 domaines viticoles de North Fork. Le vin vaut celui de Californie, considéré comme le meilleur des Etats-Unis. Le plus intéressant dans la visite est la dégustation et nombre d'établissements la proposent gratuitement. Téléphonez avant pour fixer un rendez-vous. Les dégustations sont réservées aux plus de 21 ans.

A la sortie 73 du LIE, prenez la Rte. 58, qui devient la Rte. 25 (Main Rd.). De nombreux domaines sont sur la Rte. 48 (North Rd. ou Middle Rd.), qui se situe au nord de la Rte. 25 et lui est parallèle. Vous en trouvez également dans South Fork.

Palmer Vineyards, 108 Sound Ave. (516-722-9463), à Riverhead. Embarquez pour une visite guidée ou non des équipements vinicoles les plus sophistiqués de Long Island, et admirez la salle de dégustation, dont le décor est issu de l'assemblage de deux pubs anglais du XVIIIe siècle. Les week-ends d'octobre, vous pouvez même vous rendre en charrette à foin jusqu'aux vignes. Ouvert tous les jours de 11h à 18h. Visite non guidée de 50 ¢ à 1 $. Trois dégustations gratuites. Dégustations supplémentaires payantes. Hors saison, les visites sont beaucoup moins nombreuses. Téléphonez pour vous renseigner. Ouvert de novembre à mai tous les jours de 11h à 17h.

Bridgehampton Winery (516-537-3155), Sag Harbor Tpke., à Bridgehampton, organise l'été diverses manifestations, comme le festival du pétillant chardonnay (à la mi-août). Ouvert de juin à septembre, tous les jours de 11h à 17h. Dégustation gratuite.

Mattituck Hills Winery (516-298-9150), Bergen et Sound Ave., à Mattituck, organise un festival de la fraise (Strawberry Festival) au cours duquel vous pouvez goûter des fraises enrobées de chocolat avec le vin de la maison. Pendant le Pre-Harvest Festival, vous participez activement au foulage du raisin en l'écrasant avec les pieds directement dans la cuve. Dégustation et visite gratuite les week-ends d'été. Ouvert du lundi au vendredi de 11h à 17h15, les samedi et dimanche de 11h à 18h.

EXCURSIONS

Sag Harbor

Sag Harbor, situé dans un cadre magnifique sur le rivage nord de South Fork, fait la fierté des habitants de Long Island. Au moment de sa création en 1707, ce port surpassait en tonnage celui de New York car ses eaux profondes étaient propices à la navigation. Sur un document signé en 1789 de la plume de George Washington, le premier Président américain, "Sagg Harbour" arrivait en tête devant New York dans le classement des ports américains. A son apogée, ce charmant village fut le quatrième port baleinier du monde. Il inspira alors des romanciers américains, comme James Fenimore Cooper, qui écrivit son premier roman, *Précaution* (1820), dans un hôtel de Sag Harbor. Dans les années 30, alors que la prohibition interdisait toute fabrication et toute vente d'alcool aux Etats-Unis, le port servit de plaque tournante pour la contrebande de rhum en provenance des Caraïbes.

Aujourd'hui, ce sont plutôt les *salt box cottages*, maisons à toit incliné, et les hôtels particuliers inspirés par le style Greek Revival qui attirent les touristes. Les temps changent, mais Sag Harbor conserve des vestiges de sa grandeur passée. On peut y visiter la deuxième collection de bâtiments d'époque coloniale de tous les Etats-Unis et les tombes de soldats révolutionnaires et de marins héroïques. En ville, ne manquez pas le **Sag Harbor Whaling Museum** (516-725-0770), dans l'ancienne résidence de Benjamin Hunting, un armateur de baleiniers du XIXe siècle. Une énorme côte de baleine forme une arcade au-dessus de l'entrée. A voir : une machine à laver qui date de 1864 et une collection de *scrimshaws*, coquillages décorés. (Ouvert de mai à septembre, du lundi au samedi de 10h à 17h, le dimanche de 13h à 17h. Entrée 4 $, enfants de 6 à 13 ans 1 $. Visites guidées sur rendez-vous.)

Montauk

Montauk est le point le plus à l'est de South Fork et il offre une vue dégagée sur l'océan Atlantique. C'est un haut lieu touristique et les routes pour y accéder sont encombrées, mais l'air marin revigorant vous fait vite oublier les petites tracasseries de la route. Prenez la sortie 70 du LIE (à Manorville), et dirigez-vous vers le sud jusqu'à Sunrise Hwy. (Rte. 27), qui devient Montauk Hwy. Ensuite, roulez vers l'est. Montauk se situe au bout de la pointe, et, à moins que votre voiture n'ait une fonction "amphibie", vous ne pouvez pas aller plus loin.

Le **Montauk Point Lighthouse and Museum** (516-668-2544) est un phare de 26 m de haut construit en 1796 sur ordre spécial du Président George Washington. A cette époque, il se trouvait à 90 m du rivage... Par un mystère de la géologie, il est maintenant *sur* le rivage. Il est entouré par le Montauk Pt. State Park. Si vous avez suffisamment de souffle, grimpez les 138 marches de l'escalier en colimaçon, qui conduisent au sommet du phare, pour admirer le paysage marin qui s'étend de Long Island Sound jusqu'au Connecticut et à Rhode Island. De là, vérifiez si vous n'apercevez pas à l'horizon le clipper *Will o' the Wisp*. Les vieux loups de mer vous raconteront que ce vaisseau fantôme croise toutes voiles dehors certains jours de brume, une lanterne suspendue au mât. Les experts scientifiques vous expliqueront que ce bateau est en fait un mirage dû à la présence de phosphore dans l'atmosphère. Mais les experts, c'est connu, se trompent souvent... (Ouvert du dimanche au vendredi de 10h30 à 18h, le samedi de 10h30 à 20h. Entrée 2,50 $, enfants de 6 à 11 ans 1 $. Parking 3 $ jusqu'à 16h, gratuit après 16h.)

Les bateaux **Viking** (516-668-5700) ou **Lazybones'** (516-668-5671) embarquent les amateurs pour des parties de pêche en mer d'une demi-journée (24 $, équipement et appât compris. Départ à 8h et à 13h). Durant l'été, le type de prise est une question de chance. Mais les deux compagnies proposent des sorties saisonnières : pêche au *bluefish*, à la morue ou au thon. **Okeanos Whale Watch Cruise** (516-728-4522) propose des excursions de 6 heures pour observer les différentes espèces de baleines, à nageoire, minke ou à bosse, qui évoluent dans les parages (30 $, enfants de moins de 13 ans 15 $).

PLAGES ET PARCS

Orient Beach State Park (323-2440). A partir du LIE, prenez la Hwy. 25E sur North Fork jusqu'au bout et suivez les panneaux qui conduisent au parc. Belles plages retirées avec des tables de pique-nique ombragées. Probablement la plage la plus jolie et la mieux entretenue du rivage nord. Le parking coûte 4 $ jusqu'à 16h, 5 $ après. Ouvert de 8h à 20h.

Montauk Point State Park and Montauk Downs (668-2554). Prenez Montauk Hwy. en direction de l'est le long de South Fork, passez Montauk et suivez les panneaux jusqu'au parc. Montauk Downs possède des practices de golf et une jolie plage. Le parc est surtout destiné aux amateurs de pêche. Fermeture à 20h à moins d'être muni d'un permis de pêche spécial.

VIE NOCTURNE ET SORTIES

Le soir à Suffolk, il existe d'autres activités que humer l'air marin et écouter les grillons. Les parcs et les domaines attenants aux musées proposent régulièrement des récitals de piano et de clavecin. Cette vie musicale en plein air est très active l'été. Les dates et les horaires des spectacles sont variables. Renseignez-vous dans les musées ou procurez-vous les journaux ou magazines gratuits, comme *Dan's Papers*, que vous trouvez quasiment partout à l'entrée des établissements. Méfiez-vous car certains parcs limitent l'entrée aux résidents ou pratiquent des tarifs prohibitifs pour les visiteurs. Renseignez-vous avant de partir. Le **Guild Hall Museum** d'East Hampton propose quantité de films, de conférences, de concerts, de pièces de théâtre et de manifestations. Les représentations ont lieu dans le **John Drew Theater** du Guild Hall. Pour les amateurs, des lectures y sont également données par des écrivains américains célèbres comme Robert Bly et Robert Lipsyte : une bonne manière de perfectionner votre anglais ou d'élargir votre culture littéraire. Le festival Hall's Jazz Concert se déroule dans la deuxième moitié de juillet. (Téléphonez au 516-324-0806 pour information.) Des artistes connus aux Etats-Unis, comme Robert Cray et Dave Brubeck s'y sont aussi produits. Le *Dan's Papers*, publié à Bridgehampton, fournit toutes les informations sur les concerts et les événements nocturnes du comté.

CPI (Canoe Place Inn), situé sur East Montauk Hwy. à l'est de Hampton Bays (516-728-4126 ou 516-728-4130), est de loin l'endroit qui attire le plus d'étudiants et de jeunes. Dans une même soirée, jusqu'à trois DJs et deux groupes se relaient pour électriser les foules (entrée d'environ 10 \$). La programmation des concerts est de qualité. Des groupes de rock alternatif qui marchent bien, comme Violent Femmes, Joan Jett, et 38 Special, s'y sont déjà produits. (Ouvert les vendredi et samedi de 22h à 4h, et concert occasionnel le mercredi soir.)

Le **Co-Co's Water Café**, au 117 New York Ave., Huntington (516-271-5700), séduit les étudiants un peu plus âgés. L'âge minimal requis est de 23 ans pour les hommes et peut atteindre 28 ans pour les soirées "célibataires" du mardi. Même si vous ne cherchez pas l'âme sœur, sachez que les filles sont, elles, admises dès 21 ans ! Ouvert jusqu'à 4h.

East Hampton Bowl, 71 Montauk Hwy. (516-324-1950), juste à l'ouest d'East Hampton, s'adresse à ceux qui sont (déjà) fatigués de la jet set new-yorkaise. C'est un bon endroit pour passer une soirée plus "cool". Le bowling et le bar restent ouverts au moins jusqu'à minuit tous les soirs. Le samedi, c'est la soirée "Rock 'n' Bowl". On baisse les lumières, on accroche une boule au plafond et le DJ vous fait swinguer pendant que vous tentez un *strike*. (Bowling 4,25 \$ la partie avant 18h, 5 \$ après. Location de chaussures 2,75 \$.)

Le **New Community Cinema**, 423 Park Ave., Huntington (516-423-7653), se trouve juste de l'autre côté de la frontière avec Nassau. Les locaux se gardent bien d'en faire la publicité, car c'est l'un des seuls endroits de Long Island où ils peuvent voir un "vrai film". Aucune superproduction hollywoodienne n'est au programme. Ce cinéma projette des documentaires originaux et des films étrangers d'art et d'essai. Les séances sont souvent précédées par des présentations et se terminent par un débat avec le réalisateur ou les spécialistes du sujet. Dans ce lieu décidément raffiné, les brownies et le thé remplacent le pop corn et le coca en attendant que la séance commence. (Places 6,50 \$, étudiants avec carte d'étudiant 4,50 \$, enfants de moins de 12 ans 3 \$. Supplément de 1 \$ pour les séances du vendredi et du samedi après 18h. Prenez la sortie 49N du LIE jusqu'à la Rte. 110 et continuez vers le nord jusqu'au village de Huntington. Tournez à droite sur Park Ave.)

■ Les îles de Long Island : Fire Island et Shelter Island

Si **Fire Island** avait une devise, ce serait "peace and love". Cette île mince comme un fil qui s'étend sur 52 km le long de la côte sud de Long Island est habitée par 17 communautés postsoixante-huitardes. On le comprend, vu la beauté naturelle du site. La majeure partie de Fire Island est classée parc naturel fédéral, ce qui la protège légalement contre les promoteurs immobiliers malveillants. Tout cela fait de Fire Island un îlot de "terre sauvage" à quelques *miles* à vol d'oiseau de la mégalopole new-yorkaise. Les voitures ne sont autorisées qu'aux extrémités est et ouest du territoire, et il n'y a pas de rues mais des "chemins". Fire Island accueille toutes sortes de communautés. Dans les années 60, elle était le lieu de rendez-vous des hippies et, dans les années 70, elle se mit à la mode disco. Aujourd'hui, des communautés gay vivent à Grove et à The Pines. Les informations pour se rendre sur l'île sont indiquées plus loin.

En été, le **Fire Island National Seashore** (516-289-4810 pour le QG à Patchogue) organise des parties de pêche et des balades guidées. Si cela vous tente, vous pouvez aussi ramasser les palourdes. **Sailor's Haven**, situé juste à l'ouest de la communauté de Cherry Grove, comprend une marina, un sentier et une plage appréciée des

New-Yorkais. Le **Watch Hill** (516-597-6455) dispose en plus de tout cela d'un camping de 20 emplacements (réservation obligatoire). **Smith Point West**, à la pointe est de l'île, possède un petit bureau d'information touristique et un sentier accessible aux personnes handicapées (516-281-3010, centre ouvert tous les jours de 9h à 17h). Une faune variée vit dans les parages : si vous ouvrez bien l'œil, vous pouvez apercevoir des crabes, des chevreuils à la queue blanche, et, au-dessus de vos têtes, des papillons monarques qui s'envoleront vers le Mexique l'hiver venu.

Sunken Forest, littéralement la forêt "en contrebas", est appelée ainsi car elle se situe derrière les dunes. Elle se trouve juste à l'ouest de Sailor's Haven et c'est également un coin de terre sauvage. Ici, le spectacle est à vos pieds : du houx, des sassafras (petits arbustes aromatiques) et des sumacs vénéneux. Du haut des dunes, vous dominez une véritable forêt vierge d'arbustes.

Shelter Island est une île d'environ 20 km² coincée entre les deux "fourches" (North Fork et South Fork) à l'est de Long Island. Sa situation géographique la protège aussi bien des eaux tumultueuses de l'Atlantique que du brouhaha de la ville. Elle est accessible par ferry ou bateau privé et offre des plages superbes (les locaux préfèrent les plages de Wade et de Hay). L'île n'est pas vraiment oubliée de la civilisation puisqu'elle comporte quatre compagnies d'assurances, une agence immobilière et... un dépôt de charbon (probablement pour les longues soirées d'hiver). Un plan détaillé de l'île est disponible dans la plupart des hôtels et autres commerces. Si vous n'avez pas de voiture, louez un vélo ou déplacez-vous à pied : il n'y a pas de transports publics sur l'île.

COMMENT S'Y RENDRE ?

Ferries : La liste qui suit répertorie les services de ferries qui assurent la liaison entre Long Island et les différentes îles. Téléphonez pour connaître les horaires, variables suivant le jour et la destination.

Pour Fire Island : de **Bay Shore** (516-665-3600), les ferries desservent Fair Harbor, Ocean Beach, Ocean Bay Park, Saltaire, et Kismet. Aller-retour 11 $, enfant de moins de 12 ans 5 $. De **Sayville** (516-589-8980), les ferries relient Sailor's Haven (aller-retour 8 $, enfants de moins de 12 ans 4,50 $), Cherry Grove et Fire Island Pines (aller-retour 10 $, enfants de moins de 12 ans 5 $). Départ environ toutes les heures. De **Patchogue** (516-475-1665), les ferries se rendent à Davis Park et Watch Hill (aller-retour 10 $, enfants de moins de 12 ans 5,50 $). Les gares LIRR se trouvent tout près des 3 quais d'embarquement des ferries, ce qui rend l'accès depuis New York relativement simple. Tous les ferries assurent les liaisons de mai à novembre.

Pour Shelter Island : vous pouvez partir de North Fork ou de South Fork. De **North Fork : Greenport Ferry** (516-749-0139), North Ferry Rd., sur les docks. En voiture : passager et conducteur 6,50 $, aller-retour 7 $, passager supplémentaire 1 $. Piéton 1 $. Les ferries partent tous les jours toutes les 10 mn. Le premier ferry quitte Greenport à 6h et le dernier quitte Shelter Island à 24h. De **South Fork : North Haven Ferry** (516-749-1200), à 4,8 km au nord de Sag Harbor sur la Rte. 114, sur les docks. En voiture : passager et conducteur 6 $ l'aller simple, 6,50 $ l'aller-retour, passager supplémentaire 1 $. Piéton 1 $ aller-retour. Les ferries circulent tous les jours à environ 10 mn d'intervalle de 6h à 1h45.

HÉBERGEMENT ET CAMPING

The Belle Crest Inn, 163 North Ferry Rd. (749-2041), à Shelter Island Heights. Juste en haut de la colline en remontant North Ferry Rd. Cette bâtisse rurale à l'ancienne vous donne l'impression d'être en visite chez des cousins à la campagne. Grandes chambres aménagées avec des meubles anciens, lits à baldaquin. Fortement recommandé pour les amoureux romantiques. Du 1er mai au 31 octobre : du lundi au jeudi, chambre double avec salle de bains commune de 65 $ à 70 $, avec salle de bains privée 95 $. Du vendredi au dimanche entre 80 $ et 165 $. Deux nuits au minimum les week-ends d'été. Les prix baissent hors saison jusqu'à 45 $ pour une chambre avec salle de bains commune. Appelez pour avoir plus de détails. Petit déjeuner campagnard complet inclus. Réservation fortement recommandée même s'il est plus facile d'obtenir des chambres hors saison.

Smith Point West sur Fire Island. Le camping est gratuit mais il est à environ 1,6 km de marche. Avant de vous rendre sur Fire Island, vous devez vous procurer une autorisation de camper au Smith Point Visitors Center (281-3010, ouvert tous les jours de 9h à 17h). Pour vous rendre à Smith Point, prenez la sortie 68 du LIE, roulez vers le sud et suivez les panneaux.

RESTAURANT

Shelter Island Pizza and Eatery (749-0400), Rte. 114 au niveau de Jaspa Rd., Shelter Island, près du Shelter Island Center. Choix d'en-cas, parfaits pour combler un petit creux ou faire un dîner économique. *Calzones* 4 $, pizzas à la pâte épaisse 12 $. Ouvert tous les jours de 11h à 21h.

AU NORD DE L'ÉTAT DE NEW YORK

■ Catskills

Woodstock, vous vous rappelez ? Même si vous n'étiez pas né, vous avez forcément en tête les images du plus grand rassemblement hippie de l'époque du "peace and love" : le pantalon "patte d'éph" était alors de rigueur et les bains de boue fortement recommandés. C'est ici, au milieu des Catskills, que se déroula en 1969 le grand festival de rock (ainsi, d'ailleurs, que son pâle *remake* commercial de 1994). Le souvenir de Woodstock mis à part, les Catskills inspirent plutôt le calme. Le nom de ces montagnes évoque des souvenirs d'enfance aux Américains : elles sont le cadre des contes de Rip Van Milke, écrits par Washington Irving. Plus récemment, elles servaient de décor au film *Dirty Dancing*, dans lequel Patrick Swayze ensorcelait une jeune adolescente. Les Catskills offrent un paysage montagnard typique, avec de petits villages tranquilles, des torrents et des kilomètres de sentiers de randonnée. En hiver, les New-Yorkais dévalent les pistes de ski de Catskills Preserve au cœur d'un parc naturel national.

Informations pratiques **Adirondack Pine Hill Trailways** assure les liaisons à travers les Catskills. La gare principale se trouve à **Kingston**, 400 Washington Ave., à l'angle de Front St. (914-331-0744 ou 800-858-8555). Bus à destination de New York (11 départs par jour, durée 2h, 18,50 $, aller-retour dans la journée 25 $ ou 35 $ selon le jour de la semaine). Les bus s'arrêtent également, dans la région, à Woodstock, Pine Hill, Saugerties et Hunter, qui sont tous reliés à New York, à Albany et à Utica. Bureau de location ouvert du lundi au vendredi de 5h30 à 23h, le samedi et le dimanche de 6h30 à 23h. **Ulster County Public Information Office**, 244 Fair St., au 5e étage (914-340-3566 ou 800-342-5826), situé à 6 blocks de la gare routière de Kingston, met à votre disposition un précieux guide de voyage et une liste des sentiers pédestres des Catskills. (Ouvert du lundi au vendredi de 9h à 17h.) On trouve aussi des informations auprès de quatre **"wagons de tourisme"**, situés respectivement au rond-point de Kingston, sur la Rte. 128 dans Shandaken, sur la Rte. 209 dans Ellenville et sur la Rte. 9W dans Milton. (Ouverts en été du vendredi au dimanche, les horaires d'ouverture dépendent de la disponibilité des bénévoles.) Plusieurs **visitors centers** le long de la I-87 renseignent également sur les visites à faire dans la région.

■ Catskill Forest Preserve

On trouve, dans les 92 000 hectares de **Catskill Forest Preserve**, de nombreux villages qui sont autant de bases pour partir en quête d'espace et d'aventure. Le permis de **pêche** (obligatoire, 20 $ pour 5 jours) est disponible dans la plupart des magasins d'équipements sportifs. Les rangers distribuent gratuitement un permis de **camper**, indispensable si le séjour dépasse 3 jours. Les sentiers sont entretenus pendant toute l'année, mais les chalets sont parfois délabrés ou bondés. Prenez la précaution de toujours faire bouillir l'eau ou de la traiter avant d'en faire usage, et emballez soigneusement vos déchets. Des informations supplémentaires sur la pêche, la chasse et l'environnement peuvent être obtenues auprès du **Department of Environmental Conservation** (914-256-3000). Les bus d'**Adirondack Trailways** desservent la plupart des sentiers de randonnée au départ de Kingston. Leurs conducteurs vous déposent où vous voulez le long du trajet.

Phoenicia est accessible en bus, au départ de Kingston. C'est un excellent point de départ pour une excursion dans les Catskills. Les truites sont nombreuses dans l'**Esopus River**, vers l'ouest. Au **Town Tinker**, 10 Bridge St. (914-688-5553), vous pouvez louer des canots pneumatiques en été. (Canot 7 $ par jour, avec siège 15 $, une caution doit être laissée : votre permis de conduire ou 15 $ en liquide, transport 4 $. Gilets de sauvetage fournis. Ouvert de mai à septembre tous les jours de 9h à 18h, dernière location à 16h30.) L'**Empire State Railway Museum** (914-688-7501), sur High St., au niveau de la Rte. 28, est consacré aux trains de la fin du XIXᵉ siècle, l'âge d'or de la machine à vapeur. Après la visite, embarquez-vous à bord d'un train de 1910 restauré sur les rails de l'ancienne compagnie Ulster Delaware (ouvert les week-ends et pendant les vacances de 10h à 18h). Vous pouvez aussi prendre des leçons d'escalade à **Sundance Rappel Tower** (914-688-5640), sur la Rte. 214, et constater qu'il est aussi difficile de monter 20 mètres que de les descendre. (4 niveaux de leçons, pour les débutants, durée 3 à 4 heures, prix 20 $. 4 personnes au minimum. Réservation obligatoire.)

Si vous êtes nostalgique des années "peace and love", faites un crochet par **Woodstock**, entre Phoenicia et Kingston. Cette ville est fréquentée par les artistes et les écrivains depuis le début du siècle, mais elle vécut son heure de gloire à l'occasion du fameux festival de Woodstock, qui s'est en fait tenu dans la bourgade voisine de Saugerties (un nom que tout le monde a oublié). Aujourd'hui, les couronnes de fleurs ne sont plus qu'un souvenir et l'affluence de touristes fait grimper les prix. Si le pèlerinage vous déçoit, vous pouvez, en guise de consolation, purifier votre âme et psalmodier un *mantra* au **Zen Mountain Monastery**, S. Plank Rd., P.O. Box 197, Mt. Temper 12457 (914-688-2228), à quelques kilomètres de Woodstock, au niveau de la R. 28N, en venant de Mt. Temper. La séance de 8h45 le dimanche comprend une démonstration de méditation *zazen*. (Retraites d'un week-end ou d'une semaine à partir de 175 $.)

Historic Kingston est une place forte construite par Peter Stuyvesant. Flânez le long de Wall St., de Fair St. ou de North Front St., en prenant soin d'éviter les magasins de souvenirs attrape-touristes. Vous pouvez aussi admirer de beaux camions rouges en visitant le musée des pompiers volontaires, **Volunteer Fireman's Hall and Museum**, 265 Fair St. (914-331-0866, ouvert du mercredi au vendredi de 11h à 15h, le samedi de 10h à 16h). A la **Woodstock Brewing Company**, 20 James St. (914-331-2810), vous goûterez une bière brassée dans la vallée de l'Hudson. Le propriétaire-maître brasseur, Nathan Collins, organise des visites et des dégustations gratuites de la bière qu'il fabrique. (Visites les 1ᵉʳ et 3ᵉ samedis du mois à 13h.)

Hébergements et campings. Un bon feu de bois, autour duquel on se rassemble pour écouter en tremblant des histoires de fantômes, voilà ce qu'offrent tous les **state campgrounds**, les terrains de camping de l'Etat de New York. (Réservation impérative (800-456-2267) en été, tout particulièrement du jeudi au dimanche. Emplacement de 9 $ à 12 $, droit d'enregistrement 1,50 $, réservation par téléphone 7 $, supplément de 2 $ pour raccordements partiels. Ouvert de mai à septembre.) A l'**Office of Parks** (bureau des parcs, 518-474-0456), vous trouverez des brochures sur les terrains de camping. Au **North Lake/South Lake** (518-589-5058), Rte. 23A, à 5 km au nord-est des chutes d'eau Haines Fall, vous pouvez louer des canoës (15 $ par jour). Ce camping de 219 emplacements (15 $ avec réservation obligatoire une semaine à l'avance, 5 $ pour la journée) comprend deux lacs, une cascade et des chemins de randonnée. Le camping de **Kenneth L. Wilson** (914-679-7020), à 13 km de marche de l'arrêt de bus de Bearsville, dispose d'emplacements ombragés (11 $), de douches et d'un étang. L'atmosphère y est familiale. Davantage de rusticité à **Woodland Valley** (914-688-7647), à 8 km au sud de Phoenicia : toilettes, douches et point de départ d'un bon sentier de randonnée de 25 km (emplacement 9 $).

Si vous discutez avec les gens du coin, ils vous raconteront peut-être la légende locale du "cavalier sans tête"... Si vous craignez qu'il vous rende visite à la faveur de l'obscurité, cherchez refuge dans les immenses chambres (avec TV câblée) du **Super 8 Motel**, 487 Washington Ave. (914-338-3078), à Kingston, à deux rues de la gare des autobus. (En semaine, chambre simple à partir de 55 $, chambre double à partir de 57 $. Le week-end, chambre simple à partir de 60 $, double à partir de 62 $. Réductions pour les personnes âgées. Réservez pour les week-ends d'été.) A Phoenicia, **Cobblestone Motel** (914-688-7871), sur la Rte. 214, dispose d'une piscine en extérieur (un peu défraîchie, il est vrai) et de chambres très propres. (Chambre simple 44 $, chambre double 50 $, avec kitchenette 55 $.) Enfin, vous trouvez de nombreux motels et bungalows le long de la Rte. 28, entre Kingston et Phoenicia. Le **Belleayre Hostel** (914-254-4200), sur la Rte. 28, est une excellente affaire à l'écart des sentiers battus. (Couchettes et chambres privées, dans un cadre campagnard, pas très loin de Phoenicia, avec lavabos, radio et possibilité d'utiliser une cuisine commune. Aire de pique-nique et installations sportives. Téléphoner à l'avance pour demander l'itinéraire. Couchettes en été 9 $, en hiver 12 $. Chambres privées de 20 $ à 25 $. *Efficiency cabins*, chambres familiales disposant d'une petite cuisine intégrée, pour 4 personnes de 35 $ à 45 $.)

■ Tarrytown

Tarrytown est la mère patrie de Washington Irving, l'auteur des contes de Rip Van Milke et de *The Legend of Sleepy Hollow*. Si vous ne connaissez pas encore les écrits de cet écrivain populaire, mais non conventionnel, du siècle dernier, c'est l'occasion ou jamais. Tarrytown peut faire l'objet d'une excursion agréable d'une journée au départ de New York. Vous pouvez visiter la maison de Washington Irving, **Sunnyside**, sur Sunnyside Lane (914-591-8763). Dans cette copie conforme d'un cottage hollandais, l'écrivain vécut en compagnie de neuf nièces et d'un de ses frères. En voyant la richesse de la propriété, vous comprendrez mieux pourquoi il est considéré comme le premier écrivain américain qui ait vécu de sa plume. La propriété accueille en août un festival de contes et un festival de jazz. (Ouvert de mars à décembre, du mercredi au lundi de 10h à 17h. Entrée 7 $, personnes âgées et enfants de 6 à 17 ans 4 $, domaine seulement 4 $.) Près de Sunnyside se trouve **Lyndhurst**, 635 South Broadway (914-631-4481), un somptueux palais d'été qui fut habité par une succession de millionnaires new-yorkais. Ce manoir possède un superbe parc avec une roseraie et les vestiges de ce qui fut autrefois la plus grande serre des Etats-Unis. Si vous voulez économiser quelques dollars, prenez le ticket parc seulement, vous ne serez pas déçu. (Ouvert de mai à octobre, du mardi au dimanche de 10h à 17h. De novembre à avril, les samedi et dimanche de 10h à 15h. Entrée 7 $, personnes âgées 6 $, enfants 3 $, parc seulement 3 $. Billet couplé Sunnyside-Lyndhurst 12 $, personnes âgées 10 $.) Tout près du château, à **North Tarrytown** (juste en descendant la Rte. 9), se trouve une autre demeure historique, le **Philipsburg Manor** (914-631-3992). On peut voir la réplique d'une roue hydraulique de l'époque coloniale. (Ouvert de mars à décembre, du mercredi au lundi de

10h à 17h. De janvier à février, les samedi et dimanche de 10h à 17h. Entrée 7 $, personnes âgées 6 $, enfants de 6 à 14 ans 4 $, étudiants 4 $.)

Rockefeller State Park Reserve, Rte. 117, à 1,6 km à la sortie de la Rte. 9 (914-631-1470), est tout indiqué pour faire une pause nature. Vous pouvez y pratiquer le vélo, le cheval et la pêche (sur autorisation). (Ouvert tous les jours de 8h au coucher du soleil. Gratuit.) Mais le clou de la région, à ne surtout pas manquer, est **Rockwood**, Rte. 117 (914-631-1470, 914-631-8200 pour une excursion). Là, vous pouvez grimper au-dessus des fontaines d'une ancienne propriété de Rockefeller et profiter d'une vue à couper le souffle sur la vallée de l'Hudson. La visite doit être organisée à l'avance car des sculptures, de Brancusi, Calder, Moore, et Picasso d'une valeur inestimable, sont exposées dans le parc. Au programme : pique-nique au milieu de la prairie et sieste à l'ombre des arbres. Le parc est ouvert de 7h au coucher du soleil. Tout le nécessaire pour organiser un bon pique-nique est disponible chez **Grand Union**, 1 Courtland Avenue et Wilton St. (Ouvert du lundi au samedi de 7h à 23h, le dimanche de 8h à 21h.)

De New York, Tarrytown est desservie en un peu moins d'une heure par le **Metro-North Commuter Rail** (800-METRO-INFO/63876-4636) qui part de Grand Central Station et offre une vue panoramique de la région. Les trains circulent de 6h20 à 1h20. (5 $ aux heures creuses, 6,75 $ aux heures de pointe.)

■ Bear Mountain

Si vous voulez fuir quelque temps le tumulte de la ville, **Bear Mountain State Park** est le bon endroit pour communier de nouveau avec mère nature. Plus de 130 km^2 de nature sauvage, 225 km de sentiers balisés, la rivière **Hudson** et des lacs immenses, comme le **Hessian Lake,** devraient suffire à vous ressourcer. Le parc comprend aussi les sommets les plus hauts des Catskills. En dehors de la nature, la principale attraction de la région est le **Trailside Museum and Zoo**, le plus ancien zoo de ce type aux Etats-Unis. Les ours de la Bear Mountain (littéralement "montagne de l'ours") sont ici en cage, ainsi que des espèces variées d'animaux sauvages qui peuplent la région. Le musée est consacré à l'histoire (vous y apprendrez que Fort Clinton est le nom d'un champ de bataille de la Révolution, situé non loin de là) et à l'archéologie (des squelettes de dinosaures découverts en 1902). (Musée/zoo ouverts tous les jours de 9h à 16h30.) Plusieurs statues bizarres sont disséminées à travers le parc, comme celle du poète **Walt Whitman** à l'air inquisiteur, au sommet d'un promontoire, et une énorme tête d'antilope surplombant l'Hudson. Pour les randonneurs, les premiers segments de l'**Appalachian Trail** partent du parc. Le parc dispose aussi d'immenses terrains de jeux et d'aires de pique-nique. En saison, Bear Mountain offre aussi tous les avantages d'une station de sports d'hiver : pistes de ski de randonnée, une patinoire (qui sert aussi de piste de roller) et un sautoir.

Vous ne pouvez pas manquer le **Bear Mountain Inn**, au centre du parc : ce chalet suisse est gardé par deux statues d'ours. Les romantiques à la recherche d'un coin plus tranquille peuvent opter pour le **Stone Lodges** près de Hessian Lake. Enfin, les amateurs du romancier Stephen King peuvent séjourner au **Overlook Lodge**, dans un cadre qui ressemble à celui de son livre *Shining* (rassurez-vous, les enfants télépathes ne sont pas admis), également à proximité du lac. (Appelez le numéro commun 914-786-2701 pour réserver dans l'un de ces hôtels. Chambres 59 $ en semaine, 84 $ le week-end. Caution équivalant à une nuit, exigée 7 jours après la réservation.) Le **restaurant** et la **cafétéria** du Bear Mountain Inn sont un peu chers mais vous pouvez toujours choisir de pique-niquer. (Restaurant/cafétéria ouverts du lundi au jeudi de 8h à 15h et de 17h à 21h, les vendredi et samedi de 8h à 15h et de 17h à 22h, le dimanche de 8h à 15h et de 16h à 21h.)

Bear Mountain se trouve sur la Rte. 9 et l'on peut s'y rendre avec les bus **Short Line Buses**, qui partent de Port Authority et mettent environ une heure (aller-retour

20 $). Pour plus d'informations, appelez le **Park Visitor Center** au 914-786-5003. (Ouvert d'avril à octobre de 8h à 18h, de novembre à mars de 8h à 17h.)

■ West Point

Si vous aimez les hommes (et les femmes) en uniforme ou si vous êtes simplement curieux d'en savoir plus sur l'armée américaine, ne manquez pas de passer quelques heures à **West Point**, site de la guerre d'Indépendance et première académie militaire du pays. Depuis la création des Etats-Unis, West Point forme l'élite de l'armée du pays : 55 des 60 batailles de la guerre de Sécession étaient commandées par des officiers de West Point (et ce, dans les deux camps). Tous les chefs militaires américains de renom, à l'exception de George Marshall et de Stonewall Jackson, sont passés par West Point.

La visite de West Point commence par le **Visitors Center**, juste à l'extérieur de **Thayer Gate** (à la sortie de la Rte. 9). Là, vous pouvez vous procurer des brochures, visiter une réplique de chambre de cadet ou acheter quelques souvenirs. (Ouvert tous les jours de 9h à 16h30.) Ensuite, visitez le **West Point Museum**, qui renferme quantité d'uniformes, d'armes et de trophées, dont certains datent du XVIᵉ siècle. (Ouvert tous les jours de 10h30 à 16h15.)

Après cela, vous saurez tout ou presque sur l'art de la guerre et vous serez prêt à pénétrer dans l'académie elle-même. Le cadet posté à l'entrée est poli : non seulement il vous adresse la parole mais en plus il vous indique votre chemin. A savoir : cela ne se fait pas de lui faire le salut militaire, à moins, bien sûr, d'être vous-même général.

A l'exception de certains endroits fermés au public, les visiteurs peuvent librement faire le tour de l'académie. Deux hauts lieux de la guerre d'Indépendance se trouvent ici, **Fort Clinton** et **Fort Putnam**, ce dernier ayant été placé à l'origine sous le commandement de George Washington. Ne manquez pas la série de monuments de guerre derrière le campus, en particulier **Trophy Point**, où sont entreposées de nombreuses reliques militaires des Etats-Unis. Les mauvaises langues disent que le monument aux morts **Battle Monument** est le plus gros bloc de granite du monde occidental et un gouffre financier dans le budget de la défense. A visiter également **Cadet Chapel**, édifice religieux de style gothique qui recèle le plus grand orgue du monde, et **"The Plain"**, le terrain de défilé mythique de West Point. Vous l'aurez compris en sortant, les Américains ne sont pas peu fiers de leur armée.

West Point se trouve sur la Rte. 9, mais on peut aussi s'y rendre avec **Short Line Bus** depuis le Port Authority de New York (aller-retour environ 20 $). Pour plus d'informations, appelez le Visitors Center au 914-938-2638.

EXCURSIONS

<u>NOTES</u>

<u>NOTES</u>

<u>NOTES</u>

<u>NOTES</u>

<u>NOTES</u>

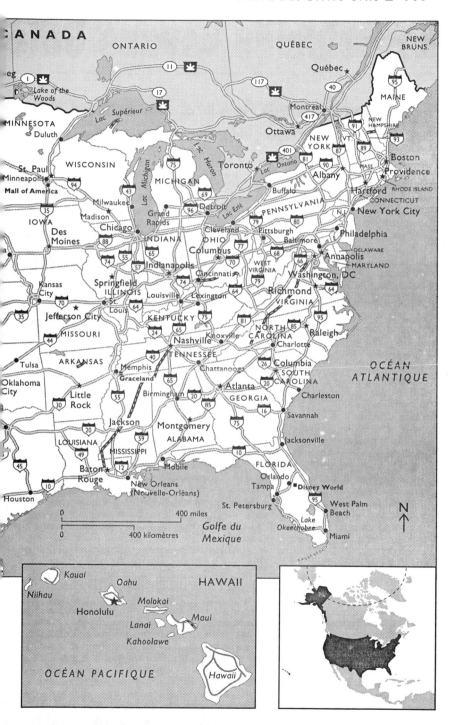

Lexique

B. A.-BA

bonjour	hi, good morning
bonsoir, bonne nuit	good evening, good night
au revoir	bye, good bye
s'il vous plaît	please
excusez-moi	excuse me
merci	thank you
de rien	you're welcome
oui	yes
non	no

TRANSPORT

aller simple	one way ticket
aller retour	return ticket
annuler	to cancel
avion	plane
billet	ticket
camion	truck
car	coach, bus
consignes	lockers
correspondance	connection
allée (en avion)	aisle
bagages	baggage
enregistrement	check-in
gare	train station (depot)
heure d'été	daylight saving time
métro	subway
moto	motorcycle
quai	platform
retard	delay
station d'autobus	bus station (depot)
tramway	streetcar
tarif	fare
réduction	discount
taxi	taxi, cab (familier)
voyage aller-retour	round trip
vol	flight

VOITURE

automobile	car
contravention	ticket
demi-tour en «U»	U-turn
dépanneuse	tow truck
essence (sans plomb)	(unleaded) gas
intersection	Xing (crossing)
garage	garage
péage	toll
permis de conduire	driving licence
priorité	yield

le plein, svp	fill it up, please
être enlevé à la fourrière	to be towed away
sens unique	one way
station-service	gas station
sortie	exit
vitesse autorisée	speed limit
voie	lane
batterie	battery
boîte de vitesse	gear box
bougies	spark plugs
essuies-glace	wipers
freins	brakes
moteur	engine
phares	headlights
pneu	tyre (US)
pot d'échappement	muffler
roue	wheel

HÉBERGEMENT

appartement	apartement
pension, auberge	guest house
auberge de jeunesse	hostel, backpacker's
chambre	room
chauffage	heating
couverture	blanket
complet	no vacancy, full
climatisation	air conditioning
demi-pension	half board
dortoir	dormitory, dorms
douche	shower
arrhes, caution	deposit
heure de départ	check-out
lit double	full size bed/queen size/king size
lits jumeaux	twin beds
laverie	laundry
oreiller	pillow
pension complète	full board
sac de couchage	sleeping bag
serviette	towel
draps	sheets

TÉLÉPHONE

annuaire/renseignements	directory
appel en pcv	collect call
cabine téléphonique	public phone
carte de téléphone	phone card
carte d'appel	calling card
appel longue distance	long distance call
indicatif	area/country code
numéro gratuit	toll free

POSTE

bureau de poste	post office
boîte-à-lettre	mail box

courrier	mail
code postal	zip code
mandat	money order
colis postal	parcel
recommandé	registred mail
timbre	stamp
poste restante	general delivery, poste restante

ORIENTATION

près/loin	near/far
tournez à gauche/à droite	turn left/right
tout droit	straight ahead
ascenseur	elevator
escalier	stair
étage	floor
hall	lobby
rez-de-chaussée	first floor, ground floor, street level
premier étage	second floor
toilettes	restroom, bathroom
grand magasin	department store
magasin d'alimentation	grocery store
cinéma	(movie) theatre
pharmacie, drugstore	drugstore
hôtel de ville	city hall
hôpital	hospital
centre commercial	mall
épicerie de quartier	corner shop, convenience store
barrage	dam
belvédère	lookout
cascade	falls
chaîne de montagnes	range
col	pass
colline	hill
eau potable	drinking water
faune (sauvage)	wildlife
grotte	cave
jetée	breakwater
nature (vierge)	wilderness
phare	lighthouse
pic	peak
pré	meadow
plage	beach
quai	wharf
rivière, fleuve	river
ruisseau	creek
source	spring
sentier	trail

LEXIQUE

JOB-TROTTER

job d'été	summer job
stage	internship
travail	job
vacances	vacation

BAR

bière à la pression	on tap, draft, draught
chope, pinte	pint
dernière tournée	last call
microbrasserie	microbrewerie
pichet (de bière)	picher
prix d'entrée	cover charge
verre	glass

RESTAURANT

addition	check
boisson	drink
carte	menu
couteau	knife
cuillère	spoon
déjeuner	lunch
dîner	dinner
eau	water
entrée	starter, appetizer
fourchette	fork
petit déjeuner	breakfast
plat principal	entrees, main dish
assiette	plate
pourboire	tip
repas, plat	meal
serveuse, serveur	waitress, waiter
verre	glass

DECRYPTER LA CARTE : LES USUELS

chicken breast	blanc de poulet
chicken wings	ailes de poulet (snack)
lamb chop	côtelettes d'agneau
porc ribs	travers de porc
sirloin steack	faux-filet de bœuf
turkey	dinde
clams chowder	velouté de palourde
squid	calamars
clams	palourdes
halibut	flétan
lobster	homard
oysters	huîtres
prawns	crevettes
shrimps	petites crevettes
scallops	coquilles Saint-Jacques
tuna	thon
corn	maïs
basil	basilic
cinnamon	cannelle
garlic	ail
apple crumble	dessert chaud aux pommes panées
cheese cake	gâteau au fromage blanc
doughnut	beignet
waffles	gaufres
hashbrown	pommes de terres rapées et grillées

pancakes	petites crêpes épaisses
rolls	petits pains
muffins	sorte de pâtisserie bourrative (!)
english muffins	sorte de petits pains (petit déjeuner)

LES DILEMMES :

What kind of bread do you want ?	Quel sorte de pain voulez-vous ?
	(pour les sandwiches)
- **white**	pain de mie ordinaire
- **whole wheat**	pain de blé complet
- **multigrain**	pain de plusieurs céréales
- **rye**	pain de seigle
- **french**	baguette

Plain or toasted ?	Normal ou grillé ?
	(pour le pain des sandwiches)
How do you want your eggs ?	Comment souhaitez-vous vos œufs ?
- **scrambled**	brouillés
- **poached**	pochés
- **soft boiled**	à la coque
- **hard boiled**	durs
- **sunny side up**	sur le plat
- **over (easy)**	sur le plat, et retournés (légèrement)
- **«Benedicts»**	pochés et en sauce

What kind of dressing do you want ?	Quels assaisonnement voulez-vous ?
	(sur la salade)
- **italian**	vinaigrette sucrée
- **french**	sauce de couleur orangée
- **raspberry**	huile et vinaigre de framboise, sucrée
- **blue cheese**	au bleu ou au Roquefort
- **oil and vinegar**	huile et vinaigre
- **Thousand Island**	sorte de mayonnaise relevée de paprika
- **house**	sauce maison

How do you like your meat ?	Quelle cuisson souhaitez-vous pour la viande ?
- **rare**	saignant
- **medium**	à point
- **well done**	bien cuite
- **very well done**	trop cuite

How do you like your potatoes ?	Quelle sorte de pomme de terre souhaitez-vous ?
- **french fries**	frites
- **baked**	au four
- **mashed**	en purée

POUR NE PAS PERDRE SON FRANÇAIS

french fries	frites
french bread	baguette
french pastry	pâtisseries, viennoiseries
french kiss	un vrai baiser
french cuff	un vrai baiser langoureux
french dry cleaning	teinturier

french Canadian	Québécois
french dressing	sauce de salade orangée
french toast	pain perdu
french doors	portes-fenêtres
french windows	fenêtres à la française
french horn	cor
french poodle	individu veul et servile (poodle = caniche)
french letter	préservatifs

SLANG (ARGOT)

foireux, nul, minable	lousy
merde	shit
putain !	fuck
c'est nul	it sucks
c'est top	it's cool
ringard	tacky
c'est l'arnaque	it's a rip off
tune, blé, pognon	cash, bucks, green, dead présidents
c'est le bordel	it's a wreck
ça me gave	I'm pissed off
dégage	piss off
branché	trendy, hip
flics, poulets	cops, pigs
gueule de bois	hangover
c'est un emmerdeur	he is a pain in the ass
c'est de la daube !	it's crap !
la ferme !	shut up !

Glossaire new-yorkais

Bagel
Petits pains très denses en couronne, aux graines de sésame, de pavot ou à la cannelle et aux raisins.

Big Apple
La Grosse Pomme, le surnom "officiel" de New York, suite à une campagne de l'office de tourisme au début des années 70. Le terme pourrait venir du trac (la grosse boule dans la gorge) éprouvé par les musiciens de jazz lorsqu'il jouaient pour la première fois à New York.

Block
L'unité d'"espace-temps" new yorkaise. Un block correspond au pâté de maisons compris entre deux rues ou deux avenues. Un block de rue se parcourt en 45 secondes à pied, un block d'avenue en 2 mn.

Borough
L'équivalent d'un grand arrondissement. New York compte cinq *boroughs* : Manhattan, Queens, Staten Island, le Bronx (le seul rattaché au continent) et Brooklyn.

Brownstone
Immeubles de grès brun de quelques étages, typiques de New York.

Cast-iron Immeubles typiques de New York édifiés sur des ossatures en fonte, qui servaient essentiellement à des entrepôts ou à des commerces. Les plus beaux exemples de cast-iron se trouvent à SoHo.

Deli Abréviation de *Delicatessen*, initialement épicerie de spécialités juives, aujourd'hui buffets chauds ou froids de plats à emporter.

Diner Restaurant traditionnel américain, au look rétro, avec un bar en forme de fer à cheval et des boxes pour les clients.

Greeter Guides bénévoles new-yorkais qui connaissent la ville comme leur poche et font partager leur amour de Big Apple aux visiteurs étangers.

Guppies Contraction de yuppie (voir ci-après) et de gay.

Melting-pot Le brassage dans le creuset démocratique américain d'immigrants du monde entier. New York est la ville du melting-pot par excellence.

Skyline La ligne d'horizon formée par les gratte-ciel. Chaque grande ville américaine a son *skyline*, mais celui de New York est le plus beau du monde. A apprécier tout particulièrement depuis le pont de Brooklyn, le ferry de Staten Island ou les pelouses de Central Park.

Token Jeton de métro ou de bus, 1,50 $.

WASP *White Anglo-Saxon Protestant*, l'ethnie blanche protestante, descendante des colons anglais et qui forme l'essentiel de l'aristocratie américaine.

Yuppie Vient de *Young Urban Professionnal*. L'archétype du jeune loup à dents longues, pur produit des années 80. Cravate, bretelles, salles de sport et cigare. A lire : *American Psycho*, à voir : *Wall Street*.

LEXIQUE

Index

C

LA PAROLE EST AUX LECTEURS

1. Quel guide Let's Go avez-vous utilisé ?

2. Quel âge avez-vous ?
☐ moins de 18 ans   ☐ 18-25 ans   ☐ 26-35 ans
☐ 36-45 ans   ☐ 46-55 ans   ☐ 56 ans et plus

3. Quelle est votre situation actuelle ?
☐ lycéen   ☐ étudiant   ☐ travailleur   ☐ sans emploi   ☐ retraité

4. Seriez-vous prêt à racheter un guide Let's Go pour un prochain voyage ?

5. Comment avez-vous connu Let's Go pour la première fois ?
☐ par l'édition américaine   ☐ par le bouche à oreille
☐ en cherchant dans une librairie ☐ par la publicité
☐ par un article dans la presse   ☐ autre : ....

6. Quel est le principal critère qui vous a poussé à acheter ce guide ?
☐ le rapport qualité-prix   ☐ la réputation de la collection
☐ la fiabilité des informations   ☐ les cartes
☐ le positionnement "voyage pas cher"   ☐ autre : ....

7. Globalement, par rapport à ce guide, vous êtes :
☐ très satisfait   ☐ plutôt satisfait
☐ plutôt mécontent   ☐ très mécontent
pourquoi ? (en quelques mots) :

8. Quel(s) autre(s) guide(s) de voyage avez-vous déjà utilisé ?

9. Combien de voyages à l'étranger effectuez-vous par an ?
☐ un   ☐ deux   ☐ trois   ☐ plus

10. Dans combien de pays étrangers vous êtes-vous déjà rendu ?

11. Quelle est votre prochaine destination de voyage ?

Nom : ....
Prénom : ....
Adresse : ....

Merci de renvoyer ce questionnaire à :
Let's Go-Dakota Editions, 7, rue Georges Pitard, 75015 Paris.